中國國家圖書館編

國家圖書館藏敦煌遺書

第二十三册　北敦〇一六〇一號——北敦〇一六九八號

北京圖書館出版社

圖書在版編目(CIP)數據

國家圖書館藏敦煌遺書·第二十三册/中國國家圖書館編;任繼愈主編.—北京:北京圖書館出版社,2006.3

ISBN 7-5013-2965-6

Ⅰ.國… Ⅱ.①中…②任… Ⅲ.敦煌學—文獻 Ⅳ.K870.6

中國版本圖書館CIP數據核字(2006)第007299號

ISBN 7-5013-2965-6

9 787501 329656 >

書　　名　國家圖書館藏敦煌遺書·第二十三册
著　　者　中國國家圖書館編　任繼愈主編
責任編輯　徐　蜀　孫　彦
封面設計　李　璀

出　　版　北京圖書館出版社　(100034　北京西城區文津街7號)
發　　行　010-66139745　66151313　66175620　66126153
　　　　　66174391(傳真)　66126156(門市部)
E-mail　cbs@nlc.gov.cn(投稿)　btsfxb@nlc.gov.cn(郵購)
Website　www.nlcpress.com
經　　銷　新華書店
印　　刷　北京文津閣印務有限責任公司

開　　本　八開
印　　張　48.75
版　　次　2006年3月第1版第1次印刷
印　　數　1-150册(套)

書　　號　ISBN 7-5013-2965-6/K·1248
定　　價　990.00圓

編輯委員會

主　　編　任繼愈

常務副主編　方廣錩

副 主 編　李際寧　張志清

編委（按姓氏筆畫排列）　王克芬　王姿怡　吳玉梅　胡新英　陳　穎　黄　霞（常務）　劉玉芬

出版委員會

主　任　詹福瑞

副主任　陳　力

委　員（按姓氏筆畫排列）　李　健　姜　紅　郭又陵　徐　蜀　孫　彦

攝製人員（按姓氏筆畫排列）

于向洋　王富生　王遂新　谷韶軍　張　軍　張紅兵　張　陽　曹　宏　郭春紅　楊　勇　嚴　平

目錄

子俱自在天子
自在天子與其眷屬三万天子俱娑婆世界
主梵天王尸棄大梵光明大梵等與其眷屬
万二千天子俱有八龍王難陀龍王跋難陀龍
王娑伽羅龍王和脩吉龍王德叉迦龍王阿
那婆達多龍王摩那斯龍王優鉢羅龍王
等各與若干百千眷屬俱有四緊那羅王法
緊那羅王妙法緊那羅王大法緊那羅王持
法緊那羅王各與若干百千眷屬俱有四乾
闥婆王樂乾闥婆王樂音乾闥婆王美乾
闥婆王美音乾闥婆王各與若干百千眷屬
俱有四阿脩羅王婆稚阿脩羅王佉羅騫大
阿脩羅王毗摩質多羅阿脩羅王羅睺阿
脩羅王各與若干百千眷屬俱有四迦樓羅王
大威德迦樓羅王大身迦樓羅王大滿迦樓
羅王如意迦樓羅王各與若干百千眷屬俱
韋提希子阿闍世王與若干百千眷屬俱各
礼佛足退坐一面
尒時世尊四衆圍遶供養恭敬尊重讚歎為
諸菩薩說大乘經名无量義教菩薩法佛所護
念佛說此經已結加趺坐入於无量義處三昧
身心不動是時天雨曼陁羅華摩訶曼陁羅
華曼殊沙華摩訶曼殊沙華而散佛上及

BD01601號　妙法蓮華經卷一　（6–1）

礼佛足退坐一面
尒時世尊四衆圍遶供養恭敬尊重讚歎為
諸菩薩說大乘經名无量義教菩薩法佛所護
念佛說此經已結加趺坐入於无量義處三昧
身心不動是時天雨曼陁羅華摩訶曼陁羅
華曼殊沙華摩訶曼殊沙華而散佛上及
諸大衆普佛世界六種震動尒時會中比丘
比丘尼優婆塞優婆夷天龍夜叉乾闥婆阿
脩羅迦樓羅緊那羅摩睺羅伽人非人及
諸小王轉輪聖王是諸大衆得未曾有歡喜
合掌一心觀佛尒時佛放眉間白毫相光照
東方万八千世界靡不周遍下至阿鼻地獄
上至阿迦尼吒天於此世界盡見彼土六趣衆
生又見彼土現在諸佛及聞諸佛所說經法
并見彼諸比丘比丘尼優婆塞優婆夷諸脩
行得道者復見諸菩薩摩訶薩種種因緣
種種信解種種相貌行菩薩道復見諸佛般
涅槃者復見諸佛般涅槃後以佛舍利起七寶
塔尒時弥勒菩薩作是念今者世尊現神變
相以何因緣而有此瑞今佛世尊入于三昧
是不可思議現希有事當以問誰誰能荅
者復作此念是文殊師利法王之子已曾親
近供養過去无量諸佛必應見此希有之相
我今當問尒時比丘比丘尼優婆塞優婆夷
及諸天龍鬼神等咸作此念是佛光明神通之
相今當問誰尒時弥勒菩薩欲自決疑又觀四
衆比丘比丘尼優婆塞優婆夷及諸天龍鬼

BD01601號　妙法蓮華經卷一　（6–2）

我今當問　尒時比丘比丘尼優婆塞優婆夷
及諸天龍鬼神等咸作此念是佛光明神通之
相今當問誰　尒時弥勒菩薩欲自決疑又觀四
衆比丘比丘尼優婆塞優婆夷及諸天龍鬼
神等衆會之心而問文殊師利言以何因緣
而有此瑞神通之相放大光明照于東方万八
千土悉見彼佛國界莊嚴　於是弥勒菩薩
欲重宣此義以偈問曰
文殊師利　導師何故　眉間白豪　大光普照
雨曼陁羅　曼殊沙華　栴檀香風　悅可衆心
以是因緣　地皆嚴淨　而此世界　六種震動
時四部衆　咸皆歡喜　身意快然　得未曾有
眉間光明　照于東方　万八千土　皆如金色
從阿鼻獄　上至有頂　諸世界中　六道衆生
生死所趣　善惡業緣　受報好醜　於此悉見
又覩諸佛　聖主師子　演說經典　微妙第一
其聲清淨　出柔軟音　教諸菩薩　无數億万
梵音深妙　令人樂聞　各於世界　講說正法
種種因緣　以无量喻　照明佛法　開悟衆生
若人遭苦　猒老病死　為說涅槃　盡諸苦際
若人有福　曾供養佛　志求勝法　為說緣覺
若有佛子　脩種種行　求无上慧　為說淨道
文殊師利　我住於此　見聞若斯　及千億事
如是衆多　今當略說　我見彼土　恒沙菩薩
種種因緣　而求佛道　或有行施　金銀珊瑚
真珠摩尼　車𤦲馬瑙　金剛諸珍　奴婢車乘
寶飾輦轝　歡喜布施　迴向佛道　願得是乘

BD01601號　妙法蓮華經卷一　（6–3）

如是衆多　今當略說　我見彼土　恒沙菩薩
種種因緣　而求佛道　或有行施　金銀珊瑚
真珠摩尼　車𤦲馬瑙　金剛諸珍　奴婢車乘
寶飾輦轝　歡喜布施　迴向佛道　願得是乘
三界第一　諸佛所歎　或有菩薩　駟馬寶車
欄楯華蓋　軒飾布施　復見菩薩　身肉手足
及妻子施　求无上道　又見菩薩　頭目身體
欣樂施與　求佛智慧　文殊師利　我見諸王
往詣佛所　問无上道　便捨樂土　宮殿臣妾
剃除鬚髮　而被法服　或見菩薩　而作比丘
獨處閑靜　樂誦經典　又見菩薩　勇猛精進
入於深山　思惟佛道　又見離欲　常處空閑
深脩禪定　得五神通　又見菩薩　安禪合掌
以千万偈　讚諸法王　復見菩薩　智深志固
能問諸佛　聞悉受持　又見佛子　定慧具足
以无量喻　為衆講法　欣樂說法　化諸菩薩
破魔兵衆　而擊法鼓　又見菩薩　寂然宴嘿
天龍恭敬　不以為喜　又見菩薩　處林放光
濟地獄苦　令入佛道　又見佛子　未曾睡眠
經行林中　懃求佛道　又見具戒　威儀无缺
淨如寶珠　以求佛道　又見佛子　住忍辱力
增上慢人　惡罵捶打　皆悉能忍　以求佛道
又見菩薩　離諸戲咲　及癡眷屬　親近智者
一心除亂　攝念山林　億千万歲　以求佛道
或見菩薩　餚饍飲食　百種湯藥　施佛及僧
名衣上服　價直千万　或无價衣　施佛及僧
千万億種　栴檀寶舍　衆妙臥具　施佛及僧

BD01601號　妙法蓮華經卷一　（6–4）

又見菩薩 離諸戲咲 及癡眷屬 親近智者
一心除乱 攝念山林 億千万歲 以求佛道
或見菩薩 餚饍飲食 百種湯藥 施佛及僧
名衣上服 價直千万 或无價衣 施佛及僧
千万億種 栴檀寶舍 衆妙卧具 施佛及僧
清淨園林 華菓茂盛 流泉浴池 施佛及僧
如是等施 種種微妙 歡喜无猒 求无上道
或有菩薩 說寂滅法 種種教詔 无數衆生
或見菩薩 觀諸法性 无有二相 猶如虛空
又見佛子 心无所著 以此妙慧 求无上道
文殊師利 又有菩薩 佛滅度後 供養舍利
又見佛子 造諸塔廟 无數恒沙 嚴飾國界
寶塔高妙 五千由旬 縱廣正等 二千由旬
一一塔廟 各千幢幡 珠交露幔 寶鈴和鳴
諸天龍神 人及非人 香華伎樂 常以供養
文殊師利 諸佛子等 為供舍利 嚴飾塔廟
國界自然 殊特妙好 如天樹王 其華開敷
佛放一光 我及衆會 見此國界 種種殊妙
諸佛神力 智慧希有 放一淨光 照无量國
我等見此 得未曾有 佛子文殊 願決衆疑
四衆欣仰 瞻仁及我 世尊何故 放斯光明
佛子時荅 決疑令喜 何所饒益 演斯光明
佛坐道場 所得妙法 為欲說此 為當授記
示諸佛土 衆寶嚴淨 及見諸佛 此非小緣
文殊當知 四衆龍神 瞻察仁者 為說何等
是時文殊師利語彌勒菩薩摩訶薩及諸大
士善男子等如我惟忖今佛世尊欲說大法
雨大法雨吹大法蠡擊大法鼓演大法義諸

BD01601號　妙法蓮華經卷一　　（6–5）

文殊師利 又有菩薩 佛滅度後 供養舍利
又見佛子 造諸塔廟 无數恒沙 嚴飾國界
寶塔高妙 五千由旬 縱廣正等 二千由旬
一一塔廟 各千幢幡 珠交露幔 寶鈴和鳴
諸天龍神 人及非人 香華伎樂 常以供養
文殊師利 諸佛子等 為供舍利 嚴飾塔廟
國界自然 殊特妙好 如天樹王 其華開敷
佛放一光 我及衆會 見此國界 種種殊妙
諸佛神力 智慧希有 放一淨光 照无量國
我等見此 得未曾有 佛子文殊 願決衆疑
四衆欣仰 瞻仁及我 世尊何故 放斯光明
佛子時荅 決疑令喜 何所饒益 演斯光明
佛坐道場 所得妙法 為欲說此 為當授記
示諸佛土 衆寶嚴淨 及見諸佛 此非小緣
文殊當知 四衆龍神 瞻察仁者 為說何等
是時文殊師利語彌勒菩薩摩訶薩及諸大
士善男子等如我惟忖今佛世尊欲說大法
雨大法雨吹大法蠡擊大法鼓演大法義諸
善男子我於過去諸佛曾見此瑞放斯光已

BD01601號　妙法蓮華經卷一　　（6–6）

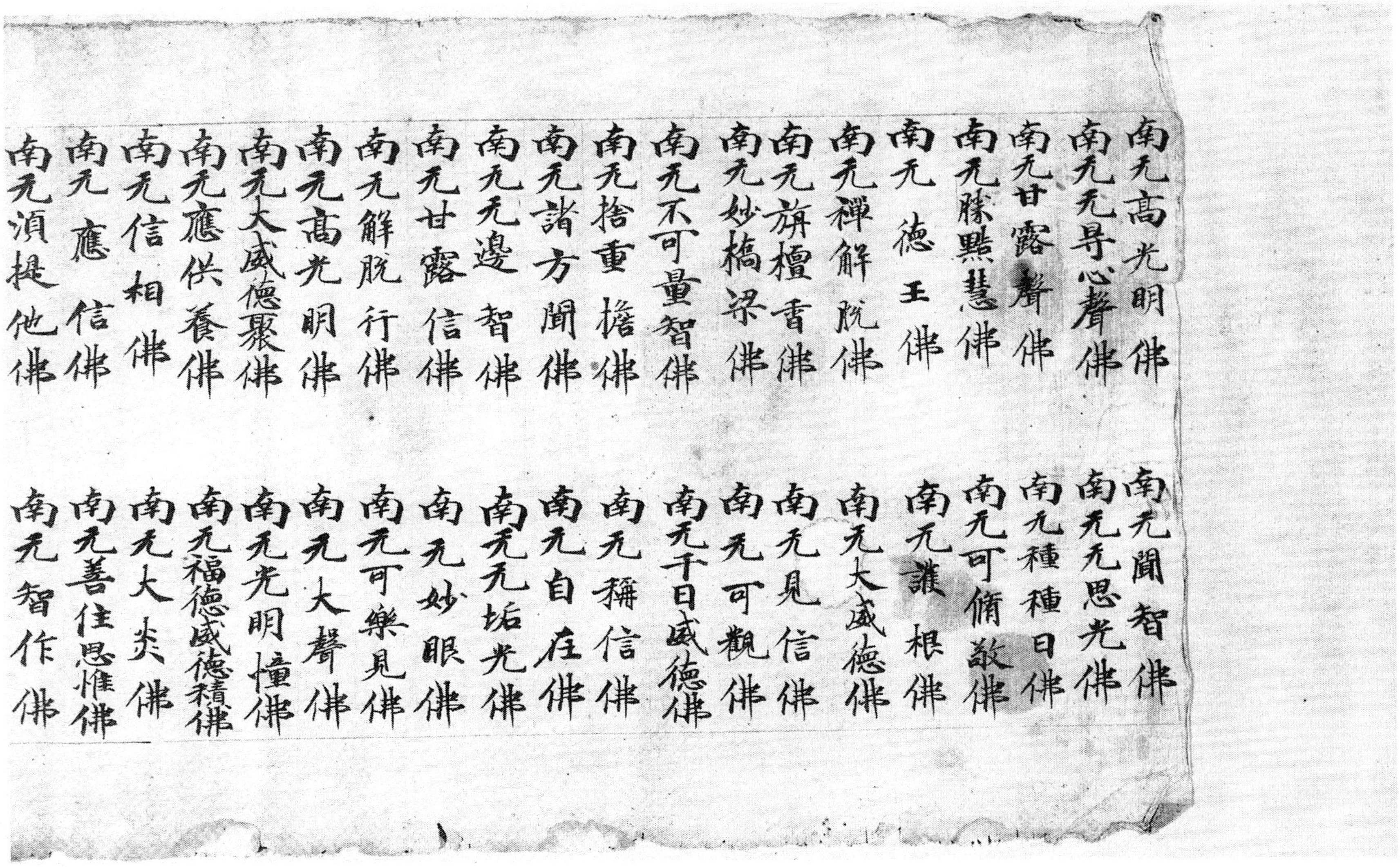

南无高光明佛　南无聞智佛
南无无导心聲佛　南无无思光佛
南无甘露聲佛　南无種種日佛
南无勝黠慧佛　南无可脩敬佛
南无德王佛　南无護根佛
南无禪解脫佛　南无大威德佛
南无旃檀香佛　南无見信佛
南无妙橋梁佛　南无可觀佛
南无不可量智佛　南无千日威德佛
南无捨重擔佛　南无稱信佛
南无諸方聞佛　南无自在佛
南无无邊智佛　南无无垢光佛
南无甘露信佛　南无妙眼佛
南无解脫行佛　南无可樂見佛
南无高光明佛　南无大聲佛
南无大威德聚佛　南无光明幢佛
南无應供養佛　南无福德威德積佛
南无信相佛　南无大炎佛
南无應信佛　南无善住思惟佛
南无須提他佛　南无智作佛

BD01602號　佛名經（十六卷本）卷六　（5-1）

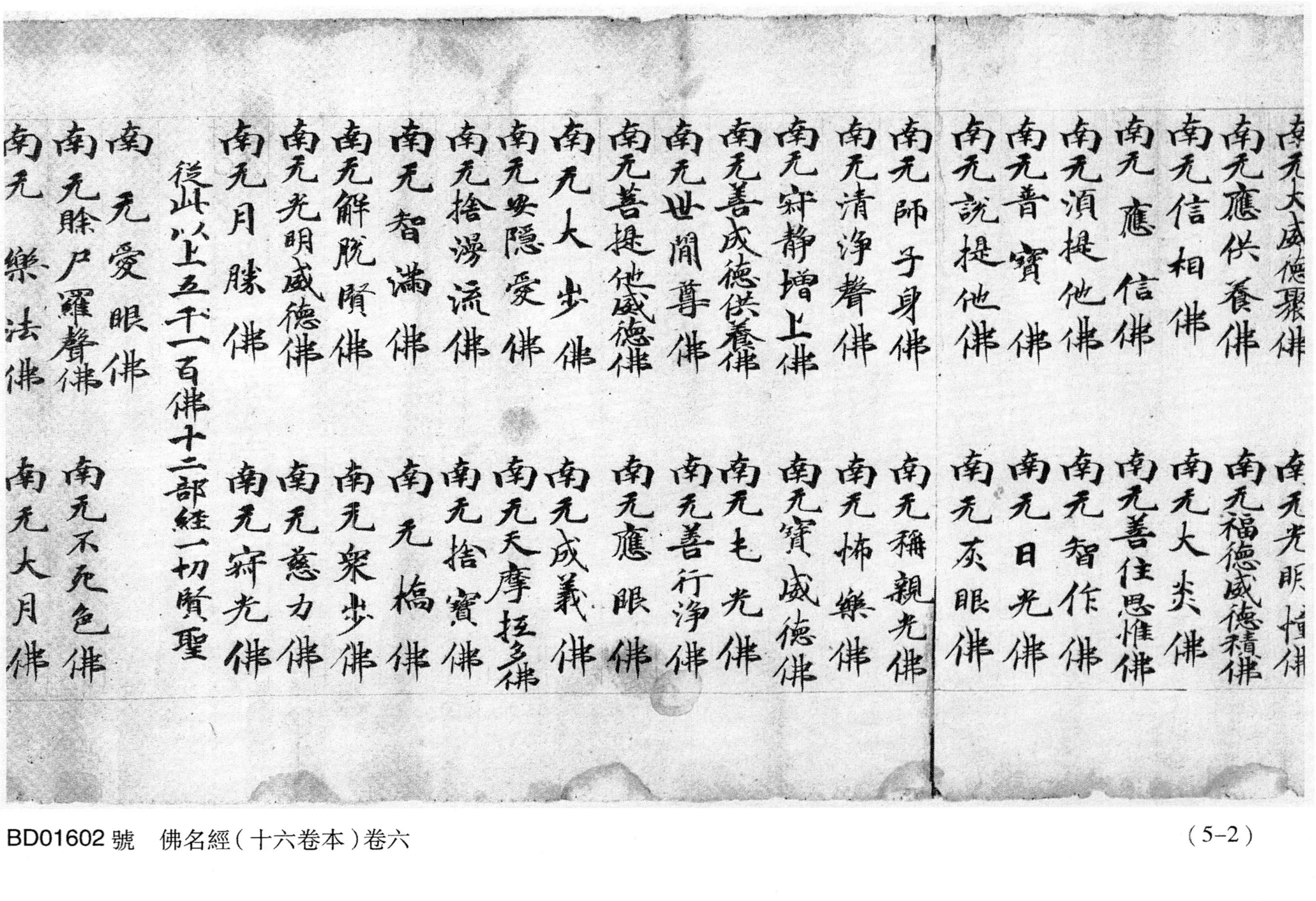

南无大威德聚佛　南无光明幢佛
南无應供養佛　南无福德威德積佛
南无信相佛　南无大炎佛
南无應信佛　南无善住思惟佛
南无須提他佛　南无智作佛
南无普寶佛　南无日光佛
南无說提他佛　南无灰眼佛
南无師子身佛　南无稱親光佛
南无清淨聲佛　南无怖樂佛
南无寂靜增上佛　南无寶威德佛
南无善成德供養佛　南无毛光佛
南无世間尊佛　南无善行淨佛
南无善提他威德佛　南无應眼佛
南无大步佛　南无成義佛
南无安隱愛佛　南无天摩拉多佛
南无捨瀑流佛　南无捨寶佛
南无智滿佛　南无橋佛
南无解脫賢佛　南无衆步佛
南无光明威德佛　南无慈力佛
南无月勝佛　南无寂光佛
從此以上五千一百佛十二部經一切賢聖
南无愛眼佛
南无除尸羅聲佛　南无不死色佛
南无樂法佛　南无大月佛

BD01602號　佛名經（十六卷本）卷六　（5-2）

南无月勝佛　南无寂光佛
從此以上五千一百佛十二部經一切賢聖
南无愛眼佛
南无賒尸羅聲佛　南无不死色佛
南无樂法佛　南无大月佛
南无无障㝵聲佛
南无切德奮迅佛　南无不死華佛
南无平等見佛　南无大月佛
南无切德味佛　南无十光佛
南无種種華佛　南无龍德佛
南无雲聲佛　南无切德步佛
南无思切德佛　南无大聲佛
南无弓聲佛　南无遠離惡處佛
南无天華佛　南无快眼佛
南无大然燈佛　南无離癡行佛
南无堅固希佛　南无捨耶佛
南无相華佛　南无不可思議光明佛
南无普賢佛　南无月妙佛
南无樂德佛　南无清淨聲佛
南无勝慧佛　南无賢光佛
南无堅固華佛　南无光明意佛
南无福德佛　南无意成就佛
南无樂解脫佛　南无離濁河佛
南无調怨佛　南无不去捨佛

BD01602號　佛名經（十六卷本）卷六　（5-3）

[illegible]
南无堅固華佛　南无光明意佛
南无福德佛　南无意成就佛
南无樂解脫佛　南无離濁河佛
南无調怨佛　南无不去捨佛
南无甘露光明佛
南无樂聲佛　南无不可量眼佛
南无快脩行佛　南无妙高光佛
南无集切德佛　南无可樂佛
南无大心佛　南无天信佛
南无思惟甘露佛　南无黠慧佛
南无勝燈佛　南无堅意佛
南无力步佛　南无蓮華葉眼佛
南无菩提光明佛　南无妙吼聲佛
南无六通聲佛　南无威德力佛
南无人稱佛　南无勝華集佛
南无大語佛　南无不隨他佛
南无无畏行佛　南无不怯弱佛
南无離憂闇佛　南无過朔佛
南无月光佛　南无心勇猛佛
南无解脫慧佛　南无不取捨佛
南无薝蔔燈佛　南无勝火佛
南无善思意佛　南无勝威德色佛
南无信世間佛　南无妙慧佛
南无善言佛　南无華光佛

BD01602號　佛名經（十六卷本）卷六　（5-4）

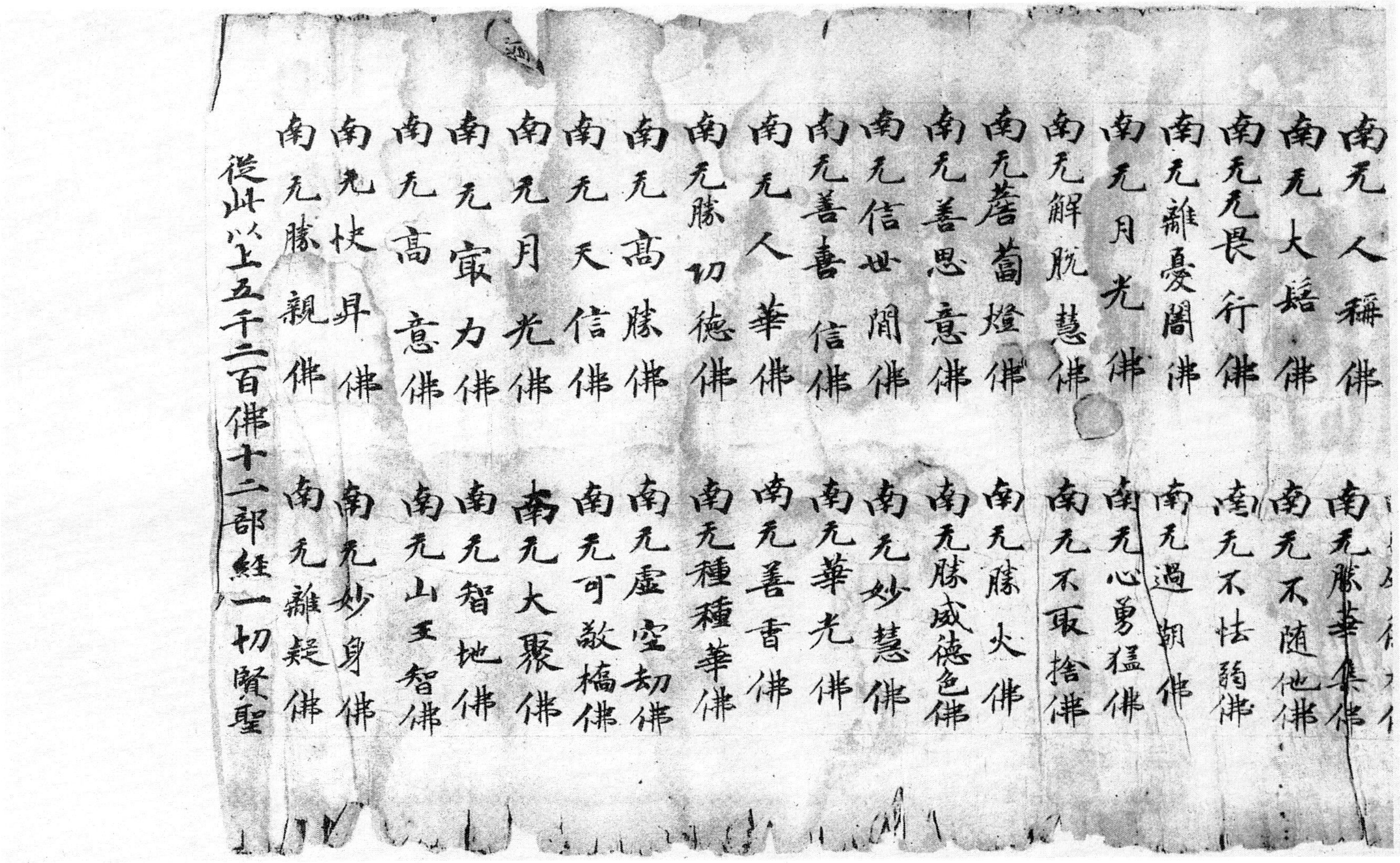
南无人稱佛　南无勝華集佛
南无大焰佛　南无不隨他佛
南无无畏行佛　南无不怯弱佛
南无離憂闇佛　南无過期佛
南无月光佛　南无心勇猛佛
南无解脫慧佛　南无不取捨佛
南无薝蔔燈佛　南无勝火佛
南无善思意佛　南无勝威德色佛
南无信世間佛　南无妙慧佛
南无善書信佛　南无華光佛
南无人華佛　南无善香佛
南无勝功德佛　南无種種華佛
南无高勝佛　南无虛空劫佛
南无天信佛　南无可敬橋佛
南无月光佛　南无大聚佛
南无寂力佛　南无智地佛
南无高意佛　南无山王智佛
南无快昇佛　南无妙身佛
南无勝親佛　南无離疑佛
從此以上五千二百佛十二部經一切賢聖

BD01602號　佛名經（十六卷本）卷六　（5–5）

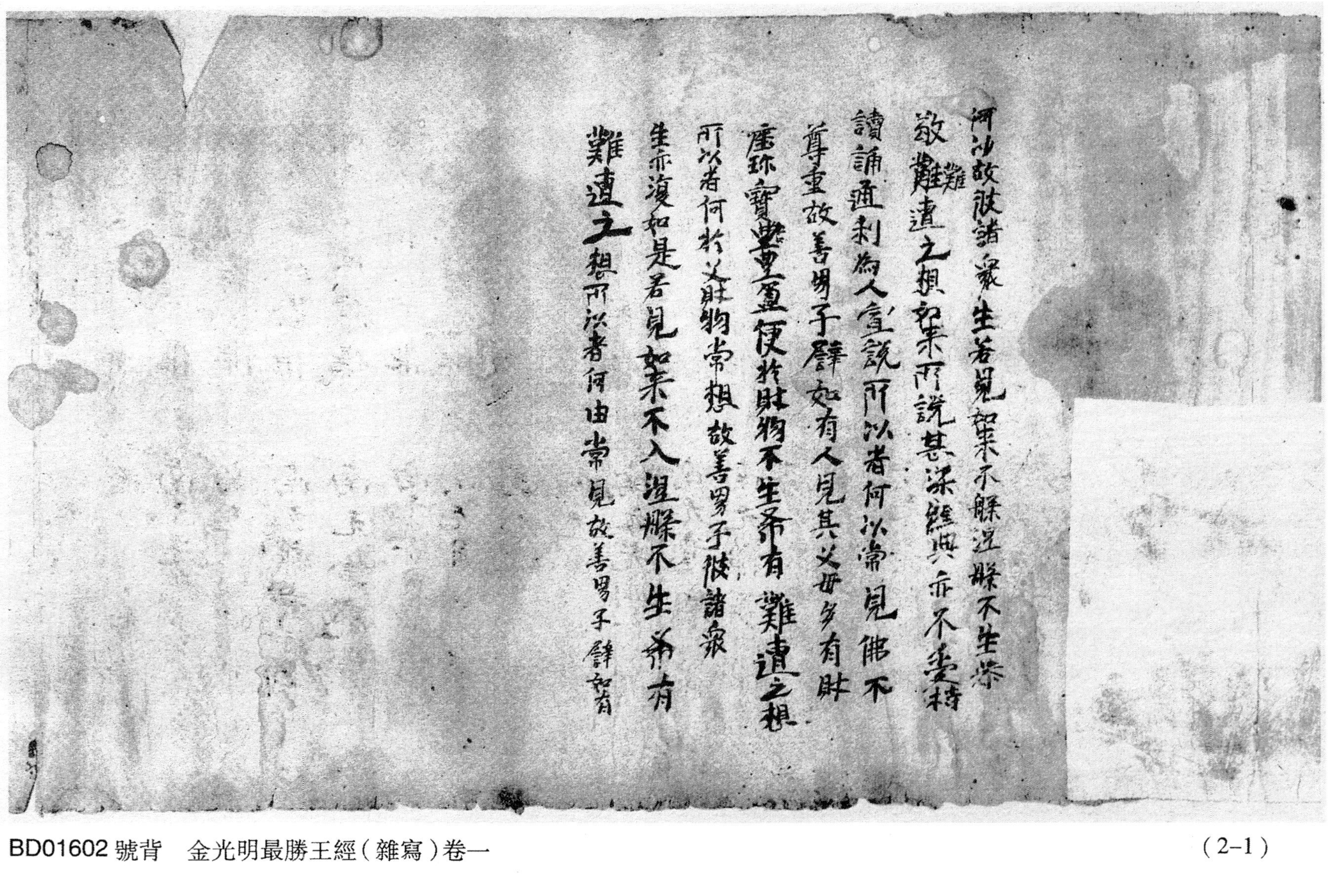
河沙故彼諸衆生若見如來不般涅槃不生恭
敬難遭之想如來所說甚深經典亦不受持
讀誦通利為人宣說所以者何以常見佛不
尊重故善男子譬如有人見其父母多有財
產珍寶豐盈便於財物不生希有難遭之想
所以者何於父財物常想故善男子彼諸衆
生亦復如是若見如來不入涅槃不生希有
難遭之想所以者何由常見故善男子譬如有

BD01602號背　金光明最勝王經（雜寫）卷一　（2–1）

BD01602 號背　雜寫　　（2–2）

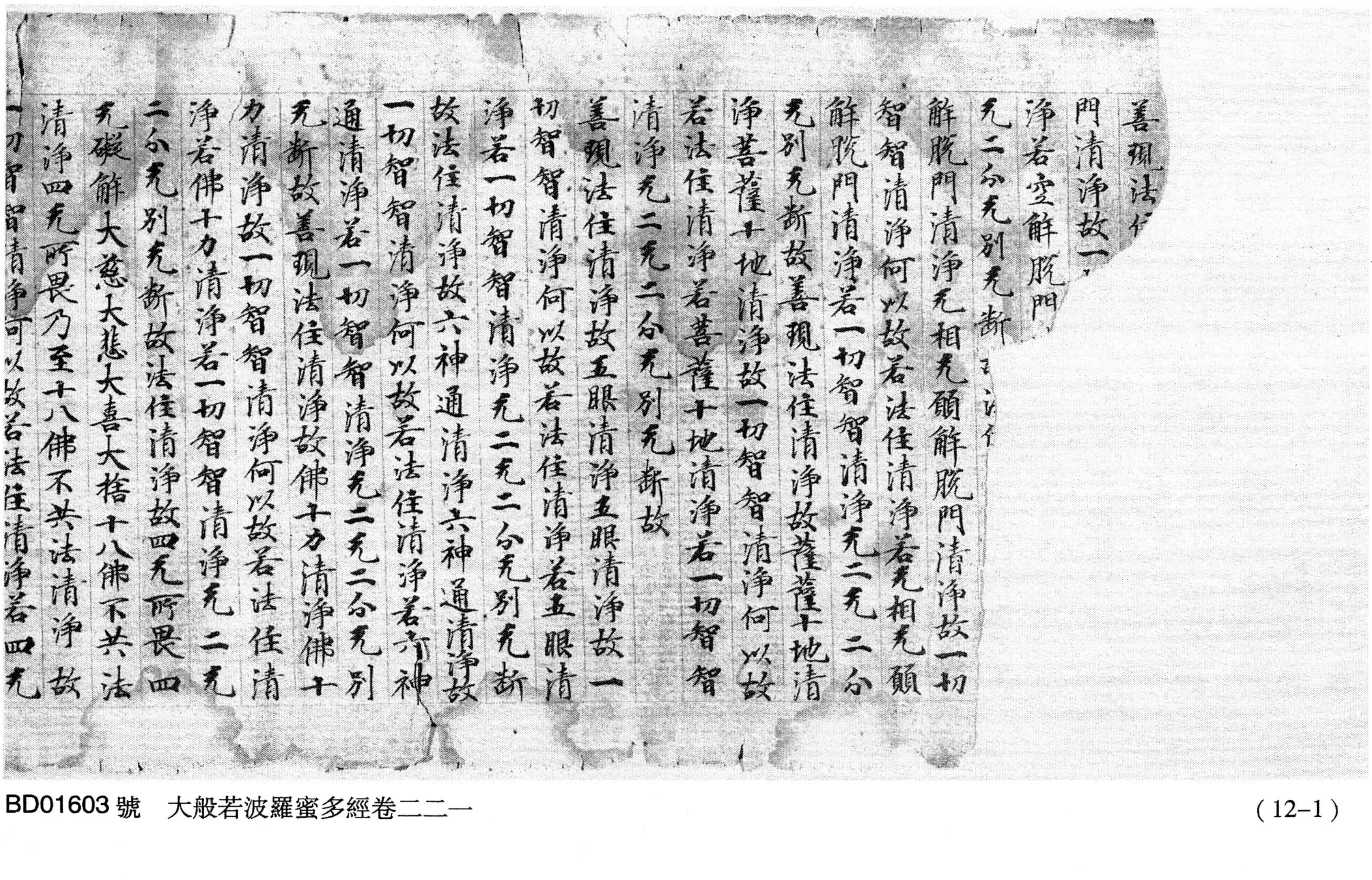

BD01603 號　大般若波羅蜜多經卷二二一　　（12–1）

淨若佛十力清淨若一切智智清淨无二无
二分无別无斷故法住清淨故四无所畏四
无礙解大慈大悲大喜大捨十八佛不共法
清淨四无所畏乃至十八佛不共法清淨故
一切智智清淨何以故若法住清淨若四无
所畏乃至十八佛不共法清淨若一切智智
清淨无二无二分无別无斷故善現法住清
淨故无忘失法清淨无忘失法清淨故一切
智智清淨何以故若法住清淨若无忘失法
清淨若一切智智清淨无二无二分无別无
斷故法住清淨故恒住捨性清淨恒住捨性
清淨故一切智智清淨何以故若法住清淨
若恒住捨性清淨若一切智智清淨无二无
二分无別无斷故善現法住清淨故一切智
清淨一切智清淨故一切智智清淨何以故
若法住清淨若一切智清淨若一切智智清
淨无二无二分无別无斷故法住清淨故道
相智一切相智清淨道相智一切相智清淨
故一切智智清淨何以故若法住清淨若道
相智一切相智清淨若一切智智清淨无二
无二分无別无斷故善現法住清淨故一切
陁羅尼門清淨一切陁羅尼門清淨故一切
智智清淨何以故若法住清淨若一切陁羅
尼門清淨若一切智智清淨无二无二分无
別无斷故法住清淨故一切三摩地門清淨
一切三摩地門清淨故一切智智清淨何以
故若法住清淨若一切三摩地門清淨若一

BD01603號　大般若波羅蜜多經卷二二一　（12–2）

尼門清淨若一切智智清淨无二无二分无
別无斷故法住清淨故一切三摩地門清淨
一切三摩地門清淨故一切智智清淨何以
故若法住清淨若一切三摩地門清淨若一
切智智清淨无二无二分无別无斷故
善現法住清淨故預流果清淨預流果清淨
故一切智智清淨何以故若法住清淨若預
流果清淨若一切智智清淨无二无二分无
別无斷故法住清淨故一來不還阿羅漢果
清淨一來不還阿羅漢果清淨故一切智智
清淨何以故若法住清淨若一來不還阿羅
漢果清淨若一切智智清淨无二无二分无
別无斷故善現法住清淨故獨覺菩提清淨
獨覺菩提清淨故一切智智清淨何以故若
法住清淨若獨覺菩提清淨若一切智智清
淨无二无二分无別无斷故善現法住清淨
故一切菩薩摩訶薩行清淨一切菩薩摩訶
薩行清淨故一切智智清淨何以故若法住
清淨若一切菩薩摩訶薩行清淨若一切智
智清淨无二无二分无別无斷故善現法住
清淨故諸佛无上正等菩提清淨諸佛无上
正等菩提清淨故一切智智清淨何以故若
法住清淨若諸佛无上正等菩提清淨若一
切智智清淨无二无二分无別无斷故
復次善現實際清淨故色清淨色清淨故一
切智智清淨何以故若實際清淨若色清淨
若一切智智清淨无二无二分无別无斷故
實際清淨故受想行識清淨受想行識清淨

BD01603號　大般若波羅蜜多經卷二二一　（12–3）

復次善現實際清淨故色清淨色清淨故一
切智智清淨何以故若實際清淨若色清淨
若一切智智清淨无二无二分无別无斷故
實際清淨故受想行識清淨受想行識清淨
故一切智智清淨何以故若實際清淨若受
想行識清淨若一切智智清淨无二无二分
无別无斷故善現實際清淨故眼處清淨眼
處清淨故一切智智清淨何以故若實際清
淨若眼處清淨若一切智智清淨无二无二
分无別无斷故實際清淨故耳鼻舌身意處
清淨耳鼻舌身意處清淨故一切智智清淨
何以故若實際清淨若耳鼻舌身意處清淨
若一切智智清淨无二无二分无別无斷故
善現實際清淨故色處清淨色處清淨故一
切智智清淨何以故若實際清淨若色處清
淨若一切智智清淨无二无二分无別无斷
故實際清淨故聲香味觸法處清淨聲香味
觸法處清淨故一切智智清淨何以故若實
際清淨若聲香味觸法處清淨若一切智智
清淨无二无二分无別无斷故善現實際清
淨故眼界清淨眼界清淨故一切智智清淨
何以故若實際清淨若眼界清淨若一切智
智清淨无二无二分无別无斷故實際清淨
故色界眼識界及眼觸眼觸為緣所生諸受
清淨色界乃至眼觸為緣所生諸受清淨故
一切智智清淨何以故若實際清淨若色界
乃至眼觸為緣所生諸受清淨若一切智智
…斷故善現實際清

BD01603號　大般若波羅蜜多經卷二二一　（12–4）

智清淨无二无二分无別无斷故實際清淨
故色界眼識界及眼觸眼觸為緣所生諸受
清淨色界乃至眼觸為緣所生諸受清淨故
一切智智清淨何以故若實際清淨若色界
乃至眼觸為緣所生諸受清淨若一切智智
清淨无二无二分无別无斷故善現實際清
淨故耳界清淨耳界清淨故一切智智清淨
何以故若實際清淨若耳界清淨若一切智
智清淨无二无二分无別无斷故實際清淨
故聲界耳識界及耳觸耳觸為緣所生諸受
清淨聲界乃至耳觸為緣所生諸受清淨故
一切智智清淨何以故若實際清淨若聲界
乃至耳觸為緣所生諸受清淨若一切智智
清淨无二无二分无別无斷故善現實際清
淨故鼻界清淨鼻界清淨故一切智智清淨
何以故若實際清淨若鼻界清淨若一切智
智清淨无二无二分无別无斷故實際清淨
故香界鼻識界及鼻觸鼻觸為緣所生諸受
清淨香界乃至鼻觸為緣所生諸受清淨故
一切智智清淨何以故若實際清淨若香界
乃至鼻觸為緣所生諸受清淨若一切智智
清淨无二无二分无別无斷故善現實際清
淨故舌界清淨舌界清淨故一切智智清淨
何以故若實際清淨若舌界清淨若一切智
智清淨无二无二分无別无斷故實際清淨
故味界舌識界及舌觸舌觸為緣所生諸受
清淨味界乃至舌觸為緣所生諸受清淨故
一切智智清淨何以故若實際清淨若味界

BD01603號　大般若波羅蜜多經卷二二一　（12–5）

何以故若實際清淨
智清淨无二无二分无別无斷故實際清淨
故味界舌識界及舌觸舌觸為緣所生諸受
清淨味界乃至舌觸為緣所生諸受清淨故
一切智智清淨何以故若實際清淨若味界
乃至舌觸為緣所生諸受清淨若一切智智
清淨无二无二分无別无斷故善現實際清
淨故身界清淨身界清淨故一切智智清淨
何以故若實際清淨若身界清淨若一切智
智清淨无二无二分无別无斷故實際清淨
故觸界身識界及身觸身觸為緣所生諸受
清淨觸界乃至身觸為緣所生諸受清淨故
一切智智清淨何以故若實際清淨若觸界
乃至身觸為緣所生諸受清淨若一切智智
清淨无二无二分无別无斷故善現實際清
淨故意界清淨意界清淨故一切智智清淨
何以故若實際清淨若意界清淨若一切智
智清淨无二无二分无別无斷故實際清淨
故法界意識界及意觸意觸為緣所生諸受
清淨法界乃至意觸為緣所生諸受清淨故
一切智智清淨何以故若實際清淨若法界
乃至意觸為緣所生諸受清淨若一切智智
清淨无二无二分无別无斷故善現實際清
淨故地界清淨地界清淨故一切智智清淨
何以故若實際清淨若地界清淨若一切智
智清淨无二无二分无別无斷故實際清淨
故水火風空識界清淨水火風空識界清淨
故一切智智清淨何以故若實際清淨若水
火風空識界清淨若一切智智清淨无二无

何以故若實際清淨若地界清淨若一切智
智清淨无二无二分无別无斷故實際清淨
故水火風空識界清淨水火風空識界清淨
故一切智智清淨何以故若實際清淨若水
火風空識界清淨若一切智智清淨无二无
二分无別无斷故善現實際清淨故无明清
淨无明清淨故一切智智清淨何以故若實
際清淨若无明清淨若一切智智清淨无二
无二分无別无斷故實際清淨故行識名色
六處觸受愛取有生老死愁歎苦憂惱清淨
行乃至老死愁歎苦憂惱清淨故一切智智
清淨何以故若實際清淨若行乃至老死愁
歎苦憂惱清淨若一切智智清淨无二无二
分无別无斷故
善現實際清淨故布施波羅蜜多清淨布
施波羅蜜多清淨故一切智智清淨何以故若
實際清淨若布施波羅蜜多清淨若一切智
智清淨无二无二分无別无斷故實際清淨
故淨戒安忍精進靜慮般若波羅蜜多清淨
淨戒乃至般若波羅蜜多清淨故一切智智
清淨何以故若實際清淨若淨戒乃至般若
波羅蜜多清淨若一切智智清淨无二无二
分无別无斷故善現實際清淨故內空清淨
內空清淨故一切智智清淨何以故若實際
清淨若內空清淨若一切智智清淨无二无
二分无別无斷故實際清淨故外空內外空
空空大空勝義空有為空无為空畢竟空
无際空散空无變異空本性空自相空共相空

清淨若內空清淨若一[illegible]
二分无別无斷故實際清淨故外空內外空
空空大空勝義空有為空无為空畢竟空
无際空散空无變異空本性空自相空共相空
一切法空不可得空无性空自性空无性自
性空清淨外空乃至无性自性空清淨故一
切智智清淨何以故若實際清淨若外空乃
至无性自性空清淨若一切智智清淨无二
无二分无別无斷故善現實際清淨故真如
清淨真如清淨故一切智智清淨何以故若
實際清淨若真如清淨若一切智智清淨无
二无二分无別无斷故實際清淨故法界法
性不虛妄性不變異性平等性離生性法定
法住虛空界不思議界清淨法界乃至不思
議界清淨故一切智智清淨何以故若實際
清淨若法界乃至不思議界清淨若一切智
智清淨无二无二分无別无斷故善現實際
清淨故苦聖諦清淨苦聖諦清淨故一切智
智清淨何以故若實際清淨若苦聖諦清淨
若一切智智清淨无二无二分无別无斷故
實際清淨故集滅道聖諦清淨集滅道聖諦
清淨故一切智智清淨何以故若實際清淨
若集滅道聖諦清淨若一切智智清淨无二
无二分无別无斷故善現實際清淨故四靜
慮清淨四靜慮清淨故一切智智清淨何以
故若實際清淨若四靜慮清淨若一切智智
清淨无二无二分无別无斷故實際清淨故
四无量四无色定清淨四无量四无色定清

BD01603 號　大般若波羅蜜多經卷二二一

（12–8）

无二分无別无斷故[illegible]
慮清淨四靜慮清淨故一切智智清淨何以
故若實際清淨若四靜慮清淨若一切智智
清淨无二无二分无別无斷故實際清淨故
四无量四无色定清淨四无量四无色定清
淨故一切智智清淨何以故若實際清淨若
四无量四无色定清淨若一切智智清淨无
二无二分无別无斷故善現實際清淨故八
解脫清淨八解脫清淨故一切智智清淨何
以故若實際清淨若八解脫清淨若一切智
智清淨无二无二分无別无斷故實際清淨
故八勝處九次第定十遍處清淨八勝處九
次第定十遍處清淨故一切智智清淨何以
故若實際清淨若八勝處九次第定十遍處
清淨若一切智智清淨无二无二分无別无
斷故善現實際清淨故四念住清淨四念住
清淨故一切智智清淨何以故若實際清淨
若四念住清淨若一切智智清淨无二无二
分无別无斷故實際清淨故四正斷四神足
五根五力七等覺支八聖道支清淨四正斷
乃至八聖道支清淨故一切智智清淨何以
故若實際清淨若四正斷乃至八聖道支清
淨若一切智智清淨无二无二分无別无斷
故善現實際清淨故空解脫門清淨空解脫
門清淨故一切智智清淨何以故若實際清
淨若空解脫門清淨若一切智智清淨无二
无二分无別无斷故實際清淨故无相无願
解脫門清淨无相无願解脫門清淨故一切
智智清淨何以故若實際清淨若无相无願

BD01603 號　大般若波羅蜜多經卷二二一

（12–9）

門清淨故一切智智清淨何以故若實際清
淨若空解脫門清淨若一切智智清淨无二
无二分无別无斷故實際清淨故无相无願
解脫門清淨无相无願解脫門清淨故一切
智智清淨何以故若實際清淨若无相无願
解脫門清淨若一切智智清淨无二无二分
无別无斷故善現實際清淨故菩薩十地清
淨菩薩十地清淨故一切智智清淨何以故
若實際清淨若菩薩十地清淨若一切智智
清淨无二无二分无別无斷故
善現實際清淨故五眼清淨五眼清淨故一
切智智清淨何以故若實際清淨若五眼清
淨若一切智智清淨无二无二分无別无斷
故實際清淨故六神通清淨六神通清淨故
一切智智清淨何以故若實際清淨若六神
通清淨若一切智智清淨无二无二分无別
无斷故善現實際清淨故佛十力清淨佛十
力清淨故一切智智清淨何以故若實際清
淨若佛十力清淨若一切智智清淨无二无
二分无別无斷故實際清淨故四无所畏四
无礙解大慈大悲大喜大捨十八佛不共法
清淨四无所畏乃至十八佛不共法清淨故
一切智智清淨何以故若實際清淨若四无
所畏乃至十八佛不共法清淨若一切智智
清淨无二无二分无別无斷故善現實際清
淨故无忘失法清淨无忘失法清淨故一切
智智清淨何以故若實際清淨若无忘失法
清淨若一切智智清淨无二无二分无別无

BD01603 號　大般若波羅蜜多經卷二二一　（12–10）

清淨无二无二分无別无斷故善現實際清
淨故无忘失法清淨无忘失法清淨故一切
智智清淨何以故若實際清淨若无忘失法
清淨若一切智智清淨无二无二分无別无
斷故實際清淨故恒住捨性清淨恒住捨性
清淨故一切智智清淨何以故若實際清淨
若恒住捨性清淨若一切智智清淨无二无
二分无別无斷故善現實際清淨故一切智
清淨一切智清淨故一切智智清淨何以故
若實際清淨若一切智清淨若一切智智清
淨无二无二分无別无斷故實際清淨故道
相智一切相智清淨道相智一切相智清淨
故一切智智清淨何以故若實際清淨若道
相智一切相智清淨若一切智智清淨无二
无二分无別无斷故善現實際清淨故一切
陁羅尼門清淨一切陁羅尼門清淨故一切
智智清淨何以故若實際清淨若一切陁羅
尼門清淨若一切智智清淨无二无二分无
別无斷故實際清淨故一切三摩地門清淨
一切三摩地門清淨故一切智智清淨何以
故若實際清淨若一切三摩地門清淨若一
切智智清淨无二无二分无別无斷故
善現實際清淨故預流果清淨預流果清淨
故一切智智清淨何以故若實際清淨若預
流果清淨若一切智智清淨无二无二分无
別无斷故實際清淨故一來不還阿羅漢果
清淨一來不還阿羅漢果清淨故一切智智
清淨何以故若實際清淨若一來不還阿羅

BD01603 號　大般若波羅蜜多經卷二二一　（12–11）

切智智清淨无二无二分无別无斷故
善現實際清淨故預流果清淨預流果清淨
故一切智智清淨若預流果清淨若實際清淨若預
流果清淨若一切智智清淨无二无二分无
別无斷故實際清淨故一來不還阿羅漢果
清淨一來不還阿羅漢果清淨故一切智智
清淨何以故若實際清淨若一來不還阿羅
漢果清淨若一切智智清淨无二无二分无
別无斷故善現實際清淨故獨覺菩提清淨
獨覺菩提清淨故一切智智清淨何以故若
實際清淨若獨覺菩提清淨若一切智智清
淨无二无二分无別无斷故若現實際清淨
故一切菩薩摩訶薩行清淨一切菩薩摩訶
薩行清淨故一切智智清淨何以故若實際
清淨若一切菩薩摩訶薩行清淨若一切智
智清淨无二无二分无別无斷故善現實際
清淨故諸佛无上正等菩提清淨諸佛无上
正等菩提清淨故一切智智清淨何以故若
實際清淨若諸佛无上正等菩提清淨若一
切智智清淨无二无二分无別无斷故

大般若波羅蜜多經卷第二百廿一

BD01603號　大般若波羅蜜多經卷二二一　（12–12）

可思議解脫之力若廣說者窮劫不盡是時大迦
葉聞說菩薩不可思議解脫法門歎未曾有
謂舍利弗譬如有人於盲者前現衆色像非
彼所見一切聲聞聞是不可思議解脫法門不
能解了為若此也智者聞是其誰不發阿耨
多羅三藐三菩提心我等何為永絕其根於
此大乘已如敗種一切聲聞聞是不可思議
解脫法門皆應號泣聲震三千大千世界
一切菩薩應大喜慶頂受此法若有菩薩信
解不可思議解脫法門者一切魔衆无如之何
大迦葉說是語時三万二千天子皆發阿耨
多羅三藐三菩提心
尒時維摩詰語大迦葉仁者十方无量阿僧
祇世界中作魔王者多是住不可思議解脫
菩薩以方便力教化衆生現作魔王又迦葉
十方无量菩薩或有人從乞手足耳鼻頭目
髓腦血肉皮骨聚落城邑妻子奴婢象馬車
乘金銀瑠璃車𤦲馬瑙珊瑚虎珀真珠珂貝
衣服飲食如此乞者多是住不可思議解脫
菩薩以方便力而往試之令其堅固所以者
何住不可思議解脫菩薩有威德力故行
逼迫示諸衆生如是難事凡夫下劣无有力

BD01604號　維摩詰所說經卷中　（14–1）

[illegible]
乘金銀瑠璃車𤦲馬瑙珊瑚虎珀真珠珂貝
衣服飲食如此乞者多是住不可思議解脫
菩薩以方便力而往試之令其堅固所以者
何住不可思議解脫菩薩有威德力故行
逼迫示諸衆生如是難事凡夫下劣无有力
勢不能如是逼迫菩薩譬如龍象蹴踏非驢所
堪是名住不可思議解脫菩薩智慧方便之門
觀衆生品第七
尒時文殊師利問維摩詰言菩薩云何觀
於衆生維摩詰言譬如幻師見所幻人菩薩觀
衆生為若此如智者見水中月如鏡中見其
面像如熱時焰如呼聲響如空中雲如水
聚沫如水上泡如芭蕉堅如電久住如第五
大如第六陰如第七情如十三入如十九界
菩薩觀衆生為若此如无色界色如燋穀牙
如須陁洹身見如阿那含入胎如阿羅漢三
毒如得忍菩薩貪恚毀禁如佛煩惱習如
盲者見色如入滅盡定出入息如空中鳥跡
如石女兒如化人煩惱如夢所見已悟如滅
度者受身如无烟之火菩薩觀衆生為若此
文殊師利言若菩薩作是觀者云何行慈維
摩詰言菩薩作是觀已自念我當為衆生說
如斯法是即真實慈也行寂滅慈无所生
故行不熱慈无煩惱故行等之慈等三世故
行无諍慈无所起故行不二慈內外不合故行

BD01604 號　維摩詰所說經卷中　　（14–2）

文殊師利言若菩薩作是觀者云何行慈維
摩詰言菩薩作是觀已自念我當為衆生說
如斯法是即真實慈也行寂滅慈无所生
故行不熱慈无煩惱故行等之慈等三世故
行无諍慈无所起故行不二慈內外不合故行
不壞慈畢竟盡故行堅固慈心无毀故行清
淨慈諸法性淨故行无邊慈如虛空故行阿
羅漢慈破結賊故行菩薩慈安衆生故行如
來慈得如相故行佛之慈覺衆生故行自然
慈无因得故行菩提慈等一味故行无等慈
斷諸愛故行大悲慈導以大乘故行无猒慈
觀空无我故行法施慈无遺惜故行持戒慈
化毀禁故行忍辱慈護彼我故行精進慈荷
負衆生故行禪定慈不受味故行智慧慈无
不知時故行方便慈一切示現故行无隱慈
直心清淨故行深心慈无雜行故行无誑慈
不虛假故行安樂慈令得佛樂故菩薩之慈
為若此也
文殊師利又問何謂為悲答曰菩薩[illegible]
德皆與一切衆生共之何謂為喜答曰有所
饒益歡喜无悔何謂為捨答曰所作福祐无
所希望文殊師利又問生死有畏菩薩當何
所依維摩詰言菩薩於生死畏中當依如來
功德之力文殊師利又問菩薩欲依如來功
德之力當於何住答曰菩薩欲依如來功德

BD01604 號　維摩詰所說經卷中　　（14–3）

所依維摩詰言菩薩於生死畏中當依如來
功德之力文殊師利又問菩薩欲依如來功
德之力當於何住荅曰菩薩欲依如來功德
力者當住度脫一切衆生又問欲度衆生當
何所除荅曰欲度衆生除其煩惱又問欲除
煩惱當何所行荅曰當行正念又問云何行
於正念荅曰當行不生不滅又問何法不生
何法不滅荅曰不善不生善法不滅又問善
不善孰為本荅曰身為本又問身孰為本荅
曰欲貪為本又問欲貪孰為本荅曰虛妄分
別為本又問虛妄分別孰為本荅曰顛倒想
為本又問顛倒想孰為本荅曰无住為本
又問无住孰為本荅曰无住則无本文殊師
利從无住本立一切法
時維摩詰室有一天女見諸大人聞所說法
便現其身即以天華散諸菩薩大弟子上華
至諸菩薩即皆墮落至大弟子便著不墮一
切弟子神力去華不能令去尒時天問舍利
弗何故去華荅曰此華不如法是以去之天曰
勿謂此華為不如法所以者何是華无所
分別仁者自生分別想耳若於佛法出家
有所分別為不如法若无分別是則如法觀
諸菩薩華不著者以斷一切分別想故譬如
人畏時非人得其便如是弟子畏生死故色
聲香味觸得其便已離畏者一切五欲无能

諸菩薩華不著者以斷一切分別想故譬如
人畏時非人得其便如是弟子畏生死故色
聲香味觸得其便已離畏者一切五欲无能
為也結習未盡華著身耳結習盡者華不著
也舍利弗言天止此室其已久如荅曰我止此
室如耆年解脫舍利弗言止此久耶天曰耆
年解脫亦何如久舍利弗默然不荅天曰如
何耆舊大智而默荅曰解脫者无所言說故
吾於是不知所云天曰言說文字皆解脫相
所以者何解脫者不內不外不在兩間文字
亦不內不外不在兩間是故舍利弗无離
文字說解脫也所以者何一切諸法皆是解
脫相舍利弗言不復以離婬怒癡為解脫乎
天曰佛為增上慢人說離婬怒癡為解脫
耳若无增上慢者佛說婬怒癡性即是解
脫舍利弗言善哉善哉天女汝何所得以何
為證辯乃如是荅天曰我无得无證故辯如是所
以者何若有得有證者則於佛法為增上慢
舍利弗問天汝於三乘為何志求天曰以聲
聞法化衆生故我為聲聞以因緣法化衆生
故我為辟支佛以大悲化衆生故我為大乘
舍利弗如人入瞻蔔林唯嗅瞻蔔不嗅餘香
如是若入此室但聞佛法功德之香不樂聲
聞辟支佛功德香也舍利弗其有釋梵四
天王諸天龍鬼神等入此室者聞斯上人講說

聞法化衆生故我為聲聞以因緣法化衆生
故我為辟支佛以大悲化衆生故我為大乘
舍利弗如人入瞻蔔林唯齅瞻蔔不齅餘香
如是若入此室但聞佛法功德之香不樂聲
聞辟支佛功德香也舍利弗其有釋梵四
天王諸天龍鬼神等入此室者聞斯上人講說
正法皆樂佛功德之香發心而出舍利弗吾
止此室十有二年初不聞說聲聞辟支佛法
但聞菩薩大慈大悲不可思議諸佛之法
舍利弗此室常現八未曾有難得之法何等
為八此室常以金色光照晝夜无異不以日
月所照為明是為一未曾有難得之法此室
入者不為諸垢之所惱也是為二未曾有難
得之法此室常有釋梵四天王他方菩薩來
會不絕是為三未曾有難得之法此室常說
六波羅蜜不退轉法是為四未曾有難得
之法此室常作天人第一之樂絃出无量法化
之聲是為五未曾有難得之法此室有四大
藏衆寶積滿周窮濟乏求得无盡是為六未
曾有難得之法此室釋迦牟尼佛阿弥陁佛
阿閦佛寶德寶焰寶月寶嚴難勝師子響
一切利成如是等十方无量諸佛是上人念
時即皆為來廣說諸佛秘要法藏說已還
去是為七未曾有難得之法此室一切諸天嚴
飾宮殿諸佛淨土皆於中現是為八未曾有
難得之法舍利弗此室常現八未曾有難得

BD01604 號　維摩詰所說經卷中　（14–6）

阿閦佛寶德寶焰寶月寶嚴難勝師子響
一切利成如是等十方无量諸佛是上人念
時即皆為來廣說諸佛秘要法藏說已還
去是為七未曾有難得之法此室一切諸天嚴
飾宮殿諸佛淨土皆於中現是為八未曾有
難得之法舍利弗此室常現八未曾有難得
之法誰有見斯不思議事而復樂於聲聞法
乎舍利弗言汝何以不轉女身天曰我從十二
年來求女人相了不可得當何所轉譬如幻
師化作幻女若有人問何以不轉女身是人
為正問不舍利弗言不也幻无定相當何所
轉天曰一切諸法亦復如是无有定相云何
乃問不轉女身即時天女以神通力變舍利
弗令如天女天自化身如舍利弗而問言何
以不轉女身舍利弗以天女像而荅言我今
不知何轉而變為女身天曰舍利弗若能轉
此女身則一切女人亦當能轉如舍利弗非
女而現女身一切女人亦復如是雖現女身
而非女也是故佛說一切諸法非男非女即
時天女還攝神力舍利弗身還復如故天問
舍利弗女身色相今何所在舍利弗言女身
色相无在无不在天曰一切諸法亦復如是
无在无不在夫无在无不在者佛所說也舍
利弗問天汝於此沒當生何所天曰佛化所
生吾如彼生曰佛化所生非沒生也天曰衆
生猶然无沒生也舍利弗問天汝久如當得

BD01604 號　維摩詰所說經卷中　（14–7）

[illegible]
色相无在无不在天曰一切諸法亦復如是
无在无不在夫无在无不在者佛所說也舍
利弗問天汝於此沒當生何所天曰佛化所
生吾如彼生曰佛化所生非沒生也天曰眾
生猶然无沒生也舍利弗問天汝久如當得
阿耨多羅三藐三菩提天曰如舍利弗還為
凡夫我乃當成阿耨多羅三藐三菩提舍利
弗言我作凡夫无有是處天曰我得阿耨多
羅三藐三菩提亦无是處所以者何菩提无
住處是故无有得者舍利弗言（今）諸佛得阿
耨多羅三藐三菩提已得當得（令得）如恒河沙皆
何謂乎天曰皆以世俗文字數故說有三世
非謂菩提有去來今天曰舍利弗汝得阿羅
漢道耶曰无所得故而得天曰諸佛菩薩亦
復如是无所得故而得尒時維摩詰語舍
利弗是天女曾已供養九十二億佛已能遊戲
菩薩神通所願具足得无生忍住不退轉以
本願故隨意能現教化眾生

佛道品第八

尒時文殊師利問維摩詰言菩薩云何通達
佛道維摩詰言若菩薩行於非道是為通達
佛道又問云何菩薩行於非道答曰若菩薩
行五无間而无惱恚至于地獄无諸罪垢至
于畜生无有无明憍慢等過至于餓鬼而具
是功德行色无色界（道）不以為勝亦行貪欲離

BD01604號　維摩詰所說經卷中　（14–8）

佛道維摩詰言若菩薩行於非道是為通達
佛道又問云何菩薩行於非道答曰若菩薩
行五无間而无惱恚至于地獄无諸罪垢至
于畜生无有无明憍慢等過至于餓鬼而具
是功德行色无色界（道）不以為勝亦行貪欲離
諸染著亦行瞋恚於諸眾生无有恚閡亦行
愚癡而以智慧調伏其心亦行慳貪而捨內
外所有不惜身命亦行毀禁而安住淨戒乃
至小罪猶懷大懼亦行瞋恚而常慈忍亦行
懈怠而勤修功德亦行亂意而常念定亦
行愚癡而通達世間出世間慧亦行諂偽而善
方便隨諸經義亦行憍慢而於眾生猶如橋
梁亦行諸煩惱而心常清淨亦入於魔而順
佛智慧不隨他教亦入聲聞而為眾生說未
聞法亦入辟支佛而成就大悲教化眾生亦
入貧窮而有寶手功德无盡亦入形殘而具
諸相好以自莊嚴亦入下賤而生佛種性中
具諸功德亦入羸劣醜陋而得那羅延身一
切眾生之所樂見亦入老病而永斷病根超
越死畏亦有資生而恒觀无常實无所貪
亦有妻妾婇女而常遠離五欲淤泥現於訥
鈍而成就辯才總持无失亦入邪濟而以正
濟度諸眾生現遍入諸道而斷其因緣現於
涅槃而不斷生死文殊師利菩薩能如是行
於非道是為通達佛道
於是維摩詰問文殊師利何等為如來種

BD01604號　維摩詰所說經卷中　（14–9）

鈍而成就辯才總持无失示入耶濟而以正
濟度諸衆生現遍入諸道而斷其因緣現於
涅槃而不斷生死文殊師利菩薩能如是行
於非道是爲通達佛道
於是維摩詰問文殊師利何等爲如来種文
殊師利言有身爲種无明有愛爲種貪恚癡
爲種四顛倒爲種五蓋爲種六入爲種七識
處爲種八耶法爲種九惱處爲種十不善道
爲種以要言之六十二見及一切煩惱皆是
佛種曰何謂也荅曰若見无爲入正位者不
能復發阿耨多羅三藐三菩提心譬如高
原陸地不生蓮華卑濕淤泥乃生此華如是見
无爲法入正位者終不復能生於佛法煩惱
泥中乃有衆生起佛法耳又如殖種於空終
不得生糞壤之地乃能滋茂如是入无爲正
位者不生佛法起於我見如須弥山猶能
發于阿耨多羅三藐三菩提心生佛法矣是
故當知一切煩惱爲如来種譬如不入巨海不
能得无價寶珠如是不入煩惱大海則不能
生一切智寶之心
尒時大迦葉歎言善哉善哉文殊師利快說
此語誠如所言塵勞之疇爲如来種我等今
者不復堪任發阿耨多羅三藐三菩提心乃
至五无間罪猶能發意生於佛法而今我等
永不能發譬如根敗之士其於五欲不能復利

BD01604 號　維摩詰所說經卷中　（14–10）

此語誠如所言塵勞之疇爲如来種我等今
者不復堪任發阿耨多羅三藐三菩提心乃
至五无間罪猶能發意生於佛法而今我等
永不能發譬如根敗之士其於五欲不能復利
如是聲聞諸結斷者於佛法中无所復益永
不志願是故文殊師利凡夫於佛法有反復
而聲聞无也所以者何凡夫聞佛法能起无
上道心不斷三寶正使聲聞終身聞佛法
力无畏等永不能發无上道意尒時會中有
菩薩名普現色身問維摩詰言居士父母妻
子親戚眷屬吏民知識悉爲是誰奴婢僮僕
象馬車乘皆何所在於是維摩詰以偈荅曰
智度菩薩母　方便以爲父　一切衆導師　无不由是生
法喜以爲妻　慈悲心爲女　善心誠實男　畢竟空寂舍
弟子衆塵勞　隨意之所轉　道品善知識　由是成正覺
諸度法等侶　四攝爲妓女　歌詠誦法言　以此爲音樂
總持之園苑　无漏法林樹　覺意淨妙華　解脫智慧果
八解之浴池　定水湛然滿　布以七淨華　浴此无垢人
象馬五通馳　大乘以爲車　調御以一心　遊於八正路
相具以嚴容　衆好飾其姿　慙愧之上服　深心爲華鬘
富有七財寶　教授以滋息　如所說脩行　迴向爲大利
四禪爲牀座　從於淨命生　多聞增智慧　以爲自覺音
甘露法之食　解脫味爲漿　淨心以澡浴　戒品爲塗香
摧滅煩惱賊　勇健无能踰　降伏四種魔　勝幡建道場
雖知无起滅　示彼故有生　悉現諸國土　如日无不現
供養於十方　无量億如来　諸佛及己身　无有分別想

BD01604 號　維摩詰所說經卷中　（14–11）

四禪為牀座　從於淨命生　多聞增智慧　以為自覺音
甘露法之食　解脫味為漿　淨心以澡浴　戒品為塗香
摧滅煩惱賊　勇健无能踰　降伏四種魔　勝幡建道場
雖知无起滅　示彼故有生　悉現諸國土　如日无不現
供養於十方　无量億如来　諸佛及已身　无有分別想
雖知諸佛國　及與衆生空　而常脩淨土　教化於群生
諸有衆生類　形聲及威儀　无畏力菩薩　一時能盡現
覺知衆魔事　而示隨其行　以善方便智　隨意皆能現
或示老病死　成就諸群生　了知如幻化　通達无有礙
或現劫盡燒　天地皆洞然　衆人有常想　照令知无常
无數億衆生　俱来請菩薩　一時到其舍　化令向佛道
經書禁呪術　工巧諸伎藝　盡現行此事　饒益諸群生
世間衆道法　悉於中出家　因以解人惑　而不墮邪見
或作日月天　梵王世界主　或時作地水　或復作風火
劫中有疾疫　現作諸藥草　若有服之者　除病消衆毒
劫中有飢饉　現身作飲食　先救彼飢渴　却以法語人
劫中有刀兵　為之起慈悲　化彼諸衆生　令住无諍地
若有大戰陣　立之以等力　菩薩現威勢　降伏使和安
一切國土中　諸有地獄處　輙往到于彼　勉濟諸苦惱
一切國土中　畜生相食噉　皆現生於彼　為之作利益
示受於五欲　亦復現行禪　令魔心憒亂　不能得其便
火中生蓮華　是可謂希有　在欲而行禪　希有亦如是
或現作婬女　引諸好色者　先以欲鉤牽　後令入佛智
或為邑中主　或作商人導　國師及大臣　以祐利衆生

BD01604號　維摩詰所說經卷中　（14–12）

示受於五欲　亦復現行禪　令魔心憒亂　不能得其便
火中生蓮華　是可謂希有　在欲而行禪　希有亦如是
或現作婬女　引諸好色者　先以欲鉤牽　後令入佛智
或為邑中主　或作商人導　國師及大臣　以祐利衆生
諸有貧窮者　現作无盡藏　因以勸導之　令發菩提心
我心憍慢者　為現大力士　消伏諸貢高　令住无上道
其有恐懼衆　於前而慰安　先施以无畏　後令發道心
或現離婬欲　為五通仙人　開導諸群生　令住戒忍慈
見須供事者　現為作僮僕　既悅可其意　乃發以道心
隨彼之所須　得入於佛道　以善方便力　皆能給足之
如是道无量　所行无有崖　智慧无邊際　度脫无數衆
假令一切佛　於无數億劫　讚嘆其功德　猶尚不能盡
誰聞如是法　不發菩提心　除彼不肖人　癡冥无智者

入不二法門品第九

爾時維摩詰謂衆菩薩言諸仁者云何菩薩
入不二法門各隨所樂說之會中有菩薩名
法自在說言諸仁者生滅為二法本不生今
則无滅得此无生法忍是為入不二法門
德首菩薩曰我我所為二因有我故便有我所
若无有我則无我所是為入不二法門
不瞬菩薩曰受不受為二若法不受則不可
得以不可得故无取无捨无作无行是為入
不二法門

BD01604號　維摩詰所說經卷中　（14–13）

若无有我則无我所是為入不二法門
不瞬菩薩曰受不受為二若法不受則不可
得以不可得故无取无捨无作无行是為入
不二法門
德頂菩薩曰垢淨為二見垢實性則无淨相
順於滅相是為入不二法門
善宿菩薩曰是動是念為二不動則无念无
念則无分別通達此者是為入不二法門
善眼菩薩曰一相无相為二若知一相即是
无相亦不取无相入於平等是為入不二法門
妙臂菩薩曰菩薩心聲聞心為二觀心相空
如幻化者无菩薩心无聲聞心是為入不二法門
弗沙菩薩曰善不善為二若不起善不善入无
相際而通達者是為入不二法門
師子菩薩曰罪福為二若達罪性則與福无
異以金剛慧決了此相无縛无解者是為入不
二法門
師子意菩薩曰有漏无漏為二若得諸法等
則不起漏不漏想不著於相亦不住无相是為
入不二法門

BD01604號　維摩詰所說經卷中　（14–14）

非鄣道法…　此比丘言大德莫作是
語莫謗〻世〻尊〻者不善世尊不作是語世
尊无數方便說犯淫欲者鄣道法彼比丘諫
時若堅持不捨彼比丘乃至三諫捨此事故
若再諫捨者善若不捨者波逸提比丘義如
上彼比丘作如是言我知佛所說法行淫欲
者非鄣道法彼比丘諫此比丘言汝莫作是
語莫謗〻世〻尊〻者不善世尊不作是語
世尊无數方便說行淫欲鄣道法汝今可捨
是事莫為僧所呵更犯罪若受語者善不隨
語者應白〻已當語我已白竟餘有羯磨在
汝可捨此事莫為眾僧所呵責犯罪若隨語
者善不隨語者當作〻初〻羯〻磨〻已當語
言我已白初羯磨竟餘有二羯磨在汝當捨
是事莫為眾僧所呵責犯罪若隨語者善不隨
語者當作〻第〻二〻羯〻磨〻已當語言已作白
二羯磨竟餘有一羯磨在汝可捨是事莫為
眾僧所呵犯罪若隨語者善不隨語者唱三
羯磨竟波逸提作白已二羯磨竟捨者三突
吉羅作白已一羯磨竟捨者二突吉羅白已
捨者一突吉羅若白未竟捨者突吉羅若未
作白作是語我知佛所說行淫欲者非鄣道

BD01605號　四分律（異卷）卷一五　（47–1）

衆僧所呵犯罪若隨語者善不隨語者唱三
羯磨竟波逸提作白已二羯磨竟捨者三突
吉羅作白已一羯磨竟捨者二突吉羅白已
捨者一突吉羅若白未竟捨者突吉羅若未
作白作是語我知佛所說行婬欲者非鄣道
法一切突吉羅彼比丘諫此比丘時若有餘
人遮汝莫捨此事衆僧諫已不諫遮者一切
突吉羅比丘尼波逸提式叉摩那沙彌沙彌
尼突吉羅是謂為犯不犯者初語時捨若
非法別衆諫若非法和合衆法別衆法相似
別衆法相似和合非法非毗尼非佛所教若
无諫者无諫者无犯无犯者宗初未制戒癡
狂心亂痛惱所纏 第六十八波逸提竟、
尒時佛在舍衛國祇樹給孤獨園時阿梨吒
比丘惡見衆僧呵諫而故不捨時諸比丘聞
其中有少欲知足行頭陀樂學戒知慚愧者
嫌責阿梨吒比丘言云何汝惡見衆僧呵諫
而故不捨時諸比丘往世尊所頭面禮足已
在一〻面〻坐〻已以此因緣具白世〻尊〻
尒時以此因緣集比丘僧呵責阿梨吒比丘
言汝所為非〻威儀非沙門法非淨行非隨
順行所不應為云何阿梨吒比丘惡見衆僧
呵諫而故不捨耶以无數方便呵責阿梨吒
比丘已告諸比丘自今已去衆僧與阿梨吒
比丘作惡見不捨舉白四羯磨應如是作為
阿梨吒比丘作舉作〻憶〻念〻已與罪衆
[illegible]

BD01605號　四分律（異卷）卷一五　（47–2）

呵諫而故不捨耶以无數方便呵責阿梨吒
比丘已告諸比丘自今已去衆僧與阿梨吒
比丘作惡見不捨舉白四羯磨應如是作為
阿梨吒比丘作舉作〻憶〻念〻已與罪衆
中應差堪能羯磨者如上作如是白大德僧
聽此阿梨吒惡見衆僧呵諫而故不捨若僧
時到僧忍聽僧今與阿梨吒比丘作惡見不
捨舉羯磨白如是大德僧聽此阿梨吒惡見
衆僧呵諫而故不捨僧今為阿梨吒比丘作
惡見不捨舉羯磨誰諸長老忍僧為阿梨吒
比丘作惡見不捨舉羯磨嘿然誰不忍者說
是初羯磨第二第三如是說僧已與阿梨吒
比丘作惡見不捨舉羯磨竟僧忍嘿然故
是事如是持時阿梨吒比丘僧作惡見不捨
羯磨六群比丘供給所須共同羯磨止宿言
語時諸比丘聞其中有少欲知足行頭陀樂
學戒知慚愧者責六群比丘阿梨吒比丘僧
與作惡見不捨舉羯磨云何供給所須共
宿言語尒時諸比丘往世尊所頭面禮足已
在一面坐以此因緣具白世〻尊〻尒時以
此因緣集比丘僧呵責六群比丘言汝所為
非〻威儀非沙門法非淨行非隨順行所不
應為云何六群比丘阿梨吒比丘僧為作惡
見不捨舉羯磨而供給所須共止宿言語耶
以无數方便呵責六群比丘已告諸比丘此
六群比丘癡人多種有漏處最初犯戒自今
[illegible]

BD01605號　四分律（異卷）卷一五　（47–3）

見不捨擯羯磨而供給所須共止宿言語所
以無數方便呵責六群比丘已告諸比丘此
六群比丘癡人多種有漏處最初犯戒自今
已去與比丘結戒集十句義乃至正法久住
欲說戒者當如是說若比丘與如是語人未
作法有是見不捨供給所須共同羯磨止宿
言語波逸提世尊與比丘結戒時諸比丘不
能知有如是語不後乃知有如是語或有作
波逸提懺悔或有疑者佛言不知者無犯自今
已去當如是說戒若比丘知如是語人未
作法如是邪見而不捨供給所須共同羯磨
止宿言語者波逸提比丘義如上如是語者
作如是語我聞世尊說法行婬欲者非鄣道
法未作法者被舉未為解如是見者作如是
見知世尊所說法非鄣道法不捨惡見眾僧
呵諫而不捨惡見也供給所須者二有種若
法若財法者教循習增上戒增上意增上智
學問誦經財者供給衣服飲食床臥具病瘦醫
藥同羯磨者同說戒止宿者屋有四壁一切
覆或一切覆不一切鄣或鄣不一切覆或不
盡覆不盡鄣若比丘先入屋後有如是語人
來若如是語人先來比丘後來若人二俱入
宿隨脅著地一丶波逸提比丘尼波逸提式
叉摩那沙丶彌丶尼突吉羅是謂為犯不犯
者比丘不知入宿若比丘先在屋如是語人
後來入屋比丘不知若屋一切覆無四鄣或

BD01605號　四分律（異卷）卷一五　（47–4）

叉摩那沙丶彌丶尼突吉羅是謂為犯不犯
者比丘不知入宿若比丘先在屋如是語人
後來入屋比丘不知若屋一切覆無四鄣或
一切覆而半鄣或一切覆少鄣或一切鄣而
無覆或一切鄣而半覆或一切鄣少覆或半
覆半鄣或少覆少鄣或不覆不鄣或露地如
是一切不知無犯若倒地若病轉側若為力
勢所持或被繫閉或命難梵行難無丶犯丶
者最初未制戒癡狂心亂痛惱所纏　第六十九波逸提竟丶
尒時佛在舍衛國祇樹給孤獨園時跋難陁
釋子有二沙彌一名羯那二名摩睺迦不知
慚愧共行不淨尒時羯那摩睺迦自相謂言
我等從佛聞法其有行婬欲非鄣道法時諸
比丘聞其中有沙彌知足云何汝沙彌等自
相謂言我從佛聞法行婬欲非鄣道法尒時
諸比丘往世尊所頭面禮足已在一面坐以
此因緣具白世尊世尊尒時以此因緣集比
丘僧呵責此二沙彌言汝所為非丶威儀非
淨行非隨順行所不應為云何汝沙彌等自
謂言我從佛聞法其行婬欲者非鄣道法尒
時世尊以無數方便呵責此二沙彌已告諸
比丘自今已去與此二沙彌作呵諫捨此事
故白四羯磨應如是作呵諫立此二沙彌於
眾前眼見不聞處眾中當差堪能羯磨者如
上作如是白大德僧聽彼二沙彌自相謂言
我從世尊聞法行婬欲者非鄣道法若僧時

BD01605號　四分律（異卷）卷一五　（47–5）

衆前眼見不聞處衆中當差堪能羯磨者如
上作如是白大德僧聽彼二沙彌自相謂言
我從世尊聞法行婬欲者非鄣道法若僧時
到僧忍聽呵責彼二沙彌捨此事故汝沙彌
莫作是語莫誹〻謗〻世〻尊〻者不善世尊不
作是語沙彌世尊无數方便說行婬欲是鄣
道法白如是大德僧聽彼二沙彌自相謂言
我從世尊聞法行婬欲者非鄣道法僧今与
彼二沙彌作呵諫令捨此事故汝沙彌莫誹
〻謗〻世〻尊〻者不善世尊不作是語世
尊无數方便說婬欲是鄣道法誰諸長老忍
僧呵責二沙彌令捨此事者嘿然不忍者說
是初羯磨第二第三亦如是衆僧已呵責二
沙彌竟僧忍嘿然故是事如是持彼二沙
彌衆僧呵責而故不捨此事時諸比丘聞其
中有少欲知足行頭陀樂學戒知慚愧者嫌
責二沙彌云何汝等僧呵責而故不捨惡見
尒時諸比丘往世尊所頭面禮足已在一面
坐以此因緣具白世〻尊〻以此因緣集比
丘僧呵責二沙彌言汝所為非〻威儀非淨
行非隨順行所不應為云何汝等二沙彌衆
僧呵責而故不捨惡見耶以无數方便呵責
二沙彌已告諸比丘衆僧應与此二沙彌作
惡見不捨滅擯白四羯磨應如是作將二沙
彌至衆前立著見處不聞處衆中當差堪能
羯磨者如上作如是白大德僧聽此二沙彌

惡見不捨滅擯白四羯磨應如是作將二沙
彌至衆前立著見處不聞處衆中當差堪能
羯磨者如上作如是白大德僧聽此二沙彌
衆僧呵責故不捨惡見若僧時到僧忍聽僧
今為二沙彌作惡見不捨滅擯羯磨自今已
去此二沙彌不應言佛是我世尊不得隨逐
諸比丘餘沙彌得与餘比丘二宿三宿汝等
不得汝出去滅去不應住此白如是大德僧
聽此二沙彌衆僧呵責故不捨惡見衆僧今
与二沙彌作惡見不捨滅擯羯磨自今已去
此二沙彌不得言佛是我世尊不應隨餘比
丘如諸沙彌得与比丘二宿三宿汝今不得
也汝出去滅去不應住此誰諸長老忍僧為
二沙彌作惡見不捨滅擯者嘿然不忍者說
是初羯磨第二第三如是說僧已与二沙彌
作惡見不捨滅擯竟僧忍嘿然故是事如
是持時六群比丘知僧為此二沙彌作惡見
不捨滅擯羯磨而便誘將畜養共止宿諸比
丘聞其中有少欲知足行頭陀樂學戒知慚
愧者嫌責六群比丘言云何汝等僧為此二
沙彌作惡見不捨滅擯羯磨而誘將畜養共
止宿也尒時諸比丘往世尊所頭面禮足已
在一面坐以此因緣具白世〻尊〻以此因
緣集比丘僧呵責六群比丘言汝所為非〻
威儀非沙門法非淨行非隨順行所不應為
云何汝等知僧為二沙彌作惡見不捨滅擯

威儀非沙門法非淨行非隨順行所不應為
云何汝等知僧為二沙弥作惡見不捨滅擯
羯磨而誘將畜養共宿耶以无數方便呵責
六群比丘已告諸比丘此六群比丘癡人多
種有漏處最初犯戒自今已去与比丘結戒
集十句義乃至正法久住欲說戒者當如是
說若沙弥作是言我知世尊說法行淫欲非
鄣道法諸比丘諫此沙弥如是言汝莫作是
語莫誹〃謗〃世〃尊〃者不善世尊不作
是語世尊无數方便說行淫欲是鄣道法彼
作如是諫時此沙弥堅持不捨諸比丘應
乃至再三呵諫令捨此事故若不捨乃至三諫
而捨者善不捨者諸比丘當語彼沙弥言汝
自今已去不得言佛是我世尊不得隨逐餘
比丘如諸沙弥得与比丘二三宿汝今无是
事也汝出去滅去不應住此若比丘如是衆
中被擯沙弥而誘將畜養共止宿者波逸提
如是世尊与比丘結戒彼二沙弥城中擯出
便住外村城擯出還入城中尒時諸比丘之
不知此是滅擯不復乃方知是滅擯或作
波逸提懺者有疑者佛言不知者无犯自今
已去應如是說戒若比丘知沙弥作如是言
我從佛聞法若行淫欲非鄣道法彼比丘諫
此沙弥如是言莫誹〃謗〃世〃尊〃者不
善世尊不作是語汝沙弥世尊无數方便說
淫欲是鄣道法彼比丘諫此沙弥時堅持不

此沙弥如是言莫誹〃謗〃世〃尊〃者不
善世尊不作是語汝沙弥世尊无數方便說
淫欲是鄣道法彼比丘諫此沙弥時堅持不
捨彼比丘應乃至再三呵諫捨此事故乃至
三諫而捨者善不捨彼比丘應語彼沙弥言
汝自今已去不得言佛是我世尊不得隨逐
餘比丘如諸沙弥得与比丘二三宿汝今无
是也汝出去不應住此若比丘知如是衆中
被擯沙弥而誘將畜養共止宿波逸提比丘
義如上滅擯者僧与作滅擯白四羯磨也畜
養自者養若教人養誘者若自誘若教人誘
共宿者如上說若比丘先入宿滅擯者後至
或二人俱至隨脇著地轉側波逸提比丘尼
波逸提式叉摩那沙〃弥〃尼突吉羅是謂
為犯不犯者先知若比丘先至滅擯者後來
比丘不知若房四方无鄣上有覆廣說如上
露地无犯若顛蹶倒地若病動轉或為力勢
所縶閉命難梵行難无犯无犯者最初未制
戒癡狂心亂痛惱所纏　第七十波逸提竟
尒時佛在拘睒毗國瞿師羅園中尒時闡陀
比丘餘比丘如法諫時作如是言我今不學
此戒我當問餘智慧持律比丘時諸比丘聞
其中有少欲知足行頭陀樂學戒知慚愧者
嫌責闡陀比丘言云何諸比丘如法諫時便
作如是言我今不學此戒當問餘智慧持律
比丘耶尒時諸比丘往世尊所頭面禮足在

嫌責闡陀比丘言云何諸比丘如法諫時便
作如是言我今不學此戒當問餘智慧持律
比丘耶尒時諸比丘往世尊所頭面禮足在
一面坐已以此因緣具白世尊世尊以此因
緣集比丘僧呵責闡陀比丘言汝所為非非
威儀非沙門法非淨行非隨順行所不應為
云何闡陀比丘餘比丘如法諫時作是語我
今未學此戒當問餘智慧持律比丘以无數
方便呵責闡陀已告諸比丘此癡人多種有
漏處最初犯戒自今已去与比丘結戒集十
句義乃至正法久住欲說戒者當如是說若
比丘餘比丘如法諫時如是語我今不學此
戒當難問餘智慧持律比丘者波逸提若為
知為學故應難問比丘義如上法者如律如
佛所教彼比丘如法諫時此比丘作如是語
我今不學此戒當難問餘智慧持律比丘若
說而了了波逸提不了了突吉羅比丘尼波
逸提式叉摩那沙彌沙彌尼突吉羅是謂為
犯不犯者彼諫比丘癡不解故此比丘作如
是語汝還問汝和上阿闍梨汝可更學問誦
經若其事實尒或戲咲語或疾疾語或獨語
或欲說是錯說彼无犯无犯者最初未制戒
癡狂心痛惱所纏 第七十一波逸提竟
尒時佛在舍衛國祇樹給孤獨園尒時有衆
多比丘共集在一處誦正法誦毗尼時六群
比丘自相謂言此比丘等集在一處誦正法誦

癡狂心痛惱所纏 第七十一波逸提竟
尒時佛在舍衛國祇樹給孤獨園尒時有衆
多比丘共集在一處誦正法誦毗尼時六群
比丘自相謂言此比丘等集在一處誦正法誦
毗尼彼比丘誦律通利必當數數舉我罪我
今寧可往語彼比丘長老何用此雜碎戒為
若欲誦者當誦四事若必欲誦者當誦四事
十三事餘者不應誦也何以故汝等若誦者
使人懷疑憂惱時六群比丘便往語彼比丘
言長老何用學此雜碎戒為欲誦者當誦
四事若必欲誦者當誦四事十三事餘者不應
誦何以故說是戒時令人懷疑憂惱比丘即
觀察此六群比丘欲滅法故作是語尒時
諸比丘聞其中有少欲知足行頭陀樂學戒
知慚愧者慊責六群比丘言汝等欲滅法故
作如是語耶尒時諸比丘往世尊所頭面禮
足已在一面坐以此因緣具白世尊世尊尒
時以此因緣集比丘僧呵責六群比丘言汝
所為非非威儀非沙門法非淨行非隨順行
所不應為云何汝等欲滅法故作如是語耶
以无數方便呵責六群比丘已告諸比丘此
癡人多種有漏處最初犯戒自今已去与比
丘結戒集十句義乃至正法久住欲說戒者
當如是說若比丘說戒時作是語大德何用
說此雜碎戒為說是戒時令人懷疑惱輕呵
戒故波逸提比丘義如上彼比丘若自說戒
[illegible]

當如是說若比丘說戒時作是語大德何用
說此雜碎戒為說是戒時令人懷疑惱輕呵
戒故波逸提比丘義如工彼比丘若自說戒
若他說時若自誦時若他誦時作如是語長
老何用誦此雜碎戒為若欲誦者可誦四事
若必欲誦者當誦四事十三事何以故若誦
是戒時令人懷疑惱愢說而了了者波逸提
不了了者突吉羅毀者波逸提阿毗曇者
突吉羅毀餘契經突吉羅比丘尼波逸提
式叉摩那沙彌沙彌尼突吉羅是謂為犯不
犯者若語言先誦阿毗曇然後誦律先誦餘
契經然後誦律若有病者須著然後誦律當
懃求方便於佛法中成四沙門果然後當誦
律不欲滅法故作是語也不犯或戲語或疾
々語或夢中語或獨語欲說此乃說彼无犯
无犯者最初未制犯戒癡狂心亂痛
惱所纏 第七十二波逸提竟
尒時佛在舍衛國祇樹給孤獨園時六群比
丘中有一比丘發舉便先詣清淨比丘而語
言我今始知是法經所載半月半月說戒經
來諸比丘案知六群比丘布薩時犯戒自知
罪鄣恐清淨比丘發舉便先詣清淨比丘所
語言我今始知此法經所載半月說戒經來
諸比丘聞其中有少欲知足行頭陁樂學戒
知慚愧者慊責六群比丘言云何汝等說戒
時犯罪而自知罪鄣恐清淨比丘發學便先

語言我今始知此法經所載半月說戒經來
諸比丘聞其中有少欲知足行頭陁樂學戒
知慚愧者慊責六群比丘言云何汝等說戒
時犯罪而自知罪鄣恐清淨比丘發學便先
詣清淨比丘所語言半月說戒經來我今始
知此法經所載尒時諸比丘往世尊所頭面
礼足在一面坐以此因緣具白世尊々々尒
時以此因緣集比丘僧呵責六群比丘言汝
所為非々威儀非沙門法非淨行非隨順行
所不應為云何說戒時犯罪自知罪鄣恐清
淨比丘發舉便先詣清淨所語言我今始知
此法經所載半月說戒經中來尒時世尊呵
責六群比丘中一比丘已告諸比丘言此愚
癡人多種有漏處最初犯罪自今已去与比
丘結戒集十句義乃至正法久住欲說戒者
當如是說若比丘說戒時作如是語我今始
知此法是戒經半月半月說戒經來餘比丘
知是比丘若二若三說戒中坐何況多彼比
丘无知无解若犯罪應如更重增无知罪語
言長老汝无利不善汝說戒時不用心念不
一心攝耳聽法波逸提比丘義如工彼比丘
若自說戒時若他說戒時若誦戒時作如是
語長老我今始知此法經所載半月說戒經
來餘比丘知二三在布薩中坐何況多彼比
丘无知无解隨所犯罪應如法治應重增无
知罪長老汝无利不善得說戒時不善用意

諸長老我今始知此法戒經所載半月說戒經
來餘比丘知二三在布薩中坐何況多彼比
丘无知无解隨所犯罪應如法治應重增无
知罪長老汝无利不善得說戒時不善用意
思惟一心聽法无知故重與彼逸提若不与
者彼比丘突吉羅比丘尼波逸提式叉摩那
沙彌沙彌尼突吉羅是謂為犯不犯者若未
曾聞說戒始聞若未曾廣說今始聞若戲咲
語若疾疾語若獨語若夢中語欲說此錯說
彼不犯不犯者最初未制戒癡狂心亂痛惱
所纏 第七十三波逸提竟 尒時佛在羅閱城耆闍崛山
中尒時尊者遝婆摩羅比丘衆中差令典衆
僧床坐卧具及分飲食以僧事故外人有
為初立寺初立房初作池井布設會布施不得
往衣服破壞垢膩不得於異時有人施衆僧
貴價衣衆僧自相謂言此尊者遝婆摩羅子
比丘衆僧羮粥坐卧具及分飲食彼以僧
事塔故外人有初立寺初立房初作池井布
設展布施不得赴彼清衣服破壞垢膩不得
淨我等宜可以此衣与時衆人白二 羯磨
已以衣与之嘗白羯磨時六群比丘在衆中
既与衣已便作是語此諸比丘遂所親以衆
僧衣与之時諸比丘聞其中有少欲知足行
頭陁樂學戒知慚愧者嫌責六群比丘云何
汝等共在衆中作羯磨竟与彼衣与衣後方
言諸比丘遂所親以衆僧衣与之耶尒時諸

僧衣与之時諸比丘聞其中有少欲知足行
頭陁樂學戒知慚愧者嫌責六群比丘云何
汝等共在衆中作羯磨竟与彼衣与衣後方
言諸比丘遂所親以衆僧衣与之耶尒時諸
比丘往世尊所頭面礼足已在一面坐以此
因緣具白世尊世尊尒時以此因緣集比丘
僧呵責六群比丘言汝所為非非威儀非沙
門法非淨行非隨順行所不應為云何汝等
共集一處作白羯磨以衣与彼既与衣後方
言諸比丘遂所親以衆僧衣与之耶世尊以
无數方便呵責六群比丘已告諸比丘此癡
人多種有漏處最初犯戒自今已去与比丘
結戒集十句義乃至正法久住欲說戒者當
如是說若比丘共同羯磨已後如是語諸比
丘隨親友以衆物与之者波逸提比丘義如
上親厚者同和上同阿闍梨以坐起言語親厚
者是僧物者如上所說物者衣鉢鍼筩尼師
檀下至飲水器彼比丘共衆中作羯磨已後悔
言諸比丘遂親厚以僧衣物与之說而了了
者波逸提不了了突吉羅比丘尼波逸提式叉
摩那沙彌沙彌尼突吉羅是謂為犯不犯者
其事實尒隨親厚以僧物与之无犯或戲咲
語或疾疾語或獨語或夢中語或欲說此錯
說彼无犯无犯者最初未制戒癡狂心亂痛
惱所纏 第七十四波逸提竟 尒時佛在舍衛國祇樹給
孤獨薗時有衆多比丘集在一處共論法毗

語戒疾〻語戒獨語戒衆中語戒欲說此錯
說彼无犯无犯者冣初未制戒癡狂心亂痛
惱所纏 第七十四波逸提竟
尒時佛在舍衛國祇樹給
孤獨薗時有衆多比丘集在一處共論法毗
尼時六群比丘自相謂言看此諸比丘共集
一處似欲爲我等作羯磨即從坐起而去諸
比丘語言汝等且住勿去衆僧有事而故不
住其中有少欲知足行頭陀樂學戒知慚愧
者懷責六群比丘言衆僧集欲論法事云何
便從坐起去諸比丘往世尊所頭面禮足已
在一面坐以此因緣具白世尊世尊尒時以
此因緣集比丘僧呵責六群比丘言汝所爲
非〻威儀非沙門法非淨行非隨順行所不
應爲云何汝等衆集欲論法從坐起而去世
尊以无數方便呵責已告諸比丘此癡人
種有漏處冣初犯戒自今已去与比丘結戒
集十句義乃至正法久住欲說戒者當如是
說若比丘衆僧斷事未竟起去波逸提如是
世尊与比丘結戒諸比丘或營僧事或營塔
事或瞻視病比丘事佛言自今已去聽与欲
自今已去當如是說戒若比丘衆僧斷事未
竟不与欲而起去波逸提比丘義如上僧者
一說戒一羯磨事者有十八破僧事法非法
乃至說不說若比丘僧斷事未竟而起去動
足出戶外波逸提一足在戶外一足在戶內

BD01605號　四分律（異卷）卷一五　（47–16）

乃至說不說若比丘僧斷事未竟而起去動
足出戶外波逸提一足在戶外一足在戶內
方便欲去而不去若期欲去而不去一切突
吉羅比丘尼波逸提式叉摩那沙〻弥〻尼
突吉羅是謂爲犯不犯者有僧塔寺事
有瞻視病人事与欲无犯若口㗍不能与欲
若非法羯磨非毗尼羯磨或爲僧事或爲塔
事或爲和上同和上阿闍梨同阿闍梨或爲
知識親厚方便爲作損減无利作无住處羯
磨如是不与欲去一切无〻犯〻者冣初未
制戒癡狂心痛惱所纏 第七十五波逸提竟
尒時佛在舍衛國祇樹給孤獨薗時六群比
丘中有犯事者恐衆僧羯磨六人便共相隨
至大倀小倀工若衆僧大集說法時若說戒
時六人共俱不相離使諸比丘无由得与作
羯磨復於異時六群比丘作衣諸比丘自相
謂言此六群比丘今在此作衣欲作羯磨者
今正是時即遣使喚言汝等來衆僧有事六
群比丘報言僧有何等事我等事此作衣不
得往僧報言汝等若不欲來可令一〻比丘
持欲來六群比丘即令一比丘受欲來尒時
衆僧即与此一比丘作〻羯〻磨〻已即還
至彼六群比丘所彼問言衆僧何所作爲耶
此比丘報言於我身无利問言以何事於汝
身无利耶報言衆僧与我作羯磨六群比丘
前与欲已後便悔言彼作羯磨者非爲羯〻

BD01605號　四分律（異卷）卷一五　（47–17）

至彼六群比丘所彼問言[illegible]
此比丘難言於我身无利問言以何事於汝
身无利耶難言衆僧与我作羯磨六群比丘
削与欲已後便悔言彼作羯磨者非為羯ヽ
磨ヽ不成我以彼事故与欲不以此事尒時
諸比丘聞其中有少欲知足行頭陁樂學戒
知慚愧者慊責六群比丘言云何汝等与欲
已後自悔言我以彼事与欲不以此事尒時
諸比丘往世尊所頭面礼足已在一面坐以
此因緣具白世ヽ尊ヽ以此因緣集比丘僧
呵責六群比丘言汝所為非ヽ威儀非淨行
非隨順行所不應為云何削与欲已後自悔
言我以彼事与欲不以此事世尊以无數方
便呵責已告諸比丘此癡人多種有漏處最
初犯戒自今已去与比丘結戒集十句義乃
至正法久住欲說戒者當如是說若比丘与
欲已後悔言波逸提比丘義如上若比丘与
欲已後悔作是言汝等作羯磨非羯ヽ磨ヽ
不成我以彼事故与欲不以此事說而了ヽ
者波逸提不了ヽ突吉羅比丘尼波逸
提式叉摩那沙ヽ弥ヽ尼突吉羅是謂
為犯不犯者其事實尒非羯ヽ磨ヽ不成故
作是言非羯ヽ磨ヽ不成不犯若戲咲語若
疾ヽ語獨處語若夢中語欲說此錯說彼一
切无ヽ犯ヽ者最初未制戒癡狂心亂痛惱
所纏 第七十六敓逆提竟 尒時佛在舍衛國祇樹給孤獨

疾ヽ語獨處語若夢中語欲說此錯說彼一
切无ヽ犯ヽ者最初未制戒癡狂心亂痛惱
所纏 第七十六敓逆提竟 尒時佛在舍衛國祇樹給孤獨
時六群比丘鬬諍言語已而向彼人說令僧
未有鬬諍而諍事起已有諍事而不除滅諸
比丘作如是念以何因緣令僧未有諍事起
已有諍事而不除滅諸比丘即案知之是六
群比丘聽諸比丘鬬諍語言已而向彼說故
尒時有諸比丘聞其中有少欲知足行頭陁
樂學戒知慚愧者慊責六群比丘言汝等云
何聽諸比丘鬬諍已而向彼說令僧未有諍
事已有諍事而不除滅諸比丘往世尊所頭
面礼足已在一面坐以此因緣具白世ヽ尊ヽ
尒時以此因緣集比丘僧呵責六群比丘言
云何聽諸比丘諍已而向彼說令僧未有諍
事而有諍事已有諍事而不除滅无數方便
呵責已告諸比丘此癡人多種有漏處最初
犯戒自今已去与比丘結戒集十句義乃至
正法久住欲說戒者當如是說若比ヽ丘ヽ共
鬬諍已聽此語向彼說波逸提比丘義如上
鬬諍有四種言諍覓諍犯諍事諍聽者屏聽
他語若比丘往聽諍比丘語從道至道從道
至非道從非道至道從高至下從下至高往
而聞波逸提不聞突吉羅若方便欲去而不
去若共期去而不去一切突吉羅若二人共

至共道從共道至道從高至下從下至高從
而聞波逸提不聞突吉羅若方便欲去而不
去若共期去而不去一切突吉羅若二人共
在闇地語當彈指若謦欬驚之若不尒突吉
羅若二人隱處語之當彈指謦欬若不突吉
羅若在道行二人前共語之當彈指謦欬若
不突吉羅比丘尼波逸提式叉摩那沙々彌
々尼突吉羅是謂為犯不犯者若二人在闇
處共語謦欬彈指若二人在屏處語彈指謦
欬在道行二人在前行共語來若謦欬彈指若
欲作非法羯磨非羯磨若為衆僧若為
塔寺若為和上同和上若阿闍梨同阿闍梨
親厚知識欲作損減无住處如是等羯磨欲
得知之而往聽无犯无犯者初寨初未制戒
癡狂心亂痛惱所纏 第七十七波逸提竟
尒時佛在舍衛國祇樹給孤獨園尒時六群
比丘中有一比丘瞋恚打十七群比丘其被
打人高聲大喚言止々莫打我時比房比丘
聞即言汝何以故大喚耶時被打比丘答
言向為彼比丘所打時諸比丘聞其中有少
欲知足行頭陀樂學戒知慚愧者慊責六群
比丘言云何瞋以恚乃打十七群比丘耶諸
比丘往世尊所頭面禮足在一面坐以此因
緣具白世尊世尊尒時以此因緣集比丘僧
呵責六群比丘言汝所為非々威儀非淨行
非隨順行所不應為云何汝等乃打十七群

緣具白世尊世尊尒時以此因緣集比丘僧
呵責六群比丘言汝所為非々威儀非淨行
非隨順行所不應為云何汝等乃打十七群
比丘耶世尊以无數方便呵責六群比丘已
告諸比丘此癡人多種有漏處最初犯戒自
今已去与比丘結戒集十句義乃至正法久
住欲說戒者當如是說若比丘瞋恚故不喜
打比丘者波逸提比丘義如上打者若手若
石若杖比丘以手石杖打比丘者一切波逸
提除杖手石若以餘戶鑰曲鉤拂柄香爐柄
捺者一切突吉羅比丘尼波逸提式叉摩那
沙々彌々尼突吉羅是謂為犯不犯者若有
病須人椎打若食噎須椎消若共語不聞
而觸令聞若睡時以身委他上若來往經行時
共相觸若掃地時若杖頭誤觸一切无々犯
々者如初未制戒癡狂心亂痛惱所纏 第七十八波逸提竟
尒時佛在舍衛國祇樹給孤獨園時六群比
丘以手搏十七群比丘其被搏人高聲大喚
言止々莫尒比房比丘聞即問言汝何故大
喚耶報言此比丘以手搏我故大喚諸比丘
聞其中少欲知足行頭陀樂學戒知慚愧者
慊責六群比丘汝云何以手搏十七群比丘
諸比丘往世尊所頭面禮足已在一面坐以
此因緣具白世尊々々尒時以此因緣集比
丘僧呵責六群比丘言汝所為非々威儀非
淨行非隨順行所不應為云何汝等以手搏

諸比丘往世尊所頭面礼足已在一面坐以
此因緣具白世尊﹅﹅尒時以此因緣集比
丘僧呵責六群比丘言汝所為非﹅威儀非
淨行非隨順行所不應為云何汝等以手傳
十七群比丘世尊以无數方便呵責六群比
丘已告諸比丘此癡人殺種有漏處最初犯
戒自今已去与比丘結戒集十句義乃至正
法久住欲說戒者當如是說若比丘瞋恚不
喜以手傳比丘波逸提比丘義如上手者兩
手彼比丘瞋恚以手傳彼比丘波逸提除手
已若戸鑰拂柄香爐柄挃一切突吉羅比丘
尼波逸提式叉摩那沙彌沙彌尼突吉羅
是謂為犯不犯者若他欲打舉手遮若象來
若盜賊來若惡獸來若有持刺來舉手遮无
﹅犯﹅者若渡水若從溝瀆泥水處過相近
舉手招喚餘比丘聾彼无犯若似不聞語手
挃令聞義眠時若行來入出若掃地若以杖
誤舉不故作一切无﹅犯﹅者最初未制戒
癡狂心亂痛惱所纏第七十九波逸提竟尒時佛在舍衛
國祇樹給孤獨薗尒時六群比丘瞋恚故以
无根僧伽婆尸沙謗十七群比丘時諸比丘
聞其中有少欲知足行頭陁樂學知慚愧者
慊責六群比丘汝云何瞋恚故以无根僧伽
婆尸沙謗十七群比丘諸比丘往世尊所頭
面礼足已在一面坐以此因緣具白世﹅尊﹅
尒時以此因緣集比丘僧呵責六群比丘言

慊責六群比丘汝云何瞋恚故以无根僧伽
婆尸沙謗十七群比丘諸比丘往世尊所頭
面礼足已在一面坐以此因緣具白世﹅尊﹅
尒時以此因緣集比丘僧呵責六群比丘言
汝所為非﹅威儀非淨行非隨順行所不應
為汝云何瞋恚故以无根僧伽婆尸沙謗十
七群比丘尊世以无數方便呵責六群比丘
已告諸比丘言此癡人多種有漏處最初犯
戒自今已去与比丘結戒集十句義乃至正
法久住欲說戒者當如是說若比丘瞋恚故
以无根僧伽婆尸沙謗者波逸提比丘義如
上根者有三根見根聞根疑根見根者實見
犯陰失精或見与婦女身相近或見与婦女
惡語或見与婦女削自嘆譽身或見与共相
媒嫁時餘人見從彼人聞者是謂見根也聞
犯陰失精或聞与婦女身相近或聞与婦女惡
語或聞婦女削自嘆譽身或聞共相媒嫁時
若彼人聞從彼聞是謂根也疑根者有二
因緣生疑見生疑聞生疑云何見生疑其人
見共婦女出林時見入林時或見露身无衣
不淨流出汙身或見与惡知識從事或共戲
是為見而生疑也云何聞中生疑或聞處動
牀聲草蓐聞喘息聲聞語聲或聞交會聲彼
人自言我犯失精或言我与女人身相觸或
言我与婦女麁惡語或言我於婦女削自嘆
說身或言我媒嫁男女聞如是等於中生疑

牀聲箄聲聞啼息聲聞語聲或聞交會聲彼
人自言我犯失精或言我与女人身相觸或
言我与婦女麁惡語或言我於婦女前自嘆
說身或言我媒嫁男女聞如是等於中生疑
除此三根已以餘謗者是爲无根若比丘瞋
恚故无根僧伽婆尸沙謗而說了了者波逸
提不了了者突吉羅比丘尼波逸提式叉摩
那沙彌沙彌尼突吉羅是謂爲犯不犯者
見根聞根疑根若說其實欲令改悔而不誹
謗若戲笑語疾疾語獨處語夢中語若欲說
此錯說彼无犯无犯者如初未制戒癡狂心
亂痛惱所纏（第八十波逸提竟）尒時佛在舍衛國祇樹
給孤獨薗時舍衛城中一大有姓婆羅門名
若達多饒財寶生業无量田地聲辰不可稱
計金銀車渠馬瑙頗珠虎魄水精琉璃象馬
奴婢庫藏溢滿威相具足時有一婢名曰黃
頭常守末羅薗時彼婢常懸憂言我何時當
免出於婢時彼婢晨朝時已辰俞乾飯持詣
薗中尒時世尊時到著衣持鉢欲入城乞食
時黃頭婢遙見如來心自念言我今寧可持
此飯施彼沙門或可脫此婢使即捉飯施如
來尒時世尊慈愍故爲受還精舍時黃頭婢
即前進入末羅薗時王波斯匿敕四種兵出
外遊獵從人各各分張馳逐群鹿天時大
熱王疲乏之遙見末利薗相去不遠即迴車往
詣車在外步入薗中時黃頭遙見王波斯匿

即前進入末羅薗時王波斯匿敕四種兵出
外遊獵從人各各分張馳逐群鹿天時大
熱王疲乏之遙見末利薗相去不遠即迴車往
詣車在外步入薗中時黃頭遙見王波斯匿
來即生念疑人來者行步舉動非是常人即
前奉迎言善來大人可就此處坐即脫一衣
敷之令王坐黃頭問言不審須水洗脚不王
言可尒黃頭復以揭葉取水与王王自以水
洗黃頭爲王揩脚黃頭復問王言欲洗面不
王言可尒黃頭即便以揭葉盛水与王洗面
黃頭復問王言欲飲不王言欲飲黃頭即詣
池更洗手取好揭葉盛水与王飲黃頭復問
王言不審欲小卧息不王言欲卧息即復更
脫一衣与王敷之令王卧息時黃頭王卧已
在前長跪案摩脚及處處按摩解王疲勞黃
頭身如天身細濡妙王著細滑心念言未曾
有此女聰明我所不教而悉爲之王即問言
汝是誰家女耶黃頭報言我是耶若達家婢
使差我常守此末羅薗如是語須波斯匿王
大臣尋王車迹來詣薗中踏拜王足已各在
一面立王勅一人言汝速喚耶若達婆羅門
來即受王教喚婆羅門將來詣王所踏拜王
足已在一面立王問言此女人是汝婢耶婆
羅門荅言是也王言吾今欲取爲婦汝意云
何婆羅門報言欲論賣直直百千兩金我豈
可取王賣今持奉上大王王言不尒我今取

足已在一面立王問言此女人是誰如耶婆
羅門答言是也王言吾今欲取為婦汝意云
何婆羅門報言欲論價直〻百千兩金我當
可取王賣今特奉上大王〻言不尒我今取
為婦云何不與賈王即出百千兩金與婆羅
門已遣使詣宮取種〻瓔珞衣裳服飾沐浴
涂洗莊嚴女身載入宮象臣衛從時黃頭心
自念言此非餘人乃王是波斯匿既得處宮
裏諳學種〻技術書筭印畫象形像歌儛戲
樂无事不知從末利園中將來故即名之為
末利夫人也年遂長大王甚愛敬後於異時
於五百女人中立為第一夫人在高殿上便
自念言我以何業欺因緣得免於婢今受如
是快樂復作是念言昔是我先以和蜜乾飯
布施與沙門以此因緣故今得免婢受如是
快樂取即問左右人言舍衛城中頗有如此
像狀沙門不答言有是如來无所著至真等
正覺夫人聞已歡喜佛便欲往至佛所即詣
王波斯匿白言我欲見佛禮拜問訊王報言
宜知是時末利夫人即嚴駕五百乘車五百
采女徒從出舍衛城詣祇桓精舍到已即下
車步入園中遙見如來狠顏端政諸根寂定
得上調伏如調象王又如澄淵清淨无穢見
已歡喜來詣佛所頭面禮足在〻一〻面〻
坐〻已白佛言以何因緣受女人身顏狠醜
隨見者不歡貧財之少无有威力復何因緣顏
狠醜隨見者不歡喜貧財无之大有威力復

BD01605號　四分律（異卷）卷一五　（47–26）

得上調伏如調象王又如澄淵清淨无穢見
已歡喜來詣佛所頭面禮足在〻一〻面〻
坐〻已白佛言以何因緣受女人身顏狠醜
隨見者不歡貧財之少无有威力復何因緣顏
狠醜隨見者不歡喜貧財无之大有威力復
何因緣顏狠醜隨貧財无之大有威力復何
因緣顏狠端政見者歡喜貧財无之大有威
力尒時世尊告末利夫人或有女人心多瞋
恚喜惱於人以少言現大瞋恚若以多言之
現大瞋恚亦不布施沙門婆羅門貧窮孤老
來乞衣服飲食象馬車乘香華瓔珞房舍卧
具燈燭皆不施與若見他得利養而生疾心
是故末利夫人多瞋故顏狠醜隨見者不歡
以不布施故貧財之少見他得利養疾妬心
故无有威力若末利女人心多瞋恚惱於人
以少言現大瞋恚以多言之現大瞋恚而能
布施沙門婆羅門貧窮孤老來乞求者衣服
飲食象馬車乘香華瓔珞房舍卧具皆給與
之見他得利養而生嫉妬是故女人多瞋恚
故顏狠醜隨以布施故貧財无之心生嫉妬
故无有威力若末利女人心多瞋恚喜惱於
人以少言現大瞋恚以多言之現大瞋恚而
能布施沙門婆羅門貧窮孤老來乞求者衣
服飲食華香瓔珞乃至房舍卧具燈燭皆給
與之見他得利養者心不嫉妬是故女人以
瞋恚故顏狠醜隨以布施故貧財无之以見

BD01605號　四分律（異卷）卷一五　（47–27）

能布施沙門婆羅門貧窮孤老来乞求者衣
服飲食華香瓔珞乃至房舍臥具燈燭給
与之見他得利養者心不嫉妬是故女人以
瞋恚故顏狠醜陋以布施故資財无之以見
他得利養不生嫉妬故有大威力若末利女
人若无有瞋恚不惱於人若聞少言多言亦
不現大瞋恚亦能布施沙門婆羅門貧窮孤
老来乞求者象馬車乘衣服飲食乃至燈燭
給与之見他得利不生嫉妬是故末利女
人不瞋恚故顏狠端政以布施故資財无之
不嫉妬故得大威力如是末利以此因緣故
女人顏狠醜陋資財之少无有威力以此因
緣女人顏狠醜陋資財无之无有威力以此
因緣女人顏狠醜陋資財无之有大威力以
此因緣女人顏狠端政資財无之有大威力
尒時夫人重白佛言大德我前世時多有瞋
恚喜惱於人以少言而現瞋恚以多言亦現
大瞋恚何以故而今我更形醜陋人不好喜
以是故知大德我前世能行布施沙門婆羅
門貧窮孤老来乞求者衣服飲食乃至燈燭
給与之故我今日資財无之大德我前世
見他得利養不生嫉妬心故今日有大威力
今此波斯匿王宮中百女人皆是利利種族
而我於中尊貴自在大德我自今已去不復
瞋恚惱於他人不以少言多言而現大瞋恚常
當布施沙門婆羅門貧窮孤老来乞求者衣
服象馬車乘乃至燈燭給与之若見他得

BD01605號　四分律（異卷）卷一五　（47–28）

而我於中尊貴自在大德我自今已去不復
瞋恚惱於他人不以少言多言而現大瞋恚常
當布施沙門婆羅門貧窮孤老来乞求者衣
服象馬車乘乃至燈燭給与之若見他得
利養不生嫉妬大德我自今已去歸依佛法
僧聽為憂婆私自今已去盡形壽不煞生乃
至不飲酒尒時世尊与末利夫人无數方便
說法開化勸令歡喜所謂法者說施戒生天
之法呵欲為過欲為不淨上漏為礙讃嘆出
離解脫為樂即於坐上諸塵垢盡得法眼淨
見法得法已得果證時夫人重白佛言我今
第二第三歸依佛法僧聽為憂婆私自今已
去盡形壽不煞生乃至不飲酒從坐起頭面
礼足已遶佛三迊而去還至宮中勸喻波斯
匿王令得信樂王既信樂已便聽諸比丘入
出宮閤无有關鄣時迦留陀夷時到著衣持
鉢往入波斯匿宮時王与夫人晝日共眠夫
人遙見迦留陀夷即起被衣以所被大貴衣
拂拭牀坐時夫人失衣墮地形露慚愧而蹲
時迦留陀夷見已尋還出宮王問夫人向者
見汝形耶夫人白王言雖見如兄弟姉妹无
異此事无苦時迦留陀夷還至僧伽藍中語
諸比丘波斯匿王第一寶者我今悉見比丘
問言汝見何等寶耶迦留陀夷答言我見末
利夫人形露悉得見之諸比丘聞已其中有
少欲知足行頭陀樂學戒知慚愧者嫌責迦

BD01605號　四分律（異卷）卷一五　（47–29）

見汝形邪夫人白王言雖見如无弟姉妹无
異此事无𠰥時迦留陁夷還至僧伽藍中語
諸比丘波斯匿王第一實者我今悉見比丘
聞言汝見何等實耳迦留陁夷答言我見末
利夫人形露悉得見之諸比丘聞已其中有
少欲知足行頭陁樂學戒知慚愧者嫌責迦
留陁夷言云何乃到王宮至刹女閒諸比丘
往世尊所頭面禮足已在一面坐以此因緣具
白世尊世尊尓時以此因緣集比丘僧知而
故問迦留陁夷言汝審入王宮乃至刹女閒
耶答言實尓世尊以无數方便呵責迦留陁
夷言汝所為非非威儀非淨行非隨順行所
不應為云何乃入王宮刹女閒世尊无數方
便呵責迦留陁夷已告諸比丘此癡人多種
有漏處最初犯戒自今已去與比丘結戒集
十句義乃至正法久住欲說戒者當如是說
若比丘刹利水澆頭王種未出寶未藏寶而
入若過宮門閫者波逸提比丘義如上王刹
利水澆頭種者取四大海水取白牛右角收
拾一切種子盛滿中置金轝上使諸小王轝
王與第一夫人共坐轝上大婆羅門以水灌
王頂上若是刹利種水灌頂上作如是立王
故名刹利王水澆頭種若是婆羅門種毗舍
首陁羅種以水灌頂作如是立王之名為刹
利王水澆頭種未出者王未出刹女未還本
處未藏寶者金銀真珠車璖馬瑙水精琉璃

王頂上若是刹利種水灌頂上作如是立王
故名刹利王水澆頭種若是婆羅門種毗舍
首陁羅種以水灌頂作如是立王之名為刹
利王水澆頭種未出者王未出刹女未還本
處未藏寶者金銀真珠車璖馬瑙水精琉璃
貝玉一切衆寶瓔珞而未藏舉也若比丘王
刹利水澆頭種王未出未藏寶若入王宮過
門閫者入便波逸提若一足在外一足在內
發意欲去若共期而不去者一切突吉羅除
王刹利種若入餘粟散小王豪貴長者家入
過門閫者一切突吉羅比丘尼波逸提式叉
摩那沙彌沙彌尼突吉羅是謂為犯不犯
者若王已出若刹女還本處所有金寶瓔珞
已藏舉若奏白若被請喚或為力勢所執將
去若命難若梵行難一切无犯无犯者如初
未制戒癡狂心亂痛惱所纏 第八十一波逸提竟
尓時佛在舍衛國祇樹給孤獨園尓時有外
道弟子居士從拘薩羅國在道邊止息忘千兩
金囊而去時有衆多比丘亦從彼道行後來
亦止息道邊見此金囊各自相謂言且持
去若有主識者當還即持而去時彼居士忘
此金囊前數里乃憶疾疾而還諸比丘遥見
自相謂言此人來者行疾必是金主也諸比
丘即問言欲何所去耶居士報言汝自去何
須問我為諸比丘言見語所往處何若耶報
言我乃於其家止息忘千兩金囊故今往彼

須問我為諸比丘見語所往處何苦耶報
言我乃於其家亡失千兩金囊故今往彼
求之諸比丘即出金囊示之言是汝物非耶
居士報言是我囊耳但此中物何故少諸比
丘言我等實正得爾許耳居士即詣官可之
時王波斯匿身在坐斷事遣信喚諸比丘
諸比丘至問言諸大德此事云何如彼人語
不諸比丘白王言我等所得正有此耳更无
時居士言我所有物者乃有若干王即勅人
如彼所說所有庫中金來盛著此囊中即
如數取金盛之其囊不受王語居士言此非
汝物汝更自求去即治其罪沒家財物并此
金一切入官爾時諸比丘聞其中有少欲知
足行頭陀樂學戒知慚愧者嫌責諸比丘言
云何自手捉金銀使居士為官治罪并沒家
財物盡沒入於官諸比丘往世尊所頭面禮
足已在一面坐以此因緣具白世尊世尊爾
時以此因緣集比丘僧呵責諸比丘言汝所
為非非威儀非淨行非隨順行所不應為云
何汝等自手捉金銀使王罰繩居士并財物
沒入於官世尊无數方便呵責諸比丘告諸
比丘此癡人多種有漏處最初犯戒自今已
去與比丘結戒集十句義乃至正法久住欲
說戒者當如是說若比丘實若寶莊飾自捉
若教人捉者波逸提如是世尊與比丘結戒

沒入於官世尊无數方便呵責諸比丘告諸
比丘此癡人多種有漏處最初犯戒自今已
去與比丘結戒集十句義乃至正法久住欲
說戒者當如是說若比丘實若寶莊飾自捉
若教人捉者波逸提如是世尊與比丘結戒
爾時舍衛城中世俗常法諸婦女節會日毗
舍佉母自莊嚴瓔珞從祇桓邊過而彼得信
樂心便作是念我何用女人節會為我今寧
可往世尊所禮拜問訊故即迴還入祇桓精舍
心自念言我不宜著瓔珞嚴具往見世尊今當
先脫卻然後乃見禮拜世尊時將從在一樹
下脫身寶衣瓔珞積置樹下乃成大聚往世
尊所頭面禮足已在一面立爾時世尊即與方
便說法開化歡喜時毗舍佉母聞如來說法
已甚大歡喜前禮佛足已而去心存於法宜
出祇桓門忘取瓔珞寶衣嚴身具還家憶作
是念言若我遣信往取衣脫不得便詰責諸
比丘即心不遣使往取有一比丘見毗舍佉母
入祇桓詣樹下時又見出時竟不詣此樹下
彼比丘便往樹所見諸寶衣瓔珞聚在一處
見已心疑不敢取念言世尊制戒若比丘捉
寶若莊飾自捉若教人捉波逸提彼比丘白
世尊世尊告言自今已去聽在僧伽藍內見
有遺物為不失堅牢故當取舉之自今已去
當如是說戒若比丘捉金寶若寶莊飾若
自捉若教人捉除僧伽藍中波逸提如是世尊
與比丘結戒爾時有眾多比丘道向[illegible]

世〻尊〻告言自今已去聽在僧伽藍內見
有遺物為不失堅牢故當取舉之自今已去
當如是說戒若比丘捉金寶若寶莊飾若
自捉若教人捉除僧伽藍中波逸提如是世尊
與比丘結戒爾時有衆多比丘從拘薩羅國
在道行下道至无住處村問彼人言此中何
處有空房舍可止宿處諸人語言有某甲
巧師家有空房舍可住止宿諸比丘往巧師
舍語言我欲宿可爾不報言可爾諸比丘即
入其舍內敷草蓐而坐正身意繫念在前爾
時巧師有已成金未成金已成未成金已成
銀未成銀已未成銀置舍內捨去時諸比丘為守護
故竟夜不眠恐人盜此金銀去夜過已巧師來
入屋問訊諸比丘言諸尊夜得安眠不比丘
報言不得眠即問言何故不得眠比丘報言
汝留此雜物置屋中我等竟夜為守護故不
得眠時諸比丘以此因緣具白世〻尊〻告
曰自今已去聽諸比丘在他家止宿時若屋
中有物為不失堅牢守護故舉自今已去當
如是說戒若比丘寶及寶莊飾自捉若教人
捉除僧伽藍中及寄宿處波逸提若比丘在
僧伽藍中若寄宿處捉寶若以寶莊飾自捉
教人捉當作是意若有主識者當取於如是因
緣非餘比丘義如工寶者金銀真珠虎魄車
璖馬瑙琉璃貝玉生像金寶莊飾者銅鐵鉛
錫白鑞以諸寶莊飾若比丘僧伽藍內若舍

緣非餘比丘義如工寶者金銀真珠虎魄車
璖馬瑙琉璃貝玉生像金寶莊飾者銅鐵鉛
錫白鑞以諸寶莊飾若比丘僧伽藍內若舍
內若寶〻莊飾自捉若教人捉當識囊器相
識繫相應解囊器者知幾連綴幾未連綴幾
方幾圓幾故幾新若有來索者應問言汝物
何似若相應〻還若不相應〻語言我不見
如是物若有二人俱來索應問言汝物其形
何似若言相應者應還若不相應應當言我不
見如是物若二語俱相應〻持物著前語言
是汝等物各取若比丘在僧伽藍內若舍內
若寶若寶莊飾著自捉若教人捉若不識囊
相裹相繫相突吉羅若解囊不看幾連綴幾
未連綴幾方幾圓幾新幾故一切突吉羅比
丘尼波逸提式叉摩那沙〻彌〻尼突吉
羅是謂為犯不犯者若至僧伽藍中宿處若
寶若寶莊飾若自捉若教人捉識囊裹相
繫相解囊看知幾連綴幾方幾圓幾新幾故
若二人俱來索問言汝物形何似若語相應
者還若不相應語言我不見如是物也若二
人語相應者當持物著前語言是汝物者持
去若是供養塔寺莊嚴具為牢固故舉如是
一切无〻犯〻者初未制戒癡狂心亂痛惱
所纏 第八十二波逸提竟 爾時佛在舍衛國祇樹給孫獨
園時跋難陀釋子非時入村與居士共樗

去居是供養塔寺庄嚴具爲寧国牧畢如是
一切无〻犯〻者初未制戒癡狂心乱痛惱
所纏 第八十二波逸提竟 尒時佛在舍衛国祇樹給孤獨
薗時跋難陁釋子非時入村與居士共摴
蒱諸比丘勝諸居士不如以慳妬故便言比丘
晨朝入村爲乞食食故非時入村爲何事耶
時諸比丘聞其中有少欲知足行頭陁樂學
戒知慚愧者嫌責跋難陁釋子云何非時入
村與諸居士共摴蒱戲諸比丘往世尊所頭
面禮足在一面坐以此因緣具白世尊世尊
尒時以此因緣集比丘僧呵責跋難陁釋子
汝所爲非非威儀非淨行非隨順行所不應
爲云何跋難陁釋子非時入村與諸居士耶
共摴蒱戲世尊无數方便呵責跋難陁釋子
已告諸比丘此癡人多種有漏處最初犯戒
自今已去與比丘結戒集十句義乃至正法
久住欲說戒者當如是說若比丘非時入聚
落波逸提如是世尊與比丘結戒其中比丘
或有僧事或塔事或瞻視病人事佛言自今
已去聽諸比丘有事緣囑授已入聚落諸比
丘不知囑授何人佛言當還囑授比丘若獨
處一房當囑授比房自今已去當如是說戒
若比丘非時入聚落不囑比丘者波逸提比
丘義如上時者從明相出至中時非時從中
後至明相未出村聚落者四種如上有比丘

丘不知囑授何人佛言當還囑授比丘若獨
處一房當囑授比房自今已去當如是說戒
若比丘非時入聚落不囑比丘者波逸提比
丘義如上時者從明相出至中時非時從中
後至明相未出村聚落者四種如上有比丘
者同住客浔囑及處若比丘非時入村有比
丘不囑授動足初入村門波逸提一脚在門
内一脚在門外方便欲去不去若共期不去
一切突吉羅比丘尼波逸提式叉摩那沙〻
弥〻尼突吉羅是謂爲犯不犯者若比丘營
衆僧事塔寺事瞻病人事囑授比丘若道由村
過若有所啟白若爲喚若受請或爲力勢所
持或被繫縛將去或命難梵行難无犯无犯
者最初未制戒癡狂心亂痛惱所纏 第八十三波逸提竟
尒時佛在舍衛國祇樹給孤獨薗時尊者迦
留陁夷豫知世尊必從此道來即於道中敷
高好牀坐迦留陁夷遥見世尊來白佛言世
尊看我牀坐善逝看我牀坐佛言當知此癡人
内懷弊惡尒時世尊以此因緣集比丘僧告
諸比丘此癡人迦留陁夷敷高廣大牀但自
爲已尒時世尊以无數方便呵責迦留陁夷
已告諸比丘此癡人多種有漏處最初犯戒
自今已去與比丘結戒集十句義乃至正法
久住欲說戒者當如是說若比丘作繩牀木
牀足應高八如來指除入陛孔上截竟若過
者波逸提比丘義如上牀者五種牀如上說

自今已去與比丘結戒集十句義乃至正法
久住欲說戒者當如是說若比丘作繩牀木
牀足應高八如來指除入陛孔上截竟若過
者波逸提比丘義如上牀者五種牀如上說
若比丘自作繩牀木牀足應高八指截竟過
者波逸提作而不成突吉羅若教人作過八
指截者波逸提作而不成突吉羅若為他作
成不成一切突吉羅比丘尼波逸提式叉摩
那沙彌沙彌尼突吉羅是謂為犯不犯者若
作足高八指若減八指若他施已成者截而
用用之若脫腳却无犯无犯者最初未制戒
癡狂心亂痛惱所纏 第八十四波逸提竟
爾時佛在舍衛國祇樹給孤獨園時六群比
丘作兜羅綿貯繩牀木牀大小蓐諸居士見皆
共譏嫌之自相謂言此沙門釋子不知慚愧无
有慈心斷衆生命外自稱言我脩正法作兜
羅綿貯木牀及繩牀大小蓐如似國王又如大
臣如是有何正法諸比丘聞其中有少欲知
足行頭陀樂學戒知慚愧者嫌責六群比丘
云何作兜羅綿貯繩牀木牀大小蓐時諸比丘
往至世尊所頭面作禮在一面坐以此因緣
具白世尊世尊爾時以此因緣集比丘僧呵
責六群比丘汝所為非非威儀非淨行非隨
順行所不應為云何作兜羅綿貯繩牀木牀大
小蓐令居士譏嫌耶呵責六群比丘已告諸比
丘此癡人多種有漏處最初犯戒自今已去

責六群比丘汝所為非非威儀非淨行非隨
順行所不應為云何作兜羅綿貯繩牀木牀大
小蓐令居士譏嫌耶呵責六群比丘已告諸比
丘此癡人多種有漏處最初犯戒自今已去
與比丘結戒集十句義乃至正法久住欲說
戒者當如是說若比丘作兜羅綿貯繩牀木
牀大小蓐成波逸提比丘義如上兜羅者白楊
樹華楊柳華蒲臺也木牀有五種如上繩牀
有五種如上大蓐者為坐卧故小蓐者為坐
故若比丘以兜羅綿貯繩牀木牀大小蓐若自
作成者波逸提不成突吉羅若教他作成者
波逸提不成突吉羅若為他作成不成一切
突吉羅比丘尼波逸提式叉摩那沙彌沙彌
尼突吉羅是謂為犯不犯者若鳩羅耶草文
若草婆婆草芻麻劫貝弊物若用作支
肩物作鞌上枕无犯无犯者最初未制戒癡
狂心亂痛惱所纏 第八十五波逸提竟
爾時佛在羅閱祇耆闍崛山中時有信樂巧
師為比丘作骨牙角鍼筒以是故令此工師
廢家事業財物竭盡无復衣食時諸世人皆
作此言此工師未供養沙門釋子時多財饒
寶自供養沙門釋子已來居家貧匱无所辰
數所以供養者望得其福而反得殃時諸比
丘聞其中有少欲知足行頭陀樂學戒知慚
愧者嫌責諸比丘汝等云何使彼工師作骨
牙角鍼筒廢家事業財物竭盡諸比丘往至
世尊所頭面禮足在一面坐以此因緣具白

實自供養沙門釋子已來居家貪適无所厭
敬所以供養者謂得其福而反得殃時諸比
丘聞其中有少欲知足行頭陀樂學戒知慚
愧者嫌責諸比丘汝等云何使彼工師作骨
牙角鍼筩廢家事業財物竭盡諸比丘往至
世尊所頭面礼足在一面坐以此因緣具白
世尊世尊尒時以此因緣集比丘僧呵責諸
比丘汝所為非非威儀非淨行非隨順行所
不應為云何諸比丘使工師作骨牙角鍼筩
財物竭盡世尊以无數方便呵責諸比丘已
告諸比丘此癡人多種有漏處最初犯戒自
今已去與比丘結戒集十句義乃至正法久
住欲說戒者當如是說若比丘作骨牙角鍼
筩刳刮者波逸提比丘義如上若比丘骨牙
角自刳刮作而成者波逸提不成者突吉羅
若教他作成者波逸提不成者突吉羅若為
他作成不成一切突吉羅比丘尼突吉羅式
叉摩那沙弥尼突吉羅是謂為　犯不犯者
若鐵若銅若鈆錫白鑞若竹若木若葦若
舍羅草用作鍼筩不犯若作錫杖頭鏆鑷若
作傘蓋子及斗頭鏆若作曲鉤若作刮汙刀
若作如意若作玦紐若作匕若作杓若作鉤
衣鉤若作眼藥箄若作刮舌刀若作擿齒物
若作挑耳甲若作禪鎮若作熏鼻筩如是一
切无犯无犯者最初未制戒癡狂心亂痛惱
所纏　第八十六波

衣鉤若作眼藥箄若作刮舌刀若作擿齒物
若作挑耳甲若作禪鎮若作熏鼻筩如是一
切无犯无犯者最初未制戒癡狂心亂痛惱
所纏　第八十六波逸提竟
尒時佛在舍衛國祇樹給孤獨園時世尊不
受請檀越送食諸佛常法若不受請遍行
房舍見異處以衆僧卧具敷在露地不淨汙
時天大暴雨世尊即以神力令衆僧卧具不
為雨漬諸比丘還世尊以此因緣集比丘僧告
言我向者遍行房舍看見有異處敷衆僧卧
具在露地不淨汙時天大雨我以神力使雨
不漬當知此汙是有欲人非是无欲人是有
瞋恚人非是无瞋恚人是癡人非是无癡人
也若外道仙人離欲者上无有此事況阿羅
漢若比丘念不散亂而眠睡者无有此事況
阿羅漢自今已去聽諸比丘為鄣身鄣衣鄣
卧具故作尼師壇世尊既聽作尼師壇六群
比丘便多作廣長尼師壇時諸比丘見問言
世尊制戒聽畜三衣不得過長此是何衣六
群比丘報言是我等尼師壇諸比丘聞其中
有少欲知足行頭陀樂學戒知慚愧者嫌責
六群比丘言云何汝等多作廣長尼師壇諸
比丘往世尊所頭面礼足在一面坐以此因
緣具白世尊尒時以此因緣集比丘僧

有少欲知足行頭陀樂學戒知慚愧者嫌責
六群比丘言云何汝等多作廣長尼師壇諸
比丘往世尊所頭面禮足在一面坐以此因
緣具白世尊爾時以此因緣集比丘僧
呵責六群比丘言汝所為非非威儀非淨行
非隨順行所不應為云何汝等作廣長尼師
壇世尊以無數方便呵責六群比丘已告諸
比丘言此癡人多種有漏處最初犯戒自今
已去與比丘結戒集十句義乃至正法久住
欲說戒者當如是說若比丘作尼師壇當量
作此中量者長佛二搩手廣一搩手半過者
裁竟波逸提如是世尊與比丘結戒時尊者
迦留陀夷體大尼師壇小不得坐知世尊從
此道來便在道邊手捉尼師壇欲令廣大世
尊見迦留陀夷手捉尼師壇已知而故問言汝
何故捉此尼師壇答言欲令廣大是故捉耳
爾時世尊以此事與諸比丘隨順說法讚嘆
頭陀少欲知足樂出離者告諸比丘自今已
去聽諸比丘更益廣長各半搩手自今已去
當如是說戒若比丘作尼師壇當應量作量
者長佛二搩手廣一搩手半更增廣長各半
搩手若過裁竟波逸提比丘義如上尼師壇
者敷下坐若比丘作尼師壇長中過量廣中
不過量若廣中過量長中不過量廣長俱
過量自作成者波逸提不成者突吉羅教他使

BD01605號　四分律（異卷）卷一五　（47–42）

搩手若過裁竟波逸提比丘義如上尼師壇
者敷下坐若比丘作尼師壇長中過量廣中
不過量若廣中過量長中不過量廣長俱
過量自作成者波逸提不成者突吉羅教他使
作成者波逸提不成者突吉羅為他作成不
成突吉羅比丘尼突吉羅式叉摩那沙彌沙
彌尼突吉羅是謂為犯不犯者應量作或減
量若從他得已成者裁割如量若疊作兩重
無犯無犯者最初未制戒癡狂心亂痛惱所纏 第八十七波逸提竟
爾時佛在舍衛國祇樹給孤獨園時諸比丘
患癰創種種創病膿血流出污身污衣污臥
具諸比丘往白佛佛言自今已去聽諸比丘畜
覆創衣時諸比丘覆創衣麁多毛著創擘衣
患痛比丘白佛佛言自今已去聽諸比丘以大
價細濡衣覆創上著涅槃僧若至白衣家請
坐時應語言我有患若主人語言但坐當褰
上涅槃僧以此衣覆創而坐時六群比丘聞
世尊聽作覆創衣便多作廣長覆身創衣諸
比丘見已問言世尊制戒畜三衣不得過長
此是何衣六群比丘報言是我等覆創衣時
諸比丘聞嫌責六群比丘云何汝等多作廣
長覆創衣時諸比丘往世尊所頭面禮足在
一面坐以此因緣具白世尊世尊以此因緣集比
丘僧呵責六群比丘言汝所為非非威儀非
淨行非隨順行所不應為云何汝等多作廣

BD01605號　四分律（異卷）卷一五　（47–43）

長覆瘡衣時諸比丘往世尊所頭面礼足在
一面坐以此因緣具白世尊世尊以此因緣集比
丘僧呵責六群比丘言汝所為非非威儀非
淨行非隨順行所不應為云何汝等多作廣
長覆瘡衣尒時世尊以无數方便呵責六群
比丘已告諸比丘此癡人多種有漏處最初
犯戒自今已去與比丘結戒集十句義乃至
正法久住欲說戒者當如是說若比丘作覆
瘡衣當應量作量長佛四搩手廣二搩手裁
竟過者波逸提比丘義如上覆瘡衣者有種
種瘡病持用覆身若長中應量廣不應量若
廣中應量長中不應量若廣長俱不應量自
作成者波逸提不成者突吉羅教人作成者
波逸提不成突吉羅若為他作成不成盡突
吉羅比丘尼突吉羅式叉摩那沙弥沙弥尼
突吉羅是謂為犯不犯者應量作或減量作
若從他得裁割如量若疊作兩重无犯无犯
者最初未制戒癡狂心亂痛惱所纏 第八十八波逸提竟
尒時佛在舍衛國祇樹給孤獨園尒時毗舍
佉母聞如來聽諸比丘作雨浴衣即大作雨
浴衣遣人持詣僧伽藍中與諸比丘諸比丘
得便尒佛言此衣不應尒自今已去若得雨
浴衣應隨上坐次與若不足者憶次更得續
次與使遍敀時得貴賈衣續次與佛言不應

浴衣遣人持詣僧伽藍中與諸比丘諸比丘
得便尒佛言此衣不應尒自今已去若得雨
浴衣應隨上坐次與若不足者憶次更得續
次與使遍敀時得貴賈衣續次與佛言不應
尒應與上坐易之以上坐先得者轉次與下
坐若不遍者當以僧可分衣物與令遍時六
群比丘聞如來制聽諸比丘作雨浴衣輙自
多作廣大雨浴衣諸比丘見已即問言如來
制戒畜三衣不得過長此是誰衣六群比丘
報言是我等雨浴衣諸比丘聞其中有少欲
知足行頭陀樂學戒知慚愧者嫌責六群比
丘言汝等云何乃多作廣大雨浴衣諸比丘
往世尊所頭面礼足在一面坐以此因緣具
白世尊世尊尒時以此因緣集比丘僧呵責
六群比丘汝所為非非威儀非淨行非隨順
行所不應為云何汝等多作廣大雨浴衣以无
數方便呵責六群比丘已告諸比丘此癡人
多種有漏處最初犯戒自今已去與比丘結
戒集十句義乃至正法久住欲說戒者當如
是說若比丘作雨浴衣應量作是中量者
長佛六搩手廣二搩手半過者裁竟波逸提
比丘義如上雨浴衣者諸比丘著在雨中浣
浴若比丘作雨浴衣長中不應量廣中應量
若廣中不應量長中應量若長俱不應量
自作而成波逸提不成突吉羅若教人作成

長佛六搩手廣二搩手半過者裁竟波逸提
比丘義如工用浴衣者諸比丘著在雨中洗
浴若比丘作雨浴衣長中不應量廣中應量
若廣中不應量長中應量若長俱不應量
自作而成波逸提不成突吉羅若教人作成
波逸提不成突吉羅若為他作成不成盡突
吉羅比丘尼突吉羅式叉摩那沙彌沙彌尼突吉
羅是謂為犯不犯者應量作減量作若從他
得裁割如量若疊作兩重无犯无犯者冣初
未制戒癡狂心亂痛惱所纏 第八十九波逸提竟
尒時佛在釋翅瘦尼拘類薗中尒時尊者難
陁短佛四指諸比丘遥見難陁來皆謂是佛
來即起奉迎至乃知是難陁諸比丘皆懷慚
愧難陁亦慚愧尒時諸比丘以此因緣具白
世尊世尊告諸比丘自今已去制難陁著黑
衣時六群比丘與如來等量作衣或量過作
諸比丘聞其中有少欲知足行頭陁樂學戒知
慚愧者嫌責六群比丘汝等云何與如來等
量作衣或過量作時諸比丘往至世尊所頭
面作礼在一面坐以此因緣具白世尊世尊
尒時以此因緣集比丘僧呵責六群比丘汝
所為非非威儀非淨行非隨順行所不應為
云何六群比丘與如來等量作衣或過量作
无數方便呵責六群比丘已告諸比丘此癡
人多種有漏處冣初犯戒自今已去與比丘

BD01605號　四分律（異卷）卷一五　（47–46）

[illegible]
世尊世尊告諸比丘自今已去制難陁著黑
衣時六群比丘與如來等量作衣或量過作
諸比丘聞其中有少欲知足行頭陁樂學戒知
慚愧者嫌責六群比丘汝等云何與如來等
量作衣或過量作時諸比丘往至世尊所頭
面作礼在一面坐以此因緣具白世尊世尊
尒時以此因緣集比丘僧呵責六群比丘汝
所為非非威儀非淨行非隨順行所不應為
云何六群比丘與如來等量作衣或過量作
无數方便呵責六群比丘已告諸比丘此癡
人多種有漏處冣初犯戒自今已去與比丘
結戒集十句義乃至正法久住欲說戒者當
如是說若比丘與如來等量作衣或過量作
者波逸提是中如來衣量者長佛十搩手廣
六搩手是謂如來衣量比丘義如工衣者十
種衣如工若比丘等如來衣量長中不應量
廣中應量廣中不應量長中應量若廣長中
俱不應量自作成者波逸提不成突吉羅若
教他作成波逸提不成突吉羅若為他作成
不成亦突吉羅比丘尼突吉羅……
彌沙彌尼突吉羅……
成作衣當裁割……
犯无犯者……
第九十波……

BD01605號　四分律（異卷）卷一五　（47–47）

中亦復第一而皆護持助宣佛法亦於未来
護持助宣无量无邊諸佛之法教化饒益无
量衆生令立阿耨多羅三藐三菩提爲淨佛
土故常勤精進教化衆生漸漸具足菩薩之
道過无量阿僧祇劫當於此土得阿耨多羅
三藐三菩提号曰法明如来應供正遍知明
行足善逝世間解无上士調御丈夫天人師
佛世尊其佛以恒河沙等三千大千世界爲
一佛土七寶爲地地平如掌无有山陵谿澗
溝壑七寶臺觀充滿其中諸天宮殿近處虚
空人天交接兩得相見无諸惡道亦无女人
一切衆生皆以化生无有婬欲得大神通身
出光明飛行自在志念堅固精進智慧普皆
金色三十二相而自莊嚴其國衆生常以二
食一者法喜食二者禪悦食有无量阿僧祇
千万億那由他諸菩薩衆得大神通四无礙
智善能教化衆生之類其聲聞衆筭數校計
所不能知皆得具足六通三明及八解脱其
佛國土有如是等无量功德莊嚴成就劫名
寶明國名善淨其佛壽命无量阿僧祇劫法
住甚久佛滅度後起七寶塔遍滿其國尒時

BD01606號　妙法蓮華經卷四　（7-1）

千万億那由他諸菩薩衆得大神通四无礙
智善能教化衆生之類其聲聞衆筭數校計
所不能知皆得具足六通三明及八解脱其
佛國土有如是等无量功德莊嚴成就劫名
寶明國名善淨其佛壽命无量阿僧祇劫法
住甚久佛滅度後起七寶塔遍滿其國尒時
世尊欲重宣此義而説偈言

諸比丘諦聽　佛子所行道　善學方便故　不可得思議
知衆樂小法　而畏於大智　是故諸菩薩　作聲聞縁覺
以无數方便　化諸衆生類　自説是聲聞　去佛道甚遠
度脱无量衆　皆悉得成就　雖小欲懈怠　漸當令作佛
内秘菩薩行　外現是聲聞　少欲猒生死　實自淨佛土
示衆有三毒　又現邪見相　我弟子如是　方便度衆生
若我具足説　種種現化事　衆生聞是者　心則懷疑惑
今此富樓那　於昔千億佛　勤脩所行道　宣護諸佛法
爲求无上慧　而於諸佛所　現居弟子上　多聞有智慧
所説无所畏　能令衆歡喜　未曾有疲惓　而以助佛事
已度大神通　具四无礙智　知諸根利鈍　常説清淨法
演暢如是義　教諸千億衆　令住大乘法　而自淨佛土
未来亦供養　无量无數佛　護助宣正法　亦自淨佛土
常以諸方便　説法无所畏　度不可計衆　成就一切智
供養諸如来　護持法寶藏　其後得成佛　号名曰法明
其國名善淨　七寶所合成　劫名爲寶明　菩薩衆甚多
其數无量億　皆度大神通　威德力具足　充滿其國土
聲聞亦无數　三明八解脱　得四无礙智　以是等爲僧
其國諸衆生　婬欲皆已斷　純一變化生　具相莊嚴身
法喜禪悦食　更无餘食想　无有諸女人　亦无諸惡道

BD01606號　妙法蓮華經卷四　（7-2）

供養諸如來　護持法寶藏　其後得成佛　号名曰法明
其國名善淨　七寶所合成　劫名為寶明　菩薩衆甚多
其數无量億　皆度大神通　威德力具足　充滿其國土
聲聞亦无數　三明八解脫　得四无礙智　以是等為僧
其國諸衆生　婬欲皆已斷　純一變化生　具相莊嚴身
法喜禪悅食　更无餘食想　无有諸女人　亦无諸惡道
富樓那比丘　功德悉成滿　當得斯淨土　賢聖衆甚多
如是无量事　我今但略說
尒時千二百阿羅漢心自在者作是念我等
歡喜得未曾有若世尊各見授記如餘大弟
子者不亦快乎佛知此等心之所念告摩訶
迦葉是千二百阿羅漢我今當現前次第與
授阿耨多羅三藐三菩提記於此衆中我大
弟子憍陳如比丘當供養六万二千億佛然
後得成為佛号曰普明如來應供正遍知明
行足善逝世間解无上士調御丈夫天人師
佛世尊其五百阿羅漢優樓頻蠡迦葉伽耶
迦葉那提迦葉迦留陁夷優陁夷阿㝹樓䭾
離婆多劫賓那薄拘羅周陁莎伽陁等皆當
得阿耨多羅三藐三菩提盡同一号名曰普
明尒時世尊欲重宣此義而說偈言
憍陳如比丘　當見无量佛　過阿僧祇劫　乃成等正覺
常放大光明　具足諸神通　名聞遍十方　一切之所敬
常說无上道　故号為普明　其國土清淨　菩薩皆勇猛
咸昇妙樓閣　遊諸十方國　以无上供具　奉獻於諸佛
作是供養已　心懷大歡喜　須臾還本國　有如是神力
佛壽六万劫　正法住倍壽　像法復倍是　法滅天人憂

BD01606號　妙法蓮華經卷四　（7–3）

憍[illegible]
常放大光明　具足諸神通　名聞遍十方　一切之所敬
常說无上道　故号為普明　其國土清淨　菩薩皆勇猛
咸昇妙樓閣　遊諸十方國　以无上供具　奉獻於諸佛
作是供養已　心懷大歡喜　須臾還本國　有如是神力
佛壽六万劫　正法住倍壽　像法復倍是　法滅天人憂
其五百比丘　次第當作佛　同号曰普明　轉次而授記
我滅度之後　某甲當作佛　其所化世間　亦如我今日
國土之嚴淨　及諸神通力　菩薩聲聞衆　正法及像法
壽命劫多少　皆如上所說　迦葉汝已知　五百自在者
餘諸聲聞衆　亦當復如是　其不在此會　汝當為宣說
尒時五百阿羅漢於佛前得授記已歡喜踊
躍即從座起到於佛前頭面礼足悔過自責
世尊我等常作是念自謂已得究竟滅度今
乃知之如无智者所以者何我等應得如來
智慧而便自以小智為足世尊譬如有人至
親友家醉酒而臥是時親友官事當行以无
價寶珠繫其衣裏與之而去其人醉臥都不
覺知起已遊行到於他國為衣食故勤力求
索甚大艱難若少有所得便以為足於後親
友會遇見之而作是言咄哉丈夫何為衣食
乃至如是我昔欲令汝得安樂五欲自恣於
某年日月以无價寶珠繫汝衣裏今故現在
而汝不知勤苦憂惱以求自活甚為癡也汝
今可以此寶貿易所須常可如意无所乏短
佛亦如是為菩薩時教化我等令發一切智
心而尋廢忘不知不覺既得阿羅漢道自謂
滅度資生艱難得少為足一切智願猶在不

BD01606號　妙法蓮華經卷四　（7–4）

今可以此寶貿易所須常可如意无所乏短
佛亦如是為菩薩時教化我等令發一切智
心而尋廢忘不知不覺既得阿羅漢道自謂
滅度資生艱難得少為足一切智願猶在不
失今者世尊覺悟我等作如是言諸比丘汝
等所得非究竟滅我久令汝等種佛善根以
方便故示涅槃相而汝謂為實得滅度世尊
我今乃知實是菩薩得授阿耨多羅三藐三
菩提記以是因緣甚大歡喜得未曾有尒時
阿若憍陳如等欲重宣此義而說偈言
我等聞无上　安隱授記聲　歡喜未曾有　礼无量智佛
今於世尊前　自悔諸過咎　於无量佛寶　得少涅槃分
如无智愚人　便自以為是
譬如貧窮人　往至親友家　其家甚大富　具設諸餚饍
以无價寶珠　繫著內衣裏　嘿與而捨去　時卧不覺知
是人既已起　遊行詣他國　求衣食自濟　資生甚艱難
得少便為足　更不願好者　不覺內衣裏　有无價寶珠
與珠之親友　後見此貧人　苦切責之已　示以所繫珠
貧人見此珠　其心大歡喜　富有諸財物　五欲而自恣
我等亦如是　世尊於長夜　常愍見教化　令種无上願
我等无智故　不覺亦不知　得少涅槃分　自足不求餘
今佛覺悟我　言非實滅度　得佛无上慧　尒乃為真滅
我今從佛聞　授記莊嚴事　及轉次受決　身心遍歡喜
妙法蓮華經授學无學人記品第九
尒時阿難羅睺羅而作是念我等每自思惟
設得授記不亦快乎即從座起到於佛前頭
面礼足俱白佛言世尊我等於此亦應有分

BD01606 號　妙法蓮華經卷四

（7–5）

我今從佛聞　授記莊嚴事　及轉次受決　身心遍歡喜
妙法蓮華經授學无學人記品第九
尒時阿難羅睺羅而作是念我等每自思惟
設得授記不亦快乎即從座起到於佛前頭
面礼足俱白佛言世尊我等於此亦應有分
唯有如來我等所歸又我等為一切世間天
人阿脩羅所見知識阿難常為侍者護持法
藏羅睺羅是佛之子若佛見授阿耨多羅三
藐三菩提記者我願既滿衆望亦足尒時學
无學聲聞弟子二千人皆從座起偏袒右肩
到於佛前一心合掌瞻仰世尊如阿難羅睺
羅所願住立一面尒時佛告阿難汝於來世
當得作佛号山海慧自在通王如來應供正
遍知明行足善逝世間解无上士調御丈夫
天人師佛世尊當供養六十二億諸佛護持
法藏然後得阿耨多羅三藐三菩提教化二
十千万億恒河沙諸菩薩等令成阿耨多羅
三藐三菩提國名常立勝幡其土清淨琉璃
為地劫名妙音遍滿其佛壽命无量千万億
阿僧祇劫若人於千万億无量阿僧祇劫中
筭數校計不能得知正法住世倍於壽命像
法住世復倍正法阿難是山海慧自在通王
佛為十方无量千万億恒河沙等諸佛如來
所共讚歎稱其功德尒時世尊欲重宣此義
而說偈言
我今僧中說　阿難持法者　當供養諸佛　然後成正覺
号曰山海慧　自在通王佛　其國土清淨　名常立勝幡

BD01606 號　妙法蓮華經卷四

（7–6）

遍知明行足善逝世間解无上士調御丈夫
天人師佛世尊當供養六十二億諸佛護持
法藏然後得阿耨多羅三藐三菩提教化二
十千万億恒河沙諸菩薩等令成阿耨多羅
三藐三菩提國名常立勝幡其土清淨琉璃
為地劫名妙音遍滿其佛壽命无量千万億
阿僧祇劫若人於千万億无量阿僧祇劫中
筭數挍計不能得知正法住世倍於壽命像
法住世復倍正法阿難是山海慧自在通王
佛為十方无量千万億恒河沙等諸佛如來
所共讚歎稱其功德尒時世尊欲重宣此義
而說偈言
我今僧中說　阿難持法者　當供養諸佛　然後成正覺
号曰山海慧　自在通王佛　其國土清淨　名常立勝幡
教化諸菩薩　其數如恒沙　佛有大威德　名聞滿十方
壽命无有量　以愍衆生故　正法倍壽命　像法復倍是
如恒河沙等　无數諸衆生　於此佛法中　種佛道因緣
尒時會中新發意菩薩八千人咸作是念我
等尚不聞諸大菩薩得如是記有何因緣而
諸聲聞得如是決尒時世尊知諸菩薩心之
所念而告之曰諸善男子我與阿難等於空
王佛所同時發阿耨多羅三藐三菩提心阿
難常樂多聞我常勤精進是故我已得成阿
耨多羅三藐三菩提而阿難護持我法亦護

BD01606 號　妙法蓮華經卷四　（7–7）

……投地
吹倒大樹心□……都無所知
遍灑王及夫人良久乃蘇啼聲□
曰
禍哉愛子端嚴相　因何死苦先來逼
若我得在汝前亡　豈見如斯大苦事
尒時夫人迷悶稍止頭髮蓬亂兩手推胷宛
轉于地如魚處陸若牛失子悲泣而言
我子誰屠割　餘骨散于地　失我所愛子　憂悲不自勝
苦哉誰殺子　致斯憂惱事　我心非金剛　云何而不破
我夢中所見　兩乳皆被割　牙齒悉墮落　今遭大苦痛
又夢三鴿鶵　一被鷹擒去　今失所愛子　惡相表非虛
尒時大王及於夫人并二王子盡哀號哭瓔珞不御
與諸人衆共收菩薩遺身舍利為於供養
置窣覩波中阿難陁汝等應知此即是彼
菩薩舍利復告阿難陁我於昔時雖具煩惱
貪瞋癡等能於地獄餓鬼傍生五趣之中隨
緣救濟令得出離何況今時煩惱都盡無
復餘習号天人師具一切智而不能為一一衆生
經於多劫在地獄中及於餘處代受衆苦令
出生死煩惱輪迴尒時世尊欲重宣此義而
說頌言
我念過去世　無量無數劫　或時作國王　或復為王子
常行於大施　及捨所愛身　願出離生死　至妙菩提處
昔時有大國　國主名大車　王子名勇猛　常施心無悋

BD01607 號　金光明最勝王經卷一〇　（12–1）

[illegible]大士[illegible]尒時世尊欲重宣此義而
說頌言
我念過去世　無量華葉中　或復為王子　或須為王子
常行於大施　及捨所愛身　願出離生死　至妙菩提處
昔時有大國　國主名大車　王子名勇猛　常施心無悋
王子有二兄　号大渠大天　三人同出遊　漸至山林所
見虎飢所逼　便生如是心　此虎飢火燒　更無餘可食
大士覩如斯　恐其將食子　捨身無所顧　救子不令傷
大地及諸山　一時皆震動　江海皆騰躍　驚波水逆流
天地失光明　昏冥無所見　林野諸禽獸　飛奔亡所依
二兄怪不還　憂感生悲苦　即与諸侍從　林藪遍尋求
兄弟共籌議　復往深山處　四顧無所有　見虎處空林
其母并七子　口皆有血汙　殘骨并餘髮　縱橫在地中
復見有流血　散在林樹所　二兄既見已　心生大恐怖
悶絕俱投地　荒迷不覺知　塵土坌其身　六情皆失念
王子諸侍從　啼泣心憂惱　以水灑令蘇　舉手號咷哭
菩薩捨身時　慈母在宮內　五百諸婇女　共受於妙樂
夫人之兩乳　忽然自流出　遍體如針刺　苦痛不能安
欻生失子想　憂箭苦傷心　即白大王知　陳斯苦惱事
悲泣不堪忍　哀聲向王說　大王今當知　我生大苦惱
兩乳忽流出　禁止不隨心　如針遍刺身　心苦若破
我先夢惡徵　必當失愛子　願王濟我命　知兒存與亡
夢見三鴿鶵　小者是愛子　忽被鷹奪去　悲愁難具陳
我今沒憂海　趣死將不久　恐子命不全　願為速求覓
又聞外人語　小子求不得　我今意不安　願王哀愍我
[illegible]

BD01607 號　金光明最勝王經卷一〇　（12–2）

兩乳忽流出　禁止不隨心　如針遍刺身　心苦若破
我先夢惡徵　必當失愛子　願王濟我命　知兒存與亡
夢見三鴿鶵　小者是愛子　忽被鷹奪去　悲愁難具陳
我今沒憂海　趣死將不久　恐子命不全　願為速求覓
又聞外人語　小子求不得　我今意不安　願王哀愍我
夫人白王已　舉身而躃地　悲痛心悶絕　荒迷不覺知
婇女見夫人　悶絕在於地　舉聲皆大哭　憂惶失所依
王聞如是語　懷憂不自勝　因命諸群臣　尋求所愛子
皆共出城外　隨處而追覓　涕泣問諸人　王子今何在
今者為存亡　誰知所去處　云何令得見　適我憂惱心
諸人悉共傳　咸言王子死　聞者皆傷悼　悲歎苦難裁
尒時大車王　悲號從座起　即就夫人處　以水灑其身
夫人蒙水灑　久乃得醒悟　悲啼以問王　我兒今在不
王告夫人曰　我已使諸人　四向求王子　尚未有消息
王又告夫人　汝莫生煩惱　且當自安慰　可共出追尋
王即与夫人　嚴駕而前進　號動聲悽感　憂心若火熱
士庶百千万　亦隨王出城　各欲求王子　悲號聲不絕
王求愛子故　目視於四方　見有一人來　被髮身塗血
遍體蒙塵土　悲哭逆前來　王見是惡相　倍復生憂惱
王便舉兩手　哀號不自裁　初有一大臣　忩忙至王所
進白大王曰　幸願勿悲哀　王之所愛子　今雖求未獲
不久當來至　以釋大王憂　王復更前行　見次大臣至
其臣詣王所　流淚白王言　二子今現存　被憂火所逼
其第三王子　已被無常吞　見餓虎初生　將欲食其子
彼薩埵王子　見此起悲心　願求無上道　當度一切衆

BD01607 號　金光明最勝王經卷一〇　（12–3）

王便舉兩手　哀號不自裁　初有一大臣　悤忙至王所
進白大王曰　幸願勿悲哀　王之所愛子　今雖求未獲
不久當來至　以釋大王憂　王復更前行　見次大臣至
其臣詣王所　流淚白王言　二子今現存　被憂火所逼
其第三王子　已被無常吞　見餓虎初生　將欲食其子
彼薩埵王子　見此起悲心　願求無上道　當度一切衆
繫想妙菩提　廣大深如海　即上高山頂　投身餓虎前
虎羸不能食　以竹自傷頸　遂噉王子身　唯有餘骸骨
時王及夫人　聞已俱悶絶　心沒於憂海　煩惱火燒然
臣以旃檀水　灑王及夫人　俱起大悲號　舉手推胸臆
第三大臣來　白王如是語　我見二王子　悶絶在林中
臣以冷水灑　尒乃暫蘇息　顧視於四方　如猛火周遍
暫起而還伏　悲號不自勝　舉手以哀言　稱歎弟希有
王聞如是說　倍增憂火煎　夫人大號咷　高聲作是語
我之小子偏　鍾愛　已為無常羅剎吞
餘有二子今現存　復被憂火所燒逼
我今速可之山下　安慰令其保餘命
即便馳駕望前路　一心詣彼捨身崖
路逢二子行啼泣　搥胸懊惱失容儀
父母見已抱憂悲　俱往山林捨身處
既至菩薩捨身地　共聚悲號生大苦
脫去瓔珞盡哀心　收取菩薩身餘骨
与諸人衆同供養　共造七寶窣覩波
以彼舍利置函中　整駕懷憂趣城邑
復告阿難陀　往時薩埵者　即我牟尼是　[illegible]

既至菩薩捨身地　共聚悲號生大苦
脫去瓔珞盡哀心　收取菩薩身餘骨
与諸人衆同供養　共造七寶窣覩波
以彼舍利置函中　整駕懷憂趣城邑
復告阿難陀　往時薩埵者　即我牟尼是　勿生於異念
王是父淨飯　后是母摩耶　太子謂慈氏　次身殊室利
虎是大世主　五兒五苾芻　一是大目連　一是舍利子
我為汝等說　往昔利他緣　如是菩薩行　成佛因當學
菩薩捨身時　發如是弘願　願我身餘骨　來世益衆生
此是捨身處　七寶窣覩波　以經無量時　遂沉於厚地
由昔本願力　隨緣興濟度　為利於人天　從地而涌出
尒時世尊說是往昔因緣之時無量阿僧企
耶人天大衆皆大悲喜歎未曾有悉發阿耨
多羅三藐三菩提心復告樹神我為報恩
故致礼敬佛攝神力其窣覩波還沒于地
金光明最勝王經十方菩薩讚歎品第廿七
尒時釋迦牟尼如來說是經時於十方世界有
無量百千万億諸菩薩衆各從本土詣鷲
峯山至世尊所五輪著地礼世尊已一心合掌
異口同音而讚歎曰
佛身微妙真金色　其光普照等金山
清淨柔耎若蓮花　無量妙彩而嚴飾
三十二相遍莊嚴　八十種好皆圓備
光明晒著無与等　離垢猶如淨滿月
其聲清徹甚微妙　如師子吼震雷音

清淨柔耎若蓮花 無量妙彩而嚴飾
三十二相遍莊嚴 八十種好皆圓備
光明晒著無与等 離垢猶如淨滿月
其聲清徹甚微妙 如師子吼震雷音
八種微妙應群機 超勝迦陵頻伽等
百福妙相以嚴容 光明具足淨無垢
智慧澄明如大海 功德廣大若虛空
圓光遍滿十方界 隨緣普濟諸有情
煩惱愛染習皆除 法炬恒然不休息
哀愍利益諸衆生 現在未來能与樂
常為宣說第一義 令證涅槃真寂靜
佛說甘露殊勝法 能与甘露微妙義
引入甘露涅槃城 令受甘露無為樂
常於生死大海中 解脫一切衆生苦
令彼能住安隱路 恒与難思如意樂
如來德海甚深廣 非諸譬喻所能知
於衆常起大悲心 方便精勤恒不息
如來智海無邊際 一切人天共測量
假使千万億劫中 不能得知其少分
我今略讚佛功德 於德海中唯一渧
迴斯福聚施群生 皆願速證菩提果
尒時世尊告諸菩薩言善哉善哉汝等善能
如是讚佛功德利益有情廣興佛事能滅
諸罪生無量福

金光明最勝王經妙幢菩薩讚歎品第十七

尒時世尊告諸菩薩言善哉善哉汝等善能
如是讚佛功德利益有情廣興佛事能滅
諸罪生無量福
金光明最勝王經妙幢菩薩讚歎品第十八
尒時妙幢菩薩即從座起偏袒右肩右膝著
地合掌向佛而說讚曰
牟尼百福相圓滿 無量功德以嚴身
廣大清淨人樂觀 猶如千日光明照
燄彩無邊光熾盛 如妙寶聚相端嚴
如日初出映虛空 紅白分明閒金色
亦如金山光普照 悉能周遍百千土
能滅衆生無量苦 皆与無邊勝妙樂
諸相具足悉嚴淨 衆生樂觀無猒足
頭髮柔耎紺青色 猶如黑蜂集妙花
大喜大捨淨莊嚴 大慈大悲皆具足
衆妙相好為嚴飾 菩提分法之所成
如來能施衆福利 令彼常蒙大安樂
種種妙德共莊嚴 光明普照千万土
如來光相極圓滿 猶如赫日遍空中
佛如須弥功德具 示現能周於十方
如來金口妙端嚴 齒白齊密如珂雪
如來面貌無倫匹 眉閒毫相常右旋
光潤鮮白等頗梨 猶如滿月居空界
佛告妙幢菩薩汝能如是讚佛功德不可思

如來金口妙端嚴　齒白齊密如珂雪
如來面貌無倫疋　眉間毫相常右旋
光潤鮮白等頗梨　猶如滿月居空界
佛告妙幢菩薩汝能如是讚佛功德不可思
議利益一切令未知者隨順修學
金光明最勝王經菩提樹神讚歎品第廿九
尒時菩提樹神亦以伽他讚世尊曰
敬礼如來清淨慧　敬礼常求正法慧
敬礼能離非法慧　敬礼恒無分別慧
希有世尊無邊行　希有難見比優曇
希有如海鎮山王　希有善逝光無量
希有調御弘慈願　希有釋種明逾日
能說如是經中寶　哀愍利益諸群生
牟尼寂靜諸根具　能入寂靜涅槃城
能住寂靜等持門　能知寂靜深境界
兩足中尊住空寂　聲聞弟子身亦空
一切法體性皆空　一切衆生悉空寂
我常憶念於諸佛　我常樂見諸世尊
我常發起慇重心　常得值遇如來日
我常頂礼於世尊　願常渴仰心不捨
悲泣流淚情無間　常得奉事不知猒
唯願世尊起悲心　和顏常得令我見
佛及聲聞衆清淨　願常普濟於人天
佛身本淨若虛空　亦如幻焰及水月
願說涅槃甘露法　能生一切功德聚

BD01607號　金光明最勝王經卷一〇　（12–8）

悲泣流淚情無間　常得奉事不知猒
唯願世尊起悲心　和顏常得令我見
佛及聲聞衆清淨　願常普濟於人天
佛身本淨若虛空　亦如幻焰及水月
願說涅槃甘露法　能生一切功德聚
世尊所有淨境界　慈悲正行不思議
聲聞獨覺非所量　大仙菩薩不能測
唯願如來哀愍我　常令覩見大悲身
三業無倦奉慈尊　速出生死歸真際
尒時世尊聞是讚已以梵音聲告樹神曰善
哉善哉善女天汝能於我真實無妄清淨
法身自利利他宣揚妙相以此功德令汝速
證最上菩提一切有情同所修習若得聞者皆
入甘露無生法門
金光明最勝王經大辯才天女讚歎品第卅
尒時大辯才天女即從座起合掌恭敬以直
言詞讚世尊曰
南謨釋迦牟尼如來應正等覺身真金色咽如
螺貝面如滿月目類青蓮脣口赤好如頗梨
色鼻高脩直如截金鋌齒白齊密如拘物
頭花身光普照如百千日光彩暎徹如贍部金
所有言詞皆無謬失示三解脫門開三菩提
路心常清淨意樂亦然佛所住處及所行境
亦常清淨離非威儀進止無謬六年苦行三
轉法輪度苦衆生令歸彼岸身相圓滿如

BD01607號　金光明最勝王經卷一〇　（12–9）

頭花身光普照如百千日光彩暎徹如贍部金
所有言詞皆無謬失示三解脫門開三菩提
路心常清淨意樂亦然佛所住處及所行境
亦常清淨離非威儀進止無謬六年苦行三
轉法輪度苦衆生令歸彼岸身相圓滿如
拘陁樹六度薰修三業無失具一切智自他利
滿所有宣說常為衆生言不虛設於釋種
中為大師子堅固勇猛具八解脫我今隨力
稱讃如來少分功德猶如蚊子飲大海水願以
此福廣及有情永離生死成無上道
尒時世尊告大辯天曰善哉善哉汝久修習具
大辯才今復於我廣陳讃歎令汝速證無
上法門相好圓明普利一切
金光明最勝王經付囑品第卅一
尒時世尊普告無量菩薩及諸人天一切大衆
汝等當知我於無量無數大劫勤修苦行獲
甚深法菩提正因已為汝說汝等誰能發勇
猛心恭敬守護我涅槃後於此法門廣宣流
布能令正法久住世間尒時衆中有六十俱胝
諸大菩薩六十俱胝諸天大衆異口同音作
如是語世尊我等咸有欣樂之心於佛世尊
無量大劫勤修苦行所獲甚深微妙之法
菩提正因恭敬護持不惜身命佛涅槃後於
此法門廣宣流布當令正法久住世間尒時

BD01607號　金光明最勝王經卷一〇　(12–10)

如是語世尊我等咸有欣樂之心於佛世尊
無量大劫勤修苦行所獲甚深微妙之法
菩提正因恭敬護持不惜身命佛涅槃後於
此法門廣宣流布當令正法久住世間尒時
諸大菩薩即於佛前說伽他曰
世尊真實語　安住於實法　由彼真實故　護持於此經
大悲為甲冑　安住於大慈　由彼慈悲力　護持於此經
福資粮圓滿　生起智資粮　由資粮滿故　護持於此經
降伏一切魔　破滅諸邪論　斷除惡見故　護持於此經
護世并釋梵　乃至阿蘇羅　龍神藥叉等　護持於此經
地上及虛空　久住於斯者　奉持佛教故　護持於此經
四梵住相應　四聖諦嚴飾　降伏四魔故　護持於此經
虛空成質礙　質礙成虛空　諸佛所護持　無能傾動者
尒時四大天王聞佛說此護持妙法各生隨喜
護正法心一時同聲說伽他曰
我今於此經　及男女眷屬　皆一心擁護　令得廣流通
若有持經者　能作菩提因　我常於四方　擁護而承事
尒時天帝釋合掌恭敬說伽他曰
諸佛證此法　為欲報恩故　饒益菩薩衆　出世演斯經
我於彼諸佛　報恩常供養　護持如是經　及以持經者
尒時覩史多天子合掌恭敬說伽他曰
佛說如是經　若有能持者　當住菩提位　來生覩史天
世尊我慶悅　捨天殊勝報　住於贍部洲　宣揚是經典
時索訶世界主梵天王合掌恭敬說伽他曰
諸靜慮無量　諸乘及解脫　皆從此經出　是故演斯經

BD01607號　金光明最勝王經卷一〇　(12–11)

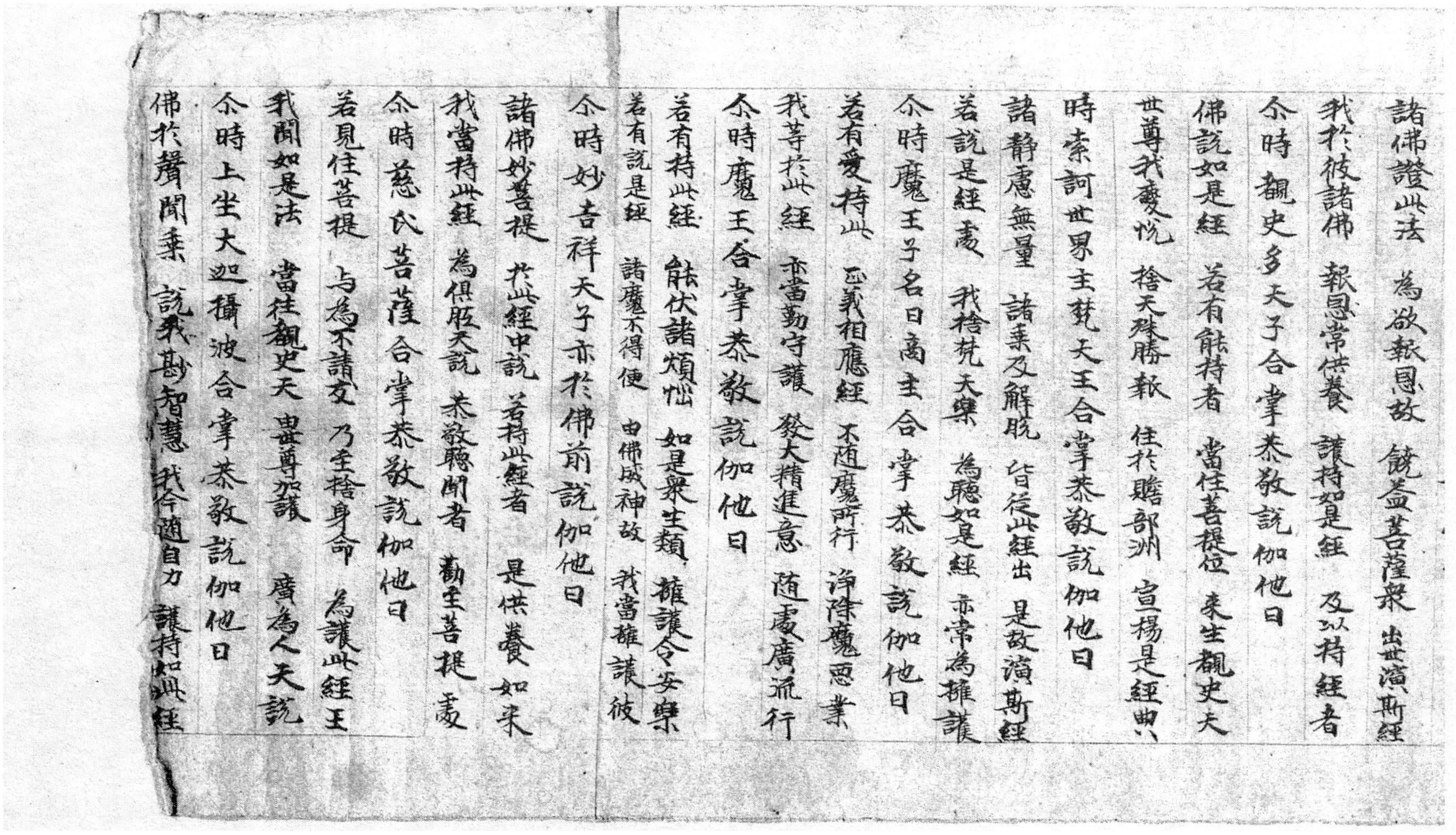
諸佛證此法　為欲報恩故　饒益菩薩衆　出世演斯經
我於彼諸佛　報恩常供養　護持如是經　及以持經者
尒時覩史多天子合掌恭敬說伽他曰
佛說如是經　若有能持者　當住菩提位　來生覩史天
世尊我慶悅　捨天殊勝報　住於贍部洲　宣揚是經典
時索訶世界主梵天王合掌恭敬說伽他曰
諸靜慮無量　諸乘及解脫　皆從此經出　是故演斯經
若說是經處　我捨梵天樂　為聽如是經　亦常為擁護
尒時魔王子名曰商主合掌恭敬說伽他曰
若有受持此　正義相應經　不隨魔所行　淨除魔惡業
我等於此經　亦當勤守護　發大精進意　隨處廣流行
尒時魔王合掌恭敬說伽他曰
若有持此經　能伏諸煩惱　如是衆生類　擁護令安樂
若有說是經　諸魔不得便　由佛威神故　我當擁護彼
尒時妙吉祥天子亦於佛前說伽他曰
諸佛妙菩提　於此經中說　若持此經者　是供養如來
我當持此經　為俱胝天說　恭敬聽聞者　勸至菩提處
尒時慈氏菩薩合掌恭敬說伽他曰
若見住菩提　與為不請友　乃至捨身命　為護此經王
我聞如是法　當往覩史天　由世尊加護　廣為人天說
尒時上坐大迦攝波合掌恭敬說伽他曰
佛於聲聞乘　說我少智慧　我今隨自力　護持如此經

BD01607 號　金光明最勝王經卷一〇　（12–12）

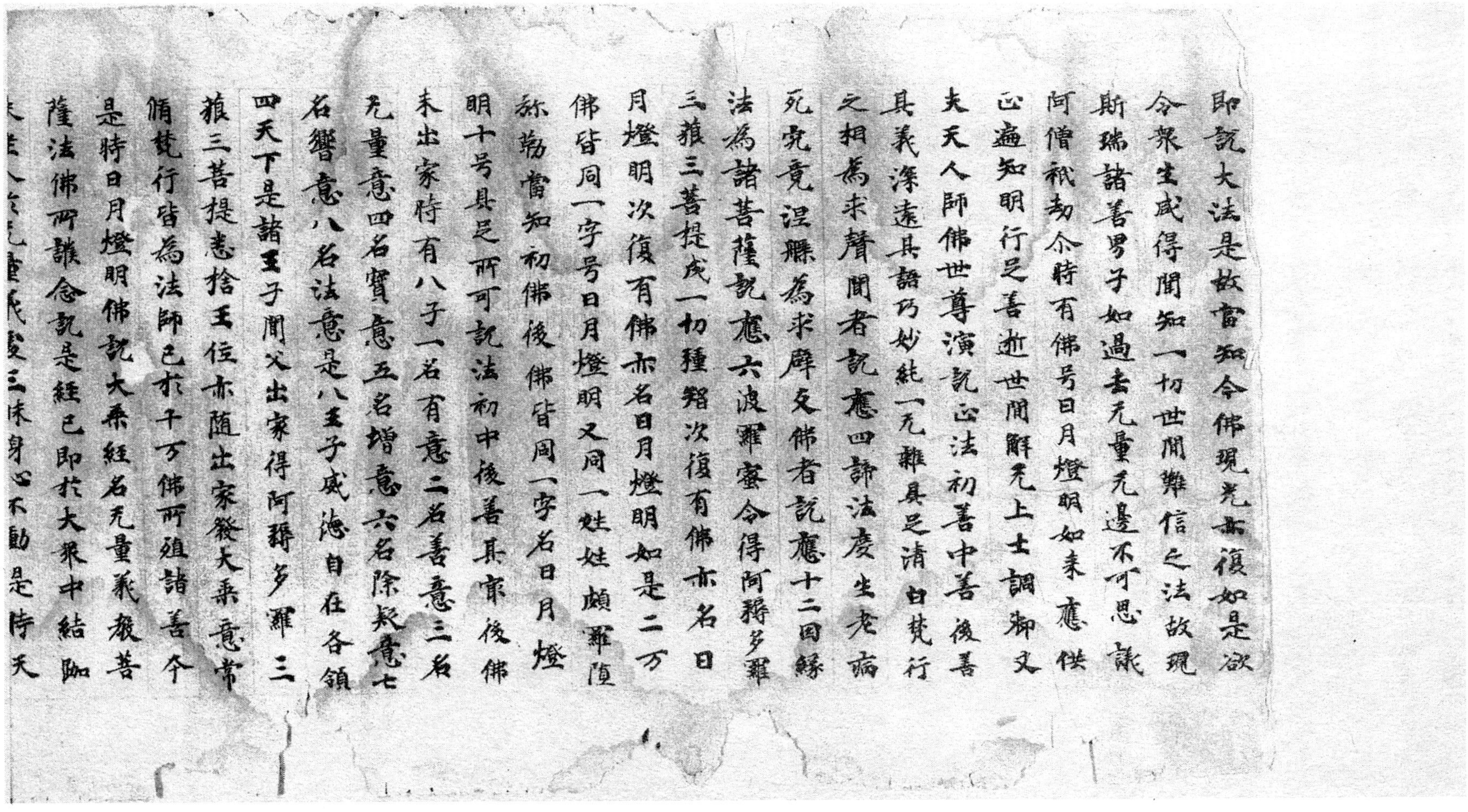
即說大法是故當知今佛現光亦復如是欲
令衆生咸得聞知一切世間難信之法故現
斯瑞諸善男子如過去无量无邊不可思議
阿僧祇劫尒時有佛号日月燈明如來應供
正遍知明行足善逝世間解无上士調御丈
夫天人師佛世尊演說正法初善中善後善
其義深遠其語巧妙純一无雜具足清白梵行
之相為求聲聞者說應四諦法度生老病
死究竟涅槃為求辟支佛者說應十二因緣
法為諸菩薩說應六波羅蜜令得阿耨多羅
三藐三菩提成一切種智次復有佛亦名日
月燈明次復有佛亦名日月燈明如是二万
佛皆同一字号日月燈明又同一姓姓頗羅墮
弥勒當知初佛後佛皆同一字名日月燈
明十号具足所可說法初中後善其最後佛
未出家時有八子一名有意二名善意三名
无量意四名寶意五名增意六名除疑意七
名響意八名法意是八王子威德自在各領
四天下是諸王子聞父出家得阿耨多羅三
藐三菩提悉捨王位亦隨出家發大乘意常
脩梵行皆為法師已於千万佛所殖諸善本
是時日月燈明佛說大乘經名无量義教菩
薩法佛所護念說是經已即於大衆中結加
趺坐入於无量義處三昧身心不動是時天

BD01608 號　妙法蓮華經卷一　（6–1）

四天下是諸王子聞父出家得阿耨多羅三
藐三菩提悉捨王位亦隨出家發大乘意常
脩梵行皆為法師已於千万佛所殖諸善本
是時日月燈明佛說大乘經名无量義教菩
薩法佛所護念說是經已即於大衆中結跏
趺坐入於无量義處三昧身心不動是時天
雨曼陀羅華摩訶曼陀羅華曼殊沙華摩訶
曼殊沙華而散佛上及諸大衆普佛世界六
種震動尒時會中比丘比丘尼優婆塞優婆
夷天龍夜叉乾闥婆阿脩羅迦樓羅緊那羅
摩睺羅伽人非人及諸小王轉輪聖王等是
諸大衆得未曾有歡喜合掌一心觀佛尒時
如來放眉間白豪相光照東方万八千佛土
靡不周遍如今所見是諸佛土祢勒當知尒
時會中有二十億菩薩樂欲聽法是諸菩薩
見此光明普照佛土得未曾有欲知此光所
為因緣時有菩薩名曰妙光有八百弟子是
時日月燈明佛從三昧起因妙光菩薩說大
乘經名妙法蓮華教菩薩法佛所護念六十
小劫不起于座時會聽者亦坐一處六十小
劫身心不動聽佛所說謂如食頃是時衆中
无有一人若身若心而生懈惓日月燈明佛於
六十小劫說是經已即於梵魔沙門婆羅
門及天人阿脩羅衆中而宣此言如來於今
日中夜當入无餘涅槃時有菩薩名曰德藏
日月燈明佛即授其記告諸比丘是德藏菩
薩次當作佛号曰淨身多陁阿伽度阿羅訶

BD01608號　妙法蓮華經卷一　（6–2）

无有一人若身若心而生懈惓日月燈明佛於
六十小劫說是經已即於梵魔沙門婆羅
門及天人阿脩羅衆中而宣此言如來於今
日中夜當入无餘涅槃時有菩薩名曰德藏
日月燈明佛即授其記告諸比丘是德藏菩
薩次當作佛号曰淨身多陁阿伽度阿羅訶
三藐三佛陁佛授記已便於中夜入无餘涅
槃佛滅度後妙光菩薩持妙法蓮華經滿八
十小劫為人演說日月燈明佛八子皆師妙
光妙光教化令其堅固阿耨多羅三藐三菩
提是諸王子供養无量百千万億佛已皆成
佛道其最後成佛者名曰燃燈八百弟子中
有一人号曰求名貪著利養雖復讀誦衆經
而不通利多所忘失故号求名是人亦以種諸
善根因緣故得值无量百千万億諸佛供
養恭敬尊重讚歎祢勒當知尒時妙光菩薩
豈異人乎我身是也求名菩薩汝身是也今
見此瑞與本无異是故惟忖今日如來當說
大乘經名妙法蓮華教菩薩法佛所護念
尒時文殊師利於大衆中欲重宣此義而說
偈言
我念過去世　无量无數劫　有佛人中尊　号日月燈明
世尊演說法　度无量衆生　无數億菩薩　令入佛智慧
佛未出家時　所生八王子　見大聖出家　亦隨脩梵行
時佛說大乘　經名无量義　於諸大衆中　而為廣分別
佛說此經已　即於法座上　跏趺坐三昧　名无量義處
天雨曼陀華　天鼓自然鳴　諸天龍鬼神　供養人中尊

BD01608號　妙法蓮華經卷一　（6–3）

佛未出家時　所生八王子　見大聖出家　亦隨脩梵行
時佛說大乘　經名無量義　於諸大衆中　而為廣分別
佛說此經已　即於法座上　跏趺坐三昧　名無量義處
天雨曼陀華　天鼓自然鳴　諸天龍鬼神　供養人中尊
一切諸佛土　即時大震動　佛放眉間光　現諸希有事
此光照東方　万八千佛土　示一切衆生　生死業報處
有見諸佛土　以衆寶莊嚴　瑠璃頗梨色　斯由佛光照
及見諸天人　龍神夜叉衆　乾闥緊那羅　各供養其佛
又見諸如來　自然成佛道　身色如金山　端嚴甚微妙
如淨瑠璃中　內現真金像　世尊在大衆　敷演深法義
一一諸佛土　聲聞衆無數　因佛光所照　悉見彼大衆
或有諸比丘　在於山林中　精進持淨戒　猶如護明珠
又見諸菩薩　行施忍辱等　其數如恒沙　斯由佛光照
又見諸菩薩　深入諸禪定　身心寂不動　以求無上道
又見諸菩薩　知法寂滅相　各於其國土　說法求佛道
尒時四部衆　見日月燈佛　現大神通力　其心皆歡喜
各各自相問　是事何因緣　天人所奉尊　適從三昧起
讚妙光菩薩　汝為世間眼　一切所歸信　能奉持法藏
如我所說法　唯汝能證知　世尊既讚歎　令妙光歡喜
說是法華經　滿六十小劫　不起於此座　所說上妙法
是妙光法師　悉皆能受持　佛說是法華　令衆歡喜已
尋即於是日　告於天人衆　諸法實相義　已為汝等說
我今於中夜　當入於涅槃　汝一心精進　當離於放逸
諸佛甚難值　億劫時一遇　世尊諸子等　聞佛入涅槃
各各懷悲惱　佛滅一何速　聖主法之王　安慰無量衆
我若滅度時　汝等勿憂怖　是德藏菩薩　於無漏實相
心已得通達　其次當作佛　號曰為淨身　亦度無量衆

BD01608號　妙法蓮華經卷一　（6–4）

我今於中夜　當入於涅槃　汝一心精進　當離於放逸
諸佛甚難值　億劫時一遇　世尊諸子等　聞佛入涅槃
各各懷悲惱　佛滅一何速　聖主法之王　安慰無量衆
我若滅度時　汝等勿憂怖　是德藏菩薩　於無漏實相
心已得通達　其次當作佛　號曰為淨身　亦度無量衆
佛此夜滅度　如薪盡火滅　分布諸舍利　而起無量塔
比丘比丘尼　其數如恒沙　倍復加精進　以求無上道
是妙光法師　奉持佛法藏　八十小劫中　廣宣法華經
是諸八王子　妙光所開化　堅固無上道　當見無數佛
供養諸佛已　隨順行大道　相繼得成佛　轉次而授記
最後天中天　號曰然燈佛　諸仙之導師　度脫無量衆
是妙光法師　時有一弟子　心常懷懈怠　貪著於名利
求名利無猒　多遊族姓家　棄捨所習誦　廢忘不通利
以是因緣故　號之為求名　亦行衆善業　得見無數佛
供養於諸佛　隨順行大道　具六波羅蜜　今見釋師子
其後當作佛　號名曰彌勒　廣度諸衆生　其數無有量
彼佛滅度後　懈怠者汝是　妙光法師者　今則我身是
我見燈明佛　本光瑞如此　以是知今佛　欲說法華經
今相如本瑞　是諸佛方便　今佛放光明　助發實相義
諸人今當知　合掌一心待　佛當雨法雨　充足求道者
諸求三乘人　若有疑悔者　佛當為除斷　令盡無有餘

妙法蓮華經方便品第二

尒時世尊從三昧安詳而起告舍利弗諸佛智
慧甚深無量其智慧門難解難入一切聲聞
辟支佛所不能知所以者何佛曾親近百
千万億無數諸佛盡行諸佛無量道法勇猛
精進名稱普聞成就甚深未曾有法隨宜所
說意趣難解舍利弗吾從成佛已來種種因

BD01608號　妙法蓮華經卷一　（6–5）

是諸八王子　妙光所開化　堅固无上道　當見无數佛
供養諸佛已　隨順行大道　相繼得成佛　轉次而授記
最後天中天　號曰燃燈佛　諸仙之導師　度脫无量衆
是妙光法師　時有一弟子　心常懷懈怠　貪著於名利
求名利无猒　多遊族姓家　棄捨所習誦　廢忘不通利
以是因緣故　號之為求名　亦行衆善業　得見无數佛
供養於諸佛　隨順行大道　具六波羅蜜　今見釋師子
其後當作佛　號名曰彌勒　廣度諸衆生　其數无有量
彼佛滅度後　懈怠者汝是　妙光法師者　今則我身是
我見燈明佛　本光瑞如此　以是知今佛　欲說法華經
今相如本瑞　是諸佛方便　今佛放光明　助發實相義
諸人今當知　合掌一心待　佛當雨法雨　充足求道者
諸求三乘人　若有疑悔者　佛當為除斷　令盡无有餘
妙法蓮華經方便品第二
尒時世尊從三昧安詳而起告舍利弗諸佛智
慧甚深无量其智慧門難解難入一切聲聞
辟支佛所不能知所以者何佛曾親近百
千万億无數諸佛盡行諸佛无量道法勇猛
精進名稱普聞成就甚深未曾有法隨宜所
說意趣難解舍利弗吾從成佛已來種種因

BD01608號　妙法蓮華經卷一　（6–6）

[illegible]西北方
也世世尊須菩提菩薩无住相布施福德亦復
如是不可思量須菩提菩薩但應如所教住
須菩提於意云何可以身相見如來不不也
世尊不可以身相得見如來何以故如來所
說身相即非身相佛告須菩提凡所有相皆
是虛妄若見諸相非相即見如來
須菩提白佛言世尊頗有衆生得聞如是言
說章句生實信不佛告須菩提莫作是說如
來滅後後五百歲有持戒脩福者於此章
句能生信心以此為實當知是人不於一佛二
佛三四五佛而種善根已於无量千万佛所
種諸善根聞是章句乃至一念生淨信者須
菩提如來悉知悉見是諸衆生得如是无量
福德何以故是諸衆生无復我相人相衆生
相壽者相无法相亦无非法相何以故是諸
衆生若心取相則為著我人衆生壽者若取
法相即著我人衆生壽者何以故若取非法
相即著我人衆生壽者是故不應取法不應
取非法以是義故如來常說汝等比丘知我
說法如筏喻者法尚應捨何況非法
須菩提於意云何如來得阿耨多羅三藐三

BD01609號　金剛般若波羅蜜經　（6–1）

衆生若心取相則為著我人衆生壽者若取
法相即著我人衆生壽者何以故若取非法
相即著我人衆生壽者是故不應取法不應
取非法以是義故如来常說汝等比丘知我
說法如筏喻者法尚應捨何况非法
須菩提於意云何如来得阿耨多羅三藐三
菩提耶如来有所說法耶須菩提言如我
解佛所說義无有定法名阿耨多羅三藐三
菩提亦无有定法如来可說何以故如来所說
法皆不可取不可說非法非非法所以者何
一切賢聖皆以无為法而有差別須菩提
於意云何若人滿三千大千世界七寶以用
布施是人所得福德寧為多不須菩提言
甚多世尊何以故是福德即非福德性是
故如来說福德多若復有人於此經中受
持乃至四句偈等為他人說其福勝彼何以
故須菩提一切諸佛及諸佛阿耨多羅三藐
三菩提法皆從此經出須菩提所謂佛法
者即非佛法須菩提於意云何須陁洹能作
是念我得須陁洹果不須菩提言不也世尊
何以故須陁洹名為入流而无所入不入色聲
香味觸法是名須陁洹須菩提於意云何
斯陁含能作是念我得斯陁含果不須菩提
言不也世尊何以故斯陁含名一往来而實
无往来是名斯陁含須菩提於意何阿那
含能作是念我得阿那含果不須菩提言
不也世尊何以故阿那含名為不来而實无

BD01609 號　金剛般若波羅蜜經　（6–2）

香味觸法是名須陁洹須菩提於意云何
斯陁含能作是念我得斯陁含果不須菩提
言不也世尊何以故斯陁含名一往来而實
无往来是名斯陁含須菩提於意何阿那
含能作是念我得阿那含果不須菩提言
不也世尊何以故阿那含名為不来而實无
来是故名阿那含須菩提於意云何阿羅漢
能作是念我得阿羅漢道不須菩提言不也
世尊何以故實无有法名阿羅漢世尊若阿
羅漢作是念我得阿羅漢道即為著我人衆
生壽者世尊佛說我得无諍三昧人中最
為第一是第一離欲阿羅漢我不作是念我
是離欲阿羅漢世尊我若作是念我得阿羅
漢道世尊則不說須菩提是樂阿蘭那行者
以須菩提實无所行而名須菩提是樂阿蘭那行
佛告須菩提於意云何如来昔在然燈佛所
於法有所得不世尊如来在然燈佛所於
法實无所得須菩提於意云何菩薩莊嚴
佛土不不也世尊何以故莊嚴佛土者則非
莊嚴是名莊嚴是故須菩提諸菩薩摩訶
薩應如是生清淨心不應住色生心不應住
聲香味觸法生心應无所住而生其心
須菩提譬如有人身如須弥山王於意云
何是身為大不須菩提言甚大世尊何以
故佛說非身是名大身須菩提如恒河中所
有沙數有如是沙等恒河於意云何諸恒河

BD01609 號　金剛般若波羅蜜經　（6–3）

須菩提譬如有人身如須弥山王於意云
何是身為大不須菩提言甚大世尊何以
故佛說非身是名大身須菩提如恒河中所
有沙數有如是沙等恒河於意云何諸恒河
沙寧為多不須菩提言甚多世尊但諸恒
河尚多无數何況其沙須菩提我今實言告
汝若有善男子善女人以七寶滿尒所恒河
沙數三千大千世界以用布施得福多不須菩
提言甚多世尊佛告須菩提若善男子善
女人於此經中乃至受持四句偈等為他人說
而此福德勝前福德復次須菩提隨說是
經乃至四句偈等當知此處一切世間天人阿
脩羅皆應供養如佛塔廟何況有人盡能
受持讀誦須菩提當知是人成就最上第一希
有之法若是經典所在之處則為有佛若尊
重弟子尒須菩提白佛言世尊當何名此
經我等云何奉持佛告須菩提是經名為金
剛般若波羅蜜以是名字汝當奉持所以者
何須菩提佛說般若波羅蜜則非般若波羅
蜜須菩提於意云何如來有所說法不須
菩提白佛言世尊如來无所說須菩提於意
云何三千大千世界所有微塵是為多不須菩
提言甚多世尊須菩提諸微塵如來說非微
塵是名微塵如來說世界非世界是名世界
須菩提於意云何可以三十二相見如來不不也
世尊何以故如來說三十二相即是非相是名

BD01609 號　金剛般若波羅蜜經　（6–4）

提言甚多世尊須菩提諸微塵如來說非微
塵是名微塵如來說世界非世界是名世界
須菩提於意云何可以三十二相見如來不不也
世尊何以故如來說三十二相即是非相是名
三十二相須菩提若有善男子善女人以恒河
沙等身命布施若復有人於此經中乃至
受持四句偈等為他人說其福甚多尒時
須菩提聞說是經深解義趣涕淚悲泣而
白佛言希有世尊佛說如是甚深經典我
從昔來所得慧眼未曾得聞如是之經世
尊若復有人得聞是經信心清淨則生實相
當知是人成就第一希有功德世尊是實相
者則是非相是故如來說名實相世尊我
今得聞如是經典信解受持不足為難若當
來世後五百歲其有衆生得聞是經信解受
持是人則為第一希有何以故此人无我相人
相衆生相壽者相所以者何我相即是非相
人相衆生相壽者相即是非相何以故離一切
諸相則名諸佛佛告須菩提如是如是若復
有人得聞是經不驚不怖不畏當知是人甚
為希有何以故須菩提如來說第一波羅蜜
非第一波羅蜜是名第一波羅蜜須菩提忍
辱波羅蜜如來說非忍辱波羅蜜何
以故須菩提如我昔為歌利王割截身體我
於尒時无我相无人相无衆生相无壽者相
何以故我於往昔節節支解時若有我相

BD01609 號　金剛般若波羅蜜經　（6–5）

今得聞如是經典信解受持不足為難若當
来世後五百歲其有衆生得聞是經信解受
持是人則為第一希有何以故此人无我相人
相衆生相壽者相所以者何我相即是非相
人相衆生相壽者相即是非相何以故離一切
諸相則名諸佛佛告須菩提如是如是若復
有人得聞是經不驚不怖不畏當知是人甚
為希有何以故須菩提如来說第一波羅蜜
非第一波羅蜜是名第一波羅蜜須菩提忍
辱波羅波羅蜜如来說非忍辱波羅蜜何
以故須菩提如我昔為歌利王割截身體我
於尒時无我相无人相无衆生相无壽者相
何以故我於往昔節節支解時若有我相
人相衆生相壽者相應生瞋恨須菩提我念
過去於五百世作忍辱仙人於尒所世无我
相无人相无衆生相无壽者相是故須菩提
菩薩應離一切相發阿耨多羅三藐三菩提
心不應住色生心不應住聲香味觸法生心
應生无所住心若心有住則為非住是故佛

BD01609 號　金剛般若波羅蜜經　（6–6）

[illegible]
諸天寶華遍布其地
来而生其上結跏趺坐彼國菩薩無量億千
前後圍繞却住一面合掌向於如来異口同
音俱發聲言唯願世尊哀慜憐愍以何因緣
有此光明青黃赤白其色暉豔難可得喻從
西方来照此大衆其有遇斯光者心意泰然
唯願世尊斷我疑網佛言諸善男子諦聽諦
思念之吾當為汝分別解〻
佛世界有世界名娑婆其
釋迦牟尼如来應供正遍知明行足
善逝世間解無上士調御丈夫天人師佛世
尊大衆圍繞今欲為諸大衆說大方便大報
恩經為欲饒益一切諸衆生故為欲拔出一切
衆生邪疑毒箭故為欲令初發意菩薩堅固
菩提不退轉故為令一切聲聞辟支佛二乘
一乘道故為諸大菩薩速成菩提報佛
欲令一切衆生念重恩故欲令衆生越於苦
海故欲令衆生孝養父母故以是因緣故放
斯光明尒時大衆中有十千菩薩一一菩薩皆
是大衆唱導之師即從坐起偏袒右肩右膝
著地叉手合掌而白佛言唯願世尊加威神

BD01610 號　大方便佛報恩經卷一　（21–1）

一業道故爲諸大菩薩[illegible]方便報恩經[illegible]
欲令一切衆生念重恩故欲令衆生越於苦
海故欲令衆生孝養父母故以是因緣故放
斯光明尒時大衆中有十千菩薩一一菩薩皆
是大衆唱導之師即從坐起偏袒右肩右膝
著地叉手合掌而白佛言唯願世尊加威神
力令我等輩得往娑婆世界親近供養釋迦
牟尼如來并欲聽大方便佛報恩微妙
尒時彼佛告諸菩薩言善男子汝往娑婆世
界若見彼佛應生供養恭敬難遭之想何以
故釋迦如來於無量百千萬億阿僧祇劫難
行苦行發大悲願若我得成佛時當於穢惡
國土山陵堆阜瓦礫荊棘其中衆生具足煩
惱五逆十惡於中成佛而利益之使斷一切
苦獲一切樂成就法身永盡無餘其
如是汝等今往當如佛住住如佛住諸菩薩
衆俱發聲言如世尊勅一一菩薩各將無量
百千萬億諸菩薩衆以爲眷屬前後圍繞往
詣娑婆世界所經國土六種震動大光普照
虛空神天雨曼陀羅華摩訶曼陀羅華放大
光明神足感動恒沙世界復有無量百千萬種
諸天伎樂於虛空中不鼓自鳴是諸菩薩
往詣耆闍崛山到如來所頭面禮足繞佛
匝却住一面
尒時如來復放一光真照南方過八十萬億
諸佛國土有世界名曰光德彼中有佛号曰
思惟相如來應供正遍知明行足善逝世間

往詣耆闍崛山到如來所頭面禮足繞佛
匝却住一面
尒時如來復放一光真照南方過八十萬億
諸佛國土有世界名曰光德彼中有佛号曰
思惟相如來應供正遍知明行足善逝世間
解無上士調御丈夫天人師佛世尊國名善
淨其土平正琉璃爲地黃金爲繩以界道側
七寶行樹其樹皆高盡一箭道華菓枝葉
莊嚴微風吹動出微妙音衆生樂聞無有
猒足處處皆有流泉浴池其池清淨金沙布
地八功德水盈滿其中其池四邊有妙香華
波頭摩華分陁利華跋師迦華青黃赤白大
如車輪而覆其上其池水中異類諸鳥相和
悲鳴出微妙音甚可愛樂有七寶船亦在其
中而諸衆生自在遊戲其樹林間敷師子座
高一由旬亦以七寶而校飾之復以天衣重
敷其上燒天寶香諸天寶華遍布其地思惟
相如來而坐其上結加趺坐彼國菩薩無量
億千前後圍繞却住一面合掌向於如來異
口同音俱發聲言唯願世尊哀愍憐愍以何
因緣有此光明青黃赤白其色暉豔難可得
喻從北方來照此大衆其有遇斯光者心意
泰然唯願世尊斷我疑網佛言諸善男子諦
聽諦聽善思念之吾當爲汝分別說之北方
去此無量百千諸佛世界有世界名娑婆其
中有佛号曰釋迦牟尼如來應供正遍知明
行足善逝世間解無上士調御丈夫天人

泰然唯願世尊斷我疑網佛言諸善男子諦
聽諦聽善思念之吾當為汝分別說之北方
去此無量百千諸佛世界有世界名娑婆其
中有佛号曰釋迦牟尼如來應供正遍知明
行足善逝世間解無上士調御丈夫天人
師佛世尊大衆圍繞今欲為諸大衆說大方
便佛報恩經為欲饒益一切諸衆生故為欲
拔出一切衆生邪疑毒箭故為欲令初發意
菩薩堅固菩提不退轉故為欲令一切聲聞
辟支佛究竟一乘道故為諸大菩薩速成菩
提報佛恩故欲令一切衆生念重恩故欲令
衆生越於苦海故欲令衆生孝養父母故以
是因緣故放斯光明
尒時大衆中有十千菩薩一一菩薩皆是大
衆唱導之師即從坐起偏袒右肩右膝著地
叉手合掌而白佛言唯願世尊加威神力令
我等輩得往娑婆世界親近供養釋迦牟尼
如來并欲聽大方便佛報恩微妙經典
尒時彼佛告諸菩薩言善男子汝往娑婆世
界若見彼佛應生供養恭敬難遭之想何以
故釋迦如來於無量百千萬億阿僧祇劫難
行苦行發大悲願若我得成佛時當於穢惡
國土山陵堆阜瓦礫荊棘其中衆生具足煩
惱五逆十惡於中成佛而利益之使斷一切苦
獲一切樂成就法財永盡無餘其佛本願如
是汝等今往當如佛往住如佛住諸菩薩衆

BD01610號　大方便佛報恩經卷一　（21–4）

行苦行發大悲願若我得成佛時當於穢惡
國土山陵堆阜瓦礫荊棘其中衆生具足煩
惱五逆十惡於中成佛而利益之使斷一切苦
獲一切樂成就法財永盡無餘其佛本願如
是汝等今往當如佛往住如佛住諸菩薩衆
俱發聲言如世尊勅一一菩薩各將无量百
千萬億諸菩薩衆以為眷屬前後圍繞往詣
娑婆世界所經國土皆六種震動大光普照
虛空神天雨曼陀羅華摩訶曼陀羅華放大
光明神足感動恒沙世界復有無量百千
種諸天伎樂於虛空中不鼓自鳴是諸菩薩等
往詣耆闍崛山到如來所頭面禮足繞佛三
匝却住一面
尒時如來復放大光直照西方過無量百千
萬億諸佛國土有世界名淨住其佛号日月
燈光如來應供正遍知明行足善逝世間解
無上士調御丈夫天人師佛世尊國名妙喜
其土平正琉璃為地黃金為繩以界道側七
寶行樹其樹皆高盡一箭道華葉枝葉次第
莊嚴微風吹動出微妙音衆生樂聞無有猒
足處處皆有流泉浴池其池清淨金沙布地
八功德水盈滿其中其池四邊有妙香華波
頭摩華分陀利華跋師迦華青黃赤白大如
車輪而覆其上其池水中異類諸鳥相和悲
鳴出微妙音甚可愛樂有七寶船亦在其中
而諸衆生自在遊戲其樹林間敷師子座高

BD01610號　大方便佛報恩經卷一　（21–5）

八功德水盈滿其中其池四邊有妙香華放
頭摩華分陁利華跋師迦華青黃赤白大如
車輪而覆其上其池水中異類諸鳥相和悲
鳴出微妙音甚可愛樂有七寶船亦在其中
而諸衆生自在遊戲其樹林間數師子座高
一由旬亦以七寶而校飾之復以天衣重敷
其上燒天寶香諸天寶華遍布其地日月燈
光如來而坐其上結跏趺坐彼國菩薩无量
億千前後圍繞却住一面合掌向於如來異
口同音俱發聲言唯願世尊哀愍憐愍以何
因緣有此光明青黃赤白其色暉艷難可得
喻從東方來照此大衆其有遇斯光者心意泰
然唯願世尊斷我疑網佛言諸善男子諦聽
諦聽善思念之吾當為汝分別解說東方去
此無量百千諸佛世界有世界号名娑婆其
中有佛号曰釋迦牟尼如來應供正遍知明
行足善逝世間解無上士調御丈夫天人師
佛世尊大衆圍繞今欲為諸大衆說大方便
大報恩經為欲饒益一切諸衆生故為欲拔
出一切衆生耶疑毒箭故為欲令初發意菩
薩堅固菩提不退轉故為令一切聲聞辟支
佛究竟一乘道故為諸大菩薩速成菩提報
佛恩故欲令一切衆生念重恩故欲令衆生
越於苦海故欲令衆生孝養父母故以是因
緣故放斯光明
尒時大衆中有十千菩薩一一菩薩皆是大

越於苦海故欲令衆生孝養父母故以是因
緣故放斯光明
尒時大衆中有十千菩薩一一菩薩皆是大
衆唱導之師即從坐起偏袒右肩右膝著地
叉手合掌而白佛言唯願世尊加威神力令
我等輩得往娑婆世界親近供養釋迦牟尼
如來并欲聽大方便佛報恩微妙經典
尒時彼佛告諸菩薩言善男子汝往娑婆世
界若見彼佛應生供養恭敬難遭之想何以
故釋迦如來於無量百千萬億阿僧祇劫難
行苦行發大悲願若我得成佛時當於穢惡
國土山陵堆阜凡礫荊棘其中衆生具足煩
惱五逆十惡於中成佛而利益之使斷一切
苦獲一切樂成就法身永盡無餘其佛本願
如是汝等今往當如佛住如佛住諸菩薩
衆俱發聲言如世尊勑一一菩薩各將無量
百千萬億諸菩薩衆以為眷屬前後圍繞往
詣娑婆世界所經國土皆六種震動大光普
照虛空神天雨曼陁羅華摩訶曼陁羅華放
大光明神足感動恒沙世界復有無量百千
萬種諸天妓樂於虛空中不鼓自鳴是諸菩薩
等往詣耆闍崛山到如來所頭面礼足繞佛
三匝却住一面
尒時釋迦如來五色光明照於北方過五百
萬億那由他諸佛國土有世界名自在稱王
其中有佛号曰紅蓮華光如來應供正遍知

三逝却住一面
尒時釋迦如來五色光明照於北方過五百
萬億那由他諸佛國土有世界名自在稱王
其中有佛号曰紅蓮華光如來應供正遍知
明行足善逝世間解無上士調御丈夫天人
師佛世尊國名離垢其土清淨琉璃為地黄
金為繩以界道側七寶行樹其樹皆高盡一
箭道華菓枝葉次第莊嚴微風吹動出微妙
音衆生樂聞無有猒足處處皆有流泉浴池
其池清淨金沙布地八功德水盈滿其中其
池四邊有妙香華波頭摩華分陁利華跋師
迦華青黄赤白大如車輪而覆其上其池中
有果類諸鳥相和悲鳴出微妙音甚可愛樂
有七寶船亦在其中而諸衆生自在遊戲其
樹林間敷師子座高一由旬亦以七寶而挍
飾之復以天衣重敷其上燒天寶香諸天寶
華遍布其地紅蓮華光如來而坐其上結加
趺坐彼國菩薩無量億千前後圍繞却住一面
合掌向於如來異口同音俱發聲言唯願
世尊哀愍憐愍以何因緣有此光明青黄赤
白其色暉艶難可得喻從南方來照此大衆
其有遇斯光者心意泰然唯願世尊斷我疑
網佛言善男子諦聽諦聽善思念之吾當為
汝分別解說南方去此無量百千諸佛世界
有世界号名娑婆其中有佛号曰釋迦牟尼
如來應供正遍知明行足善逝世間解无上

網佛言善男子諦聽諦聽善思念之吾當為
汝分別解說南方去此無量百千諸佛世界
有世界号名娑婆其中有佛号曰釋迦牟尼
如來應供正遍知明行足善逝世間解无上
士調御丈夫天人師佛世尊大衆圍繞今欲
為諸大衆說大方便大報恩經為欲饒益一
切諸衆生故為欲令初發意菩薩堅固菩提
不退轉故為令一切聲聞辟支佛究竟一乘
道故為諸大菩薩速成菩提報佛恩故欲令
一切衆生念重恩故欲令衆生越於苦海故
欲令衆生孝養父母故以是因緣故放斯光
明
尒時大衆中有十千菩薩一一菩薩皆是大
衆唱導之師即從坐起偏袒右肩右膝著地
叉手合掌而白佛言唯願世尊加威神力令我等
華得往娑婆世界親近供養釋迦牟尼如來
并欲聽大方便佛報恩微妙經典
尒時彼佛告諸菩薩言善男子汝往娑婆世
界若見彼佛應生供養恭敬難遭之想何以
故釋迦如來於無量百千萬億阿僧祇劫難
行苦行發大悲願若我得成佛時當於穢惡
國土山陵堆阜瓦礫荊棘其中衆生具足煩
惱五逆十惡於中成佛而利益之使斷一切
苦證一切樂成就法身永盡無餘其佛本願
如是汝等今往當如佛往住如佛住諸菩薩
衆俱發聲言如世尊勅一一菩薩各將無量百

惱五逆十惡於中成佛而利益之使斷一切
苦礙一切樂成就法身永盡無餘其佛本願
如是汝等今往當如佛往住如佛住諸菩薩
衆俱發聲言如世尊勅一一菩薩各將無量百
千萬億諸菩薩衆以為眷屬前後圍繞往詣
娑婆世界所經國土皆六種震動大光普照
虛空神天雨曼陀羅華摩訶曼陀羅華放大
光明神足感動恒沙世界復有無量百千種
諸天伎樂於虛空中不鼓自鳴是諸菩薩等
往詣耆闍崛山到如來所頭面禮足繞佛三
匝却住一面
乃至四維上下十方諸來大菩薩摩訶薩衆
各與若干百千眷屬俱至如來所供養恭敬
尊重讚嘆異口同音各說百千偈頌讚嘆於
佛讚嘆佛已却住一面時娑婆世界即變清
淨無諸山藪大小諸山江河池湖溪澗溝壑
其中衆生尋光見佛歡喜合掌頭頂禮敬心
生戀慕目不暫捨尒時世尊即攝光明繞身
七匝還從頂入尊者阿難觀察衆心亦咸皆
有疑欲顯發如來方便密行故并欲為未來
一切衆生開其慧眼故欲令一切衆生渡渴
愛海得至彼岸永得安樂故欲令衆生念識
父母師長重恩故即從坐起整衣服偏袒右
肩胡跪合掌而白佛言世尊向難事佛已來
未曾見佛咲咲必有意願佛亦之願佛說之
斷除如是大衆疑網

父母師長重恩故即從坐起整衣服偏袒右
肩胡跪合掌而白佛言世尊向難事佛已來
未曾見佛咲咲必有意願佛亦之願佛說之
斷除如是大衆疑網

大方便佛報恩經孝養品第二

尒時大衆之中有七寶蓮華從地化生白銀
為莖黃金為葉甄叔迦寶以為其臺真珠羅
網次第莊嚴尒時釋迦如來即從座起昇華
臺上結跏趺坐即現淨身於其身中現五趣
身一一趣身有萬八千種形類一一形類現
百千種身一一身中復有無量恒河沙等身
於四恒河沙等一一身中復現四天下大地
微塵等身於一微塵身中復現三千大千世
界微塵等身於一塵身中復現於十方一一
方面各百千億諸佛世界微微塵等數身乃至
虛空法界不思議衆生等身
尒時如來現如是等身已告阿難及十方諸
來大菩薩摩訶薩及一切大衆諸善男子等
如來今者以正遍知宣說真實之言法無言
說如來本於生死中時於如是等微塵數不
思議形類一切衆生中具足受身以受身故
一切衆生亦曾為如來父母如來亦曾為一
切衆生而作父母為一切父母故常修難行
苦行難捨能捨頭目髓腦國城妻子象馬七
寶輦轝車乘衣服飲食臥具醫藥一切給與
勤修精進戒施多聞禪定智慧乃至具足一
切萬行不休不息心無疲倦為孝養父母知

苦行難捨能捨頭目髓腦國城妻子象馬七
寶輦轝車乘衣服飲食臥具醫藥一切給與
勤修精進戒施多聞禪定智慧乃至具足一
切萬行不休不息心無疲倦為孝養父母知
恩報恩故今得速成阿耨多羅三藐三菩提
以是之故一切眾生能令如來滿足本願故
如來不捨眾生以大悲心故常修集有方便
為一切三界廿五有諸眾生中不思議劫已
修平等慈常修捨行方便亦明鑒一切眾生
空法空五陰空如是不退不沒不沉空有修
實相方便故不捨二乘修遍學方便以修如
是甚深微妙方便故得明監法相佛法初終
末始非一然眾生無明昌狂有三渴愛所覆
沒於苦海為四倒惑之所顛倒於有漏法中
妄想所見無我見我無常見常無樂見樂不
淨見淨為生老病死之所遷滅念念無常五
蓋十纏之所覆蔽輪迴三有具受生死無有
始終譬如循環是以如來教道隨宜三藏九
部乃至十二部經分流道化隨信深淺故說
眾經典雜緣使封言者自以類足已得涅槃
是以如來慈悲本誓顯大方便運出十方一
切有緣有緣既集於此本眾中敷演散說此
妙經典垂訓千載流布像法使一切眾生常
獲大安是故如來乘權運化應時而生應時
而滅或於異剎稱盧舍那如來應供正遍知
明行足善逝世間解無上士調御丈夫天人
師佛世尊或昇兜率陀天為諸天師或從兜

BD01610 號　大方便佛報恩經卷一　（21–12）

妙經典垂訓千載流布像法使一切眾生常
獲大安是故如來乘權運化應時而生應時
而滅或於異剎稱盧舍那如來應供正遍知
明行足善逝世間解無上士調御丈夫天人
師佛世尊或昇兜率陀天為諸天師或從兜
率天下於閻浮提現八十年壽當知如來不
可思議世界不可思議業報不可思議眾生
不可思議禪定不可思議龍不可思議此是
佛不可思議佛欲令一切眾生知佛心者乃
至下流鈍根眾生皆欲令得知令一切眾生
能得見者即便得見欲令不得見者假令對
目而不能見設使聲聞緣覺有天眼通亦不
得見又佛放大光明下至阿鼻地獄上至有
頂所應度者皆令得見不應度者對目不見
有時如來或時許可或時嘿然當知諸佛世
尊不可思議不可測量難可得知汝今云何
能問如來如是甚深微妙難行苦行汝住是
問真是大悲愍傷眾生閉三惡道通人天
路阿難吾當為汝略說孝養父母苦行因緣
爾時世尊告於阿難及諸大菩薩摩訶薩一
切大眾而作是言乃往過去無量無邊阿僧
祇劫爾時有國號波羅柰彼中有佛出世號
毗婆尸如來應供正遍知明行足善逝世間
解無上士調御丈夫天人師佛世尊其佛壽
命十二小劫正法住世廿小劫像法亦住廿
小劫於像法中有王出世號曰羅閱王波羅

BD01610 號　大方便佛報恩經卷一　（21–13）

祇刼尒時有國号波羅柰彼中有佛出世号
毗婆尸如來應供正遍知明行足善逝世間
解無上士調御丈夫天人師佛世尊其佛壽
命十二小刼正法住世廿小刼像法亦住廿
小刼於像法中有王出世号曰羅闍王波羅
柰國王有二萬夫人大惡有四千人有五百
健鳥王主六十小國八百聚落王有三太子
皆作邊小國王
尒時波羅柰大王聡叡仁賢常以正法治國
不枉人民唯王福德力故風雨時節五穀豐
熟人民優饒
尒時波羅柰大王有一所重大惡名曰羅睺
羅睺大惡心生惡逆起四種兵所謂象兵車
兵馬兵步兵伐波羅柰國斷大王命已煞王
竟復遣四兵往諸邊國煞第一太子次復往
收第二太子其最小弟住邊小國王其小王
者形體姝大端政殊妙仁性調善語常含咲
發言利益不傷人意常以正法治國不耶枉
人民國土豐樂人民熾盛多饒財寶家計充
盈國土人民嘆美其王稱善無量虛空諸天
一切神祇亦皆敬愛尒時其王生一太子字
須闍提聡明慈人好喜布施須闍提太子者
身黃金色七豪平滿人相具足年始七歲其
父愛念心不蹔捨
尒時守宮殿神語大王言大王知不羅睺大
惡近生惡逆謀奪國位煞父王竟尋起四兵

BD01610號　大方便佛報恩經卷一　（21–14）

身黃金色七豪平滿人相具足年始七歲其
父愛念心不蹔捨
尒時守宮殿神語大王言大王知不羅睺大
惡近生惡逆謀奪國位煞父王竟尋起四兵
伺捕二兄已斷命根軍馬不久當至大王今
者何不逃命去耶尒時大王聞是語已心驚
毛竪身體掉動不能自持憂恚懊惱音嗟煩
悶心肝惱熱婉轉躃地悶絕良久乃穌微聲
報彼虛空中言卿是何人但聞其聲不見其形
向者所宣審實尒不即報王言我是守宮殿
神以王聡明福德不枉人民正法治國我以是
故先相告語大王今者宜時速出害惱衰禍
政尒不久怨家來至
尒時大王即入宮中而自思念我今宜應歸
投他國復自思惟向於隣國而有兩道一道
行滿是七日乃至他國一道經由十四日即
便盛七日道粮微那壽出去到城外而便還
入宮中呼須闍提太子抱著膝上目不蹔捨
粗復驚起而復還坐
尒時夫人見其大王不安其所似恐怖狀即
前問言大王今者似恐怖狀何因緣故坐不
安所身坌塵土頭髮蓬亂視瞻不均氣息不
定如似失國恩愛別離怨家欲至如是非祥
之相願見告語王言吾所有事非汝所知夫
人尋白王言我身與王二形一體如似鳥之
兩翅身之兩足頭之二目大王今者去何而

BD01610號　大方便佛報恩經卷一　（21–15）

定如似失國恩愛別離怨家欲至如是非祥
之相顯見告語王言吾所有事非汝所知夫
人尋白王言我身與王二形一體如似鳥之
兩翅身之兩足頭之二目大王今者云何而
言不相關預王告夫人汝不知耶羅睺大惡
近生悪逆煞父王竟伺捕二兄亦斷命根今
者兵馬次來收我今欲逃命即便抱須闍提
太子即出進路
尒時夫人亦隨後從去時荒錯心意迷亂悞
入十四日道其道險難無有水草前行數日
粮糒已盡本意盛一人分粮行七日道今者
三人共食誤入十四日道數日粮食已盡前
路猶遠是時大王及與夫人舉聲大哭苦哉
苦哉苦哉從生已來常未曾聞有如是
苦如何今日身自受之今日窮厄衰禍已至
舉手拍頭塵土自坌舉身投地自悔責言我
等宿世造何悪行為煞父母真人羅漢為謗
正法壞和合僧為田獵魚捕輕稱小升劫奪
衆生為用招提僧物去何今日受此禍對政
欲小停懼怨家至若為怨得必死不疑政欲
前進飢渴所逼命在呼噏
尒時大王及與夫人思是苦已失聲大哭王
悲悶絕舉身躃地良久醒悟復自思惟不設
方便三人并命不離此死我今何不煞於夫
人以活我身并續子命作是念已尋即拔刀
欲煞夫人其子須闍提見王異想右手挽刀

悲悶絕舉身躃地良久醒悟復自思惟不設
方便三人并命不離此死我今何不煞於夫
人以活我身并續子命作是念已尋即拔刀
欲煞夫人其子須闍提見王異想右手挽刀
欲煞其母前捉王手語父王言欲作何
等
尒時父王悲淚滿目微聲語子欲煞汝母取
其肉血以續活我身并汝命若不煞者亦當自死
我身今者死活何在今為子命欲煞汝母
尒時須闍提即白父言王若煞母俱亦不食
何處有子噉於母肉既不噉肉子俱當死父
王今者何不煞子濟父母命王聞子言即便
悶絕婉轉躃地微聲語子子如吾目何處有
人能自拔目而還食也吾寧喪命終不煞子
噉其肉也
尒時須闍提諫父母言父母今者若斷子命
血肉臰爛未堪多日唯願父母莫煞子身欲
求一願若見違者非慈父母
尒時父王語太子言不逆汝意欲願何等便
速說之須闍提言父母今者為慜子故可日
日持刀就子身上割三斤肉分作三分二分
奉上父母一分還自食之以續身命
尒時父母即隨子言割三斤肉分作三分二
分父母一分自食以支身命得至前路二日
未至身肉轉盡身體支節骨髓相連餘命未
斷尋便倒地
尒時父母尋前抱持舉聲大哭復發聲言我

奉上父母一分還自食之以續身命
尒時父母即隨子言割三斤肉分作三分二
分父母一分自食以支身命得至前路二日
未至身肉轉盡身體支節骨髓相連餘命未
斷尋便倒地
尒時父母尋前抱持舉聲大哭復發聲言我
等無狀横噉汝肉使汝苦痛前路猶遠未達
所在而汝肉已盡今者并命聚尸一處
尒時須闍提微聲諫言已噉子肉進路至此
計前里數餘有一日子身今者不能移動捨
命於此父母今者莫如凡人并命一處仰白
一言為憐愍故莫見拒逆可於身諸節間淨
割餘肉用濟父母可達所在尒時父母即隨
其言於身支節更取少肉分作三分一分與兒
二分自食食已父母別去須闍提起立住視
父母父母尒時舉聲大哭隨路而去父母去
遠不見須闍提太子戀慕父母目不暫捨良
久躃地身體新血肉香於十方面有蚊虻聞
血肉香來封身上遍體唼食楚毒苦痛不可
復言
尒時太子餘命未斷發聲立誓願宿世殃惡
從是除盡從今已往更不敢作今我此身以
供養父母濟其所重願我父母常得十一餘
福卧安覺安不見惡夢天護人愛縣官盜賊
陰謀消滅觸事吉祥餘身肉血施此諸蚊虻
等皆使飽滿令我未世得成作佛得成佛時
願以法食除汝飢渴生死重病發是願時天

供養父母濟其所重願我父母常得十一餘
福卧安覺安不見惡夢天護人愛縣官盜賊
陰謀消滅觸事吉祥餘身肉血施此諸蚊虻
等皆使飽滿令我未世得成作佛得成佛時
願以法食除汝飢渴生死重病發是願時天
地六種震動日無精光驚諸禽獸四散馳走
大海波動須弥山王踊没低昂乃至忉利諸
天亦皆大動時釋提桓因將欲界諸天下閻
浮提怯怖須闍提太子化作師子虎狼之
屬張目瞋眥咆地大吼波涌騰躑來欲搏
噬
尒時須闍提見諸禽獸作大威勢微聲語言
汝欲噉我隨意取食何為見恐怖尒時天王
釋言我非師子虎狼也是天帝釋故來試卿
尒時太子見天王釋歡喜無量尒時天王釋
問太子言汝是難捨能捨身體骨肉供養父
母如是功德為願生天作魔王梵王天王人王
轉輪聖王須闍提報天王釋言我亦不願
生天魔王梵王天王人王轉輪聖王欲求無
上正真之道度脫一切眾生天王釋言汝大
愚也何稱多羅三藐三菩提久受懃苦然後
乃成汝云何能受是苦也須闍提報天王釋
言假使熱鐵輪在我頂上旋終不以此苦退
於無上道天王釋言汝唯空言誰當信汝須
闍提即立誓願若我欺誑天王釋者令我身
創始終莫合若不尒者令我平復如本血當

言假使熱鐵輪在我頂上旋終不以此苦退
於無上道天王釋言汝唯空言誰當信汝須
闍提即立誓願若我欺誑天王釋者令我身
創始終莫合若不尒者令我平復如本血當
變白為乳即時身體平復如故血即變白為
乳身體形容端政倍常超為天王釋頭面礼
足

尒時天王釋即嘆言善哉善哉吾不及汝汝
精進勇猛會得阿耨多羅三藐三菩提不久
若得阿耨多羅三藐三菩提時願先度我時
天王釋於虛空中即沒不現尒時王及夫人
得到隣國時彼國王遠出奉迎供給所須稱
意與之尒時大王向彼國王說上事因緣如
吾子身肉孝養父母其事如是時彼隣國王
聞是諸已感須闍提太子難捨能捨身體肉
血供養父母孝養如是感其慈孝故即合四
兵還與彼王伐羅睺羅尒時大王即將四兵
順路還歸與須闍提太子別處即自念言吾
子亦當死矣今當收取身骨還歸本國舉聲
悲哭隨路求覓遙見其子身體平復端政倍
常即前抱持悲喜交集語太子言汝猶活也
尒時須闍提具以上事向父母說父母歡喜
共肅大象還歸本國以須闍提福德力故伐
得本國即立須闍提太子為王佛告阿難尒時
父王者今現我父悅頭檀是尒時母者今現
我母摩耶夫人是尒時須闍提太子者今則

尒時須闍提具以上事向父母說父母歡喜
共肅大象還歸本國以須闍提福德力故伐
得本國即立須闍提太子為王佛告阿難尒時
父王者今現我父悅頭檀是尒時母者今現
我母摩耶夫人是尒時須闍提太子者今則
我身釋迦如來是尒時天王釋者阿若憍陳
如是說此孝養父母品時衆中有廿億菩薩
皆得樂說辯才利益一切復有十二萬菩薩
皆得無生法忍復有十方諸來微塵等數皆
得陁羅尼門復有恒河沙等微塵數諸聲聞
緣覺捨離二乘心究竟一乘復有微塵數優
婆塞優婆夷或得初果乃至二果復有百千
人發阿耨多羅三藐三菩提心復有諸天龍
鬼神乾闥婆阿修羅迦樓羅緊那羅摩睺羅伽
人非人等或發菩提心乃至聲聞辟支佛心佛告
阿難菩薩如是為一切衆生故難行苦行孝
養父母身體血肉供給父母其事如是一切
大衆聞佛說法各得勝利歡喜作礼右繞而
去

大方便佛報恩經卷第一

佛說金剛般若波羅蜜經
如是我聞一時佛在舍衛國祇樹給孤獨園
與大比丘衆千二百五十人俱尒時世尊食
時着衣持鉢入舍衛大城乞食於其城中次
第乞已還至本處飯食訖收衣鉢洗足已敷
座而坐時長老須菩提在大衆中即從坐起
偏袒右肩右膝着地合掌恭敬而白佛言希
有世尊如来善護念諸菩薩善付囑諸菩薩
世尊善男子善女人發阿耨多羅三藐三菩
提心應云何住云何降伏其心佛言善哉善
哉須菩提如汝所說如来善護念諸菩薩善
付囑諸菩薩汝今諦聽當為汝說善男子善
女人發阿耨多羅三藐三菩提心應如是住
如是降伏其心唯然世尊願樂欲聞
佛告須菩提諸菩薩摩訶薩應如是降伏其
心所有一切衆生之類若卵生若胎生若濕
生若化生若有色若无色若有想若无想若

BD01611 號　金剛般若波羅蜜經　（9–1）

女人發阿耨多羅三藐三菩提心應如是住
如是降伏其心唯然世尊願樂欲聞
佛告須菩提諸菩薩摩訶薩應如是降伏其
心所有一切衆生之類若卵生若胎生若濕
生若化生若有色若无色若有想若无想若
非有想非无想我皆令入无餘涅槃而滅度
之如是滅度无量无數无邊衆生實无衆生
得滅度者何以故須菩提若菩薩有我相人
相衆生相壽者相即非菩薩
復次須菩提菩薩於法應无所住行於布施
所謂不住色布施不住聲香味觸法布施須
菩提菩薩應如是布施不住於相何以故若
菩薩不住相布施其福德不可思量須菩提
於意云何東方虚空可思量不不也世尊須
菩提南西北方四維上下虚空可思量不不
也世尊須菩提菩薩无住相布施福德亦復
如是不可思量須菩提菩薩但應如所教住
須菩提於意云何可以身相見如来不不也
世尊不可以身相得見如来何以故如来所
說身相即非身相佛告須菩提凡所有相皆
是虚妄若見諸相非相則見如来
須菩提白佛言世尊頗有衆生得聞如是言
說章句生實信不佛告須菩提莫作是說如
来滅後後五百歲有持戒脩福者於此章句
能生信心以此為實當知是人不於一佛二
佛三四五佛而種善根已於无量千万佛所
種諸善根聞是章句乃至一念生淨信者須

BD01611 號　金剛般若波羅蜜經　（9–2）

来滅後後五百歲有持戒脩福者於此章句
能生信心以此為實當知是人不於一佛二
佛三四五佛而種善根已於无量千万佛所
種諸善根聞是章句乃至一念生淨信者須
菩提如来悉知悉見是諸衆生得如是无量
福德何以故是諸衆生无復我相人相衆生
相壽者相无法相亦无非法相何以故是諸
衆生若心取相則為著我人衆生壽者若取
法相即著我人衆生壽者何以故若取非法
相即著我人衆生壽者是故不應取法不應
取非法以是義故如来常說汝等比丘知我
說法如筏喻者法尚應捨何況非法
須菩提於意云何如来得阿耨多羅三藐三
菩提耶如来有所說法耶須菩提言如我解
佛所說義无有定法名阿耨多羅三藐三菩
提亦无有定法如来可說何以故如来所說
法皆不可取不可說非法非非法所以者何
一切賢聖皆以无為法而有差別
須菩提於意云何若人滿三千大千世界七
寶以用布施是人所得福德寧為多不須菩
提言甚多世尊何以故是福德即非福德性
是故如来說福德多若復有人於此經中受
持乃至四句偈等為他人說其福勝彼何以
故須菩提一切諸佛及諸佛阿耨多羅三藐
三菩提法皆從此經出須菩提所謂佛法者
即非佛法
須菩提於意云何須陁洹能作是念我得須

故須菩提一切諸佛及諸佛阿耨多羅三藐
三菩提法皆從此經出須菩提所謂佛法者
即非佛法
須菩提於意云何須陁洹能作是念我得須
陁洹果不須菩提言不也世尊何以故須陁
洹名為入流而无所入不入色聲香味觸法
是名須陁洹須菩提於意云何斯陁含能作
是念我得斯陁含果不須菩提言不也世尊
何以故斯陁含名一往来而實无往来是名
斯陁含須菩提於意云何阿那含能作是念
我得阿那含果不須菩提言不也世尊何以
故阿那含名為不来而實无来是故名阿那
含須菩提於意云何阿羅漢能作是念我得
阿羅漢道不須菩提言不也世尊何以故實
无有法名阿羅漢世尊若阿羅漢作是念我
得阿羅漢道即為著我人衆生壽者世尊佛
說我得无諍三昧人中最為第一是第一離
欲阿羅漢我不作是念我是離欲阿羅漢世
尊我若作是念我得阿羅漢道世尊則不說
須菩提是樂阿蘭那行者以須菩提實无所
行而名須菩提是樂阿蘭那行
佛告須菩提於意云何如来昔在然燈佛所
於法有所得不世尊如来在然燈佛所於法
實无所得須菩提於意云何菩薩莊嚴佛土
不不也世尊何以故莊嚴佛土者則非莊嚴
是名莊嚴是故須菩提諸菩薩摩訶薩應如
是生清淨心不應住色生心不應住聲香味

不不也世尊何以故莊嚴佛土者則非莊嚴
是名莊嚴是故須菩提諸菩薩摩訶薩應如
是生清淨心不應住色生心不應住聲香味
觸法生心應无所住而生其心須菩提譬如
有人身如須弥山王於意云何是身為大不
須菩提言甚大世尊何以故佛說非身是名
大身
須菩提如恒河中所有沙數如是沙等恒河
於意云何是諸恒河沙寧為多不須菩提言
甚多世尊但諸恒河尚多无數何況其沙須
菩提我今實言告汝若有善男子善女人以
七寶滿尒所恒河沙數三千大千世界以用
布施得福多不須菩提言甚多世尊佛告須
菩提若善男子善女人於此經中乃至受持
四句偈等為他人說而此福德勝前福德
復次須菩提隨說是經乃至四句偈等當知
此處一切世間天人阿脩羅皆應供養如佛
塔廟何況有人盡能受持讀誦須菩提當知
是人成就最上第一希有之法若是經典所
在之處則為有佛若尊重弟子
尒時須菩提白佛言世尊當何名此經我等
云何奉持佛告須菩提是經名為金剛般若
波羅蜜以是名字汝當奉持所以者何須菩
提佛說般若波羅蜜則非般若波羅蜜須菩
提於意云何如来有所說法不須菩提白佛
言世尊如来无所說須菩提於意云何三千
大千世界所有微塵是為多不須菩提言甚
多世尊須菩提諸微塵如来說非微塵是名

BD01611 號　金剛般若波羅蜜經　（9–5）

提於意云何如来有所說法不須菩提白佛
言世尊如来无所說須菩提於意云何三千
大千世界所有微塵是為多不須菩提言甚
多世尊須菩提諸微塵如来說非微塵是名
微塵如来說世界非世界是名世界須菩提
於意云何可以卅二相見如来不不也世尊
何以故如来說卅二相即是非相是名三十二
相須菩提若有善男子善女人以恒河沙等
身命布施若復有人於此經中乃至受持四
句偈等為他人說其福甚多
尒時須菩提聞說是經深解義趣涕淚悲泣
而白佛言希有世尊佛說如是甚深經典我
從昔来所得慧眼未曾得聞如是之經世尊
若復有人得聞是經信心清淨則生實相當
知是人成就第一希有功德世尊是實相者
則是非相是故如来說名實相世尊我今得
聞如是經典信解受持不足為難若當来世
後五百歲其有衆生得聞是經信解受持是
人則為第一希有何以故此人无我相人相
衆生相壽者相所以者何我相即是非相人
相衆生相壽者相即是非相何以故離一切
諸相則名諸佛佛告須菩提如是如是若復
有人得聞是經不驚不怖不畏當知是人甚
為希有何以故須菩提如来說第一波羅蜜
非第一波羅蜜是名第一波羅蜜
須菩提忍辱波羅蜜如来說非忍辱波羅蜜
何以故須菩提如我昔為歌利王割截身體

BD01611 號　金剛般若波羅蜜經　（9–6）

希有何以故須菩提如來說第一波羅蜜
非第一波羅蜜是名第一波羅蜜
須菩提忍辱波羅蜜如來說非忍辱波羅蜜
何以故須菩提如我昔為歌利王割截身體
我於尒時无我相无人相无衆生相无壽者
相何以故我於往昔節節支解時若有我相
人相衆生相壽者相應生瞋恨須菩提又念
過去於五百世作忍辱仙人於尒所世无我
相无人相无衆生相无壽者相是故須菩提
菩薩應離一切相發阿耨多羅三藐三菩提
心不應住色生心不應住聲香味觸法生心
應生无所住心若心有住則為非住是故佛
說菩薩心不應住色布施須菩提菩薩為利
益一切衆生應如是布施如來說一切諸相
即是非相又說一切衆生則非衆生須菩提
如來是真語者實語者如語者不誑語者不
異語者須菩提如來所得法此法无實无虛
須菩提若菩薩心住於法而行布施如人入
闇則无所見若菩薩心不住法而行布施如
人有目日光明照見種種色須菩提當來之
世若有善男子善女人能於此經受持讀誦
則為如來以佛智慧悉知是人悉見是人皆
得成就无量无邊功德
須菩提若有善男子善女人初日分以恒河
沙等身布施中日分復以恒河沙等身布施
後日分亦以恒河沙等身布施如是无量百
千万億劫以身布施若復有人聞此經典信
心不逆其福勝彼何況書寫受持讀誦為人

BD01611 號　金剛般若波羅蜜經　（9–7）

後日分亦以恒河沙等身布施如是无量百
千万億劫以身布施若復有人聞此經典信
心不逆其福勝彼何況書寫受持讀誦為人
解說須菩提以要言之是經有不可思議不
可稱量无邊功德如來為發大乘者說為發
最上乘者說若復有人能受持讀誦廣為人說
如來悉知是人悉見是人皆得成就不可量不
可稱无有邊不可思議功德如是人等則為
荷擔如來阿耨多羅三藐三菩提何以故須
菩提若樂小法者著我見人見衆生見壽者
見則於此經不能聽受讀誦為人解說須菩
提在在處處若有此經一切世間天人阿脩
羅所應供養當知此處則為是塔皆應恭敬
作礼圍繞以諸華香而散其處
復次須菩提善男子善女人受持讀誦此經
若為人輕賤是人先世罪業應墮惡道以今
世人輕賤故先世罪業則為消滅當得阿耨
多羅三藐三菩提須菩提我念過去无量阿
僧祇劫於然燈佛前得值八百四千万億那
由他諸佛悉皆供養承事无空過者若復有
人於後末世能受持讀誦此經所得功德於
我所供養諸佛功德百分不及一千万億分
乃至筭數譬喻所不能及須菩提若善男子
善女人於後末世有受持讀誦此經所得功
德我若具說者或有人聞心則狂亂狐疑不
信須菩提當知是經義不可思議果報亦不
可思議

BD01611 號　金剛般若波羅蜜經　（9–8）

乃至筭數譬喻所不能及須菩提若善男子
善女人於後末世有受持讀誦此經所得功
德我若具說者或有人聞心則狂亂狐疑不
信須菩提當知是經義不可思議果報亦不
可思議
尒時須菩提白佛言世尊善男子善女人發
阿耨多羅三藐三菩提心云何應住云何降
伏其心佛告須菩提善男子善女人發阿耨
多羅三藐三菩提者當生如是心我應滅度
一切衆生滅度一切衆生已而无有一衆生
實滅度者何以故若菩薩有我相人相衆生
相壽者相則非菩薩所以者何須菩提實无
有法發阿耨多羅三藐三菩提者須菩提於
意云何如来於然燈佛所有法得阿耨多羅
三藐三菩提不不也世尊如我解佛所說義
佛於然燈佛所无有法得阿耨多羅三藐三
菩提佛言如是如是須菩提實无有法如来
得阿耨多羅三藐三菩提須菩提若有法如

BD01611 號　金剛般若波羅蜜經　（9–9）

蜜是故世尊
受正法是波羅蜜
世尊我今承佛威神更說大義佛言便說勝
鬘白佛言攝受正法攝受正法者无異攝受正
法无異攝受正法者攝受正法善男子善女
人身是攝受正法何以故若攝受正法善男
子善女人為攝受正法捨三種分何等為三
謂身命財善男子善女人捨身者生死後際
等離老病死得不壞常住无有變易不可思
議功德如来法身捨命者生死後際等畢竟
離死得无邊常住不可思議功德通達一切
甚深佛法捨財者生死後際等得不共一切
衆生无盡无減畢竟常住不可思議具足功
德得一切衆生殊勝供養世尊如是捨三分
善男子善女人攝受正法常為一切諸佛所
記一切衆生之所瞻仰
世尊又善男子善女人攝受正法者法欲滅

BD01612 號　勝鬘師子吼一乘大方便方廣經（不分章）　（17–1）

德得一切眾生殊勝供養世尊如是捨三分
善男子善女人攝受正法常為一切諸佛所
記一切眾生之所瞻仰
世尊又善男子善女人攝受正法者法欲滅
時比丘比丘尼優婆塞優婆夷朋黨諍訟破
壞離散以不諂曲不欺誑不幻偽愛樂正法
攝受正法入法朋中入法朋者必為諸佛之
所授記世尊我見攝受正法如是大力佛為
實眼實智為法根本為通達法為正法依亦
悉知見
尒時世尊於勝鬘所說攝受正法大精進力
起隨喜心如是勝鬘如汝所說攝受正法大
精進力如大力士少觸身分生大苦痛如是
勝鬘少攝受正法令魔苦惱我不見餘一善
法令魔憂苦攝受正法又如牛王形色
无比勝一切牛如是大乘少攝受正法勝於
一切二乘善根以廣大故又如須彌山王端
嚴殊特勝於眾山如是大乘捨身命財以攝
取心攝受正法勝不捨身命財初住大乘一
切善根何況二乘以廣大故是故勝鬘當以
攝受正法開示眾生教化眾生建立眾生如
是勝鬘攝受正法如是大利如是大福如是
大果勝鬘我於阿僧祇阿僧祇劫說攝受正
法功德義利不得邊際是故攝受正法有无
量无邊功德

BD01612號　勝鬘師子吼一乘大方便方廣經（不分章）　（17-2）

法功德義利不得邊際是故攝受正法有无
量无邊功德
佛告勝鬘汝今更說一切諸佛所說攝受正
法勝鬘白佛善哉世尊唯然受教即白佛言
世尊攝受正法者是摩訶衍何以故摩訶衍
者出生一切聲聞緣覺世間出世間善法世
尊如阿耨大池出八大河如是摩訶衍出生
一切聲聞緣覺世間出世間善法世尊又如
一切種子皆依於地而得生長如是一切聲
聞緣覺世間出世間善法依於大乘而得增
長是故世尊住於大乘攝受大乘即是住於
二乘攝受二乘一切世間出世間善法如世
尊說六處何等為六謂正法住正法滅波羅
提木叉比丘出家受具足為大乘故說此六
處何以故正法住者為大乘故說大乘住者
即正法住正法滅者為大乘故說大乘滅者
即正法滅波羅提木叉比丘此二法者義一
名異比丘者即大乘學何以故以依佛出家
而受具足是故說大乘威儀戒是比丘是出
家是受具足是故阿羅漢无出家受具足何
以故阿羅漢依如來出家受具足故阿羅漢
歸依於佛阿羅漢有恐怖何以故阿羅漢於
一切无行怖畏想住如人執劍欲來害己是
故阿羅漢无究竟樂何以故世尊依不求依
如眾生无依彼彼恐怖以恐怖故則求歸依
如是阿羅漢有怖畏以怖畏故依於如來

BD01612號　勝鬘師子吼一乘大方便方廣經（不分章）　（17-3）

故阿羅漢无究竟樂何以故世尊依不求依
如衆生无依彼彼恐怖以恐怖故則求歸依
如是阿羅漢有怖畏以怖畏故依於如來
世尊阿羅漢辟支佛有怖畏是故阿羅漢辟
支佛有餘生法不盡故有生有餘梵行成故
不純事不究竟故當有所作不度彼故當有
所斷以不斷故去涅槃界遠何以故唯有如
來應等正覺得般涅槃成就一切功德故阿
羅漢辟支佛不成就一切功德言得涅槃者
是佛方便唯有如來得般涅槃成就无量功
德故阿羅漢辟支佛成就有量功德言得涅
槃者是佛方便唯有如來得般涅槃成就不
可思議功德故阿羅漢辟支佛成就思議功
德言得涅槃者是佛方便唯有如來得般涅
槃一切所應斷過皆悉斷滅成就第一清淨
阿羅漢辟支佛有餘過非第一清淨言得涅
槃者是佛方便唯有如來得般涅槃為一切
衆生之所瞻仰出過阿羅漢辟支佛菩薩境
界是故阿羅漢辟支佛去涅槃界遠言阿羅
漢辟支佛觀察解脫四智究竟得蘇息處者
亦是如來方便有餘不了義說何以故有二
種死何等為二謂分段死不思議變易死分
段死者謂虛偽衆生不思議變易死者謂阿
羅漢辟支佛大力菩薩意生身乃至究竟无
上菩提二種死中以分段死故說阿羅漢辟
支佛智我生已盡得有餘果證故說梵行已

BD01612號　勝鬘師子吼一乘大方便方廣經（不分章）　（17–4）

上菩提二種死中以分段死故說阿羅漢辟
支佛智我生已盡得有餘果證故說梵行已
立凡夫人天所不能辦七種學人先所未作
虛偽煩惱斷故說所作已辦阿羅漢辟支佛
所斷煩惱更不能受後有故說不受後有非
盡一切煩惱亦非盡一切受生故說不受後
有何以故有煩惱是阿羅漢辟支佛所不能
斷煩惱有二種何等為二謂住地煩惱及起
煩惱住地有四種何等為四謂見一處住地
欲愛住地色愛住地有愛住地此四種住地
生一切起煩惱起者剎那心剎那相應世尊
心不相應无始无明住地世尊此四住地力
一切上煩惱依種比无明住地算數譬喻所
不能及世尊如是无明住地力於有愛數四
住地无明住地其力最大譬如惡魔波旬於
他化自在天色力壽命眷屬衆具自在殊勝
如是无明住地力於有愛數四住地其力最
勝恒沙等數上煩惱依亦令四種煩惱久住
阿羅漢辟支佛智所不能斷唯如來菩提智
之所能斷如是世尊无明住地最為大力
世尊又如取緣有漏業因而生三有如是无
明住地緣无漏業因生阿羅漢辟支佛大力
菩薩三種意生身此三地彼三地種意生身生
及无漏業生依无明住地有緣非无緣是故
三種意生身及无漏業緣无明住地世尊如
是有愛住地數四住地不與无明住地業同

BD01612號　勝鬘師子吼一乘大方便方廣經（不分章）　（17–5）

及无漏業生依无明住地有緣非无緣是故
三種意生身及无漏業緣无明住地世尊如
是有愛住地數四住地不与无明住地業同
无明住地異離四住地佛地所斷佛菩提智所
斷何以故阿羅漢辟支佛斷四種住地无
漏不盡不得自在力亦不作證无漏不盡者
即是无明住地
世尊阿羅漢辟支佛最後身菩薩為无明住
地之所覆障故於彼彼法不知不覺以不知
見故所應斷者不斷不究竟以不斷故名有
餘過解脫非離一切過解脫名有餘清淨非
一切清淨名成就有餘功德非一切功德以
成就有餘解脫有餘清淨有餘功德故知有
餘苦斷有餘集證有餘滅脩有餘道是名得
少分涅槃得少分涅槃者名向涅槃界若知
一切苦斷一切集證一切滅脩一切道於无
常壞世間无常病世間得常住涅槃於无
覆護世間无依世間為護為依何以故法无
優劣故得涅槃智慧等故得涅槃解脫等故
得涅槃清淨等故得涅槃是故涅槃一味等
味謂解脫味世尊若无明住地不斷不究竟
者不得一味等味謂明解脫味何以故无明
住地不斷不究竟者過恒沙等所應斷法不
斷不究竟過恒沙等所應斷法不斷故過恒
沙等法應得不得應證不證是故无明住地
積聚生一切脩道斷煩惱上煩惱彼生心上

BD01612號　勝鬘師子吼一乘大方便方廣經（不分章）　（17–6）

斷不究竟過恒沙等所應斷法不斷故過恒
沙等法應得不得應證不證是故无明住地
積聚生一切脩道斷煩惱上煩惱彼生心上
煩惱止上煩惱觀上煩惱禪上煩惱正受上
煩惱方便上煩惱智上煩惱果上煩惱得上
煩惱力上煩惱无畏上煩惱如是過恒沙等
上煩惱如來菩提智所斷一切皆依无明住
地之所建立一切上煩惱起皆因无明住地
緣无明住地
世尊於此起煩惱剎那心剎那相應世尊心
不相應无始无明住地世尊若復過於
如來菩提智所應斷法一切皆是无明住
所持所建立譬如一切種子皆依地生建立
增長若地壞者彼亦隨壞如是過恒沙等如
來菩提智所應斷法一切皆依无明住地生
建立增長若无明住地斷者過恒沙等如來
菩提智所應斷法皆亦隨斷如是一切煩惱
上煩惱斷過恒沙等如來所得一切諸法通
達无㝵一切知見離一切過惡得一切功德
法王法主而得自在登一切法自在之地如
來應等正覺正師子吼我生已盡梵行已立
所作已辦不受後有是故世尊以師子吼依
於了義一向記說
世尊不受後有智有二種謂如來以无上調
御降伏四魔出一切世間為一切衆生之所
瞻仰得不思議法身於一切尒炎地得无㝵

BD01612號　勝鬘師子吼一乘大方便方廣經（不分章）　（17–7）

於了義一向記說
世尊不受後有智有二種謂如來以无上調
御除伏四魔出一切世間為一切眾生之所
瞻仰得不思議法身於一切尒炎地得无㝵
法自在於上更无所作无所得地十力勇猛
昇於第一无上无畏之地一切尒炎无㝵智
觀不由於他不受後有智師子吼
世尊阿羅漢辟支佛度生死畏次弟得解脫
樂作是念我離生死恐怖不受生死苦世尊
阿羅漢辟支佛觀察時得不受後有觀第一
蘇息處涅槃地世尊彼先所得地不愚於法
不由於他亦自知得有餘地必當得阿耨多
羅三藐三菩提何以故聲聞緣覺乘皆入大
乘大乘者即是佛乘是故三乘即是一乘得
一乘者得阿耨多羅三藐三菩提阿耨多羅三
藐三菩提者即是涅槃界涅槃界者即是如
來法身得究竟法身者則究竟一乘无異如
來无異法身如來即法身得究竟法身者則
究竟一乘究竟者即是无邊不斷
世尊如來无有限齊時住如來應等正覺後
際等住如來无限齊大悲亦无限齊安慰世
間无限大悲无限安慰世間作是說者是名
善說如來若復說言无盡法常住法一切世
間之所歸依者亦名善說如來是故於未度
世間无依世間與後際等作无盡歸依常住

善說如來若復說言无盡法常住法一切世
間之所歸依者亦名善說如來是故於未度
世間无依世間與後際等作无盡歸依常住
歸依者謂如來應等正覺也者法即是說一
乘道僧者是三乘眾此二歸依非究竟歸依
名少分歸依何以故說一乘道法得究竟法
身於上更无說一乘法事三乘眾者有恐怖
歸依如來求出脩學向阿耨多羅三藐三菩
提是故二依非究竟依是有限依若有眾生
如來調伏歸依如來得法津澤生信樂心歸
依法僧是二歸依非此二依歸依是歸依如來
歸依第一義者是歸依如來此二歸依第一
義是究竟歸依如來何以故无異如來无異
二歸依如來即三歸依何以故說一乘道如
來四无畏成就師子吼說若如來隨彼所欲
而方便說即是大乘无有二乘二乘者即是
一乘一乘者即第一義乘
世尊聲聞緣覺初觀聖諦一以智斷諸住地
以一智四斷知功德作證亦善知此四法義
世尊无有出世間上上智四智漸至及四緣
漸至无漸至法是出世間上上智世尊金剛
喻者是第一義智世尊非聲聞緣覺不斷
无明住地初聖諦智是第一義智世尊以无
二聖諦智斷諸住地世尊如來應等正覺非
一切聲聞緣覺境界不思議空智斷一切煩惱
藏世尊若壞一切煩惱藏究竟智是名第一

二聖諦智斷諸住地世尊如來應等正覺非
一切聲聞緣覺境界不思議空智斷一切煩惱
藏世尊若壞一切煩惱藏究竟智是名第一
義智初聖諦智非究竟智向阿耨多羅三藐
三菩提智
世尊聖義者非一切聲聞緣覺聲聞緣覺成
就有量功德聲聞緣覺成就少分功德故名
之為聖〻諦者非聲聞緣覺諦亦非聲聞緣
覺功德世尊此諦如來應等正覺初始覺知
然後為无明殼藏世間開現演說是故名聖
諦聖諦者說甚深義微細難知非思量境界
是智者所知一切世界間所不能信何以故此
說甚深如來之藏如來藏者是如來境界非
一切聲聞緣覺所知如來藏處說聖諦義如
來藏處甚深故說聖諦亦甚深微細難知非
思量境界是智者所知一切世間所不能信
若於无量煩惱藏所纏如來藏不疑惑者於
出无量煩惱藏法身亦无疑惑於說如來藏
如來法身不思議佛境界及方便說心得決
定者此則信解說二聖諦如是難知難解者
謂說二聖諦義為何等為說二聖諦義謂說作
聖諦義說无作聖諦義說作聖諦義者是說
有量四聖諦何以故非因他能知一切苦斷
一切集證一切滅脩一切道是故世尊有有
為生死无為生死涅槃亦如是有餘及无餘

BD01612 號　勝鬘師子吼一乘大方便方廣經（不分章）　（17–10）

有量四聖諦何以故非因他能知一切苦斷
一切集證一切滅脩一切道是故世尊有有
為生死无為生死涅槃亦如是有餘及无餘
說无作聖諦義者說无量四聖諦義何以故
能以自力知一切受苦斷一切受集證一切
受滅脩一切受滅道如是八聖諦如來說四
聖諦如是四无作聖諦義唯如來應等正覺
事究竟非阿羅漢辟支佛事究竟何以故非
下中上法得涅槃何以故如來應等正覺於
无作四聖諦義事究竟以一切如來應等正
覺知一切未來苦斷一切煩惱上煩惱所攝
受一切集滅一切意生身除一切苦滅作證
世尊非壞法故名為苦滅所言苦滅者名无
始无作无起无盡離盡常住自性清淨離一切
煩惱藏世尊過於恒沙不離不脫不異不
思議佛法成就說如來法身世尊如是如來
法身不離煩惱藏名如來藏
世尊如來藏智是如來空智世尊如來藏者
一切阿羅漢辟支佛大力菩薩本所不見本
所不得世尊有二種如來藏空智世尊空如
來藏若離若脫若異一切煩惱藏世尊不空
如來藏過恒沙不離不脫不異不思議佛法
世尊此二空智諸大聲聞能信如來一切阿
羅漢辟支佛空智於四不顛倒境界轉是故
一切阿羅漢辟支佛本所不見本所不得一
切苦滅唯佛得證壞一切煩惱藏脩一切滅

BD01612 號　勝鬘師子吼一乘大方便方廣經（不分章）　（17–11）

羅漢辟支佛空智於四不顛倒境界轉是故
一切阿羅漢辟支佛本所不見本所不得一
切苦滅唯佛得證壞一切煩惱藏脩一切滅
苦道
世尊此四聖諦三是无常一是常何以故三
諦入有為相入有為相者是无常无常者是
虛妄法虛妄法者非諦非常非依是故苦諦
集諦道諦非第一義諦非常非依一苦滅諦
離有為相離有為相者是常常者非虛妄法
非虛妄法是諦是常是依是故滅諦是第一
義不思議是滅諦過一切衆生心識所緣亦
非一切阿羅漢辟支佛智慧境界辟如生盲
不見衆色七日嬰兒不見日輪苦滅諦者亦
復如是非一切凡夫心識所緣亦非二乘智
慧境界凡夫識者二見顛倒一切阿羅漢辟
支佛智者則是清淨邊見者凡夫於五受陰
我見妄想計着生二見是名邊見所謂常見
斷見見諸行无常是斷見非正見見涅槃常
是常見非正見妄想見故作如是見於身諸
根分別思惟現法見壞於有相續不見起於
斷見妄想見故於心相續愚闇不解不知剎
那間意識境界起於常見妄想見故此妄想
見於彼義若過若不及作異想分別若斷若
常顛倒衆生於五受陰无常常想苦有樂想
无我我想不淨淨想切一阿羅漢辟支佛淨
智者於一切智境界及如來法身本所不見

見於彼義若過若不及作異想分別若斷若
常顛倒衆生於五受陰无常常想苦有樂想
无我我想不淨淨想切一阿羅漢辟支佛淨
智者於一切智境界及如來法身本所不見
或有衆生信佛語故起常想樂想我想淨想
非顛倒見是名正見何以故如來法身是常
波羅蜜樂波羅蜜我波羅蜜淨波羅蜜於佛
法身作是見者是名正見正見者是佛真子從
佛口生從正法生從法化生得法餘財
世尊淨智者一切阿羅漢辟支佛智波羅蜜
此淨智者雖曰淨智於彼滅諦尚非境界況
四依智何以故三乘初業不愚於法於彼義
當覺當得為彼故世尊說四依世尊此四依
者是世尊法間世尊一依者一切依上出世
間上上第一義依所謂滅諦
世尊生死者依如來藏以如來藏故說本際
不可知世尊有如來藏故說生死是名善說
世尊生死生死者諸受根沒次第不受根起
是名生死世尊死生者此二法是如來藏世
間言說故有死有生死者諸根壞生者新諸
根起非如來藏有生有死如來藏離有為相
如來藏常住不變是故如來藏是依是持是
建立世尊不離不斷不脫不異不思議佛法
世尊斷脫異外有為法依持建立者是如來
藏世尊若无如來藏者不得厭苦樂求涅
槃何以故於此六識及心法智此七法剎那不

建立世尊不離不斷不脫不異不思議佛法
世尊斷脫異外有為法依持建立者是如來
藏世尊若无如來藏者不得厭苦樂求涅
槃何以故於此六識及心法智此七法剎那不
住不種衆苦不得厭苦樂求涅槃世尊如來
藏者无前際不起不滅法種諸苦得厭苦樂
求涅槃世尊如來藏者非我非衆生非命非
人如來藏者墮身見衆生顛倒衆生空亂意
衆生非其境界
世尊如來藏者是法界藏法身藏出世間上
上藏自性清淨藏此自性清淨如來藏而客
塵煩惱上煩惱所染不思議如來境界何以
故剎那善心非煩惱所染剎那不善心亦非
煩惱所染煩惱不觸心心不觸煩惱云何不
觸法而能得染心世尊然有煩惱有煩惱染
心自性清淨心而有煩惱染者難可了知唯佛世
尊實眼實智為法根本為通達法為正法依如
實知見
勝鬘夫人說是難解之法問於佛時佛即隨
喜如是如是自性清淨心而有染汙難可了
知有二法難可了知謂自性清淨心難可了
知彼心為煩惱所染亦難了知如此二法汝
及成就大法菩薩摩訶薩乃能聽受諸餘聲
聞唯信佛語若我弟子隨信〻增上者依明
信已隨順法智而得究竟隨順法智者觀察
施設根意解境界觀察業報觀察阿羅漢眠

聞唯信佛語若我弟子隨信〻增上者依明
信已隨順法智而得究竟隨順法智者觀察
施設根意解境界觀察業報觀察阿羅漢眠
觀察心自在樂禪樂觀察阿羅漢辟支佛大
力菩薩聖自在通此五種巧便觀成就於我
滅後未來世中我弟子隨信〻增上依於明
信隨順法智自性清淨心彼為煩惱染汙而
得究竟是究竟者入大乘道因信如來者有
如是大利益不謗深義
尒時勝鬘白佛言更有餘大利益我當承佛
威神復說斯義佛言更說勝鬘白佛言三種
善男子善女人於甚深義離自毀傷生大功
德入大乘道何等為三謂若善男子善女人
自成就甚深法智若善男子善女人成就隨
順法智若善男子善女人於諸深法不自了
知仰推世尊非我境界唯佛所知是名善男
子善女人仰推如來除此諸善男子善女人
已諸餘衆生於諸深法堅著妄說違背正法
習諸外道腐敗種子者當以王力及天龍鬼
神力而調伏之尒時勝鬘與諸眷屬頂禮佛
足佛言善哉善哉勝鬘於甚深法方便守護
降伏非法善得其宜汝已親近百千億佛能
說此義
尒時世尊放勝光明普照大衆身昇虛空高
七多羅樹足步虛空還舍衛國時勝鬘夫人
與諸眷屬合掌向佛觀无厭足目不暫捨過

七多羅樹足步虛空還舍衛國時勝鬘夫人
與諸眷屬合掌向佛觀無厭足目不暫捨過
眼境已踊躍歡喜各各稱歎如來功德具足
念佛還入城中向友稱王稱歎大乘城中女
人七歲已上化以大乘友稱大王亦大以乘
化諸男子七歲已上舉國人民皆向大乘
尒時世尊入祇洹林告長老阿難及念天帝
釋應時帝釋與諸眷屬忽然而至住於佛前
尒時世尊向天帝釋及長老阿難廣說此經
說已告帝釋言汝當受持讀誦此經憍尸迦
善男子善女人於恒沙劫脩菩提行行六波
羅蜜若復善男子善女人聽受讀誦乃至執
持經卷福多於彼何況廣為人說是故憍尸
迦當讀誦此經為三十三天分別廣說復告
阿難汝亦受持讀誦為四衆廣說時天帝釋
白佛言世尊當何名斯經云何奉持佛告帝
釋此經成就無量無邊功德一切聲聞緣覺
不能究竟觀察知見
憍尸迦當知此經甚深微妙大功德聚今當
為汝略說其名諦聽諦聽善思念之時天帝
釋及長老阿難白佛言善哉世尊唯然受教
佛言此經歎如來真實第一義功德如是受
持不思議大受如是受持一切願攝大願如
是受持說不思議攝受正法如是受持說入
一乘如是受持說無邊聖諦如是受持說如

BD01612號　勝鬘師子吼一乘大方便方廣經（不分章）　（17–16）

持不思議大受如是受持一切願攝大願如
是受持說不思議攝受正法如是受持說入
一乘如是受持說無邊聖諦如是受持說如
來藏如是受持說法身如是受持說空義隱
覆真實如是受持說一諦如是受持說常住
安隱一依如是受持說顛倒真實如是受持
說自性清淨心隱覆如是受持說如來真子
如是受持說勝鬘夫人師子吼如是受持復
次憍尸迦此經所說斷一切疑決定了義入
一乘道憍尸迦今以此說勝鬘夫人師子吼
經付囑於汝乃至法住受持讀誦廣分別說
帝釋白佛言善哉世尊頂受尊教時天帝釋
長老阿難及諸大會天人阿脩羅乾闥婆等
聞佛所說歡喜奉行

BD01612號　勝鬘師子吼一乘大方便方廣經（不分章）　（17–17）

闍崛山ㄅ
尒時世尊過夜後分將欲旦時便作大師子
王謦欬之聲而復微笑時佛如來應供等正
覺忽發如是殊異聲已須臾之間是耆闍崛
山精舍所有諸比丘眾承佛威神一切皆悉集
於如來應供等正覺所
尒時復有眾多異何蘭若處諸比丘等具大
神通有大威德亦皆承佛威神俱從阿蘭
若處來入耆闍崛山集如來所
尒時王舍大城一切諸比丘尼亦皆承佛威
神入耆闍崛山集如來所
尒時摩伽陁國王韋 希子阿闍世王與无
量百千眷屬前後圍繞入耆闍崛山集如來
所
尒時復有諸夜叉大將其名曰阿吒婆迦曠
野居夜叉大將伽陁婆迦驢形夜叉大將金
毗羅摩竭魚夜叉大將頂脂路摩針毛夜叉
大將摩羅陁梨持華鬘夜叉大將如是等諸
夜叉為首并餘諸夜叉輩有大威神具大勢
力各與无量百千眷屬前後圍繞入耆闍崛

BD01613號　大方等大集經菩薩念佛三昧分卷一　（9–1）

神入耆闍崛山集如來所
尒時摩伽陁國王韋 希子阿闍世王與无
量百千眷屬前後圍繞入耆闍崛山集如來
所
尒時復有諸夜叉大將其名曰阿吒婆迦曠
野居夜叉大將伽陁婆迦驢形夜叉大將金
毗羅摩竭魚夜叉大將頂脂路摩針毛夜叉
大將摩羅陁梨持華鬘夜叉大將如是等諸
夜叉為首并餘諸夜叉輩有大威神具大勢
力各與无量百千眷屬前後圍繞入耆闍崛
山集於佛所
尒時復有諸阿脩羅王其名曰大叫羅睺阿
脩羅王種種可畏毗摩質多阿脩羅王須婆
睺善辯阿脩羅王波訶羅舒展陁阿脩羅王
有大威神具大勢力聞佛謦聲心生驚悚身
毛皆竪各與无量百千眷屬前後圍繞來入
耆闍崛山集於佛所
尒時復有此三千大千世界所有諸大龍王
及其眷屬彼各聞佛謦欬聲時心生驚悚身
毛皆竪承佛威神來入耆闍崛山集於佛所
尒時舍婆提大城給孤獨長者亦與无量百
千眷屬前後圍繞自舍婆提詣王舍城入耆
闍崛山集於佛所為欲恭敬供養如來聽聞
正法故
尒時毗舍離大城亦有无量諸梨車子皆生

BD01613號　大方等大集經菩薩念佛三昧分卷一　（9–2）

正法故
尒時毗舍離大城亦有无量諸梨車子皆生
大淨婆羅門家其名曰善思梨車子伏怨少
壯梨車子功德生梨車子无邊手梨車子舉
手梨車子然手長者子如是等而為上首皆
已久住无上大乘各與无量百千眷屬前後
圍繞自毗舍離詣王舍城入耆闍崛山集於
佛所
尒時瞻波大城復有无量諸長者子已於過
去供養无量无邊諸佛種諸善根具大威德
有大勢力其名曰善住長者子利益長者子
无邊精進婆羅門子如是等而為上首及餘
无量長者居士各與无量百千眷屬前後圍
繞自瞻波城詣王舍城入耆闍崛山集於佛
所為欲恭敬供養如來聽聞正法故
尒時波羅柰城有无量種異類人衆已於過
去供養无量百千諸佛植諸善根皆已純熟
自波羅柰詣王舍城入耆闍崛山集於佛所
為欲恭敬供養如來聽聞正法故
尒時拘尸那城復有无量諸力士未羅子亦
曾供養无量百千諸佛世尊以久薰脩諸善
根故有大威德具足勢力亦與无量眷屬圍
繞自拘尸那詣王舍城入耆闍崛山集於佛
所亦為恭敬供養如來聽聞正法故
尒時東方過无量恒可沙世界中一切大

BD01613號　大方等大集經菩薩念佛三昧分卷一　　（9–3）

根故有大威德具足勢力亦與无量眷屬圍
繞自拘尸那詣王舍城入耆闍崛山集於佛
所亦為恭敬供養如來聽聞正法故
尒時東方過无量恒河沙諸世界中一切大
梵天王并餘天衆有大威德具大神通聞佛
世尊大師子王謦欬聲時咸大驚悚舉身毛
竪承佛威神各與无量千万天衆眷屬圍繞
皆自本處發來詣此娑婆世界王舍大城入
耆闍崛山集於佛所如是南西北方四維上
皆有如是无量恒河沙世界所有一切大
梵天王及餘天衆有大威德及大神通聞佛
世尊大師子王謦欬聲時亦咸驚悚舉身毛
竪承佛威神各與无量千万天衆眷屬圍繞
皆自本處發來詣此娑婆世界王舍大城耆
闍崛山集於佛所
尒時耆闍崛山其地紆博縱廣正等如此三
千大千世界大衆充滿无有空處如杖頭許
然彼大衆皆有无量大威德力及大神通一
切天人諸龍夜叉乾闥婆阿脩羅迦樓羅緊
那羅摩睺羅伽人非人輩皆悉充滿
尒時世尊知諸世間天人大衆一切集已復
發如是大師子王謦欬之聲發大聲已自精
舍出至一方所而復微咲時諸世間天人大
衆覩是事已各捨己服及諸華鬘以種種香
而散佛上供養恭敬至心瞻仰
尒時大衆中有尊者舍利弗尊者目揵連尊

BD01613號　大方等大集經菩薩念佛三昧分卷一　　（9–4）

舍出至一方而復微咲時諸世間天人大
衆覩是事已各捨已服及諸華鬘以種種香
而散佛上供養恭敬至心瞻仰
尒時大衆中有尊者舍利弗尊者目揵連尊
者大迦葉尊者須菩提尊者富樓那弥多羅
尼子尊者羅睺羅尊者大劫賓那尊者大迦
旃延尊者阿泥樓陁尊者譏世尊者守龍那
尊者難陁尊者阿難等而為上首及餘一切
諸大聲聞皆是大德具大神通一切皆來集
斯會坐
尒時大衆中復有尊者弥勒菩薩摩訶薩越
三界菩薩摩訶薩踊大步菩薩摩訶薩初
發心即轉法輪菩薩摩訶薩善思菩薩摩
訶薩大音聲菩薩摩訶薩善行步菩薩摩
訶薩超三世菩薩摩訶薩持世菩薩摩訶薩
文殊師利菩薩摩訶薩不空見菩薩摩訶薩
等而為上首及餘无量无數菩薩摩訶薩皆
於過去无量諸如來所種諸善根衆行董備
功德成滿久已得住阿耨多羅三藐三菩提
尒時尊者不空見菩薩摩訶薩見佛世尊復
微咲已從坐而起整容理服偏袒右肩右膝
著地合掌向佛而說偈曰
寂勝无上兩足尊　无緣不應現微咲
一切世間无等侶　唯願為我演咲因
常施貧窮諸所須　亦說大乘寂妙寶
能與生盲決胎膜　令事微咲何因緣

BD01613號　大方等大集經菩薩念佛三昧分卷一　（9–5）

寂勝无上兩足尊　无緣不應現微咲
一切世間无等侶　唯願為我演咲因
常施貧窮諸所須　亦說大乘寂妙寶
能與生盲決胎膜　令事微咲何因緣
世尊三界尚无比　何況世間得論勝
能作世間大導師　今應顯咲有何緣
尒時世尊即告不空見菩薩摩訶薩言不空
見汝今見斯勝地方所左右邊動衆相莊嚴
可愛樂不不空見言如是世尊如是婆伽婆
佛復告言不空見汝應當知此地方所往古
諸如來應供等正覺已曾受用教化遊居尒
時不空見菩薩聞佛教已速疾而行趣彼方
處至彼方已便入三昧住三昧時自然成就
上妙寶坐種種莊嚴皆悉具足嚴飾坐已還
詣佛所頭面礼足而白佛言世尊今此方處
莊嚴若是唯願世尊亦當及時處斯勝地
尒時世尊便往方所至方所已如法昇坐於
是如來應供等正覺昇此坐時如此三千大
千世界一切大地六種震動所謂動遍動等遍
動震遍震等遍震涌遍涌等遍涌吼遍吼等
遍吼起遍起等遍起覺遍覺等遍覺東
涌西没西涌東没南涌北没北涌南没中涌
邊没邊涌中没時此大地如是動已佛神力
故遍此世界有大光明令諸衆生等受快樂
下至阿鼻大地獄中所有衆生蒙光觸身諸
苦消滅等受快樂如是一切諸地獄中受苦

BD01613號　大方等大集經菩薩念佛三昧分卷一　（9–6）

故遍此世界有大光明令諸衆生等受快樂
下至阿鼻大地獄中所有衆生蒙光觸身諸
苦消滅等受快樂如是一切諸地獄中受苦
衆生及以諸畜生輩更相殘害閻羅王界諸
餓鬼等遇斯光已所有苦具皆悉消除飢渴
充滿无有衆生不受樂者當尒之時一切衆
生悲捨悪念皆起慈心遠相愛樂各懷悲愍
猶如親屬相視歡欣和合同坐於是讃曰

世尊處斯坐　能放大光明　大地六反動　令衆生歡喜
如來處斯坐　法王放光明　當知如是時　衆生等愛樂
正覺處斯坐　大智歸依處　放光利世間　遍照此佛刹
奇哉是大乘　最勝乘无上　如來處斯坐　利益難思議
奇哉是大乘　最勝乘无上　沙門婆羅門　於此莫能測

尒時世尊出廣長舌遍覆於此三千大千世
界已告諸菩薩摩訶薩及諸大聲聞衆言諸
善男子汝等當知昨中夜後欻有淨居諸天
難陁天子須難陁天子栴檀天子須摩那天
子難勝天子乃至須多波天子等與无量諸
天子有大威德具大神通放盛光明直照耆
闍崛山來至我所即以種種天上妙香所謂
天末栴檀乃至天多摩羅跋香等散於我上
復以種種天華所謂優鉢羅華乃至大曼
殊沙華等供養於我右繞三周頂礼我足退
住一面彼退住已更於我所增敬上心合十
指掌默然而住住已即作如是思惟今此一切

BD01613 號　大方等大集經菩薩念佛三昧分卷一　（9–7）

復以種種天華所謂優鉢羅華乃至大曼
殊沙華等供養於我右繞三周頂礼我足退
住一面彼退住已更於我所增敬上心合十
指掌默然而住住已即作如是思惟今此一切
菩薩念佛法門過去諸如來應供等正覺已
曾為彼天人大衆宣揚解釋唯欲安樂彼諸
衆生令我世尊亦當為此天人大衆如是演
說念佛法門安樂利益諸衆生故彼諸天子
如是念已即便請我說此法門時我默然許
為其說諸天知已於是不現尒時世尊既
說頌曰

比丘知昨中夜後　淨居天王摩醯羅
將諸天衆及眷屬　難陁及以須難陁
須摩那天栴檀等　乃至難勝須多波
普放世間勝光明　直照此山耆闍崛
彼天既來至我所　以天華香而供養
然始右繞我三周　頂礼恭敬一面住
彼諸天子默生念　令此念佛脩多羅
過去最勝曾廣宣　憐愍世間衆生故
令我釋尊十力具　寧不演說斯法門
利益世間諸群生　安隱一切天人故
諸天念已便發請　時我默然遂許之
我故欲於耆闍山　如先諸佛所演說
天知我已許之故　生大歡樂尊敬心
一切咸復恭敬礼　右繞三周然後去

BD01613 號　大方等大集經菩薩念佛三昧分卷一　（9–8）

普放世間勝光明　直照此山耆闍崛
彼天既來至我所　以天華香而供養
然始右繞我三周　頂礼恭敬一面住
彼諸天子默生念　今此念佛脩多羅
過去冣勝曾廣宣　憐愍世間衆生故
今我釋尊十力具　寧不演說斯法門
利益世間諸群生　安隱一切天人故
諸天念已便發請　時我默然遂許之
我故欲於耆闍山　如先諸佛所演說
天知我已許之故　生大歡喜尊敬心
一切咸復恭敬礼　右繞三周然後去
比丘汝輩當善聽　我聞過去諸佛說
莫於是處生驚疑　諸如來留
去昔諸佛所行道

BD01613號　大方等大集經菩薩念佛三昧分卷一　（9–9）

肝膽脾胃肪膏腦膜筋脉
大小便利九孔常流是故經言此身若
一切皆不淨何有智慧者而當樂此身
生死既有如此種種惡法甚可患厭
第四發菩提心者經言當樂佛身佛身者即
法身也從无量功德智慧生從六波羅蜜生
從慈悲喜捨生從卅七助菩提法生從如是
等種種功德智慧生如來身欲得此身者
當發菩提心求一切種智常樂我淨薩婆
若果淨佛國土成就衆生於身命財无所
悋惜
第五怨親平等者於一切衆生起慈悲心
无彼我想何以故尔若見怨異親即是分
別以別故起諸相著相因緣生諸煩惱煩惱因
緣造諸惡業惡業因緣故得苦果
第六念報佛恩者如來往昔无量劫中捨頭

BD01614號　佛名經（十六卷本）卷一　（9–1）

別以別故起諸相着相因緣生諸煩惱煩惱因
緣造諸惡業惡業因緣故得苦果
第六念報佛恩者如來往昔无量劫中捨頭
目髓支節手足國城妻子象馬七珍爲我等
故脩諸苦行此恩此德實難酬報是故經
言若以頂戴兩肩荷負於恒沙劫亦不能
報等欲報如來恩者當於此世勇猛精進
捍勞忍苦不惜身命建立三寶弘通大乘
廣化衆生同入正道
第七觀罪性空者无有實相從因緣生顛
倒而有既從因緣而生則可從因緣而滅從因
緣生者狎近惡友造作无端從因緣而滅者
即是今日洗心懺悔是故經言此罪相不在
内不在外不在中間故知此罪從本是空生
如是等七種心已緣想十方諸佛賢聖整捺
合掌披陳至到慙愧改革舒歷心肝洗蕩
腸胃如此懺悔亦何罪而不滅亦何障而不
消若復正尒悠悠緩縱情慮徒自勞形於事
何益且復人命无常喻如轉燭一息不還便
向灰壤三塗苦報即身應受不可以錢財寶
貨囑託求脫窈窈冥冥恩赦无期獨嬰此
苦无代受者莫言我今生中无有此罪所以
不能懇到懺悔經中道言凡夫之人舉足動步
无非是罪又復過去生中皆悉成就无量惡業
追逐行者如影隨形若不懺悔罪惡日深故

BD01614 號　佛名經（十六卷本）卷一　（9–2）

不能懇到懺悔經中道言凡夫之人舉足動步
无非是罪又復過去生中皆悉成就无量惡業
追逐行者如影隨形若不懺悔罪惡日深故
苞藏瑕疵佛教不許說悔先罪淨名所尚
故知長淪苦海寔由隱覆是故弟子今日
發露懺悔不敢覆藏所言三障者一曰煩惱
二名爲業三是果報此三種法更相由藉因煩
惱故所以起惡業惡業因緣故得苦果是故弟
子今日至心第一先應懺悔煩惱障又此煩惱
諸佛菩薩入理聖人種種呵責亦說此煩惱
以爲怨家何以故能斷衆生慧命根故亦說
此煩惱以之爲賊能劫衆生諸善法故說此
煩惱以爲瀑河能漂衆生入於生死大苦海
故亦說此煩惱以爲羈鏁能繫衆生於生死獄
不能得出故所以六道牽連四生不絶惡業无
窮苦果不息當知皆是煩惱過患是故弟子
今日運此增上善心歸依佛
南无東方善德佛　南无南方實相佛　南无西方普光佛
南无北方相德佛　南无東南方網明佛　南无西南方上寳佛
南无西北方華德佛　南无東北方明智佛　南无下方明德佛
南无上方智積佛
如是十方盡虛空界一切三寶弟子從无始以來
至于今日或在人天六道受報有此心識常懷
愚惑繁滿胷衿或因三毒根造一切罪或因三

BD01614 號　佛名經（十六卷本）卷一　（9–3）

如是十方盡虛空界一切三寶弟子從无始以来
至于今日或在人天六道受報有與心識常懷
愚或繁滿胷衿或因三毒根造一切罪或因三
漏造一切罪或因三苦造一切罪或緣三假造一
切罪或貪三有造一切罪如是等罪无量无邊
惱亂一切六道四生今日慚愧皆悉懺悔
又復弟子无始以来至于今日或因四識住造
一切罪或因四流造一切罪或因四取造一切罪
或因四執造一切罪或因四緣造一切罪或
因四大造一切罪或因四縛造一切罪或因四食
造一切罪或因四生造一切罪如是等罪无量无
邊惱亂六道一切衆生今日慚愧
皆悉懺悔
又復弟子无始以来至於今日或因五住地煩惱
造一切罪或因五受根造一切罪或因五蓋造
一切罪或因五慳造一切罪或因五見造一切罪或
因五心造一切罪如是等煩惱无量无邊惱
亂六道一切四生今日發露皆悉懺悔
又復弟子无始以来至於今日或因六情根
造一切罪或因六識造一切罪或因六想造一
切罪或因六受造一切罪或因六行造一切罪或
因六愛造一切罪或因六疑造一切罪如是等煩
惱无量无邊惱亂六道一切四生今日慚愧發露
皆悉懺悔
又復弟子无始以来至於今日或因七漏造一

曰六受造一切罪或曰六疑造一切罪如是等煩
惱无量无邊惱亂六道一切四生今日慚愧發露
皆悉懺悔
又復弟子无始以来至於今日或因七漏造一
切罪或因七使造一切罪或因八倒造一切罪
或因八垢造一切罪或因八苦造一切罪惱亂
六道一切四生今日發露皆悉懺悔
又復无始以来至於今日或因九惱造一切罪
或因九結造一切罪或因九上緣造一切罪或因
十煩惱造一切罪或因十纏造一切罪或因十
一遍使造一切罪或因十二入造一切罪或
因十六知見造一切罪或因十八界造一切罪
或因二十五我造一切罪或因六十二見造
一切罪或因見諦思惟九十八使百八煩
惱晝夜熾然開諸漏門造一切罪惱亂
賢聖及以四生遍滿三界彌亘六道无處
可藏无處可避今日至到向十方佛尊法聖
衆慚愧發露皆悉懺悔
願弟子承是懺悔三毒一切煩惱生生世世
三慧明三達朗三苦滅三願滿弟子承是
懺悔四識等一切煩惱所生功德生生世世廣
四等心立四信業四惡趣滅得四无畏願弟
子承是懺悔五蓋等諸煩惱度五道樹五根
淨五眼成五分懺悔六愛等諸煩惱所生功
德願生生世世具足六神通滿足六度業不
為六塵或常行六妙行又願弟子承是懺悔七

淨五眼成五分懺悔六愛等諸煩惱所生功
德願生生世世具足六神通滿足六度業不
為六塵惑常行六妙行又願弟子承是懺悔七
漏八垢九結十纏等一切諸煩惱所生功德生
生世世坐七淨華洗塵八水具九斷智成十
地行願以懺悔十一遍使及十二入十八界等
一切諸煩惱所生功德願十一空解常用栖
心自在能轉十二行輪具十八不共之法無
量功德一切圓滿
三部合卷　罪業應經　此經有六十品略此一品流行
南無不動光觀自在無量命尼孫寶炎　孫留
金剛佛
南無大奮迅道佛　南無善寂慧月佛
南無聲自在王佛　南無清淨月輪佛
南無住向僧祇精進功德佛
南無無盡意佛　南無寶幢佛
南無光明無垢藏佛　南無大奮迅道佛
南無雲音讚佛　南無師子奮迅道佛
南無孫留上王佛　南無智慧來佛
南無讚妙法幢佛　南無金光明師子奮迅佛
南無普照精上功德佛　南無善住如意積王佛
南無普現佛　南無釋迦牟尼佛
南無無量光佛　南無放炎佛
南無栴檀香佛　南無無垢慧深聲王佛
南無斷一切障佛　南無無量光明佛

南無普現佛　南無釋迦牟尼佛
南無無量光佛　南無放炎佛
南無栴檀香佛　南無無垢慧深聲王佛
南無斷一切障佛　南無無量光明佛
南無作功德佛　南無普香上佛
南無不可勝奮迅聲王佛　南無降伏憍慢佛
南無毗婆尸佛　南無尸棄佛
南無毗舍浮佛　南無拘留孫佛
南無拘那含牟尼佛　南無迦葉佛
南無釋迦牟尼佛　南無成就一切義佛
南無能作無畏佛　南無寂靜王佛
南無阿閦佛　南無盧至佛
南無阿彌多佛　南無尼孫佛
南無住法佛　南無寶炎佛
南無孫留佛
從此以上五百佛十二部經一切賢聖
南無金剛佛
南無持法佛　南無勇猛法佛
南無妙法光明佛　南無法月面佛
南無住法佛　南無法幢佛
南無法威德佛　南無法自在佛
南無善住法佛　南無法寂佛
南無善知力佛　南無孫勒等無量佛
南無毗婆尸佛　南無尸棄佛
南無毗舍浮佛　南無拘留孫佛

南无善知力佛　南无弥勒等无量佛
南无毗婆尸佛　南无尸棄佛
南无毗舍浮佛　南无拘留孫佛
南无拘那含牟尼佛　南无迦葉佛
南无釋迦牟尼佛　南无阿弥陁佛
南无照佛　南无勝色佛
南无樂意佛　南无大導師佛
南无大聖天佛　南无那羅延佛
南无樹提佛　南无慈他佛
南无毗盧遮那佛　南无栴檀佛
南无具足佛　南无化佛
南无无障无㝵精進堅佛　南无莎羅華華王佛
南无无量功德王佛　南无弥留燈王佛
南无藥王聲聲王佛　南无梵聲王佛
南无妙鼓聲王佛　南无雲聲王佛
南无自在王佛　南无世間自在王佛
南无治諸病王佛　南无藥王佛
南无陁羅尼自在王佛　南无深王佛
南无鷹王佛　南无燈王佛
南无樹提王佛　南无喜王佛
南无星宿王佛　南无雲王佛
南无雷王佛　南无娑羅王佛
南无堅固自在王佛　南无功德衆佛
南无華聚佛　南无寶聚佛
南无寶住持莊嚴佛　南无住持功德佛

BD01614 號　佛名經（十六卷本）卷一　（9-8）

南无雷王佛　南无娑羅王佛
南无堅固自在王佛　南无功德衆佛
南无華聚佛　南无寶聚佛
南无寶住持莊嚴佛　南无住持功德佛
南无住持无障力佛　南无住持地力進去佛
南无住持妙无垢住佛　南无一切寶莊嚴色住持佛
南无自在轉一切法佛　南无轉法輪佛
南无勝威德佛　南无淨威德佛
南无聖威德佛　南无大威德佛
南无師子威德佛　南无莎羅威德佛
南无悲威德佛　南无地威德佛
南无无垢威德佛　南无无垢瑠璃佛
南无无垢辟佛　南无无垢眼佛
南无无垢面佛　南无波頭摩面佛
南无月面佛　南无日面佛
南无日威德莊嚴佛　南无金色佛
南无金色形佛　南无可樂色佛
南无瞻婆伽色佛　南无能与樂佛

BD01614 號　佛名經（十六卷本）卷一　（9-9）

世
多羅
僧祇劫
由他諸佛悉皆供養[illegible]
人於後末世能受持讀誦此經所得功德於
我所供養諸佛功德百分不及一千万億分
乃至筭數譬喻所不能及須菩提若善男子
善女人於後末世有受持讀誦此經所得功
德我若具說者或有人聞心則狂亂狐疑不
信須菩提當知是經義不可思議果報亦不
可思議
尒時須菩提白佛言世尊善男子善女人發
阿耨多羅三藐三菩提心云何應住云何降
伏其心佛告須菩提善男子善女人發阿耨
多羅三藐三菩提者當生如是心我應滅度
一切衆生滅度一切衆生已而无有一衆生實
滅度者何以故若菩薩有我相人相衆生相
壽者相則非菩薩所以者何須菩提實无有
法發阿耨多羅三藐三菩提者
須菩提於意云何如来於然燈佛所有法得
阿耨多羅三藐三菩提不不也世尊如我解
佛所說義佛於然燈佛所无有法得阿耨多
羅三藐三菩提佛言如是如是須菩提實无有
法如来得阿耨多羅三藐三菩提須菩提

BD01615 號　金剛般若波羅蜜經　（6–1）

須菩提於意云何如来於然燈佛所有法得
阿耨多羅三藐三菩提不不也世尊如我解
佛所說義佛於然燈佛所无有法得阿耨多
羅三藐三菩提佛言如是如是須菩提實无有
法如来得阿耨多羅三藐三菩提須菩提
若有法如来得阿耨多羅三藐三菩提然燈
佛則不與我受記汝於来世當得作佛號釋
迦牟尼以實无有法得阿耨多羅三藐三菩
提是故然燈佛與我受記作是言汝於来世
當得作佛號釋迦牟尼何以故如来者即諸
法如義若有人言如来得阿耨多羅三藐三
菩提須菩提實无有法佛得阿耨多羅三藐
三菩提須菩提如来所得阿耨多羅三藐三
菩提於是中无實无虛是故如来說一切法
皆是佛法須菩提所言一切法者即非一切
法是故名一切法
須菩提譬如人身長大須菩提言世尊如来
說人身長大則為非大身是名大身
須菩提菩薩亦如是若作是言我當滅度无
量衆生則不名菩薩何以故須菩提實无有
法名為菩薩是故佛說一切法无我无人无
衆生无壽者須菩提若菩薩作是言我當莊
嚴佛土是不名菩薩何以故如来說莊嚴佛
土者即非莊嚴是名莊嚴須菩提若菩薩通
達无我法者如来說名真是菩薩
須菩提於意云何如来有肉眼不如是世尊
如来有肉眼須菩提於意云何如来有天眼

BD01615 號　金剛般若波羅蜜經　（6–2）

土者即非莊嚴是名莊嚴須菩提若菩薩通
達无我法者如來說名真是菩薩
須菩提於意云何如來有肉眼不如是世尊
如來有肉眼須菩提於意云何如來有天眼
不如是世尊如來有天眼須菩提於意云何
如來有慧眼不如是世尊如來有慧眼須菩
提於意云何如來有法眼不如是世尊如來
有法眼須菩提於意云何如來有佛眼不如
是世尊如來有佛眼須菩提於意云何恒河
中所有沙佛說是沙不如是世尊如來說是
沙須菩提於意云何如一恒河中所有沙有
如是等恒河是諸恒河所有沙數佛世界如
是寧為多不甚多世尊佛告須菩提尒所國
土中所有衆生若干種心如來悉知何以故
如來說諸心皆為非心是名為心所以者何須
菩提過去心不可得現在心不可得未來心
不可得須菩提於意云何若有人滿三千
大千世界七寶以用布施是人以是因緣得
福多不如是世尊此人以是因緣得福甚多
須菩提若福德有實如來不說得福德多以
福德无故如來說得福德多
須菩提於意云何佛可以具足色身見不不
也世尊如來不應以具足色身見何以故如來
說具足色身即非具足色身是名具足色身
須菩提於意云何如來可以具足諸相見不
不也世尊如來不應以具足諸相見何以故如

BD01615號　金剛般若波羅蜜經　（6–3）

也世尊如來不應以具足色身見何以故如來
說具足色身即非具足色身是名具足色身
須菩提於意云何如來可以具足諸相見不
不也世尊如來不應以具足諸相見何以故如
來說諸相具足即非具足是名諸相具足
須菩提汝勿謂如來作是念我當有所說
法莫作是念何以故若人言如來有所說法
即為謗佛不能解我所說故須菩提說法者
无法可說是名說法
須菩提白佛言世尊佛得阿耨多羅三藐三
菩提為无所得耶如是如是須菩提我於阿
耨多羅三藐三菩提乃至无有少法可得是
阿耨多羅三藐三菩提復次須菩提是法平
等无有高下是名阿耨多羅三藐三菩提以
无我无人无衆生无壽者脩一切善法則得
阿耨多羅三藐三菩提須菩提所言善法
者如來說非善法是名善法
須菩提若三千大千世界中所有諸須弥山
王如是等七寶聚有人持用布施若人以此
般若波羅蜜經乃至四句偈等受持讀誦為
他人說於前福德百分不及一百千万億分
乃至筭數譬喻所不能及
須菩提於意云何汝等勿謂如來作是念我
當度衆生須菩提莫作是念何以故實无有
衆生如來度者若有衆生如來度者如來則
有我人衆生壽者須菩提如來說有我者則
非有我而凡夫之人以為有我須菩提凡夫者

BD01615號　金剛般若波羅蜜經　（6–4）

當度衆生須菩提莫作是念何以故實无有
衆生如來度者若有衆生如來度者如來則
有我人衆生壽者須菩提如來說有我者則
非有我而凡夫之人以為有我須菩提凡夫者
如來說則非凡夫
須菩提於意云何可以卅二相觀如來不須
菩提言如是如是以卅二相觀如來佛言須
菩提若以卅二相觀如來者轉輪聖王則是
如來須菩提白佛言世尊如我解佛所說義
不應以卅二相觀如來尒時世尊而說偈言
若以色見我　以音聲求我　是人行邪道　不能見如來
須菩提汝若作是念如來不以具足相故得阿耨多羅
三藐三菩提須菩提莫作是念如來不以具足相故得阿
耨多羅三藐三菩提須菩提汝若作是念發阿耨多羅
三藐三菩提者說諸法斷滅莫作是念何以故發阿耨多羅
三藐三菩提者於法不說斷滅相須菩提若菩薩以滿恒河沙
等世界七寶布施若復有人知一切法无我得成於忍此菩薩勝
前菩薩所得功德須菩提以諸菩薩不受福德故須菩
提白佛言世尊云何菩薩不受福德須菩提菩薩所作福
德不應貪著是故說不受福德
須菩提若有人言如來若來若去若坐若卧是人不解我所說義
何以故如來者无所從來亦无所去故名如來
須菩提若善男子善女人以三千大千世界碎為微塵於意云
何是微塵衆寧為多不甚多世尊何以故若是微塵衆實有者
佛則不說微塵衆所以者何佛說微塵衆則非微塵衆是名微
塵衆世尊如來所說三千大千世界則非世界是名世界何以故
若世界實有者則是一合相如來說一合相則非一合相是名

BD01615號　金剛般若波羅蜜經　（6–5）

須菩提若善男子善女人以三千大千世界碎為微塵於意云
何是微塵衆寧為多不甚多世尊何以故若是微塵衆實有者
佛則不說微塵衆所以者何佛說微塵衆則非微塵衆是名微
塵衆世尊如來所說三千大千世界則非世界是名世界何以故
若世界實有者則是一合相如來說一合相則非一合相是名
一合相須菩提一合相者則是不可說但凡夫之人貪著其事須菩
提若人言佛說我見人見衆生見壽者見須菩提於意云何是
人解我所說義不世尊是人不解如來所說義何以故世尊說
我見人見衆生見壽者見即非我見人見衆生見壽者見是名
我見人見衆生見壽者見須菩提發阿耨多羅三藐三菩提
心者於一切法應如是知如是見如是信解不生法相須菩
提所言法相者如來說即非法相是名法相須菩提若有
人以滿无量阿僧祇世界七寶持用布施若有善男子善
女人發菩薩心者持於此經乃至四句偈等受持讀誦為人
演說其福勝彼云何為人演說不取於相如如不動何
以故
一切有為法　如夢幻泡影　如露亦如電　應作如是觀
佛說是經已長老須菩提及諸比丘比丘尼優
婆塞優婆夷一切世間天人阿脩羅聞佛所說
皆大歡喜信受奉持
金剛般若波羅蜜經

BD01615號　金剛般若波羅蜜經　（6–6）

知記者將來之世當於六万八千億諸
中為大法師及六千學无學比丘尼俱為法
師汝如是漸漸具菩薩道當得作佛号一切
衆生憙見如來應供正遍知明行足善逝世
間解无上士調御丈夫天人師佛世尊憍曇
弥是一切衆生憙見佛及六千菩薩轉次授
記得阿耨多羅三藐三菩提尒時羅睺羅母
耶輸陁羅比丘尼作是念世尊於授記中獨
不說我名佛告耶輸陁羅汝於來世百千万億
諸佛法中脩菩薩行為大法師漸具佛道於
善國中當得作佛号具足千万光相如來應
供正遍知明行足善逝世間解无上士調御
丈夫天人師佛世尊佛壽无量阿僧祇劫尒
時摩訶波闍波提比丘尼及耶輸陁羅比丘
尼并其眷屬皆大歡喜得未曾有即於佛前
而說偈言
世尊導師　安隱天人　我等聞記　心安具足
諸比丘尼說是偈已白佛言世尊我等亦能

BD01616號　妙法蓮華經卷四　（3–1）

時摩訶波闍波提比丘尼及耶輸陁羅比丘
尼并其眷屬皆大歡喜得未曾有即於佛前
而說偈言
世尊導師　安隱天人　我等聞記　心安具足
諸比丘尼說是偈已白佛言世尊我等亦能
於他方國土廣宣此經尒時世尊視八十万
億那由他諸菩薩摩訶薩是諸菩薩皆是阿
惟越致轉不退法輪得諸陁羅尼即從座起
至於佛前一心合掌而作是念若世尊告勑
我等持說此經者當如佛教廣宣斯法復作
是念佛今嘿然不見告勑我當云何時諸菩
薩敬順佛意并欲自滿本願便於佛前作師
子吼而發誓言世尊我等於如來滅後周旋
往反十方世界能令衆生書寫此經受持讀
誦解說其義如法脩行正憶念皆是佛之威
力唯願世尊在於他方遥見守護即時諸菩
薩俱同發聲而說偈言
唯願不為慮　於佛滅度後　恐怖惡世中　我等當廣說
有諸无智人　惡口罵詈等　及加刀杖者　我等皆當忍
惡世中比丘　耶智心諂曲　未得謂為得　我慢心充滿
或有阿練若　納衣在空閑　自謂行真道　輕賤人間者
貪著利養故　與白衣說法　為世所恭敬　如六通羅漢
是人懷惡心　常念世俗事　假名阿練若　好出我等過
而作如是言　此諸比丘衆　為貪利養故　說外道論議
自作此經典　誑惑世間人　為求名聞故　分別於是經
常在大衆中　欲毀我等故　向國王大臣　婆羅門居士

BD01616號　妙法蓮華經卷四　（3–2）

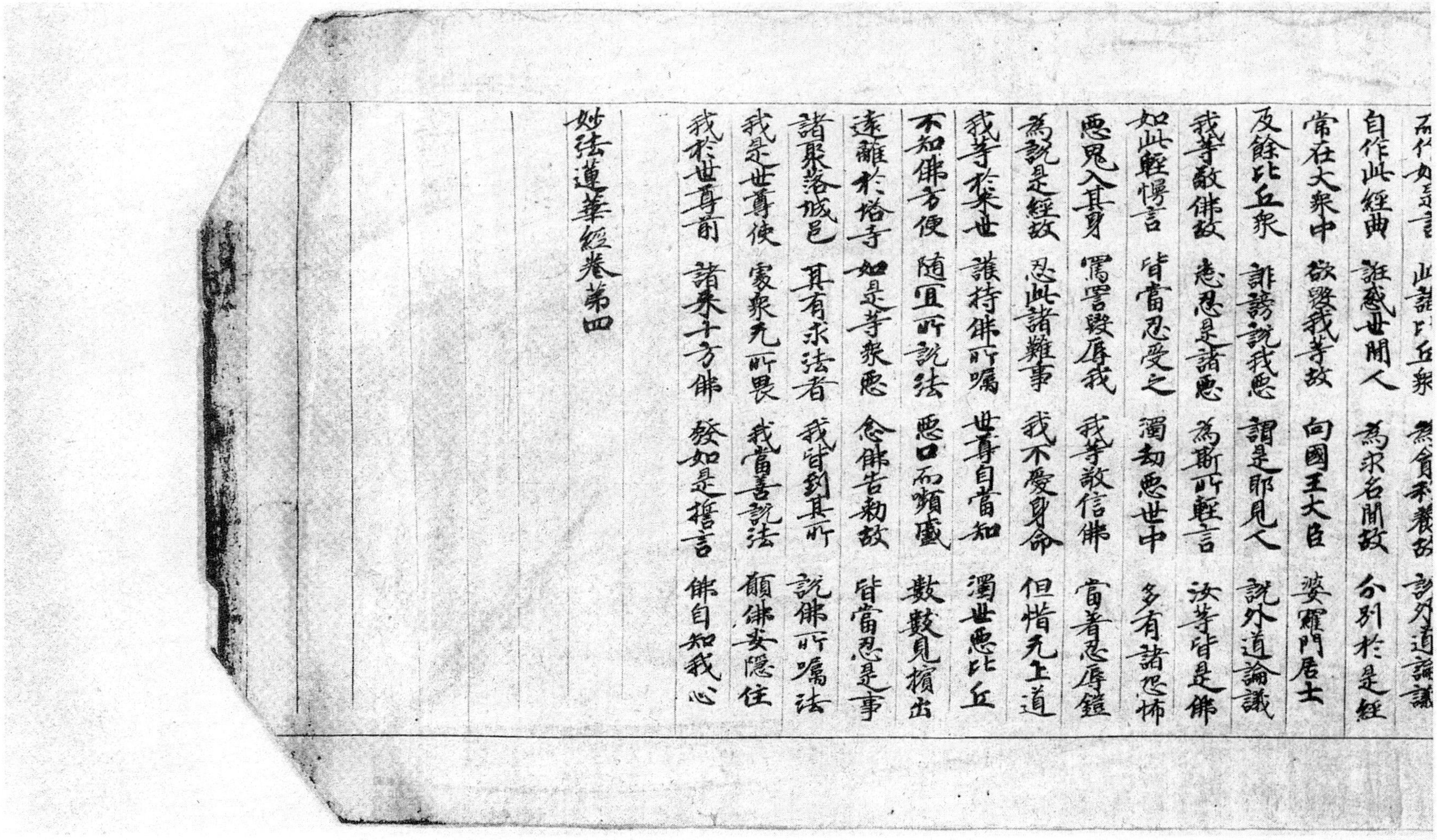

而作如是言 此諸比丘衆 為貪利養故 說外道論議
自作此經典 誑惑世間人 為求名聞故 分別於是經
常在大衆中 欲毀我等故 向國王大臣 婆羅門居士
及餘比丘衆 誹謗說我惡 謂是邪見人 說外道論議
我等敬佛故 悉忍是諸惡 為斯所輕言 汝等皆是佛
如此輕慢言 皆當忍受之 濁劫惡世中 多有諸恐怖
惡鬼入其身 罵詈毀辱我 我等敬信佛 當著忍辱鎧
為說是經故 忍此諸難事 我不愛身命 但惜无上道
我等於來世 護持佛所囑 世尊自當知 濁世惡比丘
不知佛方便 隨宜所說法 惡口而顰蹙 數數見擯出
遠離於塔寺 如是等衆惡 念佛告勅故 皆當忍是事
諸聚落城邑 其有求法者 我皆到其所 說佛所囑法
我是世尊使 處衆无所畏 我當善說法 願佛安隱住
我於世尊前 諸來十方佛 發如是誓言 佛自知我心

妙法蓮華經卷第四

BD01616 號　妙法蓮華經卷四　（3–3）

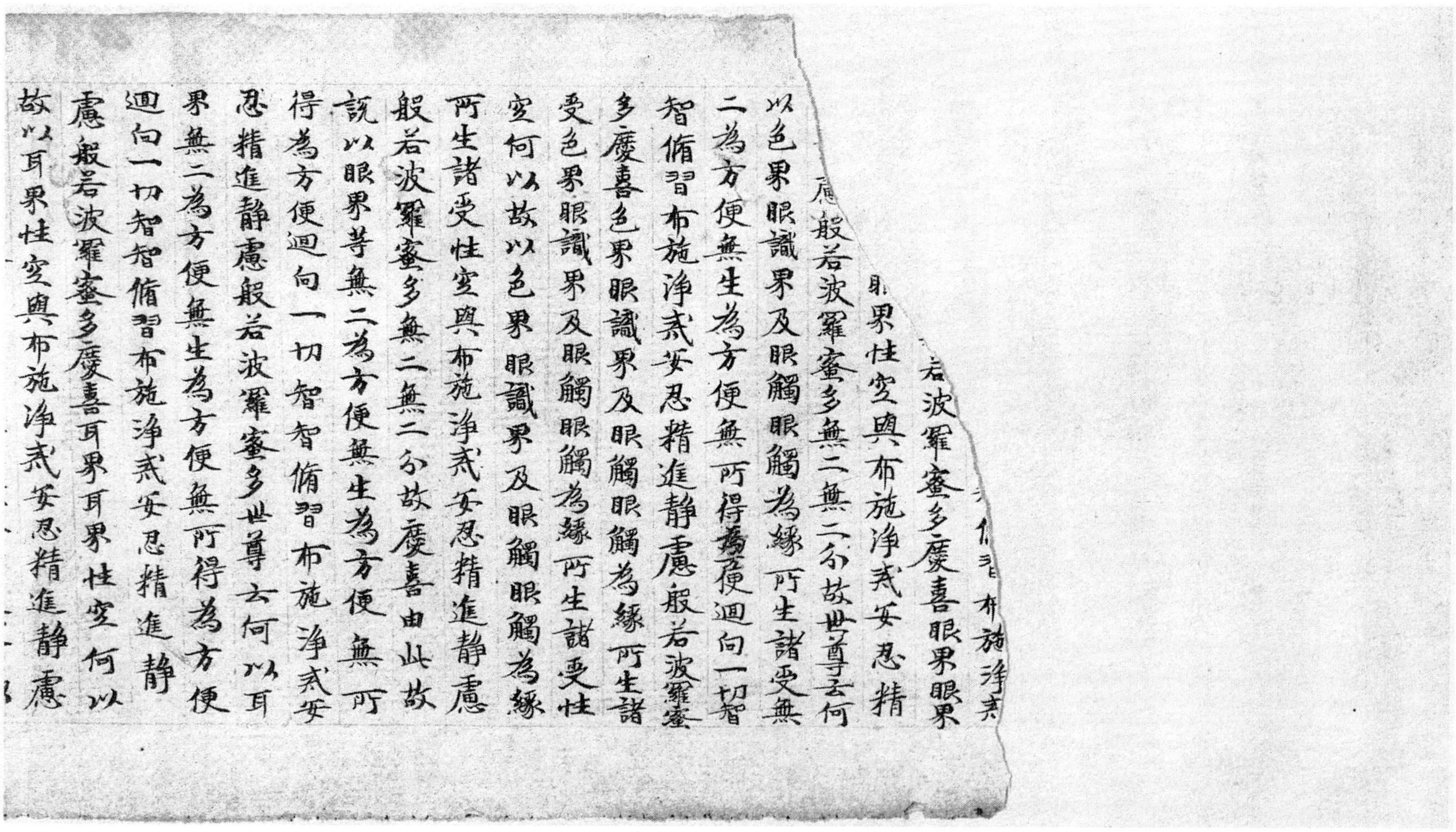

……布施淨戒
若波羅蜜多慶喜眼界眼界
眼界性空與布施淨戒安忍精
慮般若波羅蜜多無二無二分故世尊云何
以色界眼識界及眼觸眼觸為緣所生諸受無
二為方便無生為方便無所得為方便迴向一切智
智脩習布施淨戒安忍精進靜慮般若波羅蜜
多慶喜色界眼識界及眼觸眼觸為緣所生諸
受色界眼識界及眼觸眼觸為緣所生諸受性
空何以故以色界眼識界及眼觸眼觸為緣
所生諸受性空與布施淨戒安忍精進靜慮
般若波羅蜜多無二無二分故慶喜由此故
說以眼界等無二為方便無生為方便無所
得為方便迴向一切智智脩習布施淨戒安
忍精進靜慮般若波羅蜜多世尊云何以耳
界無二為方便無生為方便無所得為方便
迴向一切智智脩習布施淨戒安忍精進靜
慮般若波羅蜜多慶喜耳界耳界性空何以
故以耳界性空與布施淨戒安忍精進靜慮

BD01617 號　大般若波羅蜜多經卷一一三　（9–1）

得為方便迴向一切智智脩習布施淨戒安
忍精進靜慮般若波羅蜜多世尊云何以耳
界無二為方便無生為方便無所得為方便
迴向一切智智脩習布施淨戒安忍精進靜
慮般若波羅蜜多慶喜耳界耳界性空何以
故以耳界性空與布施淨戒安忍精進靜慮
般若波羅蜜多無二無二分故世尊云何以
聲界耳識界及耳觸耳觸為緣所生諸受無
二為方便無生為方便無所得為方便迴向
一切智智脩習布施淨戒安忍精進靜慮般
若波羅蜜多慶喜聲界耳識界及耳觸耳觸
為緣所生諸受聲界耳識界及耳觸耳觸為
緣所生諸受性空何以故以聲界耳識界及
耳觸耳觸為緣所生諸受性空與布施淨戒
安忍精進靜慮般若波羅蜜多無二無二分
故慶喜由此故說以耳界等無二為方便無
生為方便無所得為方便迴向一切智智脩
習布施淨戒安忍精進靜慮般若波羅蜜多
世尊云何以鼻界無二為方便無生為方便
無所得為方便迴向一切智智脩習布施淨
戒安忍精進靜慮般若波羅蜜多慶喜鼻界
鼻界性空何以故以鼻界性空與布施淨戒
安忍精進靜慮般若波羅蜜多無二無二分
故世尊云何以香界鼻識界及鼻觸鼻觸為
緣所生諸受無二為方便無生為方便無所
得為方便迴向一切智智脩習布施淨戒安
忍精進靜慮般若波羅蜜多慶喜香界鼻
識界及鼻觸鼻觸為緣所生諸受香界鼻識界

BD01617號　大般若波羅蜜多經卷一一三　（9–2）

緣所生諸受無二為方便無生為方便無所
得為方便迴向一切智智脩習布施淨戒安
忍精進靜慮般若波羅蜜多慶喜香界鼻
識界及鼻觸鼻觸為緣所生諸受香界鼻識界
及鼻觸鼻觸為緣所生諸受性空何以故以
香界鼻識界及鼻觸鼻觸為緣所生諸受性
空與布施淨戒安忍精進靜慮般若波羅蜜
多無二無二分故慶喜由此故說以鼻界等
無二為方便無生為方便無所得為方便迴
向一切智智脩習布施淨戒安忍精進靜慮
般若波羅蜜多世尊云何以舌界無二為方
便無生為方便無所得為方便迴向一切智
智脩習布施淨戒安忍精進靜慮般若波羅
蜜多慶喜香界舌界性空何以故以香界性
空與布施淨戒安忍精進靜慮般若波羅蜜
多無二無二分故世尊云何以味界舌識界
及舌觸舌觸為緣所生諸受無二為方便無
生為方便無所得為方便迴向一切智智脩
習布施淨戒安忍精進靜慮般若波羅蜜多
慶喜味界舌識界及舌觸舌觸為緣所生諸
受味界舌識界及舌觸舌觸為緣所生諸受
性空何以故以味界舌識界及舌觸舌觸為
緣所生諸受性空與布施淨戒安忍精進靜
慮般若波羅蜜多無二無二分故慶喜由此
故說以舌界等無二為方便無生為方便無
所得為方便迴向一切智智脩習布施淨戒
安忍精進靜慮般若波羅蜜多世尊云何以

BD01617號　大般若波羅蜜多經卷一一三　（9–3）

故說以舌界等無二為方便無生為方便無
所得為方便迴向一切智智脩習布施淨戒
安忍精進靜慮般若波羅蜜多世尊云何以
身界無二為方便無生為方便無所得為方
便迴向一切智智脩習布施淨戒安忍精進
靜慮般若波羅蜜多慶喜身界身界性空何
以故以身界性空與布施淨戒安忍精進靜
慮般若波羅蜜多無二無二分故世尊云何
以觸界身識界及身觸身觸為緣所生諸受
無二為方便無生為方便無所得為方便迴
向一切智智脩習布施淨戒安忍精進靜慮
般若波羅蜜多慶喜觸界身識界及身觸身
觸為緣所生諸受觸界身識界及身觸身觸
為緣所生諸受性空何以故以觸界身識界
及身觸身觸為緣所生諸受性空與布施淨
戒安忍精進靜慮般若波羅蜜多無二無二
分故慶喜由此故說以身界等無二為方便
無生為方便無所得為方便迴向一切智智脩
習布施淨戒安忍精進靜慮般若波羅蜜多世
尊云何以意界無二為方便無生為方便無
所得為方便迴向一切智智脩習布施淨戒
安忍精進靜慮般若波羅蜜多慶喜意界意
界性空何以故以意界性空與布施淨戒安
忍精進靜慮般若波羅蜜多無二無二分
故世尊云何以法界意識界及意觸意觸為
緣所生諸受無二為方便無生為方便無所
得為方便迴向一切智智脩習布施淨戒安

BD01617 號　大般若波羅蜜多經卷一一三　（9–4）

忍精進靜慮般若波羅蜜多無二無二分
故世尊云何以法界意識界及意觸意觸為
緣所生諸受無二為方便無生為方便無所
得為方便迴向一切智智脩習布施淨戒安
忍精進靜慮般若波羅蜜多慶喜法界意識界
及意觸意觸為緣所生諸受法界意識界及
意觸意觸為緣所生諸受性空何以故以法
界意識界及意觸意觸為緣所生諸受性空
與布施淨戒安忍精進靜慮般若波羅蜜多
無二無二分故慶喜由此故說以意界等無
二為方便無生為方便無所得為方便迴向
一切智智脩習布施淨戒安忍精進靜慮般
若波羅蜜多
世尊云何以眼界無二為方便無生為方便
無所得為方便迴向一切智智安住內空外
空內外空空空大空勝義空有為空無為空
畢竟空無際空散空無變異空本性空自相
空共相空一切法空不可得空無性空自性
空無性自性空慶喜眼界眼界性空何以故
以眼界性空與彼內空乃至無性自性空無
二無二分故世尊云何以色界眼識界及眼
觸眼觸為緣所生諸受無二為方便無生為
方便無所得為方便迴向一切智智安住內
空外空內外空空空大空勝義空有為空無
為空畢竟空無際空散空無變異空本性空
自相空共相空一切法空不可得空無性空
自性空無性自性空慶喜色界眼識界及眼

BD01617 號　大般若波羅蜜多經卷一一三　（9–5）

為空畢竟空無際空散空無變異空本性空
自相空共相空一切法空不可得空無性空
自性空無性自性空慶喜色界眼識界及眼
觸眼觸為緣所生諸受色界眼識界及眼觸
眼觸為緣所生諸受性空何以故以色界眼
識界及眼觸眼觸為緣所生諸受性空與彼
內空乃至無性自性空無二無二分故慶喜
由此故說以眼界等無二為方便無生為方
便無所得為方便迴向一切智智安住內空
乃至無性自性空世尊云何以耳界無二為方
便無生為方便無所得為方便迴向一切智智
安住內空外空內外空空空大空勝義空有
為空無為空畢竟空無際空散空無變異空
本性空自相空共相空一切法空不可得空
無性空自性空無性自性空慶喜耳界耳界
性空何以故以耳界性空與彼內空乃至無
性自性空無二無二分故世尊云何以聲界
耳識界及耳觸耳觸為緣所生諸受無二為
方便無生為方便無所得為方便迴向一切
智智安住內空外空內外空空空大空勝義
空有為空無為空畢竟空無際空散空無變
異空本性空自相空共相空一切法空不可
得空無性空自性空無性自性空慶喜聲
界耳識界及耳觸耳觸為緣所生諸受聲
界耳識界及耳觸耳觸為緣所生諸受性空何
以故以聲界耳識界及耳觸耳觸為緣所生
諸受性空與彼內空乃至無性自性空無二
無二分故慶喜由此故說以耳界等無二

界耳識界及耳觸耳觸為緣所生諸受性空何
以故以聲界耳識界及耳觸耳觸為緣所生
諸受性空與彼內空乃至無性自性空無二
無二分故慶喜由此故說以耳界等無二
為方便無生為方便無所得為方便迴向一
切智智安住內空乃至無性自性空世尊云
何以鼻界無二為方便無生為方便無所得
為方便迴向一切智智安住內空外空內外
空空空大空勝義空有為空無為空畢竟空
無際空散空無變異空本性空自相空共相
空一切法空不可得空無性空自性空無性
自性空慶喜鼻界鼻界性空何以故以鼻界
性空與彼內空乃至無性自性空無二無二
分故世尊云何以香界鼻識界及鼻觸鼻觸
為緣所生諸受無二為方便無生為方便無
所得為方便迴向一切智智安住內空外空
內外空空空大空勝義空有為空無為空畢
竟空無際空散空無變異空本性空自相空
共相空一切法空不可得空無性空自性空
無性自性空慶喜香界鼻識界及鼻觸鼻觸
為緣所生諸受香界鼻識界及鼻觸鼻觸為
緣所生諸受性空何以故以香界鼻識界及
鼻觸鼻觸為緣所生諸受性空與彼內空乃
至無性自性空無二無二分故慶喜由此故說
以鼻界等無二為方便無生為方便無所
得為方便迴向一切智智安住內空乃至無
性自性空世尊云何以舌界無二為方便無
生為方便無所得為方便迴向一切智智安

至無性自性空無二無二分故慶喜由此故說
以鼻界等無二為方便無生為方便無所
得為方便迴向一切智智安住內空乃至無
性自性空世尊云何以舌界無二為方便無
生為方便無所得為方便迴向一切智智安
住內空外空內外空空空大空勝義空有為
空無為空畢竟空無際空散空無變異空本
性空自相空共相空一切法空不可得空無
性空自性空無性自性空慶喜舌界舌界性
空何以故以舌界性空與彼內空乃至無性自
性空無二無二分故世尊云何以味界舌識
界及舌觸舌觸為緣所生諸受無二為方
便無生為方便無所得為方便迴向一切智
智安住內空外空內外空空空大空勝義空
有為空無為空畢竟空無際空散空無變異
空本性空自相空共相空一切法空不可得
空無性空自性空無性自性空慶喜味界舌
識界及舌觸舌觸為緣所生諸受味界舌識
界及舌觸舌觸為緣所生諸受性空何以故
以味界舌識界及舌觸舌觸為緣所生諸受
性空與彼內空乃至無性自性空無二無二
分故慶喜由此故說以舌界等無二為方便
無生為方便無所得為方便迴向一切智智
安住內空乃至無性自性空

大般若波羅蜜多經卷第一百一十三

BD01617號　大般若波羅蜜多經卷一一三　（9–8）

便無生為方便無所得為方便迴向一切
智安住內空外空內外空空空大空勝義空
有為空無為空畢竟空無際空散空無變異
空本性空自相空共相空一切法空不可得
空無性空自性空無性自性空慶喜味界舌
識界及舌觸舌觸為緣所生諸受味界舌識
界及舌觸舌觸為緣所生諸受性空何以故
以味界舌識界及舌觸舌觸為緣所生諸受
性空與彼內空乃至無性自性空無二無二
分故慶喜由此故說以舌界等無二為方便
無生為方便無所得為方便迴向一切智智
安住內空乃至無性自性空

大般若波羅蜜多經卷第一百一十三

兩卷共紙卅四張竺談達寫

BD01617號　大般若波羅蜜多經卷一一三　（9–9）

爲取魚故於河
不令下過於所決
危山崖深峻設百千人時經三月
能斷既我一身而堪濟辦時長者子速還本
城至大王所頭面禮足却住一面合掌恭敬
作如是言我爲大王國土人民治種種病悉
令安隱漸次遊行至其空澤見有一池名曰
野生其水欲涸有十千魚爲日所暴將死不
久唯願大王慈悲愍念與二十大象暫往負
水濟彼魚命如我與諸病人壽命尒時大王
即勅大臣速疾與此醫王大象時彼大臣奉
王勅已白長者子善哉大士仁今自可至象
廐中隨意選取二十大象利益衆生令得安
樂是時流水及其二子將二十大象又從酒
家多借皮囊往決水處以囊盛水象負至池
瀉置池中水即彌滿還復如故善女天時長
者子於池四邊周旋而視時彼衆魚亦復隨
逐循岸而行時長者子復作是念衆魚何故
隨我而行必爲飢火之所惱逼復欲從我求索
於食我今當與尒時長者子流水告其子

BD01618號　金光明最勝王經卷九　（3–1）

樂是時流水及其二子將二十大象又從酒
家多借皮囊往決水處以囊盛水象負至池
瀉置池中水即彌滿還復如故善女天時長
者子於池四邊周旋而視時彼衆魚亦復隨
逐循岸而行時長者子復作是念衆魚何故
隨我而行必爲飢火之所惱逼復欲從我求索
於食我今當與尒時長者子流水告其子
言汝取一象最大力者速至家中啓父長者
家中所有可食之物乃至父母食噉之分及
以妻子奴婢之分悉皆收取即可持來尒時
二子受父教已乘最大象速往家中至祖父
所說如上事收取家中可食之物置於象上
疾還父所至彼池邊是時流水見其子來身
心喜躍遂取餅食遍散池中魚得食已悉皆
飽足便作是念我今施食令魚得命願於來
世當施法食充濟無邊復更思惟我先曾於
空閑林處見一苾芻讀大乘經說十二緣生
甚深法要又經中說若有衆生臨命終時得
聞寶髻如來名者即生天上我今當爲是十
千魚演說甚深十二緣起亦當稱說寶髻佛
名然贍部洲有二種人一者深信大乘二者
不信毀呰亦當爲彼增長信心時長者子作
如是念我入池中可爲衆魚說深妙法作是
念已即便入水唱言南謨過去寶髻如來應
正遍知明行足善逝世間解無上士調御丈
夫天人師佛世尊此佛往昔修菩薩行時作
是誓願於十方界所有衆生臨命終時聞我
名者命終之後得生三十三天尒時流水復
魚演說如是甚深妙法此有故

BD01618號　金光明最勝王經卷九　（3–2）

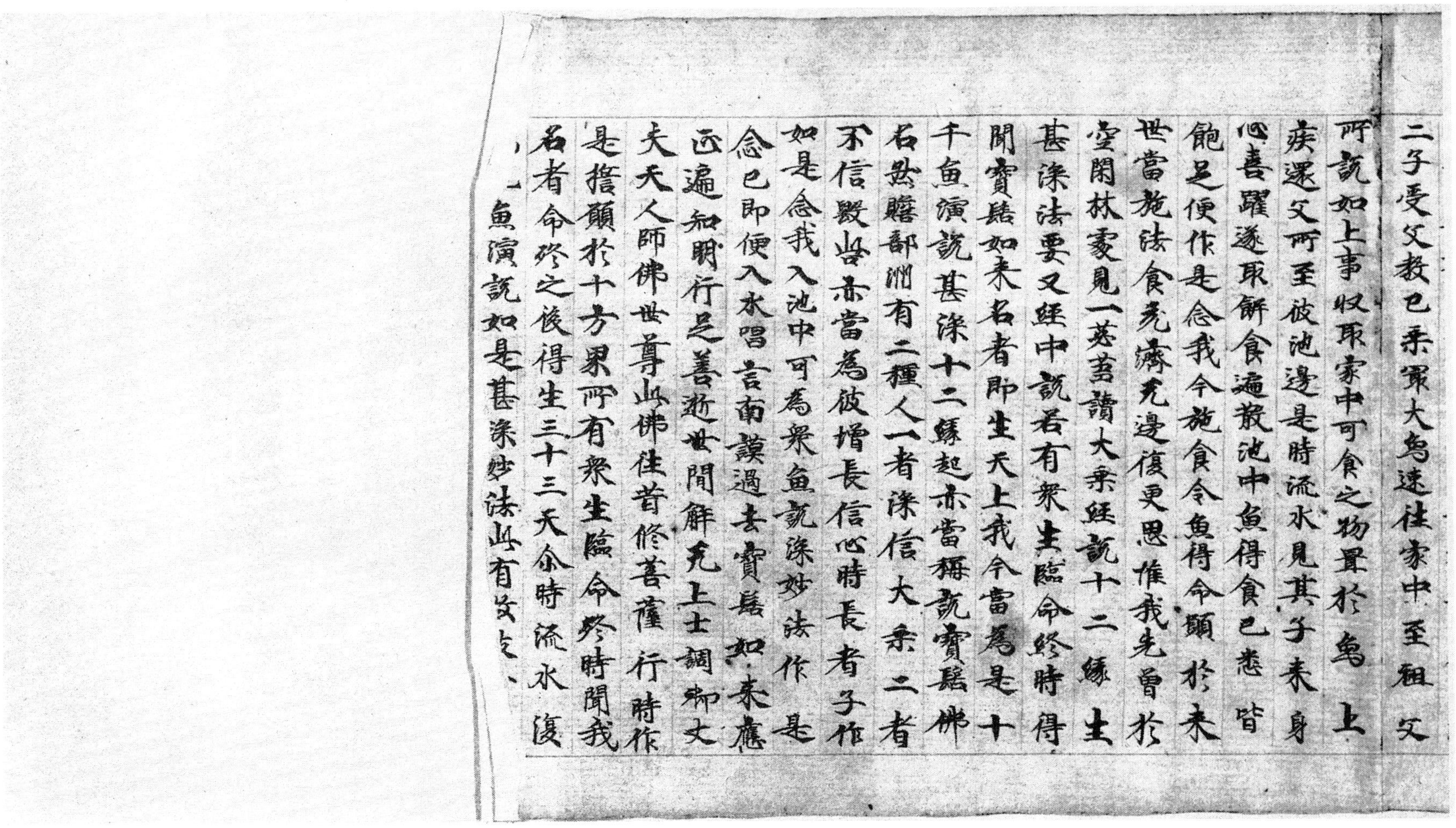

二子受父教已乘眾大烏速往𡨥中至祖父
所說如上事收取𡨥中可食之物置於烏上
疾還父所至彼池邊是時流水見其子来身
心喜躍遂取餅食遍散池中魚得食已悉皆
飽足便作是念我今施食令魚得命願於来
世當施法食充濟无邊復更思惟我先曾於
空閑林處見一苾芻讀大乘經說十二緣生
甚深法要又經中說若有眾生臨命終時得
聞寶髻如来名者即生天上我今當為是十
千魚演說甚深十二緣起亦當稱說寶髻佛
名然贍部洲有二種人一者深信大乘二者
不信毀呰亦當為彼增長信心時長者子作
如是念我入池中可為眾魚說深妙法作是
念已即便入水唱言南謨過去寶髻如来應
正遍知明行足善逝世間解无上士調御丈
夫天人師佛世尊此佛往昔修菩薩行時作
是誓願於十方界所有眾生臨命終時聞我
名者命終之後得生三十三天尒時流水復
為魚演說如是甚深妙法此有故

BD01618號　金光明最勝王經卷九　（3–3）

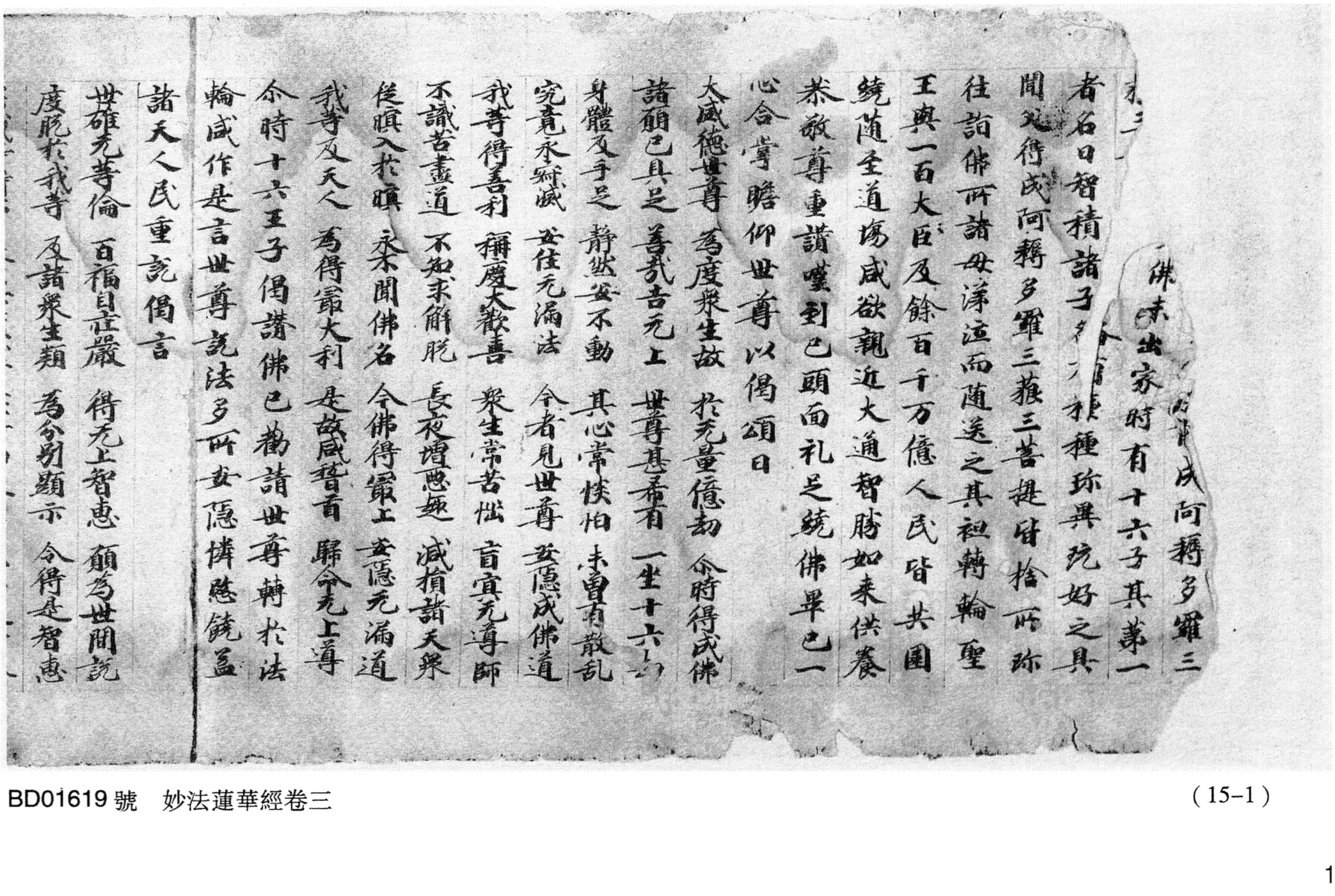

佛未出家時有十六子其第一
成阿耨多羅三
者名曰智積諸子各有種種珍異玩好之具
聞父得成阿耨多羅三藐三菩提皆捨所珍
往詣佛所諸母涕泣而隨送之其祖轉輪聖
王與一百大臣及餘百千万億人民皆共圍
繞隨至道場咸欲親近大通智勝如来供養
恭敬尊重讚歎到已頭面礼足繞佛畢已一
心合掌瞻仰世尊以偈頌曰
大威德世尊　為度眾生故　於无量億劫　尒時得成佛
諸願已具足　善哉吉无上　世尊甚希有　一坐十小劫
身體及手足　靜然安不動　其心常惔怕　未曾有散亂
究竟永寂滅　安住无漏法　今者見世尊　安隱成佛道
我等得善利　稱慶大歡喜　眾生常苦惱　盲瞑无導師
不識苦盡道　不知求解脫　長夜增惡趣　減損諸天眾
從瞑入於瞑　永不聞佛名　今佛得最上　安隱无漏道
我等及天人　為得最大利　是故咸稽首　歸命无上尊
尒時十六王子偈讚佛已勸請世尊轉於法
輪咸作是言世尊說法多所安隱憐愍饒益
諸天人民重說偈言
世雄无等倫　百福自莊嚴　得无上智慧　願為世間說
度脫於我等　及諸眾生類　為分別顯示　令得是智慧

BD01619號　妙法蓮華經卷三　（15–1）

輪咸作是言世尊說法多所安隱憐愍饒益
諸天人民重說偈言
世雄无等倫　百福自莊嚴　得无上智慧　願為世間說
度脫於我等　及諸衆生類　為分別顯示　令得是智慧
若我等得佛　衆生亦復然　世尊知衆生　深心之所念
亦知所行道　又知智慧力　欲樂及脩福　宿命所行業
世尊悉知已　當轉无上輪
佛告諸比丘大通智勝佛得阿耨多羅三藐
三菩提時十方各五百万億諸佛世界六種
震動其國中間幽冥之處日月威光所不能
照而皆大明其中衆生各得相見咸作是言
此中云何忽生衆生又其國界諸天宮殿乃
至梵宮六種震動大光普照遍滿世界勝諸
天光尒時東方万億諸土中梵天宮殿光
明照曜倍於常明諸梵天王各作是念今者
宮殿光明昔所未有以何因緣而現此相是
時諸梵天王即各相詣共議此事時彼衆中
有一大梵天王名救一切為諸梵衆而說偈言
我等諸宮殿　光明昔未有　此是何因緣　宜各共求之
為大德天生　為佛出世間　而此大光明　遍照於十方
尒時五百万億國土諸梵天王與宮殿俱各
以衣裓盛諸天華共詣西方推尋是相見大
通智勝如來處于道場菩提樹下坐師子座
諸天龍王乾闥婆緊那羅摩睺羅伽人非人

BD01619號　妙法蓮華經卷三　（15–2）

以衣裓盛諸天華共詣西方推尋是相見大
通智勝如來處于道場菩提樹下坐師子座
諸天龍王乾闥婆緊那羅摩睺羅伽人非人
等恭敬圍繞及見十六王子請佛轉法輪即
時諸梵天王頭面禮佛繞百千帀即以天華
而散佛上其所散華如須弥山并以供養佛
菩提樹其菩提樹高十由旬華供養已各以
宮殿奉上彼佛而作是言唯見哀愍饒益我
等所獻宮殿願垂納受時諸梵天王即於佛
前一心同聲以偈頌曰
世尊甚希有　難可得值遇　具无量功德　能救護一切
天人之大師　哀愍於世間　十方諸衆生　普皆蒙饒益
我等所從來　五百万億國　捨深禪定樂　為供養佛故
我等先世福　宮殿甚嚴飾　今以奉世尊　唯願哀納受
尒時諸梵天王偈讚佛已各作是言唯願世
尊轉於法輪度脫衆生開涅槃道時諸梵天
王一心同聲而說偈言
世雄兩足尊　唯願演說法　以大慈悲力　度苦惱衆生
尒時大通智勝如來默然許之又諸比丘東
南方五百万億國土諸大梵王各自見宮殿
光明照曜昔所未有歡喜踊躍生希有心即
各相詣共議此事時彼衆中有一大梵天王
名曰大悲為諸梵衆而說偈言
是事何因緣　而現如此相　我等諸宮殿　光明昔未有

BD01619號　妙法蓮華經卷三　（15–3）

各相詣共議此事時彼衆中有一大梵天王
名曰大悲為諸梵衆而說偈言
是事何因緣　而現如此相　我等諸宮殿　光明昔未有
為大德天生　為佛出世間　未曾見此相　當共一心求
過千万億土　尋光共推之　多是佛出世　度脫苦衆生
尒時五百万億諸梵天王與宮殿俱各以衣
裓盛諸天華共詣西北方推尋是相見大
通智勝如來處于道場菩提樹下坐師子座
諸天龍王乾闥婆緊那羅摩睺羅伽人非人
等恭敬圍繞及見十六王子請佛轉法輪時
諸梵天王頭面礼佛繞百千匝即以天華而
散佛上所散之華如須弥山并以供養佛菩
提樹華供養已各以宮殿奉上彼佛而作是
言唯見哀愍饒益我等所獻宮殿願垂納受
尒時諸梵天王即於佛前一心同聲以偈頌
曰
聖主天中王　迦陵頻伽聲　哀愍衆生者　我等今敬礼
世尊甚希有　久遠乃一現　一百八十劫　空過无有佛
三惡道充滿　諸天衆減少　今佛出於世　為衆生作眼
世間所歸趣　救護於一切　為衆生之父　哀愍饒益者
我等宿福慶　今得值世尊
尒時諸梵天王偈讚佛已各作是言唯願世
尊哀愍一切轉於法輪度脫衆生時諸梵天
王一心同聲而說偈言

尒時諸梵天王偈讚佛已各作是言唯願世
尊哀愍一切轉於法輪度脫衆生時諸梵天
王一心同聲而說偈言
大聖轉法輪　顯示諸法相　度苦惱衆生　令得大歡喜
衆生聞此法　得道若生天　諸惡道減少　忍善者增益
尒時大通智勝如來嘿然許之又諸比丘南
方五百万億國土諸大梵王各自見宮殿光
明照曜昔所未有歡喜踊躍生希有心即各
相詣共議此事以何因緣我等宮殿有此光
曜而彼衆中有一大梵天王名曰妙法為諸
梵衆而說偈言
我等諸宮殿　光明甚威曜　此非无因緣　是相宜求之
過於百千劫　未曾見是相　為大德天生　為佛出世間
尒時五百万億諸梵天王與宮殿俱各以衣
裓盛諸天華共詣北方推尋是相見大通智
勝如來處于道場菩提樹下坐師子座諸天
龍王乾闥婆緊那羅摩睺羅伽人非人等恭
敬圍繞及見十六王子請佛轉法輪時諸梵
天王頭面礼佛繞百千匝即以天華而散佛
上所散之華如須弥山并以供養佛菩提樹
華供養已各以宮殿奉上彼佛而作是言唯
見哀愍饒益我等所獻宮殿願垂納受尒時
諸梵天王即於佛前一心同聲以偈頌曰
世尊甚難見　破諸煩惱者　過百三十劫　今乃得一見
諸飢渴衆生　以法雨充滿　昔所未曾覩　无量智慧者

見哀愍饒益我等所獻宮殿願垂納受尒時
諸梵天王即於佛前一心同聲以偈頌曰
世尊甚難見　破諸煩惱者　過百三十劫　今乃得一見
諸飢渴衆生　以法雨充滿　昔所未曾覩　无量智慧者
如優曇鉢華　今日乃值遇　我等諸宮殿　蒙光故嚴飾
世尊大慈悲　唯願垂納受
尒時諸梵天王偈讚佛已各作是言唯願世
尊轉於法輪令一切世間諸天魔梵沙門婆
羅門皆獲安隱而得度脫時諸梵天王一心同
聲以偈頌曰
唯願天人尊　轉无上法輪　擊于大法鼓　而吹大法螺
普雨大法雨　度无量衆生　我等咸歸請　當演深遠音
尒時大通智勝如來嘿然許之西南方乃至
下方亦復如是尒時上方五百万億國土諸
大梵王皆悉自覩所止宮殿光明威曜昔所
未有歡喜踊躍生希有心即各相詣共議此
事以何因緣我等宮殿有斯光明時彼衆中
有一大梵天王名曰尸棄為諸梵衆而說偈言
今以何因緣　我等諸宮殿　威德光明曜　嚴飾未曾有
如是之妙相　昔所未聞見　為大德天生　為佛出世間
尒時五百万億諸梵天王與宮殿俱各以衣
祴盛諸天華共詣下方推尋是相見大通智
勝如來處于道場菩提樹下坐師子座諸天
龍王乾闥婆緊那羅摩睺羅伽人非人等恭

祴盛諸天華共詣下方推尋是相見大通智
勝如來處于道場菩提樹下坐師子座諸天
龍王乾闥婆緊那羅摩睺羅伽人非人等恭
敬圍繞及見十六王子請佛轉法輪時諸梵
天王頭面礼佛繞百千迊即以天華而散佛
上所散之華如須弥山并以供養佛菩提樹
華供養已各以宮殿奉上彼佛而作是言唯
見哀愍饒益我等所獻宮殿願垂納受時諸
梵天王即於佛前一心同聲以偈頌曰
善哉見諸佛　救世之聖尊　能於三界獄　勉出諸衆生
普智天人尊　哀愍群萌類　能開甘露門　廣度於一切
於昔无量劫　空過无有佛　世尊未出時　十方常闇暝
三惡道增長　阿脩羅亦盛　諸天衆轉減　死多墮惡道
不從佛聞法　常行不善事　色力及智慧　斯等皆減少
罪業因緣故　失樂及樂相　住於邪見法　不識善儀則
不蒙佛所化　常墮於惡道　佛為世間眼　久遠時乃出
哀愍諸衆生　故現於世間　超出成正覺　我等甚欣慶
及餘一切衆　喜歎未曾有　我等諸宮殿　蒙光故嚴飾
今以奉世尊　唯垂哀納受　願以此功德　普及於一切
我等與衆生　皆共成佛道
尒時五百万億諸梵天王偈讚佛已各白佛
言唯願世尊轉於法輪多所安隱多所度脫
時諸梵天王而說偈言
世尊轉法輪　擊甘露法鼓　度苦惱衆生　開示涅槃道
唯願受我請　以大微妙音　哀愍而敷演　无量劫習法

時諸梵天王而說偈言
世尊轉法輪　擊甘露法鼓　度苦惱衆生　開示涅槃道
唯願受我請　以大微妙音　哀愍而敷演　无量劫習法
尒時大通智勝如來受十方諸梵天王及十
六王子請即時三轉十二法輪若沙門婆羅
門若天魔梵及餘世間所不能轉謂是苦
是苦集是苦滅是苦滅道及廣說十二因緣法
无明緣行行緣識識緣名色名色緣六入六
入緣觸觸緣受受緣愛愛緣取取緣有有緣
生生緣老死憂悲苦惱无明滅則行滅行滅
則識滅識滅則名色滅名色滅則六入滅六
入滅則觸滅觸滅則受滅受滅則愛滅愛滅
則取滅取滅則有滅有滅則生滅生滅則老
死憂悲苦惱滅佛於天人大衆之中說是法
時六百万億那由他人以不受一切法故而
於諸漏心得解脫皆得深妙禪定三明六通
具八解脫第二第三第四說法時千万億恒
河沙那由他等衆生亦以不受一切法故而
於諸漏心得解脫從是已後諸聲聞衆无量
无邊不可稱數尒時十六王子皆以童子出
家而為沙弥諸根通利智慧明了已曾供養
百千万億諸佛淨修梵行求阿耨多羅三藐
三菩提俱白佛言世尊是諸无量千万億大
德聲聞皆已成就世尊亦當為我等說阿耨

BD01619號　妙法蓮華經卷三　（15-8）

三菩提俱白佛言世尊是諸无量千万億大
德聲聞皆已成就世尊亦當為我等說阿耨
多羅三藐三菩提法我等聞已皆共修學世
尊我等志願如來知見深心所念佛自證知
尒時轉輪聖王所將衆中八万億人見十六
王子出家亦求出家王即聽許尒時彼佛
受沙弥請過二万劫已乃於四衆之中說是大
乘經名妙法蓮華教菩薩法佛所護念說是
經已十六沙弥為阿耨多羅三藐三菩提故
皆共受持諷誦通利說是經時十六菩薩沙
弥皆悉信受聲聞衆中亦有信解其餘衆生
千万億種皆生疑惑佛說是經於八千劫未
曾休廢說此經已即入靜室住於禪定八万
四千劫是時十六菩薩沙弥知佛入室寂然
禪定各昇法座亦於八万四千劫為四部衆
廣說分別妙法華經一一皆度六百万億那
由他恒河沙等衆生示教利喜令發阿耨多
羅三藐三菩提心大通智勝佛過八万四千
劫已從三昧起往詣法座安詳而坐普告大衆
是十六菩薩沙弥甚為希有諸根通利智
慧明了已曾供養无量千万億无數諸佛於
諸佛所常修梵行受持佛智開示衆生令入
其中汝等皆當數數親近而供養之所以者
何若聲聞辟支佛及諸菩薩能信是十六菩

BD01619號　妙法蓮華經卷三　（15-9）

諸佛所常修梵行受持佛智開示衆生令入
其中汝等皆當數數親近而供養之所以者
何若聲聞辟支佛及諸菩薩能信是十六菩
薩所說經法受持不毀者是人皆當得阿耨
多羅三藐三菩提如來之慧佛告諸比丘是
十六菩薩常樂說是妙法蓮華經一一菩薩
所化六百万億那由他恒河沙等衆生世世
所生與菩薩俱從其聞法悉皆信解以此因
緣得值四万億諸佛世尊于今不盡諸比丘
我今語汝彼佛弟子十六沙弥今得皆阿耨
多羅三藐三菩提於十方國土現在說法有
无量百千万億菩薩聲聞以為眷屬其二沙
弥東方作佛一名阿閦在歡喜國二名須弥
頂東南方二佛一名師子音二名師子相南
方二佛一名虛空住二名常滅西南方二佛
一名帝相二名梵相西方二佛一名阿弥陀
二名度一切世間苦惱西北方二佛一名多
摩羅跋栴檀香神通二名須弥相北方二佛
一名雲自在二名雲自在王東北方佛名壞
一切世間怖畏第十六我釋迦牟尼佛於娑
婆國土成阿耨多羅三藐三菩提諸比丘我
等為沙弥時各各教化无量百千万億恒河
沙等衆生從我聞法為阿耨多羅三藐三菩
提此諸衆生于今有住聲聞地者我常教化

等為沙弥時各各教化无量百千万億恒河
沙等衆生從我聞法為阿耨多羅三藐三菩
提此諸衆生于今有住聲聞地者我常教化
阿耨多羅三藐三菩提是諸人等應以是法
漸入佛道所以者何如來智慧難信難解尒
時所化无量恒河沙等衆生者汝等諸比丘
及我滅度後未來世中聲聞弟子是也我滅
度後復有弟子不聞是經不知不覺菩薩所
行自於所得功德生滅度想當入涅槃我於
餘國作佛更有異名是人雖生滅度之想入
於涅槃而於彼土求佛智慧得聞是經唯以
佛乘而得滅度更无餘乘除諸如來方便說
法諸比丘若如來自知涅槃時到衆又清淨
信解堅固了達空法深入禪定便集諸菩薩
及聲聞衆為說是經世間无有二乘而得滅
度唯一佛乘得滅度耳比丘當知如來方便
深入衆生之性知其志樂小法深著五欲為
是等故說於涅槃是人若聞則便信受譬如
五百由旬險難惡道曠絕无人怖畏之處若
有多衆欲過此道至珎寶處有一導師聰慧
明達善知險道通塞之相將導衆人欲過此
難所將人衆中路懈退白導師言我等疲極
而復怖畏不能復進前路猶遠今欲退還導
師多諸方便而作是念此等可愍云何捨大珎
寶而欲退還作是念已以方便力於險道

而復怖畏不能復進前路猶遠今欲退還導
師多諸方便而作是念此等可愍云何捨大珎
寶而欲退還作是念已以方便力於險道
中過三百由旬化作一城告衆人言汝等勿
怖莫得退還今此大城可於中止隨意所作
若入是城快得安隱若能前至寶所亦可得
去是時疲極之衆心大歡喜歎未曾有我等
今者免斯惡道快得安隱於是衆人前入化
城生已度想生安隱想尒時導師知此人衆
既得止息无復疲惓即滅化城語衆人言
汝等去來寶處在近向者大城我所化作為
止息耳諸比丘如來亦復如是今為汝等作
大導師知諸生死煩惱惡道險難長遠應去
應度若衆生但聞一佛乘者則不欲見佛不
欲親近便作是念佛道長遠久受懃苦乃可
得成佛知是心怯弱下劣以方便力而於中
道為止息故說二涅槃若衆生住於二地如
來尒時即便為說汝等所作未辦汝所住地
近於佛慧當觀察籌量所得涅槃非真實也
但是如來方便之力於一佛乘分別說三如
彼導師為止息故化作大城既知息已而告
之言寶處在近此城非實我化作耳尒時世
尊欲重宣此義而說偈言
大通智勝佛　十劫坐道場　佛法不現前　不得成佛道

之言寶處在近此城非實我化作耳尒時世
尊欲重宣此義而說偈言
大通智勝佛　十劫坐道場　佛法不現前　不得成佛道
諸天神龍王　阿脩羅衆等　常雨於天華　以供養彼佛
諸天擊天鼓　并作衆伎樂　香風吹萎華　更雨新好者
過十小劫已　乃得成佛道　諸天及世人　心皆懷踊躍
彼佛十六子　皆與其眷屬　千万億圍繞　俱行至佛所
頭面礼佛足　而請轉法輪　聖師子法雨　充我及一切
世尊甚難值　久遠時一現　為覺悟群生　震動於一切
東方諸世界　五百万億國　梵宮殿光曜　昔所未曾有
諸梵見此相　尋來至佛所　散華以供養　并奉上宮殿
請佛轉法輪　以偈而讚歎　佛知時未至　受請嘿然坐
三方及四維　上下亦復尒　散華奉宮殿　請佛轉法輪
世尊甚難值　願以大慈悲　廣開甘露門　轉无上法輪
无量慧世尊　受彼衆人請　為宣種種法　四諦十二緣
无明至老死　皆從生緣有　如是衆過患　汝等應當知
宣暢是法時　六百万億姟　得盡諸苦際　皆成阿羅漢
苐二說法時　千万恒沙衆　於諸法不受　亦得阿羅漢
從是後得道　其數无有量　万億劫筭數　不能得其邊
時十六王子　出家作沙弥　皆共請彼佛　演說大乘法
我等及營從　皆當成佛道　願得如世尊　慧眼第一淨
佛知童子心　宿世之所行　以无量因緣　種種諸譬喻
說六波羅蜜　及諸神通事　分別真實法　菩薩所行道
說是法華經　如恒河沙偈

說是法華經　如恒河沙偈
彼佛說經已　靜室入禪定　一心一處坐　八万四千劫
是諸沙弥等　知佛禪未出　為无量億衆　說佛无上慧
各各坐法座　說是大乘經　於佛宴寂後　宣揚助法化
一一沙弥等　所度諸衆生　有六百万億　恒河沙等衆
彼佛滅度後　是諸聞法者　在在諸佛土　常與師俱生
是十六沙弥　具足行佛道　今現在十方　各得成正覺
爾時聞法者　各在諸佛所　其有住聲聞　漸教以佛道
我在十六數　曾亦為汝說　是故以方便　引汝趣佛慧
以是本因緣　今說法華經　令汝入佛道　慎勿懷驚懼
譬如險惡道　迥絕多毒獸　又復无水草　人所怖畏處
无數千万衆　欲過此險道　其路甚曠遠　經五百由旬
時有一導師　強識有智慧　明了心決定　在險濟衆難
衆人皆疲惓　而白導師言　我等今頓乏　於此欲退還
此輩甚可愍　如何欲退還　而失大珎寶
便　當設神通力　化作大城郭　莊嚴諸舍宅
林　渠流及浴池　重門高樓閣　男女皆充滿
化已　慰衆言勿懼　汝等入此城　各可隨所樂
訖
入城　心皆大歡喜　皆生安隱想　自謂已得度
導師知息已　集衆而告言　汝等當前進　此是化城耳
我見汝疲極　中道欲退還　故以方便力　權化作此城
汝今勤精進　當共至寶所　我亦復如是　為一切導師
見諸求道者　中路而懈廢　不能度生死　煩惱諸險道

導師知息已　集衆而告言　汝等當前進　此是化城耳
我見汝疲極　中道欲退還　故以方便力　權化作此城
汝今勤精進　當共至寶所　我亦復如是　為一切導師
見諸求道者　中路而懈廢　不能度生死　煩惱諸險道
故以方便力　為息說涅槃　言汝等苦滅　所作皆已辦
既知到涅槃　皆得阿羅漢　爾乃集大衆　為說真實法
諸佛方便力　分別說三乘　唯有一佛乘　息處故說二
今為汝說實　汝所得非滅　為佛一切智　當發大精進
汝證一切智　十方等佛法　具三十二相　乃是真實滅
諸佛之導師　為息說涅槃　既知是息已　引入於佛慧

妙法蓮華經卷第三

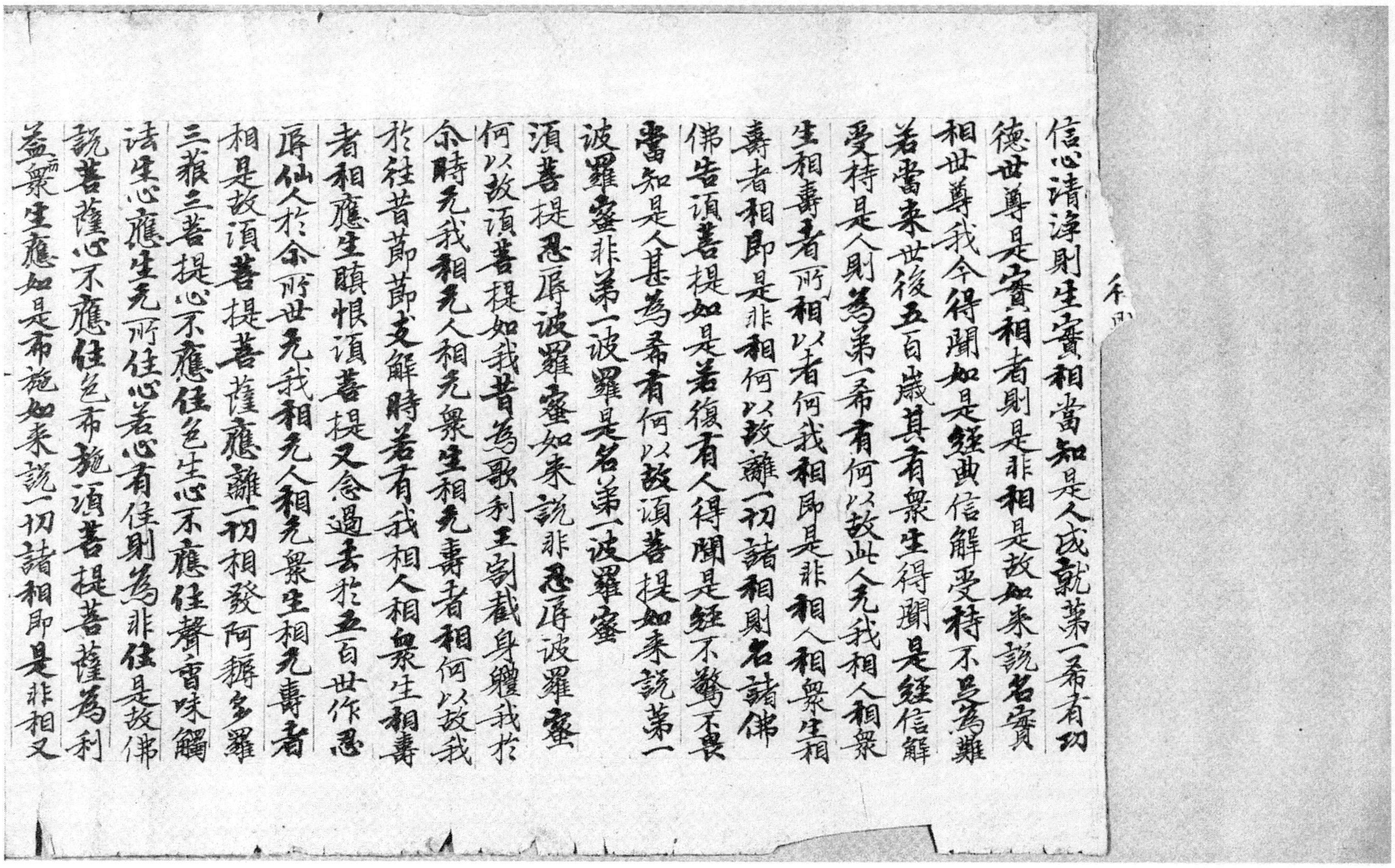
信心清淨則生實相當知是人成就第一希有功
德世尊是實相者則是非相是故如來說名實
相世尊我今得聞如是經典信解受持不足為難
若當來世後五百歲其有眾生得聞是經信解
受持是人則為第一希有何以故此人无我相人相眾
生相壽者相所以者何我相即是非相人相眾生相
壽者相即是非相何以故離一切諸相則名諸佛
佛告須菩提如是若復有人得聞是經不驚不畏
當知是人甚為希有何以故須菩提如來說第一
波羅蜜非第一波羅蜜是名第一波羅蜜
須菩提忍辱波羅蜜如來說非忍辱波羅蜜
何以故須菩提如我昔為歌利王割截身體我於
尒時无我相无人相无眾生相无壽者相何以故我
於往昔節節支解時若有我相人相眾生相壽
者相應生瞋恨須菩提又念過去於五百世作忍
辱仙人於尒所世无我相无人相无眾生相无壽者
相是故須菩提菩薩應離一切相發阿耨多羅
三藐三菩提心不應住色生心不應住聲香味觸
法生心應生无所住心若心有住則為非住是故佛
說菩薩心不應住色布施須菩提菩薩為利
益眾生應如是布施如來說一切諸相即是非相又

BD01620 號　金剛般若波羅蜜經　（3–1）

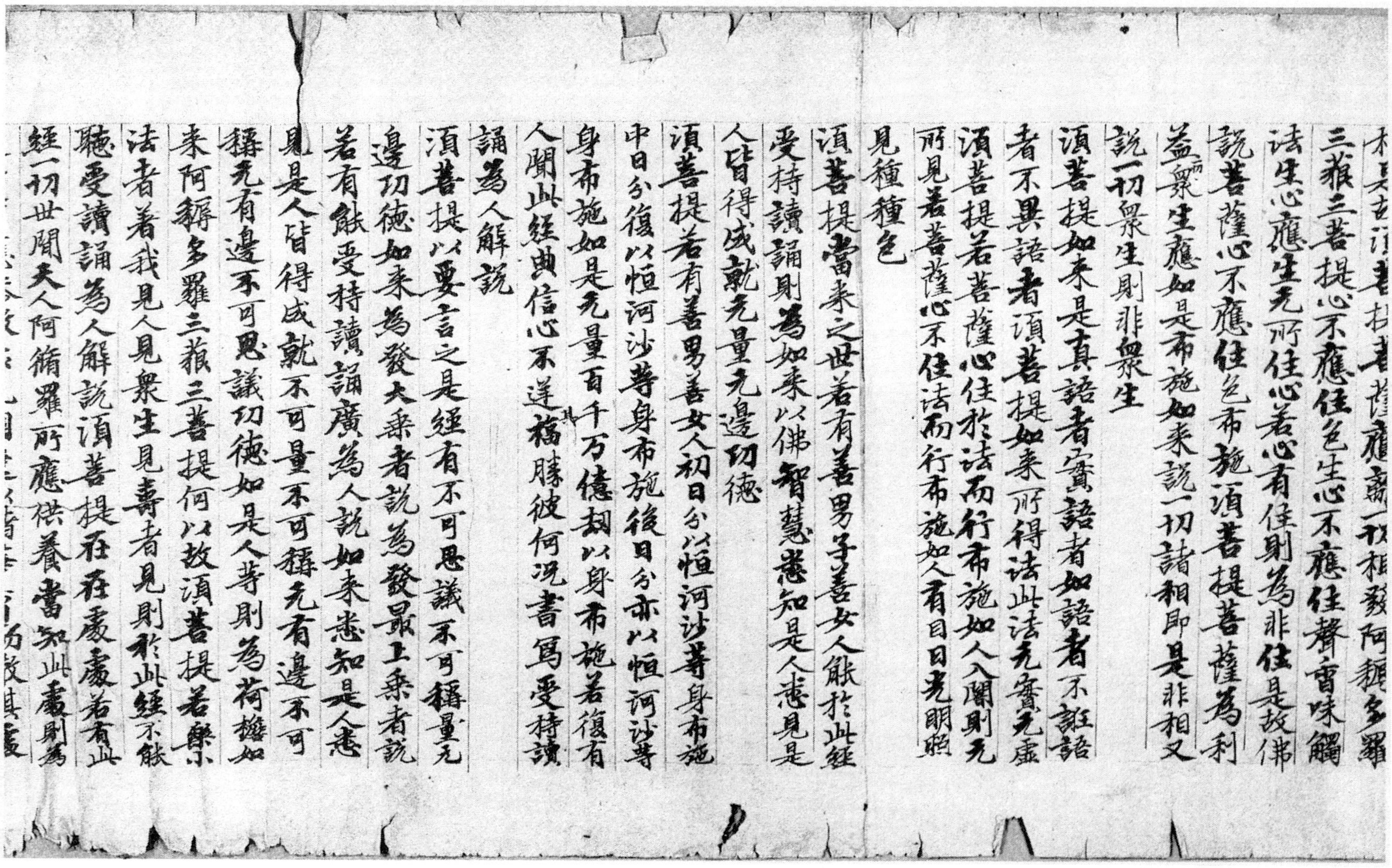
相是故須菩提菩薩應離一切相發阿耨多羅
三藐三菩提心不應住色生心不應住聲香味觸
法生心應生无所住心若心有住則為非住是故佛
說菩薩心不應住色布施須菩提菩薩為利
益眾生應如是布施如來說一切諸相即是非相又
說一切眾生則非眾生
須菩提如來是真語者實語者如語者不誑語
者不異語者須菩提如來所得法此法无實无虛
須菩提若菩薩心住於法而行布施如人入闇則无
所見若菩薩心不住法而行布施如人有目日光明照
見種種色
須菩提當來之世若有善男子善女人能於此經
受持讀誦則為如來以佛智慧悉知是人悉見是
人皆得成就无量无邊功德
須菩提若有善男子善女人初日分以恒河沙等身布施
中日分復以恒河沙等身布施後日分亦以恒河沙等
身布施如是无量百千万億劫以身布施若復有
人聞此經典信心不逆其福勝彼何況書寫受持讀
誦為人解說
須菩提以要言之是經有不可思議不可稱量无
邊功德如來為發大乘者說為發最上乘者說
若有能受持讀誦廣為人說如來悉知是人悉
見是人皆得成就不可量不可稱无有邊不可
稱无有邊不可思議功德如是人等則為荷擔如
來阿耨多羅三藐三菩提何以故須菩提若樂小
法者著我見人見眾生見壽者見則於此經不能
聽受讀誦為人解說須菩提在在處處若有此
經一切世間天人阿脩羅所應供養當知此處則為

BD01620 號　金剛般若波羅蜜經　（3–2）

邊功德如來為發大乘者說為發最上乘者說
若有能受持讀誦廣為人說如來悉知是人悉
見是人皆得成就不可量不可稱无有邊不可
稱无有邊不可思議功德如是人等則為荷擔如
來阿耨多羅三藐三菩提何以故須菩提若樂小
法者著我見人見眾生見壽者見則於此經不能
聽受讀誦為人解說須菩提在在處處若有此
經一切世間天人阿脩羅所應供養當知此處則為
是塔皆應恭敬作礼圍遶以諸華香而散其處
復次須菩提善男子善女人受持讀誦此經若為
輕賤是人先世罪業應墮惡道以今世人輕賤故
先世罪業則為消滅當得阿耨多羅三藐三菩
提須菩提我念過去无量阿僧祇劫於然燈佛
前得值八百四千万億那由他諸佛悉皆供養承
事无空過者若復有人於後末世能
經所得功德於我所供養諸佛功德百
万億分乃至算數譬喻所不能及須
男子善女人於後末世有受持讀誦此

BD01620 號　金剛般若波羅蜜經　（3–3）

別無斷故
觸法處清淨聲香味
智清淨何以故若無
淨若聲香味觸法處清淨若一切
無二無二分無別無斷故善現無
相解脫門清淨故眼界清淨眼界清淨故一
切智智清淨何以故若無相解脫門清淨若
眼界清淨若一切智智清淨無二無二分無
別無斷故無相解脫門清淨故色界眼識界
及眼觸眼觸為緣所生諸受清淨色界乃至
眼觸為緣所生諸受清淨故一切智智清淨
何以故若無相解脫門清淨若色界乃至眼
觸為緣所生諸受清淨若一切智智清淨無
無二分無別無斷故善現無相解脫門清
淨故耳界清淨耳界清淨故一切智智清淨
何以故若無相解脫門清淨若耳界清淨若
一切智智清淨無二無二分無別無斷故無
相解脫門清淨故聲界耳識界及耳觸耳觸
為緣所生諸受清淨聲界乃至耳觸為緣所
生諸受清淨故一切智智清淨何以故若無
相解脫門清淨若聲界乃至耳觸為緣所生
諸受清淨若一切智智清淨無二無二分無別
無斷故善現無相解脫門清淨故鼻界清
淨鼻界清淨故一切智智清淨何以故若無

BD01621 號　大般若波羅蜜多經卷二三二　（19–1）

相解脫門清淨若觸界乃至耳觸為緣所生
諸受清淨若一切智智清淨無二無二分無別
無斷故善現無相解脫門清淨故鼻界清
淨鼻界清淨故一切智智清淨何以故若無
相解脫門清淨若鼻界清淨若一切智智清
淨無二無二分無別無斷故無相解脫門清
淨故香界鼻識界及鼻觸鼻觸為緣所生諸
受清淨香界乃至鼻觸為緣所生諸受清淨
故一切智智清淨何以故若無相解脫門清
淨若香界乃至鼻觸為緣所生諸受清淨若
一切智智清淨無二無二分無別無斷故善
現無相解脫門清淨故舌界清淨舌界清淨
故一切智智清淨何以故若無相解脫門清
淨若舌界清淨若一切智智清淨無二無二
分無別無斷故無相解脫門清淨故味界舌
識界及舌觸舌觸為緣所生諸受清淨味界
乃至舌觸為緣所生諸受清淨故一切智智
清淨何以故若無相解脫門清淨若味界乃
至舌觸為緣所生諸受清淨若一切智智清
淨無二無二分無別無斷故善現無相解脫
門清淨故身界清淨身界清淨故一切智智
清淨何以故若無相解脫門清淨若身界清
淨若一切智智清淨無二無二分無別無斷
故無相解脫門清淨故觸界身識界及身觸
身觸為緣所生諸受清淨觸界乃至身觸為
緣所生諸受清淨故一切智智清淨何以故若
無相解脫門清淨若觸界乃至身觸為緣所
生諸受清淨若一切智智清淨無二無二分
無別無斷故善現無相解脫門清淨故意界

BD01621號　大般若波羅蜜多經卷二三二　(19-2)

緣所生諸受清淨故一切智智清淨何以故若
無相解脫門清淨若觸界乃至身觸為緣所
生諸受清淨若一切智智清淨無二無二分
無別無斷故善現無相解脫門清淨故意界
清淨意界清淨故一切智智清淨何以故若
無相解脫門清淨若意界清淨若一切智智
清淨無二無二分無別無斷故無相解脫門
清淨故法界意識界及意觸意觸為緣所生
諸受清淨法界乃至意觸為緣所生諸受清
淨故一切智智清淨何以故若無相解脫門
清淨若法界乃至意觸為緣所生諸受清淨
若一切智智清淨無二無二分無別無斷故
善現無相解脫門清淨故地界清淨地界清
淨故一切智智清淨何以故若無相解脫門
清淨若地界清淨若一切智智清淨無二無二
分無別無斷故無相解脫門清淨故水火風
空識界清淨水火風空識界清淨故一切智
智清淨何以故若無相解脫門清淨若水火
風空識界清淨若一切智智清淨無二無二
分無別無斷故善現無相解脫門清淨故無
明清淨無明清淨故一切智智清淨何以故
若無相解脫門清淨若無明清淨若一切
智智清淨無二無二分無別無斷故無相
解脫門清淨故行識名色六處觸受愛取有
生老死愁歎苦憂惱清淨行乃至老死愁歎
苦憂惱清淨故一切智智清淨何以故若無相
解脫門清淨若行乃至老死愁歎苦憂惱清
淨若一切智智清淨無二無二分無別無斷
故

BD01621號　大般若波羅蜜多經卷二三二　(19-3)

苦憂惱清淨故一切智智清淨何以故若無相
解脫門清淨若行乃至老死愁歎苦憂惱清
淨若一切智智清淨無二無二分無別無斷
故
善現無相解脫門清淨故布施波羅蜜多清
淨布施波羅蜜多清淨故一切智智清淨何
以故若無相解脫門清淨若布施波羅蜜多
清淨若一切智智清淨無二無二分無別無
斷故無相解脫門清淨故淨戒安忍精進
靜慮般若波羅蜜多清淨淨戒乃至般若波
羅蜜多清淨故一切智智清淨何以故若無相
解脫門清淨若淨戒乃至般若波羅蜜多清
淨若一切智智清淨無二無二分無別無斷
故善現無相解脫門清淨故內空清淨內空
清淨故一切智智清淨何以故若無相解脫門
清淨若內空清淨若一切智智清淨無二
無二分無別無斷故無相解脫門清淨故外
空內外空空空大空勝義空有為空無為空
畢竟空無際空散空無變異空本性空自相
空共相空一切法空不可得空無性空自性
空無性自性空清淨外空乃至無性自性空
清淨故一切智智清淨何以故若無相解脫
門清淨若外空乃至無性自性空清淨若一
切智智清淨無二無二分無別無斷故善現
無相解脫門清淨故真如清淨真如清淨故
一切智智清淨何以故若無相解脫門清淨
若真如清淨若一切智智清淨無二無二分
無別無斷故無相解脫門清淨故法界法性

BD01621 號　大般若波羅蜜多經卷二三二　（19–4）

無相解脫門清淨故真如清淨真如清淨故
一切智智清淨何以故若無相解脫門清淨
若真如清淨若一切智智清淨無二無二分
無別無斷故無相解脫門清淨故法界法性
不虛妄性不變異性平等性離生性法定法
住實際虛空界不思議界清淨法界乃至不
思議界清淨故一切智智清淨何以故若無
相解脫門清淨若法界乃至不思議界清淨
若一切智智清淨無二無二分無別無斷故
善現無相解脫門清淨故苦聖諦清淨苦聖
諦清淨故一切智智清淨何以故若無相解
脫門清淨若苦聖諦清淨若一切智智清淨
無二無二分無別無斷故無相解脫門清淨
故集滅道聖諦清淨集滅道聖諦清淨故一
切智智清淨何以故若無相解脫門清淨若
集滅道聖諦清淨若一切智智清淨無二無
二分無別無斷故善現無相解脫門清淨故
四靜慮清淨四靜慮清淨故一切智智清淨
何以故若無相解脫門清淨若四靜慮清淨
若一切智智清淨無二無二分無別無斷故
無相解脫門清淨故四無量四無色定清淨
四無量四無色定清淨故一切智智清淨何以
故若無相解脫門清淨若四無量四無色定
清淨若一切智智清淨無二無二分無別無
斷故善現無相解脫門清淨故八解脫清淨
八解脫清淨故一切智智清淨何以故若無相
解脫門清淨若八解脫清淨若一切智智清
淨無二無二分無別無斷故無相解脫門清

BD01621 號　大般若波羅蜜多經卷二三二　（19–5）

斷故善現無相解脫門清淨故八解脫清淨
八解脫清淨故一切智智清淨何以故若無相
解脫門清淨若八解脫清淨若一切智智清
淨無二無二分無別無斷故無相解脫門清
淨故八勝處九次第定十遍處清淨八勝
處九次第定十遍處清淨故一切智智清淨
何以故若無相解脫門清淨若八勝處九次
第定十遍處清淨若一切智智清淨無二無
二分無別無斷故善現無相解脫門清淨故
四念住清淨四念住清淨故一切智智清淨
何以故若無相解脫門清淨若四念住清淨
若一切智智清淨無二無二分無別無斷故
無相解脫門清淨故四正斷四神足五根五
力七等覺支八聖道支清淨四正斷乃至八
聖道支清淨故一切智智清淨何以故若無
相解脫門清淨若四正斷乃至八聖道支清
淨若一切智智清淨無二無二分無別無斷故
善現無相解脫門清淨故空解脫門清淨空
解脫門清淨故一切智智清淨何以故若無
相解脫門清淨若空解脫門清淨若一切智
智清淨無二無二分無別無斷故無相解脫
門清淨故無願解脫門清淨無願解脫門清
淨故一切智智清淨何以故若無相解脫門
清淨若無願解脫門清淨若一切智智清淨
無二無二分無別無斷故善現無相解脫門
清淨故菩薩十地清淨菩薩十地清淨故一
切智智清淨何以故若無相解脫門清淨若
菩薩十地清淨若一切智智清淨無二無二

BD01621 號　大般若波羅蜜多經卷二三二　（19–6）

無二無二分無別無斷故善現無相解脫門
清淨故菩薩十地清淨菩薩十地清淨故一
切智智清淨何以故若無相解脫門清淨若
菩薩十地清淨若一切智智清淨無二無二
分無別無斷故
善現無相解脫門清淨故五眼清淨五眼清
淨故一切智智清淨何以故若無相解脫門
清淨若五眼清淨若一切智智清淨無二無
二分無別無斷故無相解脫門清淨故六神
通清淨六神通清淨故一切智智清淨何以
故若無相解脫門清淨若六神通清淨若一
切智智清淨無二無二分無別無斷故善現
無相解脫門清淨故佛十力清淨佛十力清
淨故一切智智清淨何以故若無相解脫門
清淨若佛十力清淨若一切智智清淨無二
無二分無別無斷故無相解脫門清淨故四
無所畏四無礙解大慈大悲大喜大捨十八
佛不共法清淨四無所畏乃至十八佛不共
法清淨故一切智智清淨何以故若無相解
脫門清淨若四無所畏乃至十八佛不共法
清淨若一切智智清淨無二無二分無別無
斷故善現無相解脫門清淨故無忘失法清
淨無忘失法清淨故一切智智清淨何以故若
無相解脫門清淨若無忘失法清淨若一
切智智清淨無二無二分無別無斷故無相
解脫門清淨故恒住捨性清淨恒住捨性清
淨故一切智智清淨何以故若無相解脫門清
淨若恒住捨性清淨若一切智智清淨無二

BD01621 號　大般若波羅蜜多經卷二三二　（19–7）

切智智清淨無二無二分無別無斷故無相
解脫門清淨故恒住捨性清淨恒住捨性清
淨故一切智智清淨何以故若無相解脫門清
淨若恒住捨性清淨若一切智智清淨無二
無二分無別無斷故善現無相解脫門清
淨故一切智清淨一切智清淨故一切智智
清淨何以故若無相解脫門清淨若一切智
清淨若一切智智清淨無二無二分無別無
斷故無相解脫門清淨故道相智一切相智清
淨道相智一切相智清淨故一切智智清淨
何以故若無相解脫門清淨若道相智一切
相智清淨若一切智智清淨無二無二分無
別無斷故善現無相解脫門清淨故一切陁
羅尼門清淨一切陁羅尼門清淨故一切智
智清淨何以故若無相解脫門清淨若一切
陁羅尼門清淨若一切智智清淨無二無二
分無別無斷故無相解脫門清淨故一切三
摩地門清淨一切三摩地門清淨故一切智
智清淨何以故若無相解脫門清淨若一切
三摩地門清淨若一切智智清淨無二無二
分無別無斷故
善現無相解脫門清淨故預流果清淨預流
果清淨故一切智智清淨何以故若無相解
脫門清淨若預流果清淨若一切智智清淨
無二無二分無別無斷故無相解脫門清淨
故一來不還阿羅漢果清淨一來不還阿羅
漢果清淨故一切智智清淨何以故若無相
解脫門清淨若一來不還阿羅漢果清淨若
一切智智清淨無二無二分無別無斷故善

無二無二分無別無斷故善
故一來不還阿羅漢果清淨一來不還阿羅
漢果清淨故一切智智清淨何以故若無相
解脫門清淨若一來不還阿羅漢果清淨若
一切智智清淨無二無二分無別無斷故善
現無相解脫門清淨故獨覺菩提清淨獨覺
菩提清淨故一切智智清淨何以故若無相
解脫門清淨若獨覺菩提清淨若一切智智
清淨無二無二分無別無斷故善現無相解
脫門清淨故一切菩薩摩訶薩行清淨一切
菩薩摩訶薩行清淨故一切智智清淨何以
故若無相解脫門清淨若一切菩薩摩訶薩
行清淨若一切智智清淨無二無二分無別
無斷故善現無相解脫門清淨故諸佛無上
正等菩提清淨諸佛無上正等菩提清淨故
一切智智清淨何以故若無相解脫門清淨
若諸佛無上正等菩提清淨若一切智智清
淨無二無二分無別無斷故
復次善現無願解脫門清淨故色清淨色清
淨故一切智智清淨何以故若無願解脫門清
淨若色清淨若一切智智清淨無二無二分
無別無斷故無願解脫門清淨故受想行
識清淨受想行識清淨故一切智智清淨何
以故若無願解脫門清淨若受想行識清淨
若一切智智清淨無二無二分無別無斷故
善現無願解脫門清淨故眼處清淨眼處
清淨故一切智智清淨何以故若無願解脫
門清淨若眼處清淨若一切智智清淨無二
無二分無別無斷故無願解脫門清淨故耳

善現無願解脫門清淨故眼處清淨眼處
清淨故一切智智清淨何以故若無願解脫
門清淨若眼處清淨若一切智智清淨無二
無二分無別無斷故無願解脫門清淨故耳
鼻舌身意處清淨耳鼻舌身意處清淨故一
切智智清淨何以故若無願解脫門清淨若耳
鼻舌身意處清淨若一切智智清淨無二無
二分無別無斷故善現無願解脫門清淨故
色處清淨色處清淨故一切智智清淨何以
故若無願解脫門清淨若色處清淨若一切
智智清淨無二無二分無別無斷故無願解
脫門清淨故聲香味觸法處清淨聲香味觸
法處清淨故一切智智清淨何以故若無願
解脫門清淨若聲香味觸法處清淨若一切
智智清淨無二無二分無別無斷故善現無
願解脫門清淨故眼界清淨眼界清淨故一
切智智清淨何以故若無願解脫門清淨若
眼界清淨若一切智智清淨無二無二分無
別無斷故無願解脫門清淨故色界眼識界
及眼觸眼觸為緣所生諸受清淨色界乃至
眼觸為緣所生諸受清淨故一切智智清淨
何以故若無願解脫門清淨若色界乃至眼
觸為緣所生諸受清淨若一切智智清淨無
二無二分無別無斷故善現無願解脫門清
淨故耳界清淨耳界清淨故一切智智清淨
何以故若無願解脫門清淨若耳界清淨若
一切智智清淨無二無二分無別無斷故無
願解脫門清淨故聲界耳識界及耳觸耳

BD01621號　大般若波羅蜜多經卷二三二　　（19–10）

觸為緣所生諸受清淨若一切智智清淨無
二無二分無別無斷故善現無願解脫門清
淨故耳界清淨耳界清淨故一切智智清淨
何以故若無願解脫門清淨若耳界清淨若
一切智智清淨無二無二分無別無斷故無
願解脫門清淨故聲界耳識界及耳觸耳
觸為緣所生諸受清淨聲界乃至耳觸為緣所
生諸受清淨故一切智智清淨何以故若無願解
脫門清淨若聲界乃至耳觸為緣所生諸受
清淨若一切智智清淨無二無二分無別無斷
故善現無願解脫門清淨故鼻界清淨鼻
界清淨故一切智智清淨何以故若無願解
脫門清淨若鼻界清淨若一切智智清淨無
二無二分無別無斷故無願解脫門清淨故
香界鼻識界及鼻觸鼻觸為緣所生諸受清
淨香界乃至鼻觸為緣所生諸受清淨故一
切智智清淨何以故若無願解脫門清淨若
香界乃至鼻觸為緣所生諸受清淨若一切
智智清淨無二無二分無別無斷故
善現無願解脫門清淨故舌界清淨舌界清
淨故一切智智清淨何以故若無願解脫門
清淨若舌界清淨若一切智智清淨無二無
二分無別無斷故無願解脫門清淨故味界
舌識界及舌觸舌觸為緣所生諸受清淨味
界乃至舌觸為緣所生諸受清淨故一切智
智清淨何以故若無願解脫門清淨若味界
乃至舌觸為緣所生諸受清淨若一切智智
清淨無二無二分無別無斷故善現無願解

BD01621號　大般若波羅蜜多經卷二三二　　（19–11）

界乃至舌觸為緣所生諸受清淨故一切智
智清淨何以故若無願解脫門清淨若味界
乃至舌觸為緣所生諸受清淨若一切智智
清淨無二無二分無別無斷故善現無願解
脫門清淨故身界清淨身界清淨故一切智
智清淨何以故若無願解脫門清淨若身界
清淨若一切智智清淨無二無二分無別無
斷故無願解脫門清淨故觸界身識界及身
觸身觸為緣所生諸受清淨觸界乃至身觸
為緣所生諸受清淨故一切智智清淨何以故
若無願解脫門清淨若觸界乃至身觸為緣
所生諸受清淨若一切智智清淨無二無二
分無別無斷故善現無願解脫門清淨故意
界清淨意界清淨故一切智智清淨何以故
若無願解脫門清淨若意界清淨若一切智
智清淨無二無二分無別無斷故無願解脫
門清淨故法界意識界及意觸意觸為緣所
生諸受清淨法界乃至意觸為緣所生諸受清
淨故一切智智清淨何以故若無願解脫門
清淨若法界乃至意觸為緣所生諸受清
淨若一切智智清淨無二無二分無別無斷
故善現無願解脫門清淨故地界清淨地界
清淨故一切智智清淨何以故若無願解脫
門清淨若地界清淨若一切智智清淨無二
無二分無別無斷故無願解脫門清淨故水
火風空識界清淨水火風空識界清淨故
一切智智清淨何以故若無願解脫門清淨

門清淨若地界清淨若一切智智清淨無二
無二分無別無斷故無願解脫門清淨故水
火風空識界清淨水火風空識界清淨故
一切智智清淨何以故若無願解脫門清淨
若水火風空識界清淨若一切智智清淨無
二無二分無別無斷故善現無願解脫門清
淨故無明清淨無明清淨故一切智智清淨
何以故若無願解脫門清淨若無明清淨若
一切智智清淨無二無二分無別無斷故無
願解脫門清淨故行識名色六處觸受愛取
有生老死愁歎苦憂惱清淨行乃至老死愁
歎苦憂惱清淨故一切智智清淨何以故若
無願解脫門清淨若行乃至老死愁歎苦
憂惱清淨若一切智智清淨無二無二分無
別無斷故
善現無願解脫門清淨故布施波羅蜜多清
淨布施波羅蜜多清淨故一切智智清淨何以
故若無願解脫門清淨若布施波羅蜜多
清淨若一切智智清淨無二無二分無別無
斷故無願解脫門清淨故淨戒安忍精進靜
慮般若波羅蜜多清淨淨戒乃至般若波羅
蜜多清淨故一切智智清淨何以故若無願
解脫門清淨若淨戒乃至般若波羅蜜多
清淨若一切智智清淨無二無二分無別無斷
故善現無願解脫門清淨故內空清淨內空
清淨故一切智智清淨何以故若無願解脫
門清淨若內空清淨若一切智智清淨無二
無二分無別無斷故無願解脫門清淨故外

清淨故一切智智清淨何以故若無願解脫
門清淨若內空清淨若一切智智清淨無二
無二分無別無斷故無願解脫門清淨故外
空內外空空空大空勝義空有為空無為空
畢竟空無際空散空無變異空本性空自相
空共相空一切法空不可得空無性空自性
空無性自性空清淨外空乃至無性自性空
清淨故一切智智清淨何以故若無願解脫
門清淨若外空乃至無性自性空清淨若
一切智智清淨無二無二分無別無斷故善
現無願解脫門清淨故真如清淨真如清淨
故一切智智清淨何以故若無願解脫門清
淨若真如清淨若一切智智清淨無二無二分
無別無斷故無願解脫門清淨故法界法性
不虛妄性不變異性平等性離生性法定法
住實際虛空界不思議界清淨法界乃至不
思議界清淨故一切智智清淨何以故若無
願解脫門清淨若法界乃至不思議界清淨
若一切智智清淨無二無二分無別無斷故
善現無願解脫門清淨故苦聖諦清淨苦聖
諦清淨故一切智智清淨何以故若無願解
脫門清淨若苦聖諦清淨若一切智智清淨
無二無二分無別無斷故無願解脫門清淨
故集滅道聖諦清淨集滅道聖諦清淨故一
切智智清淨何以故若無願解脫門清淨若
集滅道聖諦清淨若一切智智清淨無二無
二分無別無斷故善現無願解脫門清淨故
四靜慮清淨四靜慮清淨故一切智智清淨

集滅道聖諦清淨若一切智智清淨無二無
二分無別無斷故善現無願解脫門清淨故
四靜慮清淨四靜慮清淨故一切智智清淨
何以故若無願解脫門清淨若四靜慮清淨
若一切智智清淨無二無二分無別無斷故
無願解脫門清淨故四無量四無色定清淨
四無量四無色定清淨故一切智智清淨何以
故若無願解脫門清淨若四無量四無色
定清淨若一切智智清淨無二無二分無別
無斷故善現無願解脫門清淨故八解脫清
淨八解脫清淨故一切智智清淨何以故若
無願解脫門清淨若八解脫清淨若一切智
智清淨無二無二分無別無斷故無願解脫
門清淨故八勝處九次第定十遍處清淨八
勝處九次第定十遍處清淨故一切智智清
淨何以故若無願解脫門清淨若八勝處九
次第定十遍處清淨若一切智智清淨無二
無二分無別無斷故善現無願解脫門清淨
故四念住清淨四念住清淨故一切智智清
淨何以故若無願解脫門清淨若四念住清
淨若一切智智清淨無二無二分無別無斷
故無願解脫門清淨故四正斷四神足五根
五力七等覺支八聖道支清淨四正斷乃至
八聖道支清淨故一切智智清淨何以故若
無願解脫門清淨若四正斷乃至八聖道支
清淨若一切智智清淨無二無二分無別無
斷故善現無願解脫門清淨故空解脫門清

八聖道支清淨故一切智智清淨何以故若
無願解脫門清淨若四正斷乃至八聖道支
清淨若一切智智清淨無二無二分無別無
斷故善現無願解脫門清淨故空解脫門清
淨空解脫門清淨故一切智智清淨何以故
若無願解脫門清淨若空解脫門清淨若一
切智智清淨無二無二分無別無斷故無願
解脫門清淨故無相解脫門清淨無相解脫
門清淨故一切智智清淨何以故若無願解
脫門清淨若無相解脫門清淨若一切智智
清淨無二無二分無別無斷故善現無願解
脫門清淨故菩薩十地清淨菩薩十地清淨
故一切智智清淨何以故若無願解脫門清
淨若菩薩十地清淨若一切智智清淨無
二無二分無別無斷故
善現無願解脫門清淨故五眼清淨五眼清
淨故一切智智清淨何以故若無願解脫門
清淨若五眼清淨若一切智智清淨無二無
二分無別無斷故無願解脫門清淨故六神
通清淨六神通清淨故一切智智清淨何以
故若無願解脫門清淨若六神通清淨若一
切智智清淨無二無二分無別無斷故善現
無願解脫門清淨故佛十力清淨佛十力清
淨故一切智智清淨何以故若無願解脫門
清淨若佛十力清淨若一切智智清淨無二
無二分無別無斷故無願解脫門清淨故四
無所畏四無礙解大慈大悲大喜大捨十八
佛不共法清淨四無所畏乃至十八佛不共

BD01621 號　大般若波羅蜜多經卷二三二　（19–16）

無二分無別無斷故無願解脫門清淨故四
無所畏四無礙解大慈大悲大喜大捨十八
佛不共法清淨四無所畏乃至十八佛不共
法清淨故一切智智清淨何以故若無願解
脫門清淨若四無所畏乃至十八佛不共法
清淨若一切智智清淨無二無二分無別無
斷故善現無願解脫門清淨故無忘失法清
淨無忘失法清淨故一切智智清淨何以故
若無願解脫門清淨若無忘失法清淨若一
切智智清淨無二無二分無別無斷故無願
解脫門清淨故恒住捨性清淨恒住捨性清
淨故一切智智清淨何以故若無願解脫門
清淨若恒住捨性清淨若一切智智清淨無
二無二分無別無斷故善現無願解脫門清
淨故一切智清淨一切智清淨故一切智智
清淨何以故若無願解脫門清淨若一切智
清淨若一切智智清淨無二無二分無別無
斷故無願解脫門清淨故道相智一切相智
清淨道相智一切相智清淨故一切智智清
淨何以故若無願解脫門清淨若道相智一
切相智清淨若一切智智清淨無二無二分
無別無斷故善現無願解脫門清淨故一切
陁羅尼門清淨一切陁羅尼門清淨故一切
智智清淨何以故若無願解脫門清淨若一
切陁羅尼門清淨若一切智智清淨無二無
二分無別無斷故無願解脫門清淨故一切
三摩地門清淨一切三摩地門清淨故一切

BD01621 號　大般若波羅蜜多經卷二三二　（19–17）

切陀羅尼門清淨若一切智智清淨無二無
二分無別無斷故無願解脫門清淨故一切
三摩地門清淨一切三摩地門清淨故一切
智智清淨何以故若無願解脫門清淨若一
切三摩地門清淨若一切智智清淨無二無
二分無別無斷故
善現無願解脫門清淨故預流果清淨預流
果清淨故一切智智清淨何以故若無願解
脫門清淨若預流果清淨若一切智智清淨
無二無二分無別無斷故無願解脫門清淨
故一來不還阿羅漢果清淨一來不還阿羅
漢果清淨故一切智智清淨何以故若無願
解脫門清淨若一來不還阿羅漢果清淨若
一切智智清淨無二無二分無別無斷故　善
現無願解脫門清淨故獨覺菩提清淨獨覺
菩提清淨故一切智智清淨何以故若無願
解脫門清淨若獨覺菩提清淨若一切智智
清淨無二無二分無別無斷故善現無願解
脫門清淨故一切菩薩摩訶薩行清淨一切
菩薩摩訶薩行清淨故一切智智清淨何以
故若無願解脫門清淨若一切菩薩摩訶薩
行清淨若一切智智清淨無二無二分無別
無斷故善現無願解脫門清淨故諸佛無上
正等菩提清淨諸佛無上正等菩提清淨故
一切智智清淨何以故若無願解脫門清淨
若諸佛無上正等菩提清淨若一切智智清
淨無二無二分無別無斷故

BD01621號　大般若波羅蜜多經卷二三二　（19–18）

一切智智清淨無二無二分無別無斷故　善
現無願解脫門清淨故獨覺菩提清淨獨覺
菩提清淨故一切智智清淨何以故若無願
解脫門清淨若獨覺菩提清淨若一切智智
清淨無二無二分無別無斷故善現無願解
脫門清淨故一切菩薩摩訶薩行清淨一切
菩薩摩訶薩行清淨故一切智智清淨何以
故若無願解脫門清淨若一切菩薩摩訶薩
行清淨若一切智智清淨無二無二分無別
無斷故善現無願解脫門清淨故諸佛無上
正等菩提清淨諸佛無上正等菩提清淨故
一切智智清淨何以故若無願解脫門清淨
若諸佛無上正等菩提清淨若一切智智清
淨無二無二分無別無斷故

大般若波羅蜜多經卷第二百卅二

BD01621號　大般若波羅蜜多經卷二三二　（19–19）

我若具說者或有人聞心則狂亂狐疑不信須菩
提當知是經義不可思議果報亦不可思議
尒時須菩提白佛言世尊善男子善女人發阿耨多
羅三藐三菩提心云何應住云何降伏其心佛告
須菩提諸菩薩善男子善女人發阿耨多羅三
藐三菩提者當生如是心我應滅度一切衆生滅
度一切衆生已而无有一衆生實滅度者何以故
若菩薩有我相人相衆生相壽者相則非菩薩
所以者何須菩提實无有法發阿耨多羅三藐
三菩提者
須菩提於意云何如來於然燈佛所有法得阿
耨多羅三藐三菩提不不也世尊如我解佛所說
義佛於然燈佛所无有法得阿耨多羅三藐三
菩提佛言如是如是須菩提實无有法如來得
阿耨多羅三藐三菩提須菩提若有法如來得
阿耨多羅三藐三菩提然燈佛則不與我受
記汝於來世當得作佛号釋迦牟尼以實无有
法得阿耨多羅三藐三菩提是故然燈佛與我
受我作是言汝於來世當作佛号釋迦牟尼何
以故如來者即諸法如義若有人言如來得阿耨
多羅三藐三菩提須菩提實无有法佛得阿
耨多羅三藐三菩提須菩提如來所得阿耨多
羅三藐三菩提於是中无實无虛是故如來說一
切法皆是佛法須菩提所言一切法者即非一切
法是故名一切法

BD01622 號　金剛般若波羅蜜經　　（1–1）

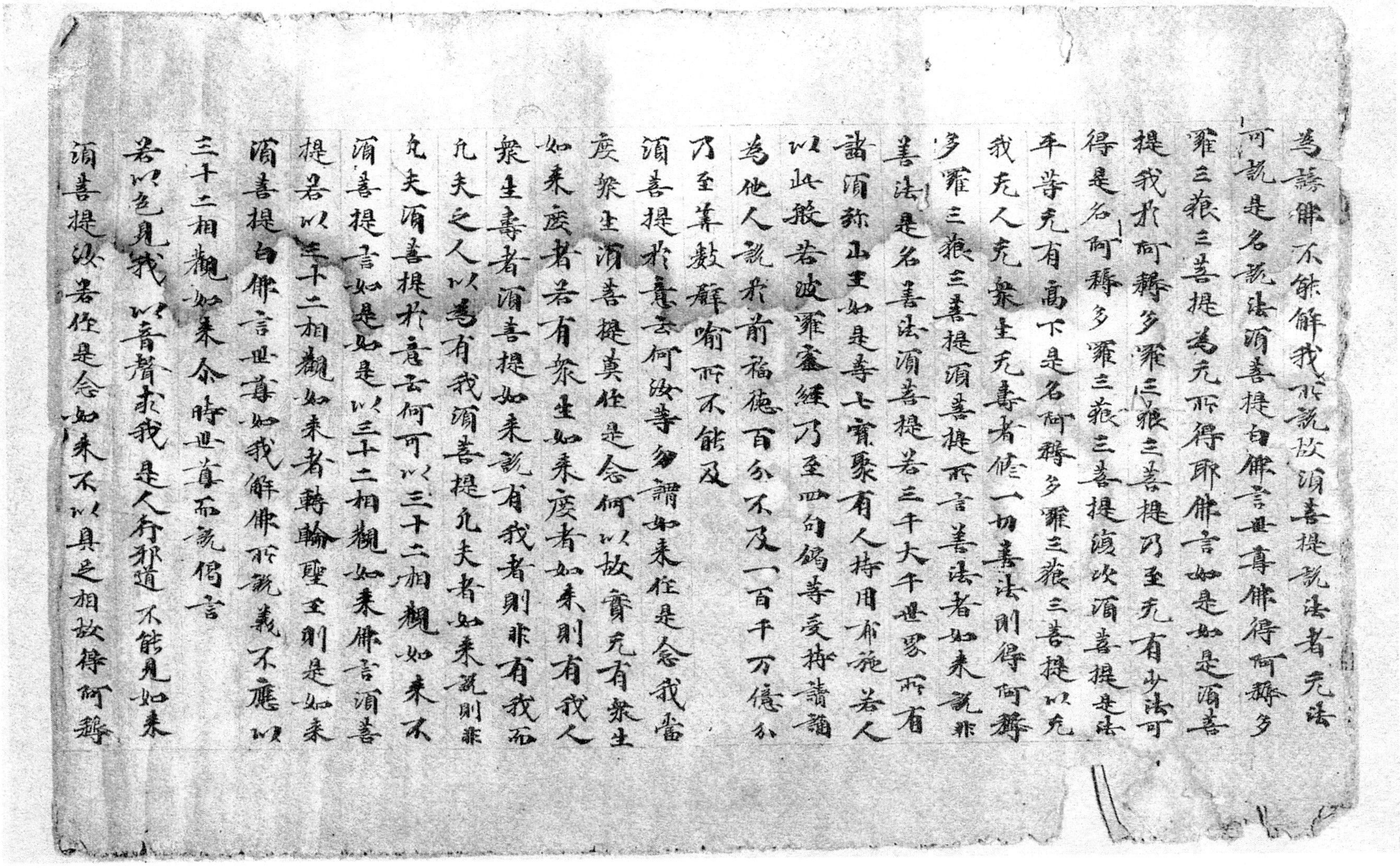

爲謗佛不能解我所說故須菩提說法者无法
可說是名說法須菩提白佛言世尊佛得阿耨多
羅三藐三菩提爲无所得耶佛言如是如是須菩
提我於阿耨多羅三藐三菩提乃至无有少法可
得是名阿耨多羅三藐三菩提復次須菩提是法
平等无有高下是名阿耨多羅三藐三菩提以无
我无人无衆生无壽者修一切善法則得阿耨
多羅三藐三菩提須菩提所言善法者如來說非
善法是名善法須菩提若三千大千世界所有
諸須弥山王如是等七寶聚有人持用布施若人
以此般若波羅蜜經乃至四句偈等受持讀誦
爲他人說於前福德百分不及一百千万億分
乃至算數譬喻所不能及
須菩提於意云何汝等勿謂如來作是念我當
度衆生須菩提莫作是念何以故實无有衆生
如來度者若有衆生如來度者如來則有我人
衆生壽者須菩提如來說有我者則非有我而
凡夫之人以爲有我須菩提凡夫者如來說則非
凡夫須菩提於意云何可以三十二相觀如來不
須菩提言如是如是以三十二相觀如來佛言須菩
提若以三十二相觀如來者轉輪聖王則是如來
須菩提白佛言世尊如我解佛所說義不應以
三十二相觀如來尒時世尊而說偈言
若以色見我　以音聲求我　是人行邪道　不能見如來
須菩提汝若作是念如來不以具足相故得阿耨

BD01623 號　金剛般若波羅蜜經　　（1–1）

[illegible]
是人不解我所說義何以故如來者无所從
來亦无所去故名如來
須菩提若善男子善女人以三千大千世界
碎為微塵於意云何是微塵衆寧為多不甚
多世尊何以故若是微塵衆實有者佛則不
說是微塵衆所以者何佛說微塵衆則非微
塵衆是名微塵衆世尊如來所說三千大千
世界則非世界是名世界何以故若世界實有
者則是一合相如來說一合相則非一合相是
名一合相須菩提一合相者則是不可說但
凡夫之人貪著其事須菩提若人言佛說
我見人見衆生見壽者見須菩提於意云何
是人解我所說義不世尊是人不解如來所
說義何以故世尊說我見人見衆生見壽者
見即非我見人見衆生見壽者見是名我見
人見衆生見壽者見須菩提發阿耨多羅三
藐三菩提心者於一切法應如是知如是見如
是信解不生法相須菩提所言法相者如來
說即非法相是名法相須菩提若有人以滿
无量阿僧祇世界七寶持用布施若有善

人見衆生見壽者見須菩提發阿耨多羅三
藐三菩提心者於一切法應如是知如是見如
是信解不生法相須菩提所言法相者如來
說即非法相是名法相須菩提若有人以滿
无量阿僧祇世界七寶持用布施若有善
男子善女人發菩薩心者持於此經乃至四
句偈等受持讀誦為人演說其福勝彼云何
為人演說不取於相如如不動何以故
一切有為法　如夢幻泡影　如露亦如電　應作如是觀
佛說是經已長老須菩提及諸比丘比丘尼
優婆塞優婆夷一切世間天人阿脩羅聞佛
所說皆大歡喜信受奉行

金剛般若波羅蜜經

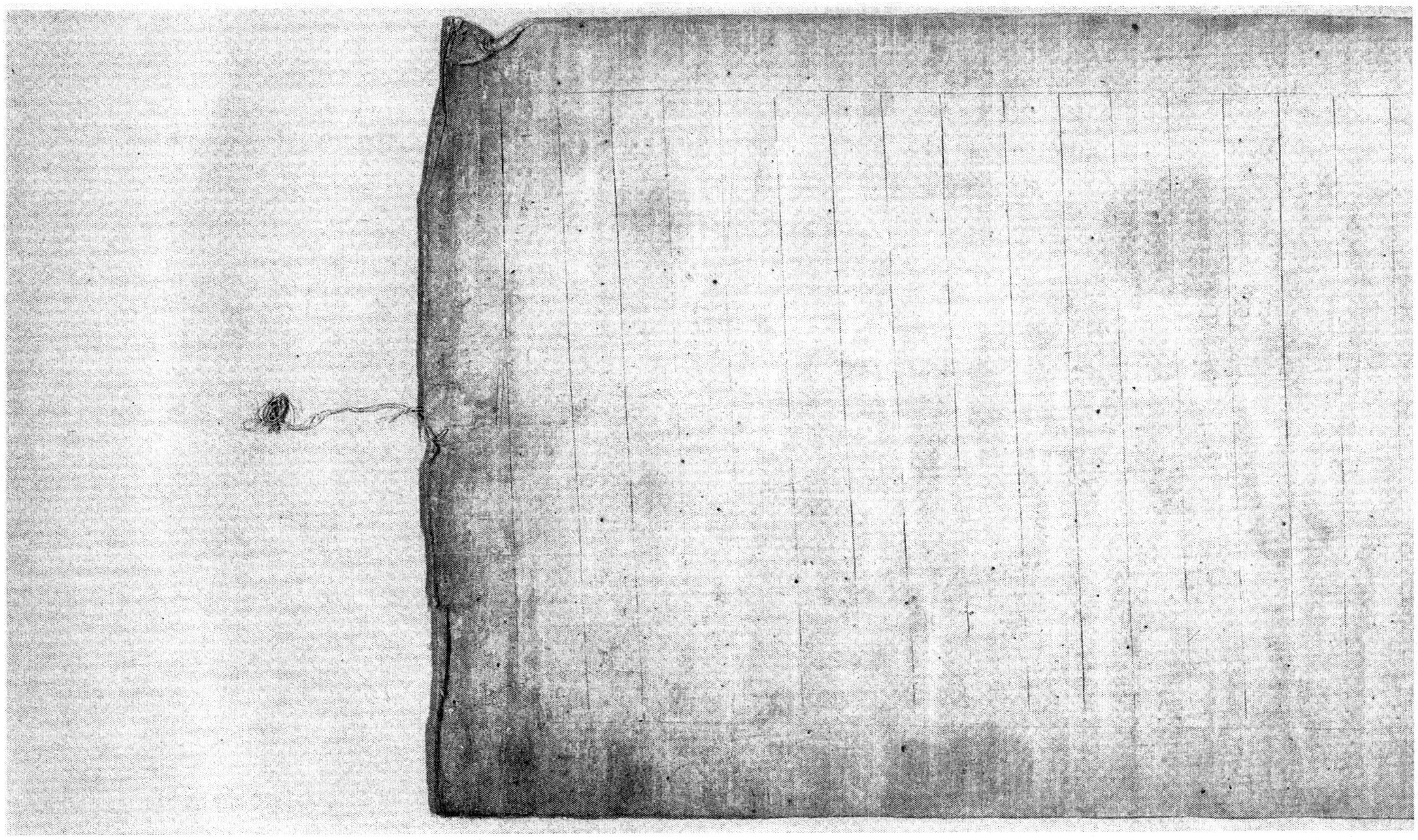

BD01624 號　金剛般若波羅蜜經　（3–3）

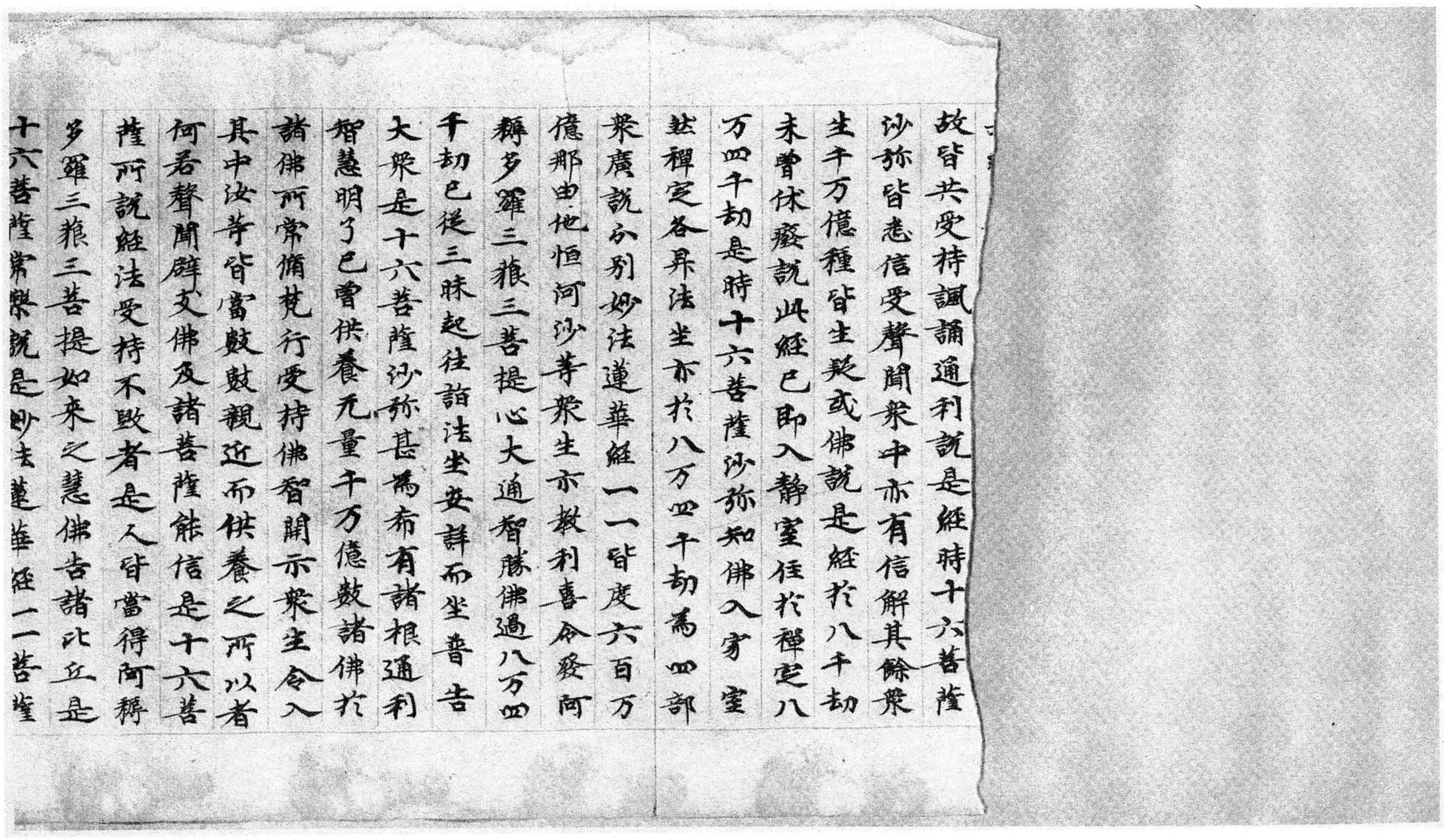
故皆共受持諷誦通利說是經時十六菩薩
沙弥皆悉信受聲聞衆中亦有信解其餘衆
生千万億種皆生疑惑佛說是經於八千劫
未曾休廢說此經已即入靜室住於禪定八
万四千劫是時十六菩薩沙弥知佛入寂室
然禪定各昇法坐亦於八万四千劫為四部
衆廣說分別妙法蓮華經一一皆度六百万
億那由他恒河沙等衆生示教利喜令發阿
耨多羅三藐三菩提心大通智勝佛過八万四
千劫已從三昧起往詣法坐安詳而坐普告
大衆是十六菩薩沙弥甚為希有諸根通利
智慧明了已曾供養无量千万億數諸佛於
諸佛所常脩梵行受持佛智開示衆生令入
其中汝等皆當數數親近而供養之所以者
何若聲聞辟支佛及諸菩薩能信是十六菩
薩所說經法受持不毀者是人皆當得阿耨
多羅三藐三菩提如來之慧佛告諸比丘是
十六菩薩常樂說是妙法蓮華經一一菩薩

BD01625 號　妙法蓮華經卷三　（4–1）

其中汝等皆當皷皷親近而供養之所以者
何若聲聞辟支佛及諸菩薩能信是十六菩
薩所說經法受持不毀者是人皆當得阿耨
多羅三藐三菩提如來之慧佛告諸比丘是
十六菩薩常樂說是妙法蓮華經一一菩薩
所化六百万億那由他恒河沙等衆生世世
所生与菩薩俱從其聞法悉皆信解以此因
緣得值四万億諸佛世尊于今不盡諸比丘
我今語汝彼佛弟子十六沙弥今皆得阿耨
多羅三藐三菩提於十方國土現在說法有
无量百千万億菩薩聲聞以為眷屬其二沙
弥東方作佛一名阿閦在歡喜國二名須弥頂
東南方二佛一名師子音二名師子相南方二
佛一名虛空住二名常滅西南方二佛一名帝
相二名梵相西方二佛一名阿弥陁二名度
一切世間苦惱西北方二佛一名多摩羅跋
栴檀香神通二名須弥相北方二佛一名雲
自在二名雲自在王東北方佛名壞一切世
間怖畏第十六我釋迦牟尼佛於娑婆國
土成阿耨多羅三藐三菩提諸比丘我等為
沙弥時各各教化无量百千万億恒河沙等
衆生從我聞法為阿耨多羅三藐三菩提此
諸衆生于今有住聲聞地者我常教化阿耨
多羅三藐三菩提是諸人等應以是法漸入佛
道所以者何如來智慧難信難解尒時所化
无量恒河沙等衆生者汝等諸比丘及我滅

BD01625號　妙法蓮華經卷三　（4–2）

多羅三藐三菩提是諸人等應以是法漸入佛
道所以者何如來智慧難信難解尒時所化
无量恒河沙等衆生者汝等諸比丘及我滅
度後未來世中聲聞弟子是也我滅度後復
有弟子不聞是經不知不覺菩薩所行自於
所得功德生滅度想當入涅槃我於餘國作
佛更有異名是人雖生滅度之想入於涅槃
而於彼土求佛智慧得聞是經唯以佛乘而
得滅度更无餘乘除諸如來方便說法諸比
丘若如來自知涅槃時到衆又清淨信解堅
固了達空法深入禪定便集諸菩薩及聲聞
衆為說是經世間无有二乘而得滅度唯一
佛乘得滅度耳比丘當知如來方便深入衆
生之性知其志樂小法深著五欲為是等故
說於涅槃是人若聞則便信受譬如五百由
旬嶮難惡道曠絕无人怖畏之處若有多衆
欲過此道至珍寶處有一導師聰慧明達善
知嶮道通塞之相將導衆人欲過此難所將
人衆中路懈退白導師言我等疲極而復怖
畏不能復進前路猶遠今欲退還導師多諸
方便而作是念此等可愍云何捨大珍寶而
欲退還作是念已以方便力於嶮道中過三
百由旬化作一城告衆人言汝等勿怖莫得
退還今是大城可於中止隨意所作若入是
城快得安隱若能前至寶所亦可得去是時
疲極之衆心大歡喜歎未曾有我等今者免
斯惡道快得安隱於是衆人前入化城生已

BD01625號　妙法蓮華經卷三　（4–3）

說於涅槃是人若聞則便信受譬如五百由
旬嶮難惡道曠絕无人怖畏之處若有多眾
欲過此道至珎寶處有一導師聰慧明達善
知險道通塞之相將導眾人欲過此難所將
人眾中路懈退白導師言我等疲極而復怖
畏不能復進前路猶遠今欲退還導師多諸
方便而作是念此等可愍云何捨大珎寶而
欲退還作是念已以方便力於險道中過三
百由旬化作一城告眾人言汝等勿怖莫得
退還今是大城可於中止隨意所作若入是
城快得安隱若能前至寶所亦可得去是時
疲極之眾心大歡喜歎未曾有我等今者免
斯惡道快得安隱於是眾人前入化城生已
度想生安隱想尒時導師知此人眾既得止
息无復疲惓即滅化城語眾人言汝等去來
寶處在近向者大城我所化作為止息耳諸
……為汝等作大導師知

BD01625號　妙法蓮華經卷三　（4–4）

羅道
億莊嚴其國
小劫像法亦住二十小……
此義而說偈言
諸比丘眾　皆一心聽　如我所說　真實无異
是迦旃延　當以種種　妙好供具　供養諸佛
諸佛滅後　起七寶塔　亦以華香　供養舍利
其最後身　得佛智慧　成等正覺　國土清淨
度脫无量　万億眾生　皆為十方　之所供養
佛之光明　无能勝者　其佛號曰　閻浮金光
菩薩聲聞　斷一切有　无量无數　莊嚴其國
尒時世尊復告大眾我今語汝是大目揵連
當以種種供具供養八千諸佛恭敬尊重諸
佛滅後各起塔廟高千由旬縱廣正等五百
由旬以金銀瑠璃車𤦲馬瑙真珠玫瑰七寶
合成眾華瓔珞塗香末香燒香繒蓋幢幡以
用供養過是已後當復供養二百万億諸佛
亦復如是當得成佛號曰多摩羅跋栴檀香
如來應供正遍知明行足善逝世間解无上
士調御丈夫天人師佛世尊劫名喜滿國名

BD01626號　妙法蓮華經卷三　（3–1）

用供養過是已後當復供養二百万億諸佛
亦復如是當得成佛号曰多摩羅跋旃檀香
如來應供正遍知明行足善逝世間解无上
士調御丈夫天人師佛世尊劫名喜滿國名
意樂其土平正頗梨為地寶樹莊嚴散真珠
華周遍清淨見者歡喜多諸天人菩薩聲聞
其數无量佛壽廿四小劫正法住世卌小劫
像法亦住世卌小劫尒時世尊欲重宣此義而
說偈言
我此弟子　大目揵連　捨是身已　得見八千
二百万億　諸佛世尊　為佛道故　供養恭敬
於諸佛所　常脩梵行
於无量劫　奉持佛法　諸佛滅後　起七寶塔
長表金刹　華香伎樂　而以供養　諸佛塔廟
漸漸具足　菩薩道已　於意樂國　而得作佛
号多摩羅　旃檀之香
其佛壽命　二十四劫　常為天人　演說佛道
聲聞无量　如恒河沙　三明六通　有大威德
菩薩无數　志固精進　於佛智慧　皆不退轉
佛滅度後　正法當住　四十小劫　像法亦尒
我諸弟子　威德具足　其數五百　皆當授記
於未來世　咸得成佛
我及汝等　宿世因緣　吾今當說　汝等善聽
妙法蓮華經化城喻品第七
佛告諸比丘乃往過去无量无邊不可思議
阿僧祇劫尒時有佛名大通智勝如來應供

BD01626 號　妙法蓮華經卷三　（3–2）

妙法蓮華經化城喻品第七
佛告諸比丘乃往過去无量无邊不可思議
阿僧祇劫尒時有佛名大通智勝如來應供
正遍知明行足善逝世間解无上士調御丈
夫天人師佛世尊其國名好成劫名大相諸
比丘彼佛滅度已來甚大久遠譬如三千大
千世界所有地種假使有人磨以為墨過於
東方千國土乃下一點大如微塵又過千國
土復下一點如是展轉盡地種墨於汝等意
云何是諸國土若筭師若筭師弟子能得邊
際知其數不不也世尊諸比丘是人所逕國
土若點不點盡末為塵一塵一劫彼佛滅度
已來復過是數无量无邊百千万億阿僧祇
劫我以如來知見力故觀彼久遠猶若今日
尒時世尊欲重宣此義而說偈言
我念過去世　无量无數劫　有佛兩足尊　名大通智勝
如人以力磨　三千大千土　盡此諸地種　皆悉以為墨
過於千國土　乃下一塵點　如是展轉點　盡此諸塵墨
如是諸國土　點與不點等　復盡末為塵　一塵為一劫
此諸微塵數　其劫復過是　彼佛滅度來　如是无量劫
如來无㝵智　知彼佛滅度　及聲聞菩薩　如是今滅度
諸比丘當知　佛智淨微妙　无漏无所㝵　通達无量劫

BD01626 號　妙法蓮華經卷三　（3–3）

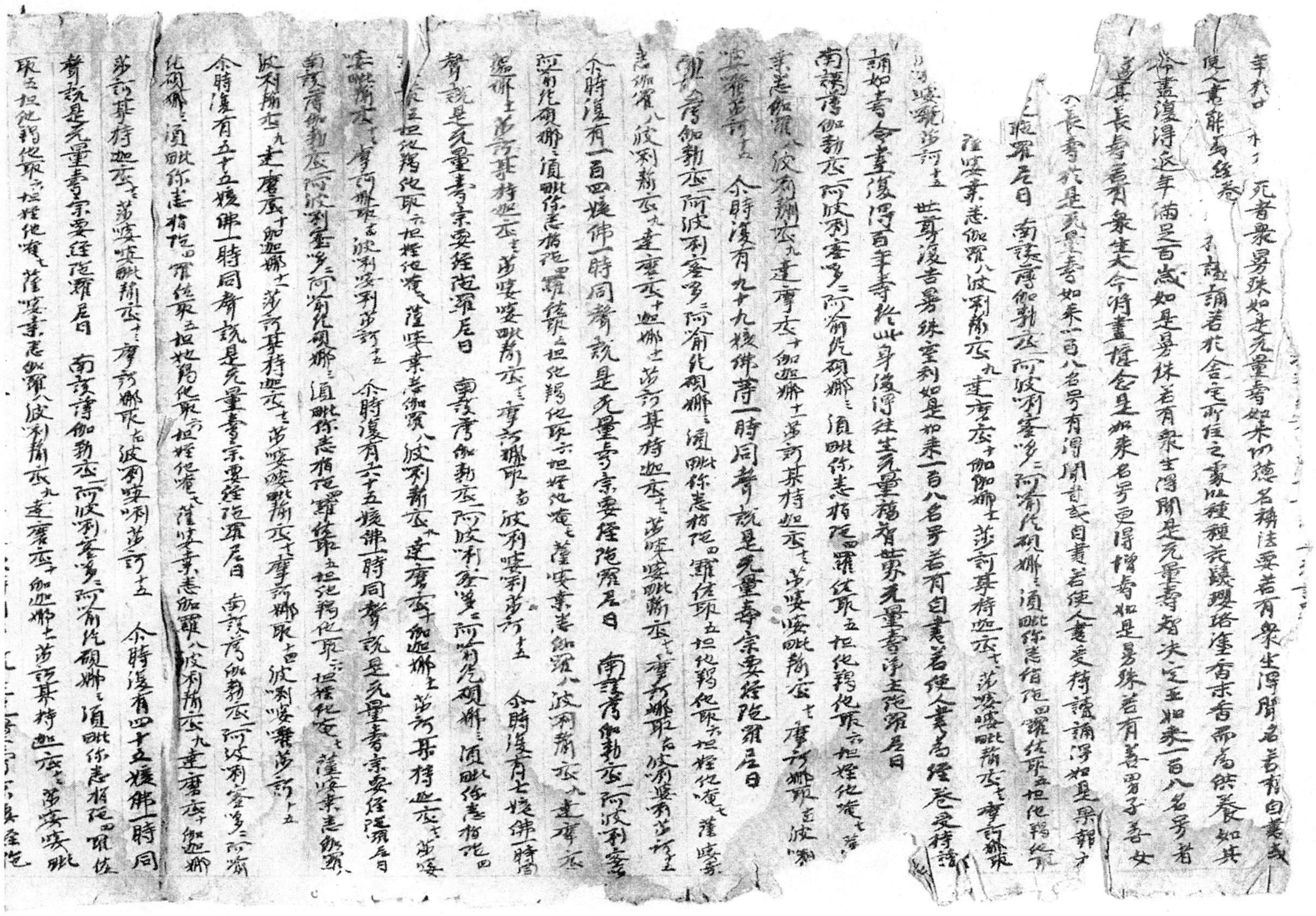

BD01627 號　無量壽宗要經　（4–1）

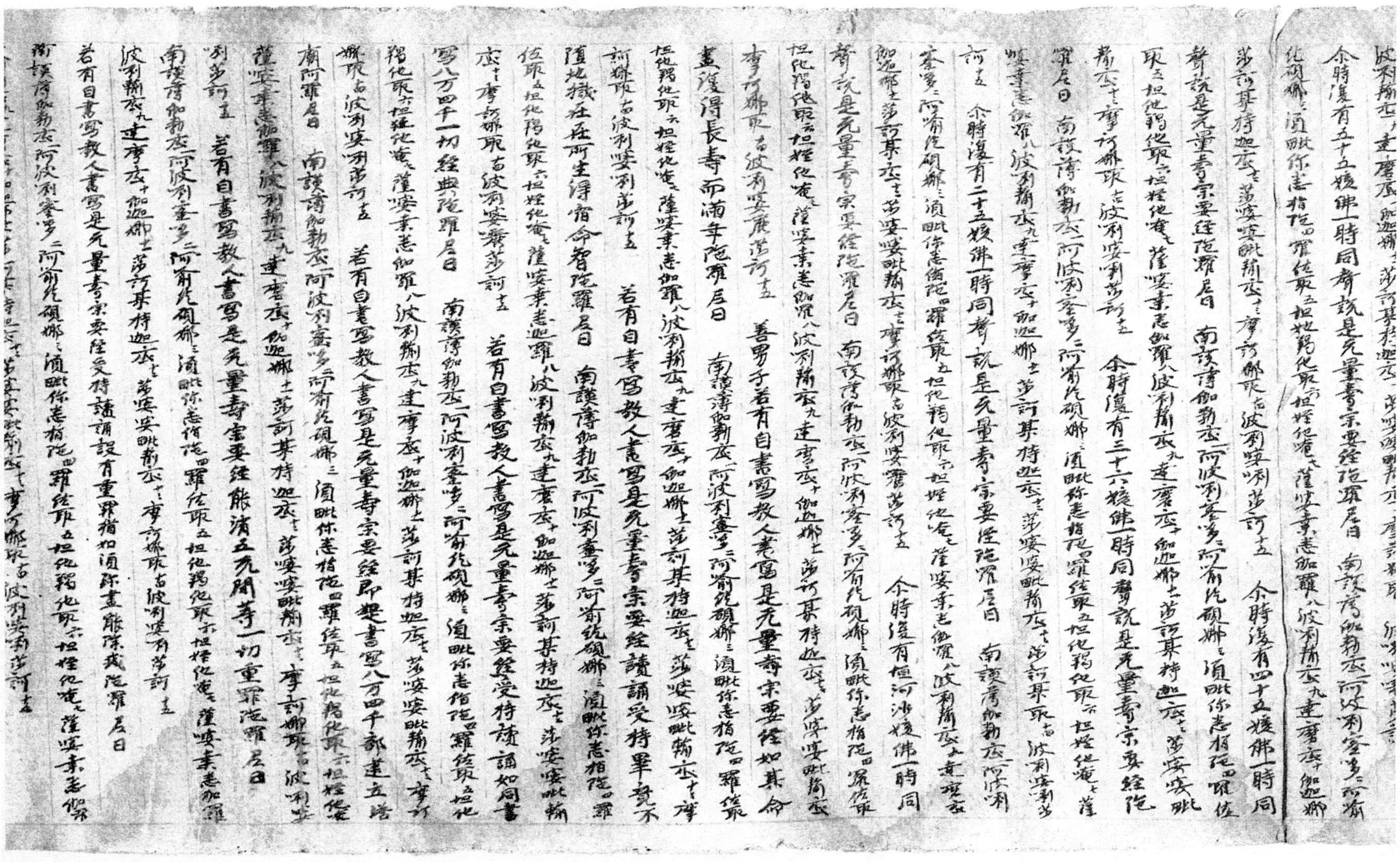

BD01627 號　無量壽宗要經　（4–2）

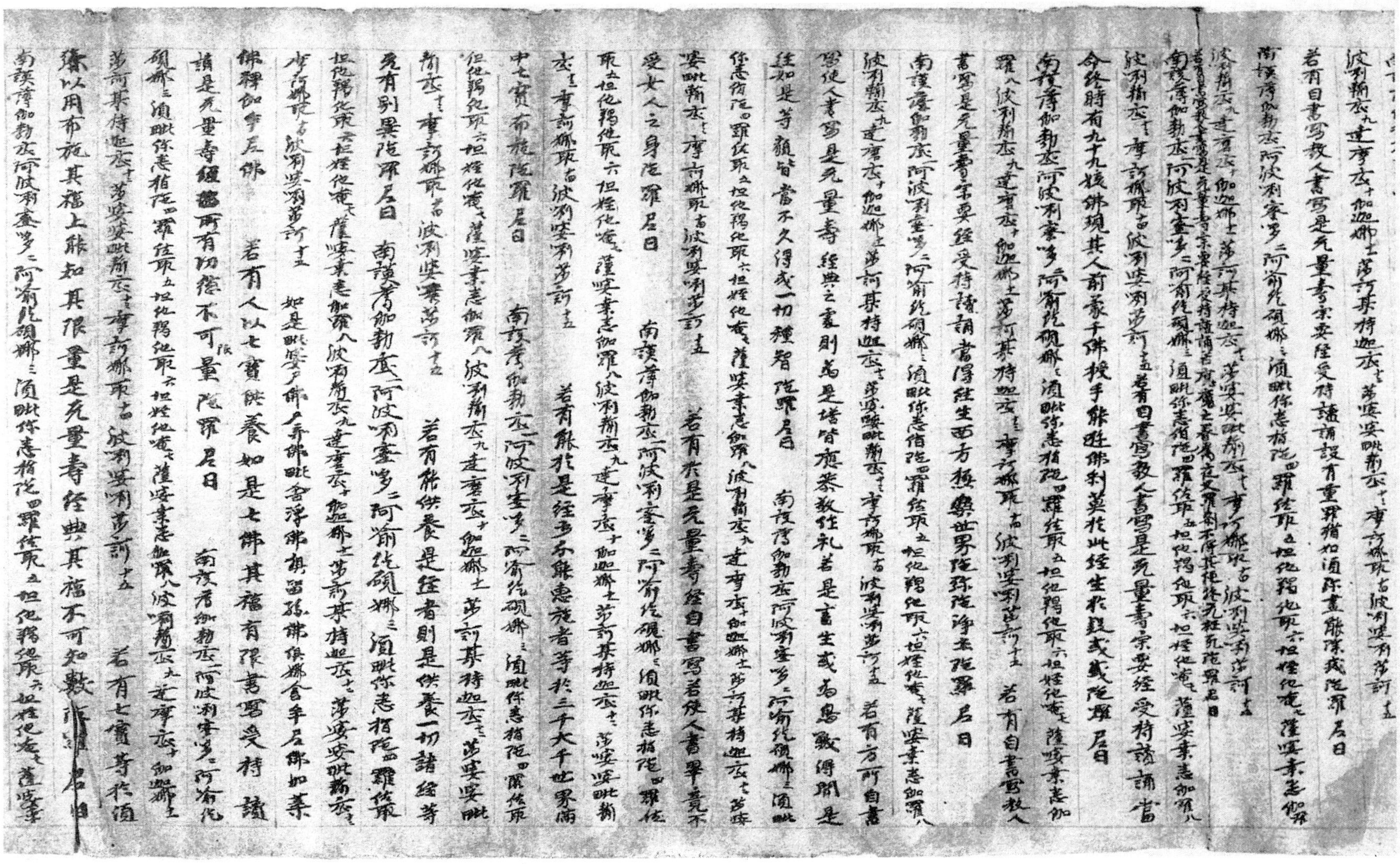

BD01627號　無量壽宗要經　（4–3）

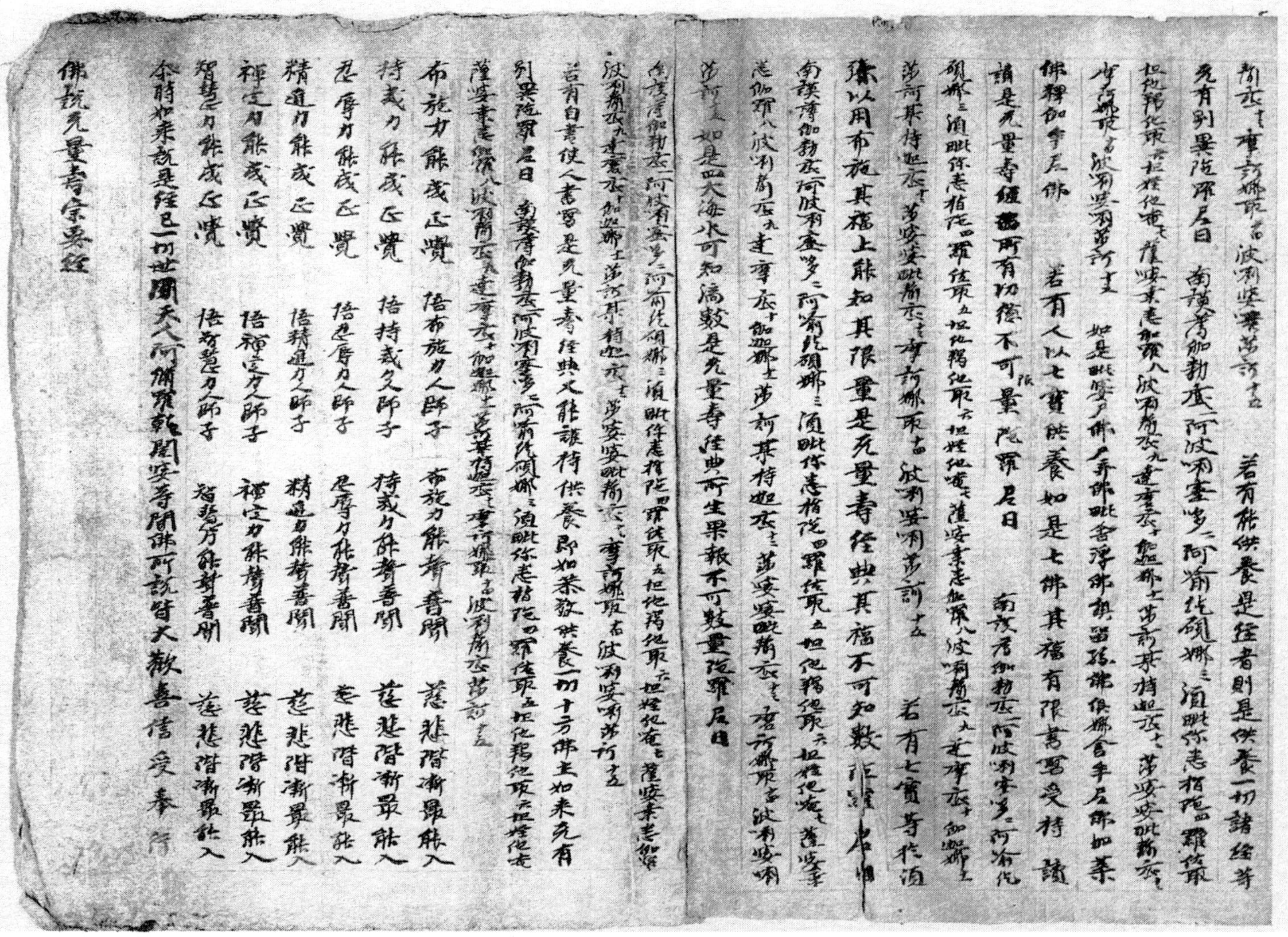

BD01627號　無量壽宗要經　（4–4）

金光明最勝王經善生王品第廿一 [illegible]

尒時世尊為諸大衆說王[illegible]正論已[illegible]告大衆

汝等應聽我今為汝說其往[illegible]因緣

即於是時說伽他曰

我昔曾為轉輪王 捨此大地并大海

四洲珍寶皆充滿 持以供養諸如來

我於往昔無量劫 為求清淨真法身

所愛之物皆悉捨 乃至身命心無悋

又於過去難思劫 有正遍知名寶髻

往彼如來涅槃後 有王出世名善生

為轉輪王化四洲 盡大海際咸歸伏

有城名曰妙音聲 時彼輪王於此住

夜夢聞說佛福智 見有法師名寶積

處座端嚴如日輪 演說金光微妙典

尒時彼王從夢覺 生大歡喜充遍身

至天曉已出王宮 往詣苾芻僧伽處

恭敬供養聖衆已 即便問彼諸大衆

頗有法師名寶積 功德成就化衆生

BD01628號　金光明最勝王經卷九　（6–1）

又於過去難思劫 有正遍知名寶髻

往彼如來涅槃後 有王出世名善生

為轉輪王化四洲 盡大海際咸歸伏

有城名曰妙音聲 時彼輪王於此住

夜夢聞說佛福智 見有法師名寶積

處座端嚴如日輪 演說金光微妙典

尒時彼王從夢覺 生大歡喜充遍身

至天曉已出王宮 往詣苾芻僧伽處

恭敬供養聖衆已 即便問彼諸大衆

頗有法師名寶積 功德成就化衆生

尒時寶積大法師 在一室中而住止

正念誦斯微妙典 端然不動身心樂

時有苾芻引導王 至彼寶積所居處

見在室中端身坐 光明妙相遍其身

白王此即是寶積 能持甚深佛行處

所謂微妙金光明 諸經中王最第一

時王即便礼寶積 恭敬合掌而致請

唯願滿月面端嚴 為說金光微妙法

寶積法師受王請 許為說此金光明

周遍三千世界中 諸天大衆咸歡喜

王於廣博清淨處 奇妙珍寶而嚴飾

上妙香水灑遊塵 種種雜花皆散布

即於勝處敷高座 懸繒幡蓋以莊嚴

種種抹香及塗香 香氣芬馥皆周遍

天龍脩羅緊那羅 莫呼洛伽及藥叉

諸天悉雨曼陁羅 咸來供養彼高座

復有千万億諸天 樂聞正法俱來集

法師初從本座起 咸悉供養以天華

是時寶積大法師 淨洗浴已著鮮服

BD01628號　金光明最勝王經卷九　（6–2）

諸天悉雨曼陁羅　咸來供養彼高座
復有千万億諸天　樂聞正法俱來集
法師初從本座起　咸悉供養以天華
是時寶積大法師　淨洗浴已著鮮服
詣彼大衆法座所　合掌虔心而礼敬
天主天衆及天女　悉皆共散曼陁花
百千天樂難思議　住在空中出妙響
尒時寶積大法師　即昇高座跏趺坐
念彼十方諸刹土　百千万億大慈尊
遍及一切苦衆生　皆起平等慈悲念
為彼請主善生故　演說微妙金光明
王既得聞如是法　合掌一心唱隨喜
聞法希有淚交流　身心大喜皆充遍
于時國主善生王　為欲供養此經故
手持如意末尼寶　發願咸為諸衆生
今可於斯贍部洲　普雨七寶瓔珞具
所有匱乏資財者　皆得隨心受安樂
即便遍雨於七寶　悉皆充足四洲中
瓔珞嚴身隨所須　衣服飲食皆无乏
尒時國主善生王　見此四洲雨珎寶
咸持供養寶髻佛　所有遺教苾蒭僧
應知過去善生王　即我釋迦牟尼是
為於昔時捨大地　及諸珎寶滿四洲
昔時寶積大法師　為彼善生說妙法
因彼開演經王故　東方現成不動佛
以我曾聽此經王　合掌一言稱隨喜
及施七寶諸功德　獲此最勝金剛身
金光百福相莊嚴　所有見者皆歡喜
一切有情无不愛　俱胝天衆亦同然

以我曾聽此經王　合掌一言稱隨喜
及施七寶諸功德　獲此最勝金剛身
金光百福相莊嚴　所有見者皆歡喜
一切有情无不愛　俱胝天衆亦同然
過去曾經九十九　俱胝億劫作輪王
亦於小國為人王　復經无量百千劫
於无量劫為帝釋　亦復曾為大梵王
供養十力大慈尊　彼之數量難窮盡
我昔聞經隨喜善　所有福聚量難知
由斯福故證菩提　獲得法身真妙智
尒時大衆聞是說已歎未曾有皆願奉持
金光明經流通不絕
金光明最勝王經諸天藥叉護持品第廿二
尒時世尊告大吉祥天女曰若有淨信善男
子善女人欲於過去未來現在諸佛以不可
思議廣大微妙供養之具而為奉獻及欲解
了三世諸佛甚深行處是人應當決定至心
隨是經王所在之處城邑聚落或山澤中廣
為衆生敷演流布其聽法者應除亂想攝
耳用心世尊即為彼天及諸大衆說伽他曰
若欲於諸佛　不思議供養　復了諸如來　甚深境界者
若見演說此　最勝金光明　應親詣彼方　至其所住處
此經難思議　能生諸功德　无邊大苦海　解脫諸有情
我觀此經王　初中後皆善　甚深不可測　譬喻无能比
假使恒河沙　大地塵海水　虛空諸山石　无能喻少分
欲入深法界　應先聽是經　法性之制底　甚深善安住
於斯制底內　見我牟尼尊　悅意妙音聲　演說斯經典
由此俱胝劫　數量難思議　生在人天中　常受勝妙樂
若聽是經者　應作如是心　我得不思議　无邊功德蘊

假使恒河沙　大地塵沙水　虛空諸……
欲入深法界　應先聽是經　法性之制底　甚深善安住
於斯制底內　見我牟尼尊　悅意妙音聲　演說斯經典
由此俱胝劫　數量難思議　生在人天中　常受勝妙樂
若聽是經者　應作如是心　我得不思議　无邊功德蘊
假使大火聚　滿百踰繕那　為聽此經王　直過无辭苦
既至彼住處　得聞如是經　能滅於罪業　及除諸惡夢
惡星諸變怪　蠱道邪魅等　得聞是經時　諸惡皆捨離
應嚴勝高座　淨妙若蓮花　法師處其上　猶如大龍坐
於斯安坐已　說此甚深經　書寫及誦持　并為解其義
法師捨此座　往詣餘方所　於此高座中　神通非一相
或見法師像　猶在高座上　或時見世尊　及以諸菩薩
或作普賢像　或如妙吉祥　或見慈氏尊　身處於高座
或見希奇相　及以諸天像　暫得覩容儀　忽然還不現
成就諸吉祥　所作皆隨意　功德悉圓滿　世尊如是說
最勝有名稱　能滅諸煩惱　他國賊皆除　戰時常得勝
惡夢悉皆无　及消諸毒害　所作三業罪　經力能除滅
於此贍部洲　名稱咸充滿　所有諸怨結　悉皆相捨離
設有怨敵至　聞名便退散　不假動兵戈　兩陣生歡喜
梵王帝釋主　護世四天王　及金剛藥叉　正了知大將
无熱池龍王　及以娑揭羅　緊那羅樂神　蘇羅金翅王
大辯才天女　并大吉祥天　斯等上首天　各領諸天眾
常供養諸佛　法寶不思議　恒生歡喜心　於經起恭敬
斯等諸天眾　皆悉共思惟　遍觀於福者　共作如是說
應觀此有情　咸是大福德　善根精進力　當來生我天
為聽甚深經　敬心來至此　供養法制底　尊重正法故
憐愍於眾生　而作大饒益　於此深經典　能為法寶器
入此法門者　能入於法性　於此金光明　至心應聽受
是人曾供養　无量百千佛　由彼諸善根　得聞此經典

BD01628號　金光明最勝王經卷九　（6–5）

應觀此有情　咸是大福德　善根精進力　當來生我天
為聽甚深經　敬心來至此　供養法制底　尊重正法故
憐愍於眾生　而作大饒益　於此深經典　能為法寶器
入此法門者　能入於法性　於此金光明　至心應聽受
是人曾供養　无量百千佛　由彼諸善根　得聞此經典
如是諸天王　天女大辯才　并彼吉祥天　及以四王眾
无數藥叉眾　勇猛有神通　各於其四方　常來相擁護
日月天帝釋　風水火諸神　吠率怒大肩　閻羅辯才等
一切諸護世　勇猛具威神　擁護持經者　晝夜常不離
大力藥叉王　那羅延自在　正了知為首　二十八藥叉
餘藥叉百千　神通有大力　恒於恐怖處　常來護此人
金剛藥叉王　并五百眷屬　諸大菩薩眾　常來護此人
寶王藥叉王　及以滿賢王　曠野金毗羅　賓度羅黃色
此等藥叉王　各五百眷屬　見聽此經者　皆來共擁護
彩軍健闥婆　華王常戰勝　珠頸及青頸　并勃里沙王
大最勝大黑　蘊跋拏難舍　半支迦羊足　及以大婆伽
小渠并護法　及以獼猴王　針毛及日支　寶髮皆來護
大渠諾鉤羅　旃檀欲中勝　舍羅及雪山　及以娑多山
皆有大神通　雄猛具大力　見持此經者　皆來相擁護
阿那婆答多　及以娑揭羅　目真鄰羅葉　難陀小難陀
於百千龍中　神通具威德　共護持經人　晝夜常不離
婆稚羅睺羅　毗摩質多羅　母旨苦跋羅　大肩及歡喜
及餘蘇羅王　并无數天眾　大力有勇健　皆來護是人

BD01628號　金光明最勝王經卷九　（6–6）

所生諸受謂空起空想著若於舌界謂空起
空想著於味界舌識界及舌觸舌觸爲緣所
生諸受謂空起空想著若於身界謂空起空
想著於觸界身識界及身觸身觸爲緣所生
諸受謂空起空想著若於意界謂空起空想
著於法界意識界及意觸意觸爲緣所生諸
受謂空起空想著若於地界謂空起空想著
於水火風空識界謂空起空想著若於无明
謂空起空想著於行識名色六處觸受愛取
有生老死愁歎苦憂惱謂空起空想著若於
布施波羅蜜多謂空起空想著於淨戒安忍
精進靜慮般若波羅蜜多謂空起空想著若
於內空謂空起空想著於外空內外空空空
大空勝義空有爲空无爲空畢竟空无際空
散空无變異空本性空自相空共相空一切
法空不可得空无性空自性空无性自性空
謂空起空想著若於真如謂空起空想著於
法界法性不虛妄性不變異性平等性離生
性法定法住實際虛空界不思議界謂空起
空想著若於苦聖諦謂空起空想著於集

BD01629號　大般若波羅蜜多經卷二八七　（2–1）

受謂空起空想著若於地界謂空起空想著
於水火風空識界謂空起空想著若於无明
謂空起空想著於行識名色六處觸受愛取
有生老死愁歎苦憂惱謂空起空想著若於
布施波羅蜜多謂空起空想著於淨戒安忍
精進靜慮般若波羅蜜多謂空起空想著若
於內空謂空起空想著於外空內外空空空
大空勝義空有爲空无爲空畢竟空无際空
散空无變異空本性空自相空共相空一切
法空不可得空无性空自性空无性自性空
謂空起空想著若於真如謂空起空想著於
法界法性不虛妄性不變異性平等性離生
性法定法住實際虛空界不思議界謂空起
空想著若於苦聖諦謂空起空想著於集
滅道聖諦謂空起空想著若於四靜慮謂空起
空想著於四无量四无色定謂空起空想著
若於八解脫謂空起空想著於八勝處九次
第定十遍處謂空起空想著若於四念住謂
空起空想著於四正斷四神足五根五力七
等覺支八聖道支謂空起空想著若於空解
脫門謂空起空想著於无相无願解脫門謂
空起空想著若於菩薩十地謂空起空想著

BD01629號　大般若波羅蜜多經卷二八七　（2–2）

退怨菩薩言若一切法无著无貪无捨无礙
无願无覆无執无放乃得菩提
蓮華藏菩薩言若罪福性等入是如法深
忍不著我我所作非分別非不分別如是觀
者乃得菩提
月光菩薩言若觀一切法聚散隨緣无有
自性猶如水月如是解已乃得菩提
虛空慧菩薩言若一切諸法有暗有明有
生有滅有增有減不於諸心數法而起分別
如是知者乃得菩提
无盡慧菩薩言若脩習三輪清淨波羅蜜
想應不可得不深非不深如是脩者乃得菩
提彌勒菩薩言若不緣不受三界依心甚住
依心乃得菩提
文殊師利菩薩言婆伽婆若解甚深一法門
者於一切法不深非不深一法門者所謂无
我了彼一法不覺不觀无有將來亦无送去
亦无可聚可散可明可暗可生可滅可增可
減可解脫者不應染濁无分別故以一法門
一切智智乃得菩提

BD01630號　寶星陀羅尼經卷二　（2–1）

虛空慧菩薩言若一切諸法有暗有明有
生有滅有增有減不於諸心數法而起分別
如是知者乃得菩提
无盡慧菩薩言若脩習三輪清淨波羅蜜
想應不可得不深非不深如是脩者乃得菩
提彌勒菩薩言若不緣不受三界依心甚住
依心乃得菩提
文殊師利菩薩言婆伽婆若解甚深一法門
者於一切法不深非不深一法門者所謂无
我了彼一法不覺不觀无有將來亦无送去
亦无可聚可散可明可暗可生可滅可增可
減可解脫者不應染濁无分別故以一法門
一切智智乃得菩提
懷憂樂菩薩言文殊師利如是一法門一切智
智悲入如法甚深空處何故意有所作及脩
行方便文殊師利言捨離惡見脩行正見不
妄置立捨諂曲心脩質直行不妄置立捨離
十惡敬重三寶不妄置立善說不妄置立
正命不妄置立捨一切結不妄置立大悲不
等不捨一切衆生不妄置立三讚不妄置立
无虛誑法不妄置立不生不滅不妄置立
諸有爲法不妄置立捨一切行[illegible]不妄置立

BD01630號　寶星陀羅尼經卷二　（2–2）

BD01631 號背　金剛般若波羅蜜經護首　（1–1）

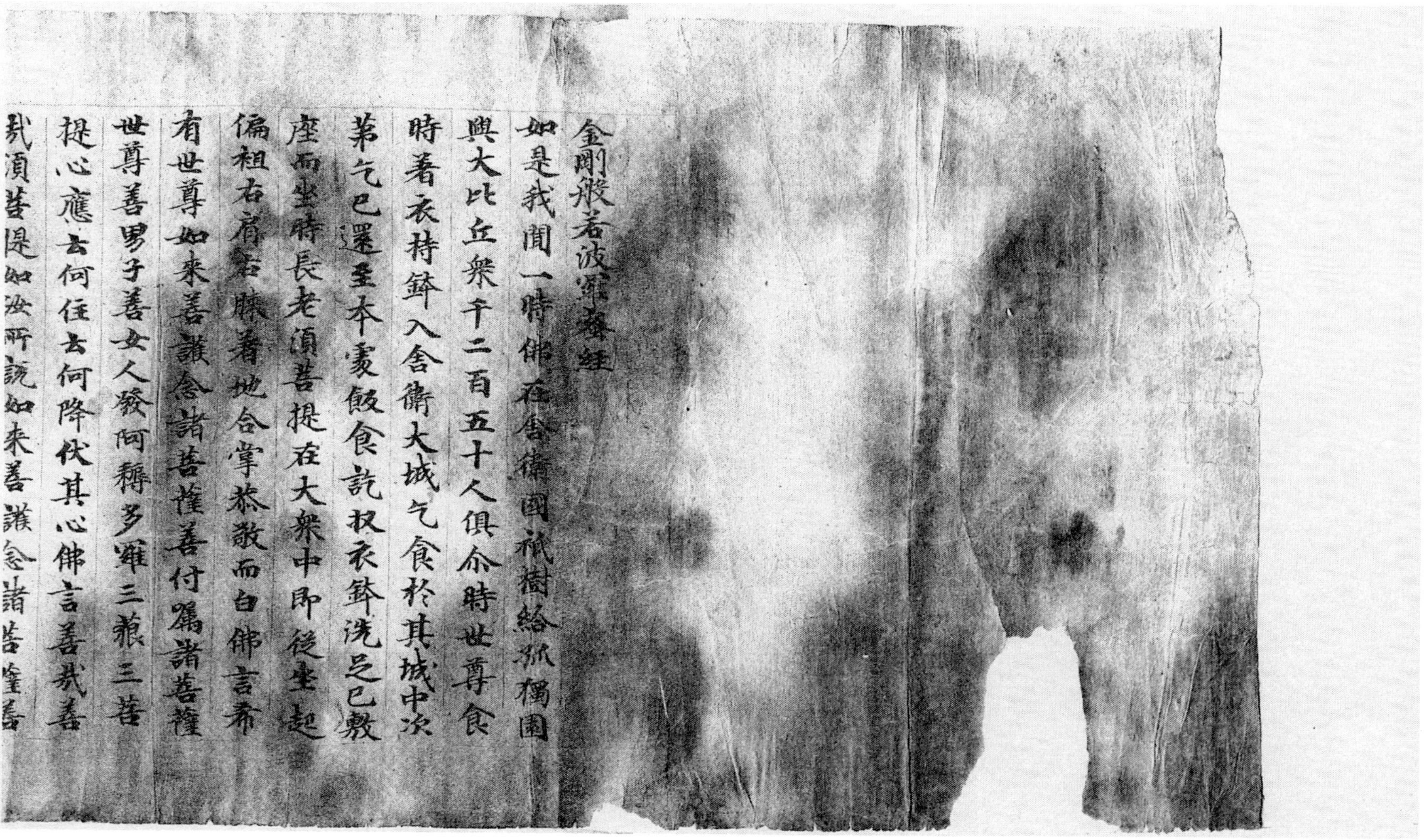
金剛般若波羅蜜經
如是我聞一時佛在舍衛國祇樹給孤獨園
與大比丘衆千二百五十人俱尒時世尊食
時着衣持鉢入舍衛大城乞食於其城中次
第乞已還至本處飯食訖收衣鉢洗足已敷
座而坐時長老須菩提在大衆中即從座起
偏袒右肩右膝着地合掌恭敬而白佛言希
有世尊如來善護念諸菩薩善付囑諸菩薩
世尊善男子善女人發阿耨多羅三藐三菩
提心應云何住云何降伏其心佛言善哉善
哉須菩提如汝所說如來善護念諸菩薩

BD01631 號　金剛般若波羅蜜經　（3–1）

時著衣持鉢入舍衛大城乞食於其城中次
第乞已還至本處飯食訖收衣鉢洗足已敷
座而坐時長老須菩提在大衆中即從座起
偏袒右肩右膝著地合掌恭敬而白佛言希
有世尊如來善護念諸菩薩善付囑諸菩薩
世尊善男子善女人發阿耨多羅三藐三菩
提心應云何住云何降伏其心佛言善哉善
哉須菩提如汝所說如來善護念諸菩薩善
付囑諸菩薩汝今諦聽當為汝說善男子善
女人發阿耨多羅三藐三菩提心應如是住如
是降伏其心唯然世尊願樂欲聞
佛告須菩提諸菩薩摩訶薩應如是降伏其
心所有一切衆生之類若卵生若胎生若濕
生若化生若有色若无色若有想若无想若
非有想若非无想我皆令入无餘涅槃而滅
度之如是滅度无量无數无邊衆生實无衆
生得滅度者何以故須菩提若菩薩有我相
人相衆生相壽者相即非菩薩
復次須菩提菩薩於法應无所住行於布施
所謂不住色布施不住聲香味觸法布施須
菩提菩薩應如是布施不住於相何以故若
菩薩不住相布施其福德不可思量須菩提
於意云何東方虛空可思量不不也世尊須
菩提南西北方四維上下虛空可思量不不
也世尊須菩提菩薩无住相布施福德亦復

BD01631號　金剛般若波羅蜜經　（3–2）

所謂不住色布施不住聲香味觸法布施須
菩提菩薩應如是布施不住於相何以故若
菩薩不住相布施其福德不可思量須菩提
於意云何東方虛空可思量不不也世尊須
菩提南西北方四維上下虛空可思量不不
也世尊須菩提菩薩无住相布施福德亦復
如是不可思量須菩提菩薩但應如所教住
須菩提於意云何可以身相見如來不不也
世尊不可以身相得見如來何以故如來所說
身相即非身相佛告須菩提凡所有相皆是
虛妄若見諸相非相則見如來
須菩提白佛言世尊頗有衆生得聞如是言
說章句生實信不佛告須菩提莫作是說如
來滅後後五百歲有持戒脩福者於此章句
能生信心以此為實當知是人不於一佛二
佛三四五佛而種善根已於无量千万佛所
種諸善根聞是章句乃至一念生淨信者須

BD01631號　金剛般若波羅蜜經　（3–3）

譬如大風 吹小樹枝 以是方便 令法久住
告諸大衆 我滅度後 誰能護持 讀說斯經
今於佛前 自說誓言 其多寶佛 雖久滅度
以大誓願 而師子吼 多寶如來 及與我身
所集化佛 當知此意 諸佛子等 誰能護法
當發大願 令得久住 其有能護 此經法者
則為供養 我及多寶 此多寶佛 處於寶塔
常遊十方 為是經故 亦復供養 諸來化佛
莊嚴光飾 諸世界者 若說此經 則為見我
多寶如來 及諸化佛 諸善男子 各諦思惟
此為難事 宜發大願 諸餘經典 數如恒沙
雖說此等 未足為難 若接須彌 擲置他方
无數佛土 亦未為難 若以足指 動大千界
遠擲他國 亦未為難 若立有頂 為衆演說
无量餘經 亦未為難 若佛滅後 於惡世中
能說此經 是則為難 假使有人 手把虛空
而以遊行 亦未為難 於我滅後 若自書持

BD01632 號　妙法蓮華經卷四　（4–1）

无數佛土 亦未為難 若以足指 動大千界
遠擲他國 亦未為難 若立有頂 為衆演說
无量餘經 亦未為難 若佛滅後 於惡世中
能說此經 是則為難 假使有人 手把虛空
而以遊行 亦未為難 於我滅後 若自書持
若使人書 是則為難 若以大地 置足甲上
昇於梵天 亦未為難 佛滅度後 於惡世中
暫讀此經 是則為難 假使劫燒 擔負乾草
入中不燒 亦未為難 我滅度後 若持此經
為一人說 是則為難 若持八万 四千法藏
十二部經 為人演說 令諸聽者 得六神通
雖能如是 亦未為難 於我滅後 聽受此經
問其義趣 是則為難 若人說法 令千万億
无量无數 恒沙衆生 得阿羅漢 具六神通
雖有是益 亦未為難 於我滅後 若能奉持
如斯經典 是則為難 我為佛道 於无量土
從始至今 廣說諸經 而於其中 此經第一
若有能持 則持佛身 諸善男子 於我滅後
誰能護持 讀誦此經 今於佛前 自說誓言
此經難持 若暫持者 我則歡喜 諸佛亦然
如是之人 諸佛所難 是則勇猛 是則精進
是名持戒 行頭陀者 則為疾得 无上佛道
能於來世 讀持此經 是真佛子 住淳善地
佛滅度後 能解其義 是諸天人 世間之眼
於恐畏世 能須臾說 一切天人 皆應供養

BD01632 號　妙法蓮華經卷四　（4–2）

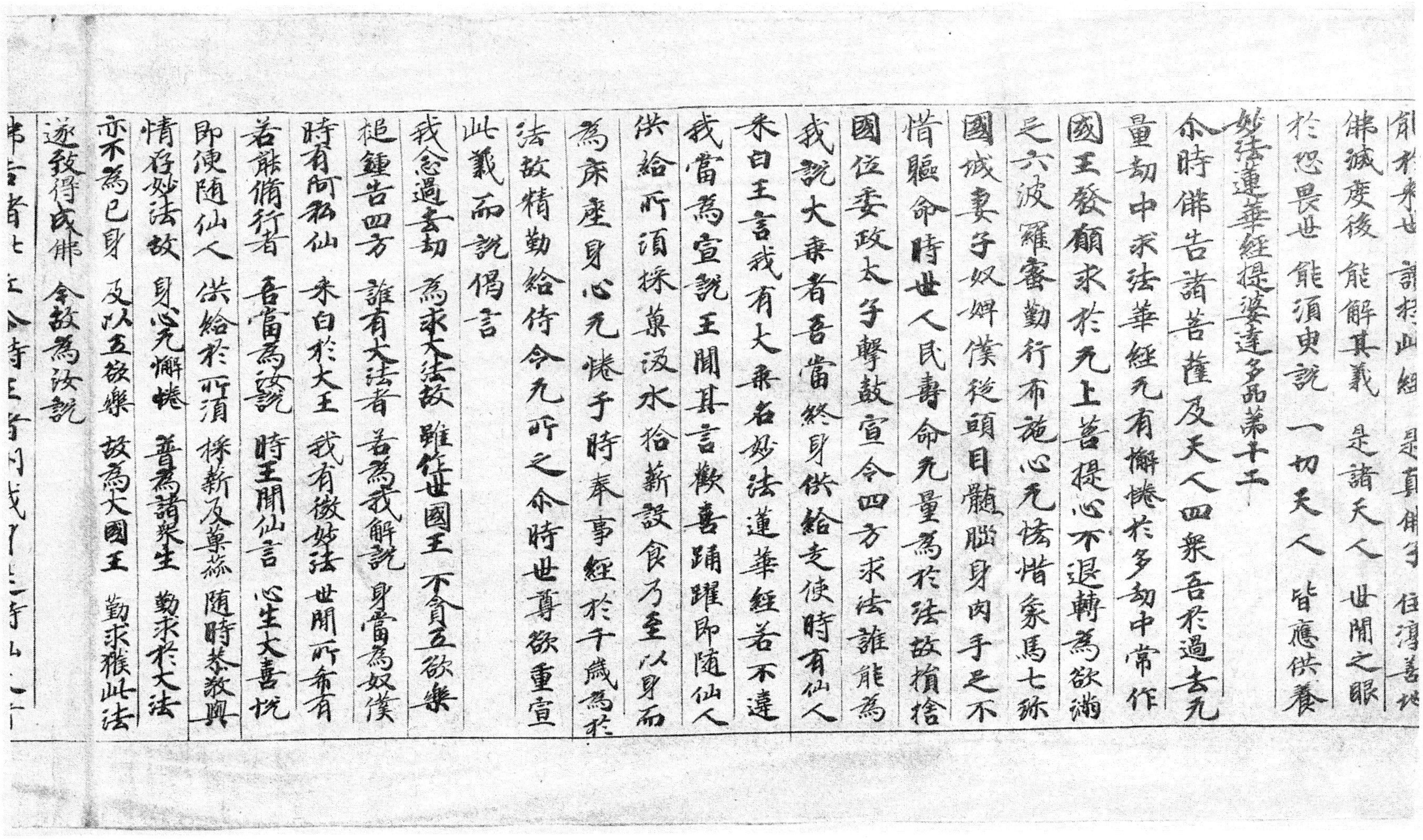

能於來世 讀持此經 是真佛子 住淳善地
佛滅度後 能解其義 是諸天人 世間之眼
於恐畏世 能須臾說 一切天人 皆應供養
妙法蓮華經提婆達多品第十二
尒時佛告諸菩薩及天人四衆吾於過去无
量劫中求法華經无有懈惓於多劫中常作
國王發願求於无上菩提心不退轉為欲滿
足六波羅蜜勤行布施心无悋惜象馬七珎
國城妻子奴婢僕從頭目髓腦身肉手足不
惜軀命時世人民壽命无量為於法故捐捨
國位委政太子擊鼓宣令四方求法誰能為
我說大乘者吾當終身供給走使時有仙人
來白王言我有大乘名妙法蓮華經若不違
我當為宣說王聞其言歡喜踊躍即隨仙人
供給所須採菓汲水拾薪設食乃至以身而
為床座身心无惓于時奉事經於千歲為於
法故精勤給侍令无所乏尒時世尊欲重宣
此義而說偈言
我念過去劫 為求大法故 雖作世國王 不貪五欲樂
搥鍾告四方 誰有大法者 若為我解說 身當為奴僕
時有阿私仙 來白於大王 我有微妙法 世間所希有
若能脩行者 吾當為汝說 時王聞仙言 心生大喜悅
即便隨仙人 供給於所須 採薪及菓蓏 隨時恭敬與
情存妙法故 身心无懈惓 普為諸衆生 勤求於大法
亦不為己身 及以五欲樂 故為大國王 勤求獲此法
遂致得成佛 今故為汝說
佛告諸比丘尒時王者則我身是時仙人

BD01632號　妙法蓮華經卷四　（4–3）

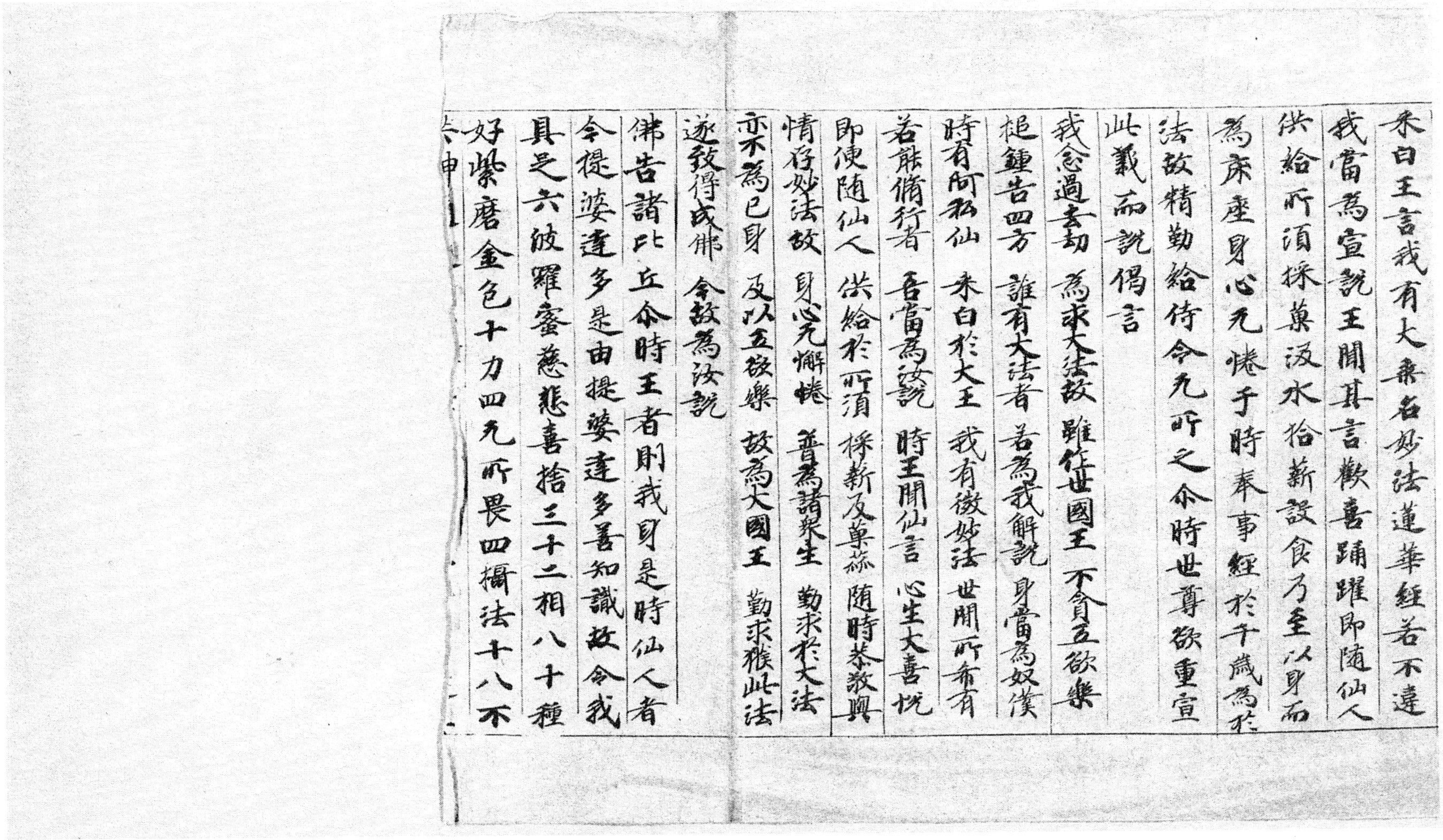

來白王言我有大乘名妙法蓮華經若不違
我當為宣說王聞其言歡喜踊躍即隨仙人
供給所須採菓汲水拾薪設食乃至以身而
為床座身心无惓于時奉事經於千歲為於
法故精勤給侍令无所乏尒時世尊欲重宣
此義而說偈言
我念過去劫 為求大法故 雖作世國王 不貪五欲樂
搥鍾告四方 誰有大法者 若為我解說 身當為奴僕
時有阿私仙 來白於大王 我有微妙法 世間所希有
若能脩行者 吾當為汝說 時王聞仙言 心生大喜悅
即便隨仙人 供給於所須 採薪及菓蓏 隨時恭敬與
情存妙法故 身心无懈惓 普為諸衆生 勤求於大法
亦不為己身 及以五欲樂 故為大國王 勤求獲此法
遂致得成佛 今故為汝說
佛告諸比丘尒時王者則我身是時仙人者
今提婆達多是由提婆達多善知識故令我
具足六波羅蜜慈悲喜捨三十二相八十種
好紫磨金色十力四无所畏四攝法十八不
共神

BD01632號　妙法蓮華經卷四　（4–4）

大乘無量壽經
如是我聞一時薄伽梵在舍衛國祇樹給孤獨園與大苾芻僧千二百五十人菩
薩摩訶薩眾俱同會坐尒時世尊告曼殊室利童子曼殊上方有世界名無量
功德聚彼土佛号無量智決定王如來阿耨多羅三藐三菩提現為眾生開示
說法曼殊諦聽南閻浮提人皆短壽大限百年於中夭枉橫死者眾曼殊如
是無量壽如來功德名稱法要若有眾生得聞名号若自書或使人書能為
經卷受持讀誦若於舍宅所住之處以種種花鬘瓔珞塗香末香而為供養如
其命盡復得延年滿足百歲如是曼殊若有眾生得聞是無量壽智決定王如
來一百八名号者益其長壽若有眾生大命將盡憶念是如來名号更得增壽如是曼
殊若有善男子善女人欲求長壽於是無量壽如來一百八名号有得聞者或自書若使
人書受持讀誦得如是等果報福德具足陀羅尼曰 南謨薄伽勃底一 阿波唎蜜多二 阿喻
紇硯娜三 須毗你失指陀四 囉佐耶五 怛他羯他耶六 怛姪他唵七 薩婆桑塞迦囉八 波唎輸底九 達
磨底十 伽迦娜十一 莎訶某持迦底十二 薩婆婆毗輸底十三 摩訶娜耶十四 波唎婆嚟莎訶十五
世尊復告曼殊室利若是如來一百八名号若有自書或使人書為經卷受持讀誦如壽命盡復滿百年壽
終此身後得往生無量福智世界無量壽淨土陀羅尼曰 南謨薄伽勃底一 阿波唎蜜多二 阿
喻紇硯娜三 須毗你失指陀四 囉佐耶五 怛他羯他耶六 怛姪他唵七 薩婆桑塞迦囉八 鉢唎輸底九
達磨底十 伽迦娜十一 莎訶某持迦底十二 薩婆婆毗輸底十三 摩訶娜耶十四 波唎婆嚟莎訶十五
尒時有九十九俱胝佛一時同聲說是無量壽宗要經陀羅尼曰
南謨薄伽勃底一 阿波唎蜜多二 阿喻紇硯娜三 須毗你失指陀四 囉佐耶五 怛他羯他耶六 怛姪
他唵七 薩婆桑塞迦囉八 鉢唎輸底九 達磨底十 伽迦娜十一 莎訶某持迦底十二 薩婆婆毗輸底
十三 摩訶娜耶十四 波唎婆嚟莎訶十五 尒時復有百四俱胝佛同聲說是無量壽宗要經陀羅尼曰
南謨薄伽勃底一 阿波唎蜜多二 阿喻紇硯娜三 須毗你失指陀四 囉佐耶五 怛他羯他耶六 怛姪他唵七 薩婆桑
塞迦囉八 鉢唎輸底九 達磨底十 伽迦娜十一 莎訶某持迦底十二 薩婆婆毗輸底十三 摩訶娜耶十四 波唎婆
嚟莎訶十五 尒時復有七俱胝佛一時同聲說是無量壽宗要經陀羅尼曰 南謨薄伽勃底一 阿波唎蜜

BD01633 號　無量壽宗要經　（5–1）

南謨薄伽勃底一 阿波唎蜜多二 阿喻紇硯娜三 須毗你失指陀四 囉佐耶五 怛他羯他耶六 怛姪
他唵七 薩婆桑塞迦囉八 鉢唎輸底九 達磨底十 伽迦娜十一 莎訶某持迦底十二 薩婆婆毗輸底
十三 摩訶娜耶十四 波唎婆嚟莎訶十五 尒時復有百四俱胝佛同聲說是無量壽宗要經陀羅尼曰
南謨薄伽勃底一 阿波唎蜜多二 阿喻紇硯娜三 須毗你失指陀四 囉佐耶五 怛他羯他耶六 怛姪他唵七 薩婆桑
塞迦囉八 鉢唎輸底九 達磨底十 伽迦娜十一 莎訶某持迦底十二 薩婆婆毗輸底十三 摩訶娜耶十四 波唎婆
嚟莎訶十五 尒時復有七俱胝佛一時同聲說是無量壽宗要經陀羅尼曰 南謨薄伽勃底一 阿波唎蜜多二
阿喻紇硯娜三 須毗你失指陀四 囉佐耶五 怛他羯他耶六 怛姪他唵七 薩婆桑塞迦囉八 波唎輸底九
達磨底十 伽迦娜十一 莎訶某持迦底十二 薩婆婆毗輸底十三 摩訶娜耶十四 波唎婆嚟莎訶十五
尒時復有六十俱胝佛一時同聲說是無量壽宗要經陀羅尼曰 南謨薄伽勃底一 阿波唎蜜
多二 阿喻紇硯娜三 須毗你失指陀四 囉佐耶五 怛他羯他耶六 怛姪他唵七 薩婆桑塞迦囉八 鉢唎輸
底九 達磨底十 伽迦娜十一 莎訶某持迦底十二 薩婆婆毗輸底十三 摩訶娜耶十四 波唎婆嚟莎訶十五
尒時復有五十俱胝佛一時同聲說是無量壽宗要經陀羅尼曰 南謨薄伽勃底一 阿波唎蜜
多二 阿喻紇硯娜三 須毗你失指陀四 囉佐耶五 怛他羯他耶六 怛姪他唵七 薩婆桑塞迦囉八
波唎輸底九 達磨底十 伽迦娜十一 莎訶某持迦底十二 薩婆婆毗輸底十三 摩訶娜耶十四 波唎婆嚟莎
河
尒時復有四十五俱胝佛一時同聲說是無量壽宗要經陀羅尼曰 南謨薄伽勃底一 阿波
唎蜜多二 阿喻紇硯娜三 須毗你失指陀四 囉佐耶五 怛他羯他耶六 怛姪他唵七 薩婆桑塞迦
囉八 波唎輸底九 達磨底十 伽迦娜十一 莎訶某持迦底十二 薩婆婆毗輸底十三 摩訶娜耶十四 波
唎婆嚟莎訶十五 尒時復有三十六俱胝佛一時同聲說是無量壽宗要經陀羅尼曰
南謨薄伽勃底一 阿波唎蜜多二 阿喻紇硯娜三 須毗你失指陀四 囉佐耶五 怛他羯他耶六
怛姪他唵七 薩婆桑塞迦囉八 波唎輸底九 達磨底十 伽迦娜十一 莎訶某持迦底十二 薩婆
婆毗輸底十三 摩訶娜耶十四 波唎婆嚟莎訶十五 尒時復有二十五俱胝佛一時同聲說是無
量壽宗要經陀羅尼曰 南謨薄伽勃底一 阿波唎蜜多二 阿喻紇硯娜三 須毗你失指陀四 囉
佐耶五 怛他羯他耶六 怛姪他唵七 薩婆桑塞迦囉八 鉢唎輸底九 達磨底十 伽迦娜十一
莎訶某持迦底十二 薩婆婆毗輸底十三 摩訶娜耶十四 波唎婆嚟莎訶十五 尒時復有恒河
沙俱胝佛一時同聲說是無量壽宗要經陀羅尼曰 南謨薄伽勃底一 阿波唎蜜多二 阿喻
紇硯娜三 須毗你失指陀四 囉佐耶五 怛他羯他耶六 怛姪他唵七 薩婆桑塞迦囉八 鉢唎
輸底九 達磨底十 伽迦娜十一 莎訶某持迦底十二 薩婆婆毗輸底十三 摩訶娜耶十四 波唎婆嚟莎河
十五 善男子若有自書寫教人書寫是無量壽宗要經如其命盡復得長壽滿百年陀
羅尼曰 南謨薄伽勃底一 阿波唎蜜多二 阿喻紇硯娜三 須毗你失指陀四 囉佐耶五 怛
他羯他耶六 怛姪他唵七 薩婆桑塞迦囉八 波唎輸底九 達磨底十 伽迦娜十一 莎訶某持迦

BD01633 號　無量壽宗要經　（5–2）

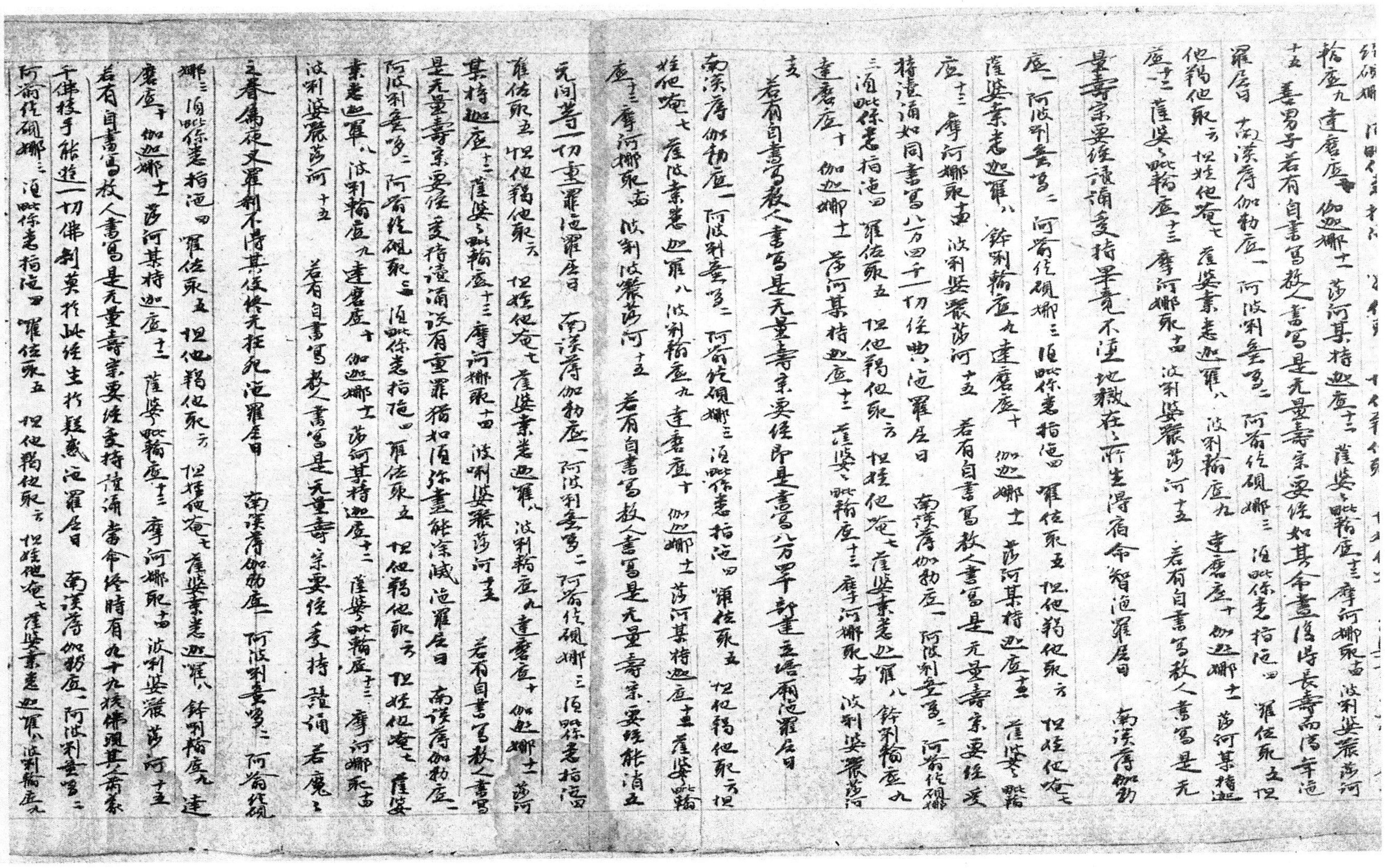
輸底九 達磨底十 伽迦娜十一 莎訶某持迦底十二 薩婆毗輸底十三 摩訶娜耶十四 波利婆嚴莎訶
十五 善男子若有自書寫教人書寫是无量壽宗要經如其命盡復得長壽而滿年滿
羅尼曰 南謨薄伽勃底一 阿波唎蜜哆二 阿喻紇硯娜三 須毗儞悉指陀四 囉佐耶五 怛
他羯他耶六 怛姪他唵七 薩婆桑悉迦羅八 波利輸底九 達磨底十 伽迦娜十一 莎訶某持迦
底十二 薩婆毗輸底十三 摩訶娜耶十四 波利婆嚴莎訶十五 若有自書寫教人書寫是无
量壽宗要經讀誦受持畢竟不墮地獄在在所生得宿命智陀羅尼曰 南謨薄伽勃
底一 阿波唎蜜哆二 阿喻紇硯娜三 須毗儞悉指陀四 囉佐耶五 怛他羯他耶六 怛姪他唵七
薩婆桑悉迦羅八 鉢唎輸底九 達磨底十 伽迦娜十一 莎訶某持迦底十二 薩婆毗輸
底十三 摩訶娜耶十四 波利婆嚴莎訶十五 若有自書寫教人書寫是无量壽宗要經受
持讀誦如同書寫八万四千一切經典陀羅尼曰 南謨薄伽勃底一 阿波唎蜜哆二 阿喻紇硯娜
三 須毗儞悉指陀四 囉佐耶五 怛他羯他耶六 怛姪他唵七 薩婆桑悉迦羅八 鉢唎輸底九
達磨底十 伽迦娜十一 莎訶某持迦底十二 薩婆毗輸底十三 摩訶娜耶十四 波利婆嚴莎訶
十五 若有自書寫教人書寫是无量壽宗要經即是書寫八万四千部建立塔廟陀羅尼曰
南謨薄伽勃底一 阿波唎蜜哆二 阿喻紇硯娜三 須毗儞悉指陀四 囉佐耶五 怛他羯他耶六 怛
姪他唵七 薩婆桑悉迦羅八 波利輸底九 達磨底十 伽迦娜十一 莎訶某持迦底十二 薩婆毗輸
底十三 摩訶娜耶十四 波利婆嚴莎訶十五 若有自書寫教人書寫是无量壽宗要經能消五
無間等一切重罪陀羅尼曰 南謨薄伽勃底一 阿波唎蜜哆二 阿喻紇硯娜三 須毗儞悉指陀四
囉佐耶五 怛他羯他耶六 怛姪他唵七 薩婆桑悉迦羅八 波利輸底九 達磨底十 伽迦娜十一 莎訶
某持迦底十二 薩婆毗輸底十三 摩訶娜耶十四 波利婆嚴莎訶十五 若有自書寫教人書寫
是无量壽宗要經受持讀誦設有重罪猶如須彌盡能除滅陀羅尼曰 南謨薄伽勃底一
阿波唎蜜哆二 阿喻紇硯耶三 須毗儞悉指陀四 囉佐耶五 怛他羯他耶六 怛姪他唵七 薩婆
桑悉迦羅八 波利輸底九 達磨底十 伽迦娜十一 莎訶某持迦底十二 薩婆毗輸底十三 摩訶娜耶十四
波利婆嚴莎訶十五 若有自書寫教人書寫是无量壽宗要經受持讀誦若魔王
之眷屬夜叉羅剎不得其便終无枉死陀羅尼曰 南謨薄伽勃底一 阿波唎蜜哆二 阿喻紇硯
娜三 須毗儞悉指陀四 囉佐耶五 怛他羯他耶六 怛姪他唵七 薩婆桑悉迦羅八 鉢唎輸底九 達
磨底十 伽迦娜十一 莎訶某持迦底十二 薩婆毗輸底十三 摩訶娜耶十四 波利婆嚴莎訶十五
若有自書寫教人書寫是无量壽宗要經受持讀誦當命終時有九十九俱胝佛現其人前來
千佛授手能遊一切佛剎莫於此經生於疑惑陀羅尼曰 南謨薄伽勃底一 阿波唎蜜哆二
阿喻紇硯娜三 須毗儞悉指陀四 囉佐耶五 怛他羯他耶六 怛姪他唵七 薩婆桑悉迦羅八 波利輸底九

BD01633 號　無量壽宗要經

（5–3）

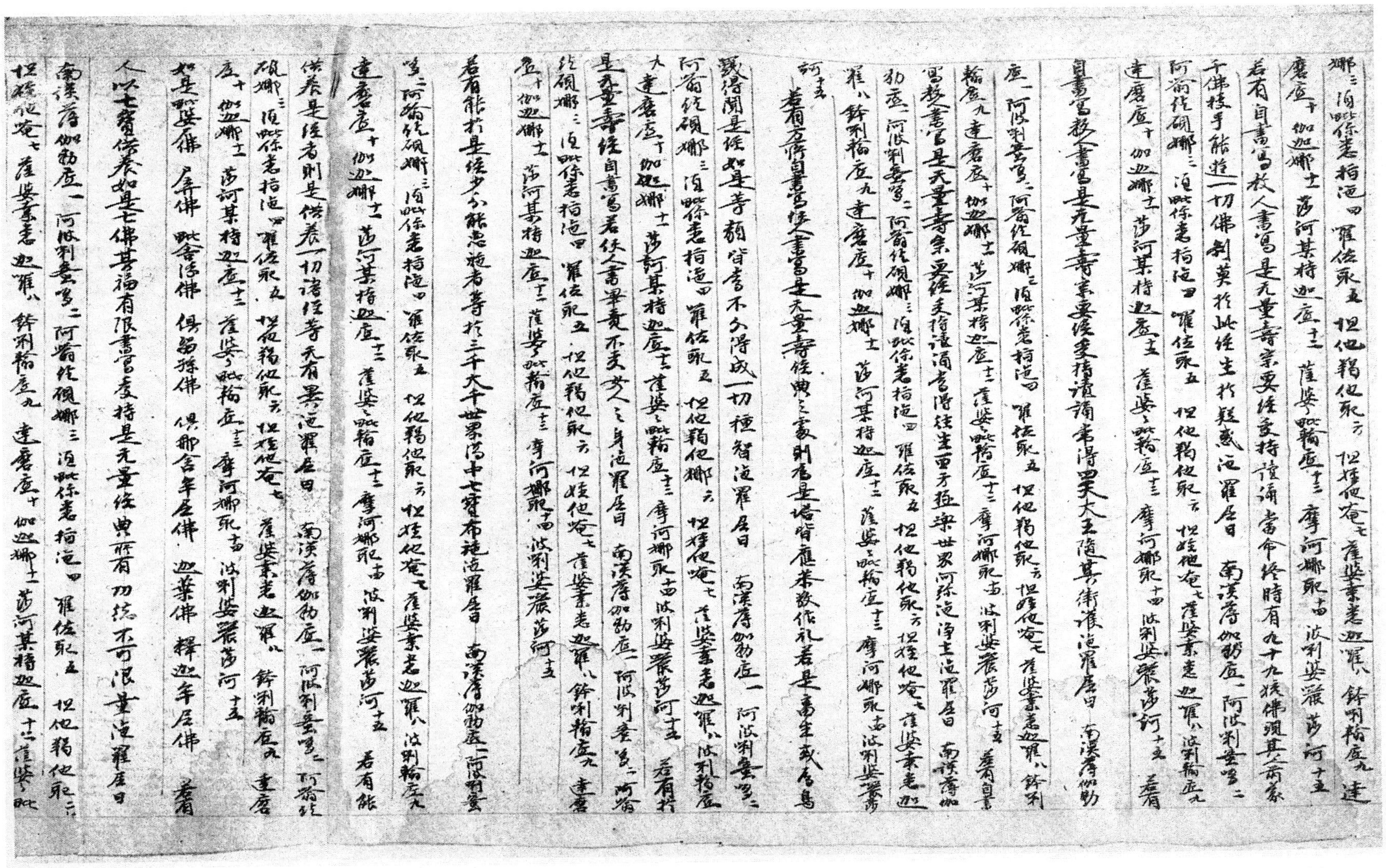
娜三 須毗儞悉指陀四 囉佐耶五 怛他羯他耶六 怛姪他唵七 薩婆桑悉迦羅八 鉢唎輸底九 達
磨底十 伽迦娜十一 莎訶某持迦底十二 薩婆毗輸底十三 摩訶娜耶十四 波利婆嚴莎訶十五
若有自書寫教人書寫是无量壽宗要經受持讀誦當命終時有九十九俱胝佛現其人前來
千佛授手能遊一切佛剎莫於此經生於疑惑陀羅尼曰 南謨薄伽勃底一 阿波唎蜜哆二
阿喻紇硯娜三 須毗儞悉指陀四 囉佐耶五 怛他羯他耶六 怛姪他唵七 薩婆桑悉迦羅八 波利輸底九
達磨底十 伽迦娜十一 莎訶某持迦底十二 薩婆毗輸底十三 摩訶娜耶十四 波利婆嚴莎訶十五 若有
自書寫教人書寫是无量壽宗要經受持讀誦常得四天大王隨其衛護陀羅尼曰 南謨薄伽勃
底一 阿波唎蜜哆二 阿喻紇硯娜三 須毗儞悉指陀四 囉佐耶五 怛他羯他耶六 怛姪他唵七 薩婆桑悉迦羅八 鉢唎
輸底九 達磨底十 伽迦娜十一 莎訶某持迦底十二 薩婆毗輸底十三 摩訶娜耶十四 波利婆嚴莎訶十五 若有自書
寫教人書寫是无量壽宗要經受持讀誦者得往生西方極樂世界阿彌陀淨土陀羅尼曰 南謨薄伽
勃底一 阿波唎蜜哆二 阿喻紇硯娜三 須毗儞悉指陀四 囉佐耶五 怛他羯他耶六 怛姪他唵七 薩婆桑悉迦
羅八 鉢唎輸底九 達磨底十 伽迦娜十一 莎訶某持迦底十二 薩婆毗輸底十三 摩訶娜耶十四 波利婆嚴莎
訶十五
若有方便自書寫使人書寫是无量壽經典之處則為是塔皆應恭敬作禮若是畜生或飛鳥
獸得聞是經如是等類皆不久得成一切種智陀羅尼曰 南謨薄伽勃底一 阿波唎蜜哆二
阿喻紇硯娜三 須毗儞悉指陀四 囉佐耶五 怛他羯他娜六 怛姪他唵七 薩婆桑悉迦羅八 波利輸底
九 達磨底十 伽迦娜十一 莎訶某持迦底十二 薩婆毗輸底十三 摩訶娜耶十四 波利婆嚴莎訶十五 若有於
是无量壽經自書寫若使人書畢竟不受女人之身陀羅尼曰 南謨薄伽勃底一 阿波唎蜜哆二 阿喻
紇硯娜三 須毗儞悉指陀四 囉佐耶五 怛他羯他耶六 怛姪他唵七 薩婆桑悉迦羅八 鉢唎輸底九 達磨
底十 伽迦娜十一 莎訶某持迦底十二 薩婆毗輸底十三 摩訶娜耶十四 波利婆嚴莎訶十五
若有能於是經少分布施者等於三千大千世界滿中七寶布施陀羅尼曰 南謨薄伽勃底一 阿波唎蜜
哆二 阿喻紇硯娜三 須毗儞悉指陀四 囉佐耶五 怛他羯他耶六 怛姪他唵七 薩婆桑悉迦羅八 波利輸底九
達磨底十 伽迦娜十一 莎訶某持迦底十二 薩婆毗輸底十三 摩訶娜耶十四 波利婆嚴莎訶十五 若有能
供養是經者則是供養一切諸經等无有異陀羅尼曰 南謨薄伽勃底一 阿波唎蜜哆二 阿喻紇
硯娜三 須毗儞悉指陀四 囉佐耶五 怛他羯他耶六 怛姪他唵七 薩婆桑悉迦羅八 鉢唎輸底九 達磨
底十 伽迦娜十一 莎訶某持迦底十二 薩婆毗輸底十三 摩訶娜耶十四 波利婆嚴莎訶十五
如毗婆尸佛 尸棄佛 毗舍浮佛 俱留孫佛 俱那含牟尼佛 迦葉佛 釋迦牟尼佛 若有
人以七寶供養如是七佛其福有限書寫受持是无量經典所有功德不可限量陀羅尼曰
南謨薄伽勃底一 阿波唎蜜哆二 阿喻紇硯娜三 須毗儞悉指陀四 囉佐耶五 怛他羯他耶六
怛姪他唵七 薩婆桑悉迦羅八 鉢唎輸底九 達磨底十 伽迦娜十一 莎訶某持迦底十二 薩婆毗

BD01633 號　無量壽宗要經

（5–4）

人以七寶供養如是七佛其福有限書寫受持是无量經典所有功德不可限量陁羅尼曰
南謨薄伽勃底一 阿波唎蜜多二 阿喻紇硯娜三 須毗你志指陁四 羅佐耶五 怛他羯他耶六
怛姪他唵七 薩婆桑悉迦羅八 鉢唎輸底九 達磨底十 伽迦娜十一 莎訶某猜迦底十二 薩婆毗
輸底十三 摩訶娜耶十四 波唎婆嚟莎訶十五 若有七寶善於須弥山用布施其福上能知其
限量是无量壽經典其福不可知數量陁羅尼曰 南謨薄伽勃底一 阿波唎蜜多二 阿喻紇硯
娜三 須毗你志指陁四 羅佐耶五 怛他羯他耶六 怛姪他唵七 薩婆桑悉迦羅八 鉢唎輸底九 達磨
底十 伽迦娜十一 莎訶某猜迦底十二 薩婆毗輸底十三 摩訶娜耶十四 波唎婆嚟莎訶十五
如是四大海水可知滴數是无量壽經典所生果報不可數量陁羅尼曰 南謨薄伽勃底一
阿波唎蜜多二 阿喻紇硯娜三 須毗你志指陁四 羅佐耶五 怛他羯他耶六 怛姪他唵七 薩婆桑悉迦囉
八 鉢唎輸底九 達磨底十 伽迦娜十一 莎訶某猜迦底十二 薩婆毗輸底十三 摩訶娜耶十四 波唎婆嚟
莎訶十五 若有自書使人書寫是无量壽經典又能讀持供養而如恭敬供養一切十方佛土
如來无有別異陁羅尼曰 南謨薄伽勃底一 阿波唎蜜多二 阿喻紇硯娜三 須毗你
志指陁四 羅佐耶五 怛他羯他耶六 怛姪他唵七 薩婆桑悉迦羅八 鉢唎輸底九 達
磨底十 伽迦娜十一 莎訶某猜迦底十二 薩婆毗輸底十三 摩訶娜耶十四 波唎婆嚟莎訶十五
布施力能成正覺 悟布施力人師子 布施力能聲響聞 慈悲滔衛衆能入
持戒力能成正覺 悟持戒力人師子 持戒力能聲響聞 慈悲滔衛衆能入
忍辱力能成正覺 悟忍辱力人師子 忍辱力能聲響聞 慈悲滔衛衆能入
精進力能成正覺 悟精進力人師子 精進力能聲響聞 慈悲滔衛衆能入
禪定力能成正覺 悟禪定力人師子 禪定力能聲響聞 慈悲滔衛衆能入
智慧力能成正覺 悟智慧力人師子 智慧力能聲響聞 慈悲滔衛衆能入
尒時如來說是經已一切世間天人 阿脩羅揵闥婆等聞
佛所說皆大歡喜信受奉行
佛說无量壽宗要經

BD01633 號　無量壽宗要經　（5–5）

人於後末世能受持讀誦此經所得功德
我所供養諸佛功德百分不及一千万億分
乃至筭數譬喻所不能及須菩提善男子
善女人於後末世有受持讀誦此經所得功
德我若具說者或有人聞心則狂亂狐疑不
信須菩提當知是經義不可思議果報亦不
可思議
尒時須菩提白佛言世尊善男子善女人發
阿耨多羅三藐三菩提心云何應住云何降
伏其心佛告須菩提善男子善女人發阿耨
多羅三藐三菩提者當生如是心我應滅度
一切衆生滅度一切衆生已而无有一衆生
實滅度者何以故若菩薩有我相人相衆生
相壽者相則非菩薩所以者何須菩提實无
有法發阿耨多羅三藐三菩提者
須菩提於意云何如來於然燈佛所有法得
阿耨多羅三藐三菩提不不也世尊如我解
佛所說義佛於然燈佛所无有法得阿耨多
羅三藐三菩提佛言如是如是須菩提實无

BD01634 號　金剛般若波羅蜜經　（2–1）

有法發阿耨多羅三藐三菩提者
須菩提於意云何如來於然燈佛所有法得
阿耨多羅三藐三菩提不不也世尊如我解
佛所說義佛於然燈佛所无有法得阿耨多
羅三藐三菩提佛言如是如是須菩提實无
有法如來得阿耨多羅三藐三菩提須菩提
若有法如來得阿耨多羅三藐三菩提者然燈
佛則不與我受記汝於來世當得作佛号釋
迦牟尼以實无有法得阿耨多羅三藐三菩
提是故然燈佛與我受記作是言汝於來世
當得作佛号釋迦牟尼何以故如來者即諸
法如義若有人言如來得阿耨多羅三藐三
菩提須菩提實无有法佛得阿耨多羅三藐
三菩提須菩提如來所得阿耨多羅三藐三
菩提於是中无實无虛是故如來說一切法
皆是佛法須菩提所言一切法者即非一切
法是故名一切法
須菩提譬如人身長大須菩提言世尊如來
說人身長大則爲非大身是名大身
須菩提菩薩亦如是若作是言我當滅度无
量衆生則不名菩薩何以故須菩提實无有
法名爲菩薩是故佛說一切法无我无人无
[illegible]

BD01634 號　金剛般若波羅蜜經　（2–2）

有[illegible]之名稱高遠踰於須弥深信堅固猶若
金剛法寶普照而雨甘露於衆言音微妙第
一深入緣起斷諸邪見有无二邊无復餘習
演法无畏猶師子吼其所講說乃如雷震无
有量已過量集衆法寶如海導師了達諸法
深妙之義善知衆生往來所趣及心所行近无
等等佛自在慧十力无畏十八不共關閉一
切諸惡趣門而生五道以現其身爲大醫王
善療衆病應病與藥令得服行无量功德
皆成就无量佛土皆嚴淨其見聞者无不蒙
益諸有所作亦不唐捐如是一切功德皆悉具
足其名曰等觀菩薩不等觀菩薩等不等
觀菩薩定自在王菩薩法自在王菩薩法相菩薩
光相菩薩光嚴菩薩大嚴菩薩寶積菩薩辯
積菩薩寶手菩薩寶印手菩薩常舉手菩薩
常下手菩薩常慘菩薩喜根菩薩喜王菩薩
辯音菩薩虛空藏菩薩執寶炬菩薩寶勇菩
薩寶見菩薩帝網菩薩明網菩薩无緣觀菩
薩慧積菩薩寶勝菩薩天王菩薩壞魔菩薩
電德菩薩自在王菩薩功德相嚴菩薩師[illegible]

BD01635 號　維摩詰所說經卷上　（2–1）

積菩薩寶手菩薩寶印手菩薩常舉手菩薩
常下手菩薩常慘菩薩喜根菩薩喜王菩薩
辯音菩薩虛空藏菩薩執寶炬菩薩寶勇菩
菩寶見菩薩帝網菩薩明網菩薩无緣觀菩
薩慧積菩薩寶勝菩薩天王菩薩壞魔菩薩
電德菩薩自在王菩薩功德相嚴菩薩師子
吼菩薩雷音菩薩山相擊音菩薩香象菩薩
白香象菩薩常精進菩薩不休息菩薩妙生
菩薩華嚴菩薩觀世音菩薩得大勢菩薩梵
網菩薩寶杖菩薩无勝菩薩嚴土菩薩金髻
菩薩珠髻菩薩弥勒菩薩文殊師利法王子菩
薩如是等三万二千人俱
復有万梵天王尸棄等從餘四天下來詣佛所
而聽法復有万二千天帝亦從餘四天下來在
會坐并餘大威力諸天龍神夜叉乾闥婆阿
脩羅迦樓羅緊那羅摩睺羅伽等悉來會
坐諸比丘比丘尼優婆塞優婆夷俱來會坐
彼時佛與无量百千之衆恭敬圍遶而為說
法譬如須弥山王顯于大海安處衆寶師子
之坐蔽於一切諸來大衆

BD01635 號　維摩詰所說經卷上　（2–2）

此經一切世間天人
所應供養當知此處則為是塔皆應恭敬作
禮圍遶以諸華香而散其處
復次須菩提善男子善女人受持讀誦此經
若為人輕賤是人先世罪業應墮惡道以今
世人輕賤故先世罪業則為消滅當得阿耨
多羅三藐三菩提須菩提我念過去无量阿
僧祇劫於然燈佛前得值八百四千万億那
由他諸佛悉皆供養承事无空過者若復有
人於後末世能受持讀誦此經所得功德於
我所供養諸佛功德百分不及一千万億分
乃至筭數譬喻所不能及須菩提若善男子
善女人於後末世有受持讀誦此經所得功
德我若具說者或有人聞心則狂亂狐疑不
信須菩提當知是經義不可思議果報亦不
可思議
尒時須菩提白佛言世尊善男子善女人發
阿耨多羅三藐三菩提心云何應住云何降
伏其心佛告須菩提善男子善女人發阿耨
多羅三藐三菩提者當生如是心我應滅度
一切衆生滅度一切衆生已而无有一衆生

BD01636 號　金剛般若波羅蜜經　（3–1）

可思議
尒時須菩提白佛言世尊善男子善女人發
阿耨多羅三藐三菩提心云何應住云何降
伏其心佛告須菩提善男子善女人發阿耨
多羅三藐三菩提者當生如是心我應滅度
一切衆生滅度一切衆生已而无有一衆生
實滅度者何以故若菩薩有我相人相衆生
相壽者相則非菩薩所以者何須菩提實无
有法發阿耨多羅三藐三菩提者
須菩提於意云何如来於然燈佛所有法得
阿耨多羅三藐三菩提不不世尊如我解
佛所説義佛於然燈佛所无有法得阿耨多
羅三藐三菩提佛言如是如是須菩提實无
有法如来得阿耨多羅三藐三菩提須菩提
若有法如来得阿耨多羅三藐三菩提然燈
佛則不与我受記汝於来世當得作佛号釋
迦牟尼以實无有法得阿耨多羅三藐三菩
提是故然燈佛与我受記作是言汝於来世
當得作佛号釋迦牟尼何以故如来者即諸
法如義若有人言如来得阿耨多羅三藐三
菩提須菩提實无有法佛得阿耨多羅三藐
三菩提須菩提如来所得阿耨多羅三藐三
菩提於是中无實无虚是故如来説一切法
皆是佛法須菩提所言一切法者即非一切
法是故名一切法
須菩提譬如人身長大須菩提言
来説人身長大則爲非大身是名

BD01636 號　金剛般若波羅蜜經　（3–2）

有法如来得阿耨多羅三藐三菩提須菩提
若有法如来得阿耨多羅三藐三菩提然燈
佛則不与我受記汝於来世當得作佛号釋
迦牟尼以實无有法得阿耨多羅三藐三菩
提是故然燈佛与我受記作是言汝於来世
當得作佛号釋迦牟尼何以故如来者即諸
法如義若有人言如来得阿耨多羅三藐三
菩提須菩提實无有法佛得阿耨多羅三藐
三菩提須菩提如来所得阿耨多羅三藐三
菩提於是中无實无虚是故如来説一切法
皆是佛法須菩提所言一切法者即非一切
法是故名一切法
須菩提譬如人身長大須菩提言
来説人身長大則爲非大身是名〻
須菩提菩薩亦如是若作是言我
須菩
量衆生則不名菩
法名爲菩薩是
衆生无壽
嚴佛〻

BD01636 號　金剛般若波羅蜜經　（3–3）

……者敬尊重
讚歎供養奉諸所安至諸佛滅後以一一全身
舍利起七寶塔縱廣一四天下高至梵天表剎
莊嚴以一切華香瓔珞幢幡伎樂微妙第一
若一劫若減一劫而供養之於天帝意云
何其人植福寧為多不釋提桓因言多矣
世尊彼之福德若以百千億劫說不能盡佛
告天帝當知是善男子善女人聞是不可思議
解脫經典信解受持讀誦修行福多於彼所以
者何諸佛菩提皆從是生菩提之相不可限量
以是因緣福不可量
佛告天帝過去无量阿僧祇劫時世有佛號
曰藥王如來應供正遍知明行足善逝世間
解无上士調御丈夫天人師佛世尊世界曰
大莊嚴劫曰莊嚴佛壽二十小劫其聲聞僧
三十六億那由他菩薩僧有十二億天帝是時
有轉輪聖王名曰寶蓋七寶具足王四天下
王有千子端正勇健能伏怨敵尒時寶蓋
與其眷屬供養藥王如來施所安至滿五
劫過五劫已告其千子汝等亦當如我以深心
供養於佛於是千子受父王命供養藥王
如來復滿五劫一切施安其王一子名曰月蓋

BD01637號　維摩詰所說經卷下　（2–1）

解无上士調御丈夫天人師佛世尊世界曰
大莊嚴劫曰莊嚴佛壽二十小劫其聲聞僧
三十六億那由他菩薩僧有十二億天帝是時
有轉輪聖王名曰寶蓋七寶具足王四天下
王有千子端正勇健能伏怨敵尒時寶蓋
與其眷屬供養藥王如來施所安至滿五
劫過五劫已告其千子汝等亦當如我以深心
供養於佛於是千子受父王命供養藥王
如來復滿五劫一切施安其王一子名曰月蓋
獨坐思惟寧有供養殊過此者以佛神力
空中有天曰善男子法之供養勝諸供養
即問何謂法之供養天曰汝可往問藥王如
來當廣為汝說法之供養即時月蓋王子行詣
藥王如來稽首佛足却住一面白佛言世尊
諸供養中法供養勝云何為法供養佛言善
男子法供養者諸佛所說深經一切世間難
信難受微妙難見清淨无染非但分別思惟
之所能得菩薩法藏所攝陀羅尼印印之
至不退轉成就六度善分別義順菩提法眾經
之上入大慈悲離眾魔事及諸邪見順因緣
法无我无人无眾生无壽命空无相无作无起能
令眾生坐於道場而轉法輪諸天龍神乾闥婆
等所共歎譽能令眾生入佛法藏攝諸賢
[illegible]二[illegible]衣[illegible]諸

BD01637號　維摩詰所說經卷下　（2–2）

具故忍辱是道場於諸衆生心无礙故精進
是道場不懈退故禪定是道場心調柔故智
慧是道場現見諸法故慈是道場等衆生故
悲是道場忍疲苦故喜是道場悅樂法故捨
是道場憎愛斷故神通是道場成就六通故
解脫是道場能背捨故方便是道場教化衆
生故四攝是道場攝衆生故多聞是道場如
聞行故伏心是道場正觀諸法故卅七品是
道場捨有為法故諦是道場不誑世間故緣
起是道場无明乃至老死皆无盡故諸煩惱
是道場知如實故衆生是道場知无我故一
切法是道場知諸法空故降魔是道場不傾
動故三界是道場无所趣故師子吼是道場
无所畏故力无畏不共法是道場无諸過故
三明是道場无餘礙故一念知一切法是道
場成就一切智故如是善男子菩薩若應諸
波羅蜜教化衆生諸有所作舉足下足當知
皆從道場來住於佛法矣說是法時五百天
人皆發阿耨多羅三藐三菩提心故我不任
詣彼問疾

BD01638 號　維摩詰所說經卷上　（5–1）

場成就一切智故如是善男子菩薩若應諸
波羅蜜教化衆生諸有所作舉足下足當知
皆從道場來住於佛法矣說是法時五百天
人皆發阿耨多羅三藐三菩提心故我不任
詣彼問疾
佛告持世菩薩汝行詣維摩詰問疾持世白
佛言世尊我不堪任詣彼問疾所以者何憶
念我昔住於靜室時魔波旬從萬二千天女
狀如帝釋鼓樂絃歌來詣我所與其眷屬稽
首我足合掌恭敬於一面立我意謂是帝釋
而語之言善來憍尸迦雖福應有不當自恣
當觀五欲无常以求善本於身命財而脩堅
法即語我言正士受是萬二千天女可備掃
灑我言憍尸迦无以此非法之物要我沙門
釋子此非我宜所言未訖時維摩詰來謂我
言非帝釋也是為魔來嬈固汝耳即語魔言
是諸女等可以與我如我應受魔即驚懼念
維摩詰將无惱我欲隱形去而不能隱盡其
神力亦不得去即聞空中聲曰波旬以女與
之乃可得去魔以畏故俛仰而與尒時維摩
詰語諸女言魔以汝等與我今汝皆當發阿
耨多羅三藐三菩提心即隨所應而為說法
令發道意復言汝等已發道意有法樂可以
自娛不應復樂五欲樂也天女即問何謂法
樂荅言樂常信佛樂欲聽法樂供養衆樂
離五欲樂觀五陰如怨賊樂觀四大如毒蛇樂

BD01638 號　維摩詰所說經卷上　（5–2）

令發道意復言汝等已發道意有法樂可以
自娛不應復樂五欲樂也天女即問何謂法
樂荅言樂常信佛樂欲聽法樂供養衆樂
離五欲樂觀五陰如怨賊樂觀四大如毒虵樂
觀內入如空聚樂隨護道意樂饒益衆生樂
敬養師樂廣行施樂堅持戒樂忍辱柔和樂
勤集善根樂禪定不亂樂離垢明慧樂廣菩
提心樂降伏衆魔樂斷諸煩惱樂淨佛國土
樂成就相好故脩諸功德樂嚴道場樂聞深
法不畏樂三脫門不樂非時樂近同學樂於
非同學中心无恚礙樂將護惡知識樂近善
知識樂心喜清淨樂脩无量道品之法是為
菩薩法樂於是波旬告諸女言我欲與汝俱
還天宮諸女言以我等與此居士有法樂我
等甚樂不復樂五欲樂也魔言居士可捨此
女一切所有施於彼者是為菩薩維摩詰言
我已捨矣汝便將去令一切衆生得法願具
足於是諸女問維摩詰我等云何止於魔宮
維摩詰言諸姊有法門名无盡燈汝等當學
无盡燈者譬如一燈然百千燈冥者皆明明
終不盡如是諸姊夫一菩薩開導百千衆生
令發阿耨多羅三藐三菩提心於其道意亦
不滅盡隨所說法而自增益一切善法是名
无盡燈也汝等雖住魔宮以是无盡燈令无
數天子天女發阿耨多羅三藐三菩提心者
為報佛恩亦大饒益一切衆生尒時天女頭

BD01638 號　維摩詰所說經卷上

（5–3）

无盡燈也汝等雖住魔宮以是无盡燈令无
數天子天女發阿耨多羅三藐三菩提心者
為報佛恩亦大饒益一切衆生尒時天女頭
面礼維摩詰足隨魔還宮忽然不現世尊維
摩詰有如是自在神力智慧辯才故我不
任詣彼問疾
佛告長者子善得汝行詣維摩詰問疾善得
白佛言世尊我不堪任詣彼問疾所以者何
憶念我昔自於父舍設大施會供養一切沙
門婆羅門及諸外道貧窮下賤孤獨乞人期
滿七日時維摩詰來入會中謂我言長者子
夫大施會不當如汝所設當為法施之會何
用是財施會為我言居士何謂法施之會法
施會者无前无後一時供養一切衆生是名
法施之會何謂也謂以菩提起於慈心以救
衆生起大悲心以持正法起於喜心以攝智
慧行於捨心以攝慳貪起檀波羅蜜以化犯
戒起尸波羅蜜以无我法起羼提波羅蜜以
離身心相起毗梨耶波羅蜜以菩提相起禪
波羅蜜以一切智起般若波羅蜜教化衆生
而起於空不捨有為法而起无相示現受生
而起无作護持正法起方便力以度衆生起
四攝法以敬事一切起除慢法於身命財起
三堅法於六念中起思念法於六和敬起質
直心正行善法起於淨命心淨歡喜起近賢
聖不憎惡人起調伏心以出家法起於深心

BD01638 號　維摩詰所說經卷上

（5–4）

施會者无前无後一時供養一切衆生是名
法施之會何謂也謂以菩提起於慈心以救
衆生起大悲心以持正法起於喜心以攝智
慧行於捨心以攝慳貪起檀波羅蜜以化犯
戒起尸波羅蜜以无我法起羼提波羅蜜以
離身心相起毗梨耶波羅蜜以菩提相起禪
波羅蜜以一切智起般若波羅蜜教化衆生
而起於空不捨有爲法而起无相示現受生
而起无作護持正法起方便力以度衆生起
四攝法以敬事一切起除慢法於身命財起
三堅法於六念中起思念法於六和敬起質
直心正行善法起於淨命心淨歡喜起近賢
聖不憎惡人起調伏心以出家法起於深心
以如說行起於多聞以諍法起空閑處趣
向佛慧起於宴坐解衆生縛起脩行地以具
相好及淨佛土起福德業知一切衆生心念
如應說法起於智業知一切法不取不捨入

BD01638號　維摩詰所說經卷上　（5–5）

而作聞想所以者何十方國土
諸佛爲欲化諸樂小法者不盡
日時化菩薩既受鉢飯與彼九
千佛威神及維摩詰力於彼世
間至維摩詰舍維摩
子之座嚴好如前諸菩
以滿鉢香飯與維摩詰
城及三千大千世界時此
居士等聞是香氣身意快
耶離婆四
然嘆未曾有於是長者主月蓋從八万四千人來
維摩詰舍見其室中菩薩甚多諸師子座
高廣嚴好皆大歡喜礼衆菩薩及大弟子却
住一面諸地神虛空神及欲色界諸天聞此香
氣亦皆來入維摩詰舍時維摩詰語舍利
弗等諸大聲聞仁者可食如來甘露味飯大
悲所熏无以限意食之使不消也有異聲聞
念是飯少而此大衆人人當食化菩薩曰勿以
聲聞小德小智稱量如來无量福慧四海有
竭此飯无盡使一切人食搏若須彌乃至一劫
猶不能盡所以者何无盡戒定智慧解脫解
脫知見功德具足者所食之餘終不可盡

BD01639號　維摩詰所說經卷下　（2–1）

念是飯少而此大衆人人當食化菩薩曰勿以
聲聞小德小智稱量如來无量福慧四海有
竭此飯无盡使一切人食揣若須彌乃至一劫
猶不能盡所以者何无盡戒定智慧解脫解
脫知見功德具足者所食之餘終不可盡
於是鉢飯悉飽衆會猶故不賜其諸菩薩
聲聞天人食此飯者身安快樂譬如一切樂莊
嚴諸菩薩也又諸毛孔皆出妙香亦如衆
香國土諸樹之香
爾時維摩詰問衆香菩薩香積如來以何
說法彼菩薩曰我土如來无文字說但以衆
香令諸天人律行菩薩各各坐香樹下聞
斯妙香即獲一切德藏三昧得是三昧者菩薩
所有功德皆悉具足彼諸菩薩問維摩詰今世
尊釋迦牟尼以何說法維摩詰言此土衆生剛
强難化故佛為說剛强之語以調伏之言是地
獄是畜生是餓鬼是諸難處是愚人生處是
身邪行是身邪行報是口邪行是口邪行報
是意邪行是意邪行報是煞生是煞生報是
不與取是不與取報是邪婬是邪婬報是妄
語是妄語報是兩舌是兩舌報是惡口是惡口
報是无義語是无義語報是貪嫉是貪嫉報
是邪見是邪見報是慳悋是

BD01639 號　維摩詰所說經卷下　（2–2）

可目食[illegible]
壞於身而隨一相不滅癡愛起於解脫以五逆
相而得解脫亦不解不縛不見四諦非不見諦非
得果非凡夫非離凡夫法非聖人非不聖人
雖成就一切法而離諸法相乃可取食若
須菩提不見佛不聞法彼外道六師富蘭那
迦葉末伽梨拘賒梨子删闍夜毗羅胝子阿
耆多翅舍欽婆羅迦羅鳩䭾迦旃延尼揵陀
若提子等是汝之師因其出家彼師所墮汝
亦隨墮乃可取食若須菩提入諸耶見不到
彼岸住於八難不得无難同於煩惱離清淨
法汝得无諍三昧一切衆生亦得是定其施汝
者不名福田供養汝者墮三惡道為與衆
魔共一手作諸勞侶汝與衆魔及諸塵勞等
无有異於一切衆生而有怨心謗諸佛毀於
法不入衆數終不得滅度汝若如是乃可取
食時我世尊聞此茫然不識是何言不知以
何荅便置鉢欲出其舍維摩詰言唯須菩提
取鉢勿懼於意云何如來所作化人若以是
事詰寧有懼不我言不也維摩詰言一切諸
法如幻化相汝今不應有所懼也所以者何

BD01640 號　維摩詰所說經卷上　（3–1）

大仐
上大
乙巳

何荅便置鉢欲出其舍維摩詰言唯須菩提
取鉢勿懼於意云何如來所作化人若以是
事詰寧有懼不我言不也維摩詰言一切諸
法如幻化相汝今不應有所懼也所以者何
一切言說不離是相至於智者不着文字故
无所懼何以故文字性離无有文字是則解
脫解脫者則諸法也維摩詰說是法時二
百天子得法眼淨故我不任詣彼問疾
佛告富樓那彌多羅尼子汝行詣維摩詰問
疾富樓那白佛言世尊我不堪任詣彼問疾
所以者何憶念我昔於大林中在一樹下為
諸新學比丘說是法時維摩詰來謂我言
唯富樓那先當入定觀此人心然後說法无以穢
食置於寶器當知是比丘心之所念无以瑠
璃同彼水精汝不能知衆生根原无得發起
以小乘法彼自无瘡勿傷之也欲行大道莫
示小徑无以大海內於牛跡无以日光等彼
螢火富樓那此比丘久發大乘心中忘此意
如何以小乘法而教導之我觀小乘智慧微
淺猶如盲人不能分別一切衆生根之利鈍
時維摩詰即入三昧令此比丘自識宿命曾
於五百佛所殖衆德本迴向阿耨多羅三藐
三菩提即時豁然還得本心於是諸比丘稽
首礼維摩詰足時維摩詰因為說法得阿耨
多羅三藐三菩提不復退轉我念聲聞不觀
人根不應說法是故不任詣彼問疾
佛告摩訶迦旃延汝行詣維摩詰問疾迦

所以者何憶念我昔於大林中在一樹下為
諸新學比丘說是法時維摩詰來謂我言
唯富樓那先當入定觀此人心然後說法无以穢
食置於寶器當知是比丘心之所念无以瑠
璃同彼水精汝不能知衆生根原无得發起
以小乘法彼自无瘡勿傷之也欲行大道莫
示小徑无以大海內於牛跡无以日光等彼
螢火富樓那此比丘久發大乘心中忘此意
如何以小乘法而教導之我觀小乘智慧微
淺猶如盲人不能分別一切衆生根之利鈍
時維摩詰即入三昧令此比丘自識宿命曾
於五百佛所殖衆德本迴向阿耨多羅三藐
三菩提即時豁然還得本心於是諸比丘稽
首礼維摩詰足時維摩詰因為說法得阿耨
多羅三藐三菩提不復退轉我念聲聞不觀
人根不應說法是故不任詣彼問疾
佛告摩訶迦旃延汝行詣維摩詰問疾迦
旃延白佛言世尊我不堪任詣彼問疾所以者
何憶念昔者佛為諸比丘略說法要我即於
後敷演其義謂无常義苦義空義无我義
[illegible]

南无光明奮迅佛　南无廣稱佛
南无无量幢佛　南无不可勝佛
南无威德王佛　南无堅固佛
南无妙稱佛　南无无量色佛
南无大信佛　南无妙聲佛
南无不動步佛　南无无量莊嚴佛
南无威德王聚光明佛
南无住智慧佛
南无堅佛　南无憂解脫佛
從此以上四千一百佛十二部經一切賢聖
南无能與无畏佛
南无甘露藏佛
南无善觀佛　南无大須佛
南无山威德佛　南无天供養佛
南无光明勝佛　南无說重佛
南无莊嚴光明佛

BD01641 號　佛名經（十六卷本）卷五　（6–1）

南无甘露藏佛
南无善觀佛　南无大須佛
南无山威德佛　南无天供養佛
南无光明勝佛　南无說重佛
南无莊嚴光明佛
南无師子奮迅佛
南无无量見佛　南无見佛
南无甘露步佛　南无月光明佛
南无稱供養佛　南无讓相佛
南无清淨聲佛　南无障导輪佛
南无甘露聲佛　南无生佛
南无空威德佛　南无功德王佛
南无无量色佛　南无大力佛
南无點慧莊嚴佛
南无見无障导佛
南无師子香佛　南无普見佛
南无善德佛　南无善見佛
南无善色佛　南无慧稱佛
南无寶莊嚴佛　南无妙光佛
南无解脫奮迅佛
南无畢竟智佛　南无智高佛
南无不動智佛　南无集藏惠佛

BD01641 號　佛名經（十六卷本）卷五　（6–2）

南无寶莊嚴佛　南无[illegible]佛
南无解脱奮迅佛
南无畢竟智佛　南无智高佛
南无不動智佛　南无善威德佛
南无快色佛　南无寶聲佛
南无大聲佛　南无善見佛
南无无量威德佛
南无妙思惟佛
南无愛稱佛　南无功德華佛
南无俱蘇摩夾佛
南无難降伏佛
南无妙聲吼佛　南无善見佛
南无衆生可敬佛　南无大明佛
南无无比步佛　南无清淨智佛
南无快聲佛　南无大照佛
南无月照佛　南无智化佛
南无功德莊嚴佛
南无福光明佛
南无智作佛　南无斷有見佛
南无見愛佛　南无无量光佛
南无勝聲佛　南无種種日佛
南无成步佛　南无天佛
南无放蓋佛　南无波婆婆佛

BD01641號　佛名經（十六卷本）卷五　（6–3）

南无勝聲佛　南无種種日佛
南无成步佛　南无天佛
南无放蓋佛　南无波婆婆佛
南无星宿佛　南无覺慧佛
南无增上師子種種鳥吼聲佛
南无吼佛　南无梵聲佛
南无龍吼佛　南无勢自在佛
南无世間自在王佛
南无无量命佛　南无然燈佛
南无无垢蓋佛　南无寶光明佛
南无天威德面佛　南无然燈佛
南无光明勝王佛　南无普照佛
南无智慧奮迅王佛
南无可量華佛
南无下華佛
南无嚴勝散華佛
南无盧舍那智慧莊嚴奮迅王佛
南无无量華佛　南无无量衆音王佛
南无有摩尼光羅網佛
南无无垢威德佛
南无勝成就佛　南无安隱德佛
南无高行佛　南无歡喜佛

BD01641號　佛名經（十六卷本）卷五　（6–4）

南无无垢威德佛
南无勝成就佛　南无安隱德佛
南无高行佛　南无歡喜佛
南无堅固佛
從此以上四千二百佛十二部經一切賢聖
南无善眼佛　南无善意佛
南无六十二同名尸棄佛
南无善生佛　南无淨聖佛
南无梵勝佛　南无善見佛
南无上勝佛　南无无上脩佛
南无妙勝佛　南无寂靜命佛
南无不歇足法佛　南无得功德佛
南无陽炎佛　南无彌上佛
南无吉沙佛　南无星宿佛
南无了見佛　南无量命佛
南无見義佛　南无高山佛
南无金聖佛　南无一切處自在佛
南无自在幢佛　南无淨聲佛
南无妙聲佛　南无人聲佛
南无寶上佛　南无寶炎佛
南无大寶佛　南无千億那由他佛
南无同名釋迦牟尼佛
南无八十千同名然燈佛

BD01641號　佛名經（十六卷本）卷五　（6-5）

南无自在幢佛　南无淨聲佛
南无妙聲佛　南无人聲佛
南无寶上佛　南无寶炎佛
南无大寶佛　南无千億那由他佛
南无同名釋迦牟尼佛
南无八十千同名然燈佛
南无一万八千同名娑羅王佛
南无九万同名枸神王佛
南无五千同名波頭摩王佛
南无无同佛名佛　南无功德王光明佛
南无智勝上王佛　南无无垢智成王佛
南无閻浮檀須弥山王佛
南无无量光明勝王佛
南无常放光明王佛　南无自在王佛
南无師子憂鳥山歡喜佛
彌佛

BD01641號　佛名經（十六卷本）卷五　（6-6）

面起即大驚怖
之門安隱得出而諸子等於火宅內樂著嬉戲
不覺不知不驚不怖火來逼身苦痛切己
心不厭患无求出意舍利弗是長者作是思
惟我身手有力當以衣裓若以机案從舍出
之復更思惟是舍唯有一門而復狹小諸子
幼稚未有所識戀著戲處或當墮落為火所
燒我當為說怖畏之事此舍已燒宜時疾出
无令為火之所燒害作是念已如所思惟具
告諸子汝等速出父雖憐愍善言誘喻而諸
子等樂著嬉戲不肯信受不驚不畏了无出
心亦復不知何者是火何者為舍云何為失
但東西走戲視父而已尒時長者即作是念
此舍已為大火所燒我及諸子若不時出必
為所焚我今當設方便令諸子等得免斯
害父知子先心各有所好種種珍玩奇異之
物情必樂著而告之言汝等所可玩好希有
難得汝若不取後必憂悔如此種種羊車鹿
車牛車今在門外可以遊戲汝等於此火宅

BD01642 號　妙法蓮華經卷二　（2–1）

害父知子先心各有所好種種珍玩奇異之
物情必樂著而告之言汝等所可玩好希有
難得汝若不取後必憂悔如此種種羊車鹿
車牛車今在門外可以遊戲汝等於此火宅
宜速出來隨汝所欲皆當與汝尒時諸子聞
父所說珍玩之物適其願故心各勇鋭互相
推排競共馳走爭出火宅是時長者見諸子
等安隱得出皆於四衢道中露地而坐无復
鄣礙其心泰然歡喜踊躍時諸子等各白父
言父先所許玩好之具羊車鹿車牛車願時
賜與舍利弗尒時長者各賜諸子等一大車
其車高廣衆寶莊校周帀欄楯四面懸鈴又
於其上張設幰蓋亦以珍奇雜寶而嚴飾之
寶繩交絡垂諸華瓔重敷綩綖安置丹枕駕
以白牛膚色充潔形體姝好有大筋力行步
平正其疾如風又多僕從而侍衛之所以者
何是大長者財富无量種種諸藏悉皆充溢而
作是念我財物无極不應以下劣小車與諸
子等今此幼童皆是吾子愛无偏黨我有如
是七寶大車其數无量應當等心各各與之
不宜差別所以者何以我此物周給一國猶
尚不匱何況諸子是時諸子各乘大車得未
曾有非本所望舍利弗於汝意云何是長者
等與諸子珍寶大車寧有虛妄不舍利弗
令諸子得免火難全

BD01642 號　妙法蓮華經卷二　（2–2）

妙法蓮華經普賢菩薩勸發品第廿八
尒時普賢菩薩以自在神通威德名聞與大菩
薩无量无邊不可稱數從東方来所逕諸
國普皆震動雨寶蓮華作无量百千万億種
種伎樂又與无數諸天龍夜叉乹闥婆脩羅
羅迦樓羅緊那羅摩睺羅伽人非人等大衆圍
繞各現威德神通之力到娑婆世界耆闍崛
山中頭面礼釋迦牟尼佛右繞七帀白佛
言世尊我於寶威德上王佛國遥聞此娑婆
世界說法華經與无量无邊百千万億諸菩
薩衆共来聽受唯願世尊當為說之若善男
子善女人於如来滅後云何能得是法華經
佛告普賢菩薩若有善男子善女人成就四
法於如来滅後當得是法華經一者為諸佛
護念二者殖衆德本三者入正定聚四者發
救一切衆生之心善男子善女人如是成就
四法於如来滅後必得是經尒時普賢菩薩
白佛言世尊於後五百歲濁惡世中其有受
持是經典者我當守護除其衰患令得安隱

BD01643號　妙法蓮華經（八卷本）卷八　（5–1）

護念二者殖衆德本三者入正定聚四者發
救一切衆生之心善男子善女人如是成就
四法於如来滅後必得是經尒時普賢菩薩
白佛言世尊於後五百歲濁惡世中其有受
持是經典者我當守護除其衰患令得安隱
使无伺求得其便者若魔若魔子若魔女若
魔民若為魔所著者若夜叉若羅刹若鳩槃
荼若毗舍闍若吉蔗若富單那若韋陁羅等
諸惱人者皆不得便是人若行若立讀誦此
經我尒時乘六牙白象王與大菩薩衆俱詣
其所而自現身供養守護安慰其心亦為供養
法華經故是人若坐思惟此經尒時我復乘
白象王現其人前其人若於法華經有所
忘失一句一偈我當教之與共讀誦還令通
利尒時受持讀誦法華經者得見我身甚大
歡喜轉復精進以見我故即得三昧及陁羅
尼名為旋陁羅尼百千万億旋陁羅尼法音方
便陁羅尼得如是等陁羅尼世尊若後世後
五百歲濁惡世中比丘比丘尼優婆塞優婆
夷求索者受持者讀誦者書寫者欲脩習是
法華經於三七日中應一心精進滿三七日已
我當乘六牙白象與无量菩薩而自圍繞以
一切衆生所憙見身現其人前而為說法示
教利喜亦復與其陁羅尼呪得是陁羅尼故
无有非人能破壞者亦不為女人之所惑亂
我身亦自常護是人唯願世尊聽我說此陁
羅尼呪即於佛前而說呪曰

BD01643號　妙法蓮華經（八卷本）卷八　（5–2）

教利喜亦復與其陁羅尼呪得是陁羅尼故
无有非人能破壞者亦不為女人之所惑亂
我身亦自常護是人唯願世尊聽我說此陁
羅尼即於佛前而說呪曰
阿檀地一音途賣反 檀陁婆地二 檀陁婆帝三 檀陁鳩
舍緑四 檀陁脩陁緑五 脩陁緑六 脩陁羅波底
七 佛䭾波羶祢八 薩婆陁羅尼阿婆多尼九
薩婆婆沙阿婆多尼十 脩阿婆多尼十一
僧伽婆履叉尼十二 僧伽涅伽陁尼十三 阿僧祇
十四 僧伽波伽地十五 帝緑阿惰僧伽兜略盧遮反
阿羅帝波羅帝十六 薩婆僧伽三摩地伽蘭地十七
薩婆達摩脩波利刹帝十八 薩婆薩埵樓䭾憍
舍略阿㝹伽地十九 辛阿毗吉利地帝廿
世尊若有菩薩得聞是陁羅尼者當知普賢
神通之力若法華經行閻浮提有受持者應
作此念皆是普賢威神之力若有受持讀誦
正憶念解其義趣如說脩行當知是人行普
賢行於无量无邊諸佛深種善根為諸如
來手摩其頭若但書寫是人命終當生忉利
天上是時八万四千天女作衆伎樂而來迎
之其人即著七寶冠於釆女中娛樂快樂何
況受持讀誦正憶念解其義趣如說脩行若
有人受持讀誦解其義趣是人命終為千佛
授手令不恐怖不墮惡趣即往兜率天上彌
勒菩薩所彌勒菩薩有卅二相大菩薩衆所
共圍繞有百千万億天女眷屬而於中生有
如是等功德利益是故智者應當一心自書

授手令不恐怖不墮惡趣即往兜率天上彌
勒菩薩所彌勒菩薩有卅二相大菩薩衆所
共圍繞有百千万億天女眷屬而於中生有
如是等功德利益是故智者應當一心自書
若使人書受持讀誦正憶念如說脩行世尊
我今以神通力故守護是經於如來滅後閻
浮提内廣令流布使不斷絶介時釋迦牟尼佛
讃言善哉善哉普賢汝能護助是經令多所
衆生安樂利益汝已成就不可思議功德深
大慈悲從久遠來發阿耨多羅三藐三菩提
意而能作是神通之願守護是經我當以神
通力守護能受持普賢菩薩名者普賢若有
受持讀誦正憶念脩習書寫是法華經者當知
是人則見釋迦牟尼佛如從佛口聞此經典
當知是人供養釋迦牟尼佛當知是人佛讃
善哉當知是人為釋迦牟尼佛手摩其頭當
知是人為釋迦牟尼佛衣之所覆如是之人不
復貪著世樂不好外道經書手筆亦復不
喜親近其人及諸惡者若屠兒若畜猪羊雞
狗若獵師若衒賣女色是人心意質直有正
憶念有福德力是人不為三毒所惱亦不為
嫉妬我慢邪慢增上慢所惱是人少欲知足
能脩普賢之行普賢若如來滅後後五百歳
若有人見受持讀誦法華經者應作是念此
人不久當詣道場破諸魔衆得阿耨多羅三
藐三菩提轉法輪擊法鼓吹法蠡雨法雨當
坐天人大衆中師子法座上普賢若於後世

能脩普賢之行普賢若如來滅後後五百歲
若有人見受持讀誦法華經者應作是念此
人不久當詣道場破諸魔衆得阿耨多羅三
藐三菩提轉法輪擊法鼓吹法蠡雨法雨當
坐天人大衆中師子法座上普賢若於後世
受持讀誦是經典者是人不復貪著衣服卧
具飲食資生之物所願不虛亦於現世得其
福報若有人輕毀之言汝狂人耳空作是行
終无所獲如是罪報當世世无眼若有供養
讚歎之者當於今世得現果報若復見受持
是經者出其過惡若實若不實此人現世得
白癩病若有輕咲之者當世世牙齒踈缺醜
脣平鼻手脚繚戾眼目角睞身體臭穢惡
瘡膿血水腹短氣諸惡重病是故普賢若見
受持是經典者當起遠迎當如敬佛說是普賢
勸發品時恒河沙等无量无邊菩薩得百千
万億旋陁羅尼三千大千世界微塵等諸菩
薩具普賢道佛說是經時普賢等諸菩薩
舍利弗等諸聲聞及諸天龍人非人等一切
大會皆大歡喜受持佛語作礼而去

妙法蓮華經卷第八

BD01643號　妙法蓮華經（八卷本）卷八　（5–5）

施波羅蜜多與法住無二無二分故
憍尸迦諸有欲令甚深般若波羅蜜多有二
相者則為欲令實際亦有二相何以故憍尸
迦甚深般若波羅蜜多與實際無二無二分
故憍尸迦諸有欲令靜慮精進安忍淨戒
布施波羅蜜多有二相者則為欲令實際亦
有二相何以故憍尸迦靜慮精進安忍淨戒布
施波羅蜜多與實際無二無二分故憍尸迦
諸有欲令甚深般若波羅蜜多有二相者則
為欲令虛空界亦有二相何以故憍尸迦甚深
般若波羅蜜多與虛空界無二無二分故
憍尸迦諸有欲令靜慮精進安忍淨戒布施
波羅蜜多有二相者則為欲令虛空界亦有
二相何以故憍尸迦靜慮精進安忍淨戒布施
波羅蜜多與虛空界無二無二分故憍尸
迦諸有欲令甚深般若波羅蜜多有二相者
則為欲令不思議界亦有二相何以故憍尸
迦甚深般若波羅蜜多與不思議界無二無
二分故憍尸迦諸有欲令靜慮精進安忍淨
戒布施波羅蜜多有二相者則為欲令不思
議界亦有二相何以故憍

BD01644號　大般若波羅蜜多經（兑廢稿）卷一二七　（2–1）

諸有欲令甚深般若波羅蜜多有二相者則
爲欲令虛空界亦有二相何以故憍尸迦甚深
般若波羅蜜多與虛空界無二無二分故
憍尸迦諸有欲令靜慮精進安忍淨戒布施
波羅蜜多有二相者則爲欲令虛空界亦有
二相何以故憍尸迦靜慮精進安忍淨戒布施
波羅蜜多與虛空界無二無二分故憍尸
迦諸有欲令甚深般若波羅蜜多有二相者
則爲欲令不思議界亦有二相何以故憍尸
迦甚深般若波羅蜜多與不思議界無二無
二分故憍尸迦諸有欲令靜慮精進安忍淨
戒布施波羅蜜多有二相者則爲欲令不思
議界亦有二相何以故憍尸迦靜慮精進安
忍淨戒布施波羅蜜多與不思議界無二無
二分故
尒時天帝釋白佛言世尊如是般若波羅蜜
多世間天人阿素洛等皆應至誠礼拜右繞
供養恭敬尊重讚歎所以者何一切菩薩摩
訶薩衆皆依如是甚深般若波羅蜜多精勤

BD01644號　大般若波羅蜜多經（兌廢稿）卷一二七　（2–2）

放逸故諸餘善根轉轉增長以能增長諸善
根故於諸善中最爲殊勝善男子如諸跡中
鳥跡爲上不放逸法亦復如是於諸善法最
爲殊勝善男子如諸明中日光爲最不放逸
法亦復如是於諸善法最爲殊勝善男子如
諸王中轉輪聖王爲最第一不放逸法亦復
如是於諸善法爲最第一善男子如諸流中
四河爲最不放逸法亦復如是於諸善法爲
上爲最善男子如諸山中須弥山王最爲第
一不放逸法亦復如是於諸善法爲最第一
善男子如水生華中青蓮爲最不放逸法亦
復如是於諸善法爲最爲上善男子如陸生
華中婆利師華爲最爲上不放逸法亦復如
是於諸善法爲最爲上善男子如諸獸中師
子爲最不放逸法亦復如是於諸善法爲最
爲上善男子如飛鳥中金翅鳥王爲最爲上
不放逸法亦復如是於諸善法爲最爲上

BD01645號　大般涅槃經（北本）卷二四　（3–1）

是於諸善法為㝡為上善男子如諸獸中師
子為㝡不放逸法亦復如是於諸善法為㝡
為上善男子如飛鳥中金翅鳥王為㝡為上
不放逸法亦復如是於諸善法為㝡為上善
男子如大身中羅睺羅阿脩羅王為上不放逸
法亦復如是於諸善法為㝡為上善男子如一
切衆生若二足四足多足无足中如来為㝡
不放逸法亦復如是於善法中為㝡為上善
男子如諸衆中佛僧為上不放逸法亦復如
是於諸法中為㝡為上善男子如佛法中大
涅槃法為㝡為上不放逸法亦復如是於諸
善法為㝡為上善男子以是義故不放逸根
深固難拔云何不放逸故而得增長所謂信
根戒根施根慧根忍根聞根進根念根定根
善知識根如是諸根不放逸故而得增長以
增長故深固難拔以是義故名為菩薩摩訶
薩脩大涅槃根深難拔云何於身作决定想
於自身所生决定心我今此身於未来世定
當為阿耨多羅三藐三菩提器心亦如是不
作俠小不作聲聞辟支佛心不作
魔心及自樂心樂生死心常為衆生求慈悲
心是名菩薩於自身中生决定心我於来世

BD01645號　大般涅槃經（北本）卷二四　（3–2）

增長故深固難拔以是義故名為菩薩摩訶
薩脩大涅槃根深難拔云何於身作决定想
於自身所生决定心我今此身於未来世定
當為阿耨多羅三藐三菩提器心亦如是不
作俠小不作聲聞辟支佛心不作
魔心及自樂心樂生死心常為衆生求慈悲
心是名菩薩於自身中生决定心我於来世
當為阿耨多羅三藐三菩提器以是義故善
薩摩訶薩脩大涅槃於自身中生决定想云
何菩薩不觀福田及非福田云何福田外道
持戒上至諸佛是名福田若有念言如是等
輩是真福田當知是心則為俠劣菩薩摩訶
薩悉觀一切无量衆生无非福田何以故以
善脩習異念處故有異念處善脩習者觀諸
衆生无有持戒及以毀戒常觀諸佛世尊所

BD01645號　大般涅槃經（北本）卷二四　（3–3）

所逼迫
入邪見稠林　若有若无等　依止此諸見　具足六十二
深著虛妄法　堅受不可捨　我慢自矜高　諂曲心不實
於千万億劫　不聞佛名字　亦不聞正法　如是人難度
是故舍利弗　我為設方便　說諸盡苦道　示之以涅槃
我雖說涅槃　是亦非真滅　諸法從本來　常自寂滅相
佛子行道已　來世得作佛
我有方便力　開示三乘法　一切諸世尊　皆說一乘道
今此諸大衆　皆應除疑惑　諸佛語无異　唯一无二乘
過去无數劫　无量滅度佛　百千万億種　其數不可量
如是諸世尊　種種緣譬喻　无數方便力　演說諸法相
是諸世尊等　皆說一乘法　化无量衆生　令入於佛道
又諸大聖衆　知一切世間　天人群生類　深心之所欲
更以異方便　助顯第一義　若有衆生類　值諸過去佛
若聞法布施　或持戒忍辱　精進禪智等　種種脩福德
如是諸人等　皆已成佛道　諸佛滅度已　若人善耎心
如是諸衆生　皆已成佛道　諸佛滅度已　供養舍利者
起万億種塔　金銀及頗梨　車璖与馬瑙　玫瑰琉璃珠
清淨廣嚴飾　莊校於諸塔　或有起石廟　栴檀及沈水
木櫁并餘材　塼瓦泥土等　若於曠野中　積土成佛廟

如是諸人等　皆已成佛道　諸佛滅度已　若人善耎心
如是諸衆生　皆已成佛道　諸佛滅度已　供養舍利者
起万億種塔　金銀及頗梨　車璖与馬瑙　玫瑰琉璃珠
清淨廣嚴飾　莊校於諸塔　或有起石廟　栴檀及沈水
木櫁并餘材　塼瓦泥土等　若於曠野中　積土成佛廟
乃至童子戲　聚沙為佛塔　如是諸人等　皆已成佛道
若人為佛故　建立諸形像　刻彫成衆相　皆已成佛道
或以七寶成　鍮石赤白銅　白鑞及鉛錫　鐵木及與泥
或以膠漆布　嚴飾作佛像　如是諸人等　皆已成佛道
彩畫作佛像　百福莊嚴相　自作若使人　皆已成佛道
乃至童子戲　若草木及筆　或以指爪甲　而畫作佛像
如是諸人等　漸漸積功德　具足大悲心　皆已成佛道
但化諸菩薩　度脫无量衆　若人於塔中　寶像及畫像
以華香幡蓋　敬心而供養　若使人作樂　擊鼓吹角貝
簫笛琴箜篌　琵琶鐃銅鈸　如是衆妙音　盡持以供養
或以歡喜心　歌唄頌佛德　乃至一小音　皆已成佛道
若人散亂心　乃至以一華　供養於畫像　漸見无數佛
或有人禮拜　或復但合掌　乃至舉一手　或復小低頭
以此供養像　漸見无量佛　自成无上道　廣度无數衆
入无餘涅槃　如薪盡火滅
若人散亂心　入於塔廟中　一稱南无佛　皆已成佛道
於諸過去佛　現在或滅後　若有聞是法　皆已成佛道
未來諸世尊　其數无有量　是諸如來等　亦方便說法
一切諸如來　以无量方便　度脫諸衆生　入佛无漏智
若有聞法者　无一不成佛　諸佛本誓願　我所行佛道
普欲令衆生　亦同得此道　未來世諸佛　雖說百千億
无數諸法門　其實為一乘　諸佛兩足尊　知法常无性
佛種從緣起　是故說一乘　是法住法位　世間相常住

普欲令衆生　亦同得此道　未來世諸佛　雖說百千億
无數諸法門　其實為一乘　諸佛兩足尊　知法常无性
佛種從緣起　是故說一乘　是法住法位　世間相常住
於道場知已　導師方便說　天人所供養　現在十方佛
其數如恒沙　出現於世間　安隱衆生故　亦說如是法
知第一寂滅　以方便力故　雖示種種道　其實為佛乘
知衆生諸行　深心之所念　過去所習業　欲性精進力
及諸根利鈍　以種種因緣　譬喻亦言辭　隨應方便說
今我亦如是　安隱衆生故　以種種法門　宣示於佛道
我以智慧力　知衆生性欲　方便說諸法　皆令得歡喜
舍利弗當知　我以佛眼觀　見六道衆生　貧窮无福慧
入生死險道　相續苦不斷　深著於五欲　如犛牛愛尾
以貪愛自蔽　盲瞑无所見　不求大勢佛　及与斷苦法
深入諸邪見　以苦欲捨苦　為是衆生故　而起大悲心
我始坐道場　觀樹亦經行　於三七日中　思惟如是事
我所得智慧　微妙最第一　衆生諸根鈍　著樂癡所盲
如斯之等類　云何而可度
尒時諸梵王　及諸天帝釋　護世四天王　及大自在天
并餘諸天衆　眷屬百千万　恭敬合掌礼　請我轉法輪
我即自思惟　若但讚佛乘　衆生沒在苦　不能信是法
破法不信故　墜於三惡道　我寧不說法　疾入於涅槃
尋念過去佛　所行方便力　我今所得道　亦應說三乘
作是思惟時　十方佛皆現　梵音慰喻我　善哉釋迦文
第一之導師　得是无上法　隨諸一切佛　而用方便力
我等亦皆得　最妙第一法　為諸衆生類　分別說三乘
少智樂小法　不自信作佛　是故以方便　分別說諸果
雖復說三乘　但為教菩薩
舍利弗當知　我聞聖師子　深淨微妙音　稱南无諸佛

BD01646號　妙法蓮華經卷一　（5-3）

我等亦皆得　最妙第一法　為諸衆生類　分別說三乘
少智樂小法　不自信作佛　是故以方便　分別說諸果
雖復說三乘　但為教菩薩
舍利弗當知　我聞聖師子　深淨微妙音　稱南无諸佛
復作如是念　我出濁惡世　如諸佛所說　我亦隨順行
思惟是事已　即趣波羅㮈　諸法寂滅相　不可以言宣
以方便力故　為五比丘說　是名轉法輪　便有涅槃音
及以阿羅漢　法僧差別名　從久遠劫來　讚示涅槃法
生死苦永盡　我常如是說　舍利弗當知　我見佛子等
志求佛道者　无量千万億　咸以恭敬心　皆來至佛所
曾從諸佛聞　方便所說法　我即作是念　如來所以出
為說佛慧故　今正是其時　舍利弗當知　鈍根小智人
著相憍慢者　不能信是法　今我喜无畏　於諸菩薩中
正直捨方便　但說无上道　菩薩聞是法　疑網皆已除
千二百羅漢　悉亦當作佛　如三世諸佛　說法之儀式
我今亦如是　說无分別法　諸佛興出世　懸遠值遇難
正使出于世　說是法復難　无量无數劫　聞是法亦難
能聽是法者　斯人亦復難
譬如優曇華　一切皆愛樂　天人所希有　時時乃一出
聞法歡喜讚　乃至發一言　則為已供養　一切三世佛
是人甚希有　過於優曇華　汝等勿有疑　我為諸法王
普告諸大衆　但以一乘道　教化諸菩薩　无聲聞弟子
汝等舍利弗　聲聞及菩薩　當知是妙法　諸佛之秘要
以五濁惡世　但樂著諸欲　如是等衆生　終不求佛道
當來世惡人　聞佛說一乘　迷惑不信受　破法墮惡道
有慚愧清淨　志求佛道者　當為如是等　廣讚一乘道
舍利弗當知　諸佛法如是　以万億方便　隨宜而說法

BD01646號　妙法蓮華經卷一　（5-4）

是人甚希有　過於優曇華　汝等勿有疑　我為諸法王
普告諸大衆　但以一乘道　教化諸菩薩　无聲聞弟子
汝等舍利弗　聲聞及菩薩　當知是妙法　諸佛之秘要
以五濁惡世　但樂著諸欲　如是等衆生　終不求佛道
當來世惡人　聞佛說一乘　迷惑不信受　破法墮惡道
有慚愧清淨　志求佛道者　當為如是等　廣讚一乘道
舍利弗當知　諸佛法如是　以万億方便　隨宜而說法
其不習學者　不能曉了此　汝等既已知　諸佛世之師
隨宜方便事　无復諸疑惑　心生大歡喜　自知當作佛

妙法蓮華經卷第一

BD01646 號　妙法蓮華經卷一　（5–5）

無願解脫門常
所得為方便說空解脫門樂苦相可得說無
相無願解脫門樂苦相可得以有所得為方
便說空解脫門我無我相可得說無相無願
解脫門我無我相可得以有所得為方便說
空解脫門淨不淨相可得說無相無願解脫
門淨不淨相可得以有所得為方便說空解
脫門空不空相可得說無相無願解脫門空
不空相可得以有所得為方便說空解脫門
無相有相相可得說無相無願解脫門無相
有相相可得以有所得為方便說空解脫門
無願有願相可得說無相無願解脫門無願
有願相可得以有所得為方便說空解脫門
寂靜不寂靜相可得說無相無願解脫門寂
靜不寂靜相可得以有所得為方便說空解
脫門遠離不遠離相可得說無相無願解
脫門遠離不遠離相可得
以有所得為方便說布施波羅蜜多常無常
相可得說淨戒安忍精進靜慮般若波羅蜜
多常無常相可得以有所得為方便說布施
[illegible]

BD01647 號　大般若波羅蜜多經卷四五　（4–1）

[illegible]
脫門遠離不遠離相可得說無相無願解
脫門遠離不遠離相可得
以有所得為方便說布施波羅蜜多常無常
相可得說淨戒安忍精進靜慮般若波羅蜜
多常無常相可得以有所得為方便說布施
波羅蜜多樂苦相可得說淨戒安忍精進靜
慮般若波羅蜜多樂苦相可得以有所得為
方便說布施波羅蜜多我無我相可得說淨
戒安忍精進靜慮般若波羅蜜多我無我相
可得以有所得為方便說布施波羅蜜多淨
不淨相可得說淨戒安忍精進靜慮般若波
羅蜜多淨不淨相可得以有所得為方便說
布施波羅蜜多空不空相可得說淨戒安忍
精進靜慮般若波羅蜜多空不空相可得以
有所得為方便說布施波羅蜜多無相有相
相可得說淨戒安忍精進靜慮般若波羅蜜
多無相有相相可得以有所得為方便說布
施波羅蜜多無願有願相可得說淨戒安忍
精進靜慮般若波羅蜜多無願有願相可
得以有所得為方便說布施波羅蜜多寂靜
不寂靜相可得說淨戒安忍精進靜慮般若波
羅蜜多寂靜不寂靜相可得以有所得為方
便說布施波羅蜜多遠離不遠離相可得說
淨戒安忍精進靜慮般若波羅蜜多遠離不
遠離相可得
以有所得為方便說五眼常無常相可得說
六神通常無常相可得以有所得為方便說

BD01647號　大般若波羅蜜多經卷四五　（4–2）

淨戒安忍精進靜慮般若波羅蜜多遠離不
遠離相可得
以有所得為方便說五眼常無常相可得說
六神通常無常相可得以有所得為方便說
五眼樂苦相可得說六神通樂苦相可得以
有所得為方便說五眼我無我相可得說六
神通我無我相可得以有所得為方便說五
眼淨不淨相可得說六神通淨不淨相可得
以有所得為方便說五眼空不空相可得說
六神通空不空相可得以有所得為方便說五
眼無相有相相可得說六神通無相有相相
可得以有所得為方便說五眼無願有願相
可得說六神通無願有願相可得以有所得
為方便說五眼寂靜不寂靜相可得說六神
通寂靜不寂靜相可得以有所得為方便說
五眼遠離不遠離相可得說六神通遠離
不遠離相可得
以有所得為方便說佛十力常無常相可得
說四無所畏四無礙解大慈大悲大喜大捨
十八佛不共法一切智道相智一切相智常
無常相可得以有所得為方便說佛十力樂
苦相可得說四無所畏四無礙解大慈大悲
大喜大捨十八佛不共法一切智道相智一
切相智樂苦相可得以有所得為方便說佛
十力我無我相可得說四無所畏四無礙解
大慈大悲大喜大捨十八佛不共法一切智
道相智一切相智我無我相可得以有所得
[illegible]

BD01647號　大般若波羅蜜多經卷四五　（4–3）

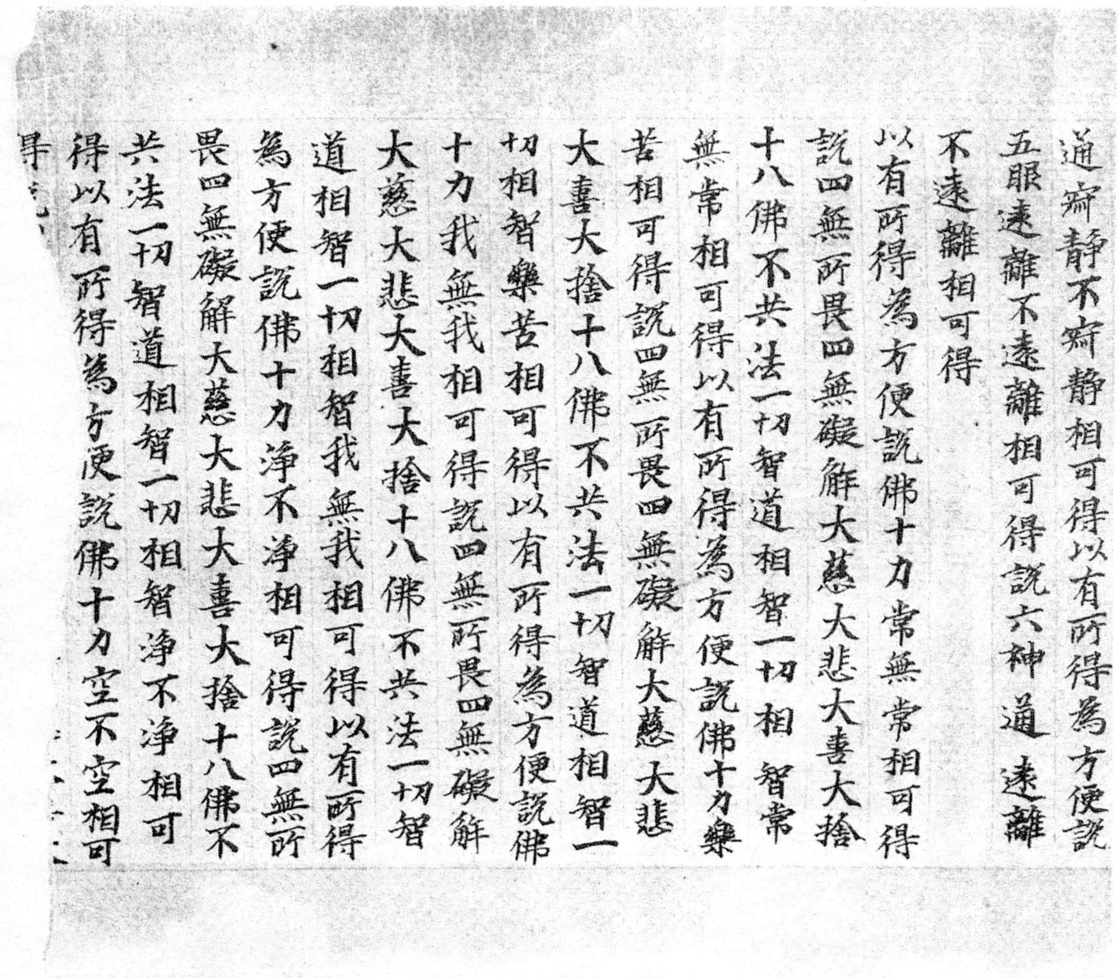

道寂靜不寂靜相可得以有所得為方便說
五眼遠離不遠離相可得說六神通遠離
不遠離相可得
以有所得為方便說佛十力常無常相可得
說四無所畏四無礙解大慈大悲大喜大捨
十八佛不共法一切智道相智一切相智常
無常相可得以有所得為方便說佛十力樂
苦相可得說四無所畏四無礙解大慈大悲
大喜大捨十八佛不共法一切智道相智一
切相智樂苦相可得以有所得為方便說佛
十力我無我相可得說四無所畏四無礙解
大慈大悲大喜大捨十八佛不共法一切智
道相智一切相智我無我相可得以有所得
為方便說佛十力淨不淨相可得說四無所
畏四無礙解大慈大悲大喜大捨十八佛不
共法一切智道相智一切相智淨不淨相可
得以有所得為方便說佛十力空不空相可
得

BD01647 號　大般若波羅蜜多經卷四五　（4–4）

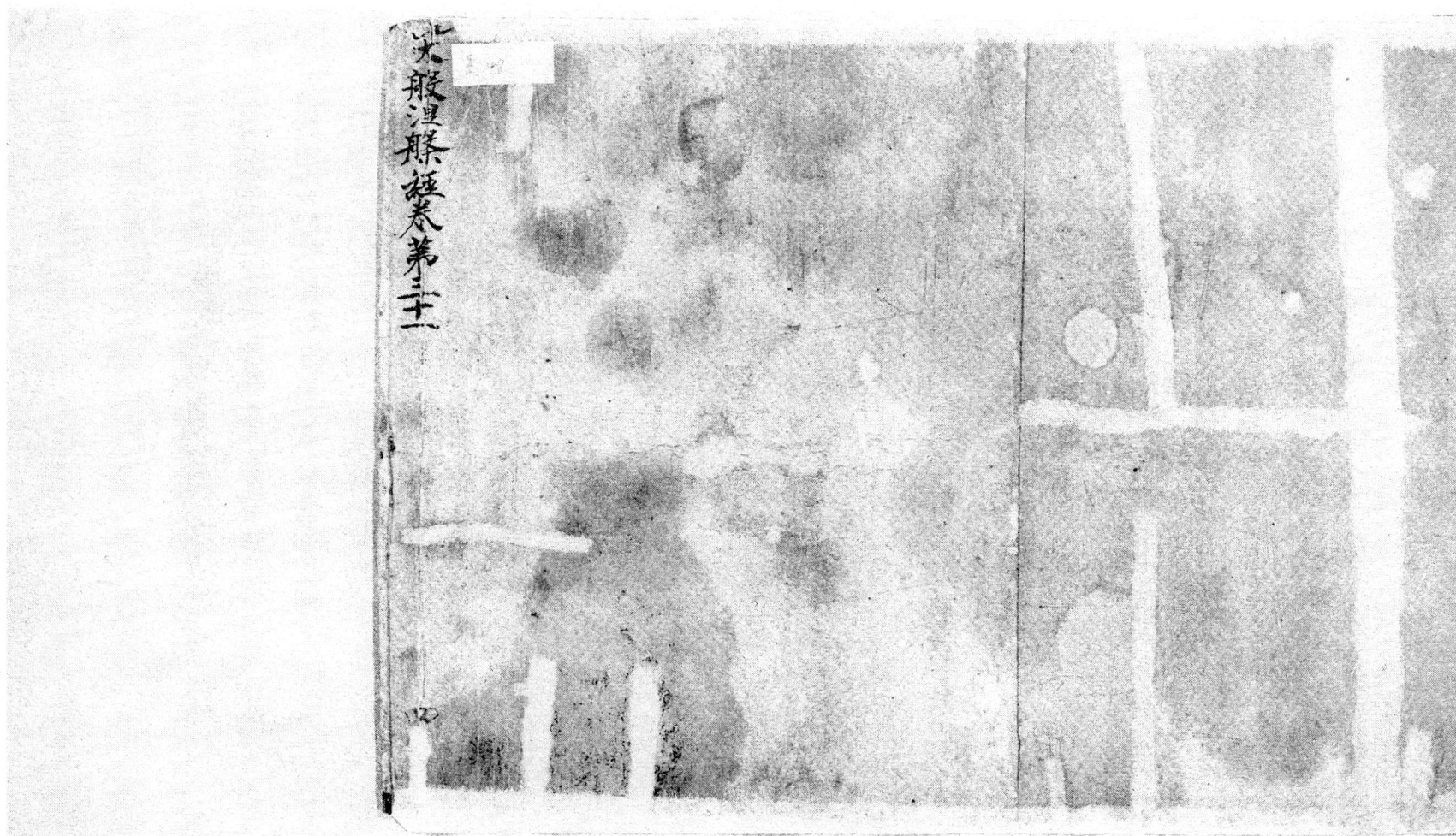

大般涅槃經卷第三十一

BD01648 號背　大般涅槃經（北本　異卷）卷三一護首　（1–1）

大般涅槃經師子吼菩薩品　三十一
佛言善男子如汝所言緣於一境得名三昧
其餘諸緣不名三昧是義不然何以故如是
餘緣亦一境故行亦如是又言衆生先有三

BD01648號　大般涅槃經（北本　異卷）卷三一　　（4–1）

大般涅槃經師子吼菩薩品　三十一
佛言善男子如汝所言緣於一境得名三昧
其餘諸緣不名三昧是義不然何以故如是
餘緣亦一境故行亦如是又言衆生先有三
昧不須修者是亦不然所以者何言三昧者
名善三昧一切衆生真實未有云何而言不
須修集以住如是善三昧中觀一切法名善
慧相不見三昧智慧異相是名捨相復次善
男子若取色相不能觀色常無常相是名三
昧若能觀色常無常相是名慧相三昧慧等
觀一切法是名捨相善男子如善御駕駟遲
疾得所遲疾得所故名捨相菩薩亦尒若三
昧多者則修集慧若慧多者則修集三昧三
昧慧等則名為捨善男子十住菩薩智慧力
多三昧力少是故不得明見佛性聲聞緣覺
三昧力多智慧力少以是因緣不見佛性諸
佛世尊定慧等故明見佛性了了無导如觀
掌中菴摩勒菓見佛性者名為捨相奢摩他
者名為能滅能滅一切煩惱結故又奢摩他
者名曰能調能調諸根惡不善故又奢摩他
者名曰寂靜能令三業成寂靜故又奢摩他
者名曰遠離能令衆生離五欲故又奢摩他
者名曰能清能清貪欲瞋恚愚癡三濁法故以是
義故故名定相毗婆舍那名為正見亦名了
見名為能見名曰遍見名次第見名別相見

BD01648號　大般涅槃經（北本　異卷）卷三一　　（4–2）

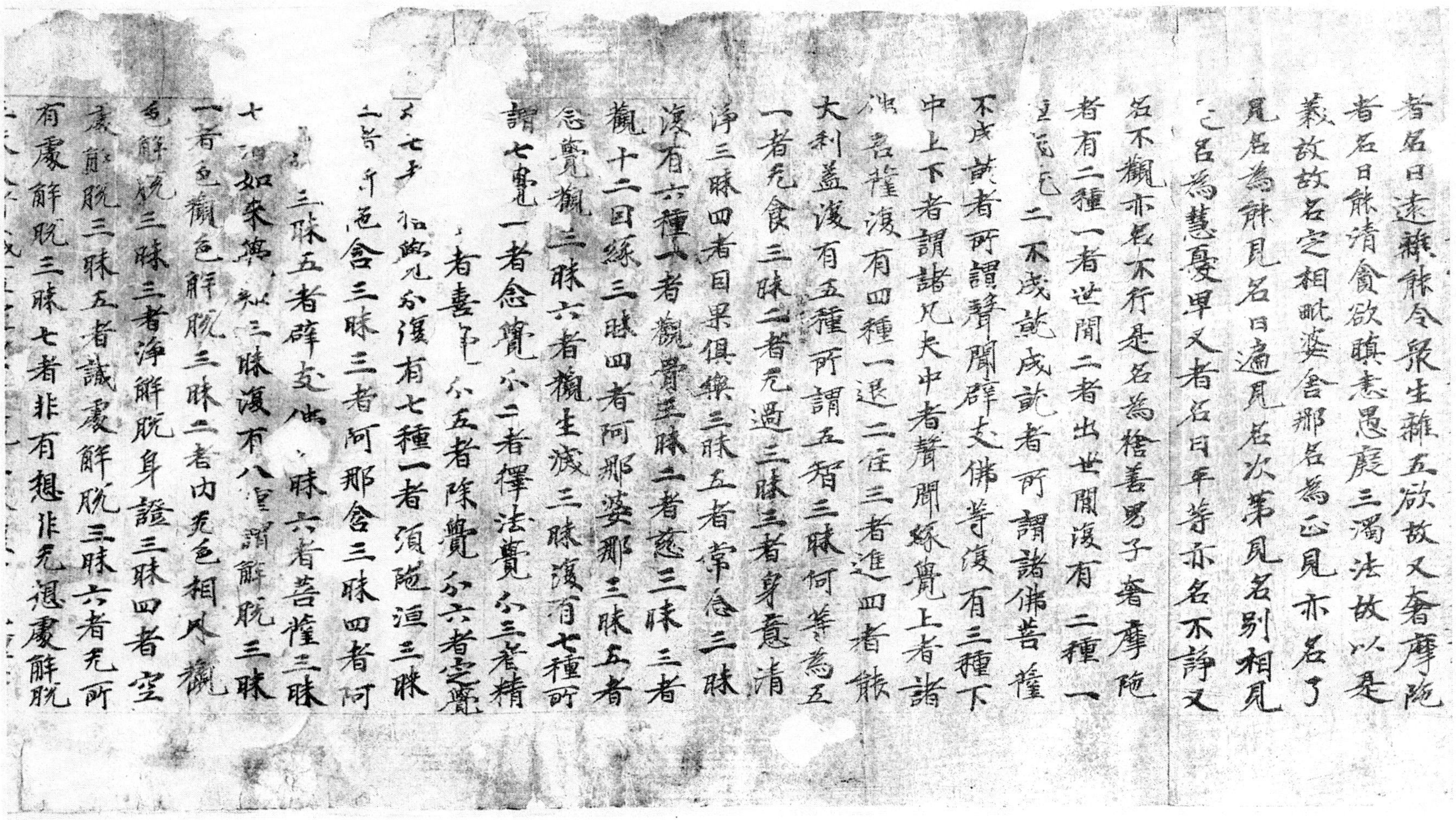
者名曰遠離能令衆生離五欲故又奢摩陀
義故名定相毗婆舍那名為正見亦名了
見名為能見名曰遍見名次第見名別相見
亦名為慧憂畢叉者名曰平等亦名不諍又
名不觀亦名不行是名為捨善男子奢摩陀
者有二種一者世間二者出世間復有二種一
者成就二不成就成就者所謂諸佛菩薩
不成就者所謂聲聞辟支佛等復有三種下
中上下者謂諸凡夫中者聲聞緣覺上者諸
佛菩薩復有四種一退二住三者進四者能
大利益復有五種所謂五智三昧何等為五
一者無食三昧二者無過三昧三者身意清
淨三昧四者因果俱樂三昧五者常念三昧
復有六種一者觀骨三昧二者慈三昧三者
觀十二因緣三昧四者阿那婆那三昧五者
念覺觀三昧六者觀生滅三昧復有七種所
謂七覺分一者念覺分二者擇法覺分三者精
進覺分四者喜覺分五者除覺分六者定覺
分七者捨覺分復有七種一者須陁洹三昧
二者斯陁含三昧三者阿那含三昧四者阿
羅漢三昧五者辟支佛三昧六者菩薩三昧
七者如來覺知三昧復有八種所謂解脫三昧
一者色觀色解脫三昧二者內無色相外觀
色解脫三昧三者淨解脫身證三昧四者空
處解脫三昧五者識處解脫三昧六者無所
有處解脫三昧七者非有想非無想處解脫

BD01648號　大般涅槃經（北本　異卷）卷三一　（4–3）

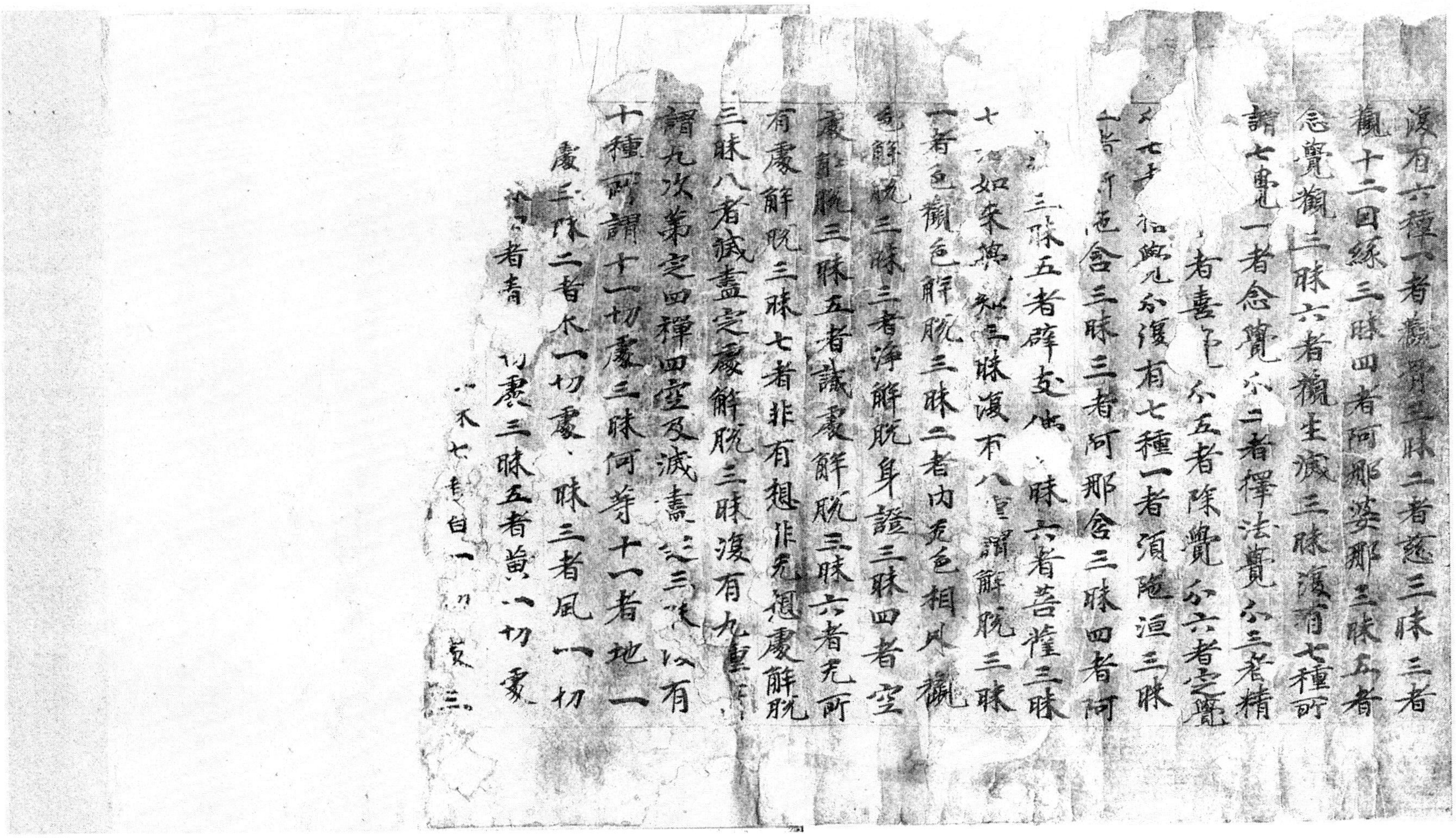
復有六種一者觀骨三昧二者慈三昧三者
觀十二因緣三昧四者阿那婆那三昧五者
念覺觀三昧六者觀生滅三昧復有七種所
謂七覺分一者念覺分二者擇法覺分三者精
進覺分四者喜覺分五者除覺分六者定覺
分七者捨覺分復有七種一者須陁洹三昧
二者斯陁含三昧三者阿那含三昧四者阿
羅漢三昧五者辟支佛三昧六者菩薩三昧
七者如來覺知三昧復有八種所謂解脫三昧
一者色觀色解脫三昧二者內無色相外觀
色解脫三昧三者淨解脫身證三昧四者空
處解脫三昧五者識處解脫三昧六者無所
有處解脫三昧七者非有想非無想處解脫
三昧八者滅盡定處解脫三昧復有九種所
謂九次第定四禪四空及滅盡定三昧復有
十種所謂十一切處三昧何等十一者地一
切處三昧二者水一切處三昧三者風一切
處三昧四者青一切處三昧五者黃一切處
三昧六者赤一切處三昧七者白一切處三

BD01648號　大般涅槃經（北本　異卷）卷三一　（4–4）

法藏然後得阿耨多羅三藐三菩提教化二
十千万億恒河沙諸菩薩等令成阿耨多羅
三藐三菩提國名常立勝幡其土清淨瑠璃
為地劫名妙音遍滿其佛壽命无量千万億
阿僧祇劫若人於千万億无量阿僧祇劫中
筭數挍計不能得知正法住世倍於壽命像
法住世復倍正法阿難是山海慧自在通王
佛為十方无量千万億恒河沙等諸佛如來
所共讚歎稱其功德尒時世尊欲重宣此義
而說偈言
我今僧中說　阿難持法者　當供養諸佛　然後成正覺
号曰山海慧　自在通王佛　其國土清淨　名常立勝幡
教化諸菩薩　其數如恒沙　佛有大威德　名聞滿十方
壽命无有量　以愍衆生故　正法倍壽命　像法復倍是
如恒河沙等　无數諸衆生　於此佛法中　種佛道因緣
尒時會中新發意菩薩八千人咸作是念我
等尚不聞諸大菩薩得如是記有何因緣而

BD01649號　妙法蓮華經卷四

（4–1）

教化諸菩薩　其數如恒沙　佛有大威德　名聞滿十方
壽命无有量　以愍衆生故　正法倍壽命　像法復倍是
如恒河沙等　无數諸衆生　於此佛法中　種佛道因緣
尒時會中新發意菩薩八千人咸作是念我
等尚不聞諸大菩薩得如是記有何因緣而
諸聲聞得如是決尒時世尊知諸菩薩心之
所念而告之曰諸善男子我與阿難等於空
王佛所同時發阿耨多羅三藐三菩提心阿
難常樂多聞我常勤精進是故我已得成阿
耨多羅三藐三菩提而阿難護持我法亦護
將來諸佛法藏教化成就諸菩薩衆其本願
如是故獲斯記阿難面於佛前自聞受記及
國土莊嚴所願具足心大歡喜得未曾有即
時憶念過去无量千万億諸佛法藏通達无
礙如今所聞亦識本願尒時阿難而說偈言
世尊甚希有　令我念過去　无量諸佛法　如今日所聞
我今无復疑　安住於佛道　方便為侍者　護持諸佛法
尒時佛告羅睺羅汝於來世當得作佛号蹈
七寶華如來應供正遍知明行足善逝世間
解无上士調御丈夫天人師佛世尊當供養
十世界微塵等數諸佛如來常為諸佛而作
長子猶如今也是蹈七寶華佛國土莊嚴壽
命劫數所化弟子正法像法亦如山海慧自
在通王如來无異亦為此佛而作長子過是
已後當得阿耨多羅三藐三菩提尒時世尊
欲重宣此義而說偈言

BD01649號　妙法蓮華經卷四

（4–2）

在通王如來无異亦爲此佛而作長子過是
已後當得阿耨多羅三藐三菩提尒時世尊
欲重宣此義而說偈言
我爲太子時 羅睺爲長子 我今成佛道 受法爲法子
於未來世中 見无量億佛 皆爲其長子 一心求佛道
羅睺羅密行 唯我能知之 現爲我長子 以示諸衆生
无量億千万 功德不可數 安住於佛法 以求无上道
尒時世尊見學无學二千人其意柔軟寂然
清淨一心觀佛佛告阿難汝見是學无學二
千人不唯然已見阿難是諸人等當供養五
十世界微塵數諸佛如來恭敬尊重護持法
藏末後同時於十方國各得成佛皆同一号
名曰寶相如來應供正遍知明行足善逝世
間解无上士調御丈夫天人師佛世尊壽命
一劫國土莊嚴聲聞菩薩正法像法皆悉同
等尒時世尊欲重宣此義而說偈言
是二千聲聞 今於我前住 悉皆與授記 未來當成佛
所供養諸佛 如上說塵數 護持其法藏 後當成正覺
各於十方國 悉同一名号 俱時坐道場 以證无上慧
皆名爲寶相 國土及弟子 正法與像法 悉等无有異
咸以諸神通 度十方衆生 名聞普周遍 漸入於涅槃
尒時學无學 二千人聞佛 授記歡喜踊躍而
說偈言
世尊慧燈明 我聞授記音 心歡喜充滿 如甘露見灌
妙法蓮華經法師品第十

BD01649 號　妙法蓮華經卷四　（4–3）

无量億千万 功德不可數 安住於佛法 以求无上道
尒時世尊見學无學二千人其意柔軟寂然
清淨一心觀佛佛告阿難汝見是學无學二
千人不唯然已見阿難是諸人等當供養五
十世界微塵數諸佛如來恭敬尊重護持法
藏末後同時於十方國各得成佛皆同一号
名曰寶相如來應供正遍知明行足善逝世
間解无上士調御丈夫天人師佛世尊壽命
一劫國土莊嚴聲聞菩薩正法像法皆悉同
等尒時世尊欲重宣此義而說偈言
是二千聲聞 今於我前住 悉皆與授記 未來當成佛
所供養諸佛 如上說塵數 護持其法藏 後當成正覺
各於十方國 悉同一名号 俱時坐道場 以證无上慧
皆名爲寶相 國土及弟子 正法與像法 悉等无有異
咸以諸神通 度十方衆生 名聞普周遍 漸入於涅槃
尒時學无學 二千人聞佛 授記歡喜踊躍而
說偈言
世尊慧燈明 我聞授記音 心歡喜充滿 如甘露見灌
妙法蓮華經法師品第十

BD01649 號　妙法蓮華經卷四　（4–4）

力其事云何佛告无盡
國土衆生應以佛身得……即
現佛身而為說法應以辟支佛身得度者即
現辟支佛身而為說法應以聲聞身得度者即
即現聲聞身而為說法應以梵王身得度者
即現梵王身而為說法應以帝釋身得度
者即現帝釋身而為說法應以自在天身得度
者即現自在天身而為說法應以大自在天
身得度者即現大自在天身而為說法應以
天大將軍身得度者即現天大將軍身而為
說法應以毗沙門身得度者即現毗沙門身
而為說法應以小王身得度者即現小王身
而為說法應以長者身得度者即現長者身
而為說法應以居士身得度者即現居士身
而為說法應以宰官身得度者即現宰官
身而為說法應以婆羅門身得度者即現婆
羅門身而為說法應以比丘比丘尼優婆塞優
婆夷身得度者即現比丘比丘尼優婆塞優
婆夷身而為說法應以長者居士宰官婆羅
門婦女身得度者即現婦女身而為說法應
以童男童女身得度者即現童男童女身而
為說法應以天龍夜叉乾闥婆阿修羅迦樓

BD01650號　妙法蓮華經卷七　（3–1）

羅門身而為說法應以比丘比丘尼優婆塞優
婆夷身而為說法應以長者居士宰官婆羅
門婦女身得度者即現婦女身而為說法應
以童男童女身得度者即現童男童女身而
為說法應以天龍夜叉乾闥婆阿修羅迦樓
羅緊那羅摩睺羅伽人非人等身得度者即
皆現之而為說法應以執金剛神得度者即
現執金剛神而為說法无盡意是觀世音菩
薩成就如是功德以種種形遊諸國土度脫衆
生是故汝等應當一心供養觀世音菩薩是觀
世音菩薩摩訶薩於怖畏急難之中能施
无畏是故此娑婆世界皆号之為施无畏者
无盡意菩薩白佛言世尊我今當供養觀世
音菩薩即解頸衆寶珠瓔珞價直百千兩金而
以與之作是言仁者受此法施珎寶瓔珞時
觀世音菩薩不肯受之无盡意復白觀世
音菩薩言仁者愍我等故受此瓔珞尒時佛
告觀世音菩薩當愍此无盡意菩薩及四衆
天龍夜叉乾闥婆阿修羅迦樓羅緊那羅摩
睺羅伽人非人等故受是瓔珞即時觀世音菩
薩愍諸四衆及於天龍人非人等受其瓔珞
分作二分一分奉釋迦牟尼佛一分奉多
寶佛塔无盡意觀世音菩薩有如是自在神
力遊於娑婆世界尒時无盡意菩薩以偈問曰
世尊妙相具　我今重問彼　佛子何因緣　名為觀世音
具足妙相尊　偈荅无盡意　汝聽觀音行　善應諸方所

BD01650號　妙法蓮華經卷七　（3–2）

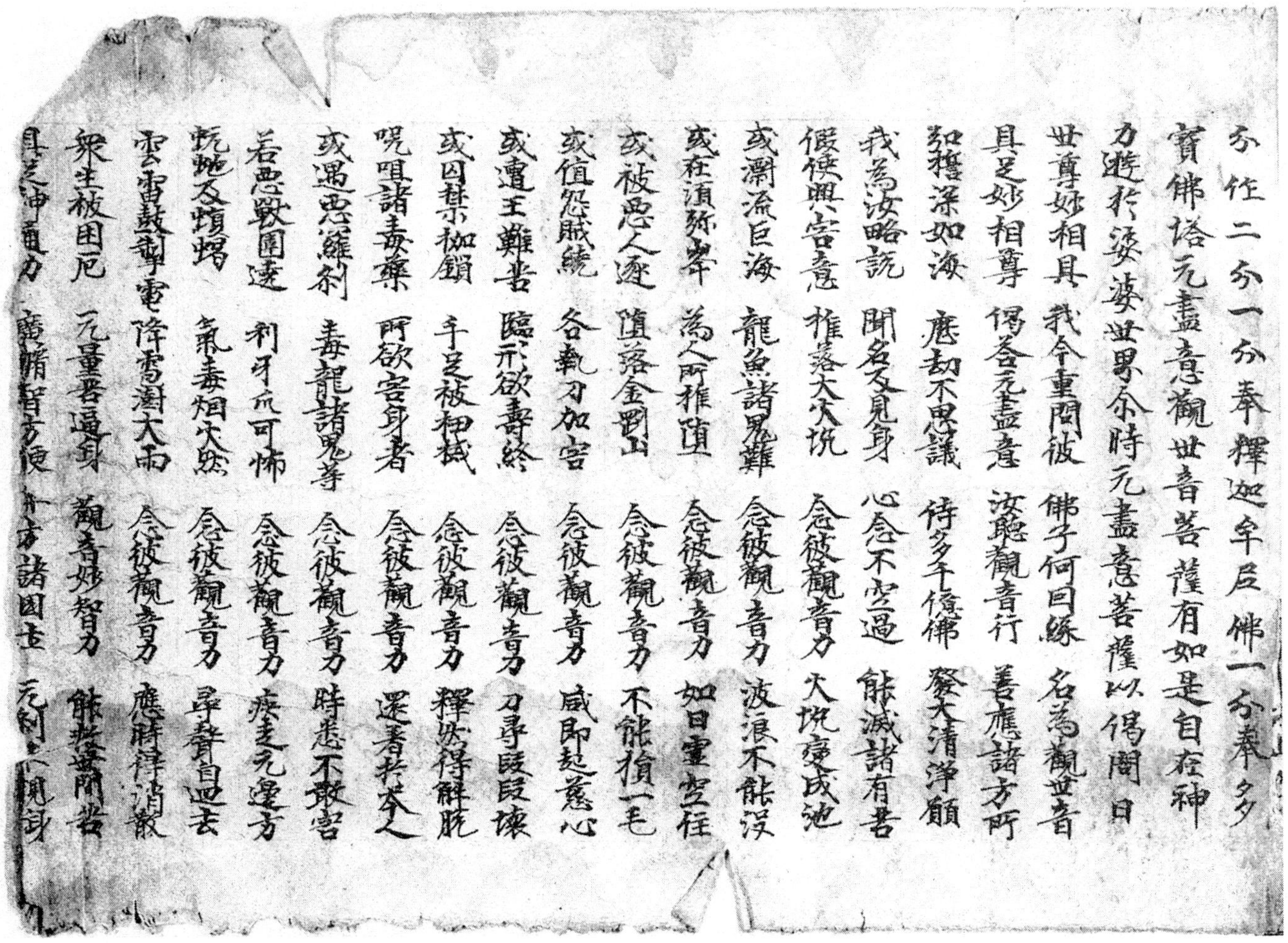
分作二分一分奉釋迦牟尼佛一分奉多
寶佛塔元盡意觀世音菩薩有如是自在神
力遊於娑婆世界尒時元盡意菩薩以偈問曰
世尊妙相具 我今重問彼 佛子何因緣 名為觀世音
具足妙相尊 偈答元盡意 汝聽觀音行 善應諸方所
弘誓深如海 歷劫不思議 侍多千億佛 發大清淨願
我為汝略說 聞名及見身 心念不空過 能滅諸有苦
假使興害意 推落大火坑 念彼觀音力 火坑變成池
或漂流巨海 龍魚諸鬼難 念彼觀音力 波浪不能沒
或在須彌峯 為人所推墮 念彼觀音力 如日虛空住
或被惡人逐 墮落金剛山 念彼觀音力 不能損一毛
或值怨賊繞 各執刀加害 念彼觀音力 咸即起慈心
或遭王難苦 臨刑欲壽終 念彼觀音力 刀尋段段壞
或囚禁枷鎖 手足被杻械 念彼觀音力 釋然得解脫
呪咀諸毒藥 所欲害身者 念彼觀音力 還著於本人
或遇惡羅剎 毒龍諸鬼等 念彼觀音力 時悉不敢害
若惡獸圍遶 利牙爪可怖 念彼觀音力 疾走元邊方
蚖蛇及蝮蝎 氣毒煙火然 念彼觀音力 尋聲自迴去
雲雷鼓掣電 降雹澍大雨 念彼觀音力 應時得消散
眾生被困厄 元量苦逼身 觀音妙智力 能救世間苦
具足神通力 廣修智方便 十方諸國土 元剎不現身

BD01650 號　妙法蓮華經卷七　　（3–3）

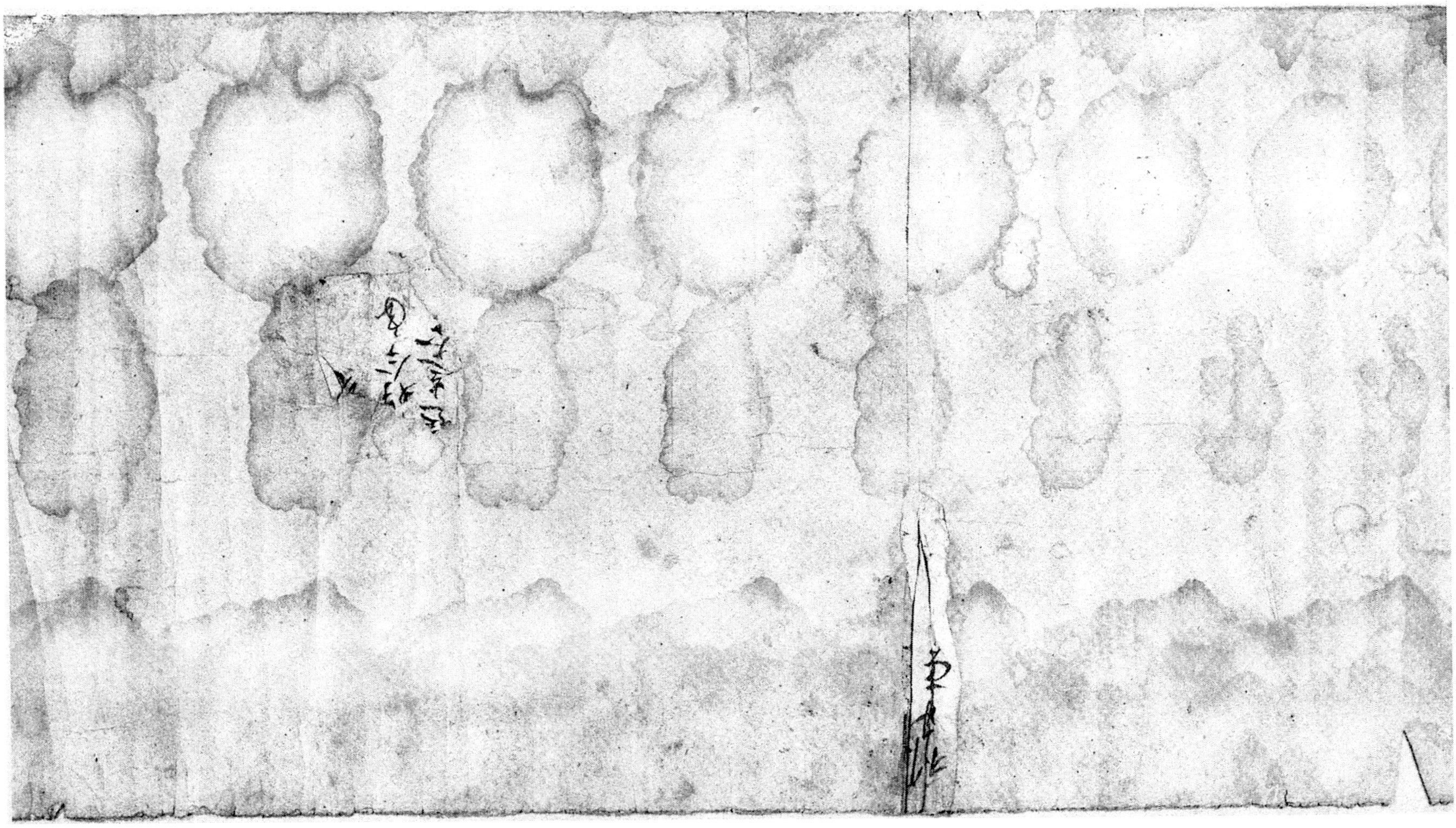

BD01650 號背　雜寫　　（1–1）

速得圓滿
復次曼殊室利若諸有情慳貪嫉妬自讚
毀他當墮三惡趣中无量千歲受諸劇苦受劇
苦已從彼命終還生人間作牛馬駝驢恒被
鞭撻飢渴逼惱又常負重隨路而行或得為
人生居下賤作人奴婢受他駈役恒不自在若
昔人中曾聞世尊藥師瑠璃光如來名号由
此善因今復憶念至心歸依以佛神力衆苦解
脫諸根聰利智慧多聞恒求勝法常遇善
友永斷魔羂破无明㲉竭煩惱河解脫一切
生老病死憂悲苦惱
復次曼殊室利若諸有情好喜乖離更相
鬪訟惱亂自他以身語意造作增長種種惡
業展轉常為不饒益事互相謀害告召山
林樹塚等神殺諸衆生取其血宍祭祀藥叉
邏刹娑等書怨人名作其形像以惡呪術而呪
咀之厭媚蠱道呪起屍鬼令斷彼命及壞其
身是諸有情若得聞此藥師瑠璃光如來名
号彼諸惡事悉不能害一切展轉皆起慈心
利益安樂无損惱意及嫌恨心各各歡悅於自

BD01651號　藥師瑠璃光如來本願功德經　（3–1）

林樹塚等神殺諸衆生取其血宍祭祀藥叉
邏刹娑等書怨人名作其形像以惡呪術而呪
咀之厭媚蠱道呪起屍鬼令斷彼命及壞其
身是諸有情若得聞此藥師瑠璃光如來名
号彼諸惡事悉不能害一切展轉皆起慈心
利益安樂无損惱意及嫌恨心各各歡悅於自
所受生於喜足不相侵凌互為饒益
復次曼殊室利若有四衆苾芻苾芻尼鄔波
索迦鄔波斯迦及餘淨信善男子善女人等
有能受持八分齋戒或經一年或復三月受
持學處以此善根願生西方極樂世界无量
壽佛所聽聞正法而未定者若聞世尊藥師
瑠璃光如來名号臨命終時有八菩薩乘神
通來示其道路即於彼界種種雜色衆寶
華中自然化生或有因此生於天上雖生天中
而本善根亦未窮盡不復更生諸餘惡趣天
上壽盡還生人間或為輪王統攝四洲威德
自在安立无量百千有情於十善道或生刹
帝利婆羅門居士大家多饒財寶倉庫盈
溢形相端嚴眷屬具足聰明智慧勇健威
猛如大力士若是女人得聞世尊藥師瑠璃光
如來名号至心受持於後不復更受女身
尒時曼殊室利童子白佛言世尊我當誓於
像法轉時以種種方便令諸淨信善男子善
女人等得聞世尊藥師瑠璃光如來名号乃
至睡中亦以佛名覺悟其耳世尊若於此經
受持讀誦或復為他演說開示若自書若使
人書恭敬尊重以種種華香塗香末香燒香

BD01651號　藥師瑠璃光如來本願功德經　（3–2）

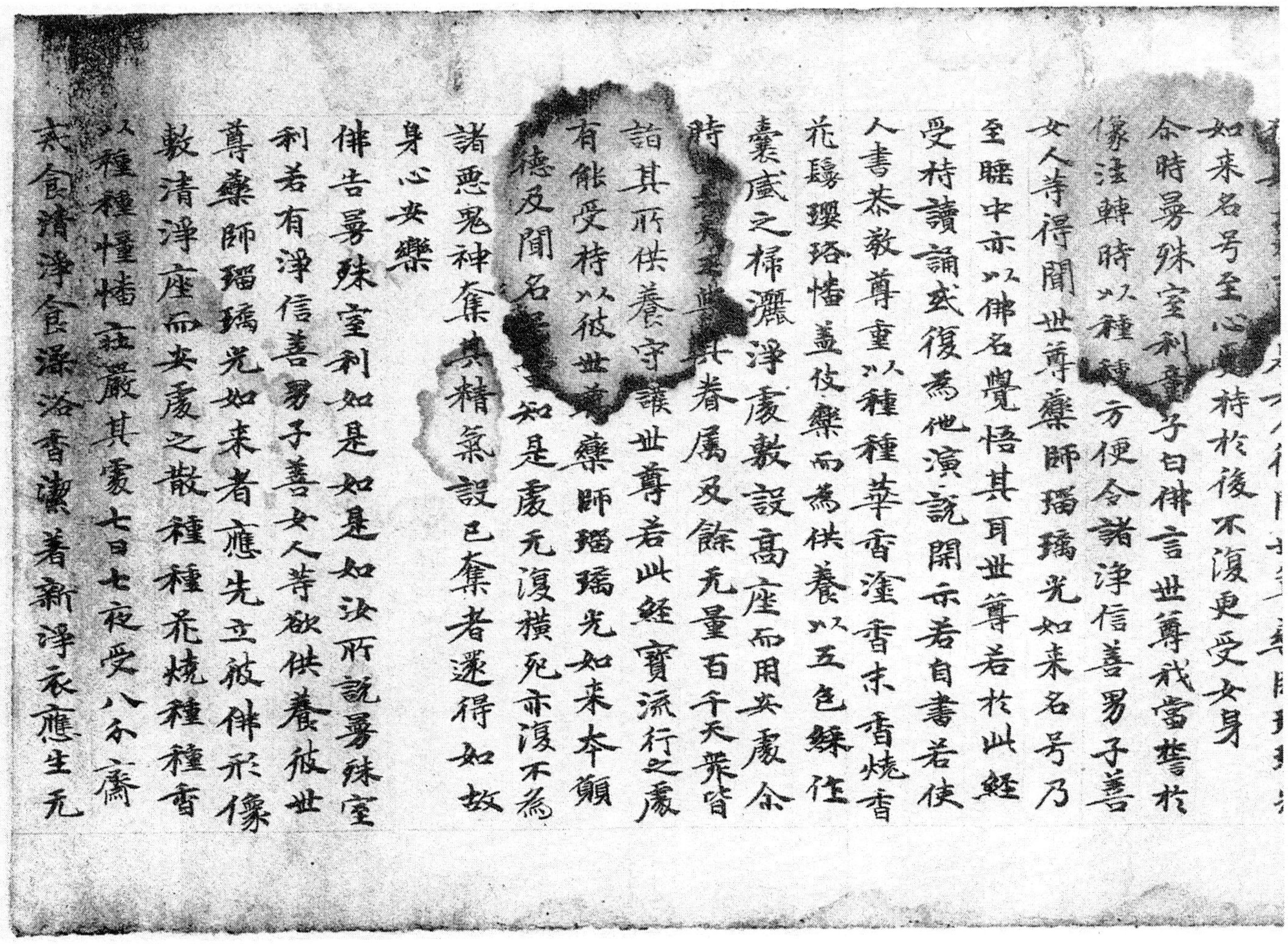

如来名号至心受持於後不復更受女身
尒時曼殊室利童子白佛言世尊我當誓於
像法轉時以種種方便令諸淨信善男子善
女人等得聞世尊藥師瑠璃光如来名号乃
至睡中亦以佛名覺悟其耳世尊若於此經
受持讀誦或復為他演說開示若自書若使
人書恭敬尊重以種種華香塗香末香燒香
花鬘瓔珞幡蓋伎樂而為供養以五色綵作
囊盛之掃灑淨處敷設高座而用安處尒
時四大天王與其眷屬及餘无量百千天衆皆
詣其所供養守護世尊若此經寶流行之處
有能受持以彼世尊藥師瑠璃光如来本願
功德及聞名号當知是處无復橫死亦復不為
諸惡鬼神奪其精氣設已奪者還得如故
身心安樂
佛告曼殊室利如是如是如汝所說曼殊室
利若有淨信善男子善女人等欲供養彼世
尊藥師瑠璃光如来者應先立彼佛形像
敷清淨座而安處之散種種花燒種種香
以種種幢幡莊嚴其處七日七夜受八分齋
食清淨食澡浴香潔著新淨衣應生无

BD01651 號　藥師瑠璃光如來本願功德經　（3–3）

持乃至四句偈等為他
故須菩提一切諸佛及諸
三菩提法皆從此經出
即非佛法
須菩提於意云何須陀洹能作是念我得須
陀洹果不須菩提言不也世尊何以故須陀
洹名為入流而無所入不入色聲香味觸法是
名須陀洹須菩提於意云何斯陀含能作是
念我得斯陀含果不須菩提言不也世尊
何以故斯陀含名一往來而實无往来是名
斯陀含須菩提於意云何阿那含能作是念
我得阿那含果不須菩提言不也世尊何以
故阿那含名為不來而實无不來是故名阿那
含須菩提於意云何阿羅漢能作是念我得
阿羅漢道不須菩提言不也世尊何以故實
无有法名阿羅漢世尊若阿羅漢作是念我
得阿羅漢道即為著我人衆生壽者世尊佛
說我得无諍三昧人中最為第一是第一離
欲阿羅漢我不作是念我是離欲阿羅漢世

BD01652 號　金剛般若波羅蜜經　（13–1）

阿羅漢道不須菩提言不也世尊何以故實
无有法名阿羅漢世尊若阿羅漢作是念我
得阿羅漢道即為著我人衆生壽者世尊佛
說我得无諍三昧人中最為第一是第一離
欲阿羅漢我不作是念我是離欲阿羅漢世
尊我若作是念我得阿羅漢道世尊則不說
須菩提是樂阿蘭那行者以須菩提實无所
行而名須菩提是樂阿蘭那行
佛告須菩提於意云何如来昔在然燈佛所
於法有所得不世尊如来在然燈佛所於法
實无所得
須菩提於意云何菩薩莊嚴佛土不不也世
尊何以故莊嚴佛土者則非莊嚴是名莊嚴
是故須菩提諸菩薩摩訶薩應如是生清淨
心不應住色生心不應住聲香味觸法生心
應无所住而生其心須菩提譬如有人身
如須弥山王於意云何是身為大不須菩提
言甚大世尊何以故佛說非身是名大身
須菩提如恒河中所有沙數如是沙等恒河
於意云何是諸恒河沙寧為多不須菩提言
甚多世尊但諸恒河尚多无數何况其沙須
菩提我今實言告汝若有善男子善女人以
七寶滿尒所恒河沙數三千大千世界以用
布施得福多不須菩提言甚多世尊佛告
須菩提若善男子善女人於此經中乃至受持
四句偈等為他人說而此福德勝前福德
復次須菩提隨說是經乃至四句偈等當知

BD01652號　金剛般若波羅蜜經

（13–2）

布施得福多不須菩提言甚多世尊佛告
須菩提若善男子善女人於此經中乃至受持
四句偈等為他人說而此福德勝前福德
復次須菩提隨說是經乃至四句偈等當知
此處一切世間天人阿修羅皆應供養如佛
塔廟何况有人盡能受持讀誦須菩提當
知是人成就最上第一希有之法若是經
典所在之處則有佛若尊重弟子
尒時須菩提白佛言世尊當何名此經我等
云何奉持佛告須菩提是經名為金剛般若
波羅蜜以是名字汝當奉持所以者何須菩
提佛說般若波羅蜜則非般若波羅蜜須菩
提於意云何如来有所說法不須菩提白佛
言世尊如来无所說須菩提於意云何三千
大千世界所有微塵是為多不須菩提言甚
多世尊須菩提諸微塵如来說非微塵是名
微塵如来說世界非世界是名世界須菩提
於意云何可以三十二相見如来不不也世
尊不可以三十二相得見如来何以故如来
說卅二相即是非相是名三十二相
須菩提若有善男子善女人以恒河沙等身
命布施若復有人於此經中乃至受持四
句偈等為他人說其福甚多
尒時須菩提聞說是經深解義趣涕淚悲泣
而白佛言希有世尊佛說如是甚深經典我
從昔来所得慧眼未曾得聞如是之經世尊

BD01652號　金剛般若波羅蜜經

（13–3）

尒時須菩提聞說是經深解義趣涕淚悲泣
而白佛言希有世尊佛說如是甚深經典我
從昔來所得慧眼未曾得聞如是之經世尊
若復有人得聞是經信心清淨則生實相當
知是人成就第一希有功德世尊是實相者
則是非相是故如來說名實相世尊我今得
聞如是經典信解受持不足為難若當來世
後五百歲其有衆生得聞是經信解受持是
人則為第一希有何以故此人无我相人相
衆生相壽者相所以者何我相即是非相人
相衆生相壽者相即是非相何以故離一切
諸相則名諸佛
佛告須菩提如是如是若復有人得聞是經
不驚不怖不畏當知是人甚為希有何以故
須菩提如來說第一波羅蜜非第一波羅蜜
是名第一波羅蜜
須菩提忍辱波羅蜜如來說非忍辱波羅蜜
何以故須菩提如我昔為歌利王割截身體
我於尒時无我相无人相无衆生相无壽者
相何以故我於往昔節節支解時若有我相
人相衆生相壽者相應生瞋恨須菩提又念
過去於五百世作忍辱仙人於尒所世无我
相无人相无衆生相无壽者相是故須菩提
菩薩應離一切相發阿耨多羅三藐三菩提
心不應住色生心不應住聲香味觸法生心

BD01652號　金剛般若波羅蜜經　（13–4）

相无人相无衆生相无壽者相是故須菩提
菩薩應離一切相發阿耨多羅三藐三菩提
心不應住色生心不應住聲香味觸法生心
應生无所住心若心有住則為非住是故佛
說菩薩心不應住色布施須菩提菩薩為
利益一切衆生應如是布施如來說一切諸相
即是非相又說一切衆生則非衆生
須菩提如來是真語者實語者如語者不誑
語者不異語者須菩提如來所得法此法无
實无虛
須菩提若菩薩心住於法而行布施如人入
闇則无所見若菩薩心不住法而行布施如
人有目日光明照見種種色
須菩提當來之世若有善男子善女人能於
此經受持讀誦則為如來以佛智慧悉知是
人悉見是人皆得成就无量无邊功德
須菩提若有善男子善女人初日分以恒河
沙等身布施中日分復以恒河沙等身命布
施後日分亦以恒河沙等身布施如是无量百
千萬億劫以身布施若復有人聞此經典信
心不逆其福勝彼何況書寫受持讀誦為人
解說
須菩提以要言之是經有不可思議不可稱
量无邊功德如來為發大乘者說為發最上
乘者說若有人能受持讀誦廣為人說如來
悉知是人悉見是人皆得成就不可量不可

BD01652號　金剛般若波羅蜜經　（13–5）

須菩提以要言之是經有不可思議不可稱
量无邊功德如來為發大乘者說為發最上
乘者說若有人能受持讀誦廣為人說如來
悉知是人悉見是人皆得成就不可量不可
稱无有邊不可思議功德如是人等則為荷
擔如來阿耨多羅三藐三菩提何以故須菩
提若樂小法者著我見人見衆生見壽者見
則於此經不能聽受讀誦為人解說須菩提
在在處處若有此經一切世間天人阿修羅所
應供養當知此處則為是塔皆應恭敬作
礼圍遶以諸華香而散其處
復次須菩提善男子善女人受持讀誦此經
若為人輕賤是人先世罪業應墮惡道以今
世人輕賤故先世罪業則為消滅當得阿耨
多羅三藐三菩提須菩提我念過去无量阿
僧祇劫於然燈佛前得值八百四千万億那
由他諸佛悉皆供養承事无空過者若復有
人於後末世能受持讀誦此經所得功德於
我所供養諸佛功德百分不及一千万億分
乃至筭數譬喻所不能及須菩提若善男子
善女人於後末世有受持讀誦此經所得功
德我若具說者或有人聞心則狂亂狐疑不
信須菩提當知是經義不可思議果報
亦不可思議
尒時須菩提白佛言世尊善男子善女人發

BD01652號　金剛般若波羅蜜經　（13–6）

信須菩提當知是經義不可思議果報
亦不可思議
尒時須菩提白佛言世尊善男子善女人發
阿耨多羅三藐三菩提心云何應住云何降
伏其心佛告須菩提善男子善女人發阿耨
多羅三藐三菩提當生如是心我應滅度
一切衆生滅度一切衆生已而无有一衆生
實滅度者何以故若菩薩有我相人相衆生
相壽者相則非菩薩所以者何須菩提實
无有法發阿耨多羅三藐三菩提者
須菩提於意云何如來於燃燈佛所有法
得阿耨多羅三藐三菩提不不也世尊如我
解佛所說義佛於燃燈佛所无有法得
阿耨多羅三藐三菩提佛言如是如是須
菩提實无有法如來得阿耨多羅三藐三
菩提須菩提若有法如來得阿耨多羅三
藐三菩提燃燈佛則不與我受記汝於來
世當得作佛号釋迦牟尼以實无有法得
阿耨多羅三藐三菩提是故燃燈佛與我受
記作是言汝於來世當得作佛号釋迦牟
尼何以故如來者即諸法如義若有人言如
來得阿耨多羅三藐三菩提
須菩提實无有法佛得阿耨多羅三藐
三菩提
須菩提如來所得阿耨多羅三藐三菩提於
是中无實无虛是故如來說一切法皆是佛法

BD01652號　金剛般若波羅蜜經　（13–7）

須菩提實无有法佛得阿耨多羅三藐
三菩提
須菩提如來所得阿耨多羅三藐三菩提於
是中无實无虛是故如來說一切法皆是佛法
須菩提所言一切法者即非一切法是故名一
切法
須菩提譬如人身長大須菩提言世尊如來
說人身長大則非大身是名大身須菩提
菩薩亦如是若作是言我當滅度无量衆
生則不名菩薩何以故須菩提實无有法
名為菩薩是故佛說一切法无我无人无
衆生无壽者須菩提若菩薩作是言我當
莊嚴佛土是不名菩薩何以故如來說莊嚴佛土
者即非莊嚴是名莊嚴須菩提若菩薩通達
无我法者如來說名真是菩提
須菩提於意云何如來有肉眼不如是世尊
如來有肉眼須菩提於意云何如來有天眼
不如是世尊如來有天眼須菩提於意云何
如來有慧眼不如是世尊如來有慧眼須菩
提於意云何如來有法眼不如是世尊如來
有法眼須菩提於意云何如來有佛眼不如
是世尊如來有佛眼須菩提於意云何恒河
中所有沙佛說是沙不如是世尊如來說是
沙須菩提於意云何如一恒河中所有沙有
如是等恒河是諸恒河所有沙數佛世界如
是寧為多不甚多世尊佛告須菩提尒所

BD01652號　金剛般若波羅蜜經

(13–8)

沙須菩提於意云何如一恒河中所有沙有
如是等恒河是諸恒河所有沙數佛世界如
是寧為多不甚多世尊佛告須菩提尒所
國土中所有衆生若干種心如來悉知何以故
如來說諸心皆為非心是名為心所以者何
須菩提過去心不可得現在心不可得未來
心不可得須菩提於意云何若有人滿三千
大千世界七寶以用布施是人以是因緣得福
多不如是世尊此人以因緣得福甚多須
菩提若福德有實如來不說得福德多以
福德无故如來說得福德多
須菩提於意云何佛可以具足色身見不不
也世尊如來不應以具足色身見何以故如
來說具足色身即非具足色身是名具足色
身須菩提於意云何如來可以具足諸相見
不不也世尊如來不應以具足諸相見何以故
如來說諸相具足即非具足是名諸相具足
須菩提汝勿謂如來作是念我當有所說法
莫作是念何以故若人言如來有所說法即
為謗佛不能解我所說故須菩提說法者无
法可說是名說法須菩提白佛言世尊佛得
阿耨多羅三藐三菩提為无所得耶如是如
是須菩提我於阿耨多羅三藐三菩提乃至
无有少法可得是名阿耨多羅三藐三菩
提復次須菩提是法平等无有高下是名

BD01652號　金剛般若波羅蜜經

(13–9)

是須菩提我於阿耨多羅三藐三菩提乃至
无有少法可得是名阿耨多羅三藐三菩
提復次須菩提是法平等无有高下是名
阿耨多羅三藐三菩提以我无人无衆生
无壽者脩一切善法則得阿耨多羅三藐
三菩提所言善法者如来說非善法是名
善法須菩提若三千大千世界中所有諸須
弥山王如是等七寶聚有人持用布施若人以
此般若波羅蜜經乃至四句偈等持讀誦
為他人說於前福德百分不及一百千万億分
乃至筭數譬喻所不能及須菩提於意云
何汝等勿謂如来作是念我當度衆生須菩
提莫作是念何以故實无有衆生如来度者若
有衆生如来度者如来則有我衆生壽者
須菩提如来說有我者則非有我而凡夫之
人以為有我須菩提凡夫者如来說則非凡
夫須菩提於意云何可以卅二相觀如来不須
菩提言如是如是以卅二相觀如来佛言須菩
提若以卅二相觀如来者轉輪聖王則是如来
須菩提白佛言世尊如我解佛所說義不
應以卅二相觀如来尒時世尊而說偈言
若以色見我 以音聲求我 是人行邪道 不能見如来
須菩提汝若作是念如来不以具足相故得
阿耨多羅三藐三菩提須菩提莫作是念
如来不以具足相故得阿耨多羅三藐三菩

若以色見我 以音聲求我 是人行邪道 不能見如来
須菩提汝若作是念如来不以具足相故得
阿耨多羅三藐三菩提須菩提莫作是念
如来不以具足相故得阿耨多羅三藐三菩
提須菩提汝若作是念發阿耨多羅三藐
三菩提者說諸法斷滅莫作是念何以故發阿
耨多羅三藐三菩提者於法不說斷滅相須
菩提若菩薩以滿恒河沙等世界七寶布施
若復有人知一切法无我得成於忍此菩薩
勝前菩薩所得功德須菩提以諸菩薩不
受福德故須菩提白佛言世尊云何菩薩不
受福德須菩提菩薩所作福德不應貪著
是故說不受福德須菩提若有人言如来若
来若去若坐若卧是人不解我所說義何以
故如来者无所從来亦无所去故名如来須菩
提若善男子善女人以三千大千世界碎為
微塵於意云何是微塵衆寧為多不甚多
世尊何以故若是微塵衆實有者佛則不說
是微塵衆所以者何佛說微塵衆則非微塵
衆是名微塵衆世尊如来所說三千大千世界
則非世界是名世界何以故若世界實有者則
是一合相如来說一合相則非一合相是名一
合相須菩提一合相者則是不可說但凡夫之
人貪著其事須菩提若人言佛說我見人見
衆生見壽者見須菩提於意云何是人解
我所說不 不世尊是人不解如来所說義可

合相須菩提一合相者則是不可說但凡夫之
人貪著其事須菩提若人言佛說我見人見
衆生見壽者見須菩提於意云何是人解
我所說不不世尊是人不解如來所說義何
以故世尊說我見人見衆生見壽者見即非
我見人見衆生見壽者見是名我見人見衆
生見壽者見須菩提發阿耨多羅三藐三菩
提心者於一切法應如是知如是見如是信解
不生法相須菩提所言法相如來說即非法
相是名法相須菩提若有人以滿無量阿僧
祇世界七寶持用布施若有善男子善女人
發菩薩心者持於此經乃至四句偈等受持
讀誦爲人演說其福勝彼云何爲人演說不
取於相如如不動何以故
一切有爲法　如夢幻泡影　如露亦如電　應作如是觀
佛說是經已長老須菩提及諸比丘比丘尼
優婆塞優婆夷一切世間天人阿脩羅聞佛
所說皆大歡喜信受奉行
金剛般若波羅蜜經

BD01652號　金剛般若波羅蜜經　（13–12）

讀誦爲人演說其福勝彼云何爲人演說不
取於相如如不動何以故
一切有爲法　如夢幻泡影　如露亦如電　應作如是觀
佛說是經已長老須菩提及諸比丘比丘尼
優婆塞優婆夷一切世間天人阿脩羅聞佛
所說皆大歡喜信受奉行
金剛般若波羅蜜經

BD01652號　金剛般若波羅蜜經　（13–13）

實慧以真實眼真實證明真實平等悉知
悉見一切眾生善惡之業我從无始生死以
來隨惡流轉共諸眾生造業障罪為貪瞋
癡之所纏縛未識佛時未識法時未識僧時未識
善惡由身語意造无間罪惡心出佛身血誹
謗正法破和合僧殺阿羅漢殺害父母身三語
四意三種行造十惡業自作教他見作隨喜
於諸善人橫生毀謗斗秤欺誑以偽為真不
淨飲食施與一切於六道中所有父母更相惱
害或盜窣堵波物四方僧物現前僧物自在而
用世尊法律不樂奉行師長教示不相隨順見
行聲聞獨覺大乘行者喜生罵辱令諸行
人心生悔惱見有勝己便懷嫉妬法施財施
常生慳惜无明所覆邪見惑心不修善因
令惡增長於諸佛所而起誹謗法說非法
非法說法如是眾罪佛以真實慧真實眼
真實證明真實平等悉知悉見我今歸命
對諸佛前皆悉發露不敢覆藏未作之罪更
不復作已作之罪今皆懺悔所作業障應墮惡

BD01653號　金光明最勝王經卷三　（14–1）

令惡增長於諸佛所而起誹謗法說非法
非法說法如是眾罪佛以真實慧真實眼
真實證明真實平等悉知悉見我今歸命
對諸佛前皆悉發露不敢覆藏未作之罪更
不復作已作之罪今皆懺悔所作業障應墮惡
道地獄傍生餓鬼之中阿蘇羅眾及八難處
願我此生所有業障皆得消滅所有惡報
未來不受亦如過去諸大菩薩修菩提行
所有業障悉已懺悔我之業障今亦懺悔皆
悉發露不敢覆藏已作之罪願得除滅未來
之罪更不敢造亦如未來諸大菩薩修菩提
行所有業障悉已懺悔我之業障今亦懺
悔皆悉發露不敢覆藏已作之罪願得除滅
未來之惡更不敢造亦如現在十方世界諸
大菩薩修菩提行所有業障悉已懺悔我
之業障今亦懺悔皆悉發露不敢覆藏已作
之罪願得除滅未來之惡更不敢造
善男子以是因緣若有造罪一剎那中不得覆
藏何況一日一夜乃至多時若有犯罪欲求
清淨心懷媿恥信於未來必有惡報生大恐
怖應如是懺如人被火燒頭燒衣救令速滅火
若未滅心不得安若人犯罪亦復如是即應
懺悔令速除滅若有願生富樂之家多饒
財寶復欲發意修習大乘亦應懺悔滅
除業障欲生豪貴婆羅門種剎帝利家
及轉輪王七寶具足亦應懺悔滅除業障
善男子若有欲生四天王眾三十三天夜摩

BD01653號　金光明最勝王經卷三　（14–2）

除業障欲生豪貴婆羅門種刹帝利家
及轉輪王七寶具足亦應懺悔滅除業障
善男子若有欲生四大王衆三十三天夜摩
天覩史多天樂變化天他化自在亦應懺
悔滅除業障若欲生梵衆梵輔大梵天少
光无量光極光淨天少淨无量淨遍淨无
雲福生廣果无煩无熱善現天善見色究竟
天亦應懺悔滅除業障若欲求預流果一
來果不還果阿羅漢果亦應懺悔滅除業
障若欲願求三明六通聲聞獨覺自在菩
提至究竟地求一切智智淨智不思議智不
動智三藐三菩提正遍知者亦應懺悔滅除
業障何以故善男子一切諸法從因緣生如來
所說異相生異相滅因緣異故如是過去諸
法皆已滅盡所有業障无復遺餘是諸行法
未得現生而今得生未來業障更不復起
何以故善男子一切法空如來所說无有我人
衆生壽者亦无生滅亦无行法善男子一切諸
法皆依於本亦不可說何以故過一切相故若
有善男子善女人如是入於微妙真理生信
敬心是名无衆生而有於本以是義故說
於懺悔滅除業障
善男子若人成就四法能除業障永得清淨
云何爲四一者不起邪心正念成就二者於甚
深理不生誹謗三者於初行菩薩起一切智
心四者於諸衆生起慈无量是謂爲四尒時

云何爲四一者不起邪心正念成就二者於甚
深理不生誹謗三者於初行菩薩起一切智
心四者於諸衆生起慈无量是謂爲四尒時
世尊而說頌言
專心護業　不誹謗深法　作一切智慧　慈心淨業障
善男子有四業障難可滅除云何爲四一者於
菩薩律儀犯極重惡二者於大乘經心生誹謗
三者於自善根不能增長四者貪著三有无
出離心復有四種對治業障云何爲四一者
於十方世界一切如來至心親近說一切罪二
者爲一切衆生勸請諸佛說深妙法三者
隨喜一切衆生所有功德四者所有一切功德
善根悉皆迴向阿耨多羅三藐三菩提尒時
天帝釋白佛言世尊世間所有男子女人於
大乘行有能行者有不行者云何能得隨
喜一切衆生功德善根佛言善男子若有
衆生雖於大乘未能修習然於晝夜六時
偏袒右肩右膝著地合掌恭敬一心專念作隨
喜時得福无量應作是言十方世界一切衆生
現在修行施戒心慧我今皆悉深生隨喜
由作如是隨喜福故必當獲得尊重殊勝
无上无等最妙之果如是過去未來一切衆生
所有善根皆悉隨喜又於現在初行菩薩
發菩提心所有功德過百大劫行菩薩行
有大功德獲无生忍至不退轉一生補處如
是一切功德之蘊皆悉至心隨喜讚歎過去
未來一切菩薩所有功德隨喜讚歎亦復如

有大功德獲无生忍至不退轉一生補處如
是一切功德之蘊皆悉至心隨喜讚歎過去
未來一切菩薩所有功德隨喜讚歎亦復如
是復於現在十方世界一切諸佛應正遍知證妙
菩提為度无邊諸衆生故轉无上法輪行
无礙法施擊法鼓吹法螺建法幢雨法雨哀
愍勸化一切衆生咸令信受皆蒙法施悉得
充足无盡安樂又復所有菩薩聲聞獨覺
功德積集善根若有衆生未具如是諸功
德者悉令具足我皆隨喜如是過去未來
諸佛菩薩聲聞獨覺所有功德亦皆至心
隨喜讚善男子如是隨喜當得无量功
德之聚如恒河沙三千大千世界所有衆
生皆斷煩惱成阿羅漢若有善男子善女
人盡其形壽常以上妙衣服飲食卧具醫
藥而為供養如是功德不及如前隨喜功德千
分之一何以故供養功德有數有量不攝一切
諸功德故隨喜功德无量无數能攝三世一切
功德是故若人欲求增長勝善根者應修如
是隨喜功德若有女人願轉女身為男子者
亦修習隨喜功德必得隨心現成男子尒時天
帝釋白佛言世尊已知隨喜功德勸請功
德唯願為說欲令未來一切菩薩當轉法輪
現在菩薩正修行故佛告帝釋若有善男
子善女人願求阿耨多羅三藐三菩提者應
當修行聲聞獨覺大乘之道是人當於晝

BD01653 號　金光明最勝王經卷三　（14–5）

子善女人願求阿耨多羅三藐三菩提者應
當修行聲聞獨覺大乘之道是人當於晝
夜六時如前威儀一心專念作如是言我今
歸依十方一切諸佛世尊已得阿耨多羅三
藐三菩提未轉无上法輪欲捨報身入涅槃
者我皆至誠頂禮勸請轉大法輪雨大法雨
然大法燈照明理趣施无礙法莫般涅槃久住
於世度脫安樂一切衆生如前所說乃至无盡
安樂我今以此勸請功德迴向阿耨多羅三藐
三菩提如過去未來現在諸大菩薩勸請功
德迴向菩提我亦如是勸請功德迴向无上
正等菩提善男子假使有人以三千大千世界
滿中七寶供養如來若復有人勸請如來
轉大法輪所得功德其福勝彼何以故彼是財
施此是法施善男子且置三千大千世界七寶
布施若人以滿恒河沙數大千世界七寶供養
一切諸佛勸請功德亦勝於彼由其法施有
五勝利云何為五一者法施兼利自他財施不
尒二者法施能令衆生出於三界財施之福
不出欲界三者法施能淨法身財施但唯增
長於色四者法施无窮財施有盡五者法施
能斷无明財施唯伏貪愛是故善男子勸
請功德无量无邊難可辟喻如我昔行菩
薩道時勸請諸佛轉大法輪由彼善根是
故今日一切帝釋諸梵王等勸請於我轉大
法輪善男子請轉法輪為欲度脫安樂諸

BD01653 號　金光明最勝王經卷三　（14–6）

薩道時勸請諸佛轉大法輪由彼善根是
故今日一切帝釋諸梵王等勸請於我轉大
法輪善男子請轉法輪為欲度脫安樂諸
衆生故我於往昔為菩提行勸請如來久住
於世莫般涅槃依此善根我得十力四无所畏
四无礙辯大慈大悲證得无數不共之法我
當入於无餘涅槃我之正法久住於世我法身者
清淨无比種種妙相无量智慧无量自在无量
功德難可思議一切衆生皆蒙利益百千万劫
說不盡法身攝藏一切諸法一切諸法不攝法
身常住不墮常見雖復斷滅亦非斷見能
破衆生種種異見能生衆生種種真見能
解一切衆生之縛无縛可解能植衆生諸善
根本未成熟者令成熟已成熟者令解
脫无作无動遠離闠閙寂靜无為自在
安樂過於三世能現三世出於聲聞獨覺
之地諸大菩薩之所修行一切如來體无有
異此等皆由勸請功德善根力故如是法身
我今已得是故若有欲得阿耨多羅三藐三
菩提者於諸經中一句一頌為人解說功德善
根尚无限量何況勸請如來轉大法輪久住於
世莫般涅槃時天帝釋復白佛言世尊若善
男子善女人為求阿耨多羅三藐三菩提故修
三乘道所有善根云何迴向一切智智佛告天帝
善男子若有衆生欲求菩提修三乘道所有
善根願迴向者當於晝夜六時殷重至心作如
是說我從无始生死以來於三寶所修行成

善男子若有衆生欲求菩提修三乘道所有
善根願迴向者當於晝夜六時殷重至心作如
是說我從无始生死以來於三寶所修行成
就所有善根乃至施與傍生一摶之食或以
善言和解諍訟或受三歸及諸學處或復懺
悔勸請隨喜所有善根我今作意悉皆攝
取迴施一切衆生无悔悋心是解脫分善根所
攝如佛世尊之所知見不可稱量无礙清淨
如是所有功德善根悉以迴施一切衆生不住
相心不捨相心我亦如是功德善根悉以迴施
一切衆生願皆獲得如意之手撝空出寶滿
衆生願富樂无盡智慧无窮妙法辯才悉
皆无滯共諸衆生同證阿耨多羅三藐三菩
提得一切智因此善根更復出生无量善法
亦皆迴向无上菩提又如過去諸大菩薩修行
之時功德善根悉皆迴向一切種智現在未
來亦復如是然我所有功德善根亦皆迴向
阿耨多羅三藐三菩提是諸善根願共一切
衆生俱成正覺如餘諸佛坐於道場菩提
樹下不可思議无礙清淨住於无盡法藏陁
羅尼首楞嚴定破魔波旬无量兵衆應見
覺知應可通達如是一切一剎那中悉皆照了
於後夜中獲甘露法證甘露義我及衆生
願皆同證如是妙覺猶如无量壽佛勝光佛
妙光佛阿閦佛功德善光佛師子光明佛
百光明佛網光明佛寶相佛寶燄佛燄
明佛燄盛光明佛吉祥上王佛微妙聲佛妙

願皆同證如是妙覺猶如无量壽佛勝光佛
妙光佛阿閦佛功德善光佛師子光明佛
百光明佛網光明佛寶相佛寶𦦨佛𦦨
明佛𦦨盛光明佛吉祥上王佛微妙聲佛妙
莊嚴佛法幢佛上勝身佛可愛色身佛光
明遍照佛梵淨王佛上性佛如是等如來應
正遍知過去未來及以現在十方現應化得阿耨
多羅三藐三菩提轉无上法輪為度衆生我亦
如是廣說如上
善男子若有淨信男子女人於此金光明最
勝王經滅業障品受持讀誦憶念不忘為
他廣說得无量无邊大功德聚辟如三千大千
世界所有衆生一時皆得成就人身得人身
已成獨覺道若有男子女人盡其形壽恭
敬尊重四事供養一一獨覺各施七寶如須
弥山此諸獨覺入涅槃後皆以珎寶起塔
供養其塔高廣十二瑜繕那以諸花香寶幢
幡蓋常為供養善男子於意云何是人所獲
功德寧為多不天帝釋言甚多世尊善男
子若復有人於此金光明微妙經典衆經之王
滅業障品受持讀誦憶念不忘為他廣說
所獲功德於前所說供養功德百分不及一
百千万億分乃至校量辟喻所不能及何
以故是善男子善女人住正行中勸請十方一
切諸佛轉无上法輪皆為諸佛勸喜讚歎善
男子如我所說一切施中法施為勝是故善
男子於三寶所設諸供養不可為比勸

以故是善男子善女人住正行中勸請十方一
切諸佛轉无上法輪皆為諸佛勸喜讚歎善
男子如我所說一切施中法施為勝是故善
男子於三寶所設諸供養不可為比勸
受三歸持一切戒无有毀犯三業不空不可
為比一切世界一切衆生隨力隨能隨所願樂
於三乘中勸發菩提心不可為比於三世中一切世
界所有衆生皆得无礙速令成就无量功德
不可為比三世刹土一切衆生令无障礙得三菩
提不可為比三世刹土一切衆生勸令速出四
惡道苦不可為比三世刹土一切衆生勸令
除滅極重惡業不可為比一切苦惱勸令解
脫不可為比一切怖畏苦惱逼切皆令得解
不可為比三世佛前一切衆生所有功德勸
令隨喜發菩提願不可為比勸除惡行罵
辱之業一切功德皆願成就所在生中勸請
供養尊重讚歎一切三寶勸請衆生淨脩
福行成滿菩提不可為比是故當知勸請
一切世界三世三寶勸請滿足六波羅蜜勸
請轉於无上法輪勸請住世經无量劫演
說无量甚深妙法功德甚深无能比者
尒時天帝釋及恒河女神无量梵王四大天
衆從座而起偏袒右肩右膝著地合掌頂
礼白佛言世尊我等皆得聞是金光明最
勝王經今悉受持讀誦通利為他廣說依
此法住何以故世尊我等欲求阿耨多羅三
藐三菩提隨順此義種種勝相如法行故

勝王經令其受持讀誦通利為他廣說依
此法住何以故世尊我等欲求阿耨多羅三
藐三菩提隨順此義種種勝相如法行故
尒時梵王及天帝釋等於說法處皆以種
種曼陁羅花而散佛上三千大千世界地皆
大動一切天鼓及諸音樂不鼓自鳴放金色光
遍滿世界出妙音聲時天帝釋白佛言世
尊此等皆是金光明經威神之力慈悲普
救種種利益種種增長菩薩善根滅諸業
障佛言如是如是如汝所說何以故善男子我
念往昔過无量百千阿僧祇劫有佛名寶王
大光照如來應正遍知出現於世住世六百
八十億劫尒時寶王大光明如來為欲度脫
人天釋梵沙門婆羅門一切衆生令安樂故
當出現時初會說法度百千億万衆皆得
阿羅漢果諸漏已盡三明六通自在无礙於
第二會復度九十千億億万衆皆得阿
羅漢果諸漏已盡三明六通自在无礙於第
三會復度九十八千億億万衆皆得阿羅漢果
圓滿如上
善男子我於尒時作女人身名福寶光明於
第三會親近世尊受持讀誦是金光明經
為他廣說求阿耨多羅三藐三菩提故持
彼世尊為我授記此福寶光明女於未來
世當得作佛号釋迦牟尼如來應正遍知
明行足善逝世間解无上士調御丈夫天
人師佛世尊捨女身後從是以來越四惡道

BD01653 號　金光明最勝王經卷三

（14–11）

世當得作佛号釋迦牟尼如來應正遍知
明行足善逝世間解无上士調御丈夫天
人師佛世尊捨女身後從是以來越四惡道
生人天中受上妙樂八十四百千生作轉輪王
至于今日得成正覺名稱普聞遍滿世界
時大會衆忽然皆見寶王大光照如來轉
无上法輪說微妙法善男子此索訶世界
東方過百千恒河沙數佛土有世界名寶
莊嚴其寶王大光照如來今現在彼未般
涅槃說微妙法廣化群生汝等見者即是
彼佛
善男子若有善男子善女人聞是寶王大
光照如來名号者於菩薩地得不退轉至
大涅槃若有女人聞是佛名者臨命終時得
見彼佛來至其所既見佛已究竟不復更受
女身善男子是金光明微妙經典種種利益
種種增長菩薩善根滅諸業障善男子若
有苾芻苾芻尼鄔波索迦鄔波斯迦隨在何
處為人講說是金光明微妙經典於其國
土皆獲四種福利善根云何為四一者國王
无病離諸災厄二者壽命長遠无有障礙
三者无諸怨敵兵衆勇健四者安隱豐樂正
法流通何以故如是人王常為釋梵四王藥叉之
衆共守護故
尒時世尊告大衆曰善男子是事實不是
時无量釋梵四王及藥叉衆俱時同聲荅
世尊言如是如是若有國土講宣讀誦此妙

BD01653 號　金光明最勝王經卷三

（14–12）

衆共守護故
尒時世尊告天衆曰善男子是事實不是
時无量釋梵四王及藥叉衆俱時同聲答
世尊言如是如是若有國土講宣讀誦此妙
經王是諸國主我等四王常来擁護行住俱
共其王若有一切灾障及諸怨敵我等四王
皆使消殄憂愁疾疫亦令除差增益壽命
感應禎祥所願遂心恒生歡喜我等亦能令
其國中所有軍兵悉皆勇健佛言善哉善
哉善男子如汝所說汝當脩行何以故是諸國
王如法行時一切人民隨王脩習如法行者汝
等皆蒙色力勝利宮殿光明眷屬強盛時
釋梵等白佛言如是世尊佛言若有講讀
此妙經典流通之處於其國中大臣輔相有
四種益云何爲四一者更相親穆尊重愛念
二者常爲人王心所愛重亦爲沙門婆羅門
大國小國之所遵敬三者輕財重法不求世利
嘉名普暨衆所欽仰四者壽命延長安隱快
樂是名四益若有國土宣說是經沙門婆羅
門得四種勝利云何爲四一者衣服飲食卧具
醫藥无所乏少二者皆得安心思惟讀誦三
者依於山林得安樂住四者隨心所願皆得
滿足是名四種勝利若有國土宣說是經一
切人民皆得豐樂无諸疾疫商估往還多獲
寶貨具足勝福是名種種功德利益
尒時梵釋四天王及諸大衆白佛言世尊如是
經典甚深之義若現在者當知如来卅七種

BD01653號　金光明最勝王經卷三　（14–13）

者依於山林得安樂住四者隨心所願皆得
滿足是名四種勝利若有國土宣說是經一
切人民皆得豐樂无諸疾疫商估往還多獲
寶貨具足勝福是名種種功德利益
尒時梵釋四天王及諸大衆白佛言世尊如是
經典甚深之義若現在者當知如来卅七種
助菩提法住世未滅若是經典滅盡之時正法
亦滅佛言如是如是善男子是故汝等於
此金光明經一句一頌一品一部皆當一心正
讀誦正聞持正思惟脩習爲諸衆生廣宣
流布長夜安樂福利无邊時諸大衆聞佛
說已咸蒙勝益歡喜受持

金光明最勝王經卷第三

BD01653號　金光明最勝王經卷三　（14–14）

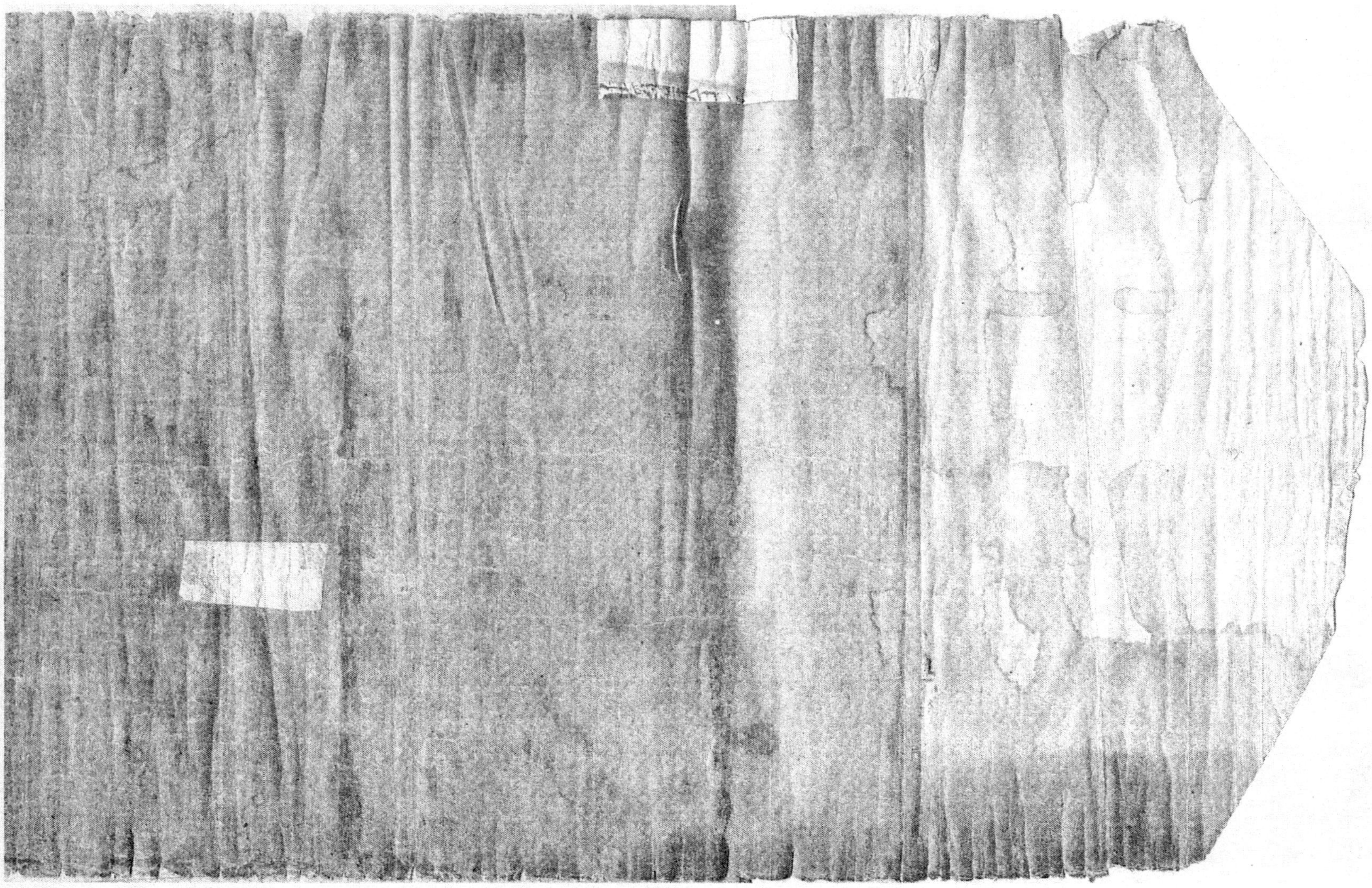

BD01653 號背　雜寫　（1–1）

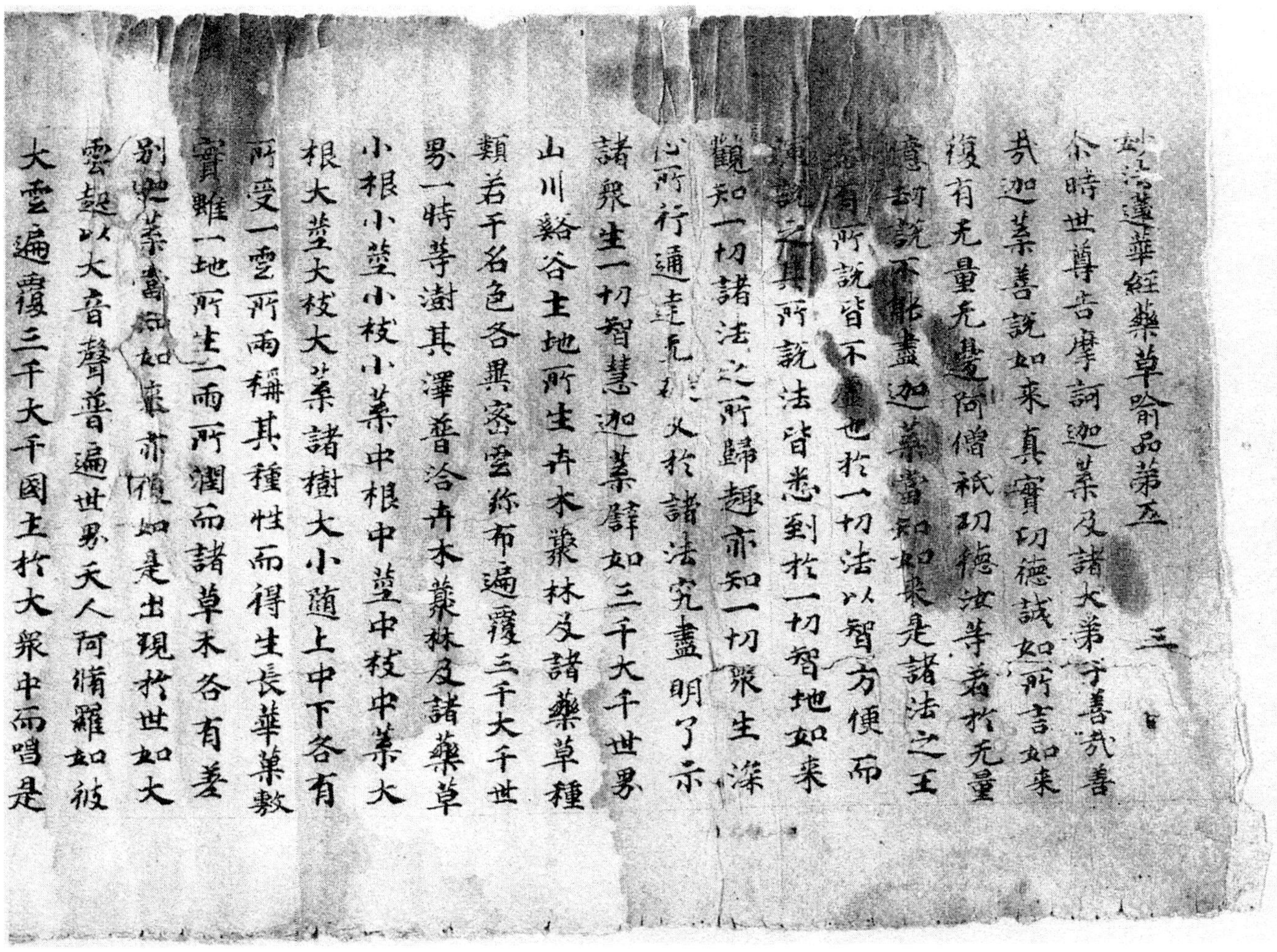

妙法蓮華經藥草喻品第五　三
尒時世尊告摩訶迦葉及諸大弟子善哉善
哉迦葉善說如来真實功德誠如所言如来
復有无量无邊阿僧祇功德汝等若於无量
億劫說不能盡迦葉當知如来是諸法之王
若有所說皆不虛也於一切法以智方便而
演說之其所說法皆悉到於一切智地如来
觀知一切諸法之所歸趣亦知一切衆生深
心所行通達无礙又於諸法究盡明了示
諸衆生一切智慧迦葉譬如三千大千世界
山川谿谷土地所生卉木叢林及諸藥草種
類若干名色各異密雲彌布遍覆三千大千世
界一時等澍其澤普洽卉木叢林及諸藥草
小根小莖小枝小葉中根中莖中枝中葉大
根大莖大枝大葉諸樹大小隨上中下各有
所受一雲所雨稱其種性而得生長華菓敷
實雖一地所生一雨所潤而諸草木各有差
別迦葉當知如来亦復如是出現於世如大
雲起以大音聲普遍世界天人阿脩羅如彼
大雲遍覆三千大千國土於大衆中而唱是

BD01654 號　妙法蓮華經卷三　（2–1）

諸衆生一切智慧迦葉譬如三千大千世界
山川谿谷土地所生卉木叢林及諸藥草種
類若干名色各異密雲彌布遍覆三千大千世
界一時等澍其澤普洽卉木叢林及諸藥草
小根小莖小枝小葉中根中莖中枝中葉大
根大莖大枝大葉諸樹大小隨上中下各有
所受一雲所雨稱其種性而得生長華菓敷
實雖一地所生一雨所潤而諸草木各有差
別迦葉當知如來亦復如是出現於世如大
雲起以大音聲普遍世界天人阿脩羅如彼
大雲遍覆三千大千國土於大衆中而唱是
言我是如來應供正遍知明行足善逝世間
解无上士調御丈夫天人師佛世尊未度者
令度未解者令解未安者令安未涅槃者令
得涅槃今世後世如實知之我是一切知者
一切見者知道者開道者說道者汝等天人
阿脩羅衆皆應到此為聽法故尔時无數千
萬億種衆生來至佛所而聽法如來于時觀

BD01654號　妙法蓮華經卷三

（2–2）

是瞋惱是瞋惱報
慳悋報是毀戒是毀戒報是瞋恚是瞋恚報是
懈怠是懈怠報是亂意是亂意報是愚癡是愚
癡報是結戒是持戒是犯戒是應作是不應作
是障閡是不障閡是得罪是離罪是淨是垢
是有漏是无漏是邪道是正道是有為是无
為是世間是涅槃以難化之人心如猨猴故以若
干種法制御其心乃可調伏譬如象馬𢤱悷不
調加諸楚毒乃至徹骨然後調伏如是剛強
難化衆生故以一切苦切之言乃可入律彼
諸菩薩聞說是已皆曰未曾有也如世尊
釋迦牟尼佛隱其无量自在之力乃以貧所
樂法度脫衆生斯諸菩薩亦能勞謙以无量
大悲生是佛土維摩詰言此土菩薩於諸衆
生大悲堅固誠如所言然其一世饒益衆生
多於彼國百千劫行所以者何此娑婆世界
有十事善法諸餘淨土之所无有何等為十
以布施攝貧窮以淨戒攝毀禁以忍辱攝瞋恚
以精進攝懈怠以禪定攝亂意以智慧攝愚

BD01655號　維摩詰所說經卷下

（3–1）

……是佛土維摩詰言此土菩薩於諸眾
生大悲堅固誠如所言然其一世饒益眾生
多於彼國百千劫行所以者何此娑婆世界
有十事善法諸餘淨土之所无有何等為十
以布施攝貧窮以淨戒攝毀禁以忍辱攝瞋恚
以精進攝懈怠以禪定攝亂意以智慧攝愚
癡說除八難法度八難大乘法度樂小乘者以諸
善根濟无德者常以四攝成就眾生是為十彼菩
薩曰菩薩成就幾法於此世界行无瘡疣生
于淨土維摩詰言菩薩成就八法於此世界
行无瘡疣生于淨土何等為八饒益眾生而
不望報代一切眾生受諸苦惱所作功德盡以
施之等心眾生謙下无閡於諸菩薩視之
如佛所未聞經聞之不疑不與聲聞而相違
背不嫉彼供不高己利而於其中調伏其心
常省己過不訟彼短恒以一心求諸功德是
為八維摩詰文殊師利於大眾中說是法時
百千天人皆發阿耨多羅三藐三菩提心十
千菩薩得无生法忍

菩薩行品第十一

是時佛說法於菴羅樹園其地忽然廣博嚴
事一切眾會皆作金色阿難白佛言世尊以
何因緣有此瑞應是處忽然廣博嚴事一切
眾會皆作金色佛告阿難是維摩詰文殊師
利與諸大眾恭敬圍遶發意欲來故先為此
瑞應於是維摩詰語文殊師利可共見佛與

BD01655號　維摩詰所說經卷下　（3–2）

行无瘡疣生于淨土何等為八饒益眾生而
不望報代一切眾生受諸苦惱所作功德盡以
施之等心眾生謙下无閡於諸菩薩視之
如佛所未聞經聞之不疑不與聲聞而相違
背不嫉彼供不高己利而於其中調伏其心
常省己過不訟彼短恒以一心求諸功德是
為八維摩詰文殊師利於大眾中說是法時
百千天人皆發阿耨多羅三藐三菩提心十
千菩薩得无生法忍

菩薩行品第十一

是時佛說法於菴羅樹園其地忽然廣博嚴
事一切眾會皆作金色阿難白佛言世尊以
何因緣有此瑞應是處忽然廣博嚴事一切
眾會皆作金色佛告阿難是維摩詰文殊師
利與諸大眾恭敬圍遶發意欲來故先為此
瑞應於是維摩詰語文殊師利可共見佛與
……養文殊師利言善哉行矣今

BD01655號　維摩詰所說經卷下　（3–3）

共法慶喜眼處眼處性空何以故以眼處性
空與佛十力四無所畏四無礙解大慈大悲
大喜大捨十八佛不共法無二無二分故世
尊云何以耳鼻舌身意處無二為方便無生
為方便無所得為方便迴向一切智智脩習
佛十力四無所畏四無礙解大慈大悲大喜
大捨十八佛不共法慶喜耳鼻舌身意處耳
鼻舌身意處性空何以故以耳鼻舌身意處
性空與佛十力四無所畏四無礙解大慈大
悲大喜大捨十八佛不共法無二無二分故
慶喜由此故說以眼處等無二為方便無生
為方便無所得為方便迴向一切智智脩習
佛十力四無所畏四無礙解大慈大悲大喜
大捨十八佛不共法世尊云何以色處無二
為方便無生為方便無所得為方便迴向一
切智智脩習佛十力四無所畏四無礙解大
慈大悲大喜大捨十八佛不共法慶喜色處
色處性空何以故以色處性空與佛十力四
無所畏四無礙解大慈大悲大喜大捨十八
佛不共法無二無二分故世尊云何以聲香
味觸法處無二為方便無生為方便無所得
為方便迴向一切智智脩習佛十力四無所

BD01656 號　大般若波羅蜜多經卷一一三　（2–1）

為方便無所得為方便迴向一切智智脩習
佛十力四無所畏四無礙解大慈大悲大喜
大捨十八佛不共法世尊云何以色處無二
為方便無生為方便無所得為方便迴向一
切智智脩習佛十力四無所畏四無礙解大
慈大悲大喜大捨十八佛不共法慶喜色處
色處性空何以故以色處性空與佛十力四
無所畏四無礙解大慈大悲大喜大捨十八
佛不共法無二無二分故世尊云何以聲香
味觸法處無二為方便無生為方便無所得
為方便迴向一切智智脩習佛十力四無所
畏四無礙解大慈大悲大喜大捨十八佛不
共法慶喜聲香味觸法處聲香味觸法處性
空何以故以聲香味觸法處性空與佛十力四
無所畏四無礙解大慈大悲大喜大捨十八
佛不共法無二無二分故慶喜由此故說以
色處等無二為方便無生為方便無所得
為方便迴向一切智智脩習佛十力四無所畏
四無礙解大慈大悲大喜大捨十八佛不共
法世尊云何以眼處無二為方便無生為方
便無所得為方便迴向一切智智脩習無忘
失法恒住捨性慶喜眼處眼處性空何以故
以眼處性空與無忘失法恒住捨性無二無

BD01656 號　大般若波羅蜜多經卷一一三　（2–2）

稱讚淨土佛攝受經
藏法師玄奘奉　詔譯
如是我聞一時薄伽梵在室羅筏住誓多林
給孤獨園與大苾芻衆千二百五十人俱一
切皆是尊宿聲聞衆望所識大阿羅漢其名
曰尊者舍利子摩訶目乾連摩訶迦葉阿泥
律陁如是等諸大聲聞而為上首復與无量
菩薩摩訶薩俱一切皆住不退轉位无量功
德衆所莊嚴其名曰妙吉祥菩薩无能勝菩
薩常精進菩薩不休息菩薩如是等諸大菩
薩而為上首復有帝釋大梵天王堪忍界主
護世四王如是上首百千俱胝那庾多數諸
天子衆及餘世間无量天人阿素洛等為聞
法故俱來會坐
尒時世尊告舍利子汝今知不於是西方去
此世界過百千俱胝那庾多佛土有佛世界
名曰極樂其中世尊名无量壽及无量光如
來應正等覺十号圓滿今現在彼安隱住持
為諸有情宣說甚深微妙之法令得殊勝利
益安樂

尒時世尊告舍利子汝今知不於是西方去
此世界過百千俱胝那庾多佛土有佛世界
名曰極樂其中世尊名无量壽及无量光如
來應正等覺十号圓滿今現在彼安隱住持
為諸有情宣說甚深微妙之法令得殊勝利
益安樂
又舍利子何因何緣彼佛世界名為極樂舍
利子由彼界中諸有情類无有一切身心憂
苦唯有无量清淨喜樂是故名為極樂世界
又舍利子極樂世界淨佛土中處處皆有七
重行列妙寶蘭楯七重行列寶多羅樹及有
七重妙寶羅網周帀圍繞四寶莊嚴金寶銀
寶吠瑠璃寶頗胝迦寶妙飾間綺舍利子彼
佛土中有如是等衆妙綺飾功德莊嚴甚可
愛樂是故名為極樂世界
又舍利子極樂世界淨佛土中處處皆有七
妙寶池八功德水弥滿其中何等名為八功
德水一者澄淨二者清冷三者甘美四者輕
耎五者潤澤六者安和七者飲時除飢渴等
无量過患八者飲已定能長養諸根四大增
益種種殊勝善根多福衆生常樂受用是諸
寶池底布金沙四面周帀有四階道四寶莊
嚴甚可愛樂諸池周帀有妙寶樹間飾行列
香氣芬馥七寶莊嚴甚可愛樂言七寶者一
金二銀三吠瑠璃四頗胝迦五赤真珠六阿
濕摩揭拉婆寶七牟娑洛揭拉婆寶是諸池
中常有種種雜色蓮花量如車輪青形青顯

金二銀三吠瑠璃四頗胝迦五赤真珠六阿
濕摩揭拉婆寶七牟娑洛揭拉婆寶是諸池
中常有種種雜色蓮花量如連輪青形青顯
青光青影黃形黃顯黃光黃影赤形赤顯赤
光赤影白形白顯白光白影四形四顯四光
四影舍利子彼佛土中有如是等眾妙綺飾
功德莊嚴甚可愛樂是故名為極樂世界
又舍利子極樂世界淨佛土中自然常有无
量无邊眾妙伎樂音曲和雅甚可愛樂諸有
情類聞斯妙音諸惡煩惱悉皆消滅无量善
法漸次增長速證无上正等菩提舍利子彼
佛土中有如是等眾妙綺飾功德莊嚴甚可
愛樂是故名為極樂世界
又舍利子極樂世界淨佛土中周遍大地真
金合成其觸柔耎香潔光明无量无邊妙寶
間飾舍利子彼佛土中有如是等眾妙綺飾
功德莊嚴甚可愛樂是故名為極樂世界
又舍利子極樂世界淨佛土中晝夜六時常
雨種種上妙天花光澤香潔細耎雜色雖令
見者身心適悅而不貪著增長有情无量无
數不可思議殊勝功德彼有情類晝夜六時
常持供養无量壽佛每晨朝時持此天花於
一食頃飛至他方无量世界供養百千俱胝
諸佛於諸佛所各以百千俱胝花樹持散供
養還至本處遊天住等舍利子彼佛土中有
如是等眾妙綺飾功德莊嚴甚可愛樂是故
名為極樂世界

諸佛於諸佛所各以百千俱胝花樹持散供
養還至本處遊天住等舍利子彼佛土中有
如是等眾妙綺飾功德莊嚴甚可愛樂是故
名為極樂世界
又舍利子極樂世界淨佛土中常有種種奇
妙可愛雜色眾鳥所謂鵝鴈鶖鷺鴻鶴孔雀
鸚鵡羯羅頻迦命命鳥等如是眾鳥晝夜六
時恒共集會出和雅聲隨其類音宣揚妙法
所謂甚深念住正斷神足根力覺道支等无
量妙法彼土眾生聞是聲已各得念佛念法
念僧无量功德熏脩其身汝舍利子於意云
何彼土眾鳥豈是傍生惡趣攝耶勿作是見
所以者何彼佛淨土无三惡趣尚不聞有三
惡趣名何況有實罪業所招傍生眾鳥當知
皆是无量壽佛變化所作令其宣暢无量法
音作諸有情利益安樂舍利子彼佛土中有
如是等眾妙綺飾功德莊嚴甚可愛樂是故
名為極樂世界
又舍利子極樂世界淨佛土中常有妙風吹諸
寶樹及寶羅網出微妙音譬如百千俱胝
天樂同時俱作出微妙聲甚可愛玩如是彼
土常有妙風吹眾寶樹及寶羅網擊出種種
微妙音聲說種種法彼土眾生聞是聲已起
佛法僧念作意等无量功德舍利子彼佛土
中有如是等眾妙綺飾功德莊嚴甚可愛樂
是故名為極樂世界
又舍利子極樂世界淨佛土中有如是等无

佛法僧念作意等无量功德舍利子彼佛土
中有如是等衆妙綺飾功德莊嚴甚可愛樂
是故名爲極樂世界
又舍利子極樂世界淨佛土中有如是等无
量无邊不可思議甚希有事假使經於百千
俱胝那庾多劫以其无量百千俱胝那庾多
舌一一舌上出无量聲讚其功德亦不能盡
是故名爲極樂世界
又舍利子極樂世界淨佛土中佛有何緣名
无量壽舍利子由彼如来及諸有情壽命无
量无數大劫由是緣故彼土如来名无量壽
舍利子无量壽佛證得阿耨多羅三藐三菩
提已来經十大劫舍利子何緣彼佛名无量
光舍利子由彼如来恒放无量无邊妙光遍
照一切十方佛土施作佛事无有障礙由是
緣故彼土如来名无量光舍利子彼佛淨土
成就如是功德莊嚴甚可愛樂是故名爲極
樂世界
又舍利子極樂世界淨佛土中无量壽佛常
有无量聲聞弟子一切皆是大阿羅漢具足
種種微妙功德其量无邊不可稱數舍利子
彼佛淨土成就如是功德莊嚴甚可愛樂是
故名爲極樂世界
又舍利子極樂世界淨佛土中无量壽佛常
有无量菩薩弟子一切皆是一生所繫具足
種種微妙功德其量无邊不可稱數假使經
於无數量劫讚其功德終不能盡舍利子彼

BD01657 號　稱讚淨土佛攝受經　（11–5）

有无量菩薩弟子一切皆是一生所繫具足
種種微妙功德其量无邊不可稱數假使經
於无數量劫讚其功德終不能盡舍利子彼
佛土中成就如是功德莊嚴甚可愛樂是故
名爲極樂世界
又舍利子若諸有情生彼土者皆不退轉必
不復墮諸險惡趣邊地下賤蔑戾車中常遊
諸佛清淨國土殊勝行願念念增進決定當
證阿耨多羅三藐三菩提舍利子彼佛土中
成就如是功德莊嚴甚可愛樂是故名爲極
樂世界
又舍利子若諸有情聞彼西方无量壽佛清
淨佛土无量功德衆所莊嚴皆應發願生彼
佛土所以者何若生彼土得與如是无量功
德衆所莊嚴諸大士等同一集會受用如是
无量功德衆所莊嚴清淨佛土大乘法樂常
无退轉无量行願念念增進速證无上正等
菩提故舍利子生彼佛土諸有情類成就无
量无邊功德非少善根諸有情類當得往生
无量壽佛極樂世界清淨佛土
又舍利子若有淨信諸善男子或善女人得
聞如是无量壽佛无量无邊不可思議功德
名号極樂世界功德莊嚴聞已思惟若一日
夜或二或三或四或五或六或七繫念不亂
是善男子或善女人臨命終時无量壽佛與
其无量聲聞弟子菩薩衆俱前後圍繞来住

BD01657 號　稱讚淨土佛攝受經　（11–6）

是善男子或善女人臨命終時无量壽佛與
其无量聲聞弟子菩薩衆俱前後圍繞来住
其前慈悲加祐令心不亂既捨命已隨佛衆
會生无量壽極樂世界清淨佛土
又舍利子我觀如是利益安樂大事因緣說
誠諦語若有淨信諸善男子或善女人得聞
如是无量壽佛不可思議功德名号極樂世
界淨佛土者一切皆應信受發願如說脩行
生彼佛土
又舍利子如我今者稱揚讚歎无量壽佛无量
无邊不可思議佛土功德如是東方亦有現在
不動如来山幢如来大山如来山光如来妙
幢如来如是等佛如殑伽沙住在東方自
佛淨土各各示現廣長舌相遍覆三千大千
世界周帀圍繞說誠諦言汝等有情皆應信
受如是稱讚不可思議佛土功德一切諸佛
攝受法門
又舍利子如是南方亦有現在日月光如来
名稱光如来大光蘊如来迷盧光如来无邊
精進如来如是等佛如殑伽沙住在南方自佛
淨土各各示現廣長舌相遍覆三千大千世
界周帀圍繞說誠諦言汝等有情皆應信受
如是稱讚不可思議佛土功德一切諸佛攝
受法門
又舍利子如是西方亦有現在无量壽如来
无量蘊如来无量光如来无量幢如来大自

BD01657 號　稱讚淨土佛攝受經　（11–7）

受法門
又舍利子如是西方亦有現在无量壽如来
无量蘊如来无量光如来无量幢如来大自
在如来大光如来光焰如来大寶幢如来放
光如来如是等佛如殑伽沙住在西方自佛
淨土各各示現廣長舌相遍覆三千大千世
界周帀圍繞說誠諦言汝等有情皆應信受
如是稱讚不可思議佛土功德一切諸佛攝
受法門
又舍利子如是北方亦有現在无量光嚴通
達覺慧如来无量天鼓振大妙音如来大蘊
如来光網如来娑羅帝王如来如是等佛如
殑伽沙住在北方自佛淨土各各示現廣長
舌相遍覆三千大千世界周帀圍繞說誠諦
言汝等有情皆應信受如是稱讚不可思議
佛土功德一切諸佛攝受法門
又舍利子如是下方亦有現在示現一切妙
法正理常放火王勝德光明如来師子如来
名稱如来譽光如来正法如来妙法如来法
幢如来功德友如来功德号如来如是等佛
如殑伽沙住在下方自佛淨土各各示現廣
長舌相遍覆三千大千世界周帀圍繞說誠
諦言汝等有情皆應信受如是稱讚不可思
議佛土功德一切諸佛攝受法門
又舍利子如是上方亦有現在梵音如来宿
王如来香光如来如紅蓮花勝德如来示現
一切義利如来如是等佛如殑伽沙住在上

BD01657 號　稱讚淨土佛攝受經　（11–8）

讚佛土功德一切諸佛攝受法門
又舍利子如是上方亦有現在梵音如來宿
王如來香光如來如紅蓮花勝德如來示現
一切義利如來如是等佛如殑伽沙住在上
方自佛淨土各各示現廣長舌相遍覆三千
大千世界周帀圍繞說誠諦言汝等有情皆
應信受如是稱讚不可思議佛土功德一切
諸佛攝受法門
又舍利子如是東南方亦有現在最上廣大
雲雷音王如來如是等佛如殑伽沙住東南
方自佛淨土各各示現廣長舌相遍覆三千
大千世界周帀圍繞說誠諦言汝等有情皆
應信受如是稱讚不可思議佛土功德一切
諸佛攝受法門
又舍利子如是西南方亦有現在最上日光
名稱功德如來如是等佛如殑伽沙住西南
方自佛淨土各各示現廣長舌相遍覆三千
大千世界周帀圍繞說誠諦言汝等有情皆
應信受如是稱讚不可思議佛土功德一切
諸佛攝受法門
又舍利子如是西北方亦有現在无量功德
火王光明如來如是等佛如殑伽沙住西北
方自佛淨土各各示現廣長舌相遍覆三千
大千世界周帀圍繞說誠諦言汝等有情皆
應信受如是稱讚不可思議佛土功德一切
諸佛攝受法門
又舍利子如是東北方亦有現在无數百千

BD01657 號　稱讚淨土佛攝受經　（11–9）

大千世界周帀圍繞說誠諦言汝等有情皆
應信受如是稱讚不可思議佛土功德一切
諸佛攝受法門
又舍利子如是東北方亦有現在无數百千
俱胝廣慧如來如是等佛如殑伽沙住東北
方自佛淨土各各示現廣長舌相遍覆三千
大千世界周帀圍繞說誠諦言汝等有情皆
應信受如是稱讚不可思議佛土功德一切
諸佛攝受法門
又舍利子何緣此經名為稱讚不可思議佛
土功德一切諸佛攝受法門舍利子由此經
中稱揚讚歎无量壽佛極樂世界不可思議
佛土功德及十方面諸佛世尊為欲方便利
益安樂諸有情故各住本土現大神變說誠
諦言勸諸有情信受此法是故此經名為稱
讚不可思議佛土功德一切諸佛攝受法門
又舍利子若善男子或善女人或已得聞或
當得聞或今得聞如是經已深生信解必為
如是住十方面十殑伽沙諸佛世尊之所攝
受如說行者一切定於阿耨多羅三藐三菩
提得不退轉一切定生无量壽佛極樂世界
清淨佛土是故舍利子汝等有情一切皆應
信受領解我及十方佛世尊語當勤精進如
說脩行勿生疑慮
又舍利子若善男子或善女人於无量壽極
樂世界清淨佛土功德莊嚴若已發願若當
發願若今發願必為如是住十方面十殑伽

BD01657 號　稱讚淨土佛攝受經　（11–10）

又舍利子若善男子或善女人或已得聞或
當得聞或今得聞如是經已深生信解必為
如是住十方面十殑伽沙諸佛世尊之所攝
受如說行者一切定於阿耨多羅三藐三菩
提得不退轉一切定生无量壽佛極樂世界
清淨佛土是故舍利子汝等有情一切皆應
信受領解我及十方佛世尊語當勤精進如
說修行勿生疑慮
又舍利子若善男子或善女人於无量壽極
樂世界清淨佛土功德莊嚴若已發願若當
發願若今發願必為如是住十方面十殑伽
沙諸佛世尊之所攝受如說行者一切定於
阿耨多羅三藐三菩提得不退轉一切定生
无量壽佛極樂世界清淨佛土是故舍利子
若有淨信諸善男子或善女人一切皆應於
无量壽極樂世界清淨佛土深心信解發願
往生勿行放逸
又舍利子如我今者稱揚讚歎无量壽佛極
樂世界不可思議佛土功德彼十方面諸佛
世尊亦稱讚我不可思議无邊功德皆作是

BD01657 號　稱讚淨土佛攝受經

（11–11）

是善現如法界句義法性句義法住句義法
定句義不虛妄句義不變異句義離生性句
義平等性句義實際句義無所有不可得菩
薩句義無所有不可得亦如是
復次善現如幻士色句義無所有不可得菩
薩摩訶薩修行般若波羅蜜多時觀菩薩
句義無所有不可得亦如是善現如幻士受想
行識句義無所有不可得菩薩摩訶薩修
行般若波羅蜜多時觀菩薩句義無所有不可
得亦如是善現如幻士眼處句義無所有不
可得菩薩摩訶薩修行般若波羅蜜多時
觀菩薩句義無所有不可得亦如是善現如幻
士耳鼻舌身意處句義無所有可得菩薩
摩訶薩修行般若波羅蜜多時觀菩薩句
義無所有不可得亦如是善現如幻士色處句
義無所有不可得菩薩摩訶薩修行般若
波羅蜜多時觀菩薩句義無所有不可得亦
如是善現如幻士聲香味觸法處句義無所有
不可得菩薩摩訶薩修行般若波羅蜜多時
觀菩薩句義無所有不可得亦如是善現如

BD01658 號　大般若波羅蜜多經卷四五

（3–1）

摩訶薩脩行般若波羅蜜多時觀菩薩句
義無所有不可得亦如是善現如幻士色處句
義無所有不可得菩薩摩訶薩脩行般若
波羅蜜多時觀菩薩句義無所有不可得亦
如是善現如幻士聲香味觸法處句義無所有
不可得菩薩摩訶薩脩行般若波羅蜜多時
觀菩薩句義無所有不可得亦如是善現如
幻士眼界句義無所有不可得菩薩摩訶薩
脩行般若波羅蜜多時觀菩薩句義無所有
不可得亦如是善現如幻士色界眼識界及
眼觸眼觸為緣所生諸受句義無所有不可
得菩薩摩訶薩脩行般若波羅蜜多時
觀菩薩句義無所有不可得亦如是善現如幻
士耳界句義無所有不可得菩薩摩訶薩脩行
般若波羅蜜多時觀菩薩句義無所有不可
得亦如是善現如幻士聲界耳識界及耳觸
耳觸為緣所生諸受句義無所有不可得菩
薩摩訶薩脩行般若波羅蜜多時觀菩薩
句義無所有不可得亦如是善現如幻士鼻界
句義無所有不可得菩薩摩訶薩脩行般若
波羅蜜多時觀菩薩句義無所有不可得亦
如是善現如幻士香界鼻識界及鼻觸鼻觸
為緣所生諸受句義無所有不可得菩薩摩訶
薩脩行般若波羅蜜多時觀菩薩句義無所
有不可得亦如是善現如幻士舌界句義無
所有不可得菩薩摩訶薩脩行般若波羅蜜
多時觀菩薩句義無所有不可得亦如是善
現如幻士味界舌識界及舌觸舌觸為緣所生

BD01658號　大般若波羅蜜多經卷四五　（3–2）

薩摩訶薩脩行般若波羅蜜多時觀菩薩
句義無所有不可得亦如是善現如幻士鼻界
句義無所有不可得菩薩摩訶薩脩行般若
波羅蜜多時觀菩薩句義無所有不可得亦
如是善現如幻士香界鼻識界及鼻觸鼻觸
為緣所生諸受句義無所有不可得菩薩摩訶
薩脩行般若波羅蜜多時觀菩薩句義無所
有不可得亦如是善現如幻士舌界句義無
所有不可得菩薩摩訶薩脩行般若波羅蜜
多時觀菩薩句義無所有不可得亦如是善
現如幻士味界舌識界及舌觸舌觸為緣所生
諸受句義無所有不可得菩薩摩訶薩脩
行般若波羅蜜多時觀菩薩句義無所有
不可得亦如是善現如幻士身界句義無所
有不可得菩薩摩訶薩脩行般若波羅蜜多
時觀菩薩句義無所有不可得亦如是善現
如幻士觸界身識界及身觸身觸為緣所生
諸受句義無所有不可得菩薩摩訶薩脩行
般若波羅蜜多時觀菩薩句義無所有不可
得亦如是善現如幻士意界句義無所有不
可得菩薩摩訶薩脩行般若波羅蜜多時觀

BD01658號　大般若波羅蜜多經卷四五　（3–3）

信是稱讚不可思議功德一切諸佛所護念
經
舍利弗於汝意云何故名一切諸佛所護念
經舍利弗若有善男子善女人聞是諸佛
所說經名者諸善男子善女人皆為一切
諸佛共所護念皆得不退轉於阿耨多羅
三藐三菩提是故舍利弗汝等皆當信受
我語者及諸佛所說舍利弗若有人已發
願今發願當發願欲生阿弥陁佛國者是
諸人等皆得不退轉於阿耨多羅三藐
三菩提於彼國土若已生若今生若當生
是故舍利弗諸善男子善女人若有信
者應當發願生彼國土舍利弗如我今
者稱讚諸佛不可思議功德彼諸佛
等亦稱說我不可思議功德而作是
言釋迦牟尼佛能為甚難希有之
事能於娑婆國土五濁惡世劫濁見
濁煩惱濁衆生濁命濁中得阿耨多
羅三藐三菩提為諸衆生說是一切世
間難信之法舍利弗當知我於五濁惡
世行此難事得阿耨多羅三藐三菩提

BD01659號　阿彌陀經　（2–1）

願今發願當發願欲生阿弥陁佛國者是
諸人等皆得不退轉於阿耨多羅三藐
三菩提於彼國土若已生若今生若當生
是故舍利弗諸善男子善女人若有信
者應當發願生彼國土舍利弗如我今
者稱讚諸佛不可思議功德彼諸佛
等亦稱說我不可思議功德而作是
言釋迦牟尼佛能為甚難希有之
事能於娑婆國土五濁惡世劫濁見
濁煩惱濁衆生濁命濁中得阿耨多
羅三藐三菩提為諸衆生說是一切世
間難信之法舍利弗當知我於五濁惡
世行此難事得阿耨多羅三藐三菩提
為一切世間說此難信之法是為甚難
佛說此經已舍利弗及諸比丘一切世間
天人阿脩羅等聞佛所說歡喜信受作礼
而去
阿弥陁經

BD01659號　阿彌陀經　（2–2）

有女人産
朝暮礼拜受持讀誦此經典者皃則易産身
體平正長命之子聦才勇猛高遷冨貴世世
尊榮皆是普賢菩薩威神之力若有衆
生衰亡之後水火焚溺鳥鳴百恠野虫入家
如是諸恠不問邪師一心精進受持讀誦此
經典者衆惡雲除萬善普偹藥病不加身
針灸不逌皆是普賢菩薩威神之力若有
善男子善女人若出家在家若白衣若道
俗多有患苦夜夢顛倒出入恐怖迫迮叫喚
忘前失後心中憶念普賢菩薩讀誦此經
典者无有諸患令身安隱不見諸苦皆是
普賢菩薩威神之力若有善男子若有願心
中憶念普賢菩薩受持讀誦行來出入
无有諸苦世世値法遇善知識不遭横苦
皆是普賢菩薩威神之力何以意故普賢
菩薩閻浮履地病之良藥此經閻浮履地
厄難橋梁何以意故此経是病之良師如是受

BD01660 號　普賢菩薩說證明經　（3–1）

无有諸苦世世値法遇善知識不遭横苦
皆是普賢菩薩威神之力何以意故普賢
菩薩閻浮履地病之良藥此經閻浮履地
厄難橋梁何以意故此経是病之良師如是受
持皆是普賢菩薩威神之力尒時普賢菩
薩白佛言世尊欲爲衆生說呪三稱南无佛
復稱九佛名東方王明諸佛南方離垢豐金
沙佛西方无量華佛北方日轉光明王佛上
方香積如來佛下方師子億像佛金剛師子
億像佛普光功德山王佛善住功德寶王佛
若有善男子善女人受持讀誦此九佛名
字不墮横死不遭八難憐愍一切衆生故即
稱七佛名字第一維衛佛第二維式佛第三
隨葉佛第四拘樓秦佛第五拘鄰含牟尼
佛第六迦葉佛第七釋迦牟尼佛一切衆生
若在病困中若在困厄中若在大火中若在
山谷虎狼中若在險路賊盜中若在河厄難
中常當誦七佛名字悉皆消滅何以意故此經
多饒神力往昔過去七十七億諸佛所說陁
羅尼神呪
南无佛陁南无達摩南无僧伽南无阿弥陁佛
薩陁婆羅婆菩提薩婆婆摩訶薩婆阿利
邪耶婆樓薩婆波羅提木叉佛婆豆叉帝利
沙訶迦憾而說呪曰
憐愍一切病困衆生故復稱四天下王名字

BD01660 號　普賢菩薩說證明經　（3–2）

[illegible]過去七七億諸佛所說陀
羅尼神呪
南无佛陁南无達摩南无僧伽南无阿祢陁佛
薩陁婆羅婆菩提薩婆摩訶薩婆阿利
邪那婆樓薩婆波羅提木叉佛婆豆叉帝利
沙訶迦愽而說呪曰
憐愍一切病困衆生故復稱四天下王名字
南无東方提頭賴吒天王南方鞞樓勒叉天
王西方鞞樓愽叉天王北方毗沙門天王南
无達迦摩柱羅王上方釋梵天王下方轉輪
聖王海龍王須祢山頭阿脩輪王諸鬼神王
等杈縛諸鬼枷鏁諸鬼杈録諸鬼神不得
妄近善男子善女人欲誦此呪時善持五戒
不食酒肉不食五辛一月六齋年三長齋六
時行道一心皆行可得誦此呪若不行是行
諸不善行不得誦此呪不脩十善行此呪還
自傷脩持十善行來四出諸天善神四天大王
天龍八部常來營譢受持此呪者皆得阿耨
三菩提道為諸衆生故說諸鬼神名字若
[illegible]

BD01660 號　普賢菩薩說證明經　　（3–3）

能為惡衆生　說法甚為難　佛集无量界
名聞諸菩薩　聽法无猒足　佛集十方界　名聞諸菩薩
聽法无猒足　如海吞衆流　為如是人等　廣說於佛道
釋梵四天王　諸天龍神等　皆集欲求法　隨所信樂說
比丘比丘尼　及倩信士女　是四衆普集　願時為演說
有樂佛乘者　及緣覺聲聞　佛知其條心　悉皆為斷疑
不斷佛種者　能出生三寶　為是諸菩薩　我今請法王
名稱普流布　十方菩薩聞　皆悉共來集　為說无上道
此无上大法　二乘所不及　我等信力故　得入如是法
不可思議慧　非我等所及　佛雖无疲惓　我今有所請
悔過於世尊　願說菩提道
尒時思益梵天說此偈已白佛言世尊何謂
菩薩其心堅固而无疲惓何謂菩薩所言决
定而不中悔何謂菩薩增長善根何謂菩薩
无所恐畏威儀不轉何謂菩薩成就白法何
謂菩薩善知從一地至一地何謂菩薩於衆生中
善知方便何謂菩薩善化衆生何謂菩薩世世
不失菩提之心何謂菩薩能一其心而无雜行
[illegible]

BD01661 號　思益梵天所問經卷一　　（4–1）

无所畏威儀不轉何謂菩薩成就白法何
謂菩薩善知從一地至一地何謂菩薩於衆生中
善知方便何謂菩薩善化衆生何謂菩薩世世
不失菩提之心何謂菩薩能一其心而无雜行
何謂菩薩善求法寶何謂菩薩善出毀禁之
罪何謂菩薩善除煩惱何謂菩薩善入諸大
衆何謂菩薩善開法施何謂菩薩得先因力
不失善根何謂菩薩不由他教而能自行六
波羅蜜何謂菩薩能轉捨禪定還生欲界何
謂菩薩於諸佛法得不退轉何謂菩薩不斷
佛種尒時世尊讚思益梵天善哉善哉能問
如來如此之事汝今諦聽善思念之唯然世
尊願樂欲聞佛告思益梵天菩薩有四法堅
固其心而不疲惓何等四一者於諸衆生起
大悲心二者精進不懈三者信解生死如夢
四者正思惟佛之智慧菩薩有此四法堅固
其心而不疲惓梵天菩薩有四法所言決定
而不中悔何等為四一者決定說諸法无我二
者決定說諸生處无可樂者三者決定常讚
大乘四者決定說罪福業不失是為四梵天
菩薩有四法增長善根何等為四一者持戒
二者多聞三者布施四者出家是為四梵天
菩薩有四法无所畏威儀不轉何等為四
一者失利二者惡名三者毀辱四者苦惱是
為四梵天菩薩有四法成就白法何等為四
一者教人令信罪福二者布施不求果報三

BD01661號　思益梵天所問經卷一　（4–2）

一者失利二者惡名三者毀辱四者苦惱是
為四梵天菩薩有四法成就白法何等為四
一者教人令信罪福二者布施不求果報三
者守護正法四者以智慧教諸菩薩是為四
梵天菩薩有四法善知從一地至一地何等
為四一者久殖善根二者離諸過咎三者善
知方便迴向四者懃行精進是為四梵天菩
薩有四法善知方便何等為四一者順衆生
意二者於他功德起喜心三者悔過除罪
四者勸請諸佛是為四梵天菩薩有四法善
化衆生何等為四一者常求利安衆生二者
自捨己樂三者心和忍辱四者除捨憍慢是
為四梵天菩薩有四法世世不失菩提之心
何等為四一者常憶念佛二者所作功德常
為菩提三者親近善知識四者稱揚大乘是
為四梵天菩薩有四法能一其心而无雜行何
等為四一者離聲聞心二者離辟支佛心三者求
法无厭四者如所聞法廣為人說是為四梵天菩
薩有四法善求法寶何等為四一者　於　法中
生寶想以難得故二者於法中生　藥　想
療衆生病故三者於法中生財利想以不失
故四者於法中生滅一切苦想得至涅槃故
是為四梵天菩薩有四法善出毀禁之罪
何等為四一者得无生忍以諸法无來故
二者得无滅忍以諸法无去故三者得因緣
忍知諸法因緣生故四者得无住忍无異心

BD01661號　思益梵天所問經卷一　（4–3）

是爲四梵天菩薩有四法善出毀禁之罪
何等爲四一者得无生忍以諸法无來故
二者得无滅忍以諸法无去故三者得因緣
忍知諸法因緣生故四者得无住忍无異心
相續故是爲四梵天菩薩有四法善除煩惱
何等爲四一者正憶念二者障諸根三者得
善法力四者獨處遠離是爲四梵天菩薩有
四法善入諸大衆何等爲四一者求法不求
勝二者恭敬心无憍慢三者唯求法利不自
顯現四者教人善法不求名利是爲四梵天
菩薩有四法善聞法施何等爲四一者守護
於法二者自益智慧亦益他人三者行善人
法四者示人垢淨是爲四梵天菩薩有四法
得先因力不失善根何等爲四一者見他人
闕不以爲過二者於瞋怒人常脩慈心三者
常說諸法因緣四者常念菩提是爲四梵天
菩薩有四法不由他教而能自行六波羅蜜
何等爲四一者以施導人二者不說他人毀禁
之罪三者善知攝法教化衆生四者解達
深法是爲四梵天菩薩有四法能轉捨禪定
還生欲界何等爲四一者其心柔軟二者得
諸善根力三者不捨一切衆生四者善脩智
慧方便之力是爲四梵天菩薩有四法於諸
佛法得不退轉何等爲四一者受无量生死
二者供養无量諸佛三者脩行无量慈心四

BD01661號　思益梵天所問經卷一

（4–4）

磨一塵一劫彼佛滅度已來復
无邊百千万億阿僧祇劫我以如來知
彼久遠猶若今日尒時世尊欲重宣此義而說
偈言
我念過去世　无量无邊劫　有佛兩足尊　名大通智勝
如人以力磨　三千大千土　盡此諸地種　皆悉以爲墨
過於千國土　乃下一塵點　如是展轉點　盡此諸塵墨
如是諸國土　點與不點等　復盡末爲塵　一塵爲一劫
此諸微塵數　其劫復過是　彼佛滅度來　如是无量劫
如來无礙智　知彼佛滅度　及聲聞菩薩　如見今滅度
諸比丘當知　佛智淨微妙　无漏无所礙　通達无量劫
佛告諸比丘大通智勝佛壽五百四十万億那
由他劫其佛本坐道場破魔軍已垂得阿耨
多羅三藐三菩提而諸佛法不現在前如是一
小劫乃至十小劫結跏趺坐身心不動而諸佛法
猶不在前尒時忉利諸天先爲彼佛於菩提樹
下敷師子座高一由旬佛於此座當得阿耨多羅
三藐三菩提適坐此座時諸梵天王雨衆天華
面百由旬香風時來吹去萎華更雨新者如是不
絕滿十小劫供養於佛乃至滅度常雨此華四王
諸天爲供養佛常擊天鼓其餘諸天作天伎樂
滿十小劫至于滅度亦復如是諸比丘大通智勝
佛過十小劫諸佛之法乃現在前成阿耨多羅
三藐三菩提其佛未出家時有十六子其苐

BD01662號　妙法蓮華經卷三

（13–1）

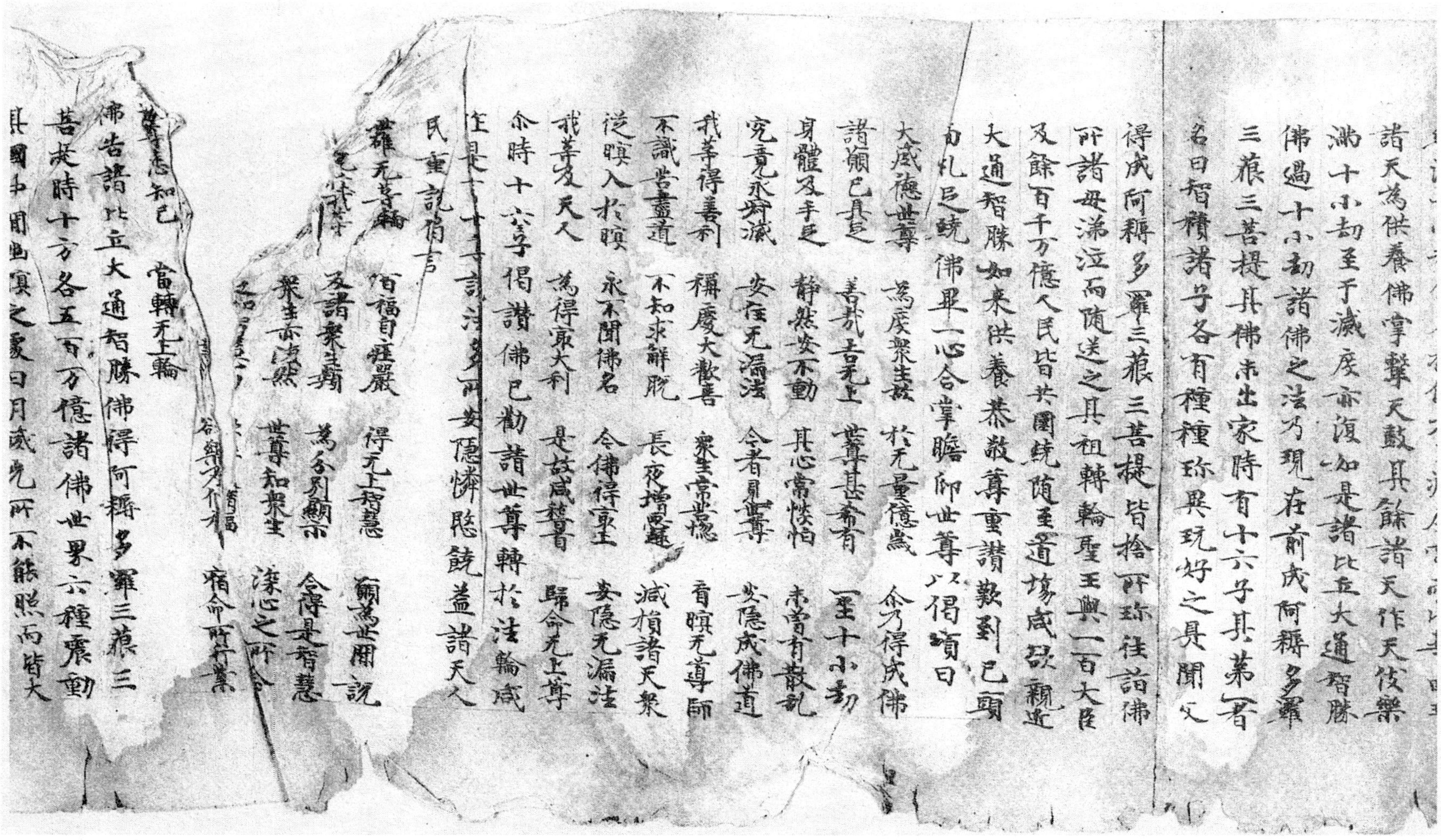

諸天為供養佛常擊天鼓其餘諸天作天伎樂
滿十小劫至于滅度亦復如是諸比丘大通智勝
佛過十小劫諸佛之法乃現在前成阿耨多羅
三藐三菩提其佛未出家時有十六子其第一者
名曰智積諸子各有種種珍異玩好之具聞父
得成阿耨多羅三藐三菩提皆捨所珍往詣佛
所諸母涕泣而隨送之其祖轉輪聖王與一百大臣
及餘百千萬億人民皆共圍繞隨至道場咸欲親近
大通智勝如來供養恭敬尊重讚歎到已頭
面禮足繞佛畢已一心合掌瞻仰世尊以偈頌曰
大威德世尊　為度眾生故　於無量億歲　爾乃得成佛
諸願已具足　善哉吉無上　世尊甚希有　一坐十小劫
身體及手足　靜然安不動　其心常惔怕　未曾有散亂
究竟永寂滅　安住無漏法　今者見世尊　安隱成佛道
我等得善利　稱慶大歡喜　眾生常苦惱　盲瞑無導師
不識苦盡道　不知求解脫　長夜增惡趣　減損諸天眾
從瞑入於瞑　永不聞佛名　今佛得最上　安隱無漏法
我等及天人　為得最大利　是故咸稽首　歸命無上尊
爾時十六王子偈讚佛已勸請世尊轉於法輪咸
作是言世尊說法多所安隱憐愍饒益諸天人
民重說偈言
世雄無等倫　百福自莊嚴　得無上智慧　願為世間說
度脫於我等　及諸眾生類　為分別顯示　令得是智慧
若我等得佛　眾生亦復然　世尊知眾生　深心之所念
亦知所行道　又知智慧力　欲樂及修福　宿命所行業
世尊悉知已　當轉無上輪
佛告諸比丘大通智勝佛得阿耨多羅三藐三
菩提時十方各五百萬億諸佛世界六種震動
其國中間幽冥之處日月威光所不能照而皆大

BD01662號　妙法蓮華經卷三　（13–2）

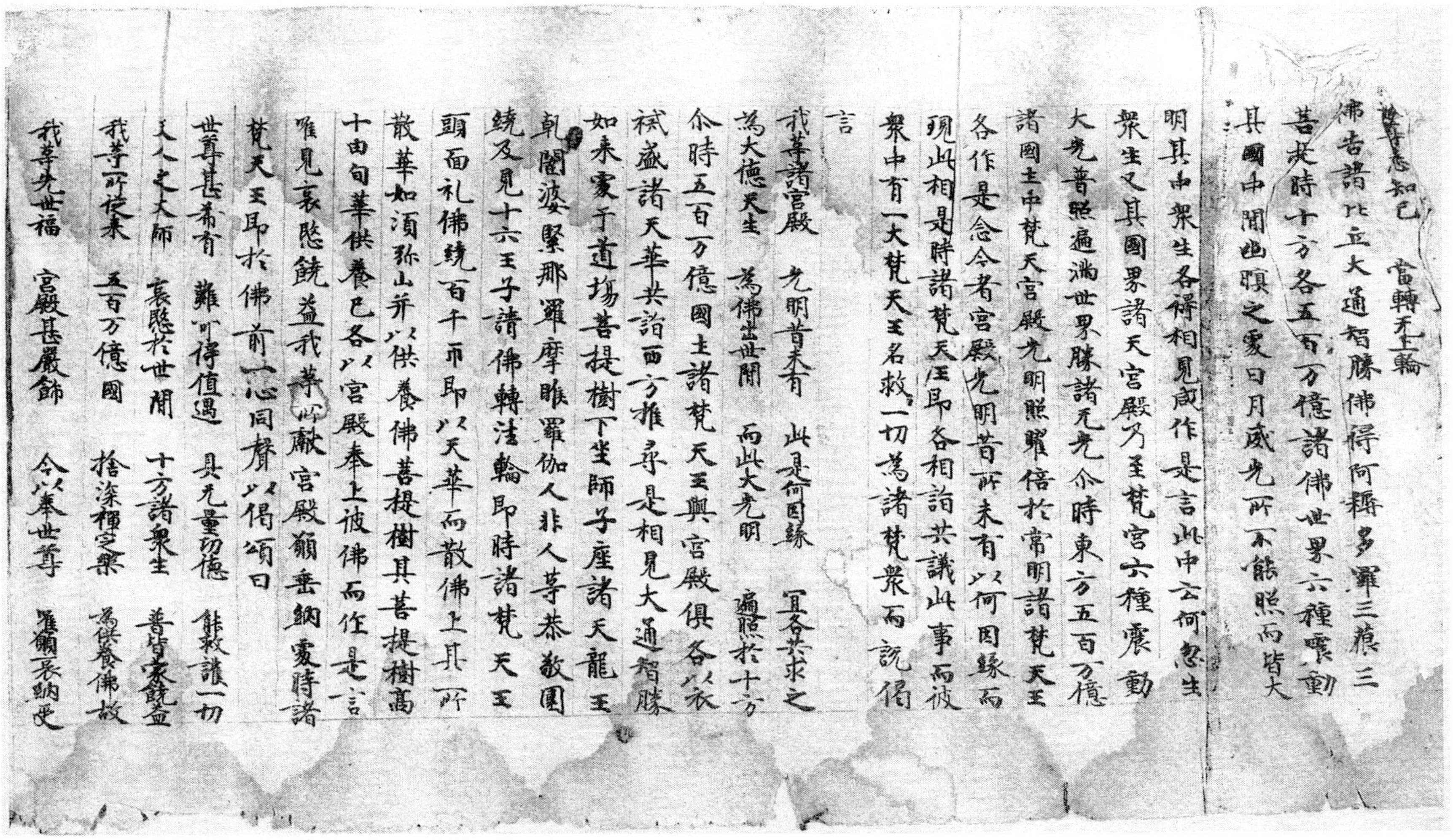

世尊悉知已　當轉無上輪
佛告諸比丘大通智勝佛得阿耨多羅三藐三
菩提時十方各五百萬億諸佛世界六種震動
其國中間幽暝之處日月威光所不能照而皆大
明其中眾生各得相見咸作是言此中云何忽生
眾生又其國界諸天宮殿乃至梵宮六種震動
大光普照遍滿世界勝諸天光爾時東方五百萬億
諸國土中梵天宮殿光明照曜倍於常明諸梵天王
各作是念今者宮殿光明昔所未有以何因緣而
現此相是時諸梵天王即各相詣共議此事而彼
眾中有一大梵天王名救一切為諸梵眾而說偈
言
我等諸宮殿　光明昔未有　此是何因緣　宜各共求之
為大德天生　為佛出世間　而此大光明　遍照於十方
爾時五百萬億國土諸梵天王與宮殿俱各以衣
裓盛諸天華共詣西方推尋是相見大通智勝
如來處于道場菩提樹下坐師子座諸天龍王
乾闥婆緊那羅摩睺羅伽人非人等恭敬圍
繞及見十六王子請佛轉法輪即時諸梵天王
頭面禮佛繞百千帀即以天華而散佛上其所
散華如須彌山并以供養佛菩提樹其菩提樹高
十由旬華供養已各以宮殿奉上彼佛而作是言
唯見哀愍饒益我等所獻宮殿願垂納受時諸
梵天王即於佛前一心同聲以偈頌曰
世尊甚希有　難可得值遇　具無量功德　能救護一切
天人之大師　哀愍於世間　十方諸眾生　普皆蒙饒益
我等所從來　五百萬億國　捨深禪定樂　為供養佛故
我等先世福　宮殿甚嚴飾　今以奉世尊　唯願哀納受

BD01662號　妙法蓮華經卷三　（13–3）

天人之大師　哀愍於世間　十方諸衆生　普皆蒙饒益
我等所從來　五百万億國　捨深禪定樂　為供養佛故
我等先世福　宮殿甚嚴飾　今以奉世尊　唯願哀納受
尒時諸梵天王偈讚佛已各作是言唯願世尊
轉於法輪度脫衆生開涅槃道時諸梵天王一心
同聲而說偈言
世雄兩足尊　唯願演說法　以大慈悲力　度苦惱衆生
尒時大通智勝如來默然許之又諸比丘東南方
五百万億國土諸大梵王各自見宮殿光明照曜
昔所未有歡喜踊躍生希有心即各相詣共議此
事而彼衆中有一大梵天王名曰大悲為諸梵衆而
說偈言
是事何因緣　而現如此相　我等諸宮殿　光明昔未有
為大德天生　為佛出世間　未曾見此相　當共一心求
過千万億土　尋光共推之　多是佛出世　度脫苦衆生
尒時五百万億諸梵天王與宮殿俱各以衣裓盛
諸天華共詣西北方推尋是相見大通智勝如來
處于道場菩提樹下坐師子座諸天龍王乾闥婆
緊那羅摩睺羅伽人非人等恭敬圍繞及見十六
王子請佛轉法輪時諸梵天王頭面礼佛繞百千
帀即以天華而散佛上所散之華如須弥山并以供
養佛菩提樹華供養已各以宮殿奉上彼佛而
作是言唯見哀愍饒益我等所獻宮殿願垂納
處尒時諸梵天王即於佛前一心同聲以偈頌曰
聖主天中王　迦陵頻伽聲　哀愍衆生者　我等今敬礼
世尊甚希有　久遠乃一現　一百八十劫　空過无有佛
三惡道充滿　諸天衆減少　今佛出於世　為衆生作眼
世間所歸趣　救護於一切　為衆生之父　哀愍饒益者
我等宿福慶　今得值世尊

BD01662 號　妙法蓮華經卷三　（13–4）

三惡道充滿　諸天衆減少　今佛出於世　為衆生作眼
世間所歸趣　救護於一切　為衆生之父　哀愍饒益者
我等宿福慶　今得值世尊
尒時諸梵天王偈讚佛已各作是言唯願世尊
哀愍一切轉於法輪度脫衆生時諸梵天王一
心同聲而說偈言
大聖轉法輪　顯示諸法相　度苦惱衆生　令得大歡喜
衆生聞此法　得道若生天　諸惡道減少　忍善者增益
尒時大通智勝如來默然許之又諸比丘南方
五百万億國土諸大梵王各自見宮殿光明照
曜昔所未有歡喜踊躍生希有心即各相
詣共議此事以何因緣我等宮殿有此光曜
而彼衆中有一大梵天王名曰妙法為諸梵衆
而說偈言
我等諸宮殿　光明甚威曜　此非无因緣　是相宜求之
過於百千劫　未曾見是相　為大德天生　為佛出世間
尒時五百万億諸梵天王與宮殿俱各以衣裓
盛諸天華共詣北方推尋是相見大通智勝
如來處于道場菩提樹下坐師子座諸天龍
王乾闥婆緊那羅摩睺羅伽人非人等恭
敬圍繞及見十六王子請佛轉法輪時諸梵天
王頭面礼佛繞百千帀即以天華而散佛上
所散之華如須弥山并以供養佛菩提樹華供
已各以宮殿奉上彼佛而作是言唯見哀愍饒
益我等所獻宮殿願垂納處尒時諸梵天王
即於佛前一心同聲以偈頌曰
世尊甚難見　破諸煩惱者　過百三十劫　今乃得一見
諸飢渴衆生　以法雨充滿　昔所未曾覩　无量智慧者
如優曇波羅　今日乃值遇　我等諸宮殿　蒙光故嚴飾
世尊大慈愍　唯願垂納受

BD01662 號　妙法蓮華經卷三　（13–5）

世尊甚難見　破諸煩惱者　過百三十劫　今乃得一見
諸飢渴衆生　以法雨充滿　昔所未曾覩　无量
如優曇波羅　今日乃值遇　我等諸宮殿　蒙光故嚴飾
世尊大慈愍　唯願垂納受
尒時諸梵天王偈讚佛已各作是言唯願世尊
轉於法輪令一切世間諸天魔梵沙門婆羅
門皆獲安隱而得度脫時諸梵天王一心同聲
以偈頌曰
唯願天人尊　轉无上法輪　擊于大法鼓　而吹大法螺
普雨大法雨　度无量衆生　我等咸歸請　當演深
尒時大通智勝如來黙然許之西南方乃至下方
亦復如是尒時上方五百万億國土諸梵大王
皆悉自覩所止宮殿光明威曜昔所未有歡喜
踊躍生希有心即各相詣共議此事以何因緣
我等宮殿有斯光明而彼衆中有一大梵天王
名曰尸棄為諸梵衆而說偈言
今以何因緣　我等諸宮殿　威德光明曜　嚴飾未曾有
如是之妙相　昔所未聞見　為大德天生　為佛出世間
尒時五百万億諸梵天王與宮殿俱各以衣裓
盛諸天華共詣下方推尋是相見大通智勝
如來處于道場菩提樹下坐師子座諸天龍王
乾闥婆緊那羅摩睺羅伽人非人等恭敬圍
繞及見十六王子請佛轉法輪時諸梵天王頭面
礼佛繞百千帀即以天華而散佛上所散之華如
須弥山并以供養佛菩提樹華供養已各以宮
殿奉上彼佛而作是言唯見哀愍饒益我等
所獻宮殿願垂納處時諸梵天王即於佛前
一心同聲以偈頌曰
善哉見諸佛　救世之聖尊　能於三界獄　勉出諸衆生
普智天人尊　哀愍群萌類　能開甘露門　廣度於一切

所獻宮殿願垂納處時諸梵天王即於佛前
一心同聲以偈頌曰
善哉見諸佛　救世之聖尊　能於三界獄　勉出諸衆生
普智天人尊　哀愍群萌類　能開甘露門　廣度於一切
於昔无量劫　空過无有佛　世尊未出時　十方常暗瞑
三惡道增長　阿脩羅亦盛　諸天衆轉減　死多墮惡道
不從佛聞法　常行不善事　色力及智慧　斯等皆減少
罪業因緣故　失樂及樂想　住於邪見法　不識善儀則
不蒙佛所化　常墮於惡道　佛為世間眼　久遠時乃出
哀愍諸衆生　故現於世間　超出成正覺　我等甚欣慶
及餘一切衆　喜歎未曾有　我等諸宮殿　蒙光故嚴飾
今以奉世尊　唯垂哀納受　願以此功德　普及於一切
我等與衆生　皆共成佛道
尒時五百万億諸梵天王偈讚佛已各白佛言
唯願世尊轉於法輪多所安隱多所度脫時諸
梵天王而說偈言
世尊轉法輪　擊甘露法鼓　度苦惱衆生　開示涅槃道
唯願受我請　以大微妙音　哀愍而敷演　无量劫習法
尒時大通智勝如來受十方諸梵天王及十六
王子請即時三轉十二行法輪若沙門婆羅門
若天魔梵及餘世間所不能轉謂是苦是苦
集是苦滅是苦滅道及廣說十二因緣法无明
緣行行緣識識緣名色名色緣六入六入緣觸
觸緣受受緣愛愛緣取取緣有有緣生生緣
老死憂悲苦惱无明滅則行滅行滅則識滅
識滅則名色滅名色滅則六入滅六入滅則觸滅
觸滅則受滅受滅則愛滅愛滅則取滅取滅則有滅
則滅則生滅生則老死憂悲苦惱滅佛於天人大衆
之中說是法時六百万億那由他人以不受一切法
故而於諸漏心得解脫皆得深妙禪定三明六通

識滅則名色滅名色滅則六入滅六入滅則觸滅
觸滅則受滅受滅則愛滅愛滅則取滅取滅則有滅
有滅則生滅生滅則老死憂悲苦惱滅佛於天人大衆
之中說是法時六百万億那由他人以不受一切法
故而於諸漏心得解脫皆得深妙禪定三明六通
具八解脫第二第三第四說法時千万億恒河沙那
由他等衆生亦以不受一切法故而於諸漏心得解脫
從是已後諸聲聞衆无量无邊不可稱數尒時
十六王子皆以童子出家而為沙弥諸根通利智慧
明了已曾供養百千万億諸佛淨脩梵行求阿
耨多羅三藐三菩提俱白佛言世尊是諸无量千
万億大德聲聞皆已成就世尊亦當為我
等說阿耨多羅三藐三菩提法我等聞已皆
共脩學世尊我等志願如來知見深心所念
佛自證知尒時轉輪聖王所將衆中八万億人
見十六王子出家亦求出家王即聽許尒時
彼佛受沙弥請過二万劫已乃於四衆之中
說是大乘經名妙法蓮華教菩薩法佛所
護念說是經已十六沙弥為阿耨多羅三藐
三菩提故皆共受持諷誦通利說是經時
十六菩薩沙弥皆悉信受聲聞衆中亦有
信解其餘衆生千万億種皆生疑惑佛說
是經於八千劫未曾休癈說此經已即入靜
室住於禪定八万四千劫是時十六菩薩沙弥
知佛入室寂然禪定各昇法座亦於八万四
千劫為四部衆廣說分別妙法華經一一皆
度六百万億那由他恒河沙等衆生示教利
喜令發阿耨多羅三藐三菩提心大通智勝
佛過八万四千劫已從三昧起往詣法座安詳
而坐普告大衆是十六菩薩沙弥甚為希有

BD01662號　妙法蓮華經卷三　（13-8）

千劫為四部衆廣說分別妙法華經一一皆
度六百万億那由他恒河沙等衆生示教利
喜令發阿耨多羅三藐三菩提心大通智勝
佛過八万四千劫已從三昧起往詣法座安詳
而坐普告大衆是十六菩薩沙弥甚為希有
諸根通利智慧明了已曾供養无量千万億
數諸佛於所常脩梵行受持佛智開示衆生
令入其中汝等皆當數數親近而供養之所
以者何若聲聞辟支佛及諸菩薩能信是
十六菩薩所說經法受持不毀者是人皆當得
阿耨多羅三藐三菩提如來之慧佛告諸比丘
是十六菩薩常樂說是妙法蓮華經一一菩薩
所化六百万億那由他恒河沙等衆生世世所
生與菩薩俱從其聞法悉皆信解以此因
緣得值四万億諸佛世尊于今不盡諸比丘我
今語汝彼佛弟子十六沙弥今皆得阿耨多
羅三藐三菩提於十方國土現在說法有无量
百千万億菩薩聲聞以為眷屬其二沙弥東
方作佛一名阿閦在歡喜國二名須弥頂東南
方二佛一名師子音二名師子相南方二佛一名
虛空住二名常滅西南方二佛一名帝相二名梵
相西方二佛一名阿弥陀二名度一切世間苦惱西
北方二佛一名多摩羅跋栴檀香神通二名須
弥相北方二佛一名雲自在二名雲自在王東北方
佛名壞一切世間怖畏第十六我釋迦牟尼佛
於娑婆國土成阿耨多羅三藐三菩提諸比
丘我等為沙弥時各各教化无量百千万億恒
河沙等衆生從我聞法為阿耨多羅三藐三
菩提此諸衆生于今有住聲聞地者我常教
化阿耨多羅三藐三菩提是諸人等應以是法

BD01662號　妙法蓮華經卷三　（13-9）

[illegible]三藐三菩提諸比
丘我等為沙彌時各各教化无量百千万億恒
河沙等衆生從我聞法為阿耨多羅三藐三
菩提此諸衆生于今有住聲聞地者我常教
化阿耨多羅三藐三菩提是諸人等應以是法
漸入佛道所以者何如來智慧難信難解尒
時所化无量恒河沙等衆生者汝等諸比丘
及我滅度後未來世中聲聞弟子是也我滅
度後復有弟子不聞是經不知不覺菩薩所
行自於所得功德生滅度想當入涅槃我於
餘國作佛更有異名是人雖生滅度之想入
於涅槃而於彼土求佛智慧得聞是經唯以佛
乘而得滅度更无餘乘除諸如來方便說法
諸比丘若如來自知涅槃時到衆又清淨信解堅固了達
空法深入禪定便集諸菩薩及聲聞衆為說是經
世間无有二乘而得滅度唯一佛乘得滅度耳比丘
當知如來方便深入衆生之性知其志樂小法深著
五欲為是等故說於涅槃是人若聞則便信受譬
如五百由旬險難惡道曠絶无人怖畏之處若有多
衆欲過此道至珎寶處有一導師聰慧明達善知
險道通塞之相將導衆人欲過此難所將人衆中
路懈退白導師言我等疲極而復怖畏不能
復進前路猶遠今欲退還導師多諸方便而
作是念此等可愍云何捨大珎寶而欲退還作
是念已以方便力於險道中過三百由旬化作一
城告衆人言汝等勿怖莫得退還今此大城可
於中止隨意所作若入是城快得安隱若能
前至寶所亦可得去是時疲極之衆心大歡
喜歎未曾有我等今者免斯惡道快得安
隱於是衆人前入化城生已度想生安隱想尒

前至寶所亦可得去是時疲極之衆心大歡
喜歎未曾有我等今者免斯惡道快得安
隱於是衆人前入化城生已度想生安隱想尒
時導師知此人衆既得止息无復疲惓即滅化
城語衆人言汝等去來寶處在近向者大城
我所化作為止息耳諸比丘如來亦如是今為汝
等作大導師知諸生死煩惱惡道險難長遠應
去應度若衆生但聞一佛乘者則不欲見佛不
欲親近便作是念佛道長遠久受勤苦乃可
得成佛知是心怯弱下劣以方便力而於中道
為止息故說二涅槃若衆生住於二地如來尒時
即便為說汝等所作未辦汝所住地近於佛慧
當觀察籌量所得涅槃非真實也但是如來
方便之力於一佛乘分別說三如彼導師為止
息故化作大城既知息已而告之言寶處在近
此城非實我化作耳尒時世尊欲重宣此義而
說偈言

大通智勝佛　十劫坐道場　佛法不現前　不得成佛道
諸天神龍王　阿脩羅衆等　常雨於天華　以供養彼佛
諸天擊天鼓　并作衆伎樂　香風吹萎華　更雨新好者
過十小劫已　乃得成佛道　諸天及世人　心皆懷踊躍
彼佛十六子　皆與其眷屬　千万億圍遶　俱行至佛所
頭面礼佛足　而請轉法輪　聖師子法雨　充我及一切
世尊甚難值　久遠時一現　為覺悟群生　震動於一切
東方諸世界　五百万億國　梵宮殿光曜　昔所未曾有
諸梵見此相　尋來至佛所　散華以供養　并奉上宮殿
請佛轉法輪　以偈而讚歎　佛知時未至　受請嘿然坐
三方及四維　上下亦復尒　散華奉宮殿　請佛轉法輪
世尊甚難值　願以大慈悲　廣開甘露門　轉无上法輪

請佛轉法輪　以偈而讚歎　佛知時未至　受請嘿然坐
三方及四維　上下亦復尒　散華奉宮殿　請佛轉法輪
世尊甚難值　願以大慈悲　廣開甘露門　轉无上法輪
无量慧世尊　受彼衆人請　為宣種種法　四諦十二緣
无明至老死　皆從生緣有　如是衆過患　汝等應當知
宣暢是法時　六百万億姟　得盡諸苦際　皆成阿羅漢
第二說法時　千万恒沙衆　於諸法不受　亦得阿羅漢
從是後得道　其數无有量　万億劫筭數　不能得其邊
時十六王子　出家作沙弥　皆共請彼佛　演說大乘法
我等及營從　皆當成佛道　願得如世尊　慧眼第一淨
佛知童子心　宿世之所行　以无量因緣　種種諸譬喻
說六波羅蜜　及諸神通事　分別真實法　菩薩所行道
說是法華經　如恒河沙偈　彼佛說經已　靜室入禪定
一心一處坐　八万四千劫　是諸沙弥等　知佛禪未出
為无量億衆　說佛无上慧　各各坐法座　說是大乘經
於佛宴寂後　宣揚助法化　一一沙弥等　所度諸衆生
有六百万億　恒河沙等衆　彼佛滅度後　是諸聞法者
在在諸佛土　常與師俱生　是十六沙弥　具足行佛道
今現在十方　各得成正覺　尒時聞法者　各在諸佛所
其有住聲聞　漸教以佛道　我在十六數　曾亦為汝說
是故以方便　引汝趣佛慧　以是本因緣　今說法華經
令汝入佛道　慎勿懷驚懼　譬如險惡道　逈絕多毒獸
又復无水草　人所怖畏處　无數千万衆　欲過此險道
其路甚曠遠　經五百由旬　時有一導師　強識有智慧
明了心決定　在險濟衆難　衆人皆疲惓　而白導師言
我等今頓乏　於此欲退還　導師作是念　此輩甚可愍
如何欲退還　而失大珍寶　尋時思方便　當設神通力
化作大城郭　莊嚴諸舍宅　周帀有園林　渠流及浴池
重門高樓閣　男女皆充滿　即作是化已　慰衆言勿懼

BD01662號　妙法蓮華經卷三

（13–12）

其路甚曠遠　經五百由旬　時有一導師　強識有智慧
明了心決定　在險濟衆難　衆人皆疲惓　而白導師言
我等今頓乏　於此欲退還　導師作是念　此輩甚可愍
如何欲退還　而失大珍寶　尋時思方便　當設神通力
化作大城郭　莊嚴諸舍宅　周帀有園林　渠流及浴池
重門高樓閣　男女皆充滿　即作是化已　慰衆言勿懼
汝等入此城　各可隨所樂　諸人既入城　心皆大歡喜
皆生安隱想　自謂已得度　導師知息已　集衆而告言
汝等當前進　此是化城耳　我見汝疲極　中路欲退還
故以方便力　權化作此城　汝今勤精進　當共至寶所
我亦復如是　為一切導師　見諸求道者　中路而懈廢
不能度生死　煩惱諸險道　故以方便力　為息說涅槃
言汝等苦滅　所作皆已辦　既知到涅槃　皆得阿羅漢
尒乃集大衆　為說真實法　諸佛方便力　分別說三乘
唯有一佛乘　息處故說二　今為汝說實　汝所得非滅
為佛一切智　當發大精進　汝證一切智　十力等佛法
具三十二相　乃是真實滅　諸佛之導師　為息說涅槃
既知是息已　引入於佛慧

妙法蓮華經卷第三

BD01662號　妙法蓮華經卷三

（13–13）

亦不應迴向非心非心不應迴向於心
不應迴向於心何以故憍尸迦非心即是
可思議不可思議即是非心如是二種俱
所有无所有中无迴向義憍尸迦心无自
心所亦然心及心所既无自性故心亦无
向心義憍尸迦諸菩薩摩訶薩若作是
謂菩薩摩訶薩甚深般若波羅蜜多尒時
尊讚善現曰善哉善哉汝今善能為諸
摩訶薩眾宣說般若波羅蜜多亦能勸
諸菩薩摩訶薩令深歡喜勤脩般若波羅
多具壽善現便白佛言我既知恩云何不報
所以者何過去諸佛及諸弟子為諸菩薩摩
訶薩眾宣說六種波羅蜜多示現教導讚勵
慶喜安慰建立令得究竟世尊尒時亦在中
學令證无上正等菩提轉妙法輪饒益我等
故我今者應隨佛教為諸菩薩摩訶薩眾
宣說六種波羅蜜多示現教導讚勵慶喜安

BD01663號　大般若波羅蜜多經卷四九九　（3–1）

訶薩眾宣說六種波羅蜜多示現教導讚勵
慶喜安慰建立令得究竟世尊尒時亦在中
學令證无上正等菩提轉妙法輪饒益我等
故我今者應隨佛教為諸菩薩摩訶薩眾
宣說六種波羅蜜多示現教導讚勵慶喜安
慰建立令得究竟速證无上正等菩提轉妙
法輪窮未來際利益安樂一切有情是則名
為報彼恩德
尒時具壽善現復告天帝釋言憍尸迦汝問
云何菩薩摩訶薩應住般若波羅蜜多者諦
聽諦聽當為汝說諸菩薩摩訶薩於深般若
波羅蜜多如所應住不應住相憍尸迦色蘊
乃至識蘊色蘊乃至識蘊性空諸菩薩摩訶
薩諸菩薩摩訶薩性空若色蘊乃至識蘊性
空若諸菩薩摩訶薩性空如是一切皆无二
无二分憍尸迦諸菩薩摩訶薩於深般若
波羅蜜多應住憍尸迦眼處乃至意處眼
處乃至意處性空色處乃至法處色處乃至
法處性空眼界乃至意界眼界乃至意界性
空色界乃至法界色界乃至法界性空眼識
界乃至意識界眼識界乃至意識界性空眼
觸乃至意觸眼觸乃至意觸性空眼觸為緣
所生諸受乃至意觸為緣所生諸受眼觸為
緣所生諸受乃至意觸為緣所生諸受性空
地界乃至識界地界乃至識界性空因緣乃
至增上緣因緣乃至增上緣性空无明乃至

BD01663號　大般若波羅蜜多經卷四九九　（3–2）

所生諸受乃至意觸為緣所生諸受眼觸為
緣所生諸受乃至意觸為緣所生諸受性空
地界乃至識界地界乃至識界性空因緣乃
至增上緣因緣乃至增上緣性空无明乃至
老死无明乃至老死性空无明滅乃至老死
滅无明滅乃至老死滅性空布施波羅蜜多
乃至般若波羅蜜多布施波羅蜜多乃至般
若波羅蜜多性空內空乃至无性自性空內
空乃至无性自性空真如乃至不思議
界真如乃至不思議界性空斷界乃至无為
界斷界乃至无為界性空苦集滅道聖諦苦
集滅道聖諦性空四念住乃至八聖道支四
念住乃至八聖道支性空四靜慮四无量四
无色定四靜慮四无量四无色定性空八解
脫九次第定八解脫九次第定性空空无相
无願解脫門空无相无願解脫門性空淨觀
地乃至如來地淨觀地乃至如來地性空極
喜地乃至法雲地極喜地乃至法雲地性空
五眼六神通五眼六神通性空如來十力乃
至十八佛不共法如來十力乃至十八佛不
共法性空无忘失法恒住捨性无忘失法恒
住捨性性空一切陀羅尼門三摩地門一切

BD01663 號　大般若波羅蜜多經卷四九九　（3–3）

四百九十九

BD01663 號背　勘記　（1–1）

大般若波羅蜜多經卷第五百一
第三分現窣堵波品第五之下　三藏法師玄奘奉　詔譯
復次憍尸迦若善男子善女人等能於如是
甚深般若波羅蜜多至心聽聞受持讀誦精
勤脩學如理思惟書寫解說廣令流布是善
男子善女人等可獲現法當來勝利汝應諦
聽極善思惟吾當為汝分別解說天帝釋言
唯然願說我等樂聞佛言憍尸迦若有諸惡
外道梵志若諸惡魔及魔眷屬若餘暴惡增
上慢者於是菩薩摩訶薩所欲作種種不饒
益事彼適興心速自遭禍必當殄滅不果所
願何以故憍尸迦是菩薩摩訶薩以應一切
智智心用無所得為方便常脩布施波羅蜜
多乃至般若波羅蜜多以大悲願而為上首
若諸有情長夜慳貪興諸鬪諍是菩薩摩訶
薩於內外法一切皆捨方便令彼安住布施
波羅蜜多若諸有情長夜破戒作諸惡業是
菩薩摩訶薩於內外法一切皆捨方便令彼
安住淨戒波羅蜜多若諸有情長夜忿恚更
相損害是菩薩摩訶薩於內外法一切皆捨
方便令彼安住安忍波羅蜜多若諸有情長

BD01664號　大般若波羅蜜多經卷五〇一　（2–1）

唯然願說我等樂聞佛言憍尸迦若有諸惡
外道梵志若諸惡魔及魔眷屬若餘暴惡增
上慢者於是菩薩摩訶薩所欲作種種不饒
益事彼適興心速自遭禍必當殄滅不果所
願何以故憍尸迦是菩薩摩訶薩以應一切
智智心用無所得為方便常脩布施波羅蜜
多乃至般若波羅蜜多以大悲願而為上首
若諸有情長夜慳貪興諸鬪諍是菩薩摩訶
薩於內外法一切皆捨方便令彼安住布施
波羅蜜多若諸有情長夜破戒作諸惡業是
菩薩摩訶薩於內外法一切皆捨方便令彼
安住淨戒波羅蜜多若諸有情長夜忿恚更
相損害是菩薩摩訶薩於內外法一切皆捨
方便令彼安住安忍波羅蜜多若諸有情長
夜懈怠捨諸善業是菩薩摩訶薩於內外法
一切皆捨方便令彼安住精進波羅蜜多若
諸有情長夜散亂心務躁動是菩薩摩訶薩
於內外法一切皆捨方便令彼安住靜慮波
羅蜜多若諸有情長夜愚癡不知善惡是菩

BD01664號　大般若波羅蜜多經卷五〇一　（2–2）

爾時具壽……
無性而為自性如是無性非
作非菩薩作非聲聞作亦
云何施設諸法有果謂此
此是鬼界此是人此是四大王眾天乃至他
化自在天此是梵眾天乃至色究竟天此是
空无邊處天乃至非想非非想處天此是預
流此是一來此是不還此是阿羅漢此是獨
覺此是菩薩此是如來由此業故施設地獄
由此業故施設傍生由此業故施設鬼界由
此業故施設於人由此業故施設四大王眾
天乃至他化自在天由此業故施設梵眾天
乃至色究竟天由此業故施設空无邊處天
乃至非想非非想處天由此法故施設預流
一來不還由此法故施設阿羅漢由此法故
施設獨覺由此法故施設菩薩由此法故施
設如來世尊無性之法定無作用云何可言
由如是業生於地獄由如是業生於傍生由
如是業生於鬼界由如是業生於人中由如
是業生四大王眾天乃至他化自在天由如
是業生梵眾天乃至色究竟天由如是業生

BD01665號　大般若波羅蜜多經卷四七八

（22－1）

設如來世尊無性之法定無作用云何可言
由如是業生於地獄由如是業生於傍生由
如是業生於鬼界由如是業生於人中由如
是業生四大王眾天乃至他化自在天由如
是業生梵眾天乃至色究竟天由如是業生
空无邊處天乃至非想非非想處天由如是
法得預流果由如是法得一來果由如是法
得不還果由如是法得阿羅漢果由如是法
得獨覺菩提由如是法入菩薩位行菩薩道
由如是法得一切相智名佛世尊令諸有情
解脫生死佛告善現如是如是如汝所說無
性法中不可施設諸法有異無業無果亦無
作用但諸愚夫不了聖法毘奈耶故不如實
知諸法皆以無性為性愚癡顛倒發起種種
身語意業隨業差別受種種身依如是身
品類差別施設地獄傍生鬼界若人若天乃
至非想非非想處為欲濟拔如是愚癡
顛倒受生死者施設聖法及毘奈耶分位差
別依此分位施設預流乃至獨覺菩薩如來
一切法皆以無性而為自性無性法中實無
異法無業無果亦無作用無性之法常無性
故復次善現如汝所說無性之法定無作用
云何可言由如是法得預流果廣說乃至由
如是法得一切相智名佛世尊令諸有情脫
生死者於意云何諸所脩道是無性不諸預
流果一來不還阿羅漢果獨覺菩提及菩薩
道一切相智是無性不善現對曰如是如是
諸所脩道廣說乃至一切相智皆是無性佛

BD01665號　大般若波羅蜜多經卷四七八

（22－2）

生死者於意云何諸所修道……
流果一來不還阿羅漢果獨覺菩提及菩薩
道一切相智是無性不善現對曰如是如是
諸所修道廣說乃至一切相智皆是無性佛
告善現於意云何無性法爲能得無性法不
善現對曰不也世尊佛告善現無性及道是
一切法皆非相應非不相應無色無見無對
一相所謂無相愚夫異生愚癡顛倒於無相
法起有法相執著五蘊於無常中起於常相
於諸苦中起於樂相於無我中起於我想於
不淨中起於淨相於無性法執著有性由此
菩薩摩訶薩衆行深般若波羅蜜多方便善
巧濟拔如是諸有情類令離顛倒虛妄分
別方便安置無相法中令勤修覺解脫生死
證得畢竟常樂涅槃
具壽善現復白佛言愚夫異生所執著事頗
有真實而非虛妄彼執著已造作諸業由是
因緣流轉諸趣不能解脫生死苦不佛告善
現愚夫異生所執著事乃至無有如細毛端
可說真實而非虛妄彼執著已造作諸業由
是因緣流轉諸趣不能解脫生死衆苦唯有
虛妄顛倒執著吾今爲汝廣說譬喻於所說
義令其易了諸有智者由諸譬喻於所說義
能生正解善現於意云何夢中見人受五欲
樂夢中頗有少分實事可令彼人受欲樂不
善現對曰夢所見人尚非實有況有實事可
令彼人受五欲樂佛告善現於意云何頗有
諸法若善非善若有記若無記若有漏若
無漏若世間若出世間若有爲若無爲非如

BD01665號　大般若波羅蜜多經卷四七八　（22–3）

善現對曰夢所見人尚非實有況有實事可
令彼人受五欲樂佛告善現於意云何頗有
諸法若善非善若有記若無記若有漏若
無漏若世間若出世間若有爲若無爲非如
夢中所見事不善現對曰定無有法若善若
非善若有記若無記若有漏若無漏若世間若
若出世間若有爲若無爲非如夢中所見事
者佛告善現於意云何夢中頗有真實諸趣
於中往來生死事不善現對曰不也世尊佛
告善現於意云何夢中頗有真實修道依彼
修道有雜雜染得清淨不善現對曰不也世
尊所以者何夢所見法都無實事非能施設
非所施設修道尚無況依修道有雜雜染及
得清淨佛告善現於意云何明鏡等中所現
衆像爲有實事可依造業由所造業或墮
地獄或墮傍生或墮鬼界或生人中或生天上
受苦樂不善現對曰明鏡等中所現衆像都
無實事但誑愚童如何可依造作諸業由所
造業或墮惡趣或生人天受諸苦樂佛告善
現於意云何衆像頗有真實修道依彼修道
有雜雜染得清淨不善現對曰明鏡等像都
無實事非能施設非所施設修道尚無況依
修道有雜雜染及得清淨佛告善現於意云
何山谷等中所發諸響爲有實事可依造
業由所造業或墮地獄墮傍生或墮鬼界
或生人中或生天上受苦樂不善現對曰山谷
等中所發諸響都無實事但誑愚童如何可
依造作諸業由所造業或墮惡趣或生人天

BD01665號　大般若波羅蜜多經卷四七八　（22–4）

業由所造業或[illegible]
或生人中或生天上受苦樂不善現對曰山谷
等中所發諸響都無實事但誑愚童如何可
依造作諸業由所造業或墮惡趣或生人天
受諸苦樂佛告善現於意云何諸響頗有真
實脩道依彼脩道有雜染得清淨不善現
對曰不也世尊所以者何山谷等響都無實
事非能施設非所施設脩道尚無况依脩道
有雜染及得清淨佛告善現於意云何諸
陽焰中似水等為有實事可依造業由所
造業或墮地獄或墮傍生或墮鬼界或生人
中或生天上受苦樂不善現對曰諸陽焰中
所現水等都無實事但誑愚童如何可依造
作諸業由所造業或墮惡趣或生人天受諸
苦樂佛告善現於意云何諸陽焰中水等頗
有真實脩道依彼脩道有雜染得清淨不
善現對曰不也世尊所以者何陽焰水等都
無實事非能施設非所施設脩道尚無况依
脩道有雜染及得清淨佛告善現於意云
何諸光影中所現色相為有實事可依造業
由所造業或墮地獄或墮傍生或墮鬼界或
生人中或生天上受苦樂不善現對曰諸光
影中所現色相都無實事但誑愚童如何可
依造作諸業由所造業或墮惡趣或生人天
受諸苦樂佛告善現於意云何諸光影中色
相頗有真實脩道依彼脩道有雜染得清
淨不善現對曰不也世尊所以者何光影色
相都無實事非能施設非所施設脩道尚无
况依脩道有雜染及得清淨佛告善現於

相頗有真實脩道依彼脩道有雜染得清
淨不善現對曰不也世尊所以者何光影色
相都無實事非能施設非所施設脩道尚无
况依脩道有雜染及得清淨佛告善現於
意云何幻師所作為馬車步四種勇軍或復
幻作牛羊男女及餘種種甚希有事此幻為
等為有事可依造業由所造業或墮地獄
或墮傍生或墮鬼界或生人中或生天上受
苦樂不善現對曰幻為馬等都無實事但誑
愚童如何可依造作諸業由所造業或墮惡
趣或生人天受諸苦樂佛告善現於意云何
幻事頗有真實脩道依彼脩道有雜染得
清淨不善現對曰不也世尊所以者何幻為
等都無實事非能施設非所施設脩道尚
况依脩道有雜染及得清淨佛告善現
於意云何能變化者所化作身此所化身
為有實事可依造業由所造業或墮地獄或墮
傍生或墮鬼界或生人中或生天上受苦樂
不善現對曰諸變化身都無實事如何可依
造作諸業由所造業或墮惡趣或生人天受
諸苦樂佛告善現於意云何化身頗有真
脩道依彼脩道有雜染得清淨不善現
曰不也世尊所以者何諸變化身都无實事
非能施設非所施設脩道尚无况依脩道有
雜染及得清淨佛告善現於意云何尋
城中所現物類為有實事可依造業由所造
業或墮地獄或墮傍生或墮鬼界或生人中
或生天上受苦樂不善現對曰尋香城中所
[illegible]物[illegible]實事[illegible]如何可依造作諸業

雜

於中所現[illegible]
業或墮地獄或墮傍生或墮鬼界或生人中
或生天上受苦樂不善現對曰尋香城中所
現物類都無實事如何可依造作諸業由
造業或墮惡趣或生人天受諸苦樂佛告善
現於意云何尋香城中物類頗有真實循
依彼修道有雜雜染得清淨不善現對曰
也世尊所以者何尋香城中所現物類都無
實事非能說說非所說說修道尚無況依修
道有雜雜染及得清淨佛告善現於意云何
此中頗有實雜染者清淨者不善現對曰此
中都無實雜染者及清淨者佛告善現如
染者及清淨者實無所有由此因緣雜染
淨亦非實有所以者何住我我所諸有情類
虛妄分別謂有雜染及清淨者由此因緣謂
有雜染及有清淨非見實者謂有雜染及清
淨者如實見者知無雜染及清淨者如是亦
無雜染清淨實事可得以一切法畢竟空故

第二分實說品第八十四

爾時具壽善現白佛言世尊諸見實者無
雜染及無清淨不見實者亦雜染及無清
淨所以者何以一切法無所有故世尊諸實說
者既無雜染及無清淨有不說者亦無雜
染及無清淨所以者何以一切法無自性故
世尊無自性法既無雜染及無清淨有自性
法亦無雜染及無清淨諸有自性無自性法
亦無雜染及無清淨所以者何以一切法皆
用無性為自性故世尊若見實者及實說
無染無淨不見實者實說者亦無染淨

法亦無雜染及無清淨諸有自性無自性法
亦無雜染及無清淨所以者何以一切法皆
用無性為自性故世尊若見實者及實說
無染無淨不見實者實說者亦無染淨
云何世尊有時說有清淨諸法邪佛告善現我
一切法平等性為清淨法具壽善現復白佛
言何謂一切法平等性佛告善現諸法真如
法界法性不虛妄性不變異性平等性離生
性法定法住實際虛空界不思議界若佛出
世若不出世性相常住是名一切法平等性
此平等性名清淨法此依世俗說為清淨
依勝義所以者何勝義諦中既無分別亦
無戲論一切名字言語道斷具壽善現復白佛
言若一切法如夢像響焰影幻化及尋香城
雖現似有而無實事諸菩薩摩訶薩云何依
此非實有法發趣無上正等覺心作是誓言
我當圓滿布施波羅蜜多乃至般若波羅蜜
多我當圓滿殊勝神通波羅蜜多我當圓滿
方便善巧妙願力智波羅蜜多我當圓滿四
靜慮四無量四無色定我當圓滿四念住乃
至八聖道支我當圓滿空無相無願解脫門
我當圓滿八解脫乃至十遍處我當圓滿內
空乃至無性自性空我當圓滿真如乃至不
思議界我當圓滿苦集滅道聖諦我當圓
極喜地乃至法雲地我當圓滿一切陀羅尼
門三摩地門我當圓滿五眼六神通我當圓
滿如來十力乃至十八佛不共法我當圓滿
無忘失法恒住捨性我當圓滿一切智道相

門三摩地門我當圓滿五眼六神通我當圓
滿如來十力乃至十八佛不共法我當圓滿
無忘失法恒住捨性我當圓滿一切智道相
智一切相智我當圓滿三十二大士相八十
隨好我當發起無量光明普照十方無邊世
界我當發起一妙音聲遍滿十方無邊世界
隨諸有情心心所法勝解差別為說種種微
妙法門令獲利樂佛告善現於意云何汝所
說法豈不一切如夢像響焰影幻化尋香城
耶善現對曰如是如是世尊若一切法如夢
乃至如尋香城皆無實事云何菩薩摩訶薩
行深般若波羅蜜多時發大誓言我當圓滿
一切功德利益安樂無量有情世尊非夢所
見廣說乃至尋香城中所現物類能行布施
波羅蜜多乃至般若波羅蜜多說能圓滿餘
一切法亦應如是俱非實故世尊非夢所見
廣說乃至尋香城中所見物類乃至能行三
十二大士相八十隨好說能圓滿餘一切法亦
亦應如是俱非實故世尊非夢所見廣說乃
至尋香城中所現物類能成一切所須事業
餘一切法亦應如是俱非實故佛告善現如是
如是如汝所說非實有法尚不能行布施波
羅蜜多乃至般若波羅蜜多說能圓滿如
是乃至非實有法尚不能行三十二大士相
八十隨好說能圓滿非實有法不能成辦所
須事業非實有法不能證得所求無上正等
菩提復次善現布施淨戒安忍精進靜慮般
若波羅蜜多及餘無量無邊善法非實有故

BD01665號　大般若波羅蜜多經卷四七八　（22–9）

須事業非實有法不能證得所求無上正等
菩提復次善現布施淨戒安忍精進靜慮般
若波羅蜜多及餘無量無邊善法非實有故
不能證得所求無上正等菩提善現當知如
是諸法一切皆是思惟造作諸有思惟所造
作法皆不能得一切智智復次善現如是諸
法於菩提道雖能引發而於其果無資助用
由此諸法無生無起無實相故諸菩薩摩訶
薩行深般若波羅蜜多時從初發心雖起種
種身語意善謂若脩行布施淨戒安忍精進
靜慮般若波羅蜜多如是乃至若脩行一切
智道相智一切相智而知一切如夢像響焰
影幻化尋香城皆非實有復次善現如是
諸法雖非實有若不圓滿決定不能成熟有
情嚴淨佛土證得無上正等菩提謂菩薩摩
訶薩若不圓滿布施淨戒安忍精進靜慮般
若波羅蜜多乃至一切智道相智一切相智
決定不能成熟有情嚴淨佛土證得無上正
等菩提復次善現是諸菩薩摩訶薩行深
般若波羅蜜多時隨所脩集一切善法皆如實
知如夢乃至如尋香城謂若脩行布施淨戒
安忍精進靜慮般若波羅蜜多能如實知如
夢乃至如尋香城如是乃至若脩行一切智
道相智一切相智能如實知如夢乃至如尋
香城若成熟有情嚴淨佛土求趣無上正等
菩提能如實知如夢乃至如尋香城亦如實
知諸有類心行差別如夢乃至如尋香城
復次善現諸菩薩摩訶薩行深般若波羅

BD01665號　大般若波羅蜜多經卷四七八　（22–10）

香城若成熟有情嚴淨佛土求證
菩提能如實智如夢乃至如尋香城亦如實
知諸有情心行差別如夢乃至如尋香城
復次善現諸菩薩摩訶薩行深般若波羅
蜜多時於一切法不取為有不取為无若由
如是取故證得一切智智亦智彼法如夢乃
至如是香城不取為有不取為无所以者何
布施淨戒安忍精進靜慮般若波羅蜜多乃
至一切智道相智一切相智皆不可取故善
非善法亦不可取故有記无記法亦不可取
故有漏无漏法亦不可取故世間出世間法
亦不可取故有為无為法亦不可取故是菩
薩摩訶薩知一切法不可取已求趣无上正
等菩提所以者何以一切法皆不可取都无
實事如夢乃至如尋香城不可取法不能證
得不可取法然諸有情於如是法不知不覺
是菩薩摩訶薩為饒益彼諸有情故求趣无
上正等菩提復次善現是菩薩摩訶薩從初
發心為欲利樂諸有情故脩行布施波羅蜜
多乃至般若波羅蜜多不為己身非為餘事
為欲利樂諸有情故求趣无上正等菩提不
為己身非為餘事復次善現是菩薩摩訶
薩行深般若波羅蜜多時見諸愚夫於非我中
而住我想於非有情住有情想如是乃至於
非知者住知者想於非見者住見者想是菩
薩摩訶薩見是事已深生憐愍方便教化令
離顛倒妄想執著安置无想甘露界中住是
界中不復現起我想乃至知見者想是時一
切掉動散乱戲論分別不復現行心多安住

BD01665號　大般若波羅蜜多經卷四七八　（22–11）

離顛倒妄想執著安置无想甘露界中住是
界中不復現起我想乃至知見者想是時一
切掉動散乱戲論分別不復現行心多安住
寂靜涅槃无戲論界善現是菩薩摩訶薩由
此方便行深般若波羅蜜多自於諸法无所
執著亦能教他於一切法无所執著此依世
俗不依勝義以勝義中无所執著自他差別
不可得故
尒時具壽善現白佛言世尊佛得无上正等
覺時所證佛法為依世俗說名為得為依勝
義說名得耶佛告善現佛得无上正等覺時
所證佛法依世俗故說名為得不依勝義若
依勝義能得所得俱不可得所以者何若謂
此人得如是法便有所得有所得者便執有
二執有二者不能得果亦无現觀具壽善現
復白佛言若執有二不能得果亦无現觀執
无二者為能得果有現觀耶佛告善現執有
二者不能得果亦无現觀耶佛告善現執有
是有所執故如執有二若不執二不執不二
則名得果亦名現觀所以者何若執由此便
能得果亦有現觀及執由彼不能得果亦无
現觀俱是戲論證非一切法平等性中有諸戲
論若離戲論乃不可名為諸法平等性具壽善
現復白佛言若一切法皆以无性而為自性則
中何謂諸法平等性佛告善現若於是處都无
有性亦无无性亦不可說為平等性如是乃
名諸法平等性善現當知諸法平等性既不可說
亦不可知除平等性无法可得離一切法无平
等性善現當知諸法平等性異生聖者俱不

BD01665號　大般若波羅蜜多經卷四七八　（22–12）

若法平等性善現當知法平等性說不可說
亦不可知除平等性无法可得離一切法无平
等性善現當知法平等性異生聖者俱不
能行非彼境故具壽善現復白佛言法平等
性豈亦非佛所行境耶佛告善現法平等性
一切聖者皆不能行亦不能證謂諸預流若
諸一來若諸不還若阿羅漢若諸獨覺若
諸菩薩若諸如來皆不能以法平等性爲所
境此中一切戲論分別皆不行故具壽善現復
白佛言佛於諸法皆得自在如何可言法
平等性亦非諸佛所行境耶佛告善現佛
諸法雖得自在若平等性與佛有別可言是
佛所行境界然平等性與佛无別如何可說
佛行彼境善現當知若諸異生法平等性若
諸預流一來不還阿羅漢獨覺菩薩如來法
平等性如是一切法平等性皆同一相所謂
无相是一平等无二无別故不可說此是異
生法平等性廣說乃至此是如來法平等
性於此一法平等性中諸平等性既不可得
此中異生乃預流等差別之相亦不可得具壽
善現復白佛言若一切法平等性中諸差別
相皆不可得則諸異生乃預流等諸乃有性
應无差別佛告善現如是如是如汝所說於
一切法平等性中若諸異生若諸聖者乃至
如來法及有情皆无差別具壽善現復白佛
言若一切法平等性中異生聖者法乃有情
皆无差別云何三寶出現世間所謂佛寶法
寶僧寶佛告善現於意云何佛法僧寶

BD01665號　大般若波羅蜜多經卷四七八

（22–13）

如來法及有情皆无差別具壽善現復白佛
言若一切法平等性中異生聖者法乃有情
皆无差別云何三寶出現世間所謂佛寶法
寶僧寶佛告善現於意云何佛法僧寶
平等性各各別耶善現對曰如我解佛所說義
者佛法僧寶法平等性皆无差別所以者何
佛法僧寶法平等性如是一切皆非相應非
不相應无色无見无對一相所謂无相然佛
世尊於无相法方便善巧建立種種法乃有
情名相差別所謂此是異生及法乃至此是
如來及法佛告善現如是如是如汝所說諸
佛於法方便善巧能於无相建立種種法及
有情名相差別復次善現於意云何若諸如來
應正等覺不證无上正等菩提說證无上
正等菩提不爲有情建立諸法名相差別諸
有情類爲能自知此是地獄此是傍生此是
鬼界此是人此是天謂四大王眾天乃至非
想非非想處天此是色乃至識此是眼處
乃至意處此是色處乃至法處此是眼界乃
至意界此是色界乃至法界此是眼識界乃
至意識界此是眼觸乃至意觸此是眼觸爲
緣所生諸受乃至意觸爲緣所生諸受此是
地界乃至識界此是因緣乃至增上緣此是從緣
所生諸法此是无明乃至老死此是善非善
法此是有記无記法此是有漏无漏法此是
世間出世間法此是有爲无爲法此是布施
波羅蜜多乃至般若波羅蜜多此是四念住
乃至八聖道支此是內空乃至无性自性空此

BD01665號　大般若波羅蜜多經卷四七八

（22–14）

世間出世間法此是有爲无爲法此是有漏
波羅蜜多乃至般若波羅蜜多此是四念住
乃至八聖道支此是內空乃至无性自性空此
是真如乃至不思議界此是苦集滅道聖諦
此是四靜慮四无量四无色定此是空无相
无願解脫門此是八解脫乃至十遍處此是
淨觀地乃至如來地此是極喜地乃至法雲
地此是一切陀羅尼門三摩地門此是五眼
六神通此是如來十力乃至十八佛不共法
此是三十二大士相八十隨好此是无忘失
法恒住捨性此是一切智道相智一切相智
此是一切相好願智此是一切智智此是三
寶此是三乘諸有情類於如是等差別名相
能自知不善現對曰不也世尊若佛不爲有
情建立諸如是等差別名相諸有情類不能
自知諸如是等差別名相佛告善現是故如
來於无相法方便善巧雖爲有情建立種種
差別名相而於諸法平等性中能无所動雖
於有情作大恩德而於其中能不取相
尒時具壽善現白佛言世尊爲如來於一切
切法平等性中都无所動如是一切異生預
流一來不還及阿羅漢獨覺菩薩亦於諸法
平等性中无所動不佛告善現如是如是以
一切法及諸有情皆不出過平等性故如平
等性當知真如廣說乃至不思議界亦復如
是諸異生及諸聖者於真如等无差別故
具壽善現復白佛言若諸異生及諸聖者并
一切法平等之性无差別者今一切法及諸

BD01665號　大般若波羅蜜多經卷四七八　（22–15）

等性當知真如廣說乃至不思議界亦復如
是諸異生及諸聖者於真如等无差別故
具壽善現復白佛言若諸異生及諸聖者并
一切法平等之性无差別者今一切法及諸
有情相各異故性亦應異是則諸法性亦應
異謂色乃至識相各異故性亦應異眼處乃
至意處相各異故亦應異色處乃至法處
相各異故性亦應異眼界乃至意界相各異
故性亦應異色界乃至法界相各異故性亦
應異眼識界乃至意識界相各異故性亦應
異眼觸乃至意觸相各異故性亦應異眼觸
爲緣所生諸受乃至意觸爲緣所生諸受相
各異故性亦應異地界乃至識界相各異故
性亦應異因緣乃至增上緣相各異故性亦
應異從緣所生諸法相各異故性亦應異无
明乃至老死相各異故性亦應異貪瞋癡相
各異故性亦應異異生見趣相各異故性亦
應異四靜慮四无量四无色定相各異故性
亦應異四念住乃至八聖道支相各異故性亦
應異空无相无願解脫門相各異故性亦應
異內空乃至无性自性空相各異故性亦應
異真如乃至不思議界相各異故性亦應
異苦集滅道聖諦相各異故性亦應異布施
波羅蜜多乃至般若波羅蜜多相各異故性
亦應異八解脫乃至十遍處相各異故性亦
應異淨觀地乃至如來地相各異故性亦應
異極喜地乃至法雲地相各異故性亦應異
一切陀羅尼門三摩地門相各異故性亦應

BD01665號　大般若波羅蜜多經卷四七八　（22–16）

應異淨觀地乃至如來地相各異故性亦應
異歡喜地乃至法雲地相各異故性亦應異
一切陁羅尼門三摩地門相各異故性亦應
異五眼六神通相各異故性亦應異如來十
力乃至十八佛不共法相各異故性亦應異
三十二大士相八十隨好相各異故性亦應
異无忘失法恒住捨性相各異故性亦應異
一切智道相智一切相智相各異故性亦應
異愚夫異生乃至如來相各異故性亦應異
善非善法相各異故性亦應異有記无記法
相各異故性亦應異有漏无漏法相各異故
性亦應異世間出世間法相各異故性亦應
異有為无為法相各異故性亦應異世尊如
是法等性若各異是則法性亦應各異云何
於諸異相法等可得安立法性一相云何菩
薩摩訶薩行深般若波羅蜜多時不分別法
及諸有情有種種性若菩薩摩訶薩不分別
法及諸有情有種種性則應不能行深般若
波羅蜜多若不能行甚深般若波羅蜜多
則應不能從一菩薩地至一菩薩地若不能
從一菩薩地至一菩薩地則應不能趣入菩
薩正性離生若不能趣入菩薩正性離生
則應不能超諸聲聞及獨覺地若不能超
諸聲聞及獨覺地則應不能圓滿神通波羅
蜜多若不能圓滿神通波羅蜜多則應不
能於諸神通遊戲自在若不能於諸神通
遊戲自在則應不能圓滿布施波羅蜜多乃
至般若波羅蜜多若不能圓滿布施波羅

能於諸神通遊戲自在若不能於諸神通
遊戲自在則應不能圓滿布施波羅蜜多乃
至般若波羅蜜多若不能圓滿布施波羅
蜜多乃至般若波羅蜜多則應不能從一佛
國趣一佛國親近供養諸佛世尊若不能
從一佛國趣一佛國親近供養諸佛世尊則
應不能於諸佛所種諸善根若不能於諸
佛所種諸善根則應不能嚴淨佛土成熟有
情若不能嚴淨佛土成熟有情則應不能
證得无上正等菩提轉正法輪度有情衆令
其永離惡趣生死佛告善現如汝所言若諸
異生及諸聖者并一切法平等之性无差別
者令一切法及諸有情相各異故性亦應異
是則法性亦應各異云何於諸異相法等可
得安立法性一相云何菩薩摩訶薩行深般
若波羅蜜多時不分別法及諸有情有種種
性乃至廣說善現於意云何諸色法性是空
性不諸受想行識法性是空性不如是乃至
一切有為无為法性是空性不善現對曰如
是如是一切法性皆是空性佛告善現於意
云何於空性中法等異相為可得不謂色異
相廣說乃至一切有為无為異相為可得不
善現對曰不也世尊於空性中一切異相皆
不可得佛告善現由此當知法平等性非即
一切愚夫異生非離一切愚夫異生如是乃
至非即如來應正等覺非離如來應正等覺
法平等性非即色非離色非即受想行識非
離受想行識如是乃至非即有為及无為法
非離有為及无為法具壽善現復白佛言諸

一切愚夫異生非離一切愚夫異生如是乃
至非即如來應正等覺非離如來應正等覺
法性平等性非即色非離色非即受想行識非
離受想行識如是乃至非即有為及无為法
非離有為及无為法具壽善現復白佛言法
平等性為是有為是无為佛告善現法平
等性非是有為非是无為然離有為法无
法不可得離无為法有為法亦不可得善現
當知若有為界若无為界如是二界非合非
散无色无見无對日一切所謂无相一切如來
應正等覺依世俗說不依勝義所以者何非
勝義中身行語行意行可得非離身行語
行意行勝義可得善現當知即有為法及
法平等法性說名勝義非離一切有為无為
別有勝義是故菩薩摩訶薩行深般若波
蜜多時不動勝義而行菩薩摩訶薩行發
有情嚴淨佛土證得无上正等菩提轉妙
輪度有情衆令其永離生老病死證得究
竟常樂涅槃

第二分空性品第八十五

尒時具壽善現白佛言世尊若諸法平等
之性皆本性空此本性空於一切法非能所
作云何菩薩摩訶薩行深般若波羅蜜多時
不動勝義以四攝事饒益有情佛告善現如
是如是一切法等平等之性皆本性空此本
性空於一切法非能所作然諸菩薩能為有
情以布施等作饒益事若諸有情自知諸法
皆本性空則諸如來及諸菩薩不現神通作
希有事謂於諸法本性空中雖无所動而令

BD01665號　大般若波羅蜜多經卷四七八　（22–19）

情以布施等作饒益事若諸有情自知諸法
皆本性空則諸如來及諸菩薩不現神通作
希有事謂於諸法本性空中雖无所動而令
有情遠離種種妄想顛倒謂令有情遠離我
想有情想乃至知者見者想亦令遠離色乃
至識想眼處乃至意處想色處乃至法處想
眼界乃至意界想色界乃至法界想眼識
界乃至意識界想眼觸乃至意觸想眼觸為緣
所生諸受乃至意觸為緣所生諸受想地界
乃至識界想无明乃至老死想亦令遠離有
為界想住无為界解脫一切生老病死无為界
即諸法空依世俗說名无為界具壽善現復
佛言由何空故說諸法空佛告善現由想空
諸法空復次善現於意云何若變化身復作
事此有實事亦不空耶善現對曰諸所變化
无有實事一切皆空佛告善現變化與空如是二
法非合非散此二俱以空空故空不應分別是
空是化所以者何非空性中有空有化二事
可得以一切法畢竟空故復次善現无色非
化无受想行識非化諸是化者无不皆空饒
益有情應知亦尒具壽善現復白佛言蘊界
處等世間諸法及有情可皆是化四念住
等出世間法及諸有情實亦是化佛告善現
一切世間出世法等无非是化然於其中有
聲聞化有獨覺化有菩薩化有如來化有煩
惱化有諸業化由此因緣我說一切皆如變
化等无差別具壽善現復白佛言一切斷果
所謂預流一來不還阿羅漢果獨覺如來永
斷煩惱習氣相續豈亦是化佛告善現如是

BD01665號　大般若波羅蜜多經卷四七八　（22–20）

[illegible]
惱化有諸業化由此因緣我說一切皆如變
化等无差別具壽善現復白佛言一切斷果
所謂預流一來不還阿羅漢果獨覺如來永
斷煩惱習氣相續豈亦是化佛告善現如是
諸法若與生滅二相合者亦皆是化具壽善
現復白佛言何法非化佛告善現若法不與
生滅相合是法非化具壽善現復白佛言何
法不與生滅相合佛告善現不虛誑法即是
涅槃此法不與生滅相合是故非化具壽善
現復白佛言如世尊說平等法性一切皆空
无能動者无二可得无有少法非自性空如
何涅槃可說非化佛告善現如是如是如汝
所說无有少法非自性空此自性空非聲聞
作非獨覺作非菩薩作非如來作亦非餘作
有佛无佛其性常空此即涅槃是故我說涅
槃非化實有法名為涅槃可說无生无滅
非化復次善現我為新學諸菩薩說涅槃非
化非別實有不空涅槃是故不應執此為難
尒時善現便白佛言云何方便教誡教授新
學菩薩令知諸法自性常空佛告善現豈一
切法先有後无而不常空然一切法先既非
有後亦非无自性常空不應驚怖應作是
方便善巧教誡教授新學菩薩令知諸法
性常空時薄伽梵說是經已无量菩薩摩訶
薩衆慈氏菩薩而為上首具壽善現及舍利
子大採菽氏大迦葉波阿難陀等諸大聲聞
及諸天龍阿素洛等一切大衆聞佛所說皆
大歡喜信受奉行

BD01665號　大般若波羅蜜多經卷四七八　（22–21）

[illegible]

无能動者无二可得无有少法非自性空如
何涅槃可說非化佛告善現如是如是如汝
所說无有少法非自性空此自性空非聲聞
作非獨覺作非菩薩作非如來作亦非餘作
有佛无佛其性常空此即涅槃是故我說涅
槃非化實有法名為涅槃可說无生无滅
非化復次善現我為新學諸菩薩說涅槃非
化非別實有不空涅槃是故不應執此為難
尒時善現便白佛言云何方便教誡教授新
學菩薩令知諸法自性常空佛告善現豈一
切法先有後无而不常空然一切法先既非
有後亦非无自性常空不應驚怖應作是
方便善巧教誡教授新學菩薩令知諸法
性常空時薄伽梵說是經已无量菩薩摩訶
薩衆慈氏菩薩而為上首具壽善現及舍利
子大採菽氏大迦葉波阿難陀等諸大聲聞
及諸天龍阿素洛等一切大衆聞佛所說皆
大歡喜信受奉行

大般若波羅蜜多經卷第四百七十八

BD01665號　大般若波羅蜜多經卷四七八　（22–22）

善現一切智智清淨故空解脫門清淨空解
脫門清淨故不思議界清淨何以故若一切
智智清淨若空解脫門清淨若不思議界清
淨无二无二分无別无斷故一切智智清淨
故无相无願解脫門清淨无相无願解脫門
清淨故不思議界清淨何以故若一切智智
清淨若无相无願解脫門清淨若不思議界
清淨无二无二分无別无斷故善現一切智智
清淨故菩薩十地清淨菩薩十地清淨故
議界清淨何以故若一切智智清淨若

BD01666號　大般若波羅蜜多經卷二六三　（21–1）

清淨故不思議界清淨何以故若一切智智
清淨若无相无願解脫門清淨若不思議界
清淨无二无二分无別无斷故善現一切智智
清淨故菩薩十地清淨菩薩十地清淨故
不思議界清淨何以故若一切智智清淨若
菩薩十地清淨若不思議界清淨无二无二
分无別无斷故
善現一切智智清淨故五眼清淨五眼清淨
故不思議界清淨何以故若一切智智清淨
若五眼清淨若不思議界清淨无二无二分
无別无斷故一切智智清淨故六神通清淨
六神通清淨故不思議界清淨何以故若一
切智智清淨若六神通清淨若不思議界清
淨无二无二分无別无斷故善現一切智智
清淨故佛十力清淨佛十力清淨故不思議
界清淨何以故若一切智智清淨若佛十力
清淨若不思議界清淨无二无二分无別无
斷故一切智智清淨故四无畏四无礙解大
慈大悲大喜大捨十八佛不共法清淨四无
所畏乃至十八佛不共法清淨故不思議界
清淨何以故若一切智智清淨若四无所畏
乃至十八佛不共法清淨若不思議界清淨
无二无二分无別无斷故善現一切智智清
淨故无忘失法清淨无忘失法清淨故不思
議界清淨何以故若一切智智清淨若无忘
失法清淨若不思議界清淨无二无二分无
一切智智清淨故恒住捨性清淨

BD01666號　大般若波羅蜜多經卷二六三　（21–2）

淨故无忘失法清淨无忘失法清淨故不思
議界清淨何以故若一切智智清淨若无忘
失法清淨若不思議界清淨无二无二分无
別无斷故一切智智清淨故恒住捨性清淨
恒住捨性清淨故不思議界清淨何以故若
一切智智清淨若恒住捨性清淨若不思議
界清淨无二无二分无別无斷故善現一切
智智清淨故一切智智淨清一切智智清淨故
不思議界清淨何以故若一切智智清淨若
一切智清淨若不思議界清淨无二无二
分无別无斷故一切智智清淨故道相智一
切相智清淨道相智一切相智清淨故不思議
界清淨何以故若一切智智清淨若道相智
一切相智清淨若不思議界清淨无二无二
分无別无斷故善現一切智智清淨故一切陁
羅尼門清淨一切陁羅尼門清淨故不思議
界清淨何以故若一切智智清淨若一切陁羅
尼門清淨若不思議界清淨无二无二分
无別无斷故一切智智清淨故一切三摩地
門清淨一切三摩地門清淨故不思議界清
淨何以故若一切智智清淨若一切三摩地
門清淨若不思議界清淨无二无二分无別
无斷故
善現一切智智清淨故預流果清淨預流果
清淨故不思議界清淨何以故若一切智智
清淨若預流果清淨若不思議界清淨无二

BD01666號　大般若波羅蜜多經卷二六三　（21-3）

无斷故
善現一切智智清淨故預流果清淨預流果
清淨故不思議界清淨何以故若一切智智
清淨若預流果清淨若不思議界清淨无二
无二分无別无斷故一切智智清淨故一來
不還阿羅漢果清淨一來不還阿羅漢果清
淨故不思議界清淨何以故若一切智智清
淨若一來不還阿羅漢果清淨若不思議界
清淨无二无二分无別无斷故善現一切智
智清淨故獨覺菩提清淨獨覺菩提清淨故
不思議界清淨何以故若一切智智清淨若
獨覺菩提清淨若不思議界清淨无二无二
分无別无斷故善現一切智智清淨故一切
菩薩摩訶薩行清淨一切菩薩摩訶薩行清
淨故不思議界清淨何以故若一切智智清
淨若一切菩薩摩訶薩行清淨若不思議界
清淨无二无二分无別无斷故善現一切智
智清淨故諸佛无上正等菩提清淨諸佛无
上正等菩提清淨故不思議界清淨何以故
若一切智智清淨若諸佛无上正等菩提清
淨若不思議界清淨无二无二分无別无斷
故
復次善現一切智智清淨故色清淨色清淨
故苦聖諦清淨何以故若一切智智清淨若
色清淨若苦聖諦清淨无二无二分无別无
斷故一切智智清淨故受想行識清淨受想

BD01666號　大般若波羅蜜多經卷二六三　（21-4）

故苦聖諦清淨何以故若一切智智清淨若
色清淨若苦聖諦清淨无二无二分无別无
斷故一切智智清淨故受想行識清淨受想
行識清淨故苦聖諦清淨何以故若一切智
智清淨若受想行識清淨若苦聖諦清淨无
二无二分无別无斷故善現一切智智清淨
故眼處清淨眼處清淨故苦聖諦清淨何以
故若一切智智清淨若眼處清淨若苦聖諦
清淨无二无二分无別无斷故一切智智清淨
故耳鼻舌身意處清淨耳鼻舌身意處
清淨故苦聖諦清淨何以故若一切智智清淨
若耳鼻舌身意處清淨若苦聖諦清淨无二
无二分无別无斷故善現一切智智清淨故
色處清淨色處清淨故苦聖諦清淨何以故
若一切智智清淨若色處清淨若苦聖諦清
淨无二无二分无別无斷故一切智智清淨
故聲香味觸法處清淨聲香味觸法處清淨
故苦聖諦清淨何以故若一切智智清淨若
聲香味觸法處清淨若苦聖諦清淨无二无
二分无別无斷故善現一切智智清淨故眼界
清淨眼界清淨故苦聖諦清淨何以故若
一切智智清淨若眼界清淨若苦聖諦清淨
无二无二分无別无斷故一切智智清淨故
色界眼識界及眼觸眼觸為緣所生諸受清
淨色界乃至眼觸為緣所生諸受清淨故苦
聖諦清淨何以故若一切智智清淨若色界

BD01666號　大般若波羅蜜多經卷二六三　（21–5）

色界眼識界及眼觸眼觸為緣所生諸受清
淨色界乃至眼觸為緣所生諸受清淨故苦
聖諦清淨何以故若一切智智清淨若色界
乃至眼觸為緣所生諸受清淨若苦聖諦清淨
无二无二分无別无斷故善現一切智智清
淨故耳界清淨耳界清淨故苦聖諦清淨
何以故若一切智智清淨若耳界清淨若苦
聖諦清淨无二无二分无別无斷故一切智智
清淨故聲界耳識界及耳觸耳觸為緣
所生諸受清淨聲界乃至耳觸為緣所生諸
受清淨故苦聖諦清淨何以故若一切智智
清淨若聲界乃至耳觸為緣所生諸受清淨
若苦聖諦清淨无二无二分无別无斷故善
現一切智智清淨故鼻界清淨鼻界清淨故
苦聖諦清淨何以故若一切智智清淨若鼻
界清淨若苦聖諦清淨无二无二分无別无
斷故一切智智清淨故香界鼻識界及鼻觸
鼻觸為緣所生諸受清淨香界乃至鼻觸為
緣所生諸受清淨故苦聖諦清淨何以故若一
一切智智清淨若香界乃至鼻觸為緣所生
諸受清淨若苦聖諦清淨无二无二分无別
无斷故善現一切智智清淨故舌界清淨舌
界清淨故苦聖諦清淨何以故若一切智智
清淨若舌界清淨若苦聖諦清淨无二无二
分无別无斷故一切智智清淨故味界舌識
界及舌觸舌觸為緣所生諸受清淨味界乃

BD01666號　大般若波羅蜜多經卷二六三　（21–6）

界清淨故苦聖諦清淨何以故若一切智智
清淨若舌界清淨若苦聖諦清淨无二无二
分无別无斷故一切智智清淨故味界舌識
界及舌觸舌觸為緣所生諸受清淨味界乃
至舌觸為緣所生諸受清淨故苦聖諦清淨
何以故若一切智智清淨若味界乃至舌觸為
緣所生諸受清淨若苦聖諦清淨无二无
二分无別无斷故善現一切智智清淨故身
界清淨身界清淨故苦聖諦清淨何以故若
一切智智清淨若身界清淨若苦聖諦清淨
无二无二分无別无斷故一切智智清淨故觸
界身識界及身觸身觸為緣所生諸受清
淨觸界乃至身觸為緣所生諸受清淨故苦
聖諦清淨何以故若一切智智清淨若觸界
乃至身觸為緣所生諸受清淨若苦聖諦清
淨无二无二分无別无斷故善現一切智智清
淨故意界清淨意界清淨故苦聖諦清淨何
以故若一切智智清淨若意界清淨若苦聖
諦清淨无二无二分无別无斷故一切智智清
淨故法界意識界及意觸意觸為緣所生諸
受清淨法界乃至意觸為緣所生諸受清
淨故苦聖諦清淨何以故若一切智智清淨
若法界乃至意觸為緣所生諸受清淨若苦
聖諦清淨无二无二分无別无斷故善現一
切智智清淨故地界清淨地界清淨故苦聖
諦清淨何以故若一切智智清淨若地界清

BD01666 號　大般若波羅蜜多經卷二六三　（21–7）

聖諦清淨无二无二分无別无斷故善現一
切智智清淨故地界清淨地界清淨故苦聖
諦清淨何以故若一切智智清淨若地界清
淨若苦聖諦清淨无二无二分无別无斷故
一切智智清淨故水火風空識界清淨水火風
空識界清淨故苦聖諦清淨何以故若一
切智智清淨若水火風空識界清淨若苦聖
諦清淨无二无二分无別无斷故善現一切
智智清淨故无明清淨无明清淨故苦聖
諦清淨何以故若一切智智清淨若无明清淨
若苦聖諦清淨无二无二分无別无斷故一
切智智清淨故行識名色六處觸受愛取有
生老死愁歎苦憂惱清淨行乃至老死愁歎
苦憂惱清淨故苦聖諦清淨何以故若一切智
智清淨若行乃至老死愁歎苦憂惱清淨若
苦聖諦清淨无二无二分无別无斷故
善現一切智智清淨故布施波羅蜜多清淨
布施波羅蜜多清淨故苦聖諦清淨何以故
若一切智智清淨若布施波羅蜜多清淨若
苦聖諦清淨无二无二分无別无斷故一切
智智清淨故淨戒安忍精進靜慮般若波羅
蜜多清淨淨戒乃至般若波羅蜜多清淨故
苦聖諦清淨何以故若一切智智清淨若淨
戒乃至般若波羅蜜多清淨若苦聖諦清淨
无二无二分无別无斷故善現一切智智清
淨故內空清淨內空清淨故苦聖諦清淨何

BD01666 號　大般若波羅蜜多經卷二六三　（21–8）

苦聖諦清淨何以故若一切智智清淨若淨
戒乃至般若波羅蜜多清淨若苦聖諦清淨
无二无二分无別无斷故善現一切智智清
淨故內空清淨內空清淨故苦聖諦清淨何
以故若一切智智清淨若內空清淨若苦聖
諦清淨无二无二分无別无斷故一切智智清
淨故外空內外空空空大空勝義空有為空
无為空畢竟空无際空散空无變異空本性
空自相空共相空一切法空不可得空无性
空自性空无性自性空清淨外空乃至无性
自性空清淨故苦聖諦清淨何以故若一切
智智清淨若外空乃至无性自性空清淨若
苦聖諦清淨无二无二分无別无斷故善現
一切智智清淨故真如清淨真如清淨故苦
聖諦清淨何以故若一切智智清淨若真如
清淨若苦聖諦清淨无二无二分无別无斷
故一切智智清淨故法界法性不虛妄性不
變異性平等性離生性法定法住實際虛空
界不思議界清淨法界乃至不思議界清淨
故苦聖諦清淨何以故若一切智智清淨若法
界乃至不思議界清淨若苦聖諦清淨无二
无二分无別无斷故善現一切智智清淨故集
聖諦清淨集聖諦清淨故苦聖諦清淨何
以故若一切智智清淨若集聖諦清淨若苦
聖諦清淨无二无二分无別无斷故一切智

BD01666號　大般若波羅蜜多經卷二六三　（21–9）

以故若一切智智清淨若集聖諦清淨若苦
聖諦清淨无二无二分无別无斷故一切智
智智清淨故滅道聖諦清淨滅道聖諦清淨故
苦聖諦清淨何以故若一切智智清淨若滅
道聖諦清淨若苦聖諦清淨无二无二分无
別无斷故善現一切智智清淨故四靜慮清
淨四靜慮清淨故苦聖諦清淨何以故若一
切智智清淨若四靜慮清淨若苦聖諦清淨
无二无二分无別无斷故一切智智清淨故四
无量四无色定清淨四无量四无色定清
淨故苦聖諦清淨何以故若一切智智清淨
若四无量四无色定清淨若苦聖諦清淨无
二无二分无別无斷故善現一切智智清淨
故八解脫清淨八解脫清淨故苦聖諦清淨
何以故若一切智智清淨若八解脫清淨若
苦聖諦清淨无二无二分无別无斷故一切
智智清淨故八勝處九次第定十遍處清
淨八勝處九次第定十遍處清淨故苦聖諦清
淨何以故若一切智智清淨若八勝處九次第
定十遍處清淨若苦聖諦清淨无二无二
分无別无斷故善現一切智智清淨故四念
住清淨四念住清淨故苦聖諦清淨何以故
若一切智智清淨若四念住清淨若苦聖諦清
淨无二无二分无別无斷故一切智智清淨
故四正斷四神足五根五力七等覺支八聖道
支清淨四正斷乃至八聖道支清淨故苦

BD01666號　大般若波羅蜜多經卷二六三　（21–10）

故四正斷四神足五根五力七等覺支八聖道
支清淨四正斷乃至八聖道支清淨故苦
聖諦清淨何以故若一切智智清淨若四正
斷乃至八聖道支清淨若苦聖諦清淨无二
无二分无別无斷故善現一切智智清淨故
空解脫門清淨空解脫門清淨故苦聖諦清
淨何以故若一切智智清淨若空解脫門清
淨若苦聖諦清淨无二无二分无別无斷故
一切智智清淨故无相无願解脫門清淨无
相无願解脫門清淨故苦聖諦清淨何以故
若一切智智清淨若无相无願解脫門清淨
若苦聖諦清淨无二无二分无別无斷故善
現一切智智清淨故菩薩十地清淨菩薩十
地清淨故苦聖諦清淨何以故若一切智智
清淨若菩薩十地清淨若苦聖諦清淨无二
无二分无別无斷故
善現一切智智清淨故五眼清淨五眼清淨
故苦聖諦清淨何以故若一切智智清淨
若五眼清淨若苦聖諦清淨无二无二分无別
无斷故一切智智清淨故六神通清淨六神
通清淨故苦聖諦清淨何以故若一切智智
清淨若六神通清淨若苦聖諦清淨无二无
二分无別无斷故善現一切智智清淨故佛
十力清淨佛十力清淨故苦聖諦清淨何以
故若一切智智清淨若佛十力清淨若苦
聖諦清淨无二无二分无別无斷故一切智智

BD01666號　大般若波羅蜜多經卷二六三　（21–11）

十力清淨佛十力清淨故苦聖諦清淨何以
故若一切智智清淨若佛十力清淨若苦
聖諦清淨无二无二分无別无斷故一切智智
清淨故四无畏四无礙解大慈大悲大喜
大捨十八佛不共法清淨四无所畏乃至十
八佛不共法清淨故苦聖諦清淨何以故若
一切智智清淨若四无所畏乃至十八佛不共
法清淨若苦聖諦清淨无二无二分无別
无斷故善現一切智智清淨故无忘失法清
淨无忘失法清淨故苦聖諦清淨何以故若
一切智智清淨若无忘失法清淨若苦聖諦
清淨无二无二分无別无斷故一切智智清
淨故恒住捨性清淨恒住捨性清淨故苦聖
諦清淨何以故若一切智智清淨若恒住捨
性清淨若苦聖諦清淨无二无二分无別无
斷故善現一切智智清淨故一切智清淨一
切智清淨故苦聖諦清淨何以故若一切智
智清淨若一切智清淨若苦聖諦清淨无二
无二分无別无斷故一切智智清淨故道相
智一切相智清淨道相智一切相智清淨故
苦聖諦清淨何以故若一切智智清淨若道
相智一切相智清淨若苦聖諦清淨无二无
二分无別无斷故善現一切智智清淨故一
切陁羅尼門清淨一切陁羅尼門清淨故苦
聖諦清淨何以故若一切智智清淨若一切
陁羅尼門清淨若苦聖諦清淨无二无二分

BD01666號　大般若波羅蜜多經卷二六三　（21–12）

切陁羅尼門清淨一切陁羅尼門清淨故苦
聖諦清淨何以故若一切智智清淨若一切
陁羅尼門清淨若苦聖諦清淨无二无二分
无別无斷故一切智智清淨故一切三摩地
門清淨一切三摩地門清淨故苦聖諦清淨
何以故若一切智智清淨若一切三摩地門
清淨若苦聖諦清淨无二无二分无別无斷
故
善現一切智智清淨故預流果清淨預流果
清淨故苦聖諦清淨何以故若一切智智清
淨若預流果清淨若苦聖諦清淨无二无二
分无別无斷故一切智智清淨故一來不還
阿羅漢果清淨一來不還阿羅漢果清淨故
苦聖諦清淨何以故若一切智智清淨若一
來不還阿羅漢果清淨若苦聖諦清淨无二
无二分无別无斷故善現一切智智清淨故
獨覺菩提清淨獨覺菩提清淨故苦聖諦清
淨何以故若一切智智清淨若獨覺菩提清
淨若苦聖諦清淨无二无二分无別无斷故
善現一切智智清淨故一切菩薩摩訶薩行
清淨一切菩薩摩訶薩行清淨故苦聖諦清
淨何以故若一切智智清淨若一切菩薩摩
訶薩行清淨若苦聖諦清淨无二无二分无
別无斷故善現一切智智清淨故諸佛无上
正等菩提清淨諸佛无上正等菩提清淨故
苦聖諦清淨何以故若一切智智清淨若諸

BD01666號　大般若波羅蜜多經卷二六三　（21–13）

別无斷故善現一切智智清淨故諸佛无上
正等菩提清淨諸佛无上正等菩提清淨故
苦聖諦清淨何以故若一切智智清淨若諸
佛无上正等菩提清淨若苦聖諦清淨无二
无二分无別无斷故
復次善現一切智智清淨故色淨清色清淨
故集聖諦清淨何以故若一切智智清淨若
色清淨若集聖諦清淨无二无二分无別无
斷故一切智智清淨故受想行識清淨受想
行識清淨故集聖諦清淨何以故若一切智
智清淨若受想行識清淨若集聖諦清淨
无二无二分无別无斷故善現一切智智清淨
故眼處清淨眼處清淨故集聖諦清淨何以
故若一切智智清淨若眼處清淨若集聖諦
清淨无二无二分无別无斷故一切智 智清
淨故耳鼻舌身意處清淨耳鼻舌身意處
清淨故集聖諦清淨何以故若一切智智清淨
若耳鼻舌身意處清淨若集聖諦清淨无二
无二分无別无斷故善現一切智智清淨故
色處清淨色處清淨故集聖諦清淨何以故
若一切智智清淨若色處清淨若集聖諦清
淨无二无二分无別无斷故一切智智清淨故
聲香味觸法處清淨聲香味觸法處清淨故
集聖諦清淨何以故若一切智智清淨若聲
香味觸法處清淨若集聖諦清淨无二无二
分无別无斷故善現一切智智清淨故眼界

BD01666號　大般若波羅蜜多經卷二六三　（21–14）

集聖諦清淨何以故若一切智智清淨若聲
香味觸法處清淨若集聖諦清淨无二无二
分无別无斷故善現一切智智清淨故眼界
清淨眼界清淨故集聖諦清淨何以故若一
切智智清淨若眼界清淨若集聖諦清淨无
二无二分无別无斷故一切智智清淨故色
界眼識界及眼觸眼觸為緣所生諸受清淨
色界乃至眼觸為緣所生諸受清淨故集聖
諦清淨何以故若一切智智清淨若色界乃
至眼觸為緣所生諸受清淨若集聖諦清淨无
二无二分无別无斷故善現一切智智清淨
故耳界清淨耳界清淨故集聖諦清淨何以
故若一切智智清淨若耳界清淨若集聖諦
清淨无二无二分无別无斷故一切智智清淨
故聲界耳識界及耳觸耳觸為緣所生諸受
清淨聲界乃至耳觸為緣所生諸受清淨
故集聖諦清淨何以故若一切智智清淨
若聲界乃至耳觸為緣所生諸受清淨若
集聖諦清淨无二无二分无別无斷故善現一切
智智清淨故鼻界清淨鼻界清淨故集聖諦
清淨何以故若一切智智清淨若鼻界清淨
若集聖諦清淨无二无二分无別无斷故一切
智智清淨故香界鼻識界及鼻觸鼻觸為
緣所生諸受清淨香界乃至鼻觸為緣所生
諸受清淨故集聖諦清淨何以故若一切智
智清淨若香界乃至鼻觸為緣所生諸受清

諸受清淨故集聖諦清淨何以故若一切智
智清淨若香界乃至鼻觸為緣所生諸受清
淨若集聖諦清淨无二无二分无別无斷故
善現一切智智清淨故舌界清淨舌界清淨故
集聖諦清淨何以故若一切智智清淨若舌
界清淨若集聖諦清淨无二无二分无別无
斷故一切智智清淨故味界舌識界及舌觸
舌觸為緣所生諸受清淨味界乃至舌觸為
緣所生諸受清淨故集聖諦清淨何以故若
一切智智清淨若味界乃至舌觸為緣所生
諸受清淨若集聖諦清淨无二无二分无別
无斷故善現一切智智清淨故身界清淨身
界清淨故集聖諦清淨何以故若一切智智
清淨若身界清淨若集聖諦清淨无二无
二分无別无斷故一切智智清淨故觸界身
識界及身觸身觸為緣所生諸受清淨觸界
乃至身觸為緣所生諸受清淨故集聖諦清淨
何以故若一切智智清淨若觸界乃至身觸
為緣所生諸受清淨若集聖諦清淨无二无
二分无別无斷故善現一切智智清淨故意
界清淨意界清淨故集聖諦清淨何以故若
一切智智清淨若意界清淨若集聖諦清淨
无二无二分无別无斷故一切智智清淨故法
界意識界及意觸意觸為緣所生諸受清
淨法界乃至意觸為緣所生諸受清淨故
集聖諦清淨何以故若一切智智清淨若法界
乃至意觸為緣所生諸受清淨若集聖諦清

淨法界乃至意觸為緣所生諸受清淨故
集聖諦清淨何以故若一切智智清淨若法界
乃至意觸為緣所生諸受清淨若集聖諦清
淨无二无二分无別无斷故善現一切智智清
淨故地界清淨地界清淨故集聖諦清淨
何以故若一切智智清淨若地界清淨若集
聖諦清淨无二无二分无別无斷故一切智智
清淨故水火風空識界清淨水火風空識
界清淨故集聖諦清淨何以故若一切智智
清淨若水火風空識界清淨若集聖諦清淨
无二无二分无別无斷故善現一切智智清
淨故无明清淨无明清淨故集聖諦清淨何
以故若一切智智清淨若无明清淨若集聖
諦清淨无二无二分无別无斷故一切智智
清淨故行識名色六處觸受愛取有生老死
愁歎苦憂惱清淨行乃至老死愁歎苦憂惱
清淨故集聖諦清淨何以故若一切智智清
淨若行乃至老死愁歎苦憂惱清淨若集聖
諦清淨无二无二分无別无斷故
善現一切智智清淨故布施波羅蜜多清淨
布施波羅蜜多清淨故集聖諦清淨何以故
若一切智智清淨若布施波羅蜜多清淨若
集聖諦清淨无二无二分无別无斷故一切智
智清淨故淨戒安忍精進靜慮般若波羅
蜜多清淨淨戒乃至般若波羅蜜多清淨故
集聖諦清淨何以故若一切智智清淨若淨
戒乃至般若波羅蜜多清淨若集聖諦清淨

集聖諦清淨无二无二分无別无斷故一切
智清淨故淨戒安忍精進靜慮般若波羅
蜜多清淨淨戒乃至般若波羅蜜多清淨故
集聖諦清淨何以故若一切智智清淨若淨
戒乃至般若波羅蜜多清淨若集聖諦清淨
无二无二分无別无斷故善現一切智智清
淨故內空清淨內空清淨故集聖諦清淨何
以故若一切智智清淨若內空清淨若集聖
諦清淨无二无二分无別无斷故一切智智
清淨故外空內外空空空大空勝義空有為
空无為空畢竟空无際空散空无變異空本
性空自相空共相空一切法空不可得空无
性空自性空无性自性空清淨外空乃至无
性自性空清淨故集聖諦清淨何以故若一
切智智清淨若外空乃至无性自性空清淨
若集聖諦清淨无二无二分无別无斷故善
現一切智智清淨故真如清淨真如清淨故
集聖諦清淨何以故若一切智智清淨若真
如清淨若集聖諦清淨无二无二分无別无
斷故一切智智清淨故法界法性不虛妄性
不變異性平等性離生性法定法住實際虛
空界不思議界清淨法界乃至不思議界清
淨故集聖諦清淨何以故若一切智智清淨
若法界乃至不思議界清淨若集聖諦清淨
无二无二分无別无斷故善現一切智智清
淨故苦聖諦清淨苦聖諦清淨故集聖諦
清淨何以故若一切智智清淨若苦聖諦清淨

若法界乃至不思議界清淨若集聖諦清淨
无二无二分无別无斷故善現一切智智清
淨故苦聖諦清淨苦聖諦清淨故集聖諦
清淨何以故若一切智智清淨若苦聖諦清淨
若集聖諦清淨无二无二分无別无斷故一
切智智清淨故滅道聖諦清淨滅道聖諦清
淨故集聖諦清淨何以故若一切智智清淨
若滅道聖諦清淨若集聖諦清淨无二无二
分无別无斷故善現一切智智清淨故四靜
慮清淨四靜慮清淨故集聖諦清淨何以故
若一切智智清淨若四靜慮清淨若集聖諦
清淨无二无二分无別无斷故善現一切智
智清淨故四无量四无色定清淨四无量四无
色定清淨故集聖諦清淨何以故若一切
智智清淨若四无量四无色定清淨若集聖
諦清淨无二无二分无別无斷故善現一切
智智清淨故八解脫清淨八解脫清淨故集
聖諦清淨何以故若一切智智清淨若八解脫
清淨若集聖諦清淨无二无二分无別无斷
故一切智智清淨故八勝處九次第定十
遍處清淨八勝處九次第定十遍處清淨故
集聖諦清淨何以故若一切智智清淨若八
勝處九次第定十遍處清淨若集聖諦清淨
无二无二分无別无斷故善現一切智智清
淨故四念住清淨四念住清淨故集聖諦清
淨何以故若一切智智清淨若四念住清淨
若集聖諦清淨无二无二分无別无斷故一

BD01666號　大般若波羅蜜多經卷二六三　（21–19）

勝處九次第定十遍處清淨若集聖諦清淨
无二无二分无別无斷故善現一切智智清
淨故四念住清淨四念住清淨故集聖諦清
淨何以故若一切智智清淨若四念住清淨
若集聖諦清淨无二无二分无別无斷故一
切智智清淨故四正斷四神足五根五力七等
覺支八聖道支清淨四正斷乃至八聖道支
清淨故集聖諦清淨何以故若一切智智
清淨若四正斷乃至八聖道支清淨若集聖
諦清淨无二无二分无別无斷故善現一切
智智清淨故空解脫門清淨空解脫門清淨
故集聖諦清淨何以故若一切智智清淨若
空解脫門清淨若集聖諦清淨无二无二分
无別无斷故一切智智清淨故无相无願解
脫門清淨无相无願解脫門清淨故集聖諦
清淨何以故若一切智智清淨若无相无願
解脫門清淨若集聖諦清淨无二无二分无
別无斷故善現一切智智清淨故菩薩十地
清淨菩薩十地清淨故集聖諦清淨何以故
若一切智智清淨若菩薩十地清淨若集聖
諦清淨无二无二分无別无斷故

大般若波羅蜜多經卷第二百六十三

BD01666號　大般若波羅蜜多經卷二六三　（21–20）

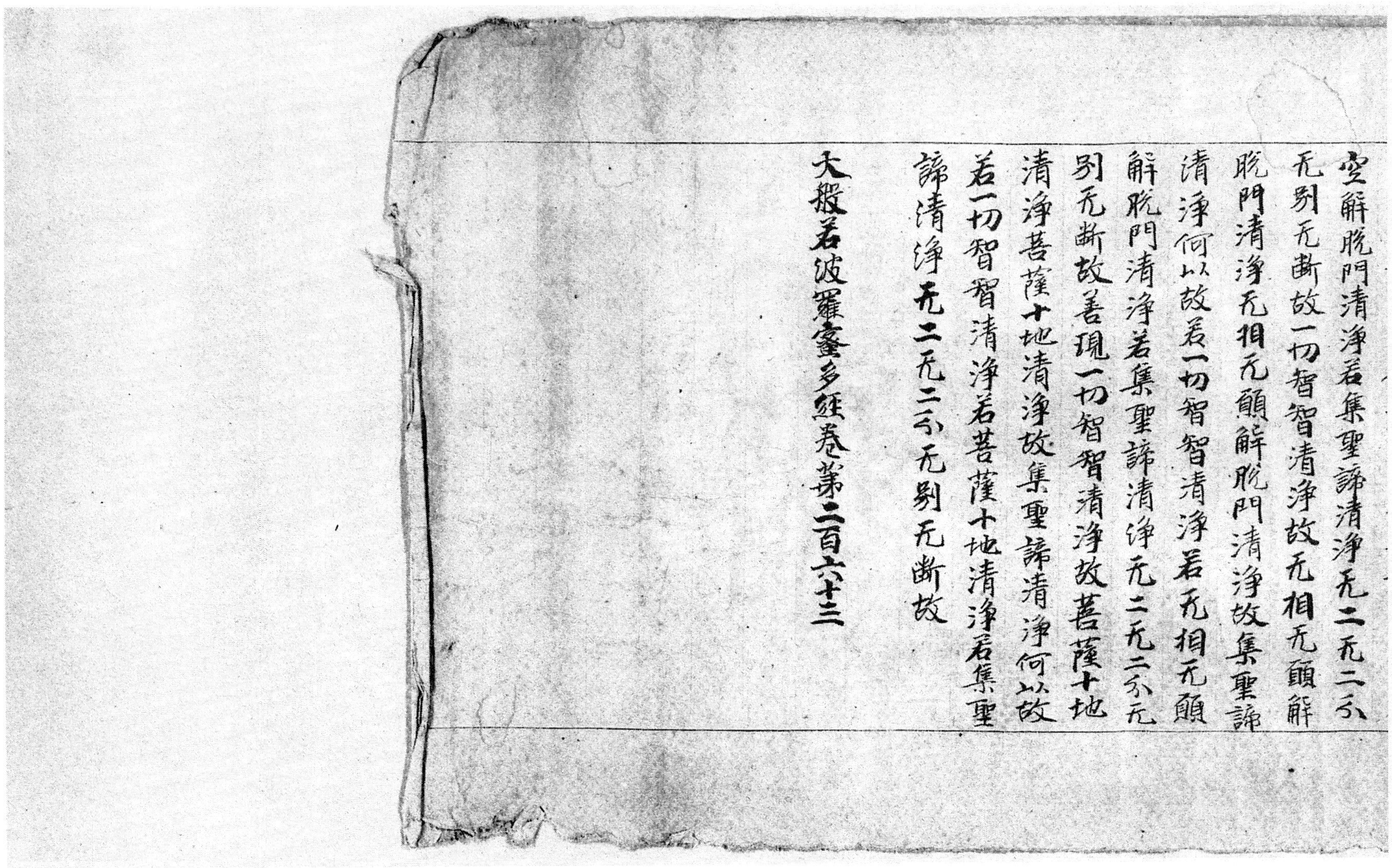

空解脫門清淨若集聖諦清淨无二无二分
无別无斷故一切智智清淨故无相无願解
脫門清淨无相无願解脫門清淨故集聖諦
清淨何以故若一切智智清淨若无相无願
解脫門清淨若集聖諦清淨无二无二分无
別无斷故善現一切智智清淨故菩薩十地
清淨菩薩十地清淨故集聖諦清淨何以故
若一切智智清淨若菩薩十地清淨若集聖
諦清淨无二无二分无別无斷故
大般若波羅蜜多經卷第二百六十三

BD01666號　大般若波羅蜜多經卷二六三　（21–21）

BD01666號背　勘記　（1–1）

即說大法是故當知今佛現光亦復如是欲
令衆生咸得聞知一切世間難信之法故現
斯瑞諸善男子如過去无量无邊不可思議
阿僧祇劫尒時有佛号日月燈明如來應供
正遍知明行足善逝世間解无上士調御丈夫
天人師佛世尊演說正法初善中善後善
其義深遠其語巧妙純一无雜具足清白梵
行之相為求聲聞者說應四諦法度生老病
死究竟涅槃為求辟支佛者說應十二因緣
法為諸菩薩說應六波羅蜜令得阿耨多羅
三藐三菩提成一切種智次復有佛亦名日
月燈明次復有佛亦名日月燈明如是二万
佛皆同一字号日月燈明又同一姓姓頗羅
墮弥勒當知初佛後佛皆同一字名日月燈
明十号具足所可說法初中後善其最後佛
未出家時有八子一名有意二名善意三名
无量意四名寶意五名增意六名除疑意七
名響意八名法意是八王子威德自在各領
四天下是諸王子聞父出家得阿耨多羅三
藐三菩提悉捨王位亦随出家發大乘意常
脩梵行皆為法師已於千万佛所殖諸善本
是時日月燈明佛說大乘經名无量義教菩
薩法佛所護念說是經已即於大衆中結加

BD01667號　妙法蓮華經卷一

（7–1）

四天下是諸王子聞父出家得阿耨多羅三
藐三菩提悉捨王位亦随出家發大乘意常
脩梵行皆為法師已於千万佛所殖諸善本
是時日月燈明佛說大乘經名无量義教菩
薩法佛所護念說是經已即於大衆中結加
趺坐入於无量義處三昧身心不動是時天
雨曼陁羅華摩訶曼陁羅華曼殊沙華摩訶
曼殊沙華而散佛上及諸大衆普佛世界六種
震動尒時會中比丘比丘尼優婆塞優婆夷
天龍夜叉乾闥婆阿脩羅迦樓羅緊那羅摩
睺羅伽人非人及諸小王轉輪聖王等是諸
大衆得未曾有歡喜合掌一心觀佛尒時如
來放眉間白毫相光照東方万八千佛土靡
不周遍如今所見是諸佛土弥勒當知尒時
會中有廿億菩薩樂欲聽法是諸菩薩見此
光明普照佛土得未曾有欲知此光所為因
緣時有菩薩名曰妙光有八百弟子是時日
日燈明佛從三昧起因妙光菩薩說大乘經
名妙法蓮華教菩薩法佛所護念六十小劫
不起于坐時會聽者亦坐一處六十小劫身
心不動聽佛所說謂如食頃是時衆中无有一
人若身若心而生懈惓日月燈明佛於六
十小劫說是經已即於梵魔沙門婆羅門及
天人阿脩羅衆中而宣此言如來於今日中
夜當入无餘涅槃時有菩薩名曰德藏日月
燈明佛即授其記告諸比丘是德藏菩薩次
當作佛号曰淨身多陁阿伽度阿羅訶三藐

BD01667號　妙法蓮華經卷一

（7–2）

十小劫說是經已即於梵魔沙門婆羅門及
天人阿脩羅衆中而宣此言如來於今日中
夜當入无餘涅槃時有菩薩名曰德藏日月
燈明佛即授其記告諸比丘是德藏菩薩次
當作佛号曰淨身多陁阿伽度阿羅訶三藐
三佛陁佛授記已便於中夜入无餘涅槃佛滅
度後妙光菩薩持妙法蓮華經滿八十小
劫爲人演說日月燈明佛八子皆師妙光妙
光教化令其堅固阿耨多羅三藐三菩提是
諸王子供養无量百千万億佛已皆成佛道
其冣後成佛者名曰然燈八百弟子中有一
人号曰求名貪著利養雖復讀誦衆經而不
通利多所忘失故号求名是人亦以種諸善
根因緣故得值无量百千万億諸佛供養恭
敬尊重讚嘆弥勒當知尒時妙光菩薩豈異
人乎我身是也求名菩薩汝身是也今見此
瑞與本无異是故惟忖今日如來當說大乘
經名妙法蓮華教菩薩法佛所護念尒時文
殊師利於大衆中欲重宣此義而說偈言
我念過去世　无量无數劫　有佛人中尊　号日月燈明
世尊演說法　度无量衆生　无數億菩薩　令入佛智慧
佛未出家時　所生八王子　見大聖出家　亦隨脩梵行
時佛說大乘　經名无量義　於諸大衆中　而爲廣分別
佛說此經已　即於法坐上　跏趺坐三昧　名无量義處
天雨曼陁華　天鼓自然鳴　諸天龍鬼神　供養人中尊
一切諸佛土　即時大震動　佛放眉間光　現諸希有事
此光照東方　万八千佛土　示一切衆生　生死業報處
有見諸佛土　以衆寶莊嚴　琉璃頗梨色　斯由佛光照

天雨曼陁華　天鼓自然鳴　諸天龍鬼神　供養人中尊
一切諸佛土　即時大震動　佛放眉間光　現諸希有事
此光照東方　万八千佛土　示一切衆生　生死業報處
有見諸佛土　以衆寶莊嚴　琉璃頗梨色　斯由佛光照
及見諸天人　龍神夜叉衆　乾闥緊那羅　各供養其佛
又見諸如來　自然成佛道　身色如金山　端嚴甚微妙
如淨琉璃中　內現真金像　世尊在大衆　敷演深法義
一一諸佛土　聲聞衆无數　因佛光所照　悉見彼大衆
或有諸比丘　在於山林中　精進持淨戒　猶如護明珠
又見諸菩薩　行施忍辱等　其數如恒沙　斯由佛光照
又見諸菩薩　深入諸禪定　身心寂不動　以求无上道
又見諸菩薩　知法寂滅相　各於其國土　說法求佛道
尒時四部衆　見日月燈佛　現大神通力　其心皆歡喜
各各自相問　是事何因緣
天人所奉尊　適從三昧起　讚妙光菩薩　汝爲世間眼
一切所歸信　能奉持法藏　如我所說法　唯汝能證知
世尊既讚嘆　令妙光歡喜　說是法華經　滿六十小劫
不起於此坐　所說上妙法　是妙光法師　悉皆能受持
佛說是法華　令衆歡喜已　尋即於是日　告於天人衆
諸法實相義　已爲汝等說　我今於中夜　當入於涅槃
汝一心精進　當離於放逸　諸佛甚難值　億劫時一遇
世尊諸子等　聞佛入涅槃　各各懷悲惱　佛滅一何速
聖主法之王　安慰无量衆　我若滅度時　汝等勿憂怖
是德藏菩薩　於无漏實相　心已得通達　其次當作佛
号曰爲淨身　亦度无量衆
佛此夜滅度　如薪盡火滅　分布諸舍利　而起无量塔
比丘比丘尼　其數如恒沙　倍復加精進　以求无上道
是妙光法師　奉持佛法藏　八十小劫中　廣宣法華經

是德藏菩薩　於无漏實相　心已得通達　其次當作佛
号曰為淨身　亦度无量衆
佛此夜滅度　如薪盡火滅　分布諸舍利　而起无量塔
比丘比丘尼　其數如恒沙　倍復加精進　以求无上道
是妙光法師　奉持佛法藏　八十小劫中　廣宣法華經
是諸八王子　妙光所開化　堅固无上道　當見无數佛
供養諸佛已　隨順行大道　相繼得成佛　轉次而授記
最後天中天　号曰然燈佛　諸仙之道師　度脫无量衆
是妙光法師　時有一弟子　心常懷懈怠　貪著於名利
求名利无厭　多遊族姓家　棄捨所習誦　癈忘不通利
以是因緣故　号之為求名　亦行衆善業　得見无數佛
供養於諸佛　隨順行大道　具六波羅蜜　今見釋師子
其後當作佛　号名曰弥勒　廣度諸衆生　其數无有量
彼佛滅度後　懈怠者汝是　妙光法師者　今則我身是
我見燈明佛　本光瑞如此　以是知今佛　欲說法華經
今相如本瑞　是諸佛方便　今佛放光明　助發實相義
諸人今當知　合掌一心待　佛當雨法雨　充足求道者
諸求三乘人　若有疑悔者　佛當為除斷　令盡无有餘

妙法蓮華經方便品第二

尒時世尊從三昧安詳而起告舍利弗諸佛
智慧甚深无量其智慧門難解難入一切聲
聞辟支佛所不能知所以者何佛曾親近百
千万億无數諸佛盡行諸佛无量道法勇猛
精進名稱普聞成就甚深未曾有法隨宜所
說意趣難解舍利弗吾從成佛已來種種因
緣種種譬喻廣演言教无數方便引導衆生
令離諸著所以者何如來方便知見波羅蜜
皆已具足舍利弗如來知見廣大深遠无量

BD01667號　妙法蓮華經卷一

（7-5）

說意趣難解舍利弗吾從成佛已來種種因
緣種種譬喻廣演言教无數方便引導衆生
令離諸著所以者何如來方便知見波羅蜜
皆已具足舍利弗如來知見廣大深遠无量
无量力无所畏禪定解脫三昧深入无際成
就一切未曾有法舍利弗如來能種種分別
巧說諸法言辭柔軟悅可衆心舍利弗取要
言之无量无邊未曾有法佛悉成就止舍利
弗不須復說所以者何佛所成就第一希有
難解之法唯佛與佛乃能究盡諸法實相所
謂諸法如是相如是性如是體如是力如是
作如是因如是緣如是果如是報如是本末究
竟等尒時世尊欲重宣此義而說偈言
世雄不可量　諸天及世人　一切衆生類　无能知佛者
佛力无所畏　解脫諸三昧　及佛諸餘法　无能測量者
本從无數佛　具足行諸道　甚深微妙法　難見難可了
於无量億劫　行此諸道已　道場得成果　我已悉知見
如是大果報　種種性相義　我及十方佛　乃能知是事
是法不可示　言辭相寂滅　諸餘衆生類　无有能得解
除諸菩薩衆　信力堅固者　諸佛弟子衆　曾供養諸佛
一切漏已盡　住是最後身　如是諸人等　其力所不堪
假使滿世間　皆如舍利弗　盡思共度量　不能測佛智
正使滿十方　皆如舍利弗　及餘諸弟子　亦滿十方剎
盡思共度量　亦復不能知　辟支佛利智　无漏最後身
亦滿十方界　其數如竹林　斯等共一心　於億无量劫
欲思佛實智　莫能知少分　新發意菩薩　供養无數佛
了達諸義趣　又能善說法　如稻麻竹葦　充滿十方剎
一心以妙智　於恒河沙劫　咸皆共思量　不能知佛智

BD01667號　妙法蓮華經卷一

（7-6）

言之无量无邊未曾有法佛悉成就止舍利
弗不須復說所以者何佛所成就第一希有
難解之法唯佛與佛乃能究盡諸法實相所
謂諸法如是相如是性如是體如是力如是
作如是因如是緣如是果如是報如是本末究
竟等介時世尊欲重宣此義而說偈言
世雄不可量　諸天及世人　一切衆生類　无能知佛者
佛力无所畏　解脫諸三昧　及佛諸餘法　无能測量者
本從无數佛　具足行諸道　甚深微妙法　難見難可了
於无量億劫　行此諸道已　道場得成果　我已悉知見
如是大果報　種種性相義　我及十方佛　乃能知是事
是法不可示　言辭相寂滅　諸餘衆生類　无有能得解
除諸菩薩衆　信力堅固者　諸佛弟子衆　曾供養諸佛
一切漏已盡　住是最後身　如是諸人等　其力所不堪
假使滿世間　皆如舍利弗　盡思共度量　不能測佛智
正使滿十方　皆如舍利弗　及餘諸弟子　亦滿十方刹
盡思共度量　亦復不能知　辟支佛利智　无漏最後身
亦滿十方界　其數如竹林　斯等共一心　於億无量劫
欲思佛實智　莫能知少分　新發意菩薩　供養无數佛
了達諸義趣　又能善說法　如稻麻竹葦　充滿十方刹
一心以妙智　於恒河沙劫　咸皆共思量　不能知佛智
不退諸菩薩　其數如恒沙　一心共思求　亦復不能知

BD01667 號　妙法蓮華經卷一　（7–7）

薩應離一切相發阿耨多羅三藐三菩提心
不應住色生心不應住聲香味觸法生心應
生无所住心若心有住則為非住是故佛說
菩薩心不應住色布施須菩提菩薩為利益
一切衆生應如是布施如來說一切諸相即
是非相又說一切衆生則非衆生
須菩提如來是真語者實語者如語者不
誑語者不異語者須菩提如來所得法此法
无實无虛
須菩提若菩薩心住於法而行布施如人入
闇則无所見若菩薩心不住法而行布施如人
有目日光明照見種種色
須菩提當來之世若善男子善女人能於此經
受持讀誦則為如來以佛智慧悉知是人悉
見是人皆得成就无量无邊功德
須菩提若有善男子善女人初日分以恒河沙
等身布施中日分復以恒河沙等身布施後
日分亦以恒河沙等身布施如是无量百千
万億劫以身布施若復有人聞此經典信心
不逆其福勝彼何況書寫受持讀誦為人
解說
須菩提以要言之是經有不可思議不可稱

BD01668 號　金剛般若波羅蜜經　（2–1）

日分亦以恒河沙等身布施如是无量百千
万億劫以身布施若復有人聞此經典信心
不逆其福勝彼何况書寫受持讀誦為人
解說
須菩提以要言之是經有不可思議不可稱
量无邊功德如來為發大乘者說為發最上
乘者說若有人能受持讀誦廣為人說如來
悉知是人悉見是人皆得成就不可量不可
稱无有邊不可思議功德如是人等則為荷
擔如來阿耨多羅三藐三菩提何以故須菩
提若樂小法者著我見人見衆生見壽者見
則於此經不能聽受讀誦為人解說須菩提
在在處處若有此經一切世間天人阿脩羅
所應供養當知此處則為是塔皆應恭敬作
礼圍遶以諸華香而散其處
復次須菩提善男子善女人受持讀誦此經
若為人輕賤是人先世罪業應墮惡道以今
世人輕賤故先世罪業則為消滅當得阿耨
多羅三藐三菩提須菩提我念過去无量阿
僧祇劫於然燈佛前得值八百四千万億那
由他諸佛悉皆供養承事无空過者若復有
[illegible]於

BD01668 號　金剛般若波羅蜜經

（2–2）

法如如如如智自在事〃亦復
復次善薩摩訶薩入无心定
定起作衆事業如是二法无
成善男子辟如日月无有分別亦如水鏡
有分別光明亦无分別三種和合得有影生
如是法如如如如智亦无分別以願自在故衆
生有感現應化身如日月影和合出現
復次善男子辟如无量无邊水鏡依於光故空
影德現種種異相空者即是无相善男子
如是受化諸弟子等是法身影以願力故於
二種身現種種相於法身地无有異相善男子
依此二身一切諸佛說有餘涅槃依此法身說
无餘涅槃何以故一切餘法究竟盡故依此
三身一切諸佛說无住處涅槃為二身故不
住涅槃離於法身无有別佛何故二身不住
涅槃二身假名不實念念生滅不定住故數
數出現以不定故法身不尒是故二身不住涅
槃法身不二是故不住涅槃故依三身說无
住涅槃
善男子一切凡夫為三相故有縛有障遠離
三身不至三身何者為三一者遍計所執相
二者依他起相三者成就相如是諸相不能

BD01669 號　金光明最勝王經卷二

（17–1）

住涅槃
善男子一切凡夫為三相故有縛有障遠離
三身不至三身何者為三一者遍計所執相
二者依他起相三者成就相如是諸相不能
解故不能滅故不能淨故是故不得至於三身
如是三相能解能滅能淨故是故諸佛具足
三身善男子諸凡夫人未能除遣此三心故
遠離三身不能得至何者為三一者起事
心二者依根本心三者根本心依諸伏道起
事心盡依法斷道依根本心盡依最勝道根
本心盡起事心滅故得現化身依根本心滅
故得顯應身根本心滅故得至法身是故一
切如來具足三身
善男子一切諸佛於第一身與諸佛同事於
第二身與諸佛同意於第三身與諸佛同體
善男子是初佛身隨衆生意有多種故現種
種相是故說多第二佛身弟子一意故現一
相是故說一第三佛身過一切種相非執相
境界是故說名不一不二善男子是第一身
依於應身得顯現故是第二身依於法身得
顯現故是法身者是真實有无依處故善男
子如是三身以有義故而說於常以有義故
說於无常化身者恒轉法輪處處隨緣方便
相續不斷絕故是故說常非是本故具足大用
不顯現故說為无常應身者從无始來相續
不斷一切諸佛不共之法能攝持故衆生无
盡用亦无盡是故說常非是本故以具足

不顯現故說為无常應身者從无始來相續
不斷一切諸佛不共之法能攝持故衆生无
盡用亦无盡是故說常非是本故以具足
用不顯現故說為无常法身者非是行法无
有異相是根本故猶如虛空是故說常善男
子離无分別智更无勝智離法如如无勝境
界是法如如是慧如如是二種如如如如不一
不異是故法身慧清淨故滅清淨故是二清
淨是故法身具足清淨
復次善男子分別三身有四種異有化身非
應身有應身非化身有化身亦應身有非化
身亦非應身何者化身非應身謂諸如來般
涅槃後以願自在故隨緣利益是名化身何者
應身非化身是地前身何者化身亦應身
謂住有餘涅槃之身何者非化身非應身謂是
法身善男子是法身者二无所有所顯現故何
者名為二无所有於此法身相及相處二皆是
无非有非无非一非異非數非非數非明非闇
如是如如智不見相及相處不見非有非
无不見非一非異不見非數非非數不見非
明非闇是故當知境界清淨智慧清淨不
可分別无有中間為滅道本故於此法身
能顯如來種種事業
善男子是身因緣境界處所果依於本難思
議故若了此義是身即是大乘是如來性是
如來藏依於此身得發初心修行地心而得顯
現不退地心亦皆得現一生補處心金剛之心

議故若了此義是身即是大乘是如來性是
如來藏依於此身得發初心修行地心而得顯
現不退地心亦皆得現一生補處心金剛之心
如來之心而悉顯現无量无邊如來妙法皆
悉顯現依此法身不可思議摩訶三昧而得
顯現依此法身得現一切大智是故二身依
於三昧依於智慧而得顯現如此法身依於
自體說常說我依大三昧故說於樂依於
大智故說清淨是故如來常住自在安樂
清淨依大三昧一切禪定首楞嚴等一切念
處大法念等大慈大悲一切陁羅尼一切神通
一切自在一切法平等攝受如是佛法悉皆
出現依此大智十力四无所畏四无礙辯一百
八十不共之法一切希有不可思議法悉皆
顯現譬如依如意寶珠无量无邊種種珍寶
悉皆得現如是依大三昧寶依大智慧寶能
出種種无量无邊諸佛妙法善男子如是
法身三昧智慧過一切相不著於相不可分
別非常非斷是名中道雖有分別體无分別
雖有三數而无三體不增不減猶如夢幻亦
无所執亦无能執法體如如是解脫處過死
王境越生死闇一切衆生不能修行所不能至
一切諸佛菩薩之所住處善男子譬如有人
願欲得金處處求覓遂得金鑛既得鑛已即
便碎之擇取精者爐中銷鍊得清淨金隨意
迴轉作諸鐶釧種種嚴具雖有諸用金性不
改

便碎之擇取精者爐中銷鍊得清淨金隨意
迴轉作諸鐶釧種種嚴具雖有諸用金性不
改
復次善男子若善男子善女人求勝解脫修行
世善得見如來及弟子衆得親近已白佛言
世尊何者爲善何者不善何者正修得清
淨行諸佛如來及弟子衆見彼問時如是思
惟是善男子善女人欲求清淨欲聽正法即
便爲說令其開悟彼既聞已正念憶持發心
修行得精進力除嬾墮障滅一切罪於諸學
處離不尊重息掉悔心入於初地依初地心
除利有情障得入二地於此地中除不逼惱
障入於三地於此地中除心軟淨障入於四
地於此地中除善方便障入於五地於此地中
除見真俗障入於六地於此地中除見行
相障入於七地於此地中除不見滅相障入
於八地於此地中除不見生相障入於九地
於此地中除六通障入於十地於此地中除
所知障除根本心入如來地如來地者由三
淨故名極清淨云何爲三一者煩惱淨二者
苦淨三者相淨譬如真金鎔銷治鍊既燒打
已无復塵垢爲顯金性本清淨故金體清淨
非謂无金譬如濁水澄渟清淨无復滓穢爲
顯水性本清淨故非謂无水如是法身與煩
惱雜苦集除已无復餘習爲顯佛性本清淨
故非謂无體譬如虛空烟雲塵霧之所障蔽
若除屏已是空界淨非謂无空如是法身一

顯示性本清淨故非謂无不如是法身與煩
惱雜苦集除已无復餘習為顯佛性本清淨
故非謂无體譬如虛空烟雲塵霧之所障蔽
若除屏已是空界淨非謂无空如是法身一
切衆苦悉皆盡故說為清淨非謂无體譬
如有人於睡夢中見大河水漂泛其身運手動
足截流而渡得至彼岸由彼身心不懈退故
從夢覺已不見有水彼此岸別非謂无心生
死妄想既滅盡已是覺清淨非謂无覺如是
法界一切妄想不復生故說為清淨非是諸
佛无其實體
復次善男子是法身者惑障清淨能現應身
業障清淨能現化身智障清淨能現法身譬
如依空出電依電出光如是依法身故能現應
身依應身故能現化身由性淨故能現法身
智慧清淨能現應身三昧清淨能現化身此
三清淨是法如如不異如如一味如如解脫
如如究竟如如是故諸佛體无有異善男子
若有善男子善女人說於如來是我大師若
作如是決定信者此人即應深心解了如來
之身无有別異善男子以是義故於諸境界
不正思惟悉皆除斷即知彼法无有二相亦
无分別聖所修行如如於彼无有二相正修行
故如是如是一切諸障悉皆除滅如如一切障
滅如是如是法如如如智得最清淨如
如法界正智清淨如是如是一切自在具
足攝受皆得成就一切諸障悉皆除滅一切
諸障得清淨故是名真如正智真實之相如

BD01669 號　金光明最勝王經卷二　（17–6）

滅如是如是法如如如如智得最清淨如
如法界正智清淨如是如是一切自在具
足攝受皆得成就一切諸障悉皆除滅一切
諸障得清淨故是名真如正智真實之相如
是見者是名聖見是則名為真實見佛何以
故如實得見法真如故是故諸佛悉能普見
一切如來何以故聲聞獨覺已出三界求真
實境不能知見如是聖人所不知見一切凡
夫皆生疑惑顛倒分別不能得度如兎浮海
必不能過所以者何力微劣故凡夫之人亦
復如是不能通達法如如故然諸如來无分
別心於一切法得大自在具足清淨深智慧
故是自境界不共他故是故諸佛如來於无
量无邊阿僧祇劫不惜身命難行苦行方得
此身最上无比不可思議過言說境是妙寂
靜離諸怖畏
善男子如是知見法真如者无生老死壽命
无限无有睡眠亦无飢渴心常在定无有散
動若於如來起諍論心是則不能見於如來
諸佛所說皆能利益有聽聞者无不解脫諸
惡禽獸惡人惡鬼不相逢值由聞法故果報
无盡然諸如來无无記事一切境界无欲知
心生死涅槃无有異想如來所說无不決定
諸佛如來四威儀中无非智攝一切諸法无有
不為慈悲所攝无有不為利益安樂諸衆
生者善男子若有善男子善女人於此金光
明經聽聞信解不墮地獄餓鬼傍生阿蘇羅

BD01669 號　金光明最勝王經卷二　（17–7）

諸佛如來四威儀中无非智攝一切諸法无有
不為慈悲所攝无有不為利益安樂諸衆
生者善男子若有善男子善女人於此金光
明經聽聞信解不墮地獄餓鬼傍生阿蘇羅
道常處人天不生下賤恒得親近諸佛如來
聽受正法常生諸佛清淨國土所以者何由
得聞此甚深法故是善男子善女人則為如
來已知已記當得不退阿耨多羅三藐三菩
提若善男子善女人於此甚深微妙之法一
經耳者當知是人不謗如來不毀正法不輕
聖衆一切衆生未種善根令得種故已種善
根令增長成熟故一切世界所有衆生皆勸
修行六波羅蜜
尒時虛空藏菩薩梵釋四王諸天衆等即從
座起偏袒右肩合掌恭敬頂礼佛足白佛言
世尊若所在處講說如是金光明王微妙經
典於其國土有四種利益何者為四一者國王
軍衆強盛无諸怨敵離於疾病壽命延長
吉祥安樂正法興顯二者中宮妃后王子諸
臣和悅无諍離於諂佞王所愛重三者沙門婆
羅門及諸國人修行正法无病安樂无枉死
者於諸福田悉皆修立四者於三時中四大
調適常為諸天增加守護慈悲平等无傷
害心令諸衆生歸敬三寶皆願修習菩提之
行是為四種利益之事世尊我等亦常為弘
經故隨逐如是持經之人所在住處為作利益
佛言善哉善哉善男子如是如是汝等應

BD01669號　金光明最勝王經卷二　（17–8）

害心令諸衆生歸敬三寶皆願修習菩提之
行是為四種利益之事世尊我等亦常為弘
經故隨逐如是持經之人所在住處為作利益
佛言善哉善哉善男子如是如是汝等應
當勤心流布此妙經王則令正法久住於世
金光明最勝王經夢見懺悔品第四
尒時妙幢菩薩親於佛前聞妙法已歡喜踊
躍一心思惟還至本處於夜夢中見大金鼓
光明晃耀猶如日輪於此光中得見十方无
量諸佛於寶樹下坐瑠璃座无量百千大衆
圍繞而為說法見一婆羅門桴擊金鼓出大
音聲聲中演說微妙伽他明懺悔法妙幢聞
已皆悉憶持繫念而住至天曉已與无量百
千大衆圍繞持諸供具出王舍城詣鷲峯山
至世尊所礼佛足已布設香花右繞三匝退
坐一面合掌恭敬瞻仰尊顏白佛言世尊我
於夢中見婆羅門以手執桴擊妙金鼓出大
音聲聲中演說微妙伽他明懺悔法我皆憶
持唯願世尊降大慈悲聽我所說即於佛前
而說頌曰
我於昨夜中　夢見大金鼓　其形極姝妙　周遍有金光
猶如盛日輪　光明皆普耀　充滿十方界　咸見於諸佛
在於寶樹下　各處瑠璃座　无量百千衆　恭敬而圍繞
有一婆羅門　以杖擊金鼓　於其鼓聲內　說此妙伽他
金光明鼓出妙聲　遍至三千大千界
能滅三塗極重罪　及以人中諸苦厄
由此金鼓聲威力　永滅一切煩惱障

BD01669號　金光明最勝王經卷二　（17–9）

金光明鼓出妙聲　遍至三千大千界
能滅三塗極重罪　及以人中諸苦厄
由此金鼓聲威力　永滅一切煩惱障
斷除怖畏令安隱　譬如自在牟尼尊
佛於生死大海中　積行修成一切智
能令衆生覺品具　究竟咸歸功德海
由此金鼓出妙聲　普令聞者獲梵響
證得无上菩提果　常轉清淨妙法輪
住壽不可思議劫　隨機說法利群生
能斷煩惱衆苦流　貪瞋癡等皆除滅
若有衆生處惡趣　大火猛焰周遍身
若得聞是妙鼓音　即能離苦歸依佛
皆得成就宿命智　能憶過去百千生
悉皆正念牟尼尊　得聞如來甚深教
由聞金鼓勝妙音　常得親近於諸佛
悉能捨離諸惡業　純修清淨諸善品
一切天人有情類　慇重至誠祈願者
得聞金鼓妙音聲　能令所求皆滿足
衆生墮在无間獄　猛火炎熾苦焚身
无有救護處輪迴　聞者能令苦除滅
人天餓鬼傍生中　所有現受諸苦難
得聞金鼓發妙響　皆蒙離苦得解脫
現在十方界　常住兩足尊　願以大悲心　哀愍憶念我
衆生无歸依　亦无有救護　爲如是等類　能作大歸依
我先所作罪　極重諸惡業　今對十方前　至心皆懺悔
我不信諸佛　亦不敬尊親　不務修衆善　常造諸惡業
或自恃尊高　種姓及財位　盛年行放逸　常造諸惡業

BD01669 號　金光明最勝王經卷二　（17–10）

我先所作罪　極重諸惡業　今對十方前　至心皆懺悔
我不信諸佛　亦不敬尊親　不務修衆善　常造諸惡業
或自恃尊高　種姓及財位　盛年行放逸　常造諸惡業
心恒起邪念　口陳於惡言　不見於過罪　常造諸惡業
恒作愚夫行　无明闇覆心　隨順不善友　常造諸惡業
或因諸戲樂　或復懷憂惱　爲貪瞋所纏　故我造諸惡
親近不善人　及由慳嫉意　貧窮行諂曲　故我造諸惡
雖不樂衆過　由有怖畏故　及不得自在　故我造諸惡
或爲躁動心　或因瞋恚恨　及以飢渴惱　故我造諸惡
由飲食衣服　及貪愛女人　煩惱火所燒　故我造諸惡
於佛法僧衆　不生恭敬心　作如是衆罪　我今悉懺悔
於獨覺菩薩　亦无恭敬心　作如是衆罪　我今悉懺悔
无知謗正法　不孝於父母　作如是衆罪　我今悉懺悔
由愚癡憍慢　及以貪瞋力　作如是衆罪　我今悉懺悔
我於十方界　供養无數佛　當願拔衆生　令離諸苦難
願一切有情　皆令住十地　福智圓滿已　成佛道群迷
我爲諸衆生　苦行百千劫　以大智慧力　皆令出苦海
我爲諸含識　演說甚深經　最勝金光明　能除諸惡業
若人百千劫　造諸極重罪　暫時能發露　衆惡盡消除
依此金光明　作如是懺悔　由斯能速盡　一切諸苦業
勝定百千種　不思議總持　根力覺道支　修習常无倦
我當至十地　具足珍寶處　圓滿佛功德　濟度生死流
我於諸佛海　甚深功德藏　妙智難思議　皆令得具足
唯願十方佛　觀察護念我　皆以大悲心　哀受我懺悔
我於多劫中　所造諸惡業　由斯造苦惱　哀愍願消除
我造諸惡業　常生憂怖心　於四威儀中　曾无歡樂想
諸佛具大悲　能除衆生怖　願受我懺悔　令得離憂苦

BD01669 號　金光明最勝王經卷二　（17–11）

我於多劫中　所造諸惡業　由斯造苦惱　哀愍願消除
我造諸惡業　常生憂怖心　於四威儀中　曾无歡樂想
諸佛具大悲　能除衆生怖　願受我懺悔　令得離憂苦
我有煩惱障　及以諸報業　願以大悲水　洗濯令清淨
我先作諸罪　及現造惡業　至心皆發露　咸願得蠲除
未來諸惡業　防護令不起　設令有違者　終不敢覆藏
身三語四種　意業復有三　繫縛諸有情　无始恒相續
由斯三種行　造作十惡業　如是衆多罪　我今皆懺悔
我造諸惡業　苦報當自受　今於諸佛前　至誠皆懺悔
於此贍部洲　及他方世界　所有諸善業　今我皆隨喜
願離十惡業　修行十善道　安住十地中　常見十方佛
我以身語意　所修福智業　願以此善根　速成无上慧
我今親對十力前　發露衆多苦難事
凡愚迷惑三有難　恒造極重惡業難
我所積集欲邪難　常起貪愛流轉難
於此世間耽著難　一切愚夫煩惱難
狂心散動顛倒難　及以親近惡友難
於生死中貪染難　瞋癡闇鈍造罪難
生八无暇惡處難　未曾積集功德難
我今皆於最勝前　懺悔无邊罪惡業
我今歸依諸善逝　我礼德海无上尊
如大金山照十方　唯願慈悲哀攝受
身色金光淨无垢　目如清淨紺琉璃
吉祥威德名稱尊　大悲慧日除衆闇
佛日光明常普遍　善淨无垢離諸塵
牟尼月照極清涼　能除衆生煩惱熱
三十二相遍莊嚴　八十隨好皆圓滿

BD01669號　金光明最勝王經卷二　(17–12)

佛日光明常普遍　善淨无垢離諸塵
牟尼月照極清涼　能除衆生煩惱熱
三十二相遍莊嚴　八十隨好皆圓滿
福德難思无與等　如日流光照世間
色如琉璃淨无垢　猶如滿月處虛空
妙頗梨網映金軀　種種光明以嚴飾
於生死苦暴流內　老病憂愁水所漂
如是苦海難堪忍　佛日舒光令永竭
我今稽首一切智　三千世界希有尊
光明晃曜紫金身　種種妙好皆嚴飾
如大海水量難知　大地微塵不可數
如妙高山叵稱量　亦如虛空无有際
諸佛功德亦如是　一切有情不能知
於无量劫諦思惟　无有能知德海岸
盡此大地諸山岳　析如微塵能筭知
毛端渧海尚可量　佛之功德无能數
一切有情皆共讚　世尊名稱諸功德
清淨相好妙莊嚴　不可稱量知分齊
我之所有衆善業　願得速成无上尊
廣說正法利群生　悉令解脫於衆苦
降伏大力魔軍衆　當轉无上正法輪
久住劫數難思議　充足衆生甘露味
猶如過去諸最勝　六波羅蜜皆圓滿
滅諸貪欲及瞋癡　降伏煩惱除衆苦
願我常得宿命智　能憶過去百千生
亦常憶念牟尼尊　得聞諸佛甚深法
願我以斯諸善業　奉事无邊最勝尊

BD01669號　金光明最勝王經卷二　(17–13)

[illegible]
滅諸貪欲及瞋癡　降伏煩惱除衆苦
願我常得宿命智　能憶過去百千生
亦常憶念牟尼尊　得聞諸佛甚深法
願我以斯諸善業　奉事无邊最勝尊
遠離一切不善因　恒得修行真妙法
一切世界諸衆生　悉皆離苦得安樂
所有諸根不具足　令彼身相皆圓滿
若有衆生遭病苦　身形羸瘦无所依
咸令病苦得消除　諸根色力皆充滿
若犯王法當刑戮　衆苦逼迫生憂惱
彼受如斯極苦時　无有歸依能救護
若受鞭杖枷鏁繫　種種苦具切其身
无量百千憂惱時　逼迫身心无蹔樂
皆令得免於繫縛　及以鞭杖苦楚事
將臨刑者得命全　衆苦皆令永除盡
若有衆生飢渴逼　令得種種殊勝味
盲者得視聾者聞　跛者能行瘂能語
貧窮衆生獲寶藏　倉庫盈溢无所乏
皆令得受上妙樂　无一衆生受苦惱
一切人天皆樂見　容儀溫雅甚端嚴
悉皆現受无量樂　受用豐饒福德具
隨彼衆生念伎樂　衆妙音聲皆現前
念水即現清涼池　金色蓮花泛其上
隨彼衆生心所念　飲食衣服及牀敷
金銀珎寶妙琉璃　瓔珞莊嚴皆具足
勿令衆生聞惡響　亦復不見有相違
所受容貌悉端嚴　各各慈心相愛樂

BD01669 號　金光明最勝王經卷二　（17–14）

隨彼衆生心所念　飲食衣服及牀敷
金銀珎寶妙琉璃　瓔珞莊嚴皆具足
勿令衆生聞惡響　亦復不見有相違
所受容貌悉端嚴　各各慈心相愛樂
世間資生諸樂具　隨心念時皆滿足
所得珎財无恡惜　分布施與諸衆生
燒香末香及塗香　衆妙雜花非一色
每日三時從樹墮　隨心受用生歡喜
普願衆生咸供養　十方一切最勝尊
三乘清淨妙法門　菩薩獨覺聲聞衆
常願勿處於卑賤　不墮无暇八難中
生在有暇人中尊　恒得親承十方佛
願得常生富貴家　財寶倉庫皆盈滿
顏貌名稱无與等　壽命延長經劫數
悉願女人變為男　勇健聰明多智慧
一切常行菩薩道　勤修六度到彼岸
常見十方无量佛　寶王樹下而安處
處妙琉璃師子座　恒得親承轉法輪
若於過去及現在　輪迴三有造諸業
能招可猒不善趣　願得消滅永无餘
一切衆生於有海　生死羂網堅牢縛
願以智劒為斷除　離苦速證菩提處
衆生於此贍部內　或於他方世界中
所作種種勝福因　我今皆悉生隨喜
以此隨喜福德事　及身語意造衆善
願此勝業常增長　速證无上大菩提
所有礼讚佛功德　深心清淨无瑕穢

BD01669 號　金光明最勝王經卷二　（17–15）

能招可猒不善趣　願得消滅永无餘
一切衆生於有海　生死羂網堅牢縛
願以智劒爲斷除　離苦速證菩提處
衆生於此贍部内　或於他方世界中
所作種種勝福因　我今皆悉生隨喜
以此隨喜福德事　及身語意造衆善
願此勝業常增長　速證无上大菩提
所有礼讚佛功德　深心清淨无瑕穢
迴向發願福无邊　當超惡趣六十劫
若有男子及女人　婆羅門等諸勝族
合掌一心讚歎佛　生生常憶宿世事
諸根清淨身圓滿　殊勝功德皆成就
願於未來所生處　常得人天共瞻仰
非於一佛十佛所　修諸善根今得聞
百千佛所種善根　方得聞斯懺悔法
尒時世尊聞此說已讚妙幢菩薩言善哉善
哉善男子如汝所夢金皷出聲讚歎如來真
實功德并懺悔法若有聞者獲福甚多廣利
有情滅除罪障汝今應知此之勝業皆是過
去讚歎發願宿習因緣及由諸佛威力加護
此之因緣當爲汝說時諸大衆聞是法已咸
皆歡喜信受奉行
金光明冣勝王經卷苐二
礦古猛　錬蓮見　鎔欲鍾　渟大丁　桴覆于　鑽蘇果　羂古縣

BD01669號　金光明最勝王經卷二　（17–16）

願於未來所生處　常得人天共瞻仰
非於一佛十佛所　修諸善根今得聞
百千佛所種善根　方得聞斯懺悔法
尒時世尊聞此說已讚妙幢菩薩言善哉善
哉善男子如汝所夢金皷出聲讚歎如來真
實功德并懺悔法若有聞者獲福甚多廣利
有情滅除罪障汝今應知此之勝業皆是過
去讚歎發願宿習因緣及由諸佛威力加護
此之因緣當爲汝說時諸大衆聞是法已咸
皆歡喜信受奉行
金光明冣勝王經卷苐二
礦古猛　錬蓮見　鎔欲鍾　渟大丁　桴覆于　鑽蘇果　羂古縣

BD01669號　金光明最勝王經卷二　（17–17）

以起不善心時但念其善不念熟生亦復不念其食九惡起餘
九善義亦同然亦可善理相資一善生十以此推之一念各有
十便有四百現在法界觀耳境界有其四百遍為千來止知
境界復有四百總為八百離其過來為千二百亦可善心起
則有其上中下別三品之異故有千二百所以曾殊妙音更為明食齋身
要待瓶質得味成身數道更也餘處不通故算對根成身齋
用故不言更依如今解三根處列三根無矚今明下依經大
六八法積德經力勸修斷皆有矚故言遂聞是眾香知其伏藏
金銀等寶善皆聞知此是通其為也　不輕品
從此已下後世文中第四文也自上已來明聽說二人受持流通功德
無量時眾情達未深信故從此已下如來親為引己為證
我身過去受持流通所及弟子復得三都勸獎上來聽
說二人弥應勤加受持流通故此品之起就此品中大判包有三
文第一從初已下說其之為常不輕列不輕行之之處第二
從是比丘臨欲終時已下說能令至於三善趣明具二人受持流
通俱得二報　第三從是故已下說多偈來結勸之也
就初段中復有六文第一從初已下說增上慢比丘有大勢力列其
不輕行行之處　第二從爾時有一菩薩已下說其之為常不
輕列不輕者也　從是比丘已下說身意清淨如來持欲列證
來勸故先列其信謗二人善惡之果先列毀持經之得其罪報
大罪都如前所說者無如譬喻品中說也所得功德如向所說六
根法師功德品也從乃往古昔已下正明處也說中無明威音如來
一應與世先三後二文顯易知所以乃別二万億佛者欲道不輕皆共
合許佛滅之中行行化物但列物一餘者可知有二菩薩已下別其

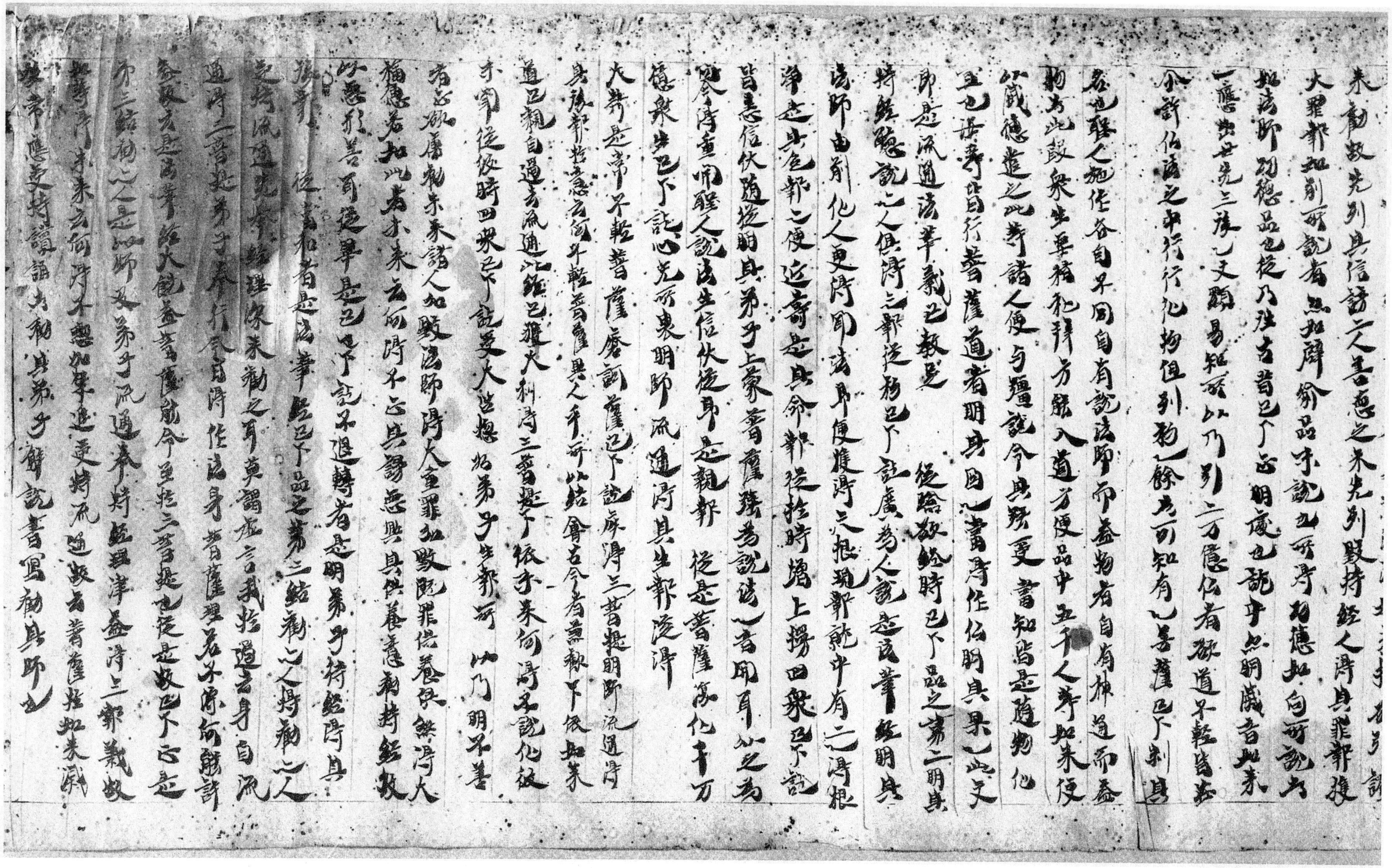

BD01670號　妙法蓮華經疏（擬）

（4–2）

通得三菩提弟子奉行今日得住法身菩薩理君不資何能詣
益故又是法華經大能益菩薩能令至於三菩提也從是故已下示是
第三結勸之人是如師及弟子流通奉持經理津益得三菩義故
於等得未來云何得不想加其進受持流通故為菩薩於如來滅
後常應受持讀誦亦勸其弟子解說書寫勸其師也
自下偈中還頌上文今此偈中略不頌上品初舉彼二人善惡報相勸也
偈中半頌上不輕化行之處從是佛滅後已下凡有四偈頌上制不輕名從爾
時有一菩薩已下說號之為常不輕從其罪畢已下亦偈頌上師之現
報從臨欲終時已下說說是法華經從諸著法眾一偈頌上弟子現報
從於時增上慢四眾已下說信伏隨從不輕命終一偈頌上師之生報從
是菩薩教化已下說以充眾漸具功德一偈頌上師後報從得大勢
已下說彼得三菩提中略不頌上弟子生報從時四部眾已下五偈頌
上弟子後報從畢是罪已下說不退轉者是從億億万劫已下半偈頌上
悲經理深未勸之從當知是法華經已下說三菩提億億万劫一偈遭經
難耶次有一偈道經難說從是故行者已下盡偈頌上是故諸菩薩
已下說長行之初一偈勸其弟子成經難耶末後一偈勸其法師
成經難說耳　神力品　從此已下經之大段第四流通
文也上來廣明因果二理說之於上自下如來將欲奉付之依囑通
遐代使異世同風法輪不絕故有此一段文興就中大判凡有三文第一神
力一品如來欲行囑之依是故先現五種瑞相以之為序第二囑累一品正
明如來口自咸勸　第三從藥王已下說於經末教化末代流通法用事
相奇奇擧之為神理處所能名之為力故名神力品就此品中凡有四文
第一從初已下說示供養之明踊出菩薩請求流通　第二從爾
時世尊已下說於一切佛出如來廣現五種瑞相以之為序第三從佛告上行
菩薩已下說宜示顯說明經理深勸其流通
第四從是故汝等於如來滅後已下說於長行結勸之受持流通此諸菩薩
踊出品中求此土流通今明其人深求他方流通此經者所在國土國處
之處廣說此經所以然人求流通者何欲明此經理深旨遠益物處大能
道場我最初故名真淨大法受持讀誦
從爾時已下第二文也就中凡有五種力第一出廣長舌騰此現相者

無量品中求此是流通，今明其人；復求佛方流通此經之所在，圓其儀度
是處處說此經一所以此人來流通者，何欲明此經理深旨遠，益物處大，能令
道場救我，蕪剎故，為莫淨大法受持讀誦
從爾時世尊下第二文，出能世尊已有五種力：第一出廣長舌，證此觀者相者
能為二義。眾生見梵天，二者有演說欲表一乘法身之理無能發
真有妙辯生二，如世人若能此舌至梵天，當知不妄語，欲表經如來
今時一乘法身理實不虛。　第二放光，所以放光者，光為欲明此
光無處不有，表今所說因果之理二六具足；又復光本除闇顯像，今人
觀見，欲令二依在經，亦來流通大乘經。此一切天下周見，故照十方也。
寶樹下佛，所以出舌放光明者，欲表明諸佛同心明理，處身在以
顯長，非卅九年，永別百千歲，不異丈六，更有法身。欲令二依應
宣此理，使物識知也。
第三謦欬彈指出二音聲，世人謦欬通暢之旨表。經如來從昔已
來一乘法身隱而不彰義，似難窒，今日如鄭擊之得暢，欲使二
依通於解心，化被未聞。世間彈指必有所警表。經所說一乘法身
警於聾心，欲使二依識聾心宣通化物，亦可謦欬彈指為覺悟物
欲使二依應宣大理，悟於未聞。　第四動地，現眾歡悅
相，欲令二依以此大乘被及未聞，除其迷濟，方始解。第五從其空
眾生已下，証知一佛上名十方歡教，欲令二依以此大乘法身之理化被
群生，使十方有緣同證此理，以有如來神，欲使十方眾生見此佛土，聞經名字
今其得信來他，則易十方有緣既觀如來，聞經名字，一致心篤已，其三
業供養，則作施所以表物。　從十方來散成寶帳者，正欲表明萬善
同歸理之共起，此相已彰，因果俱，欲令二依傳通此理，化被未聞十方
世界知一佛土者，欲表一乘法身之理，除其三乘丈六生滅權身之相，以
複道之，化未聞也。　從爾時佛告上行等已下，此之第三，正明如來觀
自口告華經理深以歎，一眾諸佛神力不可思議者，神力相者，下人
皆歎法光量不可思議，若我以是神力者，畢上五種神力為囑
通歎法光量劫以神力說此經功德猶不盡也，所以而無敢說此辯

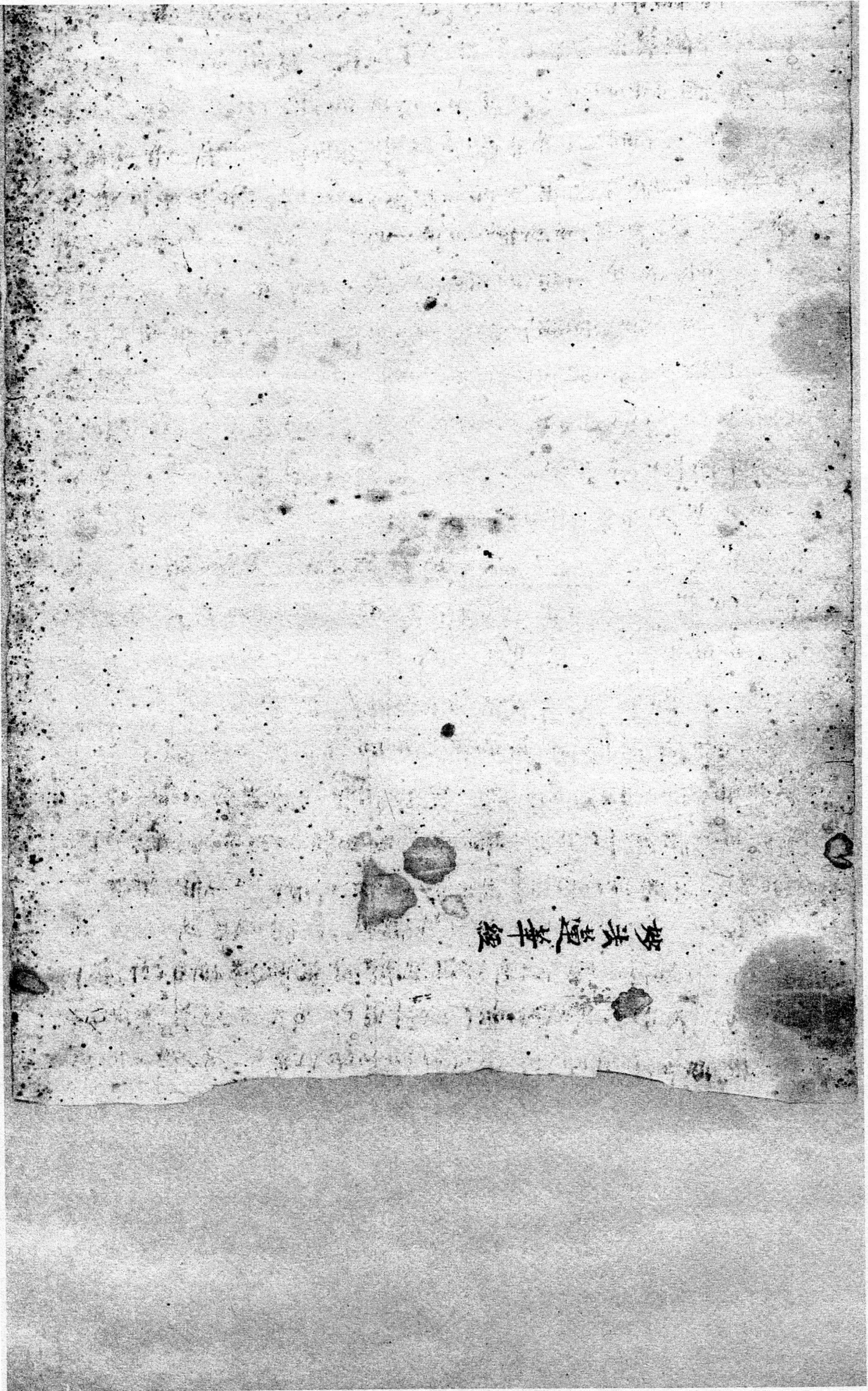

妙法蓮華經

BD01670號背　勘記　　　　（2–1）

BD01670號背　雜寫

（2–2）

所集阿耨多羅三藐三菩提法
汝如是輩經於佛滅後末世之中汝等
當以神力廣宣流布於閻浮提无令斷絕所
以者何未來世當有善男子善女人及天
龍鬼神乾闥婆羅剎等發阿耨多羅三藐
三菩提心樂于大法若使不聞如是等經則失
善利如此輩人聞是等經必多信樂發希
有心當以頂受隨諸眾生所應得利而為廣
說弥勒當知菩薩有二相何謂為二一者好於
雜句文飾之事二者不畏深義如實能入若
好雜句文飾事者當知是為新學菩薩若
於如是无染无着甚深經典无有恐畏能入
其中聞已心淨受持讀誦如說脩行當知是為
久脩道行弥勒復有二法名新學者不能決
定於甚深法何等為二一者所未聞深經聞
之驚怖生疑不能隨順毀謗不信而作是言
我初不聞從何所來二者若有護持解說如
是深經者不肯親近供養恭敬或時於中說
其過惡有此二法當知是新學菩薩為自毀

BD01671號　維摩詰所說經卷下　（2–1）

於如是无染无着甚深經典无有恐畏能入
其中聞已心淨受持讀誦如說脩行當知是為
久脩道行弥勒復有二法名新學者不能決
定於甚深法何等為二一者所未聞深經聞
之驚怖生疑不能隨順毀謗不信而作是言
我初不聞從何所來二者若有護持解說如
是深經者不肯親近供養恭敬或時於中說
其過惡有此二法當知是新學菩薩為自毀
傷不能於深法中調伏其心弥勒復有二法
菩薩雖信解深法猶自毀傷而不能得无生
法忍何等為二一者輕慢新學菩薩而不教
誨二者雖解深法而取相分別是為二法弥
勒菩薩聞說是已白佛言世尊未曾有也如
佛所說我當遠離如斯之惡奉持如來无數
阿僧祇劫所集阿耨多羅三藐三菩提法若
未來世善男子善女人求大乘者當令手得如
是等經與其念力使受持讀誦為他廣說世
尊若後末世有能受持讀誦為

BD01671號　維摩詰所說經卷下　（2–2）

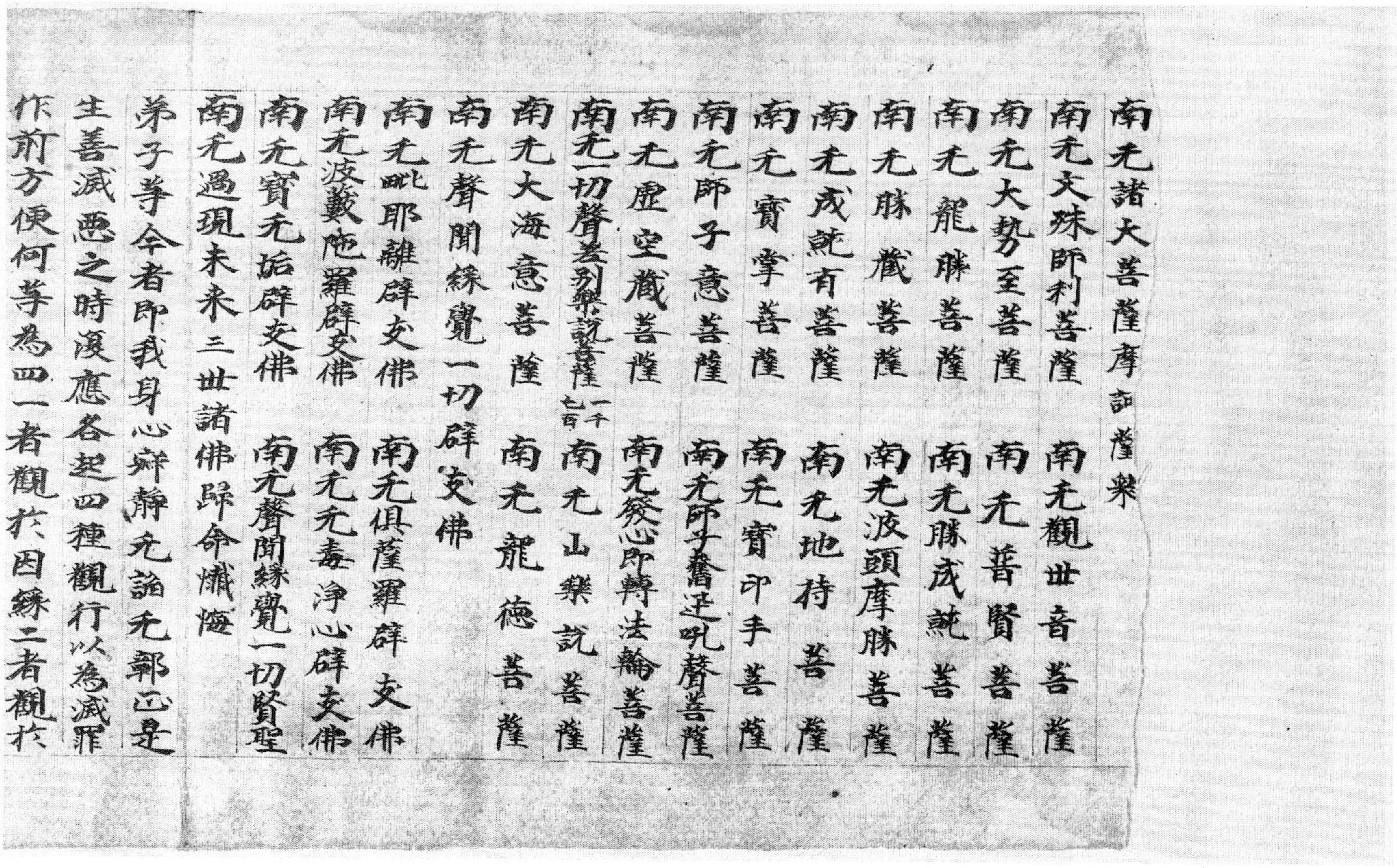

南无諸大菩薩摩訶薩衆
南无文殊師利菩薩　南无觀世音菩薩
南无大勢至菩薩　南无普賢菩薩
南无龍勝菩薩　南无勝成就菩薩
南无勝藏菩薩　南无波頭摩勝菩薩
南无成就有菩薩　南无地持菩薩
南无寶掌菩薩　南无寶印手菩薩
南无師子意菩薩　南无師子奮迅吼聲菩薩
南无虚空藏菩薩　南无發心即轉法輪菩薩
南无一切聲差別樂説菩薩 一千七百 南无山樂説菩薩
南无大海意菩薩　南无龍德菩薩
南无聲聞緣覺一切辟支佛
南无毗耶離辟支佛　南无俱薩羅辟支佛
南无波藪陁羅辟支佛　南无无毒淨心辟支佛
南无寶无垢辟支佛　南无聲聞緣覺一切賢聖
南无過現未来三世諸佛歸命懺悔
弟子等今者即我身心寂靜无諂无鄣正是
生善滅惡之時復應各起四種觀行以為滅罪
作前方便何等為四一者觀於因緣二者觀於

BD01672號　佛名經（二十卷本）卷三　（3–1）

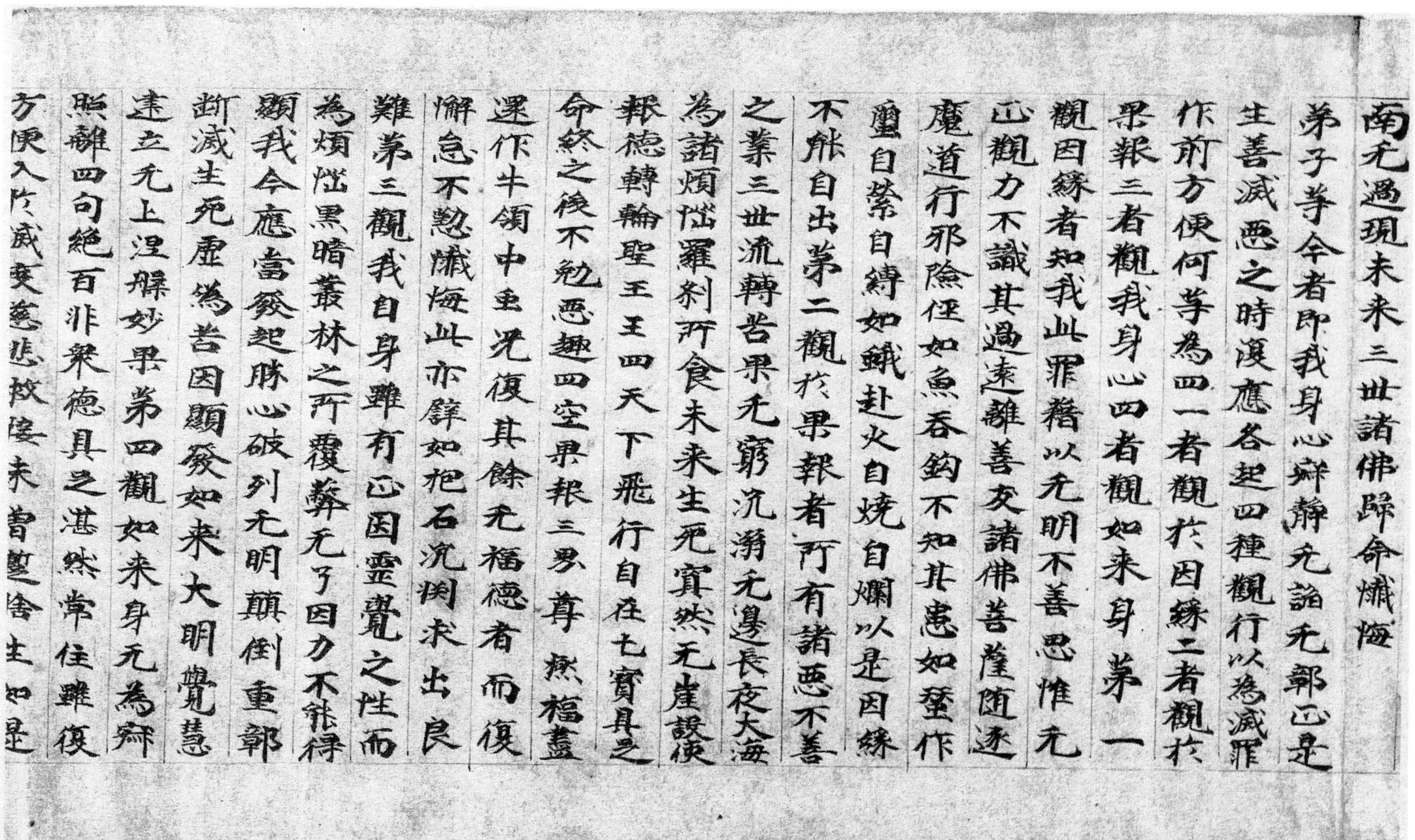

南无過現未来三世諸佛歸命懺悔
弟子等今者即我身心寂靜无諂无鄣正是
生善滅惡之時復應各起四種觀行以為滅罪
作前方便何等為四一者觀於因緣二者觀於
果報三者觀我身四者觀如来身第一
觀因緣者知我此罪藉以无明不善思惟无
正觀力不識其過遠離善友諸佛菩薩隨逐
魔道行邪險徑如魚吞鉤不知其患如蠶作
繭自縈自縛如蛾赴火自燒自爛以是因緣
不能自出第二觀於果報者所有諸惡不善
之業三世流轉苦果无窮沉溺无邊長夜大海
為諸煩惱羅刹所食未来生死冥然无崖設使
報得轉輪聖王王四天下飛行自在七寶具足
命終之後不免惡趣四空果報三界尊極福盡
還作牛領中虫況復其餘无福德者而復
懈怠不懃懺悔此亦譬如抱石沉淵求出良
難第三觀我自身雖有正因靈覺之性而
為煩惱黑暗叢林之所覆蔽无了因力不能得
顯我今應當發起勝心破裂无明顛倒重鄣
斷滅生死虚偽苦因顯發如来大明覺慧
建立无上涅槃妙果第四觀如来身无為寂
照離四句絕百非衆德具足湛然常住雖復
方便入於滅度慈悲救接未曾暫捨生如是

BD01672號　佛名經（二十卷本）卷三　（3–2）

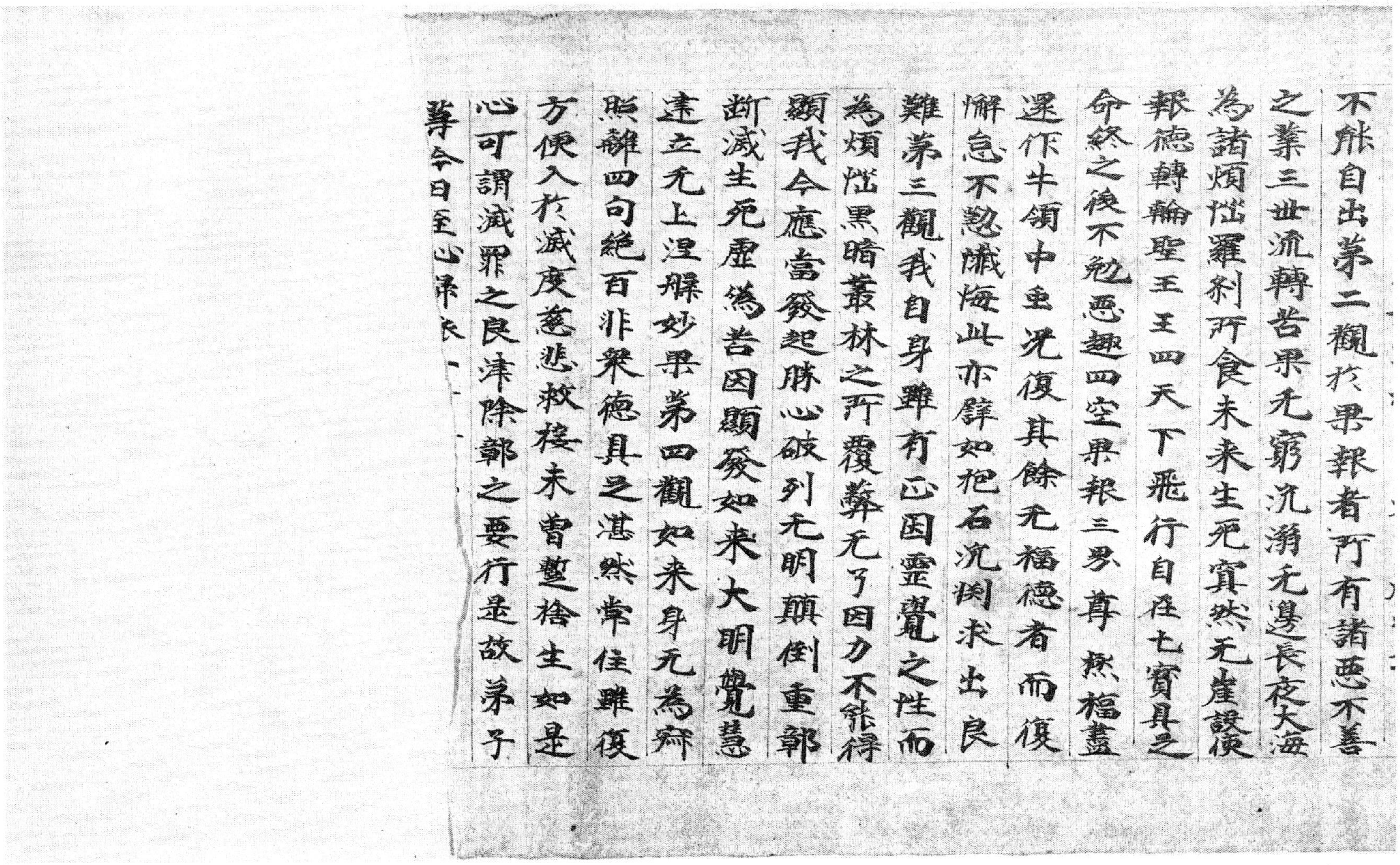
不能自出第二觀於果報者所有諸惡不善之業三世流轉苦果无窮沉溺无邊長夜大海為諸煩惱羅刹所食未來生死冥然无崖設使報德轉輪聖王王四天下飛行自在七寶具之命終之後不免惡趣四空果報三界尊極福盡還作牛領中虫況復其餘无福德者而復懈怠不懃懺悔此亦譬如抱石沉淵求出良難第三觀我自身雖有正因靈覺之性而為煩惱黑暗叢林之所覆蔽无了因力不能得顯我今應當發起勝心破列无明顛倒重鄣斷滅生死虛為苦因顯發如來大明覺慧建立无上涅槃妙果第四觀如來身无為寂照離四句絶百非衆德具足湛然常住雖復方便入於滅度慈悲救接未曾暫捨生如是心可謂滅罪之良津除鄣之要行是故弟子等今日至心歸依……

BD01672號　佛名經（二十卷本）卷三　（3–3）

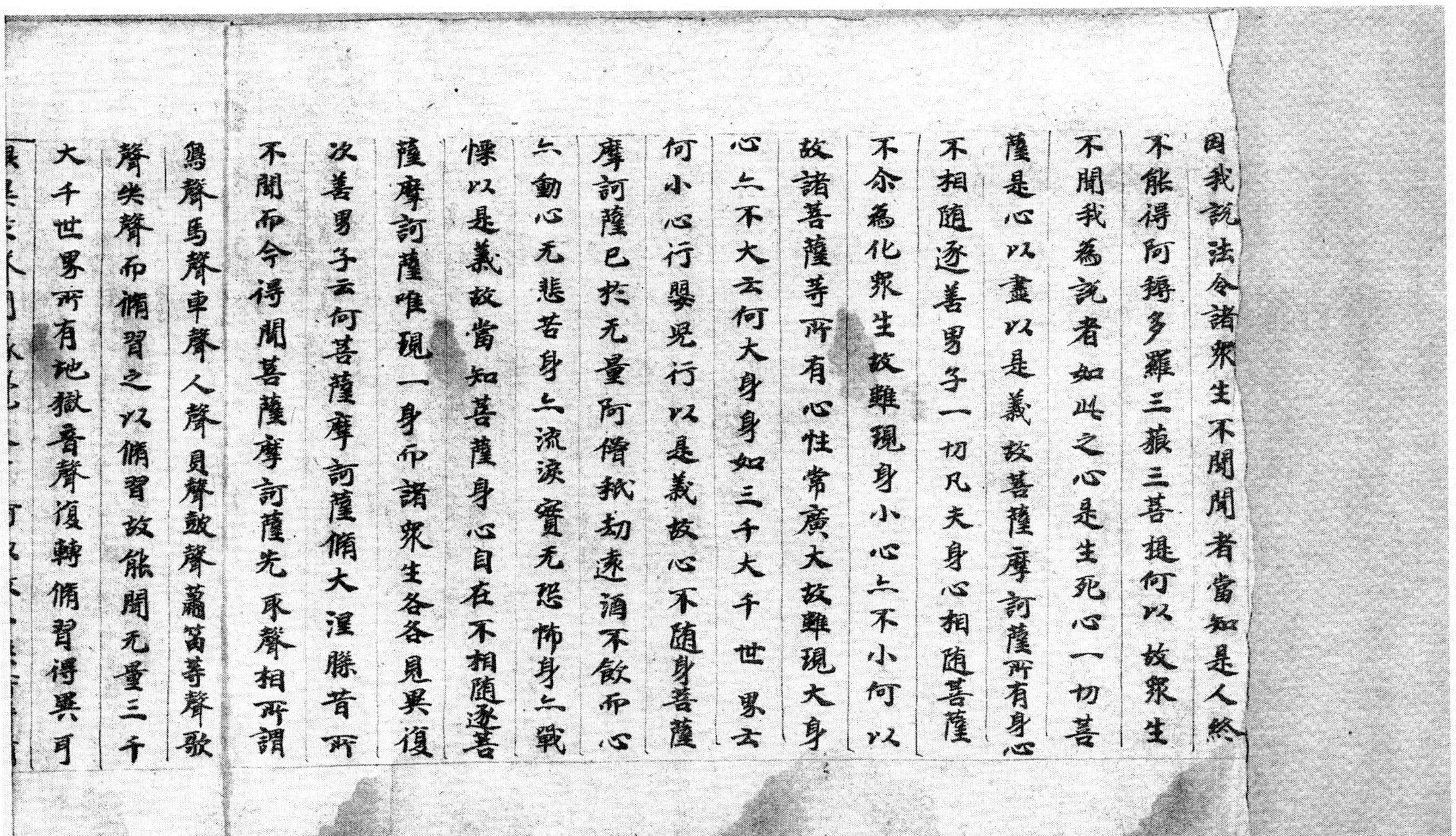
因我說法令諸衆生不聞聞者當知是人終不能得阿耨多羅三藐三菩提何以故衆生不聞我為說者如此之心是生死心一切菩薩是心以盡以是義故菩薩摩訶薩所有身心不相隨逐善男子一切凡夫身心相隨菩薩不尒為化衆生故雖現身小心亦不小何以故諸菩薩等所有心性常廣大故雖現大身心亦不大云何大身身如三千大千世界云何小心行嬰兒行以是義故心不隨身菩薩摩訶薩已於无量阿僧祇劫遠酒不飲而心亦動心无悲苦身亦流淚實无恐怖身亦戰慄以是義故當知菩薩身心自在不相隨逐菩薩摩訶薩唯現一身而諸衆生各各見異復次善男子云何菩薩摩訶薩脩大涅槃昔所不聞而今得聞菩薩摩訶薩先承聲相所謂象聲馬聲車聲人聲貝聲鼓聲簫笛等聲歌聲哭聲而脩習之以脩習故能聞无量三千大千世界所有地獄音聲復轉脩習得異可……

BD01673號　大般涅槃經（北本）卷二四　（2–1）

象聲馬聲車聲人聲貝聲鼓聲簫笛等聲歌
聲哭聲而脩習之以脩習故能聞无量三千
大千世界所有地獄音聲復轉脩習得異耳
根異於聲聞緣覺天耳何以故二乘所得清
淨耳通若依初禪淨妙四大唯聞初禪不聞
二禪乃至四禪亦復如是雖可一時得聞三
千大千世界所有音聲而不能聞无量无邊
恒河沙等世界音聲以是義故菩薩所得異
於聲聞緣覺耳根以是異故昔所不聞而今
得聞雖聞音聲而心初无聞聲之相不作有
相常相樂相我相淨相主相依相作相因相定
相果相以是義故諸菩薩等昔所不聞而
今得聞尒時光明遍照高貴德王菩薩言若
佛所說不作定相不作果相是義不然何以故
如來先說若人聞是大涅槃經一句一字必
定得成阿耨多羅三藐三菩提如來於今云
何復言无定无果若得阿耨多羅三藐三菩
提是即定相是即果相云何而言无定无果
聞惡聲故則生惡心生惡心故則至三塗若
至三塗則是定果云何而言无定无果尒時
如來讚言善哉善哉善男子能作是問若使

BD01673 號　大般涅槃經（北本）卷二四　（2–2）

會普勝者哉行矣阿難勿使我等受斯恥
也外道梵志若聞此語當作是念何名為師
自疾不能救而能救諸疾人可密速去勿使
人聞當知阿難諸如來身即是法身非思欲
身佛為世尊過於三界佛身無漏諸漏已盡
佛身無為不墮諸數如此之身當有何病時
我世尊實懷慚愧得无近佛而謬聽耶即聞
空中聲曰阿難如居士言但為佛出五濁惡
世現行斯法度脫衆生行矣阿難取乳勿
慚世尊維摩詰智慧辯才為若此也是故不
任詣彼問疾如是五百大弟子各各向佛說
其本緣稱述維摩詰所言皆曰不任詣彼問疾
維摩詰經菩薩品第四
於是佛告彌勒菩薩汝行詣維摩詰問疾彌
勒白佛言世尊我不堪任詣彼問疾所以者何
憶念我昔為兜率天王及其眷屬說不退
轉地之行時維摩詰來謂我言彌勒世尊授
仁者記一生當得阿耨多羅三藐三菩提為
用何生得授記乎過去耶未來耶現在耶若
過去生過去生已滅若未來生未來生未至
若現在生現在生无住如佛所說比丘汝今

BD01674 號　維摩詰所說經卷上　（2–1）

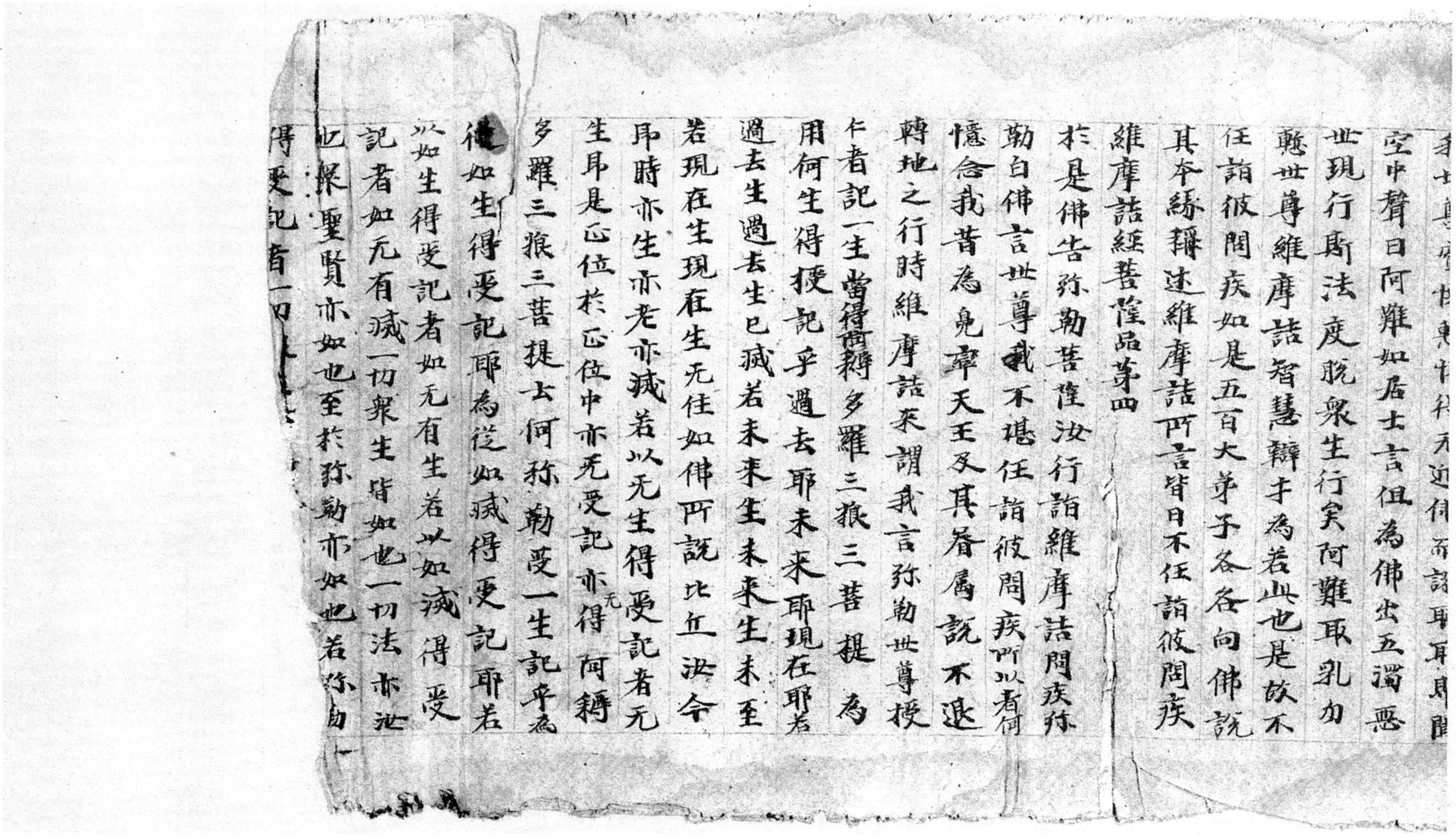

空中聲曰阿難如居士言但為佛出五濁惡
世現行斯法度脫衆生行矣阿難取乳勿
慙世尊維摩詰智慧辯才為若此也是故不
任詣彼問疾如是五百大弟子各各向佛說
其本緣稱述維摩詰所言皆曰不任詣彼問疾
維摩詰經菩薩品第四
於是佛告彌勒菩薩汝行詣維摩詰問疾彌
勒白佛言世尊我不堪任詣彼問疾所以者何
憶念我昔為兜率天王及其眷屬說不退
轉地之行時維摩詰來謂我言彌勒世尊授
仁者記一生當得阿耨多羅三藐三菩提為
用何生得授記乎過去耶未來耶現在耶若
過去生過去生已滅若未來生未來生未至
若現在生現在生无住如佛所說比丘汝今
即時亦生亦老亦滅若以无生得受記者无
生即是正位於正位中亦无受記亦无得阿耨
多羅三藐三菩提云何彌勒受一生記乎為
從如生得受記耶為從如滅得受記耶若
以如生得受記者如无有生若以如滅得受
記者如无有滅一切衆生皆如也一切法亦如
也衆聖賢亦如也至於彌勒亦如也若彌勒
得受記者一切

BD01674號　維摩詰所說經卷上　（2–2）

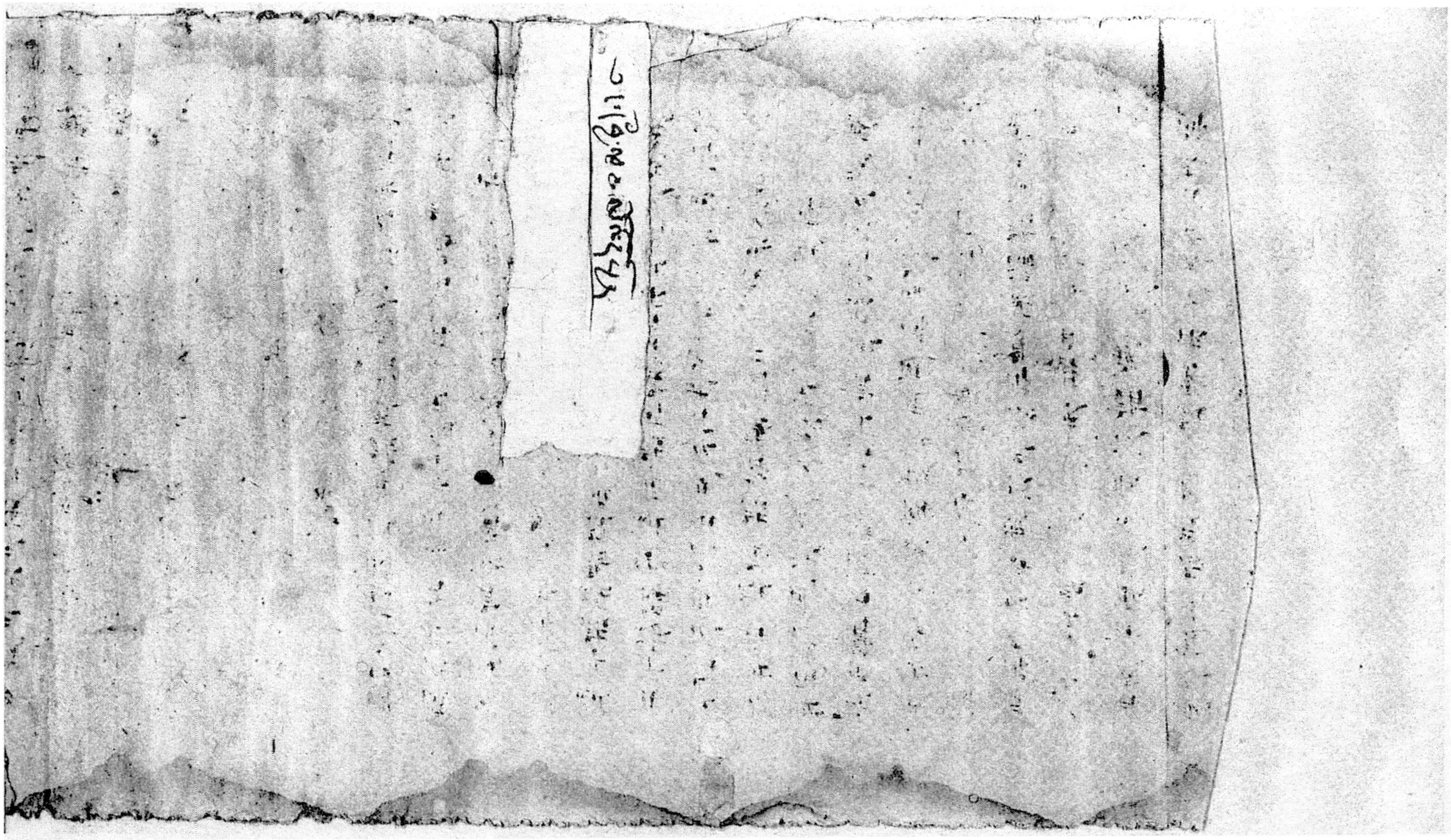

BD01674號背　藏文　（1–1）

□聞一時佛在舍衛國祇樹給孤獨園
與大比丘衆千二百五十人俱皆是大阿羅
漢衆所知識長老舍□□摩訶目揵連摩訶
迦葉摩訶迦旃延摩□□絺羅離婆多周利
槃陀迦難陀阿難陀羅睺羅憍梵波提賓頭
盧頗羅墮迦留陀夷摩訶劫賓那薄拘羅阿
㝹樓馱如是等諸大弟子并諸菩薩摩訶薩
文殊師利法王子阿逸多菩薩乾陀訶提菩
薩常精進菩薩與如是等諸大菩薩及釋
提桓因等无量諸天大衆俱
尒時佛告長老舍利弗從是西方過十万億
佛土有世界名曰極樂其□
今現在說法舍利弗彼土□
國衆生无有衆苦但受諸樂故名極樂又舍
利弗極樂國土七重欄楯七重羅網七重行
樹皆是四寶周帀圍繞是故彼國名曰極樂又
舍利弗極樂國土有七寶池八功德水充滿
其中池底純以金沙布地四邊階道金銀琉

BD01675 號 1　阿彌陀經

（7–1）

利弗極樂國土七重欄楯七重羅網七重行
樹皆是四寶周帀圍繞是故彼國名曰極樂又
舍利弗極樂國土有七寶池八功德水充滿
其中池底純以金沙布地四邊階道金銀琉
璃頗梨合成上有樓閣亦以金銀瑠璃頗梨車
璩赤珠馬瑙而嚴飾之池中蓮華大如車輪
青色青光黃色黃光赤色赤光白色白光微
妙香潔舍利弗極樂國土成就如是功德莊
嚴
又舍利弗彼佛國土常作天樂黃金為地晝
夜六時而雨曼陁羅華其國衆生常以清旦
各以衣祴盛衆妙華供養他方十万億佛即
以食時還到本國飯食經行舍利弗極樂國
土成就如是功德莊嚴
復次舍利弗彼國常有種種奇妙雜色之鳥
白鵠孔雀鸚鵡舍利迦陵頻伽共命之鳥是諸
衆鳥晝夜六時出和雅音其音演暢五根五
力七菩提分八聖道分如是等法其土衆生
聞是音已皆悉念佛念法念僧舍利弗汝勿
謂此鳥實是罪報所生所以者何彼佛國土
无三惡趣舍利弗其佛國土尚无三惡道之
名何況有實是諸衆鳥皆是阿弥陀佛欲令
法音宣流變化所作舍利弗彼佛國土微風
吹動諸寶行樹及寶羅網出微妙音譬如百
千種樂同時俱作聞是音者皆自然生念佛

BD01675 號 1　阿彌陀經

（7–2）

法音宣流變化所作舍利弗彼佛國土微風
吹動諸寶行樹及寶羅網出微妙音譬如百
千種樂同時俱作聞是音者皆自然生念佛
念法念僧之心舍利弗其佛國土成就如是功
德莊嚴
舍利弗於汝意云何彼佛何故号阿弥陁舍
利弗彼佛光明无量照十方國无所鄣㝵
是故号為阿弥陁又舍利弗彼佛壽命及其
人民无量无邊阿僧祇劫故名阿弥陁舍利弗
阿弥陁佛成佛已來於今十劫又舍利弗彼佛
有无量无邊聲聞弟子皆阿羅漢非是筭
數之所能知諸菩薩亦如是舍利弗彼佛國
土成就如是功德莊嚴
又舍利弗極樂國土衆生生者皆是阿鞞跋
致其中多有一生補處其數甚多非是筭數
所能知之但可以无量无邊阿僧祇劫說舍利
弗衆生聞者應當發願願生彼國所以者何
得與如是諸上善人俱會一處舍利弗不可
以少善根福德因緣得生彼國舍利弗若有
善男子善女人聞說阿弥陁佛執持名号若
一日若二日若三日若四日若五日若六日若
七日一心不亂其人臨命終時阿弥陁佛
與諸聖衆現在其前是人終時心不顛倒即
得往生阿弥陁佛極樂國土舍利弗我見是

BD01675號1　阿彌陀經　（7-3）

七日一心不亂其人臨命終時阿弥陁佛
與諸聖衆現在其前是人終時心不顛倒即
得往生阿弥陁佛極樂國土舍利弗我見是
利故說此言若有衆生聞是說者應當發
願生彼國土
舍利弗如我今者讚嘆阿弥陁佛不可思議功
德東方亦有阿閦鞞佛須弥相佛大須弥佛
須弥光佛妙音佛如是等恒河沙數諸佛各
於其國出廣長舌相遍覆三千大千世界說
誠實言汝等衆生當信是稱讚不可思議
功德一切諸佛所護念經
舍利弗南方世界有日月燈佛名聞光佛大
焰肩佛須弥燈佛无量精進佛如是等恒河
沙數諸佛各於其國出廣長舌相遍覆三千
大千世界說誠實言汝等衆生當信是稱讚
不可思議功德一切諸佛所護念經
舍利弗西方世界有无量壽佛无量相佛无
量幢佛大光佛大明佛寶相佛淨光佛如是
等恒河沙數諸佛各於其國出廣長舌相遍
覆三千大千世界說誠實言汝等衆生當信
是稱讚不可思議功德一切諸佛所護念經
舍利弗北方世界有焰肩佛最勝音佛難沮佛
日生佛網明佛如是等恒河沙數諸佛各於其
國出廣長舌相遍覆三千大千世界說誠實
言汝等衆生當信是稱讚不可思議功德一

BD01675號1　阿彌陀經　（7-4）

舍利弗北方世界有焰肩佛㝡勝音佛難沮佛
日生佛網明佛如是等恒河沙數諸佛各於其
國出廣長舌相遍覆三千大千世界說誠實
言汝等衆生當信是稱讚不可思議功德一
切諸佛所護念經
舍利弗下方世界有師子佛名聞佛名光佛
達摩佛法幢佛持法佛如是等恒河沙數諸
佛各於其國出廣長舌相遍覆三千大千世
界說誠實言汝等衆生當信是稱讚不可思
議功德一切諸佛所護念經
舍利弗上方世界有梵音佛宿王佛香上佛
香光佛大焰肩佛雜色寶華嚴身佛娑羅樹
王佛寶華德佛見一切義佛如須弥山佛如
是等恒河沙數諸佛各於其國出廣長舌相
遍覆三千大千世界說誠實言汝等衆生當
信是稱讚不可思議功德一切諸佛所護念
經
舍利弗於汝意云何何故名一切諸佛所護念
經舍利弗若有善男子善女人聞是諸佛所
說名及經名者是諸善男子善女人皆為一切
諸佛共所護念皆得不退轉於阿耨多羅三
藐三菩提是故舍利弗汝等皆當信受我語
及諸佛所說舍利弗若有人已發願今發願
當發願欲生阿弥陁佛國者是諸人等皆得
不退轉於阿耨多羅三藐三菩提於彼國土

及諸佛所說舍利弗若有人已發願今發願
當發願欲生阿弥陁佛國者是諸人等皆得
不退轉於阿耨多羅三藐三菩提於彼國土
若已生若今生若當生是故舍利弗諸善男
子善女人若有信者應當發願生彼國土舍
利弗如我今者稱讚諸佛不可思議功德彼
諸佛等亦稱說我不可思議功德而作是言
釋迦牟尼佛能為甚難希有之事能於娑
婆國土五濁惡世劫濁見濁煩惱濁衆生濁命
濁中得阿耨多羅三藐三菩提為諸衆生說
是一切世間難信之法舍利弗當知我於五
濁惡世行此難事得阿耨多羅三藐三菩
提為一切世間說此難信之法是為甚難佛
說此經已舍利弗及諸比丘一切世間天人
阿脩羅等聞佛所說歡喜信受
阿弥陁佛說呪曰
那(上)謨(上)菩(上)陁夜(藥可反 下同)　那謨䭾囉摩夜那
謨僧伽夜那摩阿弭多婆(上)夜哆(丁可反 下同)他伽
多夜阿(上)阿囉(上)訶(上)羝三藐三菩陁夜哆姪
他阿(上)弭唎(上)羝阿弭唎都婆鞞(菩迷反 下同)阿弭
唎哆三婆鞞(上)阿弭唎哆鞞迦蘭羝伽弭你
伽伽那稽(若移反)唎底迦(上)黎娑(上)囉皤波䟦叉
(是我反)焰迦嚟(一切惡業盡)娑(上)
呪中諸口傍字皆依　轉舌言之无口者
依字讀

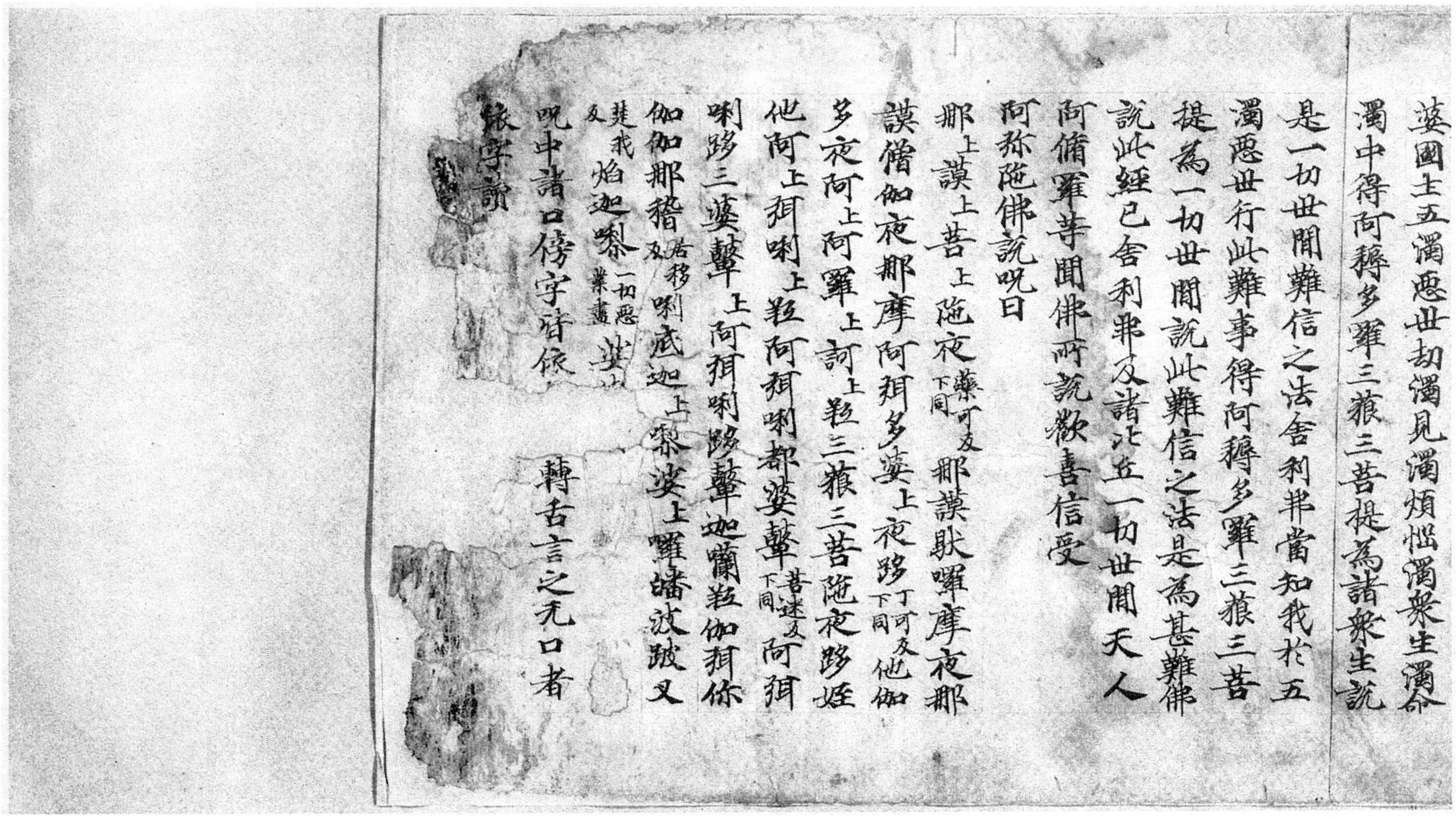

娑國土五濁惡世劫濁見濁煩惱濁衆生濁命
濁中得阿耨多羅三藐三菩提為諸衆生説
是一切世間難信之法舍利弗當知我於五
濁惡世行此難事得阿耨多羅三藐三菩
提為一切世間説此難信之法是為甚難佛
説此經已舍利弗及諸比丘一切世間天人
阿脩羅等聞佛所説歡喜信受
阿弥陁佛説呪曰
耶上謨上菩上陁夜藥可反下同　耶謨馱囉摩夜耶
謨僧伽夜耶摩阿弭多婆上夜跢丁可反下同他伽
多夜阿上阿羅上訶上羝三藐三菩陁夜跢姪
他阿上弭唎上羝阿弭唎都婆韗菩迷反下同阿弭
唎跢三婆韗上阿弭唎跢韗迦蘭羝伽弭你
伽伽那稽去移反唎底迦上嚟婆上囉播波跋叉
焰迦嚟一切惡業盡　娑訶
呪中諸口傍字皆依　轉舌言之无口者
依字讀

BD01675 號 2　阿彌陀佛説呪　（7–7）

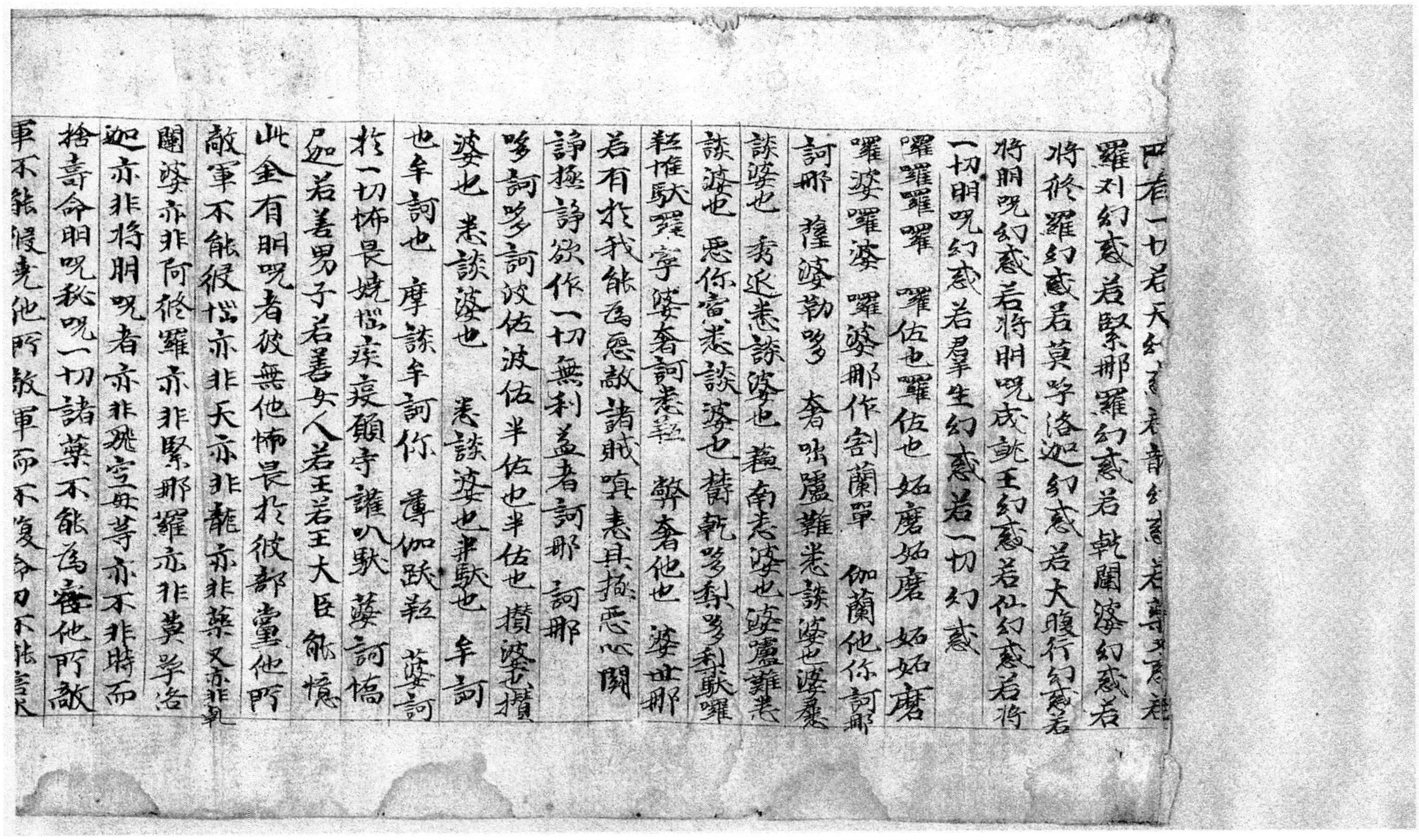

BD01676 號　金有陀羅尼經　（3–1）

敵軍不能侵惱亦非天亦非龍亦非藥叉亦非乾
闥婆亦非阿脩羅亦非緊那羅亦非莫呼洛
迦亦非將明呪者亦非死宣母等亦不非時而
捨壽命明呪秘呪一切諸藥不能爲害他所敵
軍不能侵逸他所敵軍而不復命刀不能害水
火毒藥明呪秘一切諸藥而不能侵逐 著
於彼自作教他隨喜造罪彼之處所惱尼迦
是故淨信菩薩苾芻苾芻尼烏波索迦烏波 斯
迦善男子善女人等以此明呪呪水七遍自洗
其身能護於身若有欲令於一切怖畏一切燒
惱一切疾疫一切明呪一切秘呪一切諸藥一切厭
蠱而起過者當念此金有明呪若王若臣大
臣若欲摧他軍衆伏他軍衆亦當念此金有
明呪若呪線七遍作七結已繫於身上若呪水七遍
護自身若有書寫於一切怖畏無鄣畏陀羅
尼或能受持或繫肚下若貴高幢入軍陣者
善安得勝以此明呪威神之力而施眷屬善安超
過未成能成若欲摧伏諸明呪者於白線上呪
七遍已作七結者能繫摧若欲摧伏諸幻惑者
取塚間土呪七遍已而散擲者能摧幻惑論質
之時欲禁其口取秦菽蘿呪七遍已而噬嚼者
一切言論悉能對答受持讀誦而稱讚者一切
諸罪悉皆消滅却往於彼造作之者及見惟
或繫於繩及木自護者於彼身上一切明呪發呪
諸藥不能爲害未成辦者悉能成辦彼所求
事一切順從時薄伽梵說是語已天帝百施
聞佛所說信受奉行

BD01676 號　金有陀羅尼經

（3–2）

明呪若呪線七遍作七結已繫於身上若呪水七遍
護自身若有書寫於一切怖畏無鄣畏陀羅
尼或能受持或繫肚下若貴高幢入軍陣者
善安得勝以此明呪威神之力而施眷屬善安超
過未成能成若欲摧伏諸明呪者於白線上呪
七遍已作七結者能繫摧若欲摧伏諸幻惑者
取塚間土呪七遍已而散擲者能摧幻惑論質
之時欲禁其口取秦菽蘿呪七遍已而噬嚼者
一切言論悉能對答受持讀誦而稱讚者一切
諸罪悉皆消滅却往於彼造作之者及見惟
或繫於繩及木自護者於彼身上一切明呪發呪
諸藥不能爲害未成辦者悉能成辦彼所求
事一切順從時薄伽梵說是語已天帝百施
聞佛所說信受奉行

金有陀羅尼經

BD01676 號　金有陀羅尼經

（3–3）

兊

不住色界眼識界及眼觸眼觸為緣所生諸
受無来無去亦復不住眼界本性無来無去
亦復不住色界乃至眼觸為緣所生諸受本
性無来無去亦復不住眼界真如無来無去
亦復不住色界乃至眼觸為緣所生諸受真
如無来無去亦復不住眼界自性無来無去
亦復不住色界乃至眼觸為緣所生諸受自
相無来無去亦復不住何以故善現以眼界
色界眼識界及眼觸眼觸為緣所生諸受及
彼本性真如自性自相若動若住不可得故
復次善現耳界無来無去亦復不住聲界耳
識界及耳觸耳觸為緣所生諸受無来無去
亦復不住耳界本性無来無去亦復不住聲
界乃至耳觸為緣所生諸受本性無来無去
亦復不住耳界真如無来無去亦復不住聲
界乃至耳觸為緣所生諸受真如無来無去
亦復不住耳界自性無来無去亦復不住聲
界乃至耳觸為緣所生諸受自性無来無去
亦復不住耳界自相無来無去亦復不住聲

BD01677號　大般若波羅蜜多經（兊廢稿）卷五八　（2–1）

色界眼諸界及眼觸眼觸為緣所生諸受及
彼本性真如自性自相若動若住不可得故
復次善現耳界無来無去亦復不住聲界耳
識界及耳觸耳觸為緣所生諸受無来無去
亦復不住耳界本性無来無去亦復不住聲
界乃至耳觸為緣所生諸受本性無来無去
亦復不住耳界真如無来無去亦復不住聲
界乃至耳觸為緣所生諸受真如無来無去
亦復不住耳界自性無来無去亦復不住聲
界乃至耳觸為緣所生諸受自性無来無去
亦復不住耳界自相無来無去亦復不住聲
界乃至耳觸為緣所生諸受自相無来無去
亦復不住何以故善現以耳界聲界耳識界
及耳觸耳觸為緣所生諸受及彼本性真如
自性自相若動若住不可得故復次善現鼻
界無来無去亦復不住香界鼻識界及鼻觸

兊下剃記

折

BD01677號　大般若波羅蜜多經（兊廢稿）卷五八　（2–2）

雜經

BD01677 號背　勘記

(1–1)

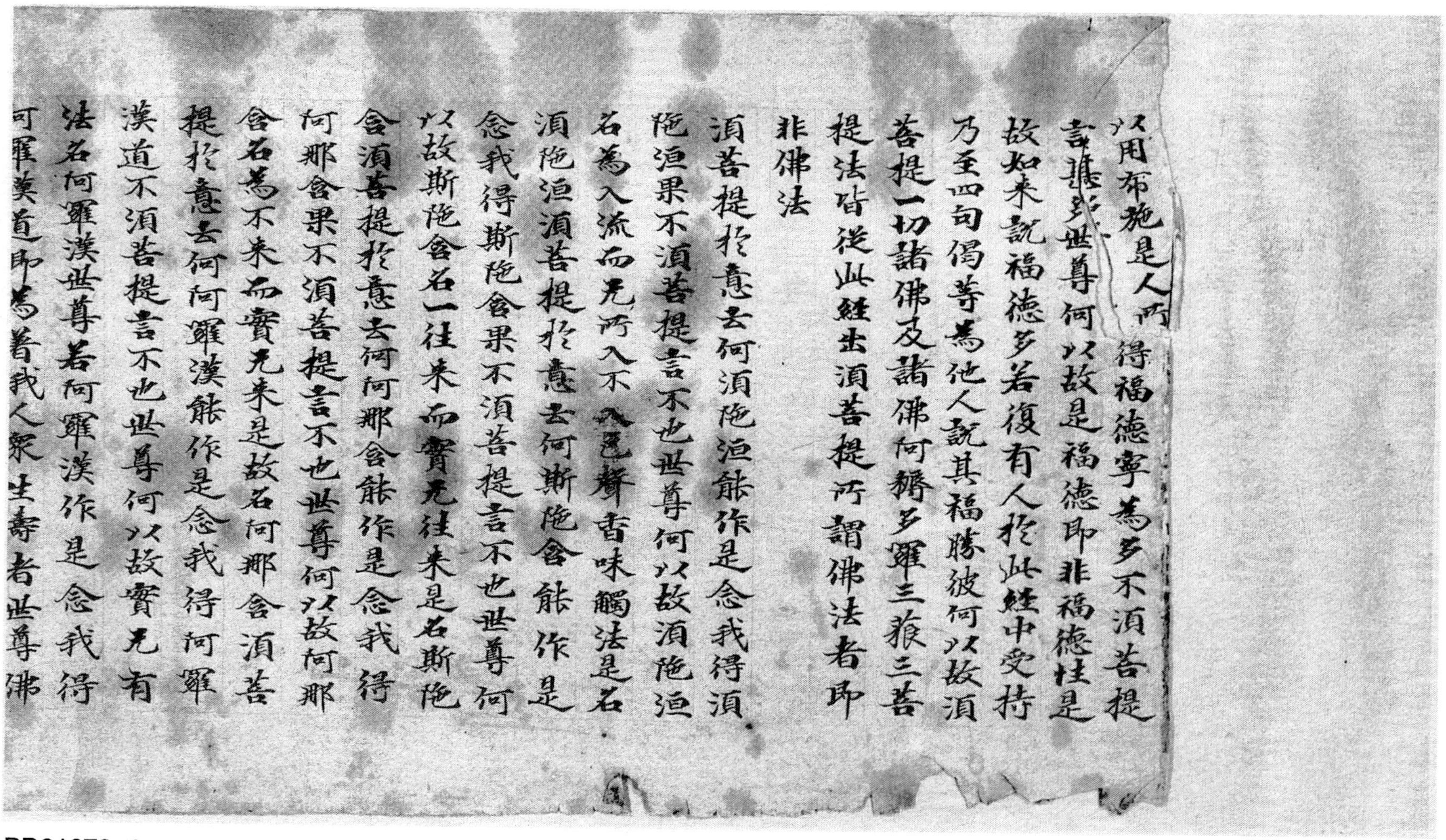

以用布施是人所得福德寧為多不須菩提
言甚多世尊何以故是福德即非福德性是
故如来說福德多若復有人於此經中受持
乃至四句偈等為他人說其福勝彼何以故須
菩提一切諸佛及諸佛阿耨多羅三藐三菩
提法皆從此經出須菩提所謂佛法者即
非佛法
須菩提於意云何須陁洹能作是念我得須
陁洹果不須菩提言不也世尊何以故須陁洹
名為入流而无所入不入色聲香味觸法是名
須陁洹須菩提於意云何斯陁含能作是
念我得斯陁含果不須菩提言不也世尊何
以故斯陁含名一往来而實无往来是名斯陁
含須菩提於意云何阿那含能作是念我得
阿那含果不須菩提言不也世尊何以故阿那
含名為不来而實无来是故名阿那含須菩
提於意云何阿羅漢能作是念我得阿羅
漢道不須菩提言不也世尊何以故實无有
法名阿羅漢世尊若阿羅漢作是念我得
阿羅漢道即為著我人衆生壽者世尊佛

BD01678 號　金剛般若波羅蜜經

(9–1)

漢道不須菩提言不也世尊何以故實无有
法名阿羅漢世尊若阿羅漢作是念我得
阿羅漢道即為著我人眾生壽者世尊佛
說我得无諍三昧人中最為第一是第一離
欲阿羅漢我不作是念我是離欲阿羅漢
世尊我若作是念我得阿羅漢道世尊則
不說須菩提是樂阿蘭那行者以須菩提
實无所行而名須菩提是樂阿蘭那行
佛告須菩提於意云何如來昔在然燈佛所於
法有所得不世尊如來在然燈佛所於法實
无所得須菩提於意云何菩薩莊嚴佛土不
不也世尊何以故莊嚴佛土者則非莊嚴是名
莊嚴是故須菩提諸菩薩摩訶薩應如是
生清淨心不應住色生心不應住聲香味
觸法生心應无所住而生其心
須菩提譬如有人身如須彌山王於意云何是
身為大不須菩提言甚大世尊何以故佛說
非身是名大身
須菩提如恒河中所有沙數如是沙等恒河於
意云何是諸恒河沙寧為多不須菩提言甚
多世尊但諸恒河尚多无數何況其沙須菩
提我今實言告汝若有善男子善女人以七
寶滿尒所恒河沙數三千大千世界以用布施
得福多不須菩提言甚多世尊佛告須菩

BD01678號　金剛般若波羅蜜經　（9–2）

提我今實言告汝若有善男子善女人以七
寶滿尒所恒河沙數三千大千世界以用布施
得福多不須菩提言甚多世尊佛告須菩
提若善男子善女人於此經中乃至受持
四句偈等為他人說而此福德勝前福德復
次須菩提隨說是經乃至四句偈等當知此
處一切世間天人阿脩羅皆應供養如佛塔廟
何況有人盡能受持讀誦須菩提當知是人
成就最上第一希有之法若是經典所在之處
則為有佛若尊重弟子
尒時須菩提白佛言世尊當何名此經我等云
何奉持佛告須菩提是經名為金剛般若波
羅蜜以是名字汝當奉持所以者何須菩提
佛說般若波羅蜜則非般若波羅蜜須菩
提於意云何如來有所說法不須菩提白
佛言世尊如來无所說須菩提於意云何三
千大千世界所有微塵是為多不須菩提言甚
多世尊須菩提諸微塵如來說非微塵是名
微塵如來說世界非世界是名世界
須菩提於意云何可以三十二相見如來不不
也世尊不可以三十二相得見如來何以故如來
說三十二相即是非相是名三十二相須菩提若
有善男子善女人以恒河沙等身命布施若
復有人於此經中乃至受持四句偈等為他

BD01678號　金剛般若波羅蜜經　（9–3）

說三十二相即是非相是名三十二相須菩提若
有善男子善女人以恒河沙等身命布施若
復有人於此經中乃至受持四句偈等為他
人說其福甚多
尒時須菩提聞說是經深解義趣涕淚悲
泣而白佛言希有世尊佛說如是甚深經典
我從昔來所得慧眼未曾得聞如是之經世
尊若復有人得聞是經信心清淨則生實
相當知是人成就第一希有功德世尊是實
相者則是非相是故如來說名實相世尊我
今得聞如是經典信解受持不足為難若當
來世後五百歲其有衆生得聞是經信解
受持是人則為第一希有何以故此人无我相
人相衆生相壽者相所以者何我相即是非
相人相衆生相壽者相即是非相何以故
離一切諸相則名諸佛
佛告須菩提如是如是若復有人得聞是經
不驚不怖不畏當知是人甚為希有何以故
須菩提如來說第一波羅蜜非第一波羅蜜是
名第一波羅蜜須菩提忍辱波羅蜜如來說
非忍辱波羅蜜何以故須菩提如我昔為歌
利王割截身體我於尒時无我相无人相无衆
生相无壽者相何以故我於往昔節節支解
時若有我相人相衆生相壽者相應生瞋恨

BD01678號　金剛般若波羅蜜經　（9–4）

生相无壽者相何以故我於往昔節節支解
時若有我相人相衆生相壽者相應生瞋恨
須菩提又念過去於五百世作忍辱仙人於尒
所世无我相无人相无衆生相无壽者相是故
須菩提菩薩應離一切相發阿耨多羅三藐
三菩提心不應住色生心不應住聲香味觸
法生心應生无所住心若心有住則為非住是
故佛說菩薩心不應住色布施須菩提菩
薩為利益一切衆生應如是布施如來說一
切諸相即是非相又說一切衆生則非衆生
須菩提如來是真語者實語者如語者不
誑語者不異語者須菩提如來所得法此法
无實无虛
須菩提若菩薩心住於法而行布施如人入
闇則无所見若菩薩心不住法而行布施如人
有目日光明照見種種色須菩提當來之世
若有善男子善女人能於此經受持讀誦則
為如來以佛智慧悉知是人悉見是人皆得
成就无量无邊功德
須菩提若有善男子善女人初日分以恒河
沙等身布施中日分復以恒河沙等身布施
後日分亦以恒河沙等身布施如是无量百千
万億劫以身布施若復有人聞此經典信心不
逆其福勝彼何況書寫受持讀誦為人解說
須菩提以要言之是經有不可思議不可稱量

BD01678號　金剛般若波羅蜜經　（9–5）

後日分亦以恒河沙等身布施如是无量百千
万億劫以身布施若復有人聞此經典信心不
逆其福勝彼何況書寫受持讀誦為人解說
須菩提以要言之是經有不可思議不可稱量
无邊功德如來為發大乘者說為發最上乘
者說若有人能受持讀誦廣為人說如來
悉知是人悉見是人皆得成就不可量不可
稱无有邊不可思議功德如是人等則為
荷擔如來阿耨多羅三藐三菩提何以故須
菩提若樂小法者著我見人見眾生見壽者
見則於此經不能聽受讀誦為人解說須
菩提在在處處若有此經一切世間天人阿
修羅所應供養當知此處則為是塔皆應
恭敬作禮圍遶以諸華香而散其處
復次須菩提善男子善女人受持讀誦此經
若為人輕賤是人先世罪業應墮惡道以今世
人輕賤故先世罪業則為消滅當得阿耨
多羅三藐三菩提
須菩提我念過去无量阿僧祇劫於然燈佛
前得值八百四千万億那由他諸佛悉皆供
養承事无空過者若復有人於後末世能受
持讀誦此經所得功德於我所供養諸佛
功德百分不及一千万億分乃至筭數譬喻所
不能及須菩提若善男子善女人於後末世

BD01678號　金剛般若波羅蜜經　（9–6）

持讀誦此經所得功德於我所供養諸佛
功德百分不及一千万億分乃至筭數譬喻所
不能及須菩提若善男子善女人於後末世
有受持讀誦此經所得功德我若具說者
或有人聞心則狂亂狐疑不信須菩提當知
是經義不可思議果報亦不可思議
尒時須菩提白佛言世尊善男子善女人發
阿耨多羅三藐三菩提心云何應住云何降
伏其心佛告須菩提善男子善女人發阿耨
多羅三藐三菩提者當生如是心我應滅度
一切眾生滅度一切眾生已而无有一眾生實
滅度者何以故若菩薩有我相人相眾生相
壽者相則非菩薩所以者何須菩提實无有
法發阿耨多羅三藐三菩提心者須菩提於
意云何如來於然燈佛所有法得阿耨多
羅三藐三菩提不不也世尊如我解佛所說
義佛於然燈佛所无有法得阿耨多羅三
藐三菩提佛言如是如是須菩提實无有法
如來得阿耨多羅三藐三菩提須菩提若有
法如來得阿耨多羅三藐三菩提者然燈
佛則不與我受記汝於來世當得作佛号
釋迦牟尼以實无有法得阿耨多羅三藐三
菩提是故然燈佛與我受記作是言汝於
來世當得作佛号釋迦牟尼何以故如來

BD01678號　金剛般若波羅蜜經　（9–7）

釋迦牟尼以實无有法得阿耨多羅三藐三
菩提是故然燈佛與我受記作是言汝於
來世當得作佛号釋迦牟尼何以故如來
者即諸法如義若有人言如來得阿耨多
羅三藐三菩提須菩提實无有法佛得阿
耨多羅三藐三菩提須菩提如來所得阿耨
多羅三藐三菩提於是中无實无虛是故如
來說一切法皆是佛法須菩提所言一切法
者即非一切法是故名一切法
須菩提譬如人身長大須菩提言世尊如來
說人身長大則為非大身是名大身須菩
提菩薩亦如是若作是言我當滅度无量
眾生則不名菩薩何以故須菩提實无有法
名為菩薩是故佛說一切法无我无人无眾生
无壽者須菩提若菩薩作是言我當莊嚴
佛土是不名菩薩何以故如來說莊嚴佛土
者即非莊嚴是名莊嚴須菩提若菩薩通
達无我法者如來說名真是菩薩
須菩提於意云何如來有肉眼不如是世尊
如來有肉眼須菩提於意云何如來有天眼
不如是世尊如來有天眼須菩提於意云何
如來有慧眼不如是世尊如來有慧眼須菩
提於意云何如來有法眼不如是世尊如來
有法眼須菩提於意云何如來有佛眼不

BD01678號　金剛般若波羅蜜經　（9–8）

不如是世尊如來有天眼須菩提於意云何
如來有慧眼不如是世尊如來有慧眼須菩
提於意云何如來有法眼不如是世尊如來
有法眼須菩提於意云何如來有佛眼不
王如是等七寶聚有人持用布施若人以此般
若波羅蜜經乃至四句偈等受持讀誦為
他人說於前福德百分不及一百千万億分
乃至筭數譬喻所不能及
須菩提於意云何汝等勿謂如來作是念
我當度眾生須菩提莫作是念何以故實
无有眾生如來度者若有眾生如來度者
如來則有我人眾生壽者須菩提如來說
有我者則非有我而凡夫之人以為有我須
菩提凡夫者如來說則非凡夫
人演說其福勝彼云何為人演說不取於相
如如不動何以故
一切有為法　如夢幻泡影　如露亦如電　應作如是觀
佛說是經已長老須菩提及諸比丘比丘尼
優婆塞優婆夷一切世間天人阿脩羅聞佛
所說皆大歡喜信受奉持
金剛般若波羅蜜經

BD01678號　金剛般若波羅蜜經　（9–9）

重

聞慈善男子慈若是若苦即是慈當知是慈
是聲聞慈善男子慈若不淨不淨即慈當知
是慈是聲聞慈善男子慈若無我無我即慈當
知是慈是聲聞慈善男子慈若妄想妄想即
慈當知是慈是聲聞慈善男子慈若不名檀
波羅般若波羅蜜亦復如是善男子慈若不能利
益衆生如是之慈是聲聞慈善男子慈若不
入一相之道當知是慈是聲聞慈善男子慈
若不能覺了諸法當知是慈是聲聞慈善男
子慈若不能見如來性當知是慈是聲聞慈
善男子慈若見法悉是有相當知是慈是聲
聞慈善男子慈若有漏有漏慈者是聲聞慈
善男子慈若有爲有爲之慈是聲聞慈善男
子慈若不能住於初住非初住慈當知即是
聲聞之慈善男子慈若不能得佛十力四無
所畏當知是慈是聲聞慈善男子慈若能得
四沙門果當知是慈是聲聞慈
善男子慈若有無非有非無如是之慈非諸
聲聞辟支佛等所能思議善男子慈若不可
思議法不可思議佛性不可思議…如來亦不
可思議善男子菩薩摩訶薩住於大乘大般

BD01679號　大般涅槃經（南本　兑廢稿）卷一四　（2-1）

若不能覺了諸法當知是慈是聲聞慈善男
子慈若不能見如來性當知是慈是聲聞慈
善男子慈若見法悉是有相當知是慈是聲
聞慈善男子慈若有漏有漏慈者是聲聞慈
善男子慈若有爲有爲之慈是聲聞慈善男
子慈若不能住於初住非初住慈當知即是
聲聞之慈善男子慈若不能得佛十力四無
所畏當知是慈是聲聞慈善男子慈若能得
四沙門果當知是慈是聲聞慈
善男子慈若有無非有非無如是之慈非諸
聲聞辟支佛等所能思議善男子慈若不可
思議法不可思議佛性不可思議…如來亦不
可思議善男子菩薩摩訶薩住於大乘大般
涅槃脩如是慈雖復安於睡眠之中而不睡
眠勤精進故雖常覺悟亦無覺悟以無眠故
於睡眠中諸天雖護亦無護者不行惡故眠

BD01679號　大般涅槃經（南本　兑廢稿）卷一四　（2-2）

[illegible]華
多羅三藐
次當作佛号曰
訶三藐三佛陁其
是華光佛滅度之後
像法住世亦三十二小劫[illegible]重宣
此義而說偈言
舍利弗來世 成佛普智尊 号名曰華光 當度无量眾
供養无數佛 具足菩薩行 十力等功德 證於无上道
過无量劫已 劫名大寶嚴 世界名離垢 清淨无瑕穢
以琉璃為地 金繩界其道 七寶雜色樹 常有華菓實
彼國諸菩薩 志念常堅固 神通波羅蜜 皆已悉具足
於无數佛所 善學菩薩道 如是等大士 華光佛所化
佛為王子時 棄國捨世榮 於最末後身 出家成佛道
華光佛住世 壽十二小劫 其國人民眾 壽命八小劫
佛滅度之後 正法住於世 三十二小劫 廣度諸眾生
正法滅盡已 像法三十二 舍利廣流布 天人普供養
華光佛所為 其事皆如是 其兩足聖尊 最勝无倫匹
彼即是汝身 宜應自欣慶
尒時四部眾比丘比丘尼優婆塞優婆夷天龍

BD01680號 妙法蓮華經卷二 （26–1）

正法滅盡已 像法三十二 舍利廣流布 天人普供養
華光佛所為 其事皆如是 其兩足聖尊 最勝无倫匹
彼即是汝身 宜應自欣慶
尒時四部眾比丘比丘尼優婆塞優婆夷天龍
夜叉乾闥婆阿修羅迦樓羅緊那羅摩睺羅
伽等大眾見舍利弗於佛前受阿耨多羅三
藐三菩提記心大歡喜踊躍无量各各脫
身所著上衣以供養佛釋提桓因梵天王等
與无數天子亦以天妙衣天曼陁羅華摩訶
曼陁羅華等供養於佛所散天衣住虛空中
而自迴轉諸天伎樂百千万種於虛空中一
時俱作雨眾天華而作是言佛昔於波羅㮈
初轉法輪今乃復轉无上最大法輪尒時諸天
子欲重宣此義而說偈言
昔於波羅㮈 轉四諦法輪 分別說諸法 五眾之生滅
今復轉最妙 无上大法輪 是法甚深奧 少有能信者
我等從昔來 數聞世尊說 未曾聞如是 深妙之上法
世尊說是法 我等皆隨喜 大智舍利弗 今得受尊記
我等亦如是 必當得作佛 於一切世間 最尊无有上
佛道叵思議 方便隨宜說 我所有福業 今世若過世
及見佛功德 盡迴向佛道
尒時舍利弗白佛言世尊我今无復疑悔親
於佛前得受阿耨多羅三藐三菩提記是諸
千二百心自在者昔住學地佛常教化言我
法能離生老病死究竟涅槃是學无學人亦

BD01680號 妙法蓮華經卷二 （26–2）

於佛前得受阿耨多羅三藐三菩提記是諸
千二百心自在者昔住學地佛常教化言我
法能離生老病死究竟涅槃是學无學人亦
各自以離我見及有无見等謂得涅槃而今
於世尊前聞所未聞皆墮疑惑善哉世尊願
為四衆說其因緣令離疑悔尒時佛告舍利
弗我先不言諸佛世尊以種種因緣譬喻言
辞方便說法皆為阿耨多羅三藐三菩提耶
是諸所說皆為化菩薩故然舍利弗今當復
以譬喻更明此義諸有智者以譬喻得解舍
利弗若國邑聚落有大長者其年衰邁財富
无量多有田宅及諸僮僕其家廣大唯有一
門多諸人衆一百二百乃至五百人止住其
中堂閣朽故墻壁頹落柱根腐敗梁棟傾斜
周帀俱時欻然火起焚燒舍宅長者諸子若
十二十或至三十在此宅中長者見是大火
從四面起即大驚怖而作是念我雖能於此
所燒之門安隱得出而諸子等於火宅內樂
著嬉戲不覺不知不驚不怖火來逼身苦痛
切己心不猒患无求出意舍利弗是長者作
是思惟我身手有力當以衣裓若以几案從
舍出之復更思惟是舍唯有一門而復狹小
諸子幼稚未有所識戀著戲處或當墮落
為火所燒我當為說怖畏之事此舍已燒宜時

諸子幼稚未有所識戀著戲處或當墮落
為火所燒我當為說怖畏之事此舍已燒宜時
疾出无令為火之所燒害作是念已如所思惟
具告諸子汝等速出父雖憐愍善言誘喻
而諸子等樂著嬉戲不肯信受不驚不畏了
无出心亦復不知何者是火何者為舍云何
為失但東西走戲視父而已尒時長者即作
是念此舍已為大火所燒我及諸子若不時
出必為所焚我今當設方便令諸子等得免
斯害父知諸子先心各有所好種種珍玩奇
異之物情必樂著而告之言汝等所可玩好
希有難得汝若不取後必憂悔如此種種羊
車鹿車牛車今在門外可以遊戲汝等於此
火宅宜速出來隨汝所欲皆當與汝尒時諸
子聞父所說珍玩之物適其願故心各勇鋭
牙相推排競共馳走爭出火宅是時長者見
諸子等安隱得出皆於四衢道中露地而坐
无復障礙其心泰然歡喜踊躍時諸子等各
白父言父先所許玩好之具羊車鹿車牛車
願時賜與舍利弗尒時長者各賜諸子等一
大車其車高廣衆寶莊校周帀欄楯四面懸
鈴又於其上張設幰蓋亦以珍奇雜寶而嚴
飾之寶繩交絡垂諸華瓔重敷綩綖安置丹
枕駕以白牛膚色充潔形體姝好有大筋力

鈴又於其上張設幰蓋亦以珍奇雜寶而嚴
飾之寶繩交絡垂諸華瓔重敷綩綖安置丹
枕駕以白牛膚色充潔形體姝好有大筋力
行步平正其疾如風又多僕從而侍衛之所
以者何是大長者財冨无量種種諸藏悉皆
充溢而作是念我財物无極不應以下劣小
車與諸子等今此幼童皆是吾子愛无偏黨
我有如是七寶大車其數无量應當等心各
各與之不宜差別所以者何以我此物周給一
國猶尚不匱何況諸子是時諸子各乘大車
得未曾有非本所望舍利弗於汝意云何是
長者等與諸子珍寶大車寧有虛妄不舍
利弗言不也世尊是長者但令諸子得免火
難全其軀命非為虛妄何以故若全身命便
為已得玩好之具況復方便於彼火宅而拔
濟之世尊若是長者乃至不與最小一車猶
不虛妄何以故是長者先作是意我以方便令
子得出以是因緣无虛妄也何況長者自知
財冨无量欲饒益諸子等與大車佛告舍
利弗善哉善哉如汝所言舍利弗如來亦復
如是則為一切世間之父於諸怖畏衰惱憂患
无明暗蔽永盡无餘而悉成就无量知見力
无所畏有大神力及智慧力具足方便智慧
波羅蜜大慈大悲常无懈惓恒求善事利

BD01680號　妙法蓮華經卷二

（26–5）

无所畏有大神力及智慧力具足方便智慧
波羅蜜大慈大悲常无懈惓恒求善事利
益一切而生三界朽故火宅為度眾生生老
病死憂悲苦惱愚癡暗蔽三毒之火教化令
得阿耨多羅三藐三菩提見諸眾生為生老
病死憂悲苦惱之所燒煑亦以五欲財利故
受種種苦又以貪著追求故現受眾苦後受
地獄畜生餓鬼之苦若生天上及在人間貧
窮困苦愛別離苦怨憎會苦如是等種種諸
苦眾生沒在其中歡喜遊戲不覺不知不驚
不怖亦不生厭不求解脫於此三界火宅東西
馳走雖遭大苦不以為患舍利弗佛見此已
便作是念我為眾生之父應拔其苦難與
无量无邊佛智慧樂令其遊戲舍利弗如來
復作是念若我但以神力及智慧力捨於方
便為諸眾生讚如來知見力无所畏者眾生
不能以是得度所以者何是諸眾生未免生
老病死憂悲苦惱而為三界火宅所燒何由
能解佛之智慧舍利弗如彼長者雖復身手
有力而不用之但以慇懃方便免濟諸子火
宅之難然後各與珍寶大車如來亦復如是
雖有力无所畏而不用之但以智慧方便於
三界火宅拔濟眾生為說三乘聲聞辟支佛
佛乘而作是言汝等莫得樂住三界火宅勿

BD01680號　妙法蓮華經卷二

（26–6）

三界火宅拔濟衆生爲說三乘聲聞辟支佛
佛乘而作是言汝等莫得樂住三界火宅勿
貪麤弊色聲香味觸也若貪著生愛則爲所
燒汝速出三界當得三乘聲聞辟支佛佛乘
我今爲汝保任此事終不虛也汝等但當勤
脩精進如來以是方便誘進衆生復作是言
汝等當知此三乘法皆是聖所稱歎自在无
繫无所依求乘此三乘以无漏根力覺道禪
定解脫三昧等而自娛樂便得无量安隱快
樂舍利弗若有衆生內有智性從佛世尊聞
法信受慇懃精進欲速出三界自求涅槃是
名聲聞乘如彼諸子爲求羊車出於火宅若
有衆生從佛世尊聞法信受慇懃精進求自
然慧樂獨善寂深知諸法因緣是名辟支佛
乘如彼諸子爲求鹿車出於火宅若有衆生
從佛世尊聞法信受勤脩精進求一切智佛
智自然智无師智如來知見力无所畏愍念
安樂无量衆生利益天人度脫一切是名大
乘菩薩求此乘故名爲摩訶薩如彼諸子爲
求牛車出於火宅舍利弗如彼長者見諸子
等安隱得出火宅到无畏處自惟財富无量
等以大車而賜諸子如來亦復如是爲一切
衆生之父若見无量億千衆生以佛教門出
三界苦怖畏險道得涅槃樂如來尒時便作
是念我有无量无邊智慧力无畏等諸佛法

衆生之父若見无量億千衆生以佛教門出
三界苦怖畏險道得涅槃樂如來尒時便作
是念我有无量无邊智慧力无畏等諸佛法
藏是諸衆生皆是我子等與大乘不令有人
獨得滅度皆以如來滅度而滅度之是諸衆
生脫三界者悉與諸佛禪定解脫等娛樂之
具皆是一相一種聖所稱歎能生淨妙第一
之樂舍利弗如彼長者初以三車誘引諸子
然後但與大車寶物莊嚴安隱第一然後長
者无虛妄之咎如來亦復如是无有虛妄初
說三乘引導衆生然後但以大乘而度脫之
何以故如來有无量智慧力无所畏諸法之
藏能與一切衆生大乘之法但不盡能受舍
利弗以是因緣當知諸佛方便力故於一佛
乘分別說三佛欲重宣此義而說偈言
譬如長者　有一大宅　其宅久故　而復頓弊
堂舍高危　柱根摧朽　梁棟傾斜　基陛頹毀
牆壁圮坼　泥塗褫落　覆苫亂墜　椽梠差脫
周障屈曲　雜穢充遍　有五百人　止住其中
鵄梟鵰鷲　烏鵲鳩鴿　蚖蛇蝮蠍　蜈蚣蚰蜒
守宮百足　狖狸鼷鼠　諸惡蟲輩　交橫馳走
屎尿臭處　不淨流溢　蜣蜋諸蟲　而集其上
狐狼野干　咀嚼踐蹋　嚌齧死屍　骨肉狼藉
由是羣狗　競來搏撮　飢羸慞惶　處處求食

屎尿臭處　不淨流溢　蜣蜋諸虫　而集其上
狐狼野干　咀嚼踐蹋　嚌齧死屍　骨肉狼藉
由是羣狗　競來搏撮　飢羸慞惶　處處求食
鬪諍齟掣　啀喍嘷吠　其舍恐怖　變狀如是
處處皆有　魑魅魍魎　夜叉惡鬼　食噉人肉
毒虫之屬　諸惡禽獸　孚乳產生　各自藏護
夜叉競來　爭取食之　食之既飽　惡心轉熾
鬪諍之聲　甚可怖畏　鳩槃荼鬼　蹲踞土埵
或時離地　一尺二尺　往返遊行　縱逸嬉戲
捉狗兩足　撲令失聲　以脚加頸　怖狗自樂
復有諸鬼　其身長大　裸形黑瘦　常住其中
發大惡聲　叫呼求食　復有諸鬼　其咽如針
復有諸鬼　首如牛頭　或食人肉　或復噉狗
頭髮蓬亂　殘害兇險　飢渴所逼　叫喚馳走
夜叉餓鬼　諸惡鳥獸　飢急四向　窺看窓牖
如是諸難　恐畏无量　是朽故宅　屬于一人
其人近出　未久之間　於後舍宅　欻然火起
四面一時　其焰俱熾　棟梁椽柱　爆聲震裂
摧折墮落　墻壁崩倒　諸鬼神等　揚聲大叫
鵰鷲諸鳥　鳩槃荼等　周慞惶怖　不能自出
惡獸毒虫　藏竄孔穴　毗舍闍鬼　亦住其中
薄福德故　為火所逼　共相殘害　飲血噉肉
野干之屬　並已前死　諸大惡獸　競來食噉
臭烟熢㶿　四面充塞　蜈蚣蚰蜒　毒蛇之類

BD01680號　妙法蓮華經卷二　（26–9）

薄福德故　為火所逼　共相殘害　飲血噉肉
野干之屬　並已前死　諸大惡獸　競來食噉
臭烟熢㶿　四面充塞　蜈蚣蚰蜒　毒蛇之類
為火所燒　爭走出穴　鳩槃荼鬼　隨取而食
又諸餓鬼　頭上火然　飢渴熱惱　周慞悶走
其宅如是　甚可怖畏　毒害火災　衆難非一
是時宅主　在門外立　聞有人言　汝諸子等
先因遊戲　來入此宅　稚小无知　歡娛樂著
長者聞已　驚入火宅　方宜救濟　令无燒害
告喻諸子　說衆患難　惡鬼毒虫　災火蔓莚
衆苦次第　相續不絕　毒蛇蚖蝮　及諸夜叉
鳩槃荼鬼　野干狐狗　鵰鷲鵄梟　百足之屬
飢渴惱急　甚可怖畏　此苦難處　況復大火
諸子无知　雖聞父誨　猶故樂著　嬉戲不已
是時長者　而作是念　諸子如此　益我愁惱
今此舍宅　无一可樂　而諸子等　耽湎嬉戲
不受我教　將為火害　即便思惟　設諸方便
告諸子等　我有種種　珍玩之具　妙寶好車
羊車鹿車　大牛之車　今在門外　汝等出來
吾為汝等　造作此車　隨意所樂　可以遊戲
諸子聞說　如此諸車　即時奔競　馳走而出
到於空地　離諸苦難　長者見子　得出火宅
住於四衢　坐師子座　而自慶言　我今快樂
此諸子等　生育甚難　愚小无知　而入險宅

BD01680號　妙法蓮華經卷二　（26–10）

至於空地　離諸苦難　長者見子　得出火宅
住於四衢　坐師子座　而自慶言　我今快樂
此諸子等　生育甚難　愚小无知　而入險宅
多諸毒虫　魑魅可畏　大火猛焰　四面俱起
而此諸子　貪樂嬉戲　我已救之　令得脫難
是故諸人　我今快樂　尒時諸子　知父安坐
皆詣父所　而白父言　願賜我等　三種寶車
如前所許　諸子出來　當以三車　隨汝所欲
今正是時　唯垂給與　長者大富　庫藏衆多
金銀琉璃　車𤦲馬瑙　以衆寶物　造諸大車
莊校嚴飾　周帀欄楯　四面懸鈴　金繩交絡
真珠羅網　張施其上　金華諸瓔　處處垂下
衆綵雜飾　周帀圍繞　柔軟繒纊　以為茵蓐
上妙細疊　價直千億　鮮白淨潔　以覆其上
有大白牛　肥壯多力　形體姝好　以駕寶車
多諸儐從　而侍衛之　以是妙車　等賜諸子
諸子是時　歡喜踊躍　乘是寶車　遊於四方
嬉戲快樂　自在无礙　告舍利弗　我亦如是
衆聖中尊　世間之父　一切衆生　皆是吾子
深著世樂　无有慧心　三界无安　猶如火宅
衆苦充滿　甚可怖畏　常有生老　病死憂患
如是等火　熾然不息　如來已離　三界火宅
寂然閑居　安處林野　今此三界　皆是我有
其中衆生　悉是吾子　而今此處　多諸患難
唯我一人　能為救護　雖復教詔　而不信受

BD01680 號　妙法蓮華經卷二　（26–11）

寂然閑居　安處林野　今此三界　皆是我有
其中衆生　悉是吾子　而今此處　多諸患難
唯我一人　能為救護　雖復教詔　而不信受
於諸欲染　貪著深故　是以方便　為說三乘
令諸衆生　知三界苦　開示演說　出世間道
是諸子等　若心決定　具足三明　及六神通
有得緣覺　不退菩薩　汝舍利弗　我為衆生
以此譬喻　說一佛乘　汝等若能　信受是語
一切皆當　得成佛道　是乘微妙　清淨第一
於諸世間　為无有上　佛所悅可　一切衆生
所應稱讚　供養礼拜　无量億千　諸力解脫
禪定智慧　及佛餘法　得如是乘　令諸子等
日夜劫數　常得遊戲　與諸菩薩　及聲聞衆
乘此寶乘　直至道場　以是因緣　十方諦求
更无餘乘　除佛方便　告舍利弗　汝諸人等
皆是吾子　我則是父　汝等累劫　衆苦所燒
我皆濟拔　令出三界　我雖先說　汝等滅度
但盡生死　而實不滅　今所應作　唯佛智慧
若有菩薩　於是衆中　能一心聽　諸佛實法
諸佛世尊　雖以方便　所化衆生　皆是菩薩
若人小智　深著愛欲　為此等故　說於苦諦
衆生心喜　得未曾有　佛說苦諦　真實无異
若有衆生　不知苦本　深著苦因　不能暫捨
為是等故　方便說道　諸苦所因　貪欲為本

BD01680 號　妙法蓮華經卷二　（26–12）

衆生心喜 得未曾有 佛說苦諦 真實无異
若有衆生 不知苦本 深著苦因 不能暫捨
爲是等故 方便說道 諸苦所因 貪欲爲本
若滅貪欲 无所依止 滅盡諸苦 名第三諦
爲滅諦故 脩行於道 離諸苦縛 名得解脫
是人於何 而得解脫 但離虛妄 名爲解脫
其實未得 一切解脫 佛說是人 未實滅度
斯人未得 无上道故 我意不欲 令至滅度
我爲法王 於法自在 安隱衆生 故現於世
汝舍利弗 我此法印 爲欲利益 世間故說
在所遊方 勿妄宣傳 若有聞者 隨喜頂受
當知是人 阿鞞跋致 若有信受 此經法者
是人已曾 見過去佛 恭敬供養 亦聞是法
若人有能 信汝所說 則爲見我 亦見於汝
及比丘僧 并諸菩薩 斯法華經 爲深智說
淺識聞之 迷惑不解 一切聲聞 及辟支佛
於此經中 力所不及 汝舍利弗 尚於此經
以信得入 況餘聲聞 其餘聲聞 信佛語故
隨順此經 非己智分 又舍利弗 憍慢懈怠
計我見者 莫說此經 凡夫淺識 深著五欲
聞不能解 亦勿爲說 若人不信 毀謗此經
則斷一切 世間佛種 或復顰蹙 而懷疑惑
汝當聽說 此人罪報 若佛在世 若滅度後
其有誹謗 如斯經典 見有讀誦 書持經者

BD01680號 妙法蓮華經卷二 (26–13)

汝當聽說 此人罪報 若佛在世 若滅度後
其有誹謗 如斯經典 見有讀誦 書持經者
輕賤憎嫉 而懷結恨 此人罪報 汝今復聽
其人命終 入阿鼻獄 具足一劫 劫盡更生
如是展轉 至无數劫 從地獄出 當墮畜生
若狗野干 其形頞瘦 黧黮疥癩 人所觸嬈
又復爲人 之所惡賤 常困飢渴 骨肉枯竭
生受楚毒 死被瓦石 斷佛種故 受斯罪報
若作駱駝 或生驢中 身常負重 加諸杖捶
但念水草 餘无所知 謗斯經故 獲罪如是
有作野干 來入聚落 身體疥癩 又无一目
爲諸童子 之所打擲 受諸苦痛 或時致死
於此死已 更受蟒身 其形長大 五百由旬
聾騃无足 宛轉腹行 爲諸小蟲 之所唼食
晝夜受苦 无有休息 謗斯經故 獲罪如是
若得爲人 諸根暗鈍 矬陋攣躄 盲聾背傴
有所言說 人不信受 口氣常臭 鬼魅所著
貧窮下賤 爲人所使 多病痟瘦 无所依怙
雖親附人 人不在意 若有所得 尋復忘失
若脩醫道 順方治病 更增他疾 或復致死
若自有病 无人救療 設服良藥 而復增劇
若他反逆 抄劫竊盜 如是等罪 橫羅其殃
如斯罪人 永不見佛 衆聖之王 說法教化
如斯罪人 常生難處 狂聾心亂 永不聞法

BD01680號 妙法蓮華經卷二 (26–14)

若自有病　无人救療　設服良藥　而復增劇
若他反逆　抄劫竊盜　如是等罪　横羅其殃
如斯罪人　永不見佛　衆聖之王　說法教化
如斯罪人　常生難處　狂聾心亂　永不聞法
於无數劫　如恒河沙　生輒聾瘂　諸根不具
常處地獄　如遊園觀　在餘惡道　如己舍宅
駝驢猪狗　是其行處　謗斯經故　獲罪如是
若得爲人　聾盲瘖瘂　貧窮諸衰　以自莊嚴
水腫乾痟　疥癩癰疽　如是等病　以爲衣服
身常臭處　垢穢不淨　深著我見　增益瞋恚
婬欲熾盛　不擇禽獸　謗斯經故　獲罪如是
告舍利弗　謗斯經者　若說其罪　窮劫不盡
以是因緣　我故語汝　无智人中　莫說此經
若有利根　智慧明了　多聞強識　求佛道者
如是之人　乃可爲說　若人曾見　億百千佛
殖諸善本　深心堅固　如是之人　乃可爲說
若人精進　常脩慈心　不惜身命　乃可爲說
若人恭敬　无有異心　離諸凡愚　獨處山澤
如是之人　乃可爲說　又舍利弗　若見有人
捨惡知識　親近善友　如是之人　乃可爲說
若見佛子　持戒清淨　如淨明珠　求大乘經
如是之人　乃可爲說　若人无瞋　質直柔軟
常愍一切　恭敬諸佛　如是之人　乃可爲說
復有佛子　於大衆中　以清淨心　種種因緣
譬喻言辭　說法无礙　如是之人　乃可爲說

BD01680號　妙法蓮華經卷二　（26–15）

如是之人　乃可爲說　若人无瞋　質直柔軟
常愍一切　恭敬諸佛　如是之人　乃可爲說
復有佛子　於大衆中　以清淨心　種種因緣
譬喻言辭　說法无礙　如是之人　乃可爲說
若有比丘　爲一切智　四方求法　合掌頂受
但樂受持　大乘經典　乃至不受　餘經一偈
如是之人　乃可爲說　如人至心　求佛舍利
如是求經　得已頂受　其人不復　志求餘經
亦未曾念　外道典籍　如是之人　乃可爲說
告舍利弗　我說是相　求佛道者　窮劫不盡
如是等人　則能信解　汝當爲說　妙法華經

妙法蓮華經信解品第四

尒時慧命須菩提摩訶迦旃延摩訶迦葉摩
訶目揵連從佛所聞未曾有法世尊授舍利
弗阿耨多羅三藐三菩提記發希有心歡喜
踊躍即從座起整衣服偏袒右肩右膝著地
一心合掌曲躬恭敬瞻仰尊顏而白佛言我
等居僧之首年並朽邁自謂已得涅槃无所
堪任不復進求阿耨多羅三藐三菩提世尊
往昔說法既久我時在座身體疲懈但念空
无相无作於菩薩法遊戲神通淨佛國土成
就衆生心不喜樂所以者何世尊令我等出
於三界得涅槃證又今我等年已朽邁於佛
教化菩薩阿耨多羅三藐三菩提不生一念
好樂之心我等今於佛前聞授聲聞阿耨多

BD01680號　妙法蓮華經卷二　（26–16）

說衆生心不喜樂所以者何世尊令我等出
於三界得涅槃證又今我等年已朽邁於佛
教化菩薩阿耨多羅三藐三菩提不生一念
好樂之心我等今於佛前聞授聲聞阿耨多
羅三藐三菩提記心甚歡喜得未曾有不謂
於今忽然得聞希有之法深自慶幸獲大善
利无量珎寶不求自得世尊我等今者樂說
譬喻以明斯義譬若有人年既幼稚捨父逃
逝久住他國或十二十至五十歲年既長大
加復窮困馳騁四方以求衣食漸漸遊行遇
向本國其父先來求子不得中止一城其家
大富財寶无量金銀琉璃珊瑚虎珀頗梨珠
等其諸倉庫悉皆盈溢多有僮僕臣佐吏
民象馬車乘牛羊无數出入息利乃遍他國商
估賈客亦甚衆多時貧窮子遊諸聚落經歷
國邑遂到其父所止之城父每念子與子離
別五十餘年而未曾向人說如此事但自思
惟心懷悔恨自念老朽多有財物金銀珎寶
倉庫盈溢无有子息一旦終沒財物散失无
所委付是以殷勤每憶其子復作是念我若
得子委付財物坦然快樂无復憂慮世尊尒
時窮子傭賃展轉遇到父舍住立門側遙見
其父踞師子床寶机承足諸婆羅門剎利居
士皆恭敬圍繞以真珠瓔珞價直千万莊嚴

BD01680號　妙法蓮華經卷二　（26–17）

得子委付財物坦然快樂无復憂慮世尊尒
時窮子傭賃展轉遇到父舍住立門側遙見
其父踞師子床寶机承足諸婆羅門剎利居
士皆恭敬圍繞以真珠瓔珞價直千万莊嚴
其身吏民僮僕手執白拂侍立左右覆以寶
帳垂諸華幡香水灑地散衆名華羅列寶
物出內取與有如是等種種嚴飾威德特尊窮
子見父有大力勢即懷恐怖悔來至此竊作
是念此或是王或是王等非我傭力得物之
處不如往至貧里肆力有地衣食易得若久
住此或見逼迫強使我作作是念已疾走而
去時富長者於師子座見子便識心大歡喜
即作是念我財物庫藏今有所付我常思念
此子无由見之而忽自來甚適我願我雖年
朽猶故貪惜即遣傍人急追將還尒時使者
疾走往捉窮子驚愕稱怨大喚我不相犯何
爲見捉使者執之逾急強牽將還于時窮子
自念无罪而被囚執此必定死轉更惶怖悶
絕躃地父遙見之而語使言不須此人勿強
將來以冷水灑面令得醒悟莫復與語所以
者何父知其子志意下劣自知豪貴爲子所
難審知是子而以方便不語他人云是我子
使者語之我今放汝隨意所趣窮子歡喜得
未曾有從地而起往至貧里以求衣食尒時
長者將欲誘引其子而設方便密遣二人形

BD01680號　妙法蓮華經卷二　（26–18）

使者語之我今放汝隨意所趣窮子歡喜得
未曾有從地而起往至貧里以求衣食尒時
長者將欲誘引其子而設方便密遣二人形
色憔悴无威德者汝可詣彼徐語窮子此有
作處倍與汝直窮子若許將來使作若言欲
何所作便可語之雇汝除糞我等二人亦共
汝作時二使人即求窮子既已得之具陳上
事尒時窮子先取其價尋與除糞其父見
子愍而怪之又以他日於窓牖中遥見子身羸
瘦憔悴糞土塵坌汙穢不淨即脫瓔珞細軟
上服嚴飾之具更著麁弊垢膩之衣塵土坌
身右手執持除糞之器狀有所畏語諸作人
汝等勤作勿得懈息以方便故得近其子後
復告言咄男子汝常此作勿復餘去當加汝價
諸有所須瓫器米麵鹽酢之屬莫自疑難亦
有老弊使人須者相給好自安意我如汝父
勿復憂慮所以者何我年老大而汝少壯汝
常作時无有欺怠瞋恨怨言都不見汝有
此諸惡如餘作人自今已後如所生子即時
長者更與作字名之爲兒尒時窮子雖欣此
遇猶故自謂客作賤人由是之故於二十年
中常令除糞過是已後心相體信入出无難
然其所止猶在本處世尊尒時長者有疾自
知將死不久語窮子言我今多有金銀珎寶
倉庫盈溢其中多少所應取與汝悉知之我

BD01680號　妙法蓮華經卷二　(26–19)

中常令除糞過是已後心相體信入出无難
然其所止猶在本處世尊尒時長者有疾自
知將死不久語窮子言我今多有金銀珎寶
倉庫盈溢其中多少所應取與汝悉知之我
心如是當體此意所以者何今我與汝便爲不
異宜加用心无令漏失尒時窮子即受教
勑領知衆物金銀珎寶及諸庫藏而无悕取
一飡之意然其所止故在本處下劣之心亦
未能捨復經少時父知子意漸已通泰成就
大志自鄙先心臨欲終時而命其子并會親
族國王大臣剎利居士皆悉已集即自宣言
諸君當知此是我子我之所生於某城中捨
吾逃走跉跰辛苦五十餘年其本字某我名
某甲昔在本城懷憂推覓忽於此間遇會得
之此實我子我實其父今我所有一切財物
皆是子有先所出內是子所知世尊是時窮
子聞父此言即大歡喜得未曾有而作是念
我本无心有所悕求今此寶藏自然而至世
尊大富長者則是如來我等皆似佛子如來
常說我等爲子世尊我等以三苦故於生死
中受諸熱惱迷惑无知樂著小法今日世尊
令我等思惟蠲除諸法戲論之糞我等於中
勤加精進得至涅槃一日之價既得此已心大
歡喜自以爲足而便自謂於佛法中勤精進故
所得弘多然世尊先知我等心著弊欲樂

BD01680號　妙法蓮華經卷二　(26–20)

勤加精進得至涅槃一日之價既得此已心大
歡喜自以為足而便自謂於佛法中勤精進故
所得弘多然世尊先知我等心著弊欲樂
於小法便見縱捨不為分別汝等當有如來
知見寶藏之分世尊以方便力說如來智
慧我等從佛得涅槃一日之價以為大得於
此大乘无有志求我等又因如來智慧為諸菩
薩開示演說而自於此无有志願所以者何佛
知我等心樂小法以方便力隨我等說而我
等不知真是佛子今我等方知世尊於佛智
慧无所悋惜所以者何我等昔來真是佛子
而但樂小法若我等有樂大之心佛則為我
說大乘法於此經中唯說一乘而昔於菩薩
前毀呰聲聞樂小法者然佛實以大乘教化
是故我等說本无心有所悕求今法王大寶
自然而至如佛子所應得者皆已得之尒時
摩訶迦葉欲重宣此義而說偈言
我等今日　聞佛音教　歡喜踊躍　得未曾有
佛說聲聞　當得作佛　无上寶聚　不求自得
譬如童子　幼稚无識　捨父逃逝　遠到他土
周流諸國　五十餘年　其父憂念　四方推求
求之既疲　頓止一城　造立舍宅　五欲自娛
其家巨富　多諸金銀　車璖馬瑙　真珠琉璃
象馬牛羊　輦輿車乘　田業僮僕　人民眾多
出入息利　乃遍他國　商估賈人　无處不有

其家巨富　多諸金銀　車璖馬瑙　真珠琉璃
象馬牛羊　輦輿車乘　田業僮僕　人民眾多
出入息利　乃遍他國　商估賈人　无處不有
千萬億眾　圍繞恭敬　常為王者　之所愛念
群臣豪族　皆共宗重　以諸緣故　往來者眾
豪富如是　有大力勢　而年朽邁　益憂念子
夙夜惟念　死時將至　癡子捨我　五十餘年
庫藏諸物　當如之何　尒時窮子　求索衣食
從邑至邑　從國至國　或有所得　或无所得
飢餓羸瘦　體生瘡癬　漸次經歷　到父住城
傭賃展轉　遂至父舍　尒時長者　於其門內
施大寶帳　處師子座　眷屬圍繞　諸人侍衛
或有計筭　金銀寶物　出內財產　注記券疏
窮子見父　豪貴尊嚴　謂是國王　若是王等
驚怖自怪　何故至此　覆自念言　我若久住
或見逼迫　強驅使作　思惟是已　馳走而去
借問貧里　欲往傭作
長者是時　在師子座　遙見其子　默而識之
即勅使者　追捉將來　窮子驚喚　迷悶躃地
是人執我　必當見殺　何用衣食　使我至此
長者知子　愚癡狹劣　不信我言　不信是父
即以方便　更遣餘人　眇目矬陋　无威德者
汝可語之　云當相雇　除諸糞穢　倍與汝價
窮子聞之　歡喜隨來　為除糞穢　淨諸房舍

即以方便　更遣餘人　眇目矬陋　无威德者
汝可語之　云當相雇　除諸糞穢　倍與汝價
窮子聞之　歡喜隨來　為除糞穢　淨諸房舍
長者於牖　常見其子　念子愚劣　樂為鄙事
於是長者　著弊垢衣　執除糞器　往到子所
方便附近　語令勤作　既益汝價　并塗足油
飲食充足　薦席厚暖　如是苦言　汝當勤作
又以軟語　若如我子　長者有智　漸令入出
經二十年　執作家事　示其金銀　真珠頗梨
諸物出入　皆使令知　猶處門外　止宿草菴
自念貧事　我无此物　父知子心　漸已廣大
欲與財物　即聚親族　國王大臣　剎利居士
於此大眾　說是我子　捨我他行　經五十歲
自見子來　已二十年　昔於其城　而失是子
周行求索　遂來至此　凡我所有　舍宅人民
悉以付之　恣其所用　子念昔貧　志意下劣
今於父所　大獲珍寶　并及舍宅　一切財物
甚大歡喜　得未曾有　佛亦如是　知我樂小
未曾說言　汝等作佛　而說我等　得諸无漏
成就小乘　聲聞弟子　佛勅我等　說最上道
修習此者　當得成佛　我承佛教　為大菩薩
以諸因緣　種種譬喻　若干言辭　說无上道
諸佛子等　從我聞法　日夜思惟　精勤修習
是時諸佛　即授其記　汝於來世　當得作佛
一切諸佛　祕藏之法　但為菩薩　演其實事

以諸因緣　種種譬喻　若干言辭　說无上道
諸佛子等　從我聞法　日夜思惟　精勤修習
是時諸佛　即授其記　汝於來世　當得作佛
一切諸佛　祕藏之法　但為菩薩　演其實事
而不為我　說斯真要
如彼窮子　得近其父　雖知諸物　心不悕取
我等雖說　佛法寶藏　自无志願　亦復如是
我等內滅　自謂為足　唯了此事　更无餘事
我等若聞　淨佛國土　教化眾生　都无欣樂
所以者何　一切諸法　皆悉空寂　无生无滅
无大无小　无漏无為　如是思惟　不生喜樂
我等長夜　於佛智慧　无貪无著　无復志願
而自於法　謂是究竟　我等長夜　修習空法
得脫三界　苦惱之患　住最後身　有餘涅槃
佛所教化　得道不虛　則為已得　報佛之恩
我等雖為　諸佛子等　說菩薩法　以求佛道
而於是法　永无願樂　導師見捨　觀我心故
初不勸進　說有實利　如富長者　知子志劣
以方便力　柔伏其心　然後乃付　一切財物
佛亦如是　現希有事　知樂小者　以方便力
調伏其心　乃教大智　我等今日　得未曾有
非先所望　而今自得　如彼窮子　得无量寶
世尊我今　得道得果　於无漏法　得清淨眼
我等長夜　持佛淨戒　始於今日　得其果報

世尊我今　得道得果　於无漏法　得清淨眼
我等長夜　持佛淨戒　始於今日　得其果報
法王法中　久脩梵行　今得无漏　无上大果
我等今者　真是聲聞　以佛道聲　令一切聞
我等今者　真阿羅漢　於諸世間　天人魔梵
普於其中　應受供養　世尊大恩　以希有事
憐愍教化　利益我等　无量億劫　誰能報者
手足供給　頭頂礼敬　一切供養　皆不能報
若以頂戴　兩肩荷負　於恒沙劫　盡心恭敬
又以美饍　无量寶衣　及諸卧具　種種湯藥
牛頭栴檀　及諸珎寶　以起塔廟　寶衣布地
如斯等事　以用供養　於恒沙劫　亦不能報
諸佛希有　无量无邊　不可思議　大神通力
无漏无爲　諸法之王　能爲下劣　忍于斯事
取相凡夫　随宜爲説　諸佛於法　得冣自在
知諸衆生　種種欲樂　及其志力　随所堪任
以无量喻　而爲説法
随諸衆生　宿世善根　又知成熟　未成熟者
種種籌量　分別知已　於一乘道　随宜説三

妙法蓮華經卷第二

BD01680號　妙法蓮華經卷二　（26–25）

憐愍教化　利益我等　无量億劫　誰能報者
手足供給　頭頂礼敬　一切供養　皆不能報
若以頂戴　兩肩荷負　於恒沙劫　盡心恭敬
又以美饍　无量寶衣　及諸卧具　種種湯藥
牛頭栴檀　及諸珎寶　以起塔廟　寶衣布地
如斯等事　以用供養　於恒沙劫　亦不能報
諸佛希有　无量无邊　不可思議　大神通力
无漏无爲　諸法之王　能爲下劣　忍于斯事
取相凡夫　随宜爲説　諸佛於法　得冣自在
知諸衆生　種種欲樂　及其志力　随所堪任
以无量喻　而爲説法
随諸衆生　宿世善根　又知成熟　未成熟者
種種籌量　分別知已　於一乘道　随宜説三

妙法蓮華經卷第二

BD01680號　妙法蓮華經卷二　（26–26）

生是故汝等應當一心供養觀世音菩薩是
觀世音菩薩摩訶薩於怖畏急難之中能施
无畏是故此娑婆世界皆号之為施无畏者
无盡意菩薩白佛言世尊我今當供養觀世
音菩薩即解頸衆寶珠瓔珞價直百千兩金
而以與之作是言仁者受此法施珎寶瓔珞
時觀世音菩薩不肯受之无盡意復白觀世
音菩薩言仁者愍我等故受此瓔珞尒時佛
告觀世音菩薩當愍此无盡意菩薩及四衆
天龍夜叉乹闥婆阿脩羅迦樓羅緊那羅摩
睺羅伽人非人等故受是瓔珞即時觀世音
菩薩愍諸四衆及於天龍人非人等受其瓔
珞分作二分一分奉釋迦牟尼佛一分奉多
寶佛塔无盡意觀世音菩薩有如是自在神
力遊於娑婆世界尒時持地菩薩即從座起
前白佛言世尊若有衆生聞是觀世音菩薩
品自在之業普門示現神通力者當知是人
功德不少佛說是普門品時衆中八万四千
衆生皆發无等等阿耨多羅三藐三菩提心
妙法蓮華經陁羅尼品第二十六
尒時藥王菩薩即從座起偏袒右肩合掌向
佛而白佛言世尊若善男子善女人有能受

BD01681號　妙法蓮華經卷七　(14–1)

妙法蓮華經陁羅尼品第二十六
尒時藥王菩薩即從座起偏袒右肩合掌向
佛而白佛言世尊若善男子善女人有能受
持法華經者若讀誦通利若書冩經卷得幾
所福佛告藥王若有善男子善女人供養八
百万億那由他恒河沙等諸佛於汝意云何
其所得福寧為多不甚多世尊佛言若善男
子善女人能於是經乃至受持一四句偈讀
誦解義如說脩行功德甚多尒時藥王菩薩
白佛言世尊我今當與說法者陁羅尼呪以
守護之即說呪曰
安尒一曼尒二摩祢三摩摩祢四旨隸五遮
梨苐六賒咩羊鳴音七賒履冈雉反多瑋八羶輸千反
帝九目帝十目多履十一娑履十二阿瑋娑履十三
桑履十四娑履十五叉裔十六阿叉裔十七阿耆膩十八
羶帝十九賒履二十陁羅尼二十一阿盧伽婆娑蘇奈
反簸蔗毘叉膩二十二祢毘剃二十三阿便哆都餓
反邏祢履剃二十四阿亶哆波隸輸地途賣反二十五
漚究隸二十六牟究隸二十七阿羅隸二十八波羅隸
二十九首迦差初几反三十阿三磨三履三十一佛馱
毘吉利袠帝三十二達磨波利差猜離反三十三
僧伽涅瞿沙祢三十四婆舍婆舍輸地三十五曼
哆邏三十六曼哆邏叉夜多三十七郵樓哆三十八
郵樓哆憍舍略三十九惡叉邏四十惡叉冶多冶
四十一阿婆盧四十二阿磨若荏蔗反那多夜四十三
世尊是陁羅尼神呪六十二億恒河沙等諸
佛所說若有侵毀此法師者即為侵毀是諸
BD01681號　妙法蓮華經卷七　(14–2)

哆邏三十六 㝵哆邏叉夜多三十七 郵樓哆三十八
郵樓哆愒舍略三十九 惡叉邏四十 惡叉冶多冶
四十一 阿婆盧四十二 阿磨若荏蔟反 那多夜四十三
世尊是陁羅尼神呪六十二億恒河沙等諸
佛所說若有侵毀此法師者則為侵毀是諸
佛已時釋迦牟尼佛讚藥王菩薩言善哉善
哉藥王汝愍念擁護此法師故說是陁羅尼
於諸衆生多所饒益尒時勇施菩薩白佛言
世尊我亦為擁護讀誦受持法華經者說陁
羅尼若此法師得是陁羅尼若夜叉若羅刹
若冨單那若吉蔗若鳩槃荼若餓鬼等伺求
其短无能得便即於佛前而說呪曰
痤𡰱挫反 隸一 摩訶痤隸二 郁枳三 目枳四 阿
隸五 阿羅婆第六 涅隸第七 涅隸多婆第八
伊緻猪履反 抳九 韋緻抳十 旨緻抳十一 涅隸墀
抳十二 涅犁墀婆底十三
世尊是陁羅尼神呪恒河沙等諸佛所說亦
皆隨喜若有侵毀此法師者則為侵毀是諸
佛已尒時毗沙門天王護世者白佛言世尊
我亦為愍念衆生擁護此法師故說是陁羅
尼即說呪曰
阿梨一 那梨二 㝹那梨三 阿那盧四 那履五
拘那履六
世尊以是神呪擁護法師我亦自當擁護持
是經者令百由旬內无諸衰患尒時持國天
王在此會中與千万億那由他乹闥婆衆恭

BD01681號　妙法蓮華經卷七

（14–3）

拘那履
世尊以是神呪擁護法師我亦自當擁護持
是經者令百由旬內无諸衰患尒時持國天
王在此會中與千万億那由他乹闥婆衆恭
敬圍繞前詣佛所合掌白佛言世尊我亦以
陁羅尼神呪擁護持法華經者即說呪曰
阿伽祢一 伽祢二 瞿利三 乹陁利四 旃陁利五
摩蹬耆六 常求利七 浮樓莎柅八 頞底九
世尊是陁羅尼神呪四十二億諸佛所說若
有侵毀此法師者則為侵毀是諸佛已尒時
有羅刹女等一名藍婆二名毗藍婆三名曲
齒四名華齒五名黑齒六名多髮七名无猒
足八名持瓔珞九名睪帝十名奪一切衆生
精氣是十羅刹女與鬼子母并其子及眷屬
俱詣佛所同聲白佛言世尊我等亦欲擁護讀
誦受持法華經者除其衰患若有伺求法
師短者令不得便即於佛前而說呪曰
伊提履一 伊提泯二 伊提履三 阿提履四 伊
提履五 泥履六 泥履七 泥履八 泥履九 泥履
十 樓醯十一 樓醯十二 樓醯十三 樓醯十四 多醯十五 多
醯十六 多醯十七 兜醯十八 㝹醯十九
寧上我頭上莫惱於法師若夜叉若羅刹若
餓鬼若冨單那若吉蔗若毗陁羅若揵馱若
烏摩勒伽若阿跋摩羅若夜叉吉蔗若人吉
蔗若熱病若一日若二日若三日若四日若
至七日若常熱病若男形若女形若童男形
若童女形乃至夢中亦復莫惱即於佛前而

BD01681號　妙法蓮華經卷七

（14–4）

烏摩勒伽若阿跋摩羅若夜叉吉蔗若人吉
蔗若熱病若一日若二日若三日若四日若
至七日若常熱病若男形若女形若童男形
若童女形乃至夢中亦復莫惱即於佛前而
說偈言
若不順我呪　惱亂說法者　頭破作七分　如阿梨樹枝
如煞父母罪　亦如壓油殃　斗秤欺誑人　調達破僧罪
犯此法師者　當獲如是殃
諸羅刹女說此偈已白佛言世尊我等亦當
身自擁護受持讀誦脩行是經者令得安隱
離諸衰患消衆毒藥佛告諸羅刹女善哉善
哉汝等但能擁護受持法華名者福不可量
何況擁護具足受持供養經卷華香瓔珞末
香塗香燒香幡蓋伎樂然種種燈蘇燈油燈
諸香油燈蘇摩那華油燈瞻蔔華油燈婆師
迦華油燈優鉢羅華油燈如是等百千種供
養者睪帝汝等及眷屬應當擁護如是法師
說是陁羅尼品時六万八千人得无生法忍
妙法蓮華經妙莊嚴王本事品第二十七
尒時佛告諸大衆乃往古世過无量无邊不
可思議阿僧祇劫有佛名雲雷音宿王華智
多陁阿伽度阿羅呵三藐三佛陁國名光明
莊嚴劫名憙見彼佛法中有王名妙莊嚴其
王夫人名曰淨德有二子一名淨藏二名淨
眼是二子有大神力福德智慧久脩菩薩所
行之道所謂檀波羅蜜尸羅波羅蜜羼提波
羅蜜毗梨耶波羅蜜禪波羅蜜般若波羅蜜

BD01681號　妙法蓮華經卷七　（14–5）

莊嚴劫名憙見彼佛法中有王名妙莊嚴其
王夫人名曰淨德有二子一名淨藏二名淨
眼是二子有大神力福德智慧久脩菩薩所
行之道所謂檀波羅蜜尸羅波羅蜜羼提波
羅蜜毗梨耶波羅蜜禪波羅蜜般若波羅蜜
方便波羅蜜慈悲喜捨乃至三十七助道法
皆悉明了通達又得菩薩淨三昧日星宿三
昧淨光三昧淨色三昧淨照明三昧長莊嚴
三昧大威德藏三昧於此三昧亦悉通達尒
時彼佛欲引導妙莊嚴王及愍念衆生故說
是法華經時淨藏淨眼二子到其母所合十
指爪掌白言願母往詣雲雷音宿王華智佛
所我等亦當侍從親近供養礼拜所以者何
此佛於一切天人衆中說法華經宜應聽受
母告子言汝父信受外道深着婆羅門法汝
等應往白父與共俱去淨藏淨眼合十爪指
掌白母我等是法王子而生此邪見家母告
子言汝等當憂念汝父為現神變若得見者
心必清淨或聽我等往至佛所於是二子念
其父故踊在虛空高七多羅樹現種種神變
於虛空中行住坐卧身上出水身下出火身
下出水身上出火或現大身滿虛空中而復
現小小復現大於空中滅忽然在地入地如
水履水如地現如是等種種神變令其父王
心淨信解時父見子神力如是心大歡喜得
未曾有合掌向子言汝等師為是誰誰之弟

BD01681號　妙法蓮華經卷七　（14–6）

水履水如地現如是等種種神變令其父王
心淨信解時父見子神力如是心大歡喜得
未曾有合掌向子言汝等師為是誰誰之弟
子二子白言大王彼雲雷音宿王華智佛今
在七寶菩提樹下法座上坐於一切世間天
人衆中廣說法華經是我等師我是弟子父
語子言我今亦欲見汝等師可共俱往於是
二子從空中下到其母所合掌白母父王今
已信解堪任發阿耨多羅三藐三菩提心我
等為父已作佛事願母見聽於彼佛所出家修
道尒時二子欲重宣其意以偈白母
願母放我等　出家作沙門　諸佛甚難值　我等隨佛學
如優曇鉢羅　值佛復難是　脫諸難亦難　願聽我出家
母即告言聽汝出家所以者何佛難值故於
是二子白父母言善哉父母願時往詣雲雷
音宿王華智佛所親近供養所以者何佛難
得值如優曇波羅華又如一眼之龜值浮木
孔而我等宿福深厚生值佛法是故父母當
聽我等令得出家所以者何諸佛難值時亦
難遇彼時妙莊嚴王後宮八万四千人皆悉
堪任受持是法華經淨眼菩薩於法華三昧
久已通達淨藏菩薩已於无量百千万億劫
通達離諸惡趣三昧欲令一切衆生離諸惡
趣故其王夫人得諸佛習三昧能知諸佛祕
密之藏二子如是以方便力善化其父令心
信解好樂佛法於是妙莊嚴王與群臣眷屬
俱淨德夫人與後宮采女眷屬俱其王二子

BD01681號　妙法蓮華經卷七

（14–7）

趣故其王夫人得諸佛習三昧能知諸佛祕
密之藏二子如是以方便力善化其父令心
信解好樂佛法於是妙莊嚴王與群臣眷屬
俱淨德夫人與後宮采女眷屬俱其王二子
與四万二千人俱一時共詣佛所到已頭面
礼足繞佛三帀却住一面尒時彼佛為王說
法示教利喜王大歡悅尒時妙莊嚴王及其
夫人解頸真珠瓔珞價直百千以散佛上於
虛空中化成四柱寶臺臺中有大寶床敷百
千万天衣其上有佛結加趺坐放大光明尒
時妙莊嚴王作是念佛身希有端嚴殊特成
就第一微妙之色時雲雷音宿王華智佛告
四衆言汝等見是妙莊嚴王於我前合掌立
不此王於我法中作比丘精勤修習助佛道
法當得作佛号娑羅樹王國名大光劫名大
高王其娑羅樹王佛有无量菩薩衆及无量
聲聞其國平正功德如是其王即時以國付
弟與夫人二子并諸眷屬於佛法中出家修
道王出家已於八万四千歲常勤精進修行
妙法華經過是已後得一切淨功德莊嚴三
昧即昇虛空高七多羅樹而白佛言世尊此
我二子已作佛事以神通變化轉我邪心令
得安住於佛法中得見世尊此二子者是我
善知識為欲發起宿世善根饒益我故來生
我家尒時雲雷音宿王華智佛告妙莊嚴王
言如是如是如汝所言若善男子善女人種
善根故世世得善知識其善知識能作佛事

BD01681號　妙法蓮華經卷七

（14–8）

善知識為欲發起宿世善根饒益我故来生
我家尒時雲雷音宿王華智佛告妙莊嚴王
言如是如是如汝所言若善男子善女人種
善根故世世得善知識其善知識能作佛事
示教利喜令入阿耨多羅三藐三菩提大王
當知善知識者是大因緣所謂化導令得見
佛發阿耨多羅三藐三菩提心大王汝見此
二子不此二子已曾供養六十五百千万億
那由他恒河沙諸佛親近恭敬於諸佛所受
持法華經愍念邪見衆生令住正見妙莊嚴
王即從虛空中下而白佛言世尊如来甚希
有以功德智慧故頂上肉髻光明顯照其眼
長廣而紺青色眉間毫相白如珂月齒白齊
密常有光明脣色赤好如頻婆果尒時妙莊
嚴王讚嘆佛如是等无量百千万億功德已
於如来前一心合掌復白佛言世尊未曾有
也如来之法具足成就不可思議微妙功德
教戒所行安隱快善我從今日不復自隨心
行不生邪見憍慢瞋恚諸惡之心說是語已
礼佛而出佛告大衆於意云何妙莊嚴王豈
異人乎今華德菩薩是其淨德夫人今佛前
光照莊嚴相菩薩是哀愍妙莊嚴王及諸眷
屬故於彼中生其二子者今藥王菩薩藥上
菩薩是是藥王藥上菩薩成就如此諸大功
德已於无量百千万億諸佛所殖衆德本成
就不可思議諸善功德若有人識是二菩薩
名字者一切世間諸天人民亦應礼拜佛說

BD01681號　妙法蓮華經卷七　（14–9）

菩薩是是藥王藥上菩薩成就如此諸大功
德已於无量百千万億諸佛所殖衆德本成
就不可思議諸善功德若有人識是二菩薩
名字者一切世間諸天人民亦應礼拜佛說
是妙莊嚴王本事品時八万四千人遠塵離
垢於諸法中得法眼淨

妙法蓮華經普賢菩薩勸發品第二十八

尒時普賢菩薩以自在神通威德名聞與大
菩薩无量无邊不可稱數從東方来所經諸
國普皆震動雨寶蓮華作无量百千万億種
種伎樂又與无數諸天龍夜叉乾闥婆阿脩
羅迦樓羅緊那羅摩睺羅伽人非人等大衆
圍繞各現威德神通之力到娑婆世界耆闍
崛山中頭面礼釋迦牟尼佛右繞七帀白佛
言世尊我於寶威德上王佛國遥聞此娑婆
世界說法華經與无量无邊百千万億諸菩
薩衆共来聽受唯願世尊當為說之若善男
子善女人於如来滅後云何能得是法華經
佛告普賢菩薩若善男子善女人成就四法
於如来滅後當得是法華經一者為諸佛護
念二者殖衆德本三者入正定聚四者發救
一切衆生之心善男子善女人如是成就四
法於如来滅後必得是經尒時普賢菩薩白
佛言世尊於後五百歲濁惡世中其有受持
是經典者我當守護除其衰患令得安隱使
无伺求得其便者若魔若魔子若魔女若魔
民若為魔所著者若夜叉若羅剎若鳩槃荼

BD01681號　妙法蓮華經卷七　（14–10）

佛言世尊於後五百歲濁惡世中其有受持
是經典者我當守護除其衰患令得安隱使
无伺求得其便者若魔若魔子若魔女若魔
民若為魔所著者若夜叉若羅刹若鳩槃荼
若毗舍闍若吉蔗若富單那若韋陁羅等諸
惱人者皆不得便是人若行若立讀誦此經
我尒時乘六牙白象王與大菩薩衆俱詣其
所而自現身供養守護安慰其心亦為供養
法華經故是人若坐思惟此經尒時我復乘
白象王現其人前其人若於法華經有所忘
失一句一偈我當教之與共讀誦還令通利
尒時受持讀誦法華經者得見我身甚大歡
喜轉復精進以見我故即得三昧及陁羅尼
名為旋陁羅尼百千万億旋陁羅尼法音方
便陁羅尼得如是等陁羅尼世尊若後世後
五百歲濁惡世中比丘比丘尼優婆塞優婆
夷求索者受持者讀誦者書寫者欲脩習是
法華經於三七日中應一心精進滿三七日
已我當乘六牙白象與无量菩薩而自圍繞
以一切衆生所憙見身現其人前而為說法
示教利喜亦復與其陁羅尼呪得是陁羅尼
故无有非人能破壞者亦不為女人之所惑
亂我身亦自常護是人唯願世尊聽我說此
陁羅尼即於佛前而說呪曰
阿檀地(途賣反)一 檀陁婆地二 檀陁婆帝三 檀陁
鳩舍𨽻四 檀陁脩陁𨽻五 脩陁𨽻六 脩陁羅
婆底七 佛䭾波羶祢八 薩婆陁羅尼阿婆多

BD01681號　妙法蓮華經卷七　（14–11）

陁羅尼即於佛前而說呪曰
阿檀地(途賣反)一 檀陁婆地二 檀陁婆帝三 檀陁
鳩舍𨽻四 檀陁脩陁𨽻五 脩陁𨽻六 脩陁羅
婆底七 佛䭾波羶祢八 薩婆陁羅尼阿婆多
尼九 薩婆婆沙阿婆多尼十 脩阿婆多尼十一
僧伽婆履叉尼十二 僧伽涅伽陁尼十三 阿僧祇
十四 僧伽波伽地十五 帝𨽻阿惰僧伽兜略(盧遮反)
波羅帝十六 薩婆僧伽三摩地伽蘭地十七 薩婆
達磨脩波利刹帝十八 薩婆薩埵樓䭾憍舍略
阿㝹伽地十九 辛阿毗吉利地帝二十
世尊若有菩薩得聞是陁羅尼者當知普賢
神通之力若法華經行閻浮提有受持者應
作此念皆是普賢威神之力若有受持讀誦
正憶念解其義趣如說脩行當知是人行普
賢行於无量无邊諸佛所深種善根為諸如
来手摩其頭若但書寫是人命終當生忉利
天上是時八万四千天女作衆伎樂而来迎
之其人即著七寶冠於婇女中娛樂快樂何
況受持讀誦正憶念解其義趣如說脩行若
有人受持讀誦解其義趣是人命終為千佛
授手令不恐怖不墮惡趣即往兜率天上彌
勒菩薩所彌勒菩薩有三十二相大菩薩衆
所共圍繞有百千万億天女眷屬而於中生
有如是等功德利益是故智者應當一心自
書若使人書受持讀誦正憶念如說脩行世
尊我今以神通力守護是經於如来滅後閻
浮提內廣令流布使不斷絶尒時釋迦牟尼

BD01681號　妙法蓮華經卷七　（14–12）

書若使人書受持讀誦正憶念如說脩行世
尊我今以神通力守護是經於如来滅後閻
浮提内廣令流布使不斷絶尒時釋迦牟尼
佛讚言善哉善哉普賢汝能護助是經令多
所衆生安樂利益汝已成就不可思議功德
深大慈悲從久遠来發阿耨多羅三藐三菩
提意而能作是神通之願守護是經我當以
神通力守護能受持普賢菩薩名者普賢若
有受持讀誦正憶念脩習書寫是法華經者
當知是人則見釋迦牟尼佛如從佛口聞此
經典當知是人供養釋迦牟尼佛當知是人
佛讚善哉當知是人為釋迦牟尼佛手摩其
頭當知是人為釋迦牟尼佛衣之所覆如是
之人不復貪著世樂不好外道經書手筆亦
復不憙親近其人及諸惡者若屠兒若畜猪
羊雞狗若獵師若衒賣女色是人心意質直
有正憶念有福德力是人不為三毒所惱亦
不為嫉妬我慢邪慢增上慢所惱是人少欲
知足能脩普賢之行普賢若如来滅後後五
百歲若有人見受持讀誦法華經者應作是
念此人不久當詣道場破諸魔衆得阿耨多
羅三藐三菩提轉法輪擊法鼓吹法螺雨法
雨當坐天人大衆中師子法座上普賢若於
後世受持讀誦是經典者是人不復貪著衣
服卧具飲食資生之物所願不虛亦於現世
得其福報若有人輕毀之言汝狂人耳空作

BD01681號　妙法蓮華經卷七　（14–13）

知是能脩普賢之行普賢若如来滅後後五
百歲若有人見受持讀誦法華經者應作是
念此人不久當詣道場破諸魔衆得阿耨多
羅三藐三菩提轉法輪擊法鼓吹法螺雨法
雨當坐天人大衆中師子法座上普賢若於
後世受持讀誦是經典者是人不復貪著衣
服卧具飲食資生之物所願不虛亦於現世
得其福報若有人輕毀之言汝狂人耳空作
是行終无所獲如是罪報當世世无眼若有
供養讚歎之者當於今世得現果報若復見
受持是經者出其過惡若實若不實此人現
世得白癩病若輕咲之者當世世牙齒踈缺
醜脣平鼻手脚繚戾眼目角睞身體臭穢惡
瘡膿血水腹短氣諸惡重病是故普賢若見
受持是經典者當起遠迎當如敬佛說是普
賢勸發品時恒河沙等无量无邊菩薩得百
千億旋陁羅尼三千大千世界微塵等諸菩
薩具普賢道佛說是經時普賢等諸菩薩舍
利弗等諸聲聞及諸天龍人非人等一切大
會皆大歡喜受持佛語作礼而去

BD01681號　妙法蓮華經卷七　（14–14）

銀瑠璃
馬車乘七
是布施滿八十年已而作是念我……衆生
娛樂之具隨意所欲然此衆生皆已衰老年
過八十髮白面皺將死不久我當以佛法而
訓導之即集此衆生宣布法化示教利喜一
時皆得須陀洹道斯陀含道阿那含道阿羅
漢道盡諸有漏於深禪定皆得自在具八解
脫於汝意云何是大施主所得功德寧為多
不彌勒白佛言世尊是人功德甚多无量无
邊若是施主但施衆生一切樂具功德无量
何況令得阿羅漢果佛告彌勒我今分明語
汝是人以一切樂具施於四百万億阿僧祇
世界六趣衆生又令得阿羅漢果所得功德
不如是第五十人聞法華經一偈隨喜功德
百分千分百千万億分不及其一乃至筭數
譬喻所不能知阿逸多如是第五十人展轉
聞法華經隨喜功德尚无量无邊阿僧祇何
況最初於會中聞而隨喜者其福復勝无量
无邊阿僧祇不可得比又阿逸多若人為是
經故往詣僧坊若坐若立須臾聽受緣是功

BD01682號　妙法蓮華經卷六　（27–1）

聞法華經隨喜功德尚无量无邊阿僧祇何
況最初於會中聞而隨喜者其福復勝无量
无邊阿僧祇不可得比又阿逸多若人為是
經故往詣僧坊若坐若立須臾聽受緣是功
德轉身所生得好上妙象馬車乘珍寶輦輿
及乘天宮若復有人於講法處坐更有人來
勸令坐聽若分座令坐是人功德轉身得帝
釋坐處若梵王坐處若轉輪聖王所坐之處
阿逸多若復有人語餘人言有經名法華可
共往聽即受其教乃至須臾間聞是人功德
轉身得與陀羅尼菩薩共生一處利根智慧
百千万世終不瘖瘂口氣不臭舌常无病口
亦无病齒不垢黑不黃不踈亦不缺落不差
不曲脣不下垂亦不褰縮不麁澀不瘡胗亦
不缺壞亦不喎斜不厚不大亦不黧黑无諸
可惡鼻不匾㔸亦不曲戾面色不黑亦不狹
長亦不窊曲无有一切不可喜相脣舌牙齒
悉皆嚴好鼻脩高直面貌圓滿眉高而長
額廣平正人相具足世世所生見佛聞法信
受教誨阿逸多汝且觀是勸於一人令往聽
法功德如此何況一心聽說讀誦而於大衆
為人分別如說修行尒時世尊欲重宣此
義而說偈言
若人於法會　得聞是經典　乃至於一偈　隨喜為他說
如是展轉教　至于第五十　最後人獲福　今當分別之
如有大施主　供給无量衆　具滿八十歲　隨意之所欲

BD01682號　妙法蓮華經卷六　（27–2）

義而說偈言
若人於法會 得聞是經典 乃至於一偈 隨喜為他說
如是展轉教 至于第五十 最後人獲福 今當分別之
如有大施主 供給无量衆 具滿八十歲 隨意之所欲
見彼衰老相 髮白而面皺 齒踈形枯竭 念其死不久
我今應當教 令得於道果 即為方便說 涅槃真實法
世皆不牢固 如水沫泡焰 汝等咸應當 疾生猒離心
諸人聞是法 皆得阿羅漢 具足六神通 三明八解脫
最後第五十 聞一偈隨喜 是人福最勝 不可為譬喻
如是展轉聞 其福尚无量 何況於法會 初聞隨喜者
若有勸一人 將引聽法華 言此經深妙 千万劫難遇
即受教往聽 乃至須臾聞 斯人之福報 今當分別說
世世无口患 齒不踈黃黑 脣不厚褰缺 无有可惡相
舌不乾黑短 鼻高脩且直 額廣而平正 面目悉端嚴
為人所喜見 口氣无臭穢 優鉢華之香 常從其口出
若故詣僧坊 欲聽法華經 須臾聞歡喜 今當說其福
後生天人中 得妙象馬車 珎寶之輦輿 及乘天宮殿
若於講法處 勸人坐聽經 是福因緣得 釋梵轉輪座
何況一心聽 解說其義趣 如說而脩行 其福不可限
妙法蓮華經法師功德品第十九
尒時佛告常精進菩薩摩訶薩 若善男子善
女人受持是法華經 若讀若誦若解說若書
寫 是人當得八百眼功德 千二百耳功德 八
百鼻功德 千二百舌功德 八百身功德 千二
百意功德 以是功德莊嚴六根 皆令清淨 是
善男子善女人父母所生清淨肉眼 見於三

BD01682號　妙法蓮華經卷六　（27–3）

寫是人當得八百眼功德千二百耳功德八
百鼻功德千二百舌功德八百身功德千二
百意功德以是功德莊嚴六根皆令清淨是
善男子善女人父母所生清淨肉眼見於三
千大千世界內外所有山林河海下至阿鼻
地獄上至有頂亦見其中一切衆生及業因
緣果報生處悉見悉知尒時世尊欲重宣
義而說偈言
若於大衆中 以无所畏心 說是法華經 汝聽其功德
是人得八百 功德殊勝眼 以是莊嚴故 其目甚清淨
父母所生眼 悉見三千界 內外弥樓山 須弥及鐵圍
并諸餘山林 大海江河水 下至阿鼻獄 上至有頂處
其中諸衆生 一切皆悉見 雖未得天眼 肉眼力如是
復次常精進若善男子善女人受持此經若
讀若誦若解說若書寫得千二百耳功德以
是清淨耳聞三千大千世界下至阿鼻地獄
上至有頂其中內外種種語言音聲象聲馬
聲牛聲車聲啼哭聲愁歎聲螺聲鼓聲鍾
聲鈴聲笑聲語聲男聲女聲童子聲童女聲
法聲非法聲苦聲樂聲凡夫聲聖人聲喜聲
不喜聲天聲龍聲夜叉聲乾闥婆聲阿脩羅
聲迦樓羅聲緊那羅聲摩睺羅伽聲火聲水
聲風聲地獄聲畜生聲餓鬼聲比丘聲比丘尼
聲聲聞聲辟支佛聲菩薩聲佛聲以
要言之三千大千世界中一切內外所有諸聲雖
得天耳以父母所生清淨常耳皆悉聞知如

BD01682號　妙法蓮華經卷六　（27–4）

聲風聲地獄聲畜生聲餓鬼聲比丘聲比丘尼
聲聲聞聲辟支佛聲菩薩聲佛聲　以
要言之三千大千世界中一切内外所有諸聲雖
得天耳以父母所生清淨常耳皆悉聞知如
是分別種種音聲而不壞耳根尒時世尊
欲重宣此義而說偈言
父母所生耳　清淨无濁穢　以此常耳聞　三千世界聲
象馬車牛聲　鍾鈴螺皷聲　琴瑟箜篌聲　簫笛之音聲
清淨好歌聲　聽之而不著　无數種人聲　聞悉能解了
又聞諸天聲　微妙之歌音　及聞男女聲　童男童女聲
山川險谷中　迦陵頻伽聲　命命等諸鳥　悉聞其音聲
地獄衆苦痛　種種楚毒聲　餓鬼飢渴逼　求索飲食聲
諸阿脩羅等　居在大海邊　自共語言時　出于大音聲
如是說法者　安住於此間　遥聞是衆聲　而不壞耳根
十方世界中　禽獸鳴相呼　其說法之人　於此悉聞之
其諸梵天上　光音及遍淨　乃至有頂天　言語之音聲
法師住於此　悉皆得聞之　一切比丘衆　及諸比丘尼
若讀誦經典　若為他人說　法師住於此　悉皆得聞之
復有諸菩薩　讀誦於經法　若為他人說　撰集解其義
如是諸音聲　悉皆得聞之　諸佛大聖尊　教化衆生者
於諸大衆中　演說微妙法　持此法華者　悉皆得聞之
三千大千界　内外諸音聲　下至阿鼻獄　上至有頂天
皆聞其音聲　而不壞耳根　其耳聰利故　悉能分別知
持是法華者　雖未得天耳　但用所生耳　功德已如是
復次常精進若善男子善女人受持是經若
讀誦若解說若書寫成就八百鼻功德以

BD01682 號　妙法蓮華經卷六　（27–5）

皆聞其音聲　而不壞耳根　其耳聰利故　悉能分別知
持是法華者　雖未得天耳　但用所生耳　功德已如是
復次常精進若善男子善女人受持是經若
讀誦若解說若書寫成就八百鼻功德以
是清淨鼻根聞於三千大千世界上下内外
種種諸香須曼那華香闍提華香末利華香
瞻蔔華香波羅羅華香赤蓮華香青蓮華香
白蓮華香華樹香菓樹香栴檀香沉水香多
摩羅跋香多伽羅香及千万種和香若末若
丸若塗香持是經者於此間住悉能分別又
復別知衆生之香象香馬香牛羊等香男香
女香童子香童女香及草木叢林香若近若
遠所有諸香悉皆得聞分別不錯持是經者
雖住於此亦聞天上諸天之香波利質多羅
拘鞞陁羅樹香及曼陁羅華香摩訶曼陁羅
華香曼殊沙華香摩訶曼殊沙華香栴檀沉
水種種末香諸雜華香如是等天香和合所
出之香无不聞知又聞諸天身香釋提桓因
在勝殿上五欲娛樂嬉戲時香若在妙法堂
上為忉利諸天說法時香若於諸園遊戲時
香及餘天等男女身香皆悉遥聞如是展轉
乃至梵世上至有頂諸天身香亦皆聞之并
聞諸天所燒之香及聲聞香辟支佛香菩薩
香諸佛身香亦皆遥聞知其所在雖聞此香
然於鼻根不壞不錯若欲分別為他人說憶
念不謬尒時世尊欲重宣此義而說偈言

BD01682 號　妙法蓮華經卷六　（27–6）

聞諸天所燒之香及聲聞香辟支佛香菩薩
香諸佛身香亦皆遙聞知其所在雖聞此香
然於鼻根不壞不錯若欲分別為他人說憶
念不謬尒時世尊欲重宣此義而說偈言
是人鼻清淨　於此世界中　若香若臭物　種種悉聞知
須曼那闍提　多摩羅栴檀　沈水及桂香　種種華菓香
及知衆生香　男子女人香　說法者遠住　聞香知所在
大勢轉輪王　小轉輪及子　群臣諸宮人　聞香知所在
身所著珍寶　及地中寶藏　轉輪王寶女　聞香知所在
諸人嚴身具　衣服及瓔珞　種種所塗香　聞則知其身
諸天若行坐　遊戲及神變　持是法華者　聞香悉能知
諸樹華菓實　及蘇油香氣　持經者住此　悉知其所在
諸山深嶮處　栴檀樹華敷　衆生在中者　聞香皆能知
鐵圍山大海　地中諸衆生　持經者聞香　悉知其所在
阿脩羅男女　及其諸眷屬　鬪諍遊戲時　聞香皆能知
曠野險隘處　師子象虎狼　野牛水牛等　聞香知所在
若有懷妊者　未辯其男女　无根及非人　聞香悉能知
以聞香力故　知其初懷妊　成就不成就　安樂產福子
以聞香力故　知男女所念　染欲癡恚心　亦知脩善者
地中衆伏藏　金銀諸珍寶　銅器之所盛　聞香悉能知
種種諸瓔珞　无能識其價　聞香知貴賤　出處及所在
天上諸華等　曼陁曼殊沙　波利質多樹　聞香悉能知
天上諸宮殿　上中下差別　衆寶華莊嚴　聞香悉能知
天園林勝殿　諸觀妙法堂　在中而娛樂　聞香悉能知
諸天若聽法　或受五欲時　來往行坐臥　聞香悉能知
天女所著衣　好華香莊嚴　周旋遊戲時　聞香悉能知

BD01682號　妙法蓮華經卷六　（27–7）

天上諸宮殿　上中下差別　衆寶華莊嚴　聞香悉能知
天園林勝殿　諸觀妙法堂　在中而娛樂　聞香悉能知
諸天若聽法　或受五欲時　來往行坐臥　聞香悉能知
天女所著衣　好華香莊嚴　周旋遊戲時　聞香悉能知
如是展轉上　乃至於梵世　入禪出禪者　聞香悉能知
光音遍淨天　乃至于有頂　初生及退沒　聞香悉能知
諸比丘衆等　於法常精進　若坐若經行　及讀誦經法
或在林樹下　專精而坐禪　持經者聞香　悉知其所在
菩薩志堅固　坐禪若讀誦　或為人說法　聞香悉能知
在在方世尊　一切所恭敬　愍衆而說法　聞香悉能知
衆生在佛前　聞經皆歡喜　如法而脩行　聞香悉能知
雖未得菩薩　无漏法生鼻　而是持經者　先得此鼻相
復次常精進若善男子善女人受持是經若
讀若誦若解說若書寫得千二百舌功德若
好若醜若美不美及諸苦澁物在其舌根皆
變成上味如天甘露无不美者若以舌根於
大衆中有所演說出深妙聲能入其心皆令
歡喜快樂又諸天子天女釋梵諸天聞是深
妙音聲有所演說言論次第皆悉來聽及諸
龍龍女夜叉夜叉女乾闥婆乾闥婆女阿脩
羅阿脩羅女迦樓羅迦樓羅女緊那羅緊那
羅女摩睺羅伽摩睺羅伽女為聽法故皆來
親近恭敬供養及比丘比丘尼優婆塞優婆
夷國王王子群臣眷屬小轉輪王大轉輪王
七寶千子內外眷屬乘其宮殿俱來聽法以
是菩薩善說法故婆羅門居士國內人民盡

BD01682號　妙法蓮華經卷六　（27–8）

粟國王王子羣臣眷屬小轉輪王大轉輪王
七寶千子內外眷屬乘其宮殿俱來聽法以
是菩薩善說法故婆羅門居士國內人民盡
其形壽隨侍供養又諸聲聞辟支佛菩薩諸
佛常樂見之是人所在方面諸佛皆向其處
說法悉能受持一切佛法又能出於深妙法
音尒時世尊欲重宣此義而說偈言
是人舌根淨 終不受惡味 其有所食噉 悉皆成甘露
以清淨妙音 於大衆說法 以諸因緣喻 引導衆生心
聞者皆歡喜 設諸上供養 諸天龍夜叉 及阿脩羅等
皆以恭敬心 而共來聽法 是說法之人 若欲以妙音
遍滿三千界 隨意即能至 大小轉輪王 及千子眷屬
合掌恭敬心 常來聽受法 諸天龍夜叉 羅剎毗舍闍
亦以歡喜心 常樂來供養 梵天王魔王 自在大自在
如是諸天衆 常來至其所 諸佛及弟子 聞其說法音
常念而守護 或時為現身
復次常精進若善男子善女人受持是經若
讀誦若解說若書寫得八百身功德得清
淨身如淨琉璃衆生憙見其身淨故三千大
千世界衆生生時死時上下好醜生善處惡
處悉於中現及鐵圍山大鐵圍山彌樓山摩
訶彌樓山等諸山及其中衆生悉於中現下
至阿鼻地獄上至有頂所有及衆生悉於中
現若聲聞辟支佛菩薩諸佛說法皆於身中
現其色像尒時世尊欲重宣此義而說偈言
若持法華者 其身甚清淨 如彼淨琉璃 衆生皆憙見

現若聲聞辟支佛菩薩諸佛說法皆於身中
現其色像尒時世尊欲重宣此義而說偈言
若持法華者 其身甚清淨 如彼淨琉璃 衆生皆憙見
又如淨明鏡 悉見諸色像 菩薩於淨身 皆見世所有
唯獨自明了 餘人所不見 三千世界中 一切諸羣萌
天人阿脩羅 地獄鬼畜生 如是諸色像 皆於身中現
諸天等宮殿 乃至於有頂 鐵圍及彌樓 摩訶彌樓山
諸大海水等 皆於身中現 諸佛及聲聞 佛子菩薩等
若獨若在衆 說法悉皆現 雖未得无漏 法性之妙身
以清淨常體 一切於中現
復次常精進若善男子善女人如來滅後受
持是經若讀若誦若解說若書寫得千二百
意功德以是清淨意根乃至聞一偈一句通
達无量无邊之義解是義已能演說一句一
偈至於一月四月乃至一歲諸所說法隨其
義趣皆與實相不相違背若說俗閒經書治
世語言資生業等皆順正法三千大千世界
六趣衆生心之所行心所動作心所戲論皆
悉知之雖未得无漏智慧而其意根清淨如
此是人有所思惟籌量言說皆是佛法无不
真實亦是先佛經中所說尒時世尊欲重宣
此義而說偈言
是人意清淨 明利无穢濁 以此妙意根 知上中下法
乃至聞一偈 通達无量義 次第如法說 月四月至歲
是世界內外 一切諸衆生 若天龍及人 夜叉鬼神等
其在六趣中 所念若干種 持法華之報 一時皆悉知

是人意清淨　明利无穢濁　以此妙意根　知上中下法
乃至聞一偈　通達无量義　次第如法說　月四月至歲
是世界內外　一切諸衆生　若天龍及人　夜叉鬼神等
其在六趣中　所念若干種　持法華之報　一時皆悉知
十方无數佛　百福莊嚴相　為衆生說法　悉聞能受持
思惟无量義　說法亦无量　終始不忘錯　以持法華故
悉知諸法相　隨義識次第　達名字語言　如所知演說
此人有所說　皆是先佛法　以演此法故　於衆无所畏
持法華經者　意根淨若斯　雖未得无漏　先有如是相
是人持此經　安住希有地　為一切衆生　歡喜而愛敬
能以千万種　善巧之語言　分別而說法　持法華經故

妙法蓮華經常不輕菩薩品第二十

尒時佛告得大勢菩薩摩訶薩：汝今當知，若
比丘、比丘尼、優婆塞、優婆夷持法華經者，若
有惡口罵詈誹謗，獲大罪報，如前所說；其所
得功德，如向所說，眼耳鼻舌身意清淨。得大
勢，乃往古昔，過无量无邊不可思議阿僧祇
劫，有佛名威音王如來、應供、正遍知、明行足、
善逝、世間解、无上士、調御丈夫、天人師、佛、世
尊。劫名離衰，國名大成。其威音王佛於彼世
中，為天人阿脩羅說法。為求聲聞者，說應四
諦法，度生老病死，究竟涅槃；為求辟支佛者，
說應十二因緣法；為諸菩薩，因阿耨多羅三
藐三菩提，說應六波羅蜜法，究竟佛慧。得
大勢，是威音王佛壽四十万億那由他恒河
沙劫，正法住世劫數如一閻浮提微塵，像法

說應十二因緣法；為諸菩薩，因阿耨多羅三
藐三菩提，說應六波羅蜜法，究竟佛慧。得
大勢，是威音王佛壽四十万億那由他恒河
沙劫，正法住世劫數如一閻浮提微塵，像法
住世劫數如四天下微塵。其佛饒益衆生已，然
後滅度。正法、像法滅盡之後，於此國土復有
佛出，亦号威音王如來、應供、正遍知、明行足、
善逝、世間解、无上士、調御丈夫、天人師、佛、世
尊。如是次第有二万億佛，皆同一号。最初威
音王如來既已滅度，正法滅後，於像法中，增
上慢比丘有大勢力。尒時有一菩薩比丘，名
常不輕。得大勢，以何因緣名常不輕？是比丘
凡有所見，若比丘、比丘尼、優婆塞、優婆夷，皆
悉礼拜讚嘆而作是言：我深敬汝等，不敢輕
慢。所以者何？汝等皆行菩薩道，當得作佛。而
是比丘不專讀誦經典，但行礼拜，乃至遠見
四衆，亦復故往礼拜讚嘆而作是言：我不敢
輕於汝等，汝等皆當作佛。故四衆之中有生瞋
恚、心不淨者，惡口罵詈言：是无智比丘，從
何所來，自言我不輕汝，而與我等受記當得
作佛？我等不用如是虛妄受記。如此經歷多
年，常被罵詈，不生瞋恚，常作是言：汝當作佛。
說是語時，衆人或以杖木瓦石而打擲之，避
走遠住，猶高聲唱言：我不敢輕於汝等，汝等
皆當作佛。以其常作是語故，增上慢比丘、比
丘尼、優婆塞、優婆夷号之為常不輕。是比丘

說是語時衆人或以杖木凡石而打擲之避
走遠住猶高聲唱言我不敢輕於汝等汝等
皆當作佛以其常作是語故增上慢比丘比
丘尼優婆塞優婆夷号之爲常不輕是比丘
臨欲終時於虛空中具聞威音王佛先所說
法華經二十千万億偈悉能受持即得如上
眼根清淨耳鼻舌身意根清淨得是六根清
淨已更增壽命二百万億那由他歲廣爲人
說是法華經於時增上慢四衆比丘比丘尼
優婆塞優婆夷輕賤是人爲作不輕名者見
其得大神通力樂說辯力大善寂力聞其所
說皆信伏隨從是菩薩復化千万億衆令住
阿耨多羅三藐三菩提命終之後得值二千
億佛皆号日月燈明於其法中說是法華經
以是因緣復值二千億佛同号雲自在燈王
於此諸佛法中受持讀誦爲諸四衆說此經
典故得是常眼清淨耳鼻舌身意諸根清淨
於四衆中說法心无所畏得大勢是常不輕
菩薩摩訶薩供養如是若千諸佛恭敬尊重
讚嘆種諸善根於後復值千万億佛亦於諸
佛法中說是經典功德成就當得作佛得大
勢於意云何尒時常不輕菩薩豈異人乎則
我身是若我於宿世不受持讀誦此經爲他
人說者不能疾得阿耨多羅三藐三菩提我
於先佛所受持讀誦此經爲人說故疾得阿
耨多羅三藐三菩提得大勢彼時四衆比丘

我身是若我於宿世不受持讀誦此經爲他
人說者不能疾得阿耨多羅三藐三菩提我
於先佛所受持讀誦此經爲人說故疾得阿
耨多羅三藐三菩提得大勢彼時四衆比丘
比丘尼優婆塞優婆夷以瞋恚意輕賤我故
二百億劫常不值佛不聞法不見僧千劫於
阿鼻地獄受大苦惱畢是罪已復遇常不輕
菩薩教化阿耨多羅三藐三菩提得大勢於
汝意云何尒時四衆常輕是菩薩者豈異人
乎今此會中跋陀婆羅等五百菩薩師子月
等五百比丘尼思佛等五百優婆塞皆於阿
耨多羅三藐三菩提不退轉者是得大勢當
知是法華經大饒益諸菩薩摩訶薩能令至
於阿耨多羅三藐三菩提是故諸菩薩摩訶
薩於如來滅後常應受持讀誦解說書寫是
經尒時世尊欲重宣此義而說偈言
過去有佛　号威音王　神智无量　將導一切
天人龍神　所共供養　是佛滅後　法欲盡時
有一菩薩　名常不輕　時諸四衆　計著於法
不輕菩薩　往到其所　而語之言　我不輕汝
汝等行道　皆當作佛　諸人聞已　輕毀罵詈
不輕菩薩　能忍受之　其罪畢已　臨命終時
得聞此經　六根清淨　神通力故　增益壽命
復爲諸人　廣說是經　諸著法衆　皆蒙菩薩
教化成就　令住佛道　不輕命終　值无數佛
說是經故　得无量福　漸具功德　疾成佛道

得聞此經　六根清淨　神通力故　增益壽命
復為諸人　廣說是經　諸著法衆　皆蒙菩薩
教化成就　令住佛道　不輕命終　值无數佛
說是經故　得无量福　漸具功德　疾成佛道
彼時不輕　則我身是　時四部衆　著法之者
聞不輕言　汝當作佛　以是因緣　值无數佛
此會菩薩　五百之衆　并及四部　清信士女
今於我前　聽法者是　我於前世　勸是諸人
聽受斯經　第一之法　開示教人　令住涅槃
世世受持　如是經典　億億万劫　至于可議
時乃得聞　是法華經　億億万劫　至不可議
諸佛世尊　時說是經　是故行者　於佛滅後
聞如是經　勿生疑惑　應當一心　廣說此經
世世值佛　疾成佛道

妙法蓮華經如來神力品第二十一

尒時千世界微塵等菩薩摩訶薩從地踊出者
皆於佛前一心合掌瞻仰尊顏而白佛言　世
尊我等於佛滅後世尊分身所在國土滅
度之處當廣說此經所以者何我等亦自欲
得是真淨大法受持讀誦解說書寫而供養
之尒時世尊於文殊師利等无量百千万億
舊住娑婆世界菩薩摩訶薩及諸比丘比丘
尼優婆塞優婆夷天龍夜叉乾闥婆阿脩羅
迦樓羅緊那羅摩睺羅伽人非人等一切衆
前現大神力出廣長舌上至梵世一切毛孔
放於无量无數色光皆悉遍照十方世界衆

迦樓羅緊那羅摩睺羅伽人非人等一切衆
前現大神力出廣長舌上至梵世一切毛孔
放於无量无數色光皆悉遍照十方世界衆
寶樹下師子座上諸佛亦復如是出廣長舌
放无量光釋迦牟尼佛及寶樹下諸佛現神
力時滿百千歲然後還攝舌相一時謦欬俱
共彈指是二音聲遍至十方諸佛世界地皆六
種震動其中衆生天龍夜叉乾闥婆阿脩羅
迦樓羅緊那羅摩睺羅伽人非人等以佛神
力故皆見此娑婆世界无量无邊百千万億
衆寶樹下師子座上諸佛及見釋迦牟尼佛
共多寶如來在寶塔中坐師子座又見无量
无邊百千万億菩薩摩訶薩及諸四衆恭敬
圍繞釋迦牟尼佛既見是已皆大歡喜得未
曾有即時諸天於虛空中高聲唱言過此无
量无邊百千万億阿僧祇世界有國名娑
婆是中有佛名釋迦牟尼今為諸菩薩摩訶
薩說大乘經名妙法蓮華教菩薩法佛所護
念汝等當深心隨喜亦當礼拜供養釋迦牟
尼佛彼諸衆生聞虛空中聲已合掌向娑婆
世界作如是言南无釋迦牟尼佛南无釋迦牟
尼佛以種種華香瓔珞幡蓋及諸嚴身之具
珎寶妙物皆共遙散娑婆世界所散諸物從
十方來譬如雲集變成寶帳遍覆此間諸
佛之上于時十方世界通達无礙如一佛土

尼佛以種種華香瓔珞幡蓋及諸嚴身之具
珍寶妙物皆共遥散娑婆世界所散諸物從
十方来譬如雲集變成寶帳遍覆此間諸
佛之上于時十方世界通達无礙如一佛土
尒時佛告上行等菩薩大衆諸佛神力如是
无量无邊不可思議若我以是神力於无量
无邊百千万億阿僧祇劫為囑累故說此經
功德猶不能盡以要言之如来一切所有之
法如来一切自在神力如来一切秘要之藏
如来一切甚深之事皆於此經宣示顯說是
故汝等於如来滅後應一心受持讀誦解說
書寫如說脩行所在國土若有受持讀誦解
說書寫如說脩行若經卷所住之處若於園
中若於林中若於樹下若於僧坊若白衣舍
若在殿堂若山谷曠野是中皆應起塔供養
所以者何當知是處即是道場諸佛於此得
阿耨多羅三藐三菩提諸佛於此轉于法輪
諸佛於此而般涅槃尒時世尊欲重宣此義
而說偈言
諸佛救世者　住於大神通　為悅衆生故　現无量神力
舌相至梵天　身放无數光　為求佛道者　現此希有事
諸佛謦欬聲　及彈指之聲　周聞十方國　地皆六種動
以佛滅度後　能持是經故　諸佛皆歡喜　現无量神力
囑累是經故　讃美受持者　於无量劫中　猶故不能盡
是人之功德　无邊无有窮　如十方虚空　不可得邊際

BD01682號　妙法蓮華經卷六

（27-17）

以佛滅度後　能持是經故　諸佛皆歡喜　現无量神力
囑累是經故　讃美受持者　於无量劫中　猶故不能盡
是人之功德　无邊无有窮　如十方虚空　不可得邊際
能持是經者　則為已見我　亦見多寶佛　及諸分身者
又見我今日　教化諸菩薩　能持是經者　令我及分身
滅度多寶佛　一切皆歡喜　十方現在佛　并過去未来
亦見亦供養　亦令得歡喜　諸佛坐道場　所得秘要法
能持是經者　不久亦當得　能持是經者　於諸法之義
名字及言辞　樂說无窮盡　如風於空中　一切无鄣礙
於如来滅後　知佛所說經　因緣及次第　隨義如實說
如日月光明　能除諸幽冥　斯人行世間　能滅衆生闇
教无量菩薩　畢竟住一乘　是故有智者　聞此功德利
於我滅度後　應受持斯經　是人於佛道　決定无有疑

妙法蓮華經囑累品第二十二

尒時釋迦牟尼佛從法座起現大神力以右
手摩无量菩薩摩訶薩頂而作是言我於无
量百千万億阿僧祇劫脩習是難得阿耨多
羅三藐三菩提法今以付囑汝等汝等應當
一心流布此法廣令增益如是三摩諸菩薩
摩訶薩頂而作是言我於无量百千万億阿
僧祇劫脩習是難得阿耨多羅三藐三菩提
法今以付囑汝等汝等當受持讀誦廣宣此
法令一切衆生普得聞知所以者何如来有
大慈悲无諸慳悋亦无所畏能與衆生佛之
智慧如来智慧自然智慧如是一切衆生

BD01682號　妙法蓮華經卷六

（27-18）

大慈悲无諸慳悋亦无所畏能與衆生佛之
智慧如來智慧自然智慧如是一切衆生
之大施主汝等亦應隨學如來之法勿生慳
悋於未來世若有善男子善女人信如來智
慧者當爲演說此法華經使得聞知爲令其
人得佛慧故若有衆生不信受者當於如來
餘深法中示教利喜汝等若能如是則爲已
報諸佛之恩時諸菩薩摩訶薩聞佛作是說
已皆大歡喜遍滿其身益加恭敬曲躬低頭
合掌向佛俱發聲言如世尊勅當具奉行唯
然世尊願不有慮諸菩薩摩訶薩衆如是三
反俱發聲言如世尊勅當具奉行唯然世尊
願不有慮尒時釋迦牟尼佛令十方來諸分
身佛各還本土而作是言諸佛各隨所安多
寶佛塔還可如故說是語時十方无量分身
諸佛坐寶樹下師子座上者及多寶佛并上
行等无邊阿僧祇菩薩大衆舍利弗等聲
聞四衆及一切世間天人阿脩羅等聞佛所
說皆大歡喜

妙法蓮華經藥王菩薩本事品第二十三

尒時宿王華菩薩白佛言世尊藥王菩薩云
何遊於娑婆世界世尊是藥王菩薩有若干
百千万億那由他難行苦行善哉世尊願少
解說諸天龍神夜叉乾闥婆阿脩羅迦樓羅
緊那羅摩睺羅伽人非人等又他方國土諸來

BD01682號　妙法蓮華經卷六　(27-19)

百千万億那由他難行苦行善哉世尊願少
解說諸天龍神夜叉乾闥婆阿脩羅迦樓羅
緊那羅摩睺羅伽人非人等又他方國土諸來
菩薩及此聲聞衆聞皆歡喜尒時佛告宿王
華菩薩乃往過去无量恒河沙劫有佛号日
月淨明德如來應供正遍知明行足善逝世
間解无上士調御丈夫天人師佛世尊其佛
有八十億大菩薩摩訶薩七十二恒河沙大
聲聞衆佛壽四万二千劫菩薩壽命亦等彼
國无有女人地獄餓鬼畜生阿脩羅等及以
諸地難平如掌瑠璃所成寶樹莊嚴寶帳覆
上垂寶華幡寶瓶香爐周遍國界七寶爲
臺一樹一臺其樹去臺盡一箭道此諸寶樹
皆有菩薩聲聞而坐其下諸寶臺上各有百
億諸天作天伎樂歌嘆於佛以爲供養尒時
彼佛爲一切衆生喜見菩薩及衆菩薩諸聲聞
衆說法華經是一切衆生喜見菩薩樂習苦
行於日月淨明德佛法中精進經行一心求
佛滿万二千歲已得現一切色身三昧得此
三昧已心大歡喜即作念言我得現一切色
身三昧皆是得聞法華經力我今當供養日
月淨明德佛及法華經即時入是三昧於虛
空中雨曼陁羅華摩訶曼陁羅華細末堅黑
栴檀滿虛空中如雲而下又雨海此岸栴檀
之香此香六銖價直娑婆世界以供養佛作

BD01682號　妙法蓮華經卷六　(27-20)

栴檀滿虛空中如雲而下又雨海此岸栴檀
之香此香六銖價直娑婆世界以供養佛作
是供養已從三昧起而自念言我雖以神力
供養於佛不如以身供養即服諸香栴檀薰
陸香兜樓婆畢力迦沉水膠香又飲瞻蔔諸華香
油滿千二百歲已香油塗身於日月淨明
德佛前以天寶衣而自纏身灌諸香油以神
通力願而自然身光明遍照八十億恒河沙
世界其中諸佛同時讚言善哉善哉善男子
是真精進是名真法供養如來若以華香瓔
珞燒香末香塗香天繒幡蓋及海此岸栴檀
之香如是等種種諸物供養所不能及假使
國城妻子布施亦所不及善男子是名第一
之施於諸施中最尊最上以法供養諸如來
故作是語已而各嘿然其身火然千二百歲
過是已後其身乃盡一切眾生憙見菩薩作
如是法供養以命終之後復生日月淨明德
佛國中於淨德王家結加趺坐忽然化生即
為其父而說偈言
大王今當知　我經行彼處　即時得一切　現諸身三昧
懃行大精進　捨所愛之身
說是偈已而白父言日月淨明德佛今故現
在我先供養佛已得解一切眾生語言陀羅
尼復聞是法華經八百千万億那由他甄迦
羅頻婆羅阿閦婆等偈大王我今當還供養

BD01682號　妙法蓮華經卷六　（27–21）

懃行大精進　捨所愛之身
說是偈已而白父言日月淨明德佛今故現
在我先供養佛已得解一切眾生語言陀羅
尼復聞是法華經八百千万億那由他甄迦
羅頻婆羅阿閦婆等偈大王我今當還供養
此佛白已即坐七寶之臺上昇虛空高七多
羅樹往到佛所頭面禮足合十指爪以偈讚佛
容顏甚奇妙　光明照十方　我適曾供養　今復還親近
尒時一切眾生憙見菩薩說是偈已而白佛
言世尊世尊猶故在世尒時日月淨明德佛告
一切眾生憙見菩薩善男子我涅槃時到
滅盡時至汝可安施床座我於今夜當般涅
槃又勑一切眾生憙見菩薩善男子我以佛
法囑累於汝及諸菩薩大弟子并阿耨多羅
三藐三菩提法亦以三千大千七寶世界諸
寶樹寶臺及給侍諸天悉付於汝我滅度後
所有舍利亦付囑汝當令流布廣設供養應
起若千千塔如是日月淨明德佛勑一切眾
生憙見菩薩已於夜後分入於涅槃尒時一
切眾生憙見菩薩見佛滅度悲感懊惱戀慕
於佛即以海此岸栴檀為𧂐供養佛身而以
燒之火滅已後收取舍利作八万四千寶瓶
以起八万四千塔高三世界表刹莊嚴垂諸
幡蓋懸眾寶鈴尒時一切眾生憙見菩薩復
自念言我雖作是供養心猶未足我今當更
供養舍利便諸菩薩大弟子及天龍夜叉

BD01682號　妙法蓮華經卷六　（27–22）

幡蓋懸眾寶鈴尒時一切眾生憙見菩薩復
自念言我雖作是供養心猶未足我今當更
供養舍利便語諸菩薩大弟子及天龍夜叉
等一切大眾汝等當一心念我今供養日月
淨明德佛舍利作是語已即於八万四千塔
前然百福莊嚴臂七万二千歲而以供養令
无數求聲聞眾无量阿僧祇人發阿耨多羅
三藐三菩提心皆使得住現一切色身三昧
尒時諸菩薩天人阿脩羅等見其无臂憂惱
悲哀而作是言此一切眾生憙見菩薩是我
等師教化我者而今燒臂身不具足于時一
切眾生憙見菩薩於大眾中立此誓言我捨
兩臂必當得佛金色之身若實不虛令我兩
臂還復如故作是誓已自然還復由斯菩薩
福德智慧淳厚所致當尒之時三千大千世
界六種震動天雨寶華一切天人得未曾有
佛告宿王華菩薩於汝意云何一切眾生憙見
菩薩豈異人乎今藥王菩薩是也其所捨身
布施如是无量百千万億那由他數宿王華
若有發心欲得阿耨多羅三藐三菩提者能
然手指乃至足一指供養佛塔勝以國城妻
子及三千大千國土山林河池諸珍寶物而
供養者若復有人以七寶滿三千大千世
界供養於佛及大菩薩辟支佛阿羅漢是人
所得功德不如受持此法華經乃至一四句
偈其福最多宿王華譬如一切川流江河者

界供養於佛及大菩薩辟支佛阿羅漢是人
所得功德不如受持此法華經乃至一四句
偈其福最多宿王華譬如一切川流江河諸
水之中海為第一此法華經亦復如是於諸
如來所說經中最為深大又如土山黑山小
鐵圍山大鐵圍山及十寶山眾山之中須彌
山為第一此法華經亦復如是於諸經中最
為其上又如眾星之中月天子最為第一此
法華經亦復如是於千万億種諸經法中最
為明照又如日天子能除諸闇此經亦復如
是能破一切不善之闇又如諸小王中轉輪
聖王最為第一此經亦復如是於眾經中最
為其尊又如帝釋於三十三天中王此經亦
復如是諸經中王又如大梵天王一切眾生
之父此經亦復如是一切賢聖學无學及發
菩薩心者之父又如一切凡夫人中須陁洹
斯陁含阿那含阿羅漢辟支佛為第一此經
亦復如是一切如來所說若菩薩所說若聲
聞所說諸經法中最為第一有能受持是經
典者亦復如是於一切眾生中亦為第一一
切聲聞辟支佛中菩薩為第一此經亦復如
是於一切諸經法中最為第一如佛為諸法
王此經亦復如是諸經中王宿王華此經能
救一切眾生者此經能令一切眾生離諸苦
惱此經能大饒益一切眾生充滿其願如清
涼池能滿一切諸渴乏者如寒者得火如裸

救一切衆生者此經能令一切衆生離諸苦
惱此經能大饒益一切衆生充滿其願如清
涼池能滿一切諸渴乏者如寒者得火如裸
者得衣如商人得主如子得母如渡得船如
病得醫如暗得燈如貧得寶如民得王如賈
客得海如炬除暗此法華經亦復如是能令
衆生離一切苦一切病痛能解一切生死之縛
若人得聞此法華經若自書若使人書所得
功德以佛智慧籌量多少不得其邊若書
是經卷華香瓔珞燒香末香塗香幡蓋衣服
種種之燈蘇燈油燈諸香油燈瞻蔔油燈須
曼油燈波羅羅油燈婆利師迦油燈那婆摩
利油燈供養所得功德亦復无量宿王華若
有人聞是藥王菩薩本事品者亦得无量无
邊功德若有女人聞是藥王菩薩本事品能
受持者盡是女身後不復受若如來滅後後
五百歲中若有女人聞是經典如說修行於
此命終即往安樂世界阿彌陀佛大菩薩衆
圍繞住處生蓮華中寶座之上不復爲貪欲
所惱亦復不爲瞋恚愚癡所惱亦復不爲憍
慢嫉妬諸垢所惱得菩薩神通无生法忍得
是忍已眼根清淨以是清淨眼根見七百万
二千億那由他恒河沙等諸佛如來是時諸
佛遥共讃言善哉善哉善男子汝能於釋迦
牟尼佛法中受持讀誦思惟是經爲他人說

BD01682號　妙法蓮華經卷六

（27–25）

二千億那由他恒河沙等諸佛如來是時諸
佛遥共讃言善哉善哉善男子汝能於釋迦
牟尼佛法中受持讀誦思惟是經爲他人說
所得福德无量无邊火不能燒水不能漂汝
之功德千佛共說不能令盡汝今已能破諸
魔賊壞生死軍諸餘怨敵皆悉摧滅善男子
百千諸佛以神通力共守護汝於一切世間天
人之中无如汝者唯除如來其諸聲聞辟支
佛乃至菩薩智慧禪定无有與汝等者宿
王華此菩薩成就如是功德智慧之力若有
人聞是藥王菩薩本事品能隨喜讃善者是
人現世口中常出青蓮華香身毛孔中常出
牛頭栴檀香所得功德如上所說是故宿王
華以此藥王菩薩本事品囑累於汝我滅度
後後五百歲中廣宣流布於閻浮提无令斷
絶惡魔魔民諸天龍夜叉鳩槃荼等得其便
也宿王華汝當以神通之力守護是經所以者
何此經則爲閻浮提人病之良藥若人有病
得聞是經病即除滅不老不死宿王華汝若
見有受持是經者應以青蓮華盛滿末香
供散其上散已作是念言此人不久必當取
草坐於道場破諸魔軍當吹法螺擊大法鼓
度脫一切衆生老病死海是故求佛道者見
有受持是經典人應當如是生恭敬心說是
藥王菩薩本事品時八万四千菩薩得解一

BD01682號　妙法蓮華經卷六

（27–26）

後後五百歲中廣宣流布於閻浮提无令斷
絕惡魔魔民諸天龍夜叉鳩槃荼等得其便
也宿王華汝當以神通之力守護是經所以者
何此經則為閻浮提人病之良藥若人有病
得聞是經病即消滅不老不死宿王華汝若
見有受持是經者應以青蓮華盛滿末香
供散其上散已作是念言此人不久必當取
草坐於道場破諸魔軍當吹法螺擊大法鼓
度脫一切眾生老病死海是故求佛道者見
有受持是經典人應當如是生恭敬心說是
藥王菩薩本事品時八万四千菩薩得解一
切眾生語言陀羅尼多寶如來於寶塔中讚
宿王華菩薩言善哉善哉宿王華汝成就不
可思議功德乃能問釋迦牟尼佛如此之事
利益无量一切眾生

妙法蓮華經卷第六

BD01682號　妙法蓮華經卷六　（27–27）

菩薩句義無所有不可得亦如是善現如幻
士法界意識界及意觸意觸為緣所生諸受
句義無所有不可得菩薩摩訶薩脩行般若
波羅蜜多時觀菩薩句義無所有不可得亦
如是善現如幻士地界句義無所有不可得菩
薩摩訶薩脩行般若波羅蜜多時觀菩薩
句義無所有不可得亦如是善現如幻士水
火風空識界句義無所有不可得菩薩摩訶
薩脩行般若波羅蜜多時觀菩薩句義無所
有不可得亦如是善現如幻士苦聖諦句義
無所有不可得菩薩摩訶薩脩行般若波羅
蜜多時觀菩薩句義無所有不可得亦如是
善現如幻士集滅道聖諦句義無所有不可
得菩薩摩訶薩脩行般若波羅蜜多時觀
菩薩句義無所有不可得亦如是善現如幻士
無明句義無所有不可得菩薩摩訶薩脩行
般若波羅蜜多時觀菩薩句義無所有不
可得亦如是善現如幻士行識名色六處觸受
愛取有生老死愁歎苦憂惱句義無所有不
可得菩薩摩訶薩脩行般若波羅蜜多時
觀菩薩句義無所有不可得亦如是善現如幻
士四靜慮句義無所有不可得菩薩摩訶薩

BD01683號　大般若波羅蜜多經卷四五　（3–1）

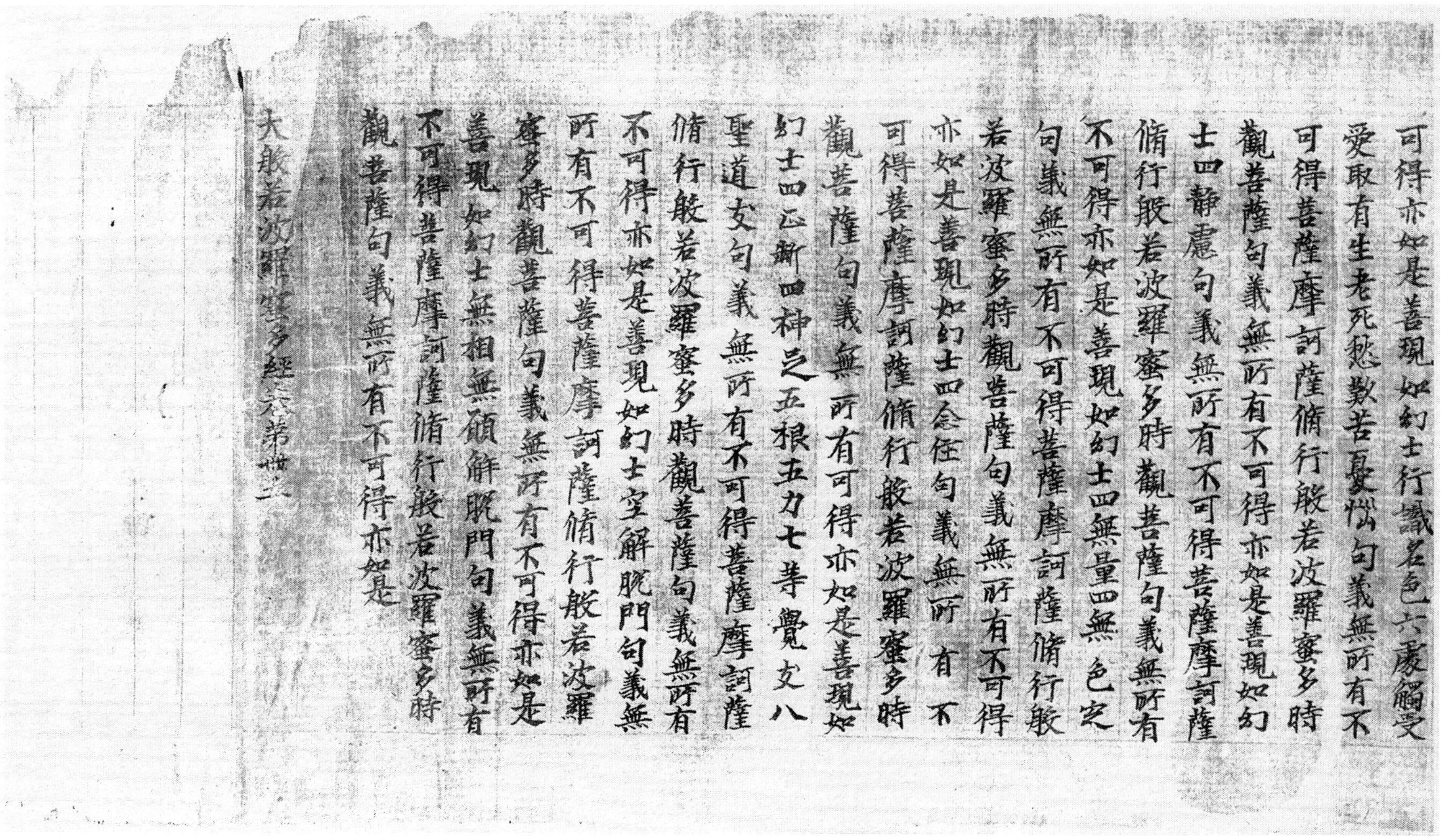
可得亦如是善現如幻士行識名色六處觸受
愛取有生老死愁歎苦憂惱句義無所有不
可得菩薩摩訶薩脩行般若波羅蜜多時
觀菩薩句義無所有不可得亦如是善現如幻
士四靜慮句義無所有不可得菩薩摩訶薩
脩行般若波羅蜜多時觀菩薩句義無所有
不可得亦如是善現如幻士四無量四無色定
句義無所有不可得菩薩摩訶薩脩行般
若波羅蜜多時觀菩薩句義無所有不可得
亦如是善現如幻士四念住句義無所 有不
可得菩薩摩訶薩脩行般若波羅蜜多時
觀菩薩句義無所有可得亦如是善現如
幻士四正斷四神足五根五力七等覺支八
聖道支句義無所有不可得菩薩摩訶薩
脩行般若波羅蜜多時觀菩薩句義無所有
不可得亦如是善現如幻士空解脫門句義無
所有不可得菩薩摩訶薩脩行般若波羅
蜜多時觀菩薩句義無所有不可得亦如是
善現如幻士無相無願解脫門句義無所有
不可得菩薩摩訶薩脩行般若波羅蜜多時
觀菩薩句義無所有不可得亦如是
大般若波羅蜜多經卷第卌五

BD01683 號　大般若波羅蜜多經卷四五　（3–2）

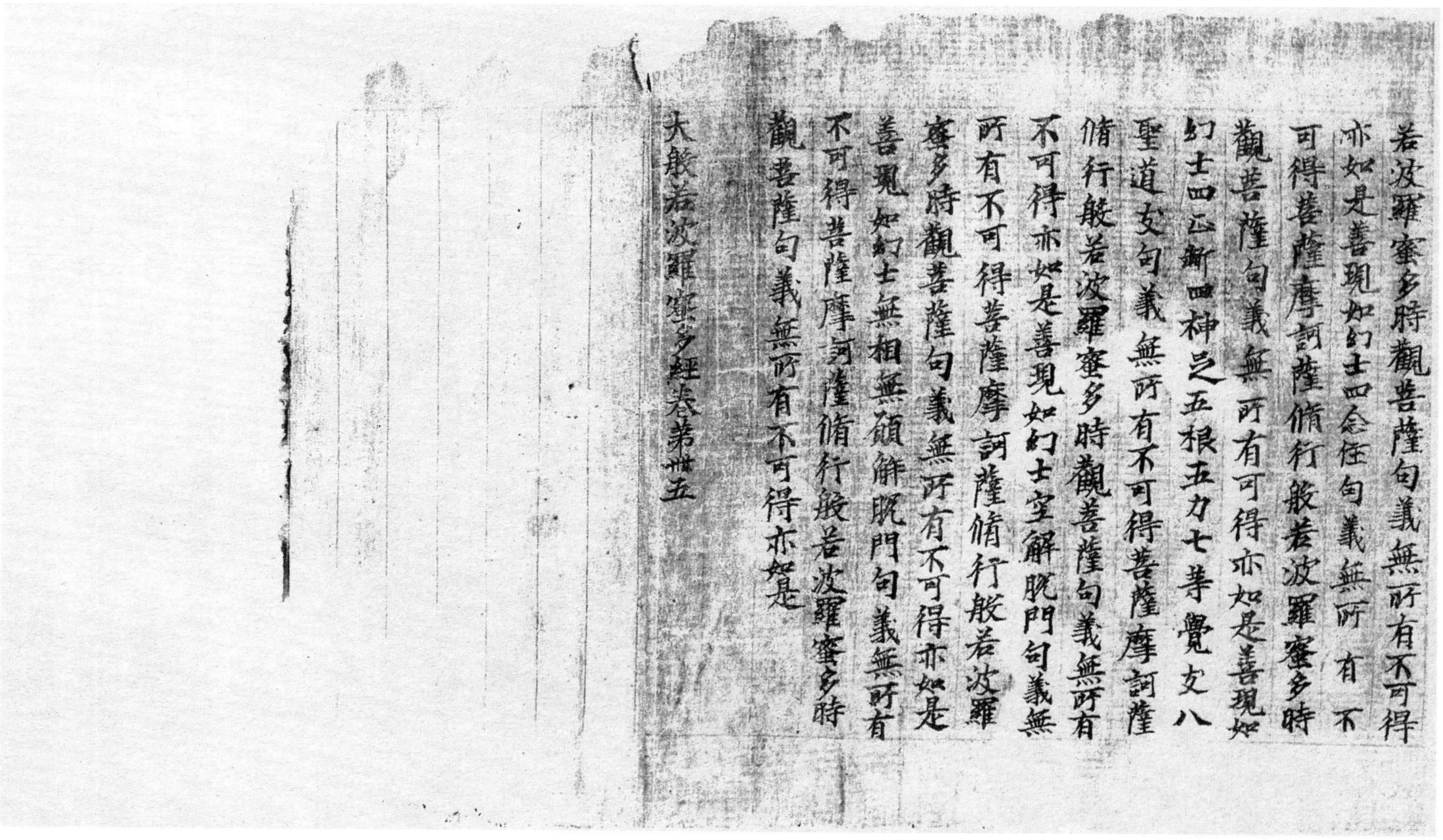
若波羅蜜多時觀菩薩句義無所有不可得
亦如是善現如幻士四念住句義無所 有不
可得菩薩摩訶薩脩行般若波羅蜜多時
觀菩薩句義無所有可得亦如是善現如
幻士四正斷四神足五根五力七等覺支八
聖道支句義無所有不可得菩薩摩訶薩
脩行般若波羅蜜多時觀菩薩句義無所有
不可得亦如是善現如幻士空解脫門句義無
所有不可得菩薩摩訶薩脩行般若波羅
蜜多時觀菩薩句義無所有不可得亦如是
善現如幻士無相無願解脫門句義無所有
不可得菩薩摩訶薩脩行般若波羅蜜多時
觀菩薩句義無所有不可得亦如是
大般若波羅蜜多經卷第卌五

BD01683 號　大般若波羅蜜多經卷四五　（3–3）

法如幻相乎荅曰如是若一切法如幻相者云
何問言汝於何沒而來生此舍利弗沒者爲
虛誑法壞敗之相生者爲虛誑法相續之相
菩薩雖沒不盡善本雖生不長諸惡
是時佛告舍利弗有國名妙喜佛号无動是
維摩詰於彼國沒而來生此舍利弗言未曾
有也世尊是人乃能捨清淨土而來樂此多
怒害處維摩詰語舍利弗於意云何日光
出時與冥合乎荅曰不也日光出時則无衆
冥維摩詰言夫日何故行閻浮提荅曰欲以
明照爲之除冥維摩詰言菩薩如是雖生
不淨佛土爲化衆生不與愚闇而共合也但滅
衆生煩惱闇耳
是時大衆渴仰欲見妙喜世界不動如來
及其菩薩聲聞之衆佛知一切衆會所念告
維摩詰言善男子爲此衆會現妙喜國不
動如來及諸菩薩聲聞之衆皆欲見於是
維摩詰心念吾當不起于坐接妙喜國鐵圍
山川溪谷江河大海泉源須弥諸山及日月星
宿天龍鬼神梵天等宮并諸菩薩聲聞之

BD01684號　維摩詰所說經卷下　　（3–1）

動如來及諸菩薩聲聞之衆皆欲見於是
維摩詰心念吾當不起于坐接妙喜國鐵圍
山川溪谷江河大海泉源須弥諸山及日月星
宿天龍鬼神梵天等宮并諸菩薩聲聞之
衆城邑聚落男女大小乃至无動如來及菩
樹提諸妙蓮華能於十方作佛事者三道寶
階從閻浮提至忉利天以此寶階諸天來下悉
爲礼敬无動如來聽受經法閻浮提人亦登其
階上昇忉利見彼諸天妙喜世界成就如是
无量功德上至阿迦貳吒天下至水際以右
手斷取如陶家輪入世界猶持華鬘示一切
衆作是念已入於三昧現神通力以其右手
斷取妙喜世界置於此土彼得神通菩薩及
聲聞衆并餘天人俱發聲言唯然世尊誰取
我去願見救護无動佛言非我所爲是維摩
詰神力所作其餘未得神通者不覺不知己
之所往妙喜世界雖入此土而不增減於是
世界亦不迫隘如本无異
尒時釋迦牟尼佛告諸大衆汝等且觀妙喜
世界无動如來其國嚴飾菩薩行淨弟子
清白皆曰唯然已見佛言若菩薩欲得如是清
淨佛土當學无動如來所行之道現此妙喜
國時娑婆世界十四那由他人發阿耨多羅
三藐三菩提心皆願生於妙喜佛土釋迦牟
尼佛即記之曰當生彼國時妙喜世界於此

BD01684號　維摩詰所說經卷下　　（3–2）

[illegible]上至阿迦貳吒天下至水際以右
手斷取如陶家輪入世界猶持華鬘示一切
衆作是念已入於三昧現神通力以其右手
斷取妙喜世界置於此土彼得神通菩薩及
聲聞衆并餘天人俱發聲言唯然世尊誰取
我去願見救護无動佛言非我所爲是維摩
詰神力所作其餘未得神通者不覺不知已
之所往妙喜世界雖入此土而不增減於是
世界亦不迫隘如本无異
尒時釋迦牟尼佛告諸大衆汝等且觀妙喜
世界无動如來其國嚴飾菩薩行淨弟子
清白皆曰唯然已見佛言若菩薩欲得如是清
淨佛土當學无動如來所行之道現此妙喜
國時娑婆世界十四那由他人發阿耨多羅
三藐三菩提心皆願生於妙喜佛土釋迦牟
尼佛即記之曰當生彼國時妙喜世界於此
國土所應饒益其事訖已還復本處擧衆
皆見佛告舍

BD01684號　維摩詰所說經卷下

(3–3)

妙法蓮華經卷第六

BD01685號背　妙法蓮華經卷六護首

(1–1)

妙法蓮華經隨喜功德品第十八　六
尒時弥勒菩薩摩訶薩白佛言世尊若有善
男子善女人聞是法華經隨喜者得幾所福
而說偈言
世尊滅度後　其有聞是經　若能隨喜者　為得幾所福
尒時佛告弥勒菩薩摩訶薩阿逸多如來滅
後若比丘比丘尼優婆塞優婆夷及餘智者

BD01685 號　妙法蓮華經卷六　（3–1）

而說偈言
世尊滅度後　其有聞是經　若能隨喜者　為得幾所福
尒時佛告弥勒菩薩摩訶薩阿逸多如來滅
後若比丘比丘尼優婆塞優婆夷及餘智者
若長若幼聞是經隨喜已從法會出至於餘
處若在僧坊若空閑地若城邑巷陌聚落田
里如其所聞為父母宗親善友知識隨力演
說是諸人等聞已隨喜復行轉教餘人聞已
亦隨喜轉教如是展轉至第五十阿逸多其
第五十善男子善女人隨喜功德我今說之
汝當善聽若四百万億阿僧祇世界六趣四
生衆生卵生胎生濕生化生若有形无形有
想无想非有想非无想无足二足四足多足
如是等在衆生數者有人求福隨其所欲娛
樂之具皆給與之一一衆生與滿閻浮提金
銀琉璃車𤦲馬瑙珊瑚虎珀諸妙珎寶及象
馬車乘七寶所成宮殿樓閣等是大施主如
是布施滿八十年已而作是念我已施衆生
娛樂之具隨意所欲然此衆生皆已衰老年
過八十髮白面皺將死不久我當以佛法而
訓導之即集此衆生宣布法化示教利喜一
時皆得須陁洹道斯陁含道阿那含道阿羅
漢道盡諸有漏於深禪定皆得自在具八解
脫於汝意云何是大施主所得功德寧為多
不弥勒白佛言世尊是人功德甚多无量无
邊若是施主但施衆生一切樂具功德无量

BD01685 號　妙法蓮華經卷六　（3–2）

漢道盡諸有漏於深禪定皆得自在具八解
脫於汝意云何是大施主所得功德寧為多
不弥勒白佛言世尊是人功德甚多无量无
邊若是施主但施衆生一切樂具功德无量
何况令得阿羅漢果佛告弥勒我今分明語
汝是人以一切樂具施於四百万億阿僧祇
世界六趣衆生又令得阿羅漢果所得功德
不如是第五十人聞法華經一偈隨喜功德
百分千分百千万億分不及其一乃至筭數
譬喻所不能知阿逸多如是第五十人展轉
聞法華經隨喜功德尚无量无邊阿僧祇何
况最初於會中聞而隨喜者其福復勝无量
无邊阿僧祇不可得比又阿逸多若人為是
經故往詣僧坊若坐若立須臾聽受緣是功
德轉身所生得好上妙象馬車乘珎寶輦轝
及乘天宮若復有人於講法處坐更有人來
勸令坐聽若分座令坐是人功德轉身得帝
釋坐處若梵王坐處若轉輪聖王所坐之處
阿逸多若復有人語餘人言有經名法華可
即受其教乃至須臾間聞是人功德

BD01685號　妙法蓮華經卷六　（3–3）

千大千世界內外所有山林河海下至阿鼻
地獄上至有頂亦見其中一切衆生及業因
緣果報生處悉見悉知尒時世尊欲重宣此
義而說偈言
若於大衆中　以無所畏心　說是法華經　汝聽其功德
是人得八百　功德殊勝眼　以是莊嚴故　其目甚清淨
父母所生眼　悉見三千界　內外弥樓山　須弥及鐵圍
并餘諸山林　大海江河水　下至阿鼻獄　上至有頂處
其中諸衆生　一切皆悉見　雖未得天眼　肉眼力如是
復次常精進若善男子善女人受持此經若
讀若誦若解說若書寫得千二百耳功德以
是清淨耳聞三千大千世界下至阿鼻地獄
上至有頂其中內外種種語言音聲象聲馬
聲牛聲車聲啼哭聲愁歎聲螺聲鼓聲鍾
聲鈴聲笑聲語聲男聲女聲童子聲童女聲
法聲非法聲苦聲樂聲凡夫聲聖人聲喜聲
不喜聲天聲龍聲夜叉聲乾闥婆聲阿脩羅
聲風聲地獄聲畜生聲餓鬼聲比丘聲比丘
尼聲聲聞聲辟支佛聲菩薩聲佛聲以要言
之三千大千世界中一切內外所有諸聲雖
未得天耳以父母所生清淨常耳皆悉聞知

BD01686號　妙法蓮華經卷六　（2–1）

父母所生眼 悉見三千界 内外彌樓山 須彌及鐵圍
并餘諸山林 大海江河水 下至阿鼻獄 上至有頂處
其中諸衆生 一切皆悉見 雖未得天眼 肉眼力如是
復次常精進若善男子善女人受持此經若
讀若誦若解說若書寫得千二百耳功德以
是清淨耳聞三千大千世界下至阿鼻地獄
上至有頂其中内外種種語言音聲象聲馬
聲牛聲車聲啼哭聲愁歎聲螺聲鼓聲鍾
聲鈴聲笑聲語聲男聲女聲童子聲童女聲
法聲非法聲苦聲樂聲凡夫聲聖人聲喜聲
不喜聲天聲龍聲夜叉聲乾闥婆聲阿脩羅
聲風聲地獄聲畜生聲餓鬼聲比丘聲比丘
尼聲聲聞聲辟支佛聲菩薩聲佛聲以要言
之三千大千世界中一切内外所有諸聲雖
未得天耳以父母所生清淨常耳皆悉聞知
如是分別種種音聲而不壞耳根爾時世尊
欲重宣此義而說偈言

BD01686號　妙法蓮華經卷六　（2–2）

所謂安樂世界中阿彌陀如來
樂世界中阿閦如來　為上首
袈裟幢世界中碎金剛堅如來為上首
不退輪吼世界中清淨光波頭摩華身如來為上首
无垢世界中法幢如來　為上首
善燈世界中師子如來　為上首
善住世界中盧舍那藏　為上首
難過世界中功德華身如來為上首
莊嚴慧世界中一切通光明如來為上首
鏡輪光明世界中月智如來為上首
華勝世界中波頭摩勝如來為上首
波頭華勝世界中賢勝如來為上首
不瞬世界中普賢如來為上首
普賢世界中自在王如來為上首
不可勝世界中成就一切義如來為上首
娑婆世界中釋迦牟尼如來為上首
善脫勝如來　為上首
自在幢　王如來為上首
作火光如來為上首

BD01687號　佛名經（十二卷本）卷二　（3–1）

娑婆世界中釋迦牟尼如来為上首
善肮勝如来為 上 首
自在幢王如来為 上 首
作火光如来為 上 首
无畏觀如来為 上 首
如是等上首諸佛我以身業口業意業
遍滿十方一時礼拜讃歎供養所謂彼佛
所謂彼佛所説法甚深境界不可量境界
不可思議境界无量境界等我悉以身業
口業意業遍滿十方礼拜讃歎供養所謂
彼佛世界中不退菩薩僧不退聲聞僧我
悉以身業口業意業遍滿十方頭面礼足
讃歎供養
南无名降伏魔人自在佛　南无名降伏貪自在佛
南无名降伏瞋自在佛　南无名降伏癡自在佛
南无名降伏怒自在佛　南无名降伏見自在佛
南无名降伏諸戲自在佛　南无名了達法自在佛
南无名得神通自在稱佛　南无名得勝業自在稱佛
南无名起施自在稱佛　南无名起清淨戒自在稱佛
南无名起忍辱人自在稱佛　南无名起精進自在稱佛
南无名起禪人自在稱佛　南无名福德清淨光明自在佛
南无名起陁羅尼自在稱佛　南无高勝如来
南无光明勝如来　南无大勝如来

BD01687 號　佛名經（十二卷本）卷二　（3–2）

遍滿十方一時礼拜讃歎供養所謂彼佛
所謂彼佛所説法甚深境界不可量境界
不可思議境界无量境界等我悉以身業
口業意業遍滿十方礼拜讃歎供養所謂
彼佛世界中不退菩薩僧不退聲聞僧我
悉以身業口業意業遍滿十方頭面礼足
讃歎供養
南无名降伏魔人自在佛　南无名降伏貪自在佛
南无名降伏瞋自在佛　南无名降伏癡自在佛
南无名降伏怒自在佛　南无名降伏見自在佛
南无名降伏諸戲自在佛　南无名了達法自在佛
南无名得神通自在稱佛　南无名得勝業自在稱佛
南无名起施自在稱佛　南无名起清淨戒自在稱佛
南无名起忍辱人自在稱佛　南无名起精進自在稱佛
南无名起禪人自在稱佛　南无名福德清淨光明自在佛
南无名起陁羅尼自在稱佛　南无高勝如来
南无光明勝如来　南无大勝如来
南无波[illegible]上如来　南无多寶如来

BD01687 號　佛名經（十二卷本）卷二　（3–3）

清淨故行識名色六處觸受愛取有生老死
愁歎苦憂惱清淨行乃至老死愁歎苦憂
惱清淨故法性清淨何以故若一切智智清淨
若行乃至老死愁歎苦憂惱清淨若法性清
淨無二無二分無別無斷故
善現一切智智清淨故布施波羅蜜多清淨
布施波羅蜜多清淨故法性清淨何以故若
一切智智清淨若布施波羅蜜多清淨若法
性清淨無二無二分無別無斷故一切智智
清淨故淨戒安忍精進靜慮般若波羅蜜多
清淨淨戒乃至般若波羅蜜多清淨故法性
清淨何以故若一切智智清淨若淨戒乃至
般若波羅蜜多清淨若法性清淨無二無二
分無別無斷故善現一切智智清淨故內空
清淨內空清淨故法□清淨何以故若一切
智智清淨若內空清淨若法性清淨無二無
二分無別無斷故一切智智清淨故外空內
外空空空大空勝義空有為空無為空畢竟
空無際空散空無變異空本性空自相空共
相空一切法空不可得空無性空自性空無
性自性空清淨外空乃至無性自性空清淨
故法性清淨何以故若一切智智清淨若外

BD01688號　大般若波羅蜜多經卷二五八　（2–1）

布施波羅蜜多清淨故法性清淨何以故若
一切智智清淨若布施波羅蜜多清淨若法
性清淨無二無二分無別無斷故一切智智
清淨故淨戒安忍精進靜慮般若波羅蜜多
清淨淨戒乃至般若波羅蜜多清淨故法性
清淨何以故若一切智智清淨若淨戒乃至
般若波羅蜜多清淨若法性清淨無二無二
分無別無斷故善現一切智智清淨故內空
清淨內空清淨故法□清淨何以故若一切
智智清淨若內空清淨若法性清淨無二無
二分無別無斷故一切智智清淨故外空內
外空空空大空勝義空有為空無為空畢竟
空無際空散空無變異空本性空自相空共
相空一切法空不可得空無性空自性空無
性自性空清淨外空乃至無性自性空清淨
故法性清淨何以故若一切智智清淨若外
空乃至無性自性空清淨若法性清淨無二
無二分無別無斷故
善現一切智智清淨故真如清淨真如清淨
故法性清淨何以故若一切智智清淨若真
如清淨若法性清淨無二無二分無別無斷
故一切智智清淨故法界不虛妄性不變異

BD01688號　大般若波羅蜜多經卷二五八　（2–2）

甚多世尊須菩提[illegible]說非微塵
名微塵如來說世界[illegible]是名世界須菩
提於意云何可以三十二相見如來不不也
世尊何以故[illegible]非相是名三
十二相須菩提[illegible]有善男[illegible]以恒河
沙等身[illegible]若復有人於[illegible]經中乃至受
持四句偈等為[illegible]其福甚多
尒時須菩提聞說是經深解義趣涕淚悲
泣而白佛言希有世尊佛說如是甚深經典
我從昔來所得慧[illegible]未曾得聞如是之經世
尊若復有人得聞是經[illegible]信心清淨則生實相
當知是人成就第一希有功德世尊是實相者
則是非相是故如來說名實相世尊我今得聞
如是經典信解受持不足為難若當來世後
五百歲其有眾生得聞是經信解受持是
人則為第一希有何以故此人无我相人相眾
生相壽者相所以者何我相即是非相人相
眾生相壽者相即是非相何以故離一切諸
相則名諸佛
佛告須菩提如是如是若復有人得聞是經

BD01689號　金剛般若波羅蜜經　（10–1）

眾生相壽者相即是非相何以故離一切諸
相則名諸佛
佛告須菩提如是如是若復有人得聞是經
不驚不怖不畏當知是人甚為希有何以故
須菩提如來說第一波羅蜜非第一波羅蜜
是名第一波羅蜜
須菩提忍辱波羅蜜如來說非忍辱波羅
蜜何以故須菩提如我昔為歌利王割截身體
我於尒時无我相无人相无眾生相无壽者相
何以故我於往昔節節支解時若有我相人
相眾生相壽者相應生瞋恨須菩提又念
過去於五百世作忍辱仙人於尒所世无我相
无人相无眾生相无壽者相是故須菩提
菩薩應離一切相發阿耨多羅三藐三菩提
心不應住色生心不應住聲香味觸法生心
應生无所住心若心有住則為非住是故佛
說菩薩心不應住色布施須菩提菩薩為利
益一切眾生應如是布施如來說一切諸相
即是非相又說一切眾生則非眾生
須菩提如來是真語者實語者如語者不誑
語者不異語者須菩提如來所得法此法无
實无虛
須菩提若菩薩心住於法而行布施如人入
闇則无所見若菩薩心不住法而行布施如
人有目日光明照見種種色
須菩提當來之世若有善男子善女人能於

BD01689號　金剛般若波羅蜜經　（10–2）

須菩提若菩薩心住於法而行布施如人入
闇則无所見若菩薩心不住法而行布施如
人有目日光明照見種種色
須菩提當來之世若有善男子善女人能於
此經受持讀誦則為如來以佛智慧悉知
是人悉見是人皆得成就无量无邊功德
須菩提若有善男子善女人初日分以恒河
沙等身布施中日分復以恒河沙等身布施
後日分亦以恒河沙等身布施如是无量百
千萬億劫以身布施若復有人聞此經典信
心不逆其福勝彼何況書寫受持讀誦為
人解說
須菩提以要言之是經有不可思議不可稱
量无邊功德如來為發大乘者說為發最上
乘者說若有人能受持讀誦廣為人說如來
悉知是人悉見是人皆得成就不可量不可
稱无有邊不可思議功德如是人等則為荷
擔如來阿耨多羅三藐三菩提何以故須菩
提若樂小法者著我見人見眾生見壽者見
則於此經不能聽受讀誦為人解說須菩提
在在處處若有此經一切世間天人阿修羅所應
供養當知此處則為是塔皆應恭敬作
礼圍遶以諸華香而散其處
復次須菩提善男子善女人受持讀誦此經
若為人輕賤是人先世罪業應墮惡道以今
世人輕賤故先世罪業則消滅當得阿耨

在在處處若有此經一切世間天人阿修羅所應
供養當知此處則為是塔皆應恭敬作
礼圍遶以諸華香而散其處
復次須菩提善男子善女人受持讀誦此經
若為人輕賤是人先世罪業應墮惡道以今
世人輕賤故先世罪業則消滅當得阿耨
多羅三藐[illegible]我念過去无量阿
僧祇劫[illegible]值八百四千万億那
由他諸佛悉皆供養承事无空過者若復
有人於後末世能受持讀誦此經所得功德
於我所供養諸佛功德百分不及一千万億分
乃至筭數譬喻所不能及須菩提若善男子
善女人於後末世有受持讀誦此經所得功
德我若具說者或有人聞心則狂乱狐疑不
信須菩提當知是經義不可思議果報亦不
可思議
尒時須菩提白佛言世尊善男子善女人發
阿耨多羅三藐三菩提心云何應住云何降伏
其心佛告須菩提善男子善女人發阿耨
多羅三藐三菩提者當生如是心我應滅度
一切眾生滅度一切眾生已而无有一眾生
實滅度者何以故若菩薩有我相人相眾生
相壽者相則非菩薩所以者何須菩提實无
有法發阿耨多羅三藐三菩提者
須菩提於意云何如來於然燈佛所有法得
阿耨多羅三藐三菩提不不也世尊如我解
佛所說義佛於然燈佛所无有法得阿耨

有法發阿耨多羅三藐三菩提者
須菩提於意云何如来於然燈佛所有法得
阿耨多羅三藐三菩提不不也世尊如我解
佛所說義佛於然燈佛所无有法得阿耨多
羅三藐三菩提佛言如是如是須菩提實无
有法如来得阿耨多羅三藐三菩提須菩提
若有法如来得阿耨多羅三藐三菩提者然
燈佛則不與我受記汝於来世當得作佛号釋
迦牟尼以實无有法得阿耨多羅三藐三菩
提是故然燈佛與我受記作是言汝於来世
當得作佛号釋迦牟尼何以故如来者即諸
法如義若有人言如来得阿耨多羅三藐三
菩提須菩提實无有法佛得阿耨多羅三藐
三菩提須菩提如来所得阿耨多羅三藐三
菩提於是中无實无虛是故如来說一切法
皆是佛法須菩提所言一切法者即非一切
法是故名一切法
須菩提譬如人身長大須菩提言世尊如来
說人身長大則為非大身是名大身
須菩提菩薩亦如是若作是言我當滅度无
量衆生則不名菩薩何以故須菩提實无有
法名為菩薩是故佛說一切法无我无人无
衆生无壽者須菩提若菩薩作是言我當莊
嚴佛土是不名菩薩何以故如来說莊嚴佛
土者即非莊嚴是名莊嚴須菩提若菩薩通
達无我法者如来說名真是菩薩

BD01689號　金剛般若波羅蜜經　（10–5）

衆生无壽者須菩提若菩薩作是言我當莊
嚴佛土是不名菩薩何以故如来說莊嚴佛
土者即非莊嚴是名莊嚴須菩提若菩薩通
達无我法者如来說名真是菩薩
須菩提於意云何如来有肉眼不如是世尊
如来有肉眼須菩提於意云何如来有天眼
不如是世尊如来有天眼須菩提於意云何
如来有慧眼不如是世尊如来有慧眼須菩
提於意云何如来有法眼不如是世尊如来
有法眼須菩提於意云何如来有佛眼不如
是世尊如来有佛眼須菩提於意云何恒河
中所有沙佛說是沙不如是世尊如来說是
沙須菩提於意云何如一恒河中所有沙有
如是等恒河是諸恒河所有沙數佛世界如
是寧為多不甚多世尊佛告須菩提尒所國
土中所有衆生若干種心如来悉知何以故如
来說諸心皆為非心是名為心所以者何須
菩提過去心不可得現在心不可得未来
心不可得須菩提於意云何若有人滿三千
大千世界七寶以用布施是人以是因緣得
福多不如是世尊此人以是因緣得福甚多
須菩提若福德有實如来不說得福德多以
福德无故如来說得福德多
須菩提於意云何佛可以具足色身見不不
也世尊如来不應以具足色身見何以故如
来說具足色身即非具足色身是名具足色

BD01689號　金剛般若波羅蜜經　（10–6）

福德无故如来說得福德多
須菩提於意云何佛可以具足色身見不不
也世尊如来不應以具足色身見何以故如
来說具足色身即非具足色身是名具足色
身須菩提於意云何如来可以具足諸相見不
不也世尊如来不應以具足諸相見何以故
如来說諸相具足即非具足是名諸相具
足須菩提汝勿謂如来作是念我當有所說法
莫作是念何以故若人言如来有所說法即
為謗佛不能解我所說故須菩提說法者无
法可說是名說法
須菩提白佛言世尊佛得阿耨多羅三藐三
菩提為无所得如是如是須菩提我於阿
耨多羅三藐三菩提乃至无有少法可得是
名阿耨多羅三藐三菩提復次須菩提是法
平等无有高下是名阿耨多羅三藐三菩提
以无我无人无衆生无壽者脩一切善法則
得阿耨多羅三藐三菩提須菩提所言善法
者如来說非善法是名善法
須菩提若三千大千世界中所有諸須弥山
王如是等七寶聚有人持用布施若人以此
般若波羅蜜經乃至四句偈等受持讀誦為
他人說於前福德百分不及一百千万億分
乃至筭數譬喻所不能及
須菩提於意云何汝等勿謂如来作是念我
當度衆生須菩提莫作是念何以故實无有

乃至筭數譬喻所不能及
須菩提於意云何汝等勿謂如来作是念我
當度衆生須菩提莫作是念何以故實无有
衆生如来度者若有衆生如来度者如来則
有我人衆生壽者須菩提如来說有我者則
非有我而凡夫之人以為有我須菩提凡夫
者如来說則非凡夫
須菩提於意云何可以卅二相觀如来不須
菩提言如是如是以卅二相觀如来佛言須
菩提若以卅二相觀如来者轉輪聖王則是
如来須菩提白佛言世尊如我解佛所說義
不應以卅二相觀如来尒時世尊而說偈言
若以色見我　以音聲求我　是人行邪道　不能見如来
須菩提汝若作是念如来不以具足相故得
阿耨多羅三藐三菩提須菩提莫作是念如
来不以具足相故得阿耨多羅三藐三菩提
須菩提汝若作是念發阿耨多羅三藐三菩
提者說諸法斷滅莫作是念何以故發阿耨
多羅三藐三菩提者於法不說斷滅相須菩
提若菩薩以滿恒河沙等世界七寶布施若
復有人知一切法无我得成於忍此菩薩勝
前菩薩所得功德須菩提以諸菩薩不受福
德故須菩提白佛言世尊云何菩薩不受福
德須菩提菩薩所作福德不應貪著是故說
不受福德
須菩提若有人言如来若来若去若坐若卧

須菩提菩薩所作福德不應貪著是故說
不受福德
須菩提若有人言如來若來若去若坐若卧
是人不解我所說義何以故如來者无所從
來亦无所去故名如來
須菩提若善男子善女人以三千大千世界
碎爲微塵於意云何是微塵衆寧爲多不甚
多世尊何以故若是微塵衆實有者佛則不
說是微塵衆所以者何佛說微塵衆則非微
塵衆是名微塵衆世尊如來所說三千大千
世界則非世界是名世界何以故若世界實
有者則是一合相如來說一合相則非一合
相是名一合相須菩提一合相者則是不可
說但凡夫之人貪著其事須菩提若人言佛說
我見人見衆生見壽者見須菩提於意云何
是人不解我所說義不世尊是人不解如來所
說義何以故世尊說我見人見衆生見壽者
見即非我見人見衆生見壽者見是名我見
人見衆生見壽者見須菩提發阿耨多羅三
藐三菩提心者於一切法應如是知如是見
如是信解不生法相須菩提所言法相者如
來說即非法相是名法相須菩提若有人以
滿无量阿僧祇世界七寶持用布施若有善
男子善女人發菩薩心者持於此經乃至四
句偈等受持讀誦爲人解說其福勝彼云何
爲人演說不取於相如如不動何以故

BD01689 號　金剛般若波羅蜜經　（10–9）

人見衆生見壽者見須菩提發阿耨多羅三
藐三菩提心者於一切法應如是知如是見
如是信解不生法相須菩提所言法相者如
來說即非法相是名法相須菩提若有人以
滿无量阿僧祇世界七寶持用布施若有善
男子善女人發菩薩心者持於此經乃至四
句偈等受持讀誦爲人解說其福勝彼云何
爲人演說不取於相如如不動何以故
一切有爲法　如夢幻泡影　如露亦電　應作如是觀
佛說是經已長老須菩提及諸比丘比丘尼
優婆塞優婆夷一切世間天人阿修羅聞
佛所說皆大歡喜信受奉持
金剛般若波羅蜜經　佛說金

BD01689 號　金剛般若波羅蜜經　（10–10）

祇樹給孤獨園
俱介時世尊食
食於其城中次
衣鉢洗足已敷
中即從坐起
地合掌恭敬而白佛言希
善護念諸菩薩善付囑諸菩薩
善男子善女人發阿耨多羅三藐三菩
提心應云何住云何降伏其心佛言善哉善
哉須菩提如汝所說如來善護念諸菩薩善
付囑諸菩薩汝今諦聽當為汝說善男子善
女人發阿耨多羅三藐三菩提心應如是住
如是降伏其心唯然世尊願樂欲聞
佛告須菩提諸菩薩摩訶薩應如是降伏其
心所有一切衆生之類若卵生若胎生若濕
生若化生若有色若无色若有想若无想若
非有想若非无想我皆令入无餘涅槃而滅
度之如是滅度无量无數无邊衆生實无衆
生得滅度者何以故須菩提若菩薩有我相

BD01690號　金剛般若波羅蜜經　（15–1）

生若化生若有色若无色若有想若无想若
非有想若非无想我皆令入无餘涅槃而滅
度之如是滅度无量无數无邊衆生實无衆
生得滅度者何以故須菩提若菩薩有我相
人相衆生相壽者相即非菩薩
復次須菩提菩薩於法應无所住行於布施
所謂不住色布施不住聲香味觸法布施須
菩提菩薩應如是布施不住於相何以故若
菩薩不住相布施其福德不可思量須菩提
於意云何東方虛空可思量不不也世尊須
菩提南西北方四維上下虛空可思量不不
也世尊須菩提菩薩无住相布施福德亦復
如是不可思量須菩提菩薩但應如所教住
須菩提於意云何可以身相見如來不不也
世尊不可以身相得見如來何以故如來所
說身相即非身相佛告須菩提凡所有相皆
是虛妄若見諸相非相則見如來須菩提白
佛言世尊頗有衆生得聞如是言說章句生
實信不佛告須菩提莫作是說如來滅後後
五百歲有持戒脩福者於此章句能生信心
以此為實當知是人不於一佛二佛三四五
佛而種善根已於无量千万佛所種諸善根
聞是章句乃至一念生淨信者須菩提如來
悉知悉見是諸衆生得如是无量福德何以
故是諸衆生无復我相人相衆生相壽者相

BD01690號　金剛般若波羅蜜經　（15–2）

聞是章句乃至一念生淨信者須菩提如来
悉知悉見是諸衆生得如是无量福德何以
故是諸衆生无復我相人相衆生相壽者相
无法相亦无非法相何以故是諸衆生若心
取相則為著我人衆生壽者若取法相即著
我人衆生壽者何以故若取非法相即著我
人衆生壽者是故不應取法不應取非法以
是義故如来常說汝等比丘知我說法如栰
喻者法尚應捨何况非法
須菩提於意云何如来得阿耨多羅三藐三
菩提耶如来有所說法耶須菩提言如我解
佛所說義无有定法名阿耨多羅三藐三菩
提亦无有定法如来可說何以故如来所說
法皆不可取不可說非法非非法所以者何
一切賢聖皆以无為法而有差別須菩提於
意云何若人滿三千大千世界七寶以用布
施是人所得福德寧為多不須菩提言甚多
世尊何以故是福德即非福德性是故如来
說福德多若復有人於此經中受持乃至四
句偈等為他人說其福勝彼何以故須菩提
一切諸佛及諸佛阿耨多羅三藐三菩提法
皆從此經出須菩提所謂佛法者即非佛法
須菩提於意云何須陁洹能作是念我得須
陁洹果不須菩提言不也世尊何以故須陁

BD01690號　金剛般若波羅蜜經

(15-3)

一切諸佛及諸佛阿耨多羅三藐三菩提法
皆從此經出須菩提所謂佛法者即非佛法
須菩提於意云何須陁洹能作是念我得須
陁洹果不須菩提言不也世尊何以故須陁
洹名為入流而无所入不入色聲香味觸法
是名須陁洹須菩提於意云何斯陁含能作
是念我得斯陁含果不須菩提言不也世尊
何以故斯陁含名一往来而實无往来是名
斯陁含須菩提於意云何阿那含能作是念
我得阿那含果不須菩提言不也世尊何以
故阿那含名為不来而實无来是故名阿那
含須菩提於意云何阿羅漢能作是念我得
阿羅漢道不須菩提言不也世尊何以故實
无有法名阿羅漢世尊若阿羅漢作是念我
得阿羅漢道即為著我人衆生壽者世尊佛
說我得无諍三昧人中最為第一是第一離
欲阿羅漢我不作是念我是離欲阿羅漢世
尊我若作是念我得阿羅漢道世尊則不說
須菩提是樂阿蘭那行者以須菩提實无所
行而名須菩提是樂阿蘭那行
佛告須菩提於意云何如来昔在然燈佛所
於法有所得不世尊如来在然燈佛所於法
實无所得須菩提於意云何菩薩莊嚴佛土
不不也世尊何以故莊嚴佛土者則非莊嚴
是名莊嚴是故須菩提諸菩薩摩訶薩應如

BD01690號　金剛般若波羅蜜經

(15-4)

不不也世尊何以故莊嚴佛土者則非莊嚴
是名莊嚴是故須菩提諸菩薩摩訶薩應如
是生清淨心不應住色生心不應住聲香味
觸法生心應无所住而生其心須菩提譬如
有人身如須弥山王於意云何是身為大不
須菩提言甚大世尊何以故佛說非身是名
大身
須菩提如恒河中所有沙數如是沙等恒河
於意云何是諸恒河沙寧為多不須菩提言
甚多世尊但諸恒河尚多无數何況其沙須
菩提我今實言告汝若有善男子善女人以
七寶滿尒所恒河沙數三千大千世界以用
布施得福多不須菩提言甚多世尊佛告須
菩提若善男子善女人於此經中乃至受持
四句偈等為他人說而此福德勝前福德
復次須菩提隨說是經乃至四句偈等當知
此處一切世間天人阿脩羅皆應供養如佛
塔廟何況有人盡能受持讀誦須菩提當知
是人成就最上第一希有之法若是經典所
在之處則為有佛若尊重弟子
尒時須菩提白佛言世尊當何名此經我等
云何奉持佛告須菩提是經名為金剛般若
波羅蜜以是名字汝當奉持所以者何須菩
提佛說般若波羅蜜則非般若波羅蜜須菩
提於意云何如来有所說法不須菩提白佛

BD01690號　金剛般若波羅蜜經　（15–5）

波羅蜜以是名字汝當奉持所以者何須菩
提佛說般若波羅蜜則非般若波羅蜜須菩
提於意云何如来有所說法不須菩提白佛
言世尊如来无所說須菩提於意云何三千
大千世界所有微塵是為多不須菩提言甚
多世尊須菩提諸微塵如来說世界非世界
是名世界須菩提於意云何可以三十二相
見如来不不也世尊何以故如来說三十二
相即是非相是名三十二相須菩提若有善
男子善女人以恒河沙等身命布施若復有
人於此經中乃至受持四句偈等為他人說
其福甚多
尒時須菩提聞說是經深解義趣涕淚悲泣
而白佛言希有世尊佛說如是甚深經典我
從昔来所得慧眼未曾得聞如是之經世尊
若復有人得聞是經信心清淨則生實相當
知是人成就第一希有功德世尊是實相者
則是非相是故如来說名實相世尊我今得
聞如是經典信解受持不足為難若當来世
後五百歲其有衆生得聞是經信解受持是
人則為第一希有何以故此人无我相人相
衆生相壽者相所以者何我相即是非相人
相衆生相壽者相即是非相何以故離一切
諸相則名諸佛佛告須菩提如是如是若復
有人得聞是經不驚不怖不畏當知是人甚

BD01690號　金剛般若波羅蜜經　（15–6）

諸相則名諸佛佛告須菩提如是如是若復
有人得聞是經不驚不怖不畏當知是人甚
為希有何以故須菩提如來說第一波羅蜜
非第一波羅蜜是名第一波羅蜜
須菩提忍辱波羅蜜如來說非忍辱波羅蜜
何以故須菩提如我昔為歌利王割截身體
我於尒時无我相无人相无衆生相无壽者
相何以故我於往昔節節支解時若有我相
人相衆生相壽者相應生瞋恨須菩提又念
過去於五百世作忍辱仙人於尒所世无我
相无人相无衆生相无壽者相是故須菩提
菩薩應離一切相發阿耨多羅三藐三菩提
心不應住色生心不應住聲香味觸法生心
應生无所住心若心有住則為非住是故佛
說菩薩心不應住色布施須菩提菩薩為利
益一切衆生應如是布施如來說一切諸相
即是非相又說一切衆生則非衆生須菩提
如來是真語者實語者如語者不誑語者不
異語者須菩提如來所得法此法无實无虛
須菩提若菩薩心住於法而行布施如人入
闇則无所見若菩薩心不住法而行布施如
人有目日光明照見種種色須菩提當來之
世若有善男子善女人能於此經受持讀誦
則為如來以佛智慧悉知是人悉見是人皆
得成就无量无邊功德

BD01690號　金剛般若波羅蜜經　（15–7）

則為如來以佛智慧悉知是人悉見是人皆
得成就无量无邊功德
須菩提若有善男子善女人初日分以恒河
沙等身布施中日分復以恒河沙等身布施
後日分亦以恒河沙等身布施如是无量百
千万億劫以身布施若復有人聞此經典信
心不逆其福勝彼何況書寫受持讀誦為人
解說須菩提以要言之是經有不可思議不
可稱量无邊功德如來為發大乘者說為發
最上乘者說若有人能受持讀誦廣為人說
如來悉知是人悉見是人皆得成就不可量
不可稱无有邊不可思議功德如是人等則
為荷擔如來阿耨多羅三藐三菩提何以故
須菩提若樂小法者著我見人見衆生見壽
者見則於此經不能聽受讀誦為人解說須
菩提在在處處若有此經一切世間天人阿
脩羅所應供養當知此處則為是塔皆應恭
敬作禮圍繞以諸華香而散其處
復次須菩提若善男子善女人受持讀誦此
經若為人輕賤是人先世罪業應墮惡道以
今世人輕賤故先世罪業則為消滅當得阿
耨多羅三藐三菩提須菩提我念過去无量
阿僧祇劫於然燈佛前得值八百四千万億
那由他諸佛悉皆供養承事无空過者若復
有人於後末世能受持讀誦此經所得功德

BD01690號　金剛般若波羅蜜經　（15–8）

耨多羅三藐三菩提須菩提我念過去无量
阿僧祇劫於然燈佛前得值八百四千万億
那由他諸佛悉皆供養承事无空過者若復
有人於後末世能受持讀誦此經所得功德
於我所供養諸佛功德百分不及一千万億
分乃至筭數譬喻所不能及須菩提若善男
子善女人於後末世有受持讀誦此經所得
功德我若具說者或有人聞心則狂亂狐疑
不信須菩提當知是經義不可思議果報亦
不可思議
尒時須菩提白佛言世尊善男子善女人發
阿耨多羅三藐三菩提心云何應住云何降
伏其心佛告須菩提善男子善女人發阿耨
多羅三藐三菩提者當生如是心我應滅度
一切衆生滅度一切衆生已而无有一衆生
實滅度者何以故若菩薩有我相人相衆生
相壽者相則非菩薩所以者何須菩提實无
有法發阿耨多羅三藐三菩提者須菩提於
意云何如来於然燈佛所有法得阿耨多羅
三藐三菩提不不也世尊如我解佛所說義
佛於然燈佛所无有法得阿耨多羅三藐三
菩提佛言如是如是須菩提實无有法如来
得阿耨多羅三藐三菩提須菩提若有法如
来得阿耨多羅三藐三菩提者然燈佛則不
與我受記汝於来世當得作佛号釋迦牟尼

菩提佛言如是如是須菩提實无有法如来
得阿耨多羅三藐三菩提須菩提若有法如
来得阿耨多羅三藐三菩提者然燈佛則不
與我受記汝於来世當得作佛号釋迦牟尼
以實无有法得阿耨多羅三藐三菩提是故
然燈佛與我受記作是言汝於来世當得作
佛号釋迦牟尼何以故如来者即諸法如義
若有人言如来得阿耨多羅三藐三菩提須
菩提實无有法佛得阿耨多羅三藐三菩提
須菩提如来所得阿耨多羅三藐三菩提於
是中无實无虚是故如来說一切法皆是佛
法須菩提所言一切法者即非一切法是故
名一切法
須菩提譬如人身長大須菩提言世尊如来
說人身長大則為非大身是名大身須菩提
菩薩亦如是若作是言我當滅度无量衆生
則不名菩薩何以故須菩提實无有法名為
菩薩是故佛說一切法无我无人无
壽者須菩提若菩薩作是言我當荘嚴佛土
是不名菩薩何以故如来說荘嚴佛土者即
非荘嚴是名荘嚴須菩提若菩薩通達无我
法者如来說名真是菩薩
須菩提於意云何如来有肉眼不如是世尊
如来有肉眼須菩提於意云何如来有天眼
不如是世尊如来有天眼須菩提於意云何
如来有慧眼不如是世尊如来有慧眼須菩

如来有肉眼須菩提於意云何如来有天眼
不如是世尊如来有天眼須菩提於意云何
如来有慧眼不如是世尊如来有慧眼須菩
提於意云何如来有法眼不如是世尊如来
有法眼須菩提於意云何如来有佛眼不如
是世尊如来有佛眼須菩提於意云何恒河
中所有沙佛說是沙不如是世尊如来說是
沙須菩提於意云何如一恒河中所有沙有
如是等恒河是諸恒河所有沙數佛世界如
是寧為多不甚多世尊佛告須菩提介所國
土中所有衆生若干種心如来悉知何以故
如来說諸心皆為非心是名為心所以者何
須菩提過去心不可得現在心不可得未来
心不可得
須菩提於意云何若有人滿三千大千世界
七寶以用布施是人以是因緣得福多不如
是世尊此人以是因緣得福甚多須菩提若
福德有實如来不說得福德多以福德无故
如来說得福德多
須菩提於意云何佛可以具足色身見不不
也世尊如来不應以色身見何以故如来說
具足色身即非具足色身是名具足色身須
菩提於意云何如来可以具足諸相見不不
也世尊如来不應以具足諸相見何以故如
来說諸相具足即非具足是名諸相具足須

菩提於意云何如来可以具足諸相見不不
也世尊如来不應以具足諸相見何以故如
来說諸相具足即非具足是名諸相具足須
菩提汝勿謂如来作是念我當有所說法莫
作是念何以故若人言如来有所說法即為
謗佛不能解我所說故須菩提說法者无法
可說是名說法
須菩提白佛言世尊佛得阿耨多羅三藐三
菩提為无所得耶如是如是須菩提我於阿
耨多羅三藐三菩提乃至无有少法可得是
名阿耨多羅三藐三菩提復次須菩提是法
平等无有高下是名阿耨多羅三藐三菩提
以无我无人无衆生无壽者脩一切善法則
得阿耨多羅三藐三菩提須菩提所言善法
者如来說非善法是名善法
須菩提若三千大千世界中所有諸須弥山
王如是等七寶聚有人持用布施若人以此
般若波羅蜜經乃至四句偈等受持為他人
說於前福德百分不及一百千万億分乃至
筭數譬喻所不能及
須菩提於意云何汝等勿謂如来作是念我
當度衆生須菩提莫作是念何以故實无有
衆生如来度者若有衆生如来度者如来則
有我人衆生壽者須菩提如来說有我者則
非有我而凡夫之人以為有我須菩提凡夫

有我人衆生壽者須菩提如来說有我者則
非有我而凡夫之人以為有我須菩提凡夫
者如来說則非凡夫須菩提於意云何可以
三十二相觀如来不須菩提言如是如是不
以三十二相觀如来佛言須菩提若以三十
二相觀如来者轉輪聖王則是如来須菩提
白佛言世尊如我解佛所說義不應以三十
二相觀如来尒時世尊而說偈言
若以色見我　以音聲求我　是人行邪道　不能見如来
須菩提汝若作是念如来不以具足相故得
阿耨多羅三藐三菩提須菩提莫作是念如
来不以具足相故得阿耨多羅三藐三菩提
須菩提汝若作是念發阿耨多羅三藐三菩
提者說諸法斷滅相莫作是念何以故發阿
耨多羅三藐三菩提者於法不說斷滅相須
菩提若菩薩以滿恒河沙等世界七寶布施
若復有人知一切法无我得成於忍此菩薩
勝前菩薩所得功德須菩提以諸菩薩不受
福德故須菩提白佛言世尊云何菩薩不受
福德須菩提菩薩所作福德不應貪著是故
說不受福德
須菩提若有人言如来若来若去若坐若卧
是人不解我所說義何以故如来者无所從
来亦无所去故名如来

BD01690 號　金剛般若波羅蜜經　（15–13）

須菩提若有人言如来若来若去若坐若卧
是人不解我所說義何以故如来者无所從
来亦无所去故名如来
須菩提若善男子善女人以三千大千世界
碎為微塵於意云何是微塵衆寧為多不甚
多世尊何以故若是微塵衆實有者佛則不
說是微塵衆所以者何佛說微塵衆即非微
塵衆是名微塵衆世尊如来所說三千大千
世界則非世界是名世界何以故若世界實
有者則是一合相如来說一合相則非一合
相是名一合相須菩提一合相者則是不可
說但凡夫之人貪著其事須菩提若人言佛
說我見人見衆生見壽者見須菩提於意云
何是人解我所說義不世尊是人不解如来
所說義何以故世尊說我見人見衆生見壽
者見即非我見人見衆生見壽者見是名我
見人見衆生見壽者見須菩提發阿耨多羅
三藐三菩提心者於一切法應如是知如是
見如是信佛不生法相須菩提所言法相者如
来說即非法相是名法相
須菩提若有人以滿无量阿僧祇世界七寶
持用布施若有善男子善女人發菩薩心者
持於此經乃至四句偈等受持讀誦為人演
說其福勝彼云何為人演說不取於相如如
不動何以故

BD01690 號　金剛般若波羅蜜經　（15–14）

見人見衆生見壽者見須菩提發阿耨多羅
三藐三菩提心者於一切法應如是知如是
見如是信解不生法相須菩提所言法相者如
來說即非法相是名法相
須菩提若有人以滿無量阿僧祇世界七寶
持用布施若有善男子善女人發菩薩心者
持於此經乃至四句偈等受持讀誦為人演
說其福勝彼云何為人演說不取於相如如
不動何以故
一切有為法　如夢幻泡影　如露亦如電　應作如是觀
佛說是經已長老須菩提及諸比丘比丘尼
優婆塞優婆夷一切世間天人阿修羅聞佛
所說皆大歡喜信受奉行
金剛般若波羅蜜經

BD01690 號　金剛般若波羅蜜經

(15–15)

妙法蓮華經安樂行品第十四　五
尒時文殊師利法王子菩薩摩訶薩白佛言
世尊是諸菩薩甚為難有敬順佛故發大
誓願於後惡世護持讀誦是法華經世尊
菩薩摩訶薩於後惡世云何能說是經佛告文殊
師利若菩薩摩訶薩於後惡世欲說是經當
安住四法一者安住菩薩行處親近處能為
衆生演說是經文殊師利云何名菩薩摩訶
薩行處若菩薩摩訶薩住忍辱地柔和善順
而不卒暴心亦不驚又復於法無所行而觀
諸法如實相亦不行不分別是名菩薩摩訶
薩行處云何名菩薩摩訶薩親近處菩薩
摩訶薩不親近國王王子大臣官長不親近諸
外道梵志尼揵子等及造世俗文筆讚詠外
書及路伽耶陀逆路伽耶陀者亦不親近諸
有凶戲相扠相撲及那羅等種種變現之戲
又不親近旃陀羅及畜猪羊雞狗畋獵漁捕諸
惡律儀如是人等或時來者則為說法無所
[illegible]

BD01691 號　妙法蓮華經卷五

(29–1)

……亦不親近諸
有兇戲相扠相撲及那羅等種種變現之戲
又不親近旃陀羅及畜猪羊鷄狗田獵漁捕諸
惡律儀如是人等或時来者則為說法无所
希望又不親近求聲聞比丘比丘尼優婆塞
優婆夷亦不問訊若於房中若經行處若
在講堂中不共住止或時来者隨宜說法无
所希求文殊師利又菩薩摩訶薩不應於
女人身取能生欲想而為說法亦不樂見若
入他家不與小女處女寡女等共語亦復不
近五種不男之人以為親厚不獨入他家若
有因緣須獨入時但一心念佛若為女人說
法不露齒咲不現胷臆乃至為法猶不親厚
況復餘事不樂畜年少弟子沙弥小兒亦不
樂與同師常好坐禪在於閑處脩攝其心文
殊師利是名初親近處復次菩薩摩訶薩觀
一切法空如實相不顛倒不動不退不轉如虛
空无所有性一切語言道斷不生不出不起
无名无相實无所有无量无邊无礙无障
但以因緣有從顛倒生故說常樂觀如是法
相是名菩薩摩訶薩第二親近處尒時世
尊欲重宣此義而說偈言
若有菩薩　於後惡世　无怖畏心　欲說是經
應入行處　及親近處　常離國王　及國王子
大臣官長　兇險戲者　及旃陀羅　外道梵志

BD01691號　妙法蓮華經卷五　（29–2）

尊欲重宣此義而說偈言
若有菩薩　於後惡世　无怖畏心　欲說是經
應入行處　及親近處　常離國王　及國王子
大臣官長　兇險戲者　及旃陀羅　外道梵志
亦不親近　增上慢人　貪着小乘　三藏學者
破戒比丘　名字羅漢　及比丘尼　好戲咲者
深着五欲　求現滅度　諸優婆夷　皆勿親近
若是人等　以好心来　到菩薩所　為聞佛道
菩薩則以　无所畏心　不懷希望　而為說法
寡女處女　及諸不男　皆勿親近　以為親厚
亦莫親近　屠兒魁膾　田獵魚捕　為利煞害
販肉自活　衒賣女色　如是之人　皆勿親近
兇險相撲　種種嬉戲　諸婬女等　盡勿親近
莫獨屏處　為女說法　若說法時　无得戲咲
入里乞食　將一比丘　若无比丘　一心念佛
是則名為　行處近處　以此二處　能安樂說
又復不行　上中下法　有為无為　實不實法
亦不分別　是男是女　不得諸法　不知不見
是則名為　菩薩行處　一切諸法　空无所有
无有常住　亦无起滅　是名智者　所親近處
顛倒分別　諸法有无　是實非實　是生非生
在於閑處　脩攝其心　安住不動　如須弥山
觀一切法　皆无所有　猶如虛空　无有堅固
不生不出　不動不退　常住一相　是名近處
若有比丘　於我滅後　入是行處　及親近處
說斯經時　无有怯弱

BD01691號　妙法蓮華經卷五　（29–3）

觀一切法　皆无所有　猶如虛空　无有堅固
不生不出　不動不退　常住一相　是名近處
若有比丘　於我滅後　入是行處　及親近處
說斯經時　无有怯弱
菩薩有時　入於靜室　以正憶念　隨義觀法
從禪定起　為諸國王　王子臣民　婆羅門等
開化演暢　說斯經典　其心安隱　无有怯弱
文殊師利　是名菩薩　安住初法　能於後世
說法華經
又文殊師利如來滅後於末法中欲說是經
應住安樂行若口宣說若讀經時不樂說人
及經典過亦不輕慢諸餘法師不說他人好
惡長短於聲聞人亦不稱名說其過惡亦不
稱名讚歎其美又亦不生怨嫌之心善脩如
是安樂心故諸有聽者不逆其意有所難問
不以小乘法荅但以大乘而為解說令得一
切種智尒時世尊欲重宣此義而說偈言
菩薩常樂　安隱說法　於清淨地　而施牀座
以油塗身　澡浴塵穢　著新淨衣　內外俱淨
安處法座　隨問為說　若有比丘　及比丘尼
諸優婆塞　及優婆夷　國王王子　群臣士民
以微妙義　和顏為說　若有難問　隨義而荅
因緣譬喻　敷演分別　以是方便　皆使發心
漸漸增益　入於佛道　除嬾惰意　及懈怠想
離諸憂惱　慈心說法　晝夜常說　无上道教
以諸因緣　无量譬喻　開示眾生　咸令歡喜
衣服臥具　飲食醫藥　而於其中　无所希望

BD01691 號　妙法蓮華經卷五　（29–4）

離諸憂惱　慈心說法　晝夜常說　无上道教
以諸因緣　无量譬喻　開示眾生　咸令歡喜
衣服臥具　飲食醫藥　而於其中　无所希望
但一心念　說法因緣　願成佛道　令眾亦尒
是則大利　安樂供養
我滅度後　若有比丘　能演說斯　妙法華經
心无嫉恚　諸惱障礙　亦无憂愁　及罵詈者
又无怖畏　加刀杖等　亦无擯出　安住忍故
智者如是　善脩其心　能住安樂　如我上說
其人功德　千万億劫　筭數譬喻　說不能盡
又文殊師利菩薩摩訶薩於後末世法欲
滅時受持讀誦斯經典者无懷嫉妬諂誑之
心亦勿輕罵學佛道者求其長短若比丘比丘
尼優婆塞求聲聞者求辟支佛者求菩
薩道者无得惱之令其疑悔語其人言汝
等去道甚遠終不能得一切種智所以者何
汝是放逸之人於道懈怠故又亦不應戲論
諸法有所諍競當於一切眾生起大悲想
於諸如來起慈父想於諸菩薩起大師想於
十方諸大菩薩常應深心恭敬禮拜於一切
眾生平等說法以順法故不多不少乃至深
愛法者亦不為多說文殊師利是菩薩摩
訶薩於後末世法欲滅時有成就是第三安
樂行者說是法時无能惱亂得好同學共

BD01691 號　妙法蓮華經卷五　（29–5）

眾生平等說法以順法故不多不少乃至深
愛法者亦不為多說文殊師利是菩薩摩
訶薩於後末世法欲滅時有成就是第三安
樂行者說是法時无能惱亂得好同學共
讀誦是經亦得大眾而來聽受聽已能持持
已能誦誦已能說說已能書若使人書供養經
卷恭敬尊重讚歎尒時世尊欲重宣此義而
說偈言
若欲說是經　當捨嫉恚慢　諂誑邪偽心　常修質直行
不輕蔑於人　亦不戲論法　不令他疑悔　云汝不得佛
是佛子說法　常柔和能忍　慈悲於一切　不生懈怠心
十方大菩薩　愍眾故行道　應生恭敬心　是則我大師
於諸佛世尊　生无上父想　破於憍慢心　說法无障礙
第三法如是　智者應守護　一心安樂行　无量眾所敬
又文殊師利菩薩摩訶薩於後末世法欲滅
時有持是法華經者於在家出家人中生大
慈想於非菩薩人中生大悲心應作是念如
是之人則為大失如來方便隨宜說法不聞
不知不覺不問不信不解其人雖不問不信
不解是經我得阿耨多羅三藐三菩提時隨
在何地以神通力智慧力引之令得住是法
中文殊師利是菩薩摩訶薩於如來滅後有
成就此第四法者說是法時无有過失常為
比丘比丘尼優婆塞優婆夷國王王子大臣

中文殊師利是菩薩摩訶薩於如來滅後有
成就此第四法者說是法時无有過失常為
比丘比丘尼優婆塞優婆夷國王王子大臣
人民婆羅門居士等供養恭敬尊重讚歎
虛空諸天為聽法故亦常隨侍若在聚落城
邑空閑林中有人來欲問難者諸天晝夜常
為法故而衛護之能令聽者皆得歡喜所以
者何此經是一切過去未來現在諸佛神力所
護故文殊師利是法華經於无量國中乃至
名字不可得聞何況得見受持讀誦文殊師
利譬如強力轉輪聖王欲以威勢降伏諸國
而諸小王不順其命時轉輪王起種種兵而
往討代王見兵眾戰有功者即大歡喜隨功
賞賜或與田宅聚落城邑或與衣服嚴身之
具或與種種珍寶金銀琉璃車𤦲馬瑙珊
瑚虎珀象馬車乘奴婢人民唯髻中明珠
不以與之所以者何獨王頂上有此一珠若以
與之王諸眷屬必大驚怪文殊師利如來亦
復如是以禪定智慧力得法國土王於三界
而諸魔王不肯順伏如來賢聖諸將與之共
戰其有功者心亦歡喜於四眾中為說諸經令
其心悅賜以禪定解脫无漏根力諸法之財
又復賜與涅槃之城言得滅度引導其心
令皆歡喜而不為說是法華經文殊師利如
轉輪王見諸兵眾有大功者心甚歡喜以此難

又復賜與涅槃之城言得滅度引導其心
令皆歡喜而不為說是法華經文殊師利如
轉輪王見諸兵衆有大功者心甚歡喜以此難
信之珠久在髻中不妄與人而今與之如来亦
復如是於三界中為大法王以法教化一切衆
生見賢聖軍與五陰魔煩惱魔死魔共戰
有大功勳滅三毒出三界破魔網尒時如
来亦大歡喜此法華經能令衆生至一切智
一切世間多怨難信先所未說而今說之文
殊師利此法華經是諸如来第一之說於諸
說中最為甚深末後賜與如彼強力之王久
護明珠今乃與之文殊師利此法華經諸佛
如来秘密之藏於諸經中最為其上長夜守
護不妄宣說始於今日乃與汝等而敷演之
尒時世尊欲重宣此義而說偈言
常行忍辱　哀愍一切　乃能演說　佛所讚經
後末世時　持此經者　於家出家　及非菩薩
應生慈悲　斯等不聞　不信是經　則為大失
我得佛道　以諸方便　為說此法　令住其中
譬如強力　轉輪之王　兵戰有功　賞賜諸物
象馬車乘　嚴身之具　及諸田宅　聚落城邑
或與衣服　種種珍寶　奴婢財物　歡喜賜與
如有勇健　能為難事　王解髻中　明珠與之
如来亦尒　為諸法王　忍辱大力　智慧寶藏

BD01691號　妙法蓮華經卷五　（29–8）

象馬車乘　嚴身之具　及諸田宅　聚落城邑
或與衣服　種種珍寶　奴婢財物　歡喜賜與
如有勇健　能為難事　王解髻中　明珠與之
如来亦尒　為諸法王　忍辱大力　智慧寶藏
以大慈悲　如法化世　見一切人　受諸苦惱
欲求解脫　與諸魔戰　為是衆生　說種種法
以大方便　說此諸經　既知衆生　得其力已
末後乃為　說是法華　如王解髻　明珠與之
此經為尊　衆經中上　我常守護　不妄開示
今正是時　為汝等說
我滅度後　求佛道者　欲得安隱　演說斯經
應當親近　如是四法　讀是經者　常无憂惱
又无病痛　顏色鮮白　不生貧窮　卑賤醜陋
衆生樂見　如慕賢聖　天諸童子　以為給使
刀杖不加　毒不能害　若人惡罵　口則閉塞
遊行无畏　如師子王　智慧光明　如日之照
若於夢中　但見妙事　見諸如来　坐師子座
諸比丘衆　圍繞說法　又見龍神　阿脩羅等
數如恒沙　恭敬合掌　自見其身　而為說法
又見諸佛　身相金色　放无量光　照於一切
以梵音聲　演說諸法　佛為四衆　說无上法
見身處中　合掌讚佛　聞法歡喜　而為供養
得陀羅尼　證不退智　佛知其心　深入佛道
即為授記　成最正覺　汝善男子　當於来世
得无量智　佛之大道　國土嚴淨　廣大无比

BD01691號　妙法蓮華經卷五　（29–9）

見身處中　合掌讚佛　聞法歡喜　而為供養
得陁羅尼　證不退智　佛知其心　深入佛道
即為授記　成最正覺　汝善男子　當於来世
得无量智　佛之大道　國土嚴淨　廣大无比
亦有四衆　合掌聽法　又見自身　在山林中
脩習善法　證諸實相　深入禪定　見十方佛
諸佛身金色　百福相莊嚴　聞法為人說　常有是好夢
又夢作國王　捨宮殿眷屬　及上妙五欲　行詣於道場
在菩提樹下　而處師子座　求道過七日　得諸佛之智
成无上道已　起而轉法輪　為四衆說法　經千万億劫
說无漏妙法　度无量衆生　後當入涅槃　如烟盡燈滅
若後惡世中　說是第一法　是人得大利　如上諸功德

妙法蓮華經從地踊出品第十五

尒時他方國土諸来菩薩摩訶薩過八恒河
沙數於大衆中起立合掌作礼而白佛言世
尊若聽我等於佛滅後在此娑婆世界勤加
精進護持讀誦書寫供養是經典者當於此
土而廣說之尒時佛告諸菩薩摩訶薩衆止
善男子不須汝等護持此經所以者何我娑
婆世界自有六万恒河沙等菩薩摩訶薩一
一菩薩各有六万恒河沙眷屬是諸人等能於
我滅後護持讀誦廣說此經佛說是時娑婆
世界三千大千國土地皆震裂而於其中有
无量千万億菩薩摩訶薩同時踊出是諸
菩薩身皆金色三十二相无量光明先盡在
此娑婆世界之下此界虛空中住是諸菩薩

BD01691 號　妙法蓮華經卷五　　（29–10）

世界三千大千國土地皆震裂而於其中有
无量千万億菩薩摩訶薩同時踊出是諸
菩薩身皆金色三十二相无量光明先盡在
此娑婆世界之下此界虛空中住是諸菩薩
聞釋迦牟尼佛所說音聲從下發来一一菩
薩皆是大衆唱導之首各將六万恒河沙眷
屬況將五万四万三万二万一万恒河沙等眷
屬者況復乃至一恒河沙半恒河沙四分之
一乃至千万億那由他分之一況復千万億
那由他眷屬況復億万眷屬況復千万百万
乃至一万況復一千一百乃至一十況復將五
四三二一弟子者況復單已樂遠離行如
是等比无量无邊筭數譬喻所不能知是
諸菩薩從地出已各詣虛空七寶妙塔多寶
如来釋迦牟尼佛所到已向二世尊頭面礼
足及至諸寶樹下師子座上佛所亦皆作礼
右遶三帀合掌恭敬以諸菩薩種種讚法而
以讚歎住在一面欣樂瞻仰於二世尊是諸
菩薩摩訶薩從初踊出以諸菩薩種種讚法
而讚於佛如是時間經五十小劫是時釋迦
牟尼佛默然而坐及諸四衆亦皆默然五十
小劫佛神力故令諸大衆謂如半日尒時四
衆亦以佛神力故見諸菩薩遍滿无量百千
万億國土虛空是菩薩衆中有四導師一名
上行二名无邊行三名淨行四名安立行是

BD01691 號　妙法蓮華經卷五　　（29–11）

[illegible]
万億國土虛空是菩薩衆中有四導師一名
上行二名无邊行三名淨行四名安立行是
四菩薩於其衆中最為上首唱導之師在大
衆前各共合掌觀釋迦牟尼佛而問訊言
世尊少病少惱安樂行不所應度者受教易
不令世尊生疲勞耶尒時四大菩薩而說偈言
世尊安樂　少病少惱　教化衆生　得无疲倦
又諸衆生　受化易不　不令世尊　生疲勞耶
尒時世尊於菩薩大衆中而作是言如是如
是諸善男子如来安樂少病少惱諸衆生等
易可化度无有疲勞所以者何是諸衆生世
世已来常受我化亦於過去諸佛供養尊重
種諸善根此諸衆生始見我身聞我所說即
皆信受入如来慧除先修習學小乘者如是
之人我今亦令得聞是經入於佛慧尒時諸
大菩薩而說偈言
善哉善哉　大雄世尊　諸衆生等　易可化度
能問諸佛　甚深智慧　聞已信行　我等隨喜
於時世尊讚歎上首諸大菩薩善哉善哉
男子汝等能於如来發隨喜心尒時弥勒菩
薩及八千恒河沙諸菩薩衆皆作是念我等
從昔已来不見不聞如是大菩薩摩訶薩衆
從地踊出住世尊前合掌供養問訊如来時
弥勒菩薩摩訶薩知八千恒河沙諸菩薩等
[illegible]

BD01691號　妙法蓮華經卷五　（29–12）

[illegible]
從昔已来不見不聞如是大菩薩摩訶薩衆
從地踊出住世尊前合掌供養問訊如来時
弥勒菩薩摩訶薩知八千恒河沙諸菩薩等
心之所念并欲自决所疑合掌向佛以偈問言
无量千万億　大衆諸菩薩　昔所未曾見　願兩足尊說
是從何所来　以何因緣集　巨身大神通　智慧叵思議
其志念堅固　有大忍辱力　衆生所樂見　為從何所来
一一諸菩薩　所將諸眷屬　其數无有量　如恒河沙等
或有大菩薩　將六万恒沙　如是諸大衆　一心求佛道
是諸大師等　六万恒河沙　俱来供養佛　及護持是經
將五万恒沙　其數過於是　四万及三万　二万至一万
一千一百等　乃至一恒沙　半及三四分　億万分之一
千万那由他　万億諸弟子　乃至於半億　其數復過上
百万至一万　一千及一百　五十與一十　乃至三二一
單己无眷屬　樂於獨處者　俱来至佛所　其數轉過上
如是諸大衆　若人行籌數　過於恒沙劫　猶不能盡知
是諸大威德　精進菩薩衆　誰為其說法　教化而成就
從誰初發心　稱揚何佛法　受持行誰經　修習何佛道
如是諸菩薩　神通大智力　四方地震裂　皆從中踊出
世尊我昔来　未曾見是事　願說其所從　國土之名号
我常遊諸國　未曾見是事
我於此衆中　乃不識一人　忽然從地出　願說其因緣
今此諸大會　无量百千億　是諸菩薩衆　皆欲知此事
是諸菩薩衆　本末之因緣　无量德世尊　唯願決衆疑
尒時釋迦牟尼分身諸佛從无量千万億他

BD01691號　妙法蓮華經卷五　（29–13）

我於此衆中 乃不識一人 忽然從地出 願說其因緣
今此諸大會 无量百千億 是諸菩薩衆 皆欲知此事
是諸菩薩衆 本末之因緣 无量德世尊 唯願決衆疑
尒時釋迦牟尼分身諸佛從无量千万億他
方國土來者在於八方諸寶樹下師子座上
結跏趺坐其佛侍者各各見是菩薩大衆於
三千大千世界四方從地踊出住於虛空各
白其佛言世尊此諸无量无邊阿僧祇菩薩
大衆從何所來尒時諸佛各告侍者諸善男
子且待須臾有菩薩摩訶薩名曰弥勒釋迦
牟尼佛之所授記次後作佛已問斯事佛今
荅之汝等自當因是得聞尒時釋迦牟尼佛
告弥勒菩薩善哉善哉阿逸多乃能問佛如
是大事汝等當共一心被精進鎧發堅固意
如來今欲顯發宣示諸佛智慧諸佛自在神
通之力諸佛師子奮迅之力諸佛威猛大勢
之力尒時世尊欲重宣此義而說偈言
當精進一心 我欲說此事 勿得有疑悔 佛智叵思議
汝今出信力 住於忍善中 昔所未聞法 今皆當得聞
我今安慰汝 勿得懷疑懼 佛无不實語 智慧不可量
所得第一法 甚深叵分別 如是今當說 汝等一心聽
尒時世尊說此偈已告弥勒菩薩我今於此
大衆宣告汝等阿逸多是諸大菩薩摩訶
薩无量无數阿僧祇從地踊出汝等昔所未
見者我於是娑婆世界得阿耨多羅三藐三菩
提已教化示導是諸菩薩調伏其心令發道

薩无量无數阿僧祇從地踊出汝等昔所未
者我於是娑婆世界得阿耨多羅三藐三菩
提已教化示導是諸菩薩調伏其心令發道
意此諸菩薩皆於是娑婆世界之下此界虛
空中住於諸經典讀誦通利思惟分別正憶
念阿逸多是諸善男子等不樂在衆多有
所說常樂靜處勤行精進未曾休息亦不依止
人天而住常樂深智无有障礙亦常樂於諸
佛之法一心精進求无上慧尒時世尊欲重
宣此義而說偈言
阿逸汝當知 是諸大菩薩 從无數劫來 脩習佛智慧
悉是我所化 令發大道心 此等是我子 依止是世界
常行頭陀事 志樂於靜處 捨大衆憒閙 不樂多所說
如是諸子等 學習我道法 晝夜常精進 為求佛道故
在娑婆世界 下方空中住
志念力堅固 常勤求智慧 說種種妙法 其心无所畏
我於伽耶城 菩提樹下坐 得成最正覺 轉无上法輪
尒乃教化之 令初發道心 今皆住不退 悉當得成佛
我今說實語 汝等一心信 我從久遠來 教化是等衆
尒時弥勒菩薩摩訶薩及无量諸菩薩等心
生疑惑怪未曾有而作是念云何世尊於少時
間教化如是无量无邊阿僧祇諸大菩薩令住
阿耨多羅三藐三菩提即白佛言世尊如來
為太子時出於釋宮去伽耶城不遠坐於
道場得成阿耨多羅三藐三菩提從是已來

間教化如是无量无邊阿僧祇諸大菩薩令住
阿耨多羅三藐三菩提即白佛言世尊如来
為太子時出於釋宮去伽耶城不遠坐於
道場得成阿耨多羅三藐三菩提從是已来
始過四十餘年世尊云何於此少時大作佛事
以佛勢力以佛功德教化如是无量大菩薩衆
當成阿耨多羅三藐三菩提世尊此大菩薩
衆假使有人於千万億劫數不能盡不得其
邊斯等久遠以来於无量无邊諸佛所殖
諸善根成就菩薩道常脩梵行世尊如此之
事世所難信譬如有人色美髮黑年二十五
指百歲人言是我子其百歲人亦指年少
言是我父生育我等是事難信佛亦如是
得道已来其實未久而此大衆諸菩薩等已
於无量千万億劫為佛道故勤行精進善入
出住无量百千万億三昧得大神通久脩梵
行善能次第集諸善法巧於問荅人中之寶
一切世間甚為希有今日世尊方云得佛道時
初令發心教化示道令向阿耨多羅三藐三
菩提世尊得佛未久乃能作此大功德事我等
雖復信佛隨宜所說佛所出言未曾虛妄
佛所知者皆悉通達然諸新發意菩薩於
佛滅後若聞是語或不信受而起破法罪業
因緣唯然世尊願為解說除我等疑及未来
世諸善男子聞此事已亦不生疑尒時彌勒

佛滅後若聞是語或不信受而起破法罪業
因緣唯然世尊願為解說除我等疑及未来
世諸善男子聞此事已亦不生疑尒時彌勒
菩薩欲重宣此義而說偈言
佛昔從釋種　出家近伽耶　坐於菩提樹　尒乃尚久遠
此諸佛子等　其數不可量　久已行佛道　住神通智力
善學菩薩道　不染世間法　如蓮華在水　從地而踊出
皆起恭敬心　住於世尊前　是事難思議　云何而可信
得佛道甚近　所成就甚多　願為除衆疑　如實分別說
譬如少壯人　年始二十五　示人百歲子　髮白而面皺
是等我所生　子亦說是父　父少而子老　舉世所不信
世尊亦如是　得道甚来近　是諸菩薩等　志固无怯弱
從无量劫来　而行菩薩道　巧於難問荅　其心无所畏
忍辱心決定　端正有威德　十方佛所讚　善能分別說
不樂在人衆　常好在坐禪　為求佛道故　於下空中住
我等從佛聞　於此事无疑　願佛為未来　演說令開解
若有於此經　生疑不信者　即當墮惡道　願今為解說
是无量菩薩　云何於少時　教化令發心　而住不退地
妙法蓮華經如来壽量品第十六
尒時佛告諸菩薩及一切大衆諸善男子汝
等當信解如来誠諦之語復告大衆汝等
當信解如来誠諦之語又復告諸大衆汝等
當信解如来誠諦之語是時菩薩大衆彌勒
為首合掌白佛言世尊唯願說之我等當信
受佛語如是三白已復言唯願說之我等當

當信解如来誠諦之語又復告諸大衆汝等
當信解如来誠諦之語是時菩薩大衆弥勒
為首合掌白佛言世尊唯願說之我等當信
受佛語如是三白已復言唯願說之我等當
信受佛語尒時世尊知諸菩薩三請不止而語
之言汝等諦聽如来秘密神通之力一切世間
天人及阿脩羅皆謂今釋迦牟尼佛出釋
氏宮去伽耶城不遠坐於道場得阿耨多羅
三藐三菩提然善男子我實成佛已来无
量无邊百千万億那由他劫譬如五百千万億那
由他阿僧祇三千大千世界假使有人末為
微塵過於東方五百千万億那由他阿僧祇
國乃下一塵如是東方盡是微塵諸善男子
於意云何是諸世界可得思惟校計知其
數不弥勒菩薩俱白佛言世尊是諸世界无
量无數非算數知亦非心力所及一切聲聞
辟支佛以漏智不能思惟知其限數我等住
阿惟越致地於是事中亦所不達世尊如是
諸世界无量无邊尒時佛告大菩薩衆諸善
男子今當分明宣語汝等是諸世界若著
微塵及不著者盡以為塵一塵一劫我成佛
已来復過於此百千万億那由他阿僧祇劫
自從是来我常在此娑婆世界說法教化
亦於餘處百千万億那由他阿僧祇國導利
衆生諸善男子於是中間我說然燈佛等又
復言其入於涅槃如是皆以方便分別諸善

說法教化
亦於餘處百千万億那由他阿僧祇國導利
衆生諸善男子於是中間我說然燈佛等又
復言其入於涅槃如是皆以方便分別諸善
男子若有衆生来至我所我以佛眼觀其信
等諸根利鈍隨所應度處處自說名字不
同年紀大小亦復現言當入涅槃又以種種方
便說微妙法能令衆生發歡喜心諸善男
子如来見諸衆生樂於小法德薄垢重者為
是人說我少出家得阿耨多羅三藐三菩提
然我實成佛已来久遠若斯但以方便教化衆
生令入佛道作如是說諸善男子如来所演
經典皆為度脫衆生或說己身或說他身或
示己身或示他身或示己事或示他事諸所言
說皆實不虛所以者何如来如實知見三界
之相无有生死若退若出亦无在世及滅
度者非實非虛非如非異不如三界見於
三界如斯之事如来明見无有錯謬以諸衆
生有種種性種種行種種憶想分明故欲令生
諸善根以若干因緣譬喻言辭種種說法
所作佛事未曾暫癈如是我成佛已来甚大
久遠壽命无量阿僧祇劫常住不滅諸善
男子我本行菩薩道所成壽命今猶未盡
復倍上數然今非實滅度而便唱言當取滅
度如来以是方便教化衆生所以者何若
佛久住於世薄德之人不種善根貧窮下
賤貪著五欲入於憶想妄見網中若見如来常
在不滅便起憍恣而懷猒怠不能生難遭

佛久住於世薄德之人不種善根貧窮下
賤貪著五欲入於憶想妄見網中若見如来常
在不滅便起憍恣而懷厭怠不能生難遭
之想恭敬之心是故如来以方便說比丘當
知諸佛出世難可值遇所以者何諸薄德人
過无量百千万億劫或有見佛或不見者以
此事故我作是言諸比丘如来難可得見斯
衆生聞如是語必當生於難遭之想心懷戀
慕渴仰於佛便種善根是故如来雖不實滅
而言滅度又善男子諸佛如来法皆如是為度
衆生皆實不虛譬如良醫智慧聰達明練
方藥善治衆病其人多諸子息若十二十乃
至百數以有事緣遠至餘國諸子於後飲
他毒藥藥發悶亂宛轉于地是時其父還来
歸家諸子飲毒或失本心或不失者遥見
其父皆大歡喜拜跪問訊善安隱歸我等愚癡
誤服毒藥願見救療更賜壽命父見子等苦
惱如是依諸經方求好藥草色香美味皆悉
具足擣篩和合與子令服而作是言此大良藥
色香美味皆悉具足汝等可服速除苦惱无復
衆患其諸子中不失心者見此良藥色香俱
好即便服之病盡除愈餘失心者見其父来
雖亦歡喜問訊求索治病然與其藥而不肯
服所以者何毒氣深入失本心故於此好色香
藥而謂不美父作是念此子可愍為毒所中心
皆顛倒雖見我喜求索救療如是好藥而不
肯服我今當設方便令服此藥即作是言汝

藥而謂不美父作是念此子可愍為毒所中心
皆顛倒雖見我喜求索救療如是好藥而不
肯服我今當設方便令服此藥即作是言汝
等當知我今衰老死時已至是好良藥今留在
此汝可取服勿憂不差作是教已復至他國遣
使還告汝父已死是時諸子聞父背喪心大憂
惱而作是念若父在者慈愍我等能見救護
今者捨我遠喪他國自惟孤露无復恃怙常
懷悲感心遂醒悟乃知此藥色香美味即取服
之毒病皆愈其父聞子悉已得差尋便来
歸咸使見之諸善男子於意云何頗有人能
說此良醫虛妄罪不不也世尊佛言我亦如
是成佛已来无量无邊百千万億那由他阿
僧祇劫為衆生故以方便力言當滅度亦无有
能如法說我虛妄過者尒時世尊欲重宣此義
而說偈言
自我得佛来　所經諸劫數　无量百千万　億載阿僧祇
常說法教化　无量億衆生　令入於佛道　尒来无量劫
為度衆生故　方便現涅槃　而實不滅度　常住此說法
我常住於此　以諸神通力　令顛倒衆生　雖近而不見
常見我滅度　廣供養舍利　咸皆懷戀慕　而生渴仰心
衆生既信受　質直意柔軟　一心欲見佛　不自惜身命
我時及衆僧　俱出靈鷲山　我時語衆生　常在此不滅
以方便力故　現有滅不滅　餘國有衆生　恭敬信樂者
我復於彼中　為說无上法　汝等不聞此　但謂我滅度
我見諸衆生　沒在於苦惱　故不為現身　令其生渴仰

以方便力故　現有滅不滅　餘國有衆生　恭敬信樂者
我復於彼中　為說无上法　汝等不聞此　但謂我滅度
我見諸衆生　沒在於苦惱　故不為現身　令其生渴仰
因其心戀慕　乃出為說法　神通力如是　於阿僧祇劫
常在靈鷲山　及餘諸住處　衆生見劫盡　大火所燒時
我此土安隱　天人常充滿　園林諸堂閣　種種寶莊嚴
寶樹多華菓　衆生所遊樂　諸天擊天鼓　常作衆伎樂
雨曼陁羅華　散佛及大衆　我淨土不毀　而衆見燒盡
憂怖諸苦惱　如是悉充滿　是諸罪衆生　以惡業因緣
過阿僧祇劫　不聞三寶名　諸有脩功德　柔和質直者
則皆見我身　在此而說法　或時為此衆　說佛壽无量
久乃見佛者　為說佛難值　我智力如是　慧光照无量
壽命无數劫　久脩業所得　汝等有智者　勿於此生疑
當斷令永盡　佛語實不虛　如醫善方便　為治狂子故
實在而言死　无能說虛妄　我亦為世父　救諸苦患者
為凡夫顛倒　實在而言滅　以常見我故　而生憍恣心
放逸著五欲　墮於惡道中　我常知衆生　行道不行道
隨應所可度　為說種種法　每自作是念　以何令衆生
得入无上道　速成就佛身

妙法蓮華經分別功德品第十七

尒時大會聞佛說壽命劫數長遠如是无
量无邊阿僧祇衆生得大饒益於時世尊
告弥勒菩薩摩訶薩阿逸多我說是如來壽命
長遠時六百八十万億那由他恒河沙衆生得
无生法忍復千倍菩薩摩訶薩得聞持陁羅
尼門復有一世界微塵數菩薩摩訶薩得樂
說无礙辯才復有一世界微塵數菩薩摩訶

長遠時六百八十万億那由他恒河沙衆生得
无生法忍復千倍菩薩摩訶薩得聞持陁羅
尼門復有一世界微塵數菩薩摩訶薩得樂
說无礙辯才復有一世界微塵數菩薩摩訶
薩得百万億旋陁羅尼復有三千大千世
界微塵數菩薩摩訶薩能轉不退法輪復
有二千中國土微塵數菩薩摩訶薩能轉清
淨法輪復有小千國土微塵數菩薩摩訶薩
八生當得阿耨多羅三藐三菩提復有四四
天下微塵數菩薩摩訶薩四生當得阿耨多
羅三藐三菩提復有三四天下微塵數菩薩
摩訶薩三生當得阿耨多羅三藐三菩提復
有二四天下微塵數菩薩摩訶薩二生當得
阿耨多羅三藐三菩提復有一四天下微塵
菩薩摩訶薩一生當得阿耨多羅三藐三菩
提復有八世界微塵數衆生皆發阿耨多羅
三藐三菩提心佛說是諸菩薩摩訶薩得大
法利時於虛空中雨曼陁羅華摩訶曼陁
華以散无量百千万億寶樹下師子座上
諸佛并散七寶塔中師子座上釋迦牟尼佛
及久滅度多寶如來亦散一切諸大菩薩及
四部衆又雨細末栴檀沉水香等於虛空中
天鼓自鳴妙聲深遠又雨千種天衣垂諸瓔
珞真珠瓔珞摩尼珠瓔珞如意珠瓔珞遍於
九方衆寶香爐燒无價香自然周至供養大
會一一佛上有諸菩薩執持幡蓋次第而上

九方衆寶香爐燒无價香自然周至供養大
會一一佛上有諸菩薩執持幡蓋次苐而上
至于梵天是諸菩薩以妙音聲歌无量頌
讚歎諸佛尒時弥勒菩薩從座而起偏袒右
肩合掌向佛而說偈言
佛說希有法　昔所未曾聞　世尊大有力　壽命不可量
无數諸佛子　聞世尊分別　說得法利者　歡喜充遍身
或住不退地　或得陁羅尼　或无礙樂說　万億旋揔持
或有大千界　微塵數菩薩　各各皆能轉　不退之法輪
復有中千界　微塵數菩薩　各各皆能轉　清淨之法輪
復有小千界　微塵數菩薩　餘各八生在　當得成佛道
復有四三二　如是四天下　微塵諸菩薩　隨數生成佛
或一四天下　微塵數菩薩　餘有一生在　當成一切智
如是等衆生　聞佛壽長遠　得无量无漏　清淨之果報
復有八世界　微塵數衆生　聞佛說壽命　皆發无上心
世尊說无量　不可思議法　多有所饒益　如虛空无邊
雨天曼陁羅　摩訶曼陁羅　釋梵如恒沙　无數佛土來
雨栴檀沉水　繽紛而亂墜　如鳥飛虛空　供養於諸佛
天鼓虛空中　自然出妙聲　天衣千万種　旋轉而來下
衆寶妙香爐　燒无價之香　自然悉周遍　供養諸世尊
其大菩薩衆　執七寶幡蓋　高妙万億種　次苐至梵天
一一諸佛前　寶幢懸勝幡　亦以千万偈　歌詠諸如來
如是種種事　昔所未曾有　聞佛壽无量　一切皆歡喜
佛名聞十方　廣饒益衆生　一切具善根　以助无上心
尒時佛告弥勒菩薩摩訶薩阿逸多其有
衆生聞佛壽命長遠如是乃至能生一念信
解所得功德无有限量若有善男子善

BD01691號　妙法蓮華經卷五　（29-24）

佛名聞十方　廣饒益衆生　一切具善根　以助无上心
尒時佛告弥勒菩薩摩訶薩阿逸多其有
衆生聞佛壽命長遠如是乃至能生一念信
解所得功德无有限量若有善男子善女人
為阿耨多羅三藐三菩提故於八十万億那由
他劫行五波羅蜜檀波羅蜜尸波羅蜜羼提
波羅蜜毗梨耶波羅蜜禪波羅蜜除般若
波羅蜜以是功德比前功德百分千分百千
万億分不及其一乃至筭數譬喻所不能知若
善男子善女人有如是功德於阿耨多羅三
藐三菩提退者无有是處尒時世尊欲重
宣此義而說偈言
若人求佛慧　於八十万億　那由他劫數　行五波羅蜜
於是諸劫中　布施供養佛　及緣覺弟子　并諸菩薩衆
珎異之飲食　上服與卧具　栴檀立精舍　以園林莊嚴
如是等布施　種種皆微妙　盡此諸劫數　以迴向佛道
若復持禁戒　清淨无缺漏　求於无上道　諸佛之所歎
若復行忍辱　住於調柔地　設衆惡來加　其心不傾動
諸有得法者　懷於增上慢　為此所輕惱　如是亦能忍
若復勤精進　志念常堅固　於无量億劫　一心不懈息
又於无數劫　住於空閑處　若坐若經行　除睡常攝心
以是因緣故　能生諸禪定　八十億万劫　安住心不亂
持此一心福　願求无上道　我得一切智　盡諸禪定際
是人於百千　万億劫數中　行此諸功德　如上之所說
有善男女等　聞我說壽命　乃至於一念　其福過於彼
若人悉无有　一切諸疑悔　深心須臾信　其福為如此
其有諸菩薩　无量劫行道　聞我說壽命　是則能信受

BD01691號　妙法蓮華經卷五　（29-25）

有善男女等　聞我說壽命　乃至於一念　其福過於彼
若人悉无有　一切諸疑悔　深心須臾信　其福為如此
其有諸菩薩　无量劫行道　聞我說壽命　是則能為信
如是諸人等　頂受此經典　願我於未來　長壽度眾生
如今日世尊　諸釋中之王　道場師子吼　說法无所畏
我等未來世　一切所尊敬　坐於道場時　說壽亦如是
若有深心者　清淨而質直　多聞能惣持　隨義解佛語
如是諸人等　於此无有疑
又阿逸多若有聞佛壽命長遠解其言趣是
人所得功德无有限量能起如來无上之慧何
況廣聞是經若教人聞若自持若教人持若
自書若教人書若以華香瓔珞幢幡繒蓋香
油蘇燈供養經卷是人功德无量无邊能生
一切種智阿逸多若善男子善女人聞我說
壽命長遠深心信解則為見佛常在耆闍崛
山共大菩薩諸聲聞眾圍繞說法又見此娑
婆世界其地琉璃坦然平正閻浮檀金以界
八道寶樹行列諸臺樓觀皆悉寶成其菩
薩咸處其中若有能如是觀者當知是為深
信解相又復如來滅後若聞是經而不毀呰
起隨喜心當知已為深信解相何況讀誦受
持之者斯人則為頂戴如來阿逸多是善男子
善女人不須為我復起塔寺及作僧房以四事
供養眾僧所以者何是善男子善女人受持
讀誦是經典者為已起塔造立僧房供養眾
僧則為以佛舍利起七寶塔高廣漸小至于
梵天懸諸幡蓋及眾寶鈴華香瓔珞末香

BD01691號　妙法蓮華經卷五　（29–26）

讀誦是經典者為已起塔造立僧房供養眾
僧則為以佛舍利起七寶塔高廣漸小至于
梵天懸諸幡蓋及眾寶鈴華香瓔珞末香
塗香燒香眾鼓伎樂簫笛箜篌種種儛
戲以妙音聲歌唄讚誦則為於无量千万
億劫作是供養已阿逸多若我滅後聞是經
典有能受持若自書若教人書則為起立僧
房以赤栴檀作諸殿堂三十有二高八多羅樹
高廣嚴好百千比丘於其中止園林浴池經
行禪窟衣服飲食床褥湯藥一切樂具充滿
其中如是僧房堂閣若干百千万億其數无
量以此現前供養於我及比丘僧是故我說
如來滅後若有受持讀誦為他人說若自書
若教人書供養經卷不須復起塔寺及造僧
房供養眾僧況復有人能持是經兼行布
施持戒忍辱精進一心智慧其德最勝无量
无邊譬如虛空東西南北四維上下无量无
邊是人功德亦復如是无量无邊疾至一切種
智若人讀誦受持是經為他人說若自書
若教人書復能起塔及造僧房供養讚歎
聲聞眾僧亦以百千万億讚歎之法讚歎菩
薩功德又為他人種種因緣隨義解說此法
華經復能清淨持戒與柔和者而共同止
忍辱无瞋志念堅固常貴坐禪得諸深定
精進勇猛攝諸善法利根智慧善答問
難阿逸多若我滅後諸善男子善女人受持讀
誦是經典者復有如是諸善功德當知是人

BD01691號　妙法蓮華經卷五　（29–27）

忍辱无瞋志念堅固常貴坐禪得諸深定
精進勇猛攝諸善法利根智慧善荅問
難阿逸多若我滅後諸善男子善女人受持讀
誦是經典者復有如是諸善功德當知是人
已趣道場近阿耨多羅三藐三菩提坐道場下
阿逸多是善男子善女人若坐若立若經行處此中
便應起塔一切天人皆應供養如佛之塔尒時
世尊欲重宣此義而說偈言
若我滅度後　能奉持此經　斯人福无量　如上之所說
是則為具足　一切諸供養　以舍利起塔　七寶而莊嚴
表剎甚高廣　漸小至梵天　寶鈴千万億　風動出妙音
又於无量劫　而供養此塔　華香諸瓔珞　天衣衆伎樂
然香油蘇燈　周匝常照明　惡世法末時　能持是經者
則為已如上　具足諸供養　若能持此經　則如佛現在
以牛頭栴檀　起僧房供養　堂有三十二　高八多羅樹
上饌妙衣服　床卧皆具足　百千衆住處　園林諸流池
經行及禪窟　種種皆嚴好　若有信解心　受持讀誦書
若復教人書　及供養經卷　散華香末香　以須曼瞻蔔
阿提目多伽　薰油常然之　如是供養者　得无量功德
如虛空无邊　其福亦如是　況復持此經　兼布施持戒
忍辱樂禪定　不瞋不惡口　恭敬於塔廟　謙下諸比丘
遠離自高心　常思惟智慧　有問難不瞋　隨順為解說
若能行是行　功德不可量　若見此法師　成就如是德
應以天華散　天衣覆其身　頭面接足礼　生心如佛想
又應作是念　不久詣道場　得无漏无為　廣利諸人天
其所住止處　經行若坐卧　乃至說一偈　是中應起塔
莊嚴令妙好　種種以供養　佛子住此地　則是佛受用

BD01691號　妙法蓮華經卷五　　(29–28)

然香油蘇燈　周匝常照明　惡世法末時　能持是經者
則為已如上　具足諸供養　若能持此經　則如佛現在
以牛頭栴檀　起僧房供養　堂有三十二　高八多羅樹
上饌妙衣服　床卧皆具足　百千衆住處　園林諸流池
經行及禪窟　種種皆嚴好　若有信解心　受持讀誦書
若復教人書　及供養經卷　散華香末香　以須曼瞻蔔
阿提目多伽　薰油常然之　如是供養者　得无量功德
如虛空无邊　其福亦如是　況復持此經　兼布施持戒
忍辱樂禪定　不瞋不惡口　恭敬於塔廟　謙下諸比丘
遠離自高心　常思惟智慧　有問難不瞋　隨順為解說
若能行是行　功德不可量　若見此法師　成就如是德
應以天華散　天衣覆其身　頭面接足礼　生心如佛想
又應作是念　不久詣道場　得无漏无為　廣利諸人天
其所住止處　經行若坐卧　乃至說一偈　是中應起塔
莊嚴令妙好　種種以供養　佛子住此地　則是佛受用
常在於其中　經行及坐卧

妙法蓮華經卷第五

BD01691號　妙法蓮華經卷五　　(29–29)

BD01691 號背　勘記　（1–1）

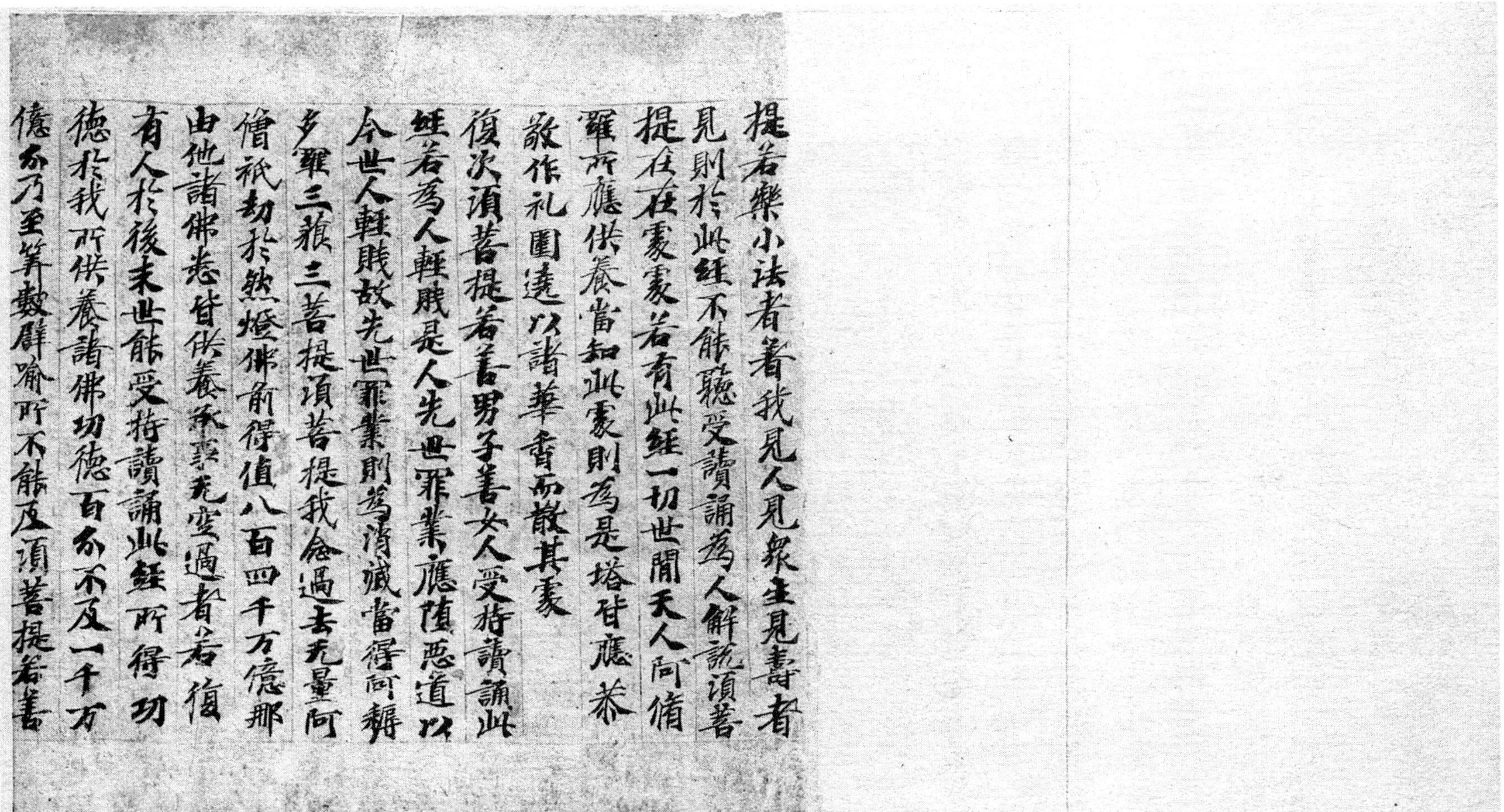

BD01692 號　金剛般若波羅蜜經　（3–1）

多羅三藐三菩[illegible]
僧祇劫於然燈佛前得值八百四千万億那
由他諸佛悉皆供養承事无空過者若復
有人於後末世能受持讀誦此經所得功
德於我所供養諸佛功德百分不及一千万
億分乃至筭數譬喻所不能及須菩提若善
男子善女人於後末世有受持讀誦此經所得
功德我若具說者或有人聞心則狂亂狐疑不
信須菩提當知是經義不可思議果報亦
不可思議
尒時須菩提白佛言世尊善男子善女人發
阿耨多羅三藐三菩提心云何應住云何降
伏其心佛告須菩提善男子善女人發阿耨
多羅三藐三菩提者當生如是心我應滅度
一切衆生滅度一切衆生已而无有一衆生
實滅度者何以故若菩薩有我相人相衆
生相壽者相則非菩薩所以者何須菩提實
无有法發阿耨多羅三藐三菩提者
須菩提於意云何如來於然燈佛所有法
得阿耨多羅三藐三菩提不不也世尊如我
解佛所說義佛於然燈佛所无有法得阿
耨多羅三藐三菩提佛言如是如是須菩提實
无有法如來得阿耨多羅三藐三菩提須菩
提若有法如來得阿耨多羅三藐三菩提
然燈佛則不與我受記汝於來世當得作佛

BD01692 號　金剛般若波羅蜜經　（3–2）

阿耨多羅三藐三菩提心云何應住云何降
伏其心佛告須菩提善男子善女人發阿耨
多羅三藐三菩提者當生如是心我應滅度
一切衆生滅度一切衆生已而无有一衆生
實滅度者何以故若菩薩有我相人相衆
生相壽者相則非菩薩所以者何須菩提實
无有法發阿耨多羅三藐三菩提者
須菩提於意云何如來於然燈佛所有法
得阿耨多羅三藐三菩提不不也世尊如我
解佛所說義佛於然燈佛所无有法得阿
耨多羅三藐三菩提佛言如是如是須菩提實
无有法如來得阿耨多羅三藐三菩提須菩
提若有法如來得阿耨多羅三藐三菩提
然燈佛則不與我受記汝於來世當得作佛

BD01692 號　金剛般若波羅蜜經　（3–3）

菩提汝意云何此人以是因緣得福多不須
菩提言甚多世尊甚多修伽陁此人以是因
緣生福甚多須菩提若善男子善女人以七
寶遍滿尒所恒伽沙世界持用布施若善男
子善女人從此經典乃至四句偈等恭敬受
持為他正說是人所生福德最勝於彼無量
無數復次須菩提隨所在處若有人能從是
經典乃至四句偈等讀誦講說當知此處於
世間中即成支提一切人天及修羅等皆應
恭敬何況有人盡能受持讀誦如此經典當
知是人則與無上希有之法而共相應是土
地處大師在中或隨有一可尊重人佛說是
已淨命須菩提白佛言世尊如是經典名号
云何我等云何奉持佛告須菩提此經名般
若波羅蜜以是名字汝當奉持何以故須菩
提是般若波羅蜜如來說非般若波羅蜜須
菩提汝意云何頗有一法一佛說不須菩提
言無有世尊無有一法一如來說佛告須菩
提三千大千世界所有微塵是為多不須菩
提言此世界微塵甚多世尊甚多修伽陁何
以故世尊此諸微塵如來說非微塵故名微

BD01693號　金剛般若波羅蜜經（真諦本）　（8–1）

提三千大千世界所有微塵是為多不須菩
提言此世界微塵甚多世尊甚多修伽陁何
以故世尊此諸微塵如來說非微塵故名微
塵此諸世界如來說非世界故說世界佛告
須菩提汝意云何可以三十二大人相見如
來不須菩提言不可世尊何以故此三十二
大人相如來說非相故說三十二大人相佛
告須菩提若有善男子善女人如諸恒伽所
有沙數如是沙等身命捨以布施若有善男
子善女人從此經典乃至四句偈等恭敬受
持為他正說此人以是因緣生福多彼無量
無數尒時淨命須菩提由法利疾即便悲泣
收淚而言希有世尊希有修伽陁如此經典
如來所說我從昔來至得聖慧未曾聞說如
是經典何以故世尊說般若波羅蜜即非般
若波羅蜜故說般若波羅蜜世尊當知是人
則與無上希有之法而共相應聞說經時能
生實想世尊是實想者實非有想是故如來
說名實想說名實想世尊此事於我非為希
有正說經時我生信解世尊於未來世若有
眾生恭敬受持為他正說當知是人則與無
上希有之法而共相應世尊此人無復我想
眾生想壽者想受者想何以故我想眾生想
壽者想受者想即是非想何以故諸佛世尊
解脫諸想盡無餘故說是言已佛告須菩提

BD01693號　金剛般若波羅蜜經（真諦本）　（8–2）

上希有之法而共相應世尊此人無復我想
衆生想壽者想受者想何以故我想衆生想
壽者想受者想即是非想何以故諸佛世尊
解脫諸想盡無餘故說是言已佛告須菩提
如是須菩提如是當知是人則與無上希有
之法而共相應是人聞說此經不驚不怖不
畏何以故須菩提此法如來所說是第一波
羅蜜此波羅蜜如來所說無量諸佛亦如是
說是故說名第一波羅蜜
復次須菩提如來忍辱波羅蜜即非波羅蜜
何以故須菩提昔時我為迦陵伽王斬斫身
體骨肉離碎我於尒時無有我想衆生想壽
者想受者想無想非無想何以故須菩提我
於尒時若有我想衆生想壽者想受者想是
時則應生瞋恨想須菩提我憶過去五百生
作大仙人名曰說忍於尒生中心無我想衆
生想壽者想受者想是故須菩提菩薩摩訶
薩捨離一切想於無上菩提應發起心不應
生住色心不應生住聲香味觸心不應生住
法心不應生住非法心不應生有所住心何
以故若心有住則為非住故如來說菩薩無
所住心應行布施復次須菩提菩薩應如是
行施為利益一切衆生此衆生想即是非想
如是一切衆生如來說即非衆生何以故諸
佛世尊遠離一切想故須菩提如來說實說

BD01693號　金剛般若波羅蜜經（真諦本）

（8-3）

行施為利益一切衆生此衆生想即是非想
如是一切衆生如來說即非衆生何以故諸
佛世尊遠離一切想故須菩提如來說實說
諦說如說非虛妄復次須菩提是法如來所
覺是法如來所說是法非實非虛須菩提譬
如有人在於盲闇如是當知菩薩墮相行墮
相施須菩提如人有目夜已曉時晝日光照
見種種色如是當知菩薩不墮於相行無相
施復次須菩提於未來世若有善男子善女
人受持讀誦修行為他人說如是經典如來
悉知是人悉見是人生長無量福德之聚復
次須菩提若有善男子善女人於日前分布
施身命如上所說諸河沙數於日中分布施
身命於日後分布施身命皆如上說諸河沙
數若復有人聞此經典不起誹謗以是因緣
生福多彼無數無量何況有人書寫受持讀
誦教他修行為人廣說復次須菩提如是經
典不可思量無能與等如來但為憐愍利益
能行無上乘及行無等乘人說若復有人於
未來世受持讀誦教他修行人說是經如來
悉知是人悉見是人與無數無量不可思議
無等福聚而共相應如是等人由我身分則
能荷負無上菩提何以故須菩提如是經典
若下願樂人及我見衆生見壽者見受者見
如此等人能聽能修讀誦教他人說無有是

BD01693號　金剛般若波羅蜜經（真諦本）

（8-4）

無等福聚而共相應如是等𤯔由我身分則
能荷負無上菩提何以故須菩提如是經典
若下願樂𤯔及我見衆生見壽者見受者見
如此等𤯔能聽能修讀誦教他正說無有是
處復次須菩提隨所在處顯說此經一切世
間而𤯔阿修羅等皆應供養作礼右繞當知
此處於世間中即成支提須菩提若有善男
子善女𤯔受持讀誦教他修行正說如是等
經此𤯔現身受輕賤等過去世中所造惡業
應感生後惡道果報以於現身受輕苦故先
世罪業及苦果報則為消滅當得阿耨多羅
三藐三菩提須菩提我憶往昔無數無量過
於筭數過去然燈如來阿羅訶三藐三佛陁
後八萬四千百千俱胝諸佛如來已成佛竟
我皆承事供養恭敬無空過者若復有𤯔於
後末世五十歲時受持讀誦教他修行正說
此經須菩提此𤯔所生福德之聚以我往昔
承事供養諸佛如來所得功德比此功德百
分不及一千萬億分不及一窮於筭數不及
其一乃至威力品類相應譬喻所不能及須
菩提若善男子善女𤯔於後末世受持讀誦
如此等經所得功德我若具說若有善男子
善女𤯔諦聽憶持尒所福聚或心迷亂及以
顛狂復次須菩提如是經典不可思議若𤯔
修行及得果報亦不可思議

BD01693號　金剛般若波羅蜜經（真諦本）　（8–5）

如此等經所得功德我若具說若有善男子
善女𤯔諦聽憶持尒所福聚或心迷亂及以
顛狂復次須菩提如是經典不可思議若𤯔
修行及得果報亦不可思議
尒時須菩提白佛言世尊善男子善女𤯔發
阿耨多羅三藐三菩提心行菩薩乘云何應
住云何修行云何發起菩薩心佛告須菩提
善男子善女𤯔發阿耨多羅三藐三菩提心
者當生如是心我應安置一切衆生令入無
餘涅槃如是般涅槃無量衆生已無一衆生
被涅槃者何以故須菩提若菩薩有衆生想
則不應說名為菩薩何以故須菩提實無有
法名為能行菩薩上乘須菩提汝意云何於
然燈佛所頗有一法如來所得名阿耨多羅
三藐三菩提不須菩提言不得世尊於然燈
佛所無有一法如來所得名阿耨多羅三藐
三菩提佛言如來須菩提如是於然燈佛所
無有一法如來所得名阿耨多羅三藐三菩
提須菩提於然燈佛所若有一法如來所得
名阿耨多羅三藐三菩提然燈佛則不授我
記婆羅門汝於來世當得作佛号釋迦牟尼
多陁阿伽度阿羅訶三藐三佛陁須菩提由
實無有法如來所得名阿耨多羅三藐三菩
提是故然燈佛與我授記作如是言婆羅門
汝於來世當得作佛号釋迦牟尼多陁阿伽
度阿羅訶三藐三佛陁何以故須菩提如來

BD01693號　金剛般若波羅蜜經（真諦本）　（8–6）

多陁阿伽度阿羅訶三藐三佛陁須菩提由
實無有法如来所得名阿耨多羅三藐三菩
提是故然燈佛與我授記作如是言婆羅門
汝於来世當得作佛号釋迦牟尼多陁阿伽
度阿羅訶三藐三佛陁何以故須菩提如来
者真如别名須菩提若有人說如来得阿耨
多羅三藐三菩提是人不實語何以故須菩
提實無有法如来所得名阿耨多羅三藐三
菩提須菩提此法如来所得無實無虚是故
如来說一切法皆是佛法須菩提一切法者
非一切法故如来說名一切法須菩提譬如
有人遍身大身須菩提言世尊是如来所說
遍身大身則為非身是故說名遍身大身佛
言如是須菩提如是須菩提若有菩薩說如
是言我當般涅槃一切衆生則不應說名為
菩薩須菩提汝意云何頗有一法名菩薩不
須菩提言無有世尊佛言須菩提是故如来
說一切法無我無衆生無壽者無受者須菩
提若有菩薩說如是言我當莊嚴清淨佛土
如此菩薩說虚妄言何以故須菩提莊嚴佛
土者如来說則非莊嚴是故莊嚴清淨佛土
須菩提若菩薩信見諸法無我諸法無我如
来應供正遍覺說是名菩薩是名菩薩須菩
提汝意云何如来有肉眼不須菩提言如是
世尊如来有肉眼佛言須菩提汝意云何如

說一切法無我無衆生無壽者無受者須菩
提若有菩薩說如是言我當莊嚴清淨佛土
如此菩薩說虚妄言何以故須菩提莊嚴佛
土者如来說則非莊嚴是故莊嚴清淨佛土
須菩提若菩薩信見諸法無我諸法無我如
来應供正遍覺說是名菩薩是名菩薩須菩
提汝意云何如来有肉眼不須菩提言如是
世尊如来有肉眼佛言須菩提汝意云何如
来有天眼不須菩提言如是世尊如来有天
眼佛言須菩提汝意云何如来有慧眼不須
菩提言如是世尊如来有慧眼佛言須菩提
汝意云何如来有法眼不須菩提言如是世
尊如来有法眼佛言須菩提汝意云何如来
有佛眼不須菩提言如是世尊如来有佛眼
須菩提汝意云何於恒伽江所有諸沙如其
沙數所有恒伽如諸恒伽所有沙數世界如
是寧為多不須菩提言如是世尊此等世界
其數甚多佛言須菩提尒所世界中所有衆
生我悉見知心相續住有種種類何以故須

BD01693 號背　雜寫　　（1–1）

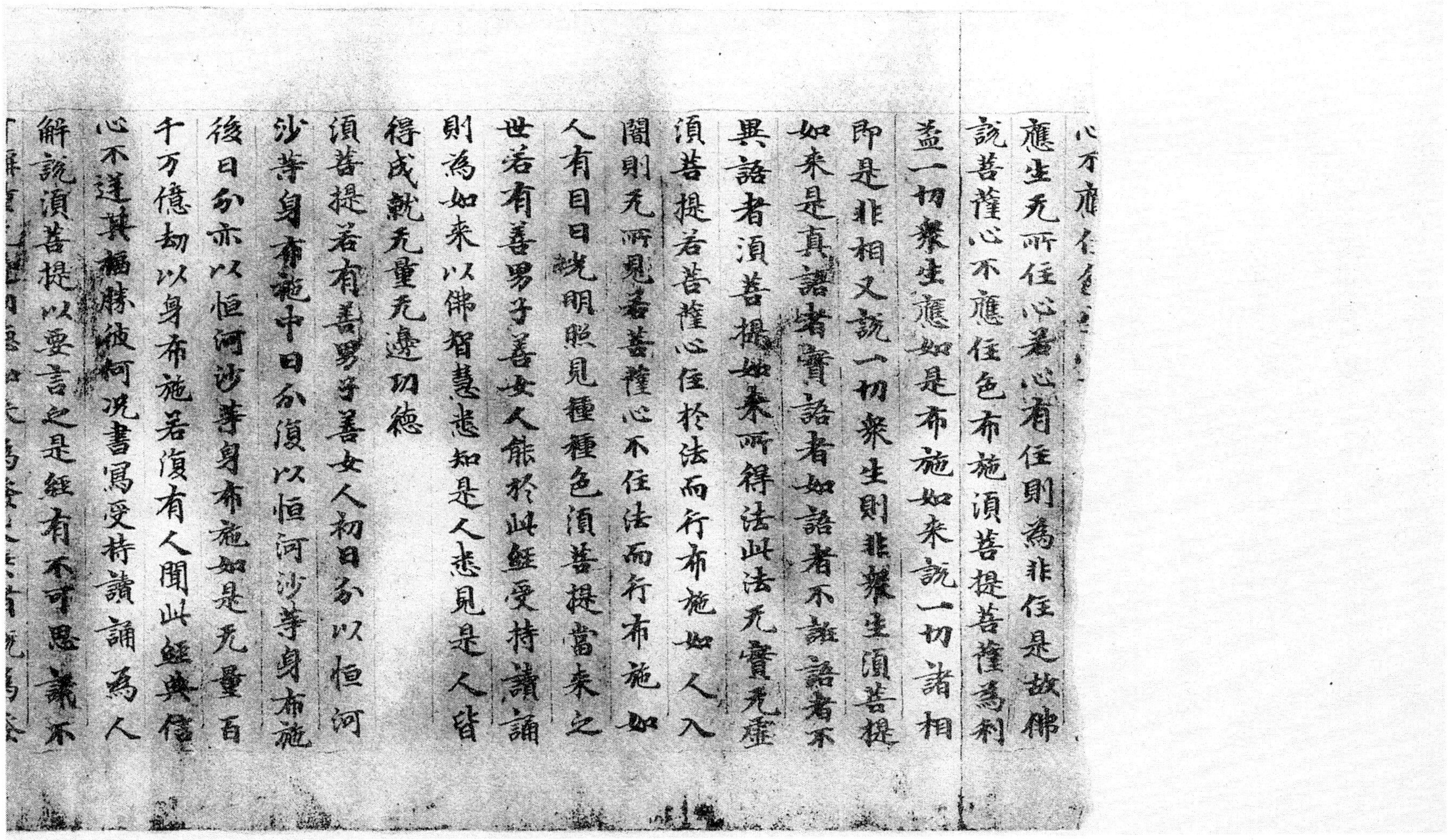

心不應住色
應生无所住心若心有住則為非住是故佛
說菩薩心不應住色布施須菩提菩薩為利
益一切衆生應如是布施如來說一切諸相
即是非相又說一切衆生則非衆生須菩提
如來是真語者實語者如語者不誑語者不
異語者須菩提如來所得法此法无實无虛
須菩提若菩薩心住於法而行布施如人入
闇則无所見若菩薩心不住法而行布施如
人有目日光明照見種種色須菩提當來之
世若有善男子善女人能於此經受持讀誦
則為如來以佛智慧悉知是人悉見是人皆
得成就无量无邊功德
須菩提若有善男子善女人初日分以恒河
沙等身布施中日分復以恒河沙等身布施
後日分亦以恒河沙等身布施如是无量百
千万億劫以身布施若復有人聞此經典信
心不逆其福勝彼何況書寫受持讀誦為人
解說須菩提以要言之是經有不可思議不

BD01694 號　金剛般若波羅蜜經　　（5–1）

後日分亦以恒河沙等身布施如是无量百
千万億劫以身布施若復有人聞此經典信
心不逆其福勝彼何況書寫受持讀誦為人
解說須菩提以要言之是經有不可思議不
可稱量无邊功德如來為發大乘者說為發
最上乘者說若有人能受持讀誦廣為人說
如來悉知是人悉見是人皆成就不可量不
可稱无有邊不可思議功德如是人等則為
荷擔如來阿耨多羅三藐三菩提何以故須
菩提若樂小法者著我見人見衆生見壽者
見則於此經不能聽受讀誦為人解說須菩
提在在處處若有此經一切世間天人阿脩
羅所應供養當知此處則為是塔皆應恭敬
作礼圍遶以諸華香而散其處
復次須菩提善男子善女人受持讀誦此經
若為人輕賤是人先世罪業應墮惡道以今
世人輕賤故先世罪業則為消滅當得阿耨
多羅三藐三菩提須菩提我念過去无量阿
僧祇劫於然燈佛前得值八百四千万億那
由他諸佛悉皆供養承事无空過者若復有
人於後末世能受持讀誦此經所得功德於我
所供養諸佛功德百分不及一千万億分乃
至筭數譬喻所不能及須菩提若善男子
善女人於後末世有受持讀誦此經所得功
德我若具說者或有人聞心則狂亂狐疑不

BD01694 號　金剛般若波羅蜜經　（5–2）

所供養諸佛功德百分不及一千万億分乃
至筭數譬喻所不能及須菩提若善男子
善女人於後末世有受持讀誦此經所得功
德我若具說者或有人聞心則狂亂狐疑不
信須菩提當知是經義不可思議果報亦不
可思議
尒時須菩提白佛言世尊善男子善女人發
阿耨多羅三藐三菩提心云何應住云何降
伏其心佛告須菩提善男子善女人發阿耨
多羅三藐三菩提者當生如是心我應滅度
一切衆生滅度一切衆生已而无有一衆生
實滅度者何以故若菩薩有我相人相衆生
相壽者相則非菩薩所以者何須菩提實无
有法發阿耨多羅三藐三菩提者須菩提於
意云何如來於然燈佛所有法得阿耨多羅
三藐三菩提不不也世尊如我解佛所說義
佛於然燈佛所无有法得阿耨多羅三藐三
菩提佛言如是如是須菩提實无有法如來
得阿耨多羅三藐三菩提須菩提若有法如
來得阿耨多羅三藐三菩提者然燈佛則不
與我授記汝於來世當得作佛号釋迦牟尼
以實无有法得阿耨多羅三藐三菩提是故
然燈佛與我授記作是言汝於來世當得作
佛号釋迦牟尼何以故如來者即諸法如義
若有人言如來得阿耨多羅三藐三菩提須

BD01694 號　金剛般若波羅蜜經　（5–3）

與我授記汝於來世當得作佛號釋迦牟尼
以實无有法得阿耨多羅三藐三菩提是故
然燈佛與我授記作是言汝於來世當得作
佛号釋迦牟尼何以故如来者即諸法如義
若有人言如来得阿耨多羅三藐三菩提須
菩提實无有法佛得阿耨多羅三藐三菩提
須菩提如来所得阿耨多羅三藐三菩提於
是中无實无虛是故如来說一切法皆是佛
法須菩提所言一切法者即非一切法是故名
一切法須菩提譬如人身長大須菩提言世
尊如来說人身長大則為非大身是名大身
須菩提菩薩亦如是若作是言我當滅度无
量衆生則不名菩薩何以故須菩提實无
有法名為菩薩是故佛說一切法无我无人
无衆生无壽者須菩提若菩薩作是言我當
莊嚴佛土是不名菩薩何以故如来說莊嚴
佛土者即非莊嚴是名莊嚴須菩提若菩薩
通達无我法者如来說名真是菩薩
須菩提於意云何如来有肉眼不如是世尊
如来有肉眼須菩提於意云何如来有天眼
不如是世尊如来有天眼須菩提於意云何
如来有慧眼不如是世尊如来有慧眼須菩
提於意云何如来有法眼不如是世尊如来
有法眼須菩提於意云何如来有佛眼不如
是世尊如来有佛眼須菩提於意云何如恒

BD01694 號　金剛般若波羅蜜經　（5–4）

須菩提菩薩亦如是若作是言我當滅度无
量衆生則不名菩薩何以故須菩提實无
有法名為菩薩是故佛說一切法无我无人
无衆生无壽者須菩提若菩薩作是言我當
莊嚴佛土是不名菩薩何以故如来說莊嚴
佛土者即非莊嚴是名莊嚴須菩提若菩薩
通達无我法者如来說名真是菩薩
須菩提於意云何如来有肉眼不如是世尊
如来有肉眼須菩提於意云何如来有天眼
不如是世尊如来有天眼須菩提於意云何
如来有慧眼不如是世尊如来有慧眼須菩
提於意云何如来有法眼不如是世尊如来
有法眼須菩提於意云何如来有佛眼不如
是世尊如来有佛眼須菩提於意云何如恒
河中所有沙佛說是沙不如是世尊如来說
是沙須菩提於意云何如一恒河中所有沙
有如是等恒河是諸恒河所有沙數佛世界
如是寧為多不甚多世尊佛告須菩提尒所
國土中所有衆生若干種心如来悉知何以

BD01694 號　金剛般若波羅蜜經　（5–5）

福德无故如來
須菩提於意云何佛可以具足色身見不不
也世尊如來不應以具足色身見何以故如
來說具足色身即非具足色身是名具足
色身須菩提於意云何如來可以具足諸相
見不不也世尊如來不應以具足諸相見何以故
如來說諸相具足即非具足是名諸相具足
須菩提汝勿謂如來作是念我當有所說
法莫作是念何以故若人言如來有所說法
即為謗佛不能解我所說故須菩提說
法者无法可說是名說法
須菩提白佛言世尊佛得阿耨多羅三藐
三菩提為无所得耶如是如是須菩提我於
阿耨多羅三藐三菩提乃至无有少法可得
是名阿耨多羅三藐三菩提復次須菩提
是法平等无有高下是名阿耨多羅三藐三
菩提以无我无人无眾生无壽者脩一切善法
則得阿耨多羅三藐三菩提須菩提所言善
法者如來說非善法是名善法
須菩提若三千大千世界中所有諸須彌山
王如是等七寶聚有人持用布施若人以此

BD01695 號　金剛般若波羅蜜經　（4–1）

菩提以无我无人无眾生无壽者脩一切善法
則得阿耨多羅三藐三菩提須菩提所言善
法者如來說非善法是名善法
須菩提若三千大千世界中所有諸須彌山
王如是等七寶聚有人持用布施若人以此
般若波羅蜜經乃至四句偈等受持讀誦
為他人說於前福德百分不及一百千万億分
乃至筭數譬喻所不能及
須菩提於意云何汝等勿謂如來作是念我
當度眾生須菩提莫作是念何以故實无
有眾生如來度者若有眾生如來度者如來則
有我人眾生壽者須菩提如來說有我者
則非有我而凡夫之人以為有我須菩提凡夫
者如來說則非凡夫
須菩提於意云何可以卅二相觀如來不須
菩提言如是如是以卅二相觀如來佛言須
菩提若以卅二相觀如來者轉輪聖王則是
如來須菩提白佛言世尊如我解佛所說義
不應以卅二相觀如來尒時世尊而說偈言
若以色見我　以音聲求我　是人行邪道　不能見如來
須菩提汝若作是念如來不以具足相故得
阿耨多羅三藐三菩提須菩提莫作是念如
來不以具足相故得阿耨多羅三藐三菩
提須菩提汝若作是念發阿耨多羅三藐三
菩提者說諸法斷滅莫作是念何以故發阿
耨多羅三藐三菩提者於法不說斷滅相須
菩提若菩薩以滿恒河沙等世界七寶布施若

BD01695 號　金剛般若波羅蜜經　（4–2）

來不以具足相故得阿耨多羅三藐三菩
提須菩提汝若作是念發阿耨多羅三藐三
菩提者說諸法斷滅莫作是念何以故發阿
耨多羅三藐三菩提者於法不說斷滅相須
菩提若菩薩以滿恒河沙等世界七寶布施若
復有人知一切法无我得成於忍此菩薩勝
前菩薩所得功德須菩提以諸菩薩不受福
德故須菩提白佛言世尊云何菩薩不受福
德須菩提菩薩所作福德不應貪著是
故說不受福德
須菩提若有人言如來若來若去若坐若
卧是人不解我所說義何以故如來者无所
從來亦无所去故名如來
須菩提若善男子善女人以三千大千世界
碎為微塵於意云何是微塵衆寧為多不
甚多世尊何以故若是微塵衆實有者佛
則不說是微塵衆所以者何佛說微塵衆則非
微塵衆是名微塵衆世尊如來所說三千
大千世界則非世界是名世界何以故若世
界實有者則是一合相如來說一合相則非
一合相是名一合相須菩提一合相者則是不
可說但凡夫之人貪著其事須菩提若人言佛
說我見人見衆生見壽者見須菩提於意
云何是人解我所說義不世尊是人不解如來
所說義何以故世尊說我見人見衆生見壽
者見即非我見人見衆生見壽者見是名
我見[illegible]

大千世界則非世界是名世界何以故若世
界實有者則是一合相如來說一合相則非
一合相是名一合相須菩提一合相者則是不
可說但凡夫之人貪著其事須菩提若人言佛
說我見人見衆生見壽者見須菩提於意
云何是人解我所說義不世尊是人不解如來
所說義何以故世尊說我見人見衆生見壽
者見即非我見人見衆生見壽者見是名
我見人見衆生見壽者見須菩提發阿耨
多羅三藐三菩提心者於一切法應如是知如
是見如是信解不生法相須菩提所言法相
者如來說即非法相是名法相須菩提若有
人以滿无量阿僧祇世界七寶持用布施若
有善男子善女人發菩薩心者持於此經乃
至四句偈等受持讀誦為人演說其福勝彼
云何為人演說不取於相如如不動何以故
一切有為法如夢幻泡影如露亦如電應作如是觀
佛說是經已長老須菩提及諸比丘比丘尼優
婆塞優婆夷一切世間天人阿修羅聞佛
所說皆大歡喜信受奉行
金剛般若波羅蜜經

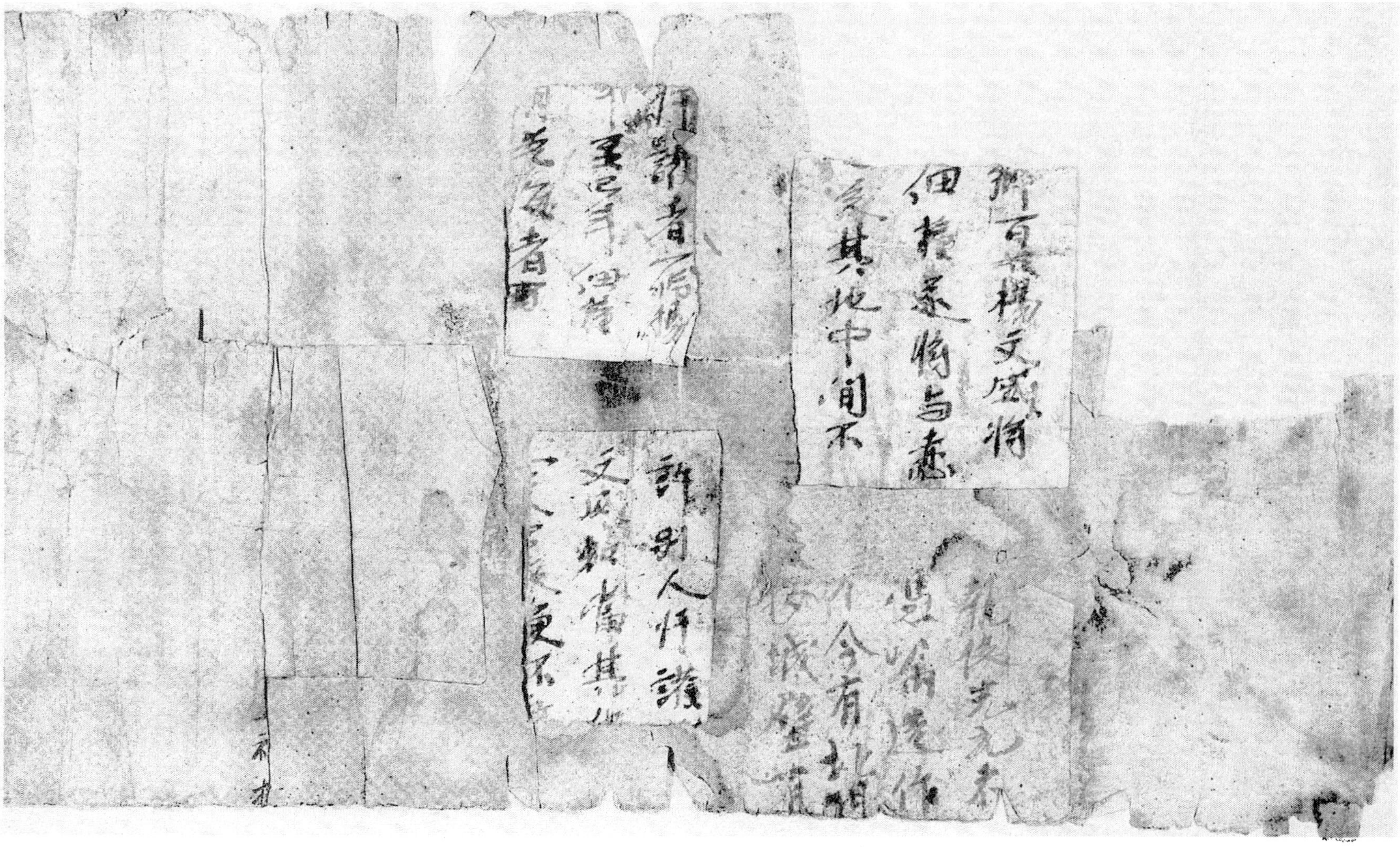

BD01695 號背　楊文盛佃種契（擬）　（1–1）

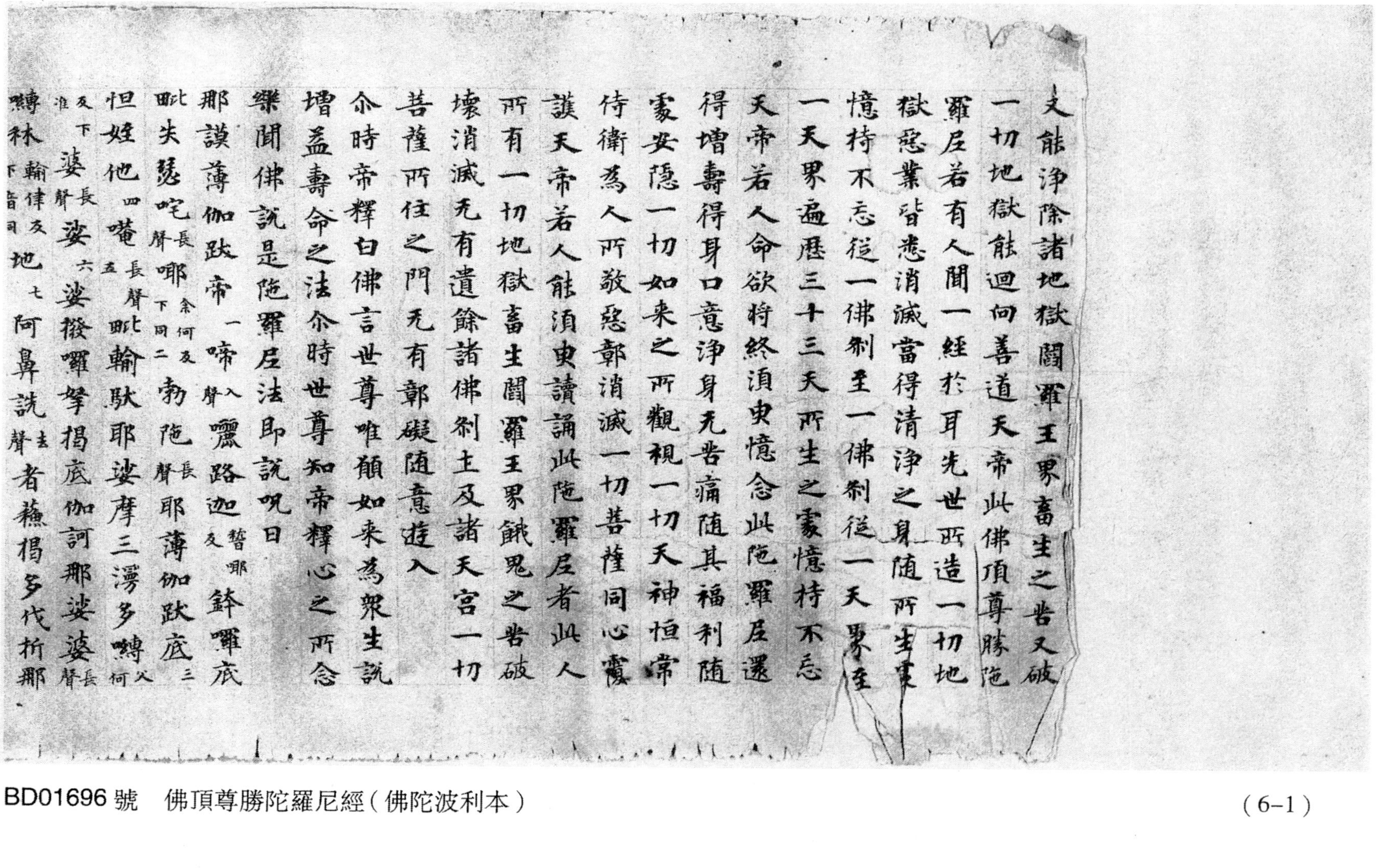

文能淨除諸地獄閻羅王界畜生之苦又破
一切地獄能迴向善道天帝此佛頂尊勝陁
羅尼若有人聞一經於耳先世所造一切地
獄惡業皆悉消滅當得清淨之身隨所生處
憶持不忘從一佛剎至一佛剎從一天界至
一天界遍歷三十三天所生之處憶持不忘
天帝若人命欲將終須臾憶念此陁羅尼還
得增壽得身口意淨身无苦痛隨其福利隨
處安隱一切如來之所觀視一切天神恒常
侍衛為人所敬惡鄣消滅一切菩薩同心覆
護天帝若人能須臾讀誦此陁羅尼者此人
所有一切地獄畜生閻羅王界餓鬼之苦破
壞消滅无有遺餘諸佛剎土及諸天宮一切
菩薩所住之門无有鄣礙隨意遊入
尒時帝釋白佛言世尊唯願如來為衆生說
增益壽命之法尒時世尊知帝釋心之所念
樂聞佛說是陁羅尼法即說呪曰
那謨薄伽跋帝一啼入聲嚧路迦哲耶反鉢囉底
毗失瑟吒長聲耶余何反下同二勃陁長聲耶薄伽跋底三
怛姪他四唵五毗長聲輸馱耶娑摩三漫多嚩無可反
婆下長聲娑六婆娑撥囉拏揭底伽訶那娑婆長聲
嚩林下音輸律反地七阿鼻詵者蘓揭多代折那

BD01696 號　佛頂尊勝陀羅尼經（佛陀波利本）　（6–1）

毗失瑟吒長聲耶余何反下同二勃陁長聲耶薄伽跋底三
怛姪他四唵五長聲毗輸馱耶娑摩三漫多嚩何父
反准下娑長聲婆六娑撥囉拏揭底伽訶那娑婆長聲
嚩林輸律反下音同地七阿鼻詵去聲者蘓揭多代折那
八阿蜜哩多毗曬罽九平聲阿上聲訶囉長聲阿訶
囉十下同阿長聲瑜散陁長聲囉尼一十輸馱耶輸馱
耶二十伽伽那毗林提三十烏瑟尼沙毗逝耶林
提四十娑訶娑囉喝囉濕弭珊珠地帝五十薩婆
怛他揭多地瑟吒長聲那阿地瑟恥帝慕姪曬
六十秩析囉迦長聲耶僧訶多那林提七十薩婆代
囉拏毗林提八十鉢囉底祢代怛耶阿上聲瑜林
提九十薩末耶阿地瑟恥帝廿末祢末祢廿一怛
闥多部多俱胝鉢唎林提廿二毗薩普吒勃地
林提廿三社耶社耶毗余何反下同廿四社耶毗社耶廿五
薩末囉薩末囉勃陁阿地瑟恥多林提廿六跋
折犁跋折囉揭鞞廿七跋折藍婆代都廿八摩摩
其甲受持者自稱名薩婆薩埵喝迦長聲耶毗林提廿九薩婆
揭底鉢唎林提卅薩婆怛他揭多三摩濕
婆娑遏地瑟恥帝卅一勃陁地耶反勃陁上同蒲陁
耶蒲陁耶三漫多鉢唎林提卅二薩婆怛他揭
多地瑟吒長聲那遏地瑟恥帝卅三莎婆長聲訶
佛告帝釋言此呪名淨除一切惡道佛頂尊
勝陁羅尼能除一切罪業等鄣能破一切穢
惡道苦天帝此陁羅尼八十八殑伽沙俱胝
百千諸佛同共宣說隨喜受持大如來智印
印之為破一切衆生穢惡道義故為一切地
獄畜生閻羅王界衆生得解脫故臨急苦難

BD01696號　佛頂尊勝陀羅尼經（佛陀波利本）　（6–2）

百千諸佛同共宣說隨喜受持大如來智印
印之為破一切衆生穢惡道義故為一切地
獄畜生閻羅王界衆生得解脫故臨急苦難
隨生死海中衆生得解脫故短命薄福无救
護衆生樂造雜染惡業衆生故說又此陁羅
尼於贍部洲住持力故能令地獄惡道衆生
種種流轉生死薄福衆生不信善惡業失正
道衆生等得解脫義故
佛告天帝我說此陁羅尼付囑於汝汝當授
與善住天子復當受持讀誦思惟愛樂憶念
供養於贍部洲一切衆生廣為宣說此陁羅
尼亦為一切諸天子故說此陁羅尼印付囑
於汝天帝汝當善持守護勿令忘失
天帝若人須臾得聞此陁羅尼千劫已來積
造惡業重鄣應受種種流轉生死地獄餓鬼
畜生閻羅王界阿脩羅身夜叉羅剎鬼神布
單那羯吒布單那阿波娑摩囉蚊蝱龜狗蟒
蛇一切諸鳥及諸猛獸一切蠢動含靈乃至
蟻子之身更不重受即得轉生諸佛如來一
生補處菩薩同會處生或得大姓婆羅門家
生或得剎利種家生或得豪貴最勝家生天
帝此人身如上貴處生者皆由聞此陁羅尼
故轉所生處皆得清淨天帝乃至得到菩提
道場最勝之處皆由讚嘆此陁羅尼功德如
是天帝此陁羅尼名吉祥能淨一切惡道此
佛頂尊勝陁羅尼猶如日藏摩尼之寶淨无
瑕穢淨等虛空光焰照徹无不周遍若諸衆

BD01696號　佛頂尊勝陀羅尼經（佛陀波利本）　（6–3）

是天帝此陁羅尼名吉祥能淨一切惡道此
佛頂尊勝陁羅尼猶如日藏摩尼之寶淨无
瑕穢淨等虛空光焰照徹无不周遍若諸衆
生持此陁羅尼亦復如是亦如閻浮檀金明
淨柔軟令人憙見不為穢惡之所染著天帝
若有衆生持此陁羅尼亦復如是乘斯善淨
得生善道天帝此陁羅尼所在之處若能書
寫流通受持讀誦聽聞供養能如是者一切
惡道皆得清淨一切地獄苦悉皆消滅
佛告天帝若人能書寫此陁羅尼安高幢上
或安高山或安樓上乃至安置窣堵波中天
帝若有苾芻苾芻尼優婆塞優婆夷族姓男
族姓女於幢等上或見或與相近其影映身
或風吹陁羅尼上幢等上塵落在身上天帝
彼諸衆生所有罪業應隨惡道地獄畜生閻
羅王界餓鬼阿脩羅身惡道之苦皆悉不受
亦不為罪垢染汙天帝此等衆生為一切諸
佛之所授記皆得不退轉於阿耨多羅三藐
三菩提
天帝何況更以多諸供具花鬘塗香末香幢
幡蓋等衣服瓔珞作諸莊嚴於四衢道造窣
堵波安陁羅尼合掌恭敬旋遶行道歸命礼
拜天帝彼人能如是供養者名摩訶薩埵真
是佛子持法棟梁又是如來全身舍利窣堵
波塔
尒時閻摩羅法王於時夜分來詣佛所到已
以種種天衣妙花塗香莊嚴供養佛已遶佛

波塔
尒時閻摩羅法王於時夜分來詣佛所到已
以種種天衣妙花塗香莊嚴供養佛已遶佛
七匝頂礼佛足而作是言我聞如來演說讚
持大力陁羅尼者我常隨逐守護不令持者
墮於地獄以彼隨順如來言教而護念之
尒時護世四天大王遶佛三匝白佛言世尊
唯願如來為我廣說持陁羅尼法尒時佛告
四天王汝今諦聽我當為汝宣說受持此陁
羅尼法亦為短命諸衆生說當先洗浴著新
淨衣白月圓滿十五日時持齋誦此陁羅尼
滿其千遍令短命衆生還得增壽永離病苦
一切業鄣悉皆消滅一切地獄苦亦得解脫
諸飛鳥畜生含靈之類聞此陁羅尼一經於
耳盡此一身更不復受
佛言若遇大惡病聞陁羅尼即得永離一切
諸病亦得消滅應墮惡道亦得除斷即得往
生喜樂世界從此身已後不受胞胎之身所
生之處蓮華化生一切生處憶持不忘常識
宿命
佛言若人先造一切極重罪業遂即命終乘
斯惡業應墮地獄或墮畜生閻羅王界或墮
餓鬼乃至墮大阿鼻地獄或生水中或生禽
獸異類之身取亡者隨身分骨以土一把誦
此陁羅尼二十一遍散亡者骨上即得生天
佛言若人能日日誦此陁羅尼二十一遍應
消一切世間廣大供養捨身往極樂世界若

此陁羅尼二十一遍散之者骨上即得生天
佛言若人能日日誦此陁羅尼二十一遍應
消一切世間廣大供養捨身往極樂世界若
常誦念得大涅槃復增壽命受勝快樂捨此
身已即得往生種種微妙諸佛刹土常與諸
佛俱會一處一切如来恒為演說微妙之義
一切世尊即授其記身光照曜一切刹土佛
言若誦此陁羅尼法於其佛前先取淨土作
壇隨其大小方四角作以種種草花散於壇
上燒衆名香右膝著地胡跪心常念佛作慕
陁羅印屈其頭指以大母指押合掌當其心
上誦此陁羅尼一百八遍訖於其壇中如雲
王雨花能遍供養八十八俱胝殑伽沙那庾
多百千諸佛彼佛世尊咸共讚言善哉希有
真是佛子即得无鄣礙智三昧得大菩提心
莊嚴三昧持此陁羅尼法應如是
佛言天帝我以此方便一切衆生應墮地獄
道令得解脫一切惡道亦得清淨復令持者
增益壽命天帝汝去將我陁羅尼授與善住
天子滿其七日汝與善住俱來見我
尒時天帝於世尊所受此陁羅尼法奉持還
於本天授與善住天子尒時善住天子受此
陁羅尼已滿六日六夜依法受持一切願滿
應受一切惡道等苦即得解脫住菩提道增
壽无量甚大歡喜高聲歎言希有如来希有
妙法希有明驗甚為難得令我解脫

BD01696號　佛頂尊勝陀羅尼經（佛陀波利本）　（6–6）

莊嚴是名莊嚴須菩提若菩薩通達无我
法者如来說名真是菩薩
須菩提於意云何如来有肉眼不如是世尊
如来有肉眼須菩提於意云何如来有天眼
不如是世尊如来有天眼須菩提於意云何
如来有慧眼不如是世尊如来有慧眼須菩
提於意云何如来有法眼不如是世尊如来
有法眼須菩提於意云何如来有佛眼不如
是世尊如来有佛眼須菩提於意云何恒河
中所有沙佛說是沙不如是世尊如来說是
沙須菩提於意云何如一恒河中所有沙有
如是等恒河是諸恒河所有沙數佛世界如
是寧為多不甚多世尊佛告須菩提尒所國
土中所有衆生若干種心如来悉知何以故
如来說諸心皆為非心是名為心所以者何
須菩提過去心不可得現在心不可得未来
心不可得須菩提於意云何若有人滿三千
大千世界七寶以用布施是人以是因緣得
福多不如是世尊此人以是因緣得福甚多

BD01697號　金剛般若波羅蜜經　（4–1）

須菩提過去心不可得現在心不可得未来
心不可得須菩提於意云何若有人滿三千
大千世界七寶以用布施是人以是因緣得
福多不如是世尊此人以是因緣得福甚多
須菩提若福德有實如来不說得福德多以
福德无故如来說得福德多
須菩提於意云何佛可以具足色身見不不
世世尊如来不應以具足色身何以故如来說
具足色身即非具足色身是名具足色身須
菩提於意云何如来可以具足諸相見不不
世世尊如来不應以具足諸相見何以故如
来說諸相具足即非具足是名諸相具足須
菩提汝勿謂如来作是念我當有所說法莫
作是念何以故若人言如来有所說法即為
謗佛不能解我所說故須菩提說法者无法
可說是名說法須菩提白佛言世尊佛得阿
耨多羅三藐三菩提為无所得耶如是如是
須菩提我於阿耨多羅三藐三菩提乃至无
有少法可得是名阿耨多羅三藐三菩提復
次須菩提是法平等无有高下是名阿耨多
羅三藐三菩提以无我无人无衆生无壽者
脩一切善法則得阿耨多羅三藐三菩提須
菩提所言善法者如来說非善法是名善法須
菩提若三千大千世界中所有諸須彌山王

BD01697 號　金剛般若波羅蜜經　（4–2）

脩一切善法則得阿耨多羅三藐三菩提須
菩提所言善法者如来說非善法是名善法須
菩提若三千大千世界中所有諸須彌山王
如是等七寶聚有人持用布施若人以此般
若波羅蜜經乃至四句偈等受持讀誦為他人
說於前福德百分不及一百千万億分乃至筭
數譬喻所不能及
須菩提於意云何汝等勿謂如来作是念我
當度衆生須菩提莫作是念何以故實无有
衆生如来度者若有衆生如来度者如来則
有我人衆生壽者須菩提如来說有我者則
非有我而凡夫之人以為有我須菩提凡夫
者如来說則非凡夫須菩提於意云何可以三
十二相觀如来不須菩提言如是如是以三
十二相觀如来佛言須菩提若以三十二相
觀如来者轉輪聖王則是如来須菩提白佛
言世尊如我解佛所說義不應以三十二相
觀如来尒時世尊而說偈言
若以色見我　以音聲求我　是人行耶道　不能見如来
須菩提汝若作是念如来不以具足相故得
阿耨多羅三藐三菩提須菩提莫作是念如
来不以具足相故得阿耨多羅三藐三菩提
須菩提汝若作是念發阿耨多羅三藐三菩

BD01697 號　金剛般若波羅蜜經　（4–3）

非有我而凡夫之人以爲有我須菩提凡夫
者如來說則非凡夫須菩提於意云何可以三
十二相觀如來不須菩提言如是如是以三
十二相觀如來佛言須菩提若以三十二相
觀如來者轉輪聖王則是如來須菩提白佛
言世尊如我解佛所說義不應以三十二相
觀如來尒時世尊而說偈言
若以色見我　以音聲求我　是人行耶道　不能見如來
須菩提汝若作是念如來不以具足相故得
阿耨多羅三藐三菩提須菩提莫作是念如
來不以具足相故得阿耨多羅三藐三菩提
須菩提汝若作是念發阿耨多羅三藐三菩
提者說諸法斷滅相莫作是念何以故發阿耨
多羅三藐三菩提者於法不說斷滅相
須菩提若菩薩以滿恒河沙等世界七寶布
施若復有人知一切法无我得成於忍此菩

BD01697號　金剛般若波羅蜜經　（4–4）

尊轉於法輪度脫衆生開涅槃道時諸梵天
王一心同聲而說偈言
世雄兩足尊　唯願演說法　以大慈悲力　度苦惱衆生
尒時大通智勝如來嘿然許之又諸比丘東
南方五百万億國土諸大梵王各自見宮殿
光明照曜昔所未有歡喜踊躍生希有心即
各相詣共議此事而彼衆中有一大梵天王
名曰大悲爲諸梵衆而說偈言
是事何因緣　而現如此相　我等諸宮殿　光明昔未有
爲大德天生　爲佛出世間　未曾見此相　當共一心求
過千万億土　尋光共推之　多是佛出世　度脫苦衆生
尒時五百万億諸梵天王与宮殿俱各以衣
裓盛諸天華共詣西北方推尋是相見大通
智勝如來處于道場菩提樹下坐師子座諸
天龍王乾闥婆緊那羅摩睺羅伽人非人等
恭敬圍繞及見十六王子請佛轉法輪時諸
梵天王頭面礼佛繞百千匝即以天華而散
佛上所散之華如須彌山幷以供養佛菩提
樹華供養已各以宮殿奉上彼佛而作是言

BD01698號　妙法蓮華經卷三　（3–1）

梵天王頭面礼佛繞百千迊即以天華而散
佛上所散之華如須弥山幷以供養佛菩提
樹華供養已各以宮殿奉上彼佛而作是言
唯見哀愍饒益我等所獻宮殿願垂納處尒
時諸梵天王即於佛前一心同聲以偈頌曰
聖主天中王　迦陵頻伽聲　哀愍衆生者　我等今敬礼
世尊甚希有　久遠乃一現　一百八十劫　空過无有佛
三惡道充滿　諸天衆減少　今佛出於世　為衆生作眼
世間所歸趣　救護於一切　為衆生之父　哀愍饒益者
我等宿福慶　今得值世尊
尒時諸梵天王偈讚佛已各作是言唯願世
尊哀愍一切轉於法輪度脫衆生時諸梵天
王一心同聲而說偈言
大聖轉法輪　顯示諸法相　度苦惱衆生　令得大歡喜
衆生聞是法　得道若生天　諸惡道減少　忍善者增益
尒時大通智勝如來嘿然許之又諸北丘南
方五百万億國土諸大梵王各自見宮殿光
明照曜昔所未有歡喜踊躍生希有心即各
相詣共議此事以何因緣我等宮殿有此光
曜而彼衆中有一大梵天王名曰妙法為諸
梵衆而說偈言
我等諸宮殿　光明甚威曜　此非无因緣　是相宜求之
過於百千劫　未曾見是相　為大德天生　為佛出世間
尒時五百万億諸梵天王與宮殿俱各以衣
裓盛諸天華共詣北方推尋是相見大通智
勝如來處于道場菩提樹下坐師子座諸天

BD01698號　妙法蓮華經卷三　（3-2）

世間所歸趣　救護於一切　為衆生之父　哀愍饒益者
我等宿福慶　今得值世尊
尒時諸梵天王偈讚佛已各作是言唯願世
尊哀愍一切轉於法輪度脫衆生時諸梵天
王一心同聲而說偈言
大聖轉法輪　顯示諸法相　度苦惱衆生　令得大歡喜
衆生聞是法　得道若生天　諸惡道減少　忍善者增益
尒時大通智勝如來嘿然許之又諸北丘南
方五百万億國土諸大梵王各自見宮殿光
明照曜昔所未有歡喜踊躍生希有心即各
相詣共議此事以何因緣我等宮殿有此光
曜而彼衆中有一大梵天王名曰妙法為諸
梵衆而說偈言
我等諸宮殿　光明甚威曜　此非无因緣　是相宜求之
過於百千劫　未曾見是相　為大德天生　為佛出世間
尒時五百万億諸梵天王與宮殿俱各以衣
裓盛諸天華共詣北方推尋是相見大通智
勝如來處于道場菩提樹下坐師子座諸天
龍王乾闥婆緊那羅摩睺羅伽人非人等恭
敬圍繞及見十六王子請佛轉法輪時諸梵

BD01698號　妙法蓮華經卷三　（3-3）

著　録　凡　例

本目錄採用條目式著錄法。諸條目意義如下：

1.1　著錄編號。用漢語拼音首字“BD”表示，意為“北京圖書館藏敦煌遺書”，簡稱“北敦號”。文獻寫在背面者，標註為“背”。一件遺書上抄有多個文獻者，用數字1、2、3等標示小號。一號中包括幾件遺書，且遺書形態各自獨立者，用字母A、B、C等區別。

1.2　著錄分類號。本條記目錄暫不分類，該項空缺。

1.3　著錄文獻的名稱、卷本、卷次。

1.4　著錄千字文編號。

1.5　著錄縮微膠卷號。

2.1　著錄遺書的總體數據。包括長度、寬度、紙數、正面抄寫總行數與每行字數、背面抄寫總行數與每行字數。如該遺書首尾有殘破，則對殘破部分單獨度量，用加號加在總長度上。凡屬這種情況，長度用括弧標註。

2.2　著錄每紙數據。包括每紙長度及抄寫行數或界欄數。

2.3　著錄遺書的外觀。包括：(1) 裝幀形式。(2) 首尾存況。(3) 護首、軸、軸頭、天竿、縹帶，經名是書寫還是貼簽，有無經名號，扉頁、扉畫。(4) 卷面殘破情況及其位置。(5) 尾部情況。(6) 有無附加物（蟲繭、油污、線繩及其他）。(7) 有無裱補及其年代。(8) 界欄。(9) 修整。(10) 其他需要交待的問題。

2.4　著錄一件遺書抄寫多個文獻的情況。

3.1　著錄文獻首部文字與對照本核對的結果。

3.2　著錄文獻尾部文字與對照本核對的結果。

3.3　著錄錄文。

3.4　著錄對文獻的説明。

4.1　著錄文獻首題。

4.2　著錄文獻尾題。

5　著錄本文獻與對照本的不同之處。

6.1　著錄本遺書首部可與另一遺書綴接的編號。

6.2　著錄本遺書尾部可與另一遺書綴接的編號。

7.1　著錄題記、題名、勘記等。

7.2　著錄印章。

7.3　著錄雜寫。

7.4　著錄護首及扉頁的內容。

8　著錄年代。

9.1　著錄字體。如有武周新字、合體字、避諱字等，予以説明。

9.2　著錄卷面二次加工的情況。包括句讀、點標、科分、間隔號、行間加行、行間加字、硃筆、墨塗、倒乙、刪除、兑廢等。

10　著錄敦煌遺書發現後，近現代人所加內容，裝裱、題記、印章等。

11　備註。著錄揭裱互見、圖版本出處及其他需要説明的問題。

上述諸條，有則著錄，無則空缺。

為避文繁，上述著錄中出現的各種參考、對照文獻，暫且不列版本説明。全目結束時，將統一編制本條記目錄出現的各種參考書目。

本條記目錄為農曆年份標註其公曆紀年時，未經行歲頭年末之換算，請讀者使用時注意自行換算。

條　記　目　錄

BD01601—BD01698

1.1　BD01601 號
1.3　妙法蓮華經卷一
1.4　暑 001
1.5　105:4617
2.1　(3.8+182)×24.5 厘米；5 紙；114 行，行 17 字。
2.2　01：03.8，02；　02：45.5，28；　03：45.5，28；
　　04：45.6，28；　05：45.4，28。
2.3　卷軸裝。首尾均殘。經黄紙。卷面有撕裂，下邊有等距殘損。有烏絲欄。
3.1　首 2 行上下殘→大正 262，9/2A17~18。
3.2　尾殘→9/3C15。
8　7~8 世紀。唐寫本。
9.1　楷書。
11　圖版：《敦煌寶藏》，85/100A~102B。

1.1　BD01602 號
1.3　佛名經（十六卷本）卷六
1.4　暑 002
1.5　063:0652
2.1　167.2×29 厘米；4 紙；正面 88 行，行字不等。背面 11 行，行字不等。
2.2　01：42.0，22；　02：42.0，22；　03：42.0，22；
　　04：41.2，22。
2.3　卷軸裝。首尾均脱。卷面有殘裂，接縫處有開裂，尾紙下邊破損，卷面有鳥糞。有烏絲欄。
2.4　本遺書包括 2 個文獻：（一）《佛名經》（十六卷本）卷六，88 行，抄寫在正面，今編為 BD01602 號。（二）《金光明最勝王經》（雜寫）卷一，11 行，抄寫在背面，今編為 BD01602 號背。
3.1　首殘→《七寺古逸經典研究叢書》，3/第 298 頁第 376 行。
3.2　尾殘→《七寺古逸經典研究叢書》，3/第 305 頁第 462 行。
8　7~8 世紀。唐寫本。
9.1　楷書。
11　圖版：《敦煌寶藏》，60/677B~680B。

1.1　BD01602 號背
1.3　金光明最勝王經（雜寫）卷一
1.4　暑 002
1.5　063:0652
2.4　本遺書由 2 個文獻組成，本號為第 2 個，11 行，抄寫在背面，為經文雜寫。餘參見 BD01602 號之第 2 項、第 11 項。
3.1　首殘→大正 665，16/405B12。
3.2　尾殘→16/405B21。
7.3　有雜寫 3 行。
8　7~8 世紀。唐寫本。
9.1　楷書。

1.1　BD01603 號
1.3　大般若波羅蜜多經卷二二一
1.4　暑 003
1.5　084:2567
2.1　(6.4+438.6)×25.4 厘米；10 紙；272 行，行 17 字。
2.2　01：6.4+34，25；　02：45.1，28；　03：45.0，28；
　　04：45.0，28；　05：45.1，28；　06：45.0，28；
　　07：45.1，28；　08：45.0，28；　09：45.3，28；
　　10：44.0，23。
2.3　卷軸裝。首殘尾脱。上下邊殘破，有等距離黴斑。有燕尾。有烏絲欄。
3.1　首 4 行下殘→大正 220，6/109A2~6。
3.2　尾全→6/112A16。
4.2　大般若波羅蜜多經卷第二百廿一（尾）。
8　8~9 世紀。吐蕃統治時期寫本。
9.1　楷書。
11　圖版：《敦煌寶藏》，74/92B~98A。

1.1　BD01604 號
1.3　維摩詰所說經卷中

1.4　暑 004
1.5　070: 1138
2.1　497.5×25.5 厘米；12 紙；283 行，行 17 字。
2.2　01：50.5，28；　02：49.5，28；　03：49.5，28；
04：49.5，28；　05：49.5，28；　06：49.5，28；
07：49.5，28；　08：49.5，28；　09：05.0，03；
10：16.5，15；　11：35.0，16；　12：44.0，25。
2.3　卷軸裝。首尾均脫。第 2 紙下邊有殘裂，接縫處有開裂。背有古代褙補。後 2 紙紙質不同，為經黄紙。有烏絲欄。
3.1　首殘→大正 475，14/547A2。
3.2　尾殘→14/550C29。
8　9～10 世紀。歸義軍時期寫本。
9.1　楷書。
9.2　有行間校加字。
11　圖版：《敦煌寶藏》，65/423A～430A。

1.1　BD01605 號
1.3　四分律（異卷）卷一五
1.4　暑 005
1.5　155: 6798
2.1　（4.5+1762.9+8）×26 厘米；50 紙；1031 行，行 17 字。
2.2　01：4.5+7，07；　02：36.0，21；　03：36.0，21；
04：36.0，21；　05：36.0，21；　06：36.0，21；
07：36.0，21；　08：36.5，21；　09：36.0，21；
10：36.0，21；　11：36.0，21；　12：36.5，21；
13：36.0，21；　14：36.0，21；　15：36.0，21；
16：36.5，21；　17：36.5，21；　18：36.0，21；
19：36.5，21；　20：36.5，21；　21：36.5，21；
22：36.0，21；　23：36.0，21；　24：36.0，21；
25：36.0，21；　26：36.0，21；　27：36.0，21；
28：36.0，21；　29：36.0，21；　30：36.5，21；
31：36.5，21；　32：36.0，21；　33：36.0，21；
34：36.0，21；　35：36.0，21；　36：36.0，21；
37：36.3，21；　38：36.5，21；　39：36.5，21；
40：36.3，21；　41：36.3，21；　42：36.5，21；
43：36.0，21；　44：36.5，21；　45：36.5，21；
46：36.0，21；　47：36.0，21；　48：36.0，21；
49：36.0，21；　50：20+8，16。
2.3　卷軸裝。首尾均殘。首紙上下殘缺、破損，尾紙下部殘缺。背有古代褙補。有烏絲欄。
3.1　首紙 3 行上下殘→大正 1428，22/682C9～11。
3.2　尾紙 5 行下殘→22/695C11～15。
5　與《大正藏》本對照，分卷不同。經文相當於《大正藏》四分律卷十七後部分至卷十九前部分。相當於日本《聖語藏》本卷十四後部分至卷十五之絕大部分。今暫定為卷十五。
8　5～6 世紀。南北朝寫本。
9.1　隸楷。
9.2　有重文符號。
11　圖版：《敦煌寶藏》，101/618B～641B。

1.1　BD01606 號
1.3　妙法蓮華經卷四
1.4　暑 006
1.5　105: 5265
2.1　（232.4+2）×26 厘米；5 紙；140 行，行 17 字。
2.2　01：47.0，28；　02：46.7，28；　03：47.0，28；
04：46.9，28；　05：44.8+2，28。
2.3　卷軸裝。首脫尾殘。有烏絲欄。
3.1　首殘→大正 262，9/27C14。
3.2　尾 1 行上殘→9/30A5～6。
8　8～9 世紀。吐蕃統治時期寫本。
9.1　楷書。
11　圖版：《敦煌寶藏》，90/424B～428A。

1.1　BD01607 號
1.3　金光明最勝王經卷一〇
1.4　暑 007
1.5　083: 1979
2.1　（6.5+429.2）×25.7 厘米；10 紙；241 行，行 17 字。
2.2　01：6.5+37.7，25；　02：47.0，26；　03：47.3，26；
04：47.3，26；　05：47.3，26；　06：47.3，26；
07：47.3，26；　08：47.0，26；　09：47.0，26；
10：14.0，08。
2.3　卷軸裝。首尾均殘。全卷多處破裂。有烏絲欄。
3.1　首 4 行上下殘→大正 665，16/452C13～16。
3.2　尾殘→16/456C1。
8　8～9 世紀。吐蕃統治時期寫本。
9.1　楷書。
9.2　有刮改。
11　圖版：《敦煌寶藏》，71/244B～250A。

1.1　BD01608 號
1.3　妙法蓮華經卷一
1.4　暑 008
1.5　105: 4565
2.1　186.7×25.2 厘米；4 紙；112 行，行 17 字。
2.2　01：46.9，28；　02：46.6，28；　03：46.6，28；
04：46.6，28。
2.3　卷軸裝。首尾均脫。經黄紙。上下邊殘破。背有古代褙補。有烏絲欄。
3.1　首殘→大正 262，9/3C15。
3.2　尾殘→9/5C2。
8　7～8 世紀。唐寫本。
9.1　楷書。

11　圖版:《敦煌寶藏》, 84/501B~504B。

1.1　BD01609 號
1.3　金剛般若波羅蜜經
1.4　暑 009
1.5　094:3668
2.1　(2.5+193)×26 厘米; 5 紙; 113 行, 行 17 字。
2.2　01: 02.5, 01;　02: 48.2, 28;　03: 48.3, 28;
04: 48.5, 28;　05: 48.0, 28。
2.3　卷軸裝。首殘尾脫。經黄紙。第 2 紙有橫裂。有烏絲欄。
3.1　首 1 行上下殘→大正 235, 8/749A17~18。
3.2　尾殘→8/750B24。
8　7~8 世紀。唐寫本。
9.1　楷書。
9.2　有校改、刮改。
11　圖版:《敦煌寶藏》, 79/436B~439A。

1.1　BD01610 號
1.3　大方便佛報恩經卷一
1.4　暑 010
1.5　052:0445
2.1　(4.4+774.7)×26 厘米; 17 紙; 451 行, 行 17 字。
2.2　01: 4.4+22.2, 16;　02: 48.2, 28;　03: 48.0, 28;
04: 47.5, 28;　05: 48.0, 28;　06: 48.2, 28;
07: 47.8, 28;　08: 48.0, 28;　09: 48.2, 28;
10: 48.0, 28;　11: 47.5, 28;　12: 48.2, 28;
13: 47.9, 28;　14: 47.7, 28;　15: 48.0, 28;
16: 48.0, 28;　17: 33.3, 15。
2.3　卷軸裝。首殘尾全, 前 3 紙上下殘破嚴重。有烏絲欄。已修整。
3.1　首 3 行上下殘→大正 156, 3/125A4~5。
3.2　尾全→3/130B4。
4.2　大方便佛報恩經卷第一 (尾)。
8　8~9 世紀。吐蕃統治時期寫本。
9.1　楷書。有武周新字“國”, 使用不用遍。
9.2　上邊有校改字。
11　圖版:《敦煌寶藏》, 59/186A~196B。

1.1　BD01611 號
1.3　金剛般若波羅蜜經
1.4　暑 011
1.5　094:3517
2.1　321.5×25.5 厘米; 7 紙; 194 行, 行 17 字。
2.2　01: 46.0, 26;　02: 45.5, 28;　03: 46.0, 28;
04: 46.0, 28;　05: 46.0, 28;　06: 46.0, 28;
07: 46.0, 28。
2.3　卷軸裝。首全尾脫。經黄紙。接縫處有開裂, 卷面有殘裂。有烏絲欄。已修整。
3.1　首全→大正 235, 8/748C17。
3.2　尾殘→8/751A21。
4.1　佛說金剛般若波羅蜜經 (首)。
8　7~8 世紀。唐寫本。
9.1　楷書。
11　圖版:《敦煌寶藏》, 78/400A~404A。

1.1　BD01612 號
1.3　勝鬘師子吼一乘大方便方廣經 (不分章)
1.4　暑 012
1.5　012:0112
2.1　(2.5+647.6)×26.7 厘米; 14 紙; 368 行, 行 17 字。
2.2　01: 2.5+11.4, 8;　02: 51.0, 30;　03: 51.0, 30;
04: 51.5, 30;　05: 51.8, 30;　06: 51.5, 30;
07: 52.0, 30;　08: 51.7, 30;　09: 51.6, 30;
10: 51.5, 30;　11: 52.0, 30;　12: 51.5, 30;
13: 51.8, 30;　14: 17.3, 拖尾。
2.3　卷軸裝。首殘尾全。卷面多有殘缺破裂。有燕尾。有烏絲欄。已修整。
3.1　首 1 行下殘→大正 353, 12/218C23~24。
3.2　尾全→12/223B14。
5　與《大正藏》對照, 本號不分章。
8　5~6 世紀。南北朝寫本。
9.1　隸書。
9.2　有重文符號, 有行間校加字。
11　圖版:《敦煌寶藏》, 56/518B~528A。

1.1　BD01613 號
1.3　大方等大集經菩薩念佛三昧分卷一
1.4　暑 013
1.5　022:0232
2.1　(5+290.5+5)×26.4 厘米; 8 紙; 170 行, 行 17 字。
2.2　01: 05.0, 02;　02: 42.5, 24;　03: 42.5, 24;
04: 42.5, 24;　05: 42.5, 24;　06: 42.5, 24;
07: 42.0, 24;　08: 36+5, 24。
2.3　卷軸裝。首尾均殘。卷面有撕裂, 有大小殘洞若干。有烏絲欄。已修整。另配《趙城金藏》木軸。
3.1　首 2 行中下殘→大正 415, 13/830B22~23。
3.2　尾 2 行上下殘→13/832B22~23。
8　7~8 世紀。唐寫本。
9.1　楷書。
11　圖版:《敦煌寶藏》, 57/331A~335B。

1.1　BD01614 號
1.3　佛名經 (十六卷本) 卷一
1.4　暑 014

1.5　061:0538
2.1　(5.5+323.5)×26 厘米；7 紙；182 行，行 17 字。
2.2　01：5.5+20，14；　02：51.0，28；　03：50.5，28；
04：50.5，28；　05：50.5，28；　06：50.0，28；
07：51.0，28。
2.3　卷軸裝。首殘尾脱。經黄紙。卷首有水漬，上部殘裂，接縫處有開裂。背有古代裱補。有烏絲欄。
3.1　首 3 行上殘→《七寺古逸經典研究叢書》，3/29 頁第 309 行～311 行。
3.2　尾殘→《七寺古逸經典研究叢書》，3/51 頁第 591 行。
5　第 6、7 紙之間漏缺大段佛名，缺文相當於七寺本卷一，第 461 行～第 563 行上。
8　7～8 世紀。唐寫本。
9.1　楷書。
9.2　有行間校加字。個別地方有硃筆點標。
11　圖版：《敦煌寶藏》，59/646B～650B。

1.1　BD01615 號
1.3　金剛般若波羅蜜經
1.4　暑 015
1.5　094:4209
2.1　(6+218.2)×24 厘米；5 紙；130 行，行 17～25 字。
2.2　01：6+30，22；　02：47.0，28；　03：47.2，28；
04：47.0，28；　05：47.0，24。
2.3　卷軸裝。首殘尾全。經黄紙。卷首殘破嚴重，卷端中部有殘裂，尾有蟲繭。有燕尾。有烏絲欄。
3.1　首 4 行殘→大正 235，8/750C26～A1。
3.2　尾全→8/752C3。
4.2　金剛般若波羅蜜經（尾）。
5　與《大正藏》本比較，無冥司偈，參見大正 235，8/751C16～19。
8　7～8 世紀。唐寫本。
9.1　楷書。
9.2　有刮改。
11　圖版：《敦煌寶藏》，82/404B～407A。

1.1　BD01616 號
1.3　妙法蓮華經卷四
1.4　暑 016
1.5　105:5433
2.1　(2+98.3)×26.2 厘米；3 紙；51 行，行 17 字。
2.2　01：2+6.1，05；　02：46.0，27；　03：46.2，19。
2.3　卷軸裝。首殘尾全。有燕尾。有烏絲欄。
3.1　首行下殘→大正 262，9/36A17～18。
3.2　尾全→9/37A2。
4.2　妙法蓮華經卷第四（尾）。
8　7～8 世紀。唐寫本。
9.1　楷書。
11　圖版：《敦煌寶藏》，91/471B～472B。

1.1　BD01617 號
1.3　大般若波羅蜜多經卷一一三
1.4　暑 017
1.5　084:2308
2.1　(6+300.3)×25.1 厘米；7 紙；181 行，行 17 字。
2.2　01：6+33，24；　02：46.6，28；　03：46.5，28；
04：46.5，28；　05：46.3，28；　06：46.4，28；
07：35.0，17。
2.3　卷軸裝。首殘尾全。卷面有蟲繭。有烏絲欄。
3.1　首 4 行上殘→大正 220，5/624A1～4。
3.2　尾全→5/626A6。
4.2　大般若波羅蜜多經卷第一百一十三（尾）。
6.1　首→BD01568 號。
7.1　尾紙末端有題記：“兩卷，共計紙卅四張。比丘談建寫。”
8　8～9 世紀。吐蕃統治時期寫本。
9.1　楷書。
11　圖版：《敦煌寶藏》，72/602B～606A。

1.1　BD01618 號
1.3　金光明最勝王經卷九
1.4　暑 018
1.5　083:1950
2.1　(4.7+59.7+1.3)×25.6 厘米；2 紙；42 行，行 17 字。
2.2　01：4.7+33，24；　02：26.7+1.3，18。
2.3　卷軸裝。首尾均殘。有烏絲欄。已修整。另配《趙城金藏木》軸。
3.1　首 3 行上下殘→大正 665，16/449A24～27。
3.2　尾行上下殘→16/449C10～11。
6.2　尾→BD01795 號。
8　8 世紀。唐寫本。
9.1　楷書。
11　圖版：《敦煌寶藏》，71/81。

1.1　BD01619 號
1.3　妙法蓮華經卷三
1.4　暑 019
1.5　105:5142
2.1　(3.6+582.5)×26 厘米；12 紙；305 行，行 17 字。
2.2　01：3.6+31.2，19；　02：50.1，27；　03：50.1，27；
04：50.1，27；　05：50.2，27；　06：50.0，27；
07：50.2，27；　08：50.2，27；　09：50.1，27；
10：50.3，27；　11：50.2，27；　12：49.8，16。
2.3　卷軸裝。首殘尾全。首紙殘裂，尾紙殘破嚴重，卷面有等距離水漬。有烏絲欄。

3.1　首2行上殘→大正262，9/22C3～4。
3.2　尾全→9/27B9。
4.2　妙法蓮華經卷第三（尾）。
8　9～10世紀。歸義軍時期寫本。
9.1　楷書。
11　圖版：《敦煌寶藏》，89/175A～183A。

1.1　BD01620號
1.3　金剛般若波羅蜜經
1.4　暑020
1.5　094:4050
2.1　（81.5+7.5）×29厘米；2紙；54行，行21字。
2.2　01：44.5，27；　02：37+7.5，27。
2.3　卷軸裝。首脫尾殘。兩紙上下邊有殘破。有烏絲欄。
3.1　首殘→大正235，8/750B1。
3.2　尾4行下殘→8/751A1～5。
6.2　尾→BD01622號
8　7～8世紀。唐寫本。
9.1　楷書。
11　圖版：《敦煌寶藏》，81/620B～621B。

1.1　BD01621號
1.3　大般若波羅蜜多經卷二三二
1.4　暑021
1.5　084:2598
2.1　（7.5+698.5）×25.9厘米；17紙；434行，行17字。
2.2　01：7.5+3.5，7；　02：44.1，28；　03：44.8，28；
04：44.8，28；　05：44.8，28；　06：44.8，28；
07：44.8，28；　08：44.8，28；　09：44.7，28；
10：45.5，28；　11：45.4，28；　12：45.3，28；
13：45.7，28；　14：45.5，28；　15：45.4，28；
16：45.6，28；　17：19.0，07。
2.3　卷軸裝。首殘尾全。卷首殘破嚴重，紙張變色。有燕尾。有烏絲欄。
3.1　首5行上下殘→大正220，6/166B28～C3。
3.2　尾全→6/171C5。
4.2　大般若波羅蜜多經卷第二百卌二（尾）。
8　8～9世紀。吐蕃統治時期寫本。
9.1　楷書。
11　圖版：《敦煌寶藏》，74/167B～176B。

1.1　BD01622號
1.3　金剛般若波羅蜜經
1.4　暑022
1.5　094:4221
2.1　40×29厘米；1紙；25行，行17字。
2.3　卷軸裝。首尾均脫。上下有豎裂。

3.1　首殘→大正235，8/751A5。
3.2　尾殘→8/751B3。
6.1　首→BD01620號
8　7～8世紀。唐寫本。
9.1　楷書。
11　圖版：《敦煌寶藏》，82/434A。

1.1　BD01623號
1.3　金剛般若波羅蜜經
1.4　暑023
1.5　094:4351
2.1　41.3×27.5厘米；1紙；25行，行18～20字。
2.3　卷軸裝。首尾均脫。有烏絲欄。
3.1　首殘→大正235，8/751C13。
3.2　尾殘→8/752A20。
5　與《大正藏》本對照，本卷經文無冥司偈，參見大正235，8/751C16～19。
8　8～9世紀。吐蕃統治時期寫本。
9.1　楷書。
11　圖版：《敦煌寶藏》，83/38A。

1.1　BD01624號
1.3　金剛般若波羅蜜經
1.4　暑024
1.5　094:4399
2.1　88.5×26.9厘米；2紙；28行，行17～18字。
2.2　01：40.5，23；　02：48.0，05。
2.3　卷軸裝。首殘尾全。有烏絲欄。
3.1　首殘→大正235，8/752B4。
3.2　尾全→8/752C3。
4.2　金剛般若波羅蜜經（尾）。
8　8～9世紀。吐蕃統治時期寫本。
9.1　楷書。
11　圖版：《敦煌寶藏》，83/103A～104B。

1.1　BD01625號
1.3　妙法蓮華經卷三
1.4　暑025
1.5　105:5191
2.1　（114.7+2.5）×25.8厘米；4紙；67行，行17字。
2.2　01：10.9，06；　02：48.5，28；　03：48.2，28；
04：7.1+2.5，05。
2.3　卷軸裝。首尾均殘。經黄紙。有烏絲欄。
3.1　首殘→大正262，9/25B1。
3.2　尾行上殘→9/26A13～14。
6.2　尾→BD01750號。
8　7～8世紀。唐寫本。

9.1 楷書。
11 圖版：《敦煌寶藏》，89/382A～383B。

1.1 BD01626 號
1.3 妙法蓮華經卷三
1.4 暑 026
1.5 105:5084
2.1 （8.3 +98.4）×25.8 厘米；3 紙；61 行，行 17 字。
2.2 01：8.3 +1.9，05； 02：48.3，28； 03：48.2，28。
2.3 卷軸裝。首殘尾脱。經黄紙。有烏絲欄。
3.1 首 4 行下殘→大正 262，9/21B29～C3。
3.2 尾殘→9/22B18。
8 7～8 世紀。唐寫本。
9.1 楷書。
11 圖版：《敦煌寶藏》，88/530B～532A。

1.1 BD01627 號
1.3 無量壽宗要經
1.4 暑 027
1.5 275:7981
2.1 （3 +135）×31.5 厘米；4 紙；95 行，行 30 餘字。
2.2 01：3 +31.5，24； 02：42.0，29； 03：42.0，29； 04：19.5，13。
2.3 卷軸裝。首殘尾全。上下邊撕裂殘缺，接縫處有開裂。有烏絲欄。
3.1 首 2 行上殘→大正 936，19/82A11～14。
3.2 尾全→19/84C29。
4.2 佛説無量壽宗要經（尾）。
8 8～9 世紀。吐蕃統治時期寫本。
9.1 行楷。
9.2 有行間加行。
11 圖版：《敦煌寶藏》，108/433B～435A。

1.1 BD01628 號
1.3 金光明最勝王經卷九
1.4 暑 028
1.5 083:1917
2.1 （15.4 +199.5）×26.8 厘米；6 紙；129 行，行 17 字。
2.2 01：13.6，護首； 02：1.8 +40.3，27； 03：44.5，29； 04：45.6，29； 05：45.9，29； 06：23.2，15。
2.3 卷軸裝。首全尾殘。有護首，殘破不全。卷前部有殘洞、殘損。卷内脱落 1 塊殘片，修整時粘在卷首，上有“前一”二字。背有古代裱補。有烏絲欄。已修整。配《趙城金藏》木軸。
3.1 首行下殘→大正 665，16/444A12。
3.2 尾殘→16/446A22。
4.1 金光明最勝王經善生王品第卄一，九，三藏法□…□（首）。
8 8～9 世紀。吐蕃統治時期寫本。
9.1 楷書。
11 從該件上揭下古代裱補紙 26 塊，今編爲 BD016080 號（有字 1 塊）、BD016081 號（有字 1 塊）、BD016082 號（無字 24 塊）。
圖版：《敦煌寶藏》，70/663A～665A。

1.1 BD01629 號
1.3 大般若波羅蜜多經卷二八七
1.4 暑 029
1.5 084:2784
2.1 46 ×27.2 厘米；1 紙；28 行，行 17 字。
2.3 卷軸裝。首尾均脱。卷面有殘洞。有烏絲欄。
3.1 首殘→大正 220，6/462A1。
3.2 尾殘→6/462A29。
8 8～9 世紀。吐蕃統治時期寫本。
9.1 楷書。
11 圖版：《敦煌寶藏》，75/81B。

1.1 BD01630 號
1.3 寶星陀羅尼經卷二
1.4 暑 030
1.5 383:8508
2.1 47.5 ×26 厘米；1 紙；29 行，行 17 字。
2.3 卷軸裝。首脱尾斷，有烏絲欄。
3.1 首殘→大 0402，13/0542B03。
3.2 尾殘→13/0542C04。
8 8～9 世紀。吐蕃統治時期寫本。
9.1 楷書。
9.2 有行間加行。
11 圖版：《敦煌寶藏》，110/479A～B。

1.1 BD01631 號
1.3 金剛般若波羅蜜經
1.4 暑 031
1.5 094:3518
2.1 80.3 ×26.5 厘米；3 紙；39 行，行 17 字。
2.2 01：08.5，護首； 02：42.5，23； 03：29.3，16。
2.3 卷軸裝。首全尾殘。通卷紙張變色。有護首，下殘，護首有經名。有烏絲欄。已修整。
3.1 首全→大正 235，8/748C17。
3.2 尾殘→8/749B3。
4.1 金剛般若波羅蜜經（首）。
7.4 護首有經名“□□□□波羅蜜經”。
8 7～8 世紀。唐寫本。
9.1 楷書。
11 圖版：《敦煌寶藏》，78/404B～405B。

1.1　BD01632 號
1.3　妙法蓮華經卷四
1.4　暑 032
1.5　105:3157
2.1　(2.8+112.8)×26.4 厘米；4 紙；65 行，行 17 字。
2.2　01：2.8+11.7，08；　02：47.0，26；　03：44.5，26；　04：09.6，05。
2.3　卷軸裝。首尾均殘。有烏絲欄。
3.1　首 2 行殘→大正 262，9/34A2。
3.2　尾殘→9/34C29。
6.1　首→BD01807 號。
8　8 世紀。唐寫本。
9.1　楷書。
11　圖版：《敦煌寶藏》，91/230A～231B。

1.1　BD01633 號
1.3　無量壽宗要經
1.4　暑 033
1.5　275:7727
2.1　183.5×31 厘米；4 紙；117 行，行 30 餘字。
2.2　01：44.0，30；　02：46.5，30；　03：46.5，30；　04：46.5，27。
2.3　卷軸裝。首尾全。第 1 紙下邊有殘缺，中間有橫撕裂。有烏絲欄。
3.1　首全→大正 936，19/82A3。
3.2　尾全→19/84C29。
4.1　大乘無量壽經（首）。
4.2　佛說無量壽宗要經（尾）。
8　8～9 世紀。吐蕃統治時期寫本。
9.1　楷書。
11　圖版：《敦煌寶藏》，107/439B～441B。

1.1　BD01634 號
1.3　金剛般若波羅蜜經
1.4　暑 034
1.5　094:4208
2.1　(2+60.5+1)×26 厘米；2 紙；36 行，行 17 字。
2.2　01：2+29，17；　02：31.5+1，19。
2.3　卷軸裝。首尾均殘。有烏絲欄。
3.1　首行下殘→大正 235，8/751A1～2。
3.2　尾殘→8/751B8。
8　8～9 世紀。吐蕃統治時期寫本。
9.1　楷書。
11　圖版：《敦煌寶藏》，82/403B～404A。

1.1　BD01635 號
1.3　維摩詰所說經卷上
1.4　暑 035
1.5　070:0926
2.1　(2+54)×26 厘米；2 紙；34 行，行 17 字。
2.2　01：2+20，13；　02：34.0，21。
2.3　卷軸裝。首尾均殘。通卷有水漬，接縫處有開裂。有烏絲欄。
3.1　首行上殘→大正 475，14/537A18。
3.2　尾殘→14/537B24。
8　8～9 世紀。吐蕃統治時期寫本。
9.1　楷書。
11　圖版：《敦煌寶藏》，64/40A～40B。

1.1　BD01636 號
1.3　金剛般若波羅蜜經
1.4　暑 036
1.5　094:4213
2.1　(2+64.5+13.5)×24.8 厘米；3 紙；47 行，行 17 字。
2.2　01：2+12.5，09；　02：50.0，30；　03：2+13.5，08。
2.3　卷軸裝。首尾均殘。經黄紙。首紙下部有殘裂，末紙中、下部殘損。有烏絲欄。
3.1　首行上下殘→大正 235，8/750C21。
3.2　尾 7 行下殘→8/751B4～10。
8　7～8 世紀。唐寫本。
9.1　楷書。
11　圖版：《敦煌寶藏》，82/417B～418B。

1.1　BD01637 號
1.3　維摩詰所說經卷下
1.4　暑 037
1.5　070:1298
2.1　(1.5+43)×26 厘米；2 紙；36 行，行 17 字。
2.2　01：1.5+13，20；　02：30.0，16。
2.3　卷軸裝。首殘尾斷。通卷中間有等距離殘洞。
3.1　首行中上殘→大正 475，14/556A20。
3.2　尾殘→14/556B28。
6.1　首→BD01570 號。
8　8～9 世紀。吐蕃統治時期寫本。
9.1　楷書。
11　圖版：《敦煌寶藏》，66/443。

1.1　BD01638 號
1.3　維摩詰所說經卷上
1.4　暑 038
1.5　070:1011
2.1　154.5×25.5 厘米；3 紙；90 行，行 17 字。
2.2　01：52.0，30；　02：51.5，30；　03：51.0，30。
2.3　卷軸裝。首尾均脫。卷面有殘洞、破裂。有烏絲欄。

3.1　首殘→大正 475，14/542C18。
3.2　尾殘→14/543C27。
8　8 世紀。唐寫本。
9.1　楷書。
11　圖版:《敦煌寶藏》，64/382A ~ 384A。

1.1　BD01639 號
1.3　維摩詰所說經卷下
1.4　暑 039
1.5　070: 1255
2.1　(17 + 52 + 2) × 25.5 厘米；3 紙；39 行，行 17 字。
2.2　01：17.0，09；　02：50.0，28；　03：2 + 2，02。
2.3　卷軸裝。首尾均殘。通卷上部殘破嚴重，有 1 殘片可與第 2 紙上端綴接。紙張變色。
3.1　首 9 行上殘→大正 475，14/552B24 ~ C4。
3.2　尾行上殘→14/553A5 ~ 6。
8　8 ~ 9 世紀。吐蕃統治時期寫本。
9.1　楷書。
11　圖版:《敦煌寶藏》，66/335B ~ 336A。

1.1　BD01640 號
1.3　維摩詰所說經卷上
1.4　暑 040
1.5　070: 1012
2.1　(1.5 + 76.5 + 1) × 26 厘米；3 紙；48 行，行 17 字。
2.2　01：1.5 + 23，15；　02：46.5，28；　03：7 + 1，05。
2.3　卷軸裝。首尾均殘。第 3 紙上邊有撕裂。有烏絲欄。
3.1　首行中下殘→大正 475，14/540B23 ~ 24。
3.2　尾行殘→14/541A16 ~ 17。
7.3　上邊有墨筆雜寫 3 行 6 字，可連綴成“上大夫、丘乙己”。還有 1 “千” 字，外有圈。
8　8 ~ 9 世紀。吐蕃統治時期寫本。
9.1　楷書。
9.2　有硃墨筆行間校加字，有硃筆校改。
11　圖版:《敦煌寶藏》，64/384B ~ 385B。

1.1　BD01641 號
1.3　佛名經（十六卷本）卷五
1.4　暑 041
1.5　063: 0642
2.1　(2.5 + 202 + 5.5) × 29.2 厘米；6 紙；101 行，行字不等。
2.2　01：02.5，素紙；　02：50.5，25；　03：50.5，25；
04：50.5，25；　05：50.5，25；　06：05.5，01。
2.3　卷軸裝。首脫尾殘。有烏絲欄。
3.1　首殘→《七寺古逸經典研究叢書》，3/第 24 頁第 394 行。
3.2　尾殘→《七寺古逸經典研究叢書》，3/第 255 頁第 482 行。
6.1　首→BD01471 號。
8　9 ~ 10 世紀。歸義軍時期寫本。
9.1　楷書。
11　圖版:《敦煌寶藏》，60/632B ~ 635A。

1.1　BD01642 號
1.3　妙法蓮華經卷二
1.4　暑 042
1.5　105: 4879
2.1　(2.5 + 65.3 + 1.7) × 27.1 厘米；2 紙；40 行，行 16 ~ 18 字。
2.2　01：2.5 + 27.9，17；　02：37.4 + 1.7，23。
2.3　卷軸裝。首尾均殘。卷面下邊有殘損，正背面多處有蟲卵。有烏絲欄。
3.1　首行下殘→大正 262，9/12B19 ~ 20。
3.2　尾行上殘→9/13A3 ~ 4。
8　8 ~ 9 世紀。吐蕃統治時期寫本。
9.1　楷書。
11　圖版:《敦煌寶藏》，87/151A ~ B。

1.1　BD01643 號
1.3　妙法蓮華經（八卷本）卷八
1.4　暑 043
1.5　105: 6140
2.1　172.8 × 26 厘米；4 紙；103 行，行 17 字。
2.2　01：38.0，22；　02：47.0，28；　03：47.0，28；
04：46.8，25。
2.3　卷軸裝。首殘尾全。經黄紙。接縫處有開裂，卷自第 3、4 紙接縫處斷爲 2 截。有烏絲欄。
3.1　首殘→大正 262，9/61A5。
3.2　尾全→9/62B1。
4.2　妙法蓮華經卷第八（尾）。
6.1　首→BD01757 號。
8　7 ~ 8 世紀。唐寫本。
9.1　楷書。
11　圖版:《敦煌寶藏》，97/114A ~ 116B。

1.1　BD01644 號
1.3　大般若波羅蜜多經（兑廢稿）卷一二七
1.4　暑 044
1.5　084: 2347
2.1　48.7 × 28.2 厘米；1 紙；26 行，行 17 字。
2.3　卷軸裝。首尾均脱。卷面有殘洞。尾有餘空。有烏絲欄。
3.1　首殘→大正 220，5/697B16。
3.2　尾缺→5/697C13。
8　8 ~ 9 世紀。吐蕃統治時期寫本。
9.1　楷書。
9.2　有行間加行。首行末有 1 “兑” 字。

11　圖版：《敦煌寶藏》，73/44B～45A。

1.1　BD01645 號
1.3　大般涅槃經（北本）卷二四
1.4　暑 045
1.5　115:6435
2.1　85.5×27.1 厘米；3 紙；43 行，行 17 字。
2.2　01：28.5，14；　02：44.0，22；　03：13.0，07。
2.3　卷軸裝。首尾均殘。有烏絲欄。
3.1　首殘→大正 374，12/506B3。
3.2　尾殘→12/506C18。
6.1　首→BD01582 號。
6.2　尾→BD01485 號。
8　6 世紀。南北朝寫本。
9.1　楷書。
9.2　有倒乙。
11　圖版：《敦煌寶藏》，99/190A～191A。

1.1　BD01646 號
1.3　妙法蓮華經卷一
1.4　暑 046
1.5　105:4687
2.1　（1.7+170.5）×24.8 厘米；4 紙；94 行，行 20 字（偈）。
2.2　01：1.7+44.1，28；　02：45.8，28；　03：45.5，28；
04：35.1，10。
2.3　卷軸裝。首殘尾全。經黃紙。有燕尾。有烏絲欄。
3.1　首行上殘→大正 262，9/8B15。
3.2　尾全→9/10B21。
4.2　妙法蓮華經卷第一（尾）。
8　7～8 世紀。唐寫本。
9.1　楷書。
11　圖版：《敦煌寶藏》，85/282A～284A。

1.1　BD01647 號
1.3　大般若波羅蜜多經卷四五
1.4　暑 047
1.5　084:2119
2.1　（1.5+111.9+2.7）×26.3 厘米；3 紙；69 行，行 17 字。
2.2　01：1.5+29.6，19；　02：46.3，28；
03：36+2.7，22。
2.3　卷軸裝。首尾均殘。通卷油污。有烏絲欄。
3.1　首行上下殘→大正 220，5/254B24。
3.2　尾行中殘→5/255B5。
6.1　首→BD01767 號。
6.2　尾→BD01469 號。
8　8～9 世紀。吐蕃統治時期寫本。
9.1　楷書。

11　圖版：《敦煌寶藏》，72/30A～31A。

1.1　BD01648 號
1.3　大般涅槃經（北本　異卷）卷三一
1.4　暑 048
1.5　115:6486
2.1　86+24.5×25.6 厘米；3 紙；53 行，行 17 字。
2.2　01：20.0，護首；　02：46.0，26；
03：20+24.5，27。
2.3　卷軸裝。首全尾殘。有護首，有竹製天竿，有經名及經名號。第 2 紙有殘洞，尾紙殘破嚴重，字迹不清。有烏絲欄。已修整。
3.1　首全→大正 374，12/546C29。
3.2　尾 4 行上殘→12/547B22～25。
4.1　大般涅槃經師子吼菩薩品，三十一（首）。
5　與《大正藏》本對照，分卷不同。與其餘諸藏分卷均不相同，但與《思溪藏》、《普寧藏》、《嘉興藏》等較爲相近。
7.4　護首有經名卷次勘記“大般涅槃經卷第三十一、四（本文獻所屬袟次）”，其上有經名號。
8　8～9 世紀。吐蕃統治時期寫本。
9.1　楷書。
11　圖版：《敦煌寶藏》，99/486B～487B。

1.1　BD01649 號
1.3　妙法蓮華經卷四
1.4　暑 049
1.5　105:5325
2.1　（1.1+102.6+2.5）×26 厘米；3 紙；60 行，行 17 字。
2.2　01：1.1+28.8，17；　02：47.8，27；
03：26+2.5，16。
2.3　卷軸裝。首尾均殘。接縫處有開裂。有烏絲欄。
3.1　首 1 行殘→大正 262，9/29C7～8。
3.2　尾 1 行下殘→9/30B28。
6.2　尾→BD01778 號。
8　8 世紀。唐寫本。
9.1　楷書。
11　圖版：《敦煌寶藏》，90/658B～660A。

1.1　BD01650 號
1.3　妙法蓮華經卷七
1.4　暑 050
1.5　105:6028
2.1　（7.8+91.5）×26 厘米；3 紙；59 行，行 17 字。
2.2　01：7.8+10，10；　02：47.0，28；　03：34.5，21。
2.3　卷軸裝。首尾均殘。卷首殘破嚴重，卷上邊有殘缺破裂，接縫處有開裂。背有古代裱補。有烏絲欄。
3.1　首 5 行中殘→大正 262，9/57A22～26。

3.2　尾行下殘→9/58A15。
7.3　卷背古代裱補紙上有字。其中一張的表面有“正月大二月小”，向裹粘貼的一面有“每月”、“利月正月”。另一張表面可見“□…□/好今年/起走大”等3行字。還有一張字向裹粘貼，難以辨識。
8　8~9世紀。吐蕃統治時期寫本。
9.1　楷書。
11　圖版：《敦煌寶藏》，96/350A~351A。

1.1　BD01651號
1.3　藥師瑠璃光如來本願功德經
1.4　暑051
1.5　030:0296
2.1　92×26厘米；2紙；56行，行17字。
2.2　01：46.0，28；　02：46.0，28。
2.3　卷軸裝。首尾均脱。經黄紙。卷面碎裂破損，有等距離水漬，多黴斑，接縫處上方大部開裂。有烏絲欄。已修整。
3.1　首殘→大正450，14/406A12。
3.2　尾殘→14/406C13。
8　7~8世紀。唐寫本。
9.1　楷書。
11　圖版：《敦煌寶藏》，57/659B~660B。

1.1　BD01652號
1.3　金剛般若波羅蜜經
1.4　暑052
1.5　094:3847
2.1　(7.3+457.2)×26厘米；10紙；256行，行17字。
2.2　01：7.3+33，26；　02：49.5，28；　03：49.5，28；
04：49.5，28；　05：48.5，28；　06：49.0，28；
07：49.5，28；　08：49.0，28；　09：49.0，28；
10：30.7，06。
2.3　卷軸裝。首殘尾全。前半卷油污嚴重。背有古代裱補。有燕尾。有烏絲欄。已修整。
3.1　首5行下殘→大正235，8/749B21~25。
3.2　尾全→8/752C3。
4.2　金剛般若波羅蜜經（尾）。
8　9~10世紀。歸義軍時期寫本。
9.1　楷書。
11　圖版：《敦煌寶藏》，80/566A~572B。

1.1　BD01653號
1.3　金光明最勝王經卷三
1.4　暑053
1.5　083:1608
2.1　533.7×26.5厘米；12紙；307行，行17字。
2.2　01：47.2，28；　02：47.5，28；　03：47.3，28；
04：47.5，28；　05：47.4，28；　06：47.5，28；
07：47.0，28；　08：47.5，28；　09：47.5，28；
10：47.2，28；　11：47.1，27；　12：13.0，拖尾。
2.3　卷軸裝。首脱尾全。背有古代裱補。有燕尾。有烏絲欄。
3.1　首殘→大正665，16/414A11。
3.2　尾全→16/417C16。
4.2　金光明最勝王經卷第三（尾）。
7.3　卷背古代裱補紙上有字。
8　8~9世紀。吐蕃統治時期寫本。
9.1　楷書。
11　圖版：《敦煌寶藏》，68/603B~610A。

1.1　BD01654號
1.3　妙法蓮華經卷三
1.4　暑054
1.5　105:5056
2.1　47×25.5厘米；1紙；27行，行17字。
2.3　卷軸裝。首全尾脱。卷面有殘破，卷尾殘破嚴重。背有古代裱補，有烏絲欄。
3.1　首全→大正262，9/19A14。
3.2　尾行上殘→9/19B16~17。
4.1　妙法蓮華經藥草喻品第五，三（首）。
8　7~8世紀。唐寫本。
9.1　楷書。
11　圖版：《敦煌寶藏》，88/404B~405A。

1.1　BD01655號
1.3　維摩詰所説經卷下
1.4　暑055
1.5　070:1248
2.1　(2+66.5+2)×26厘米；2紙；40行，行17字。
2.2　01：2+45.5，27；　02：21+2，13。
2.3　卷軸裝。首尾均殘。首紙上下邊有殘裂，紙下部變色。有烏絲欄。
3.1　首行中下殘→大正475，14/553A5~6。
3.2　尾行中上殘→14/553B18~19。
8　8~9世紀。吐蕃統治時期寫本。
9.1　楷書。
11　圖版：《敦煌寶藏》，66/318B~319A。

1.1　BD01656號
1.3　大般若波羅蜜多經卷一一三
1.4　暑056
1.5　084:2304
2.1　(55+2)×25.3厘米；2紙；34行，行17字。
2.2　01：11.5，06；　02：43.5+2，28。
2.3　卷軸裝。首尾均殘。卷面有水漬，尾紙有横向破裂。有烏

絲欄。
3.1　首殘→大正220，5/622A22。
3.2　尾行中殘→5/622B27。
6.1　首→BD01509號。
6.2　尾→BD01513號。
8　8~9世紀。吐蕃統治時期寫本。
9.1　楷書。
11　圖版：《敦煌寶藏》，72/598B~599A。

1.1　BD01657號
1.3　稱讚淨土佛攝受經
1.4　暑057
1.5　015:0196
2.1　(395.1+2)×26.6厘米；9紙；236行，行17字。
2.2　01：45.0，26；　02：46.8，28；　03：46.8，28；
04：46.8，28；　05：47.0，28；　06：46.8，28；
07：47.0，28；　08：46.9，28；　09：22+2，14。
2.3　卷軸裝。首全尾殘。打紙，砑光上蠟。卷面有殘損破裂。有烏絲欄。已修整。
3.1　首全→大正367，12/348B22。
3.2　尾行殘→12/351A29。
4.1　稱讚淨土佛攝受經，三藏法師玄奘奉詔譯（首）。
8　7~8世紀。唐寫本。
9.1　楷書。
11　圖版：《敦煌寶藏》，57/94A~99B。

1.1　BD01658號
1.3　大般若波羅蜜多經卷四五
1.4　暑058
1.5　084:2121
2.1　84.7×26.4厘米；3紙；51行，行17字。
2.2　01：11.7，07；　02：46.5，28；　03：26.5，16。
2.3　卷軸裝。首殘尾斷。卷面油污變脆，尾紙有殘裂。有烏絲欄。
3.1　首殘→大正220，5/256A2。
3.2　尾殘→5/256B25。
6.1　首→BD01469號。
6.2　尾→BD01683號。
8　8~9世紀。吐蕃統治時期寫本。
9.1　楷書。
11　圖版：《敦煌寶藏》，72/33A~34A。

1.1　BD01659號
1.3　阿彌陀經
1.4　暑059
1.5　014:0189
2.1　45×26厘米；2紙；26行，行16字。
2.2　01：33.5，21；　02：11.5，05。
2.3　卷軸裝。首斷尾全。各紙均有破裂，上邊有殘缺。首行上脫落一殘片，已綴接。有烏絲欄。已修整。
3.1　首殘→大正366，12/348A5。
3.2　尾全→12/348A29。
4.2　阿彌陀經（尾）。
8　7~8世紀。唐寫本。
9.1　楷書。
11　圖版：《敦煌寶藏》，57/82A~82B。

1.1　BD01660號
1.3　普賢菩薩說證明經
1.4　暑060
1.5　257:7663
2.1　(2.1+91.5)×26.4厘米；3紙；51行，行17字。
2.2　01：02.1，01；　02：51.0，28；　03：40.5，22。
2.3　卷軸裝。首尾均殘。經黄紙。首紙有殘洞，卷面有等距離黴爛。有烏絲欄。
3.1　首行下殘→大正2879，85/1363B11~12。
3.2　尾行殘→85/1364A6。
6.2　尾→BD01564號。
8　7~8世紀。唐寫本。
9.1　楷書。
11　圖版：《敦煌寶藏》，107/238A~239A。

1.1　BD01661號
1.3　思益梵天所問經卷一
1.4　暑061
1.5　043:0404
2.1　(2.5+143.5)×26.5厘米；3紙；84行，行17字。
2.2　01：2.5+46.5，28；　02：48.5，28；　03：48.5，28。
2.3　卷軸裝。首尾均脫。有烏絲欄。
3.1　首行下殘→大正586，15/35A7~8。
3.2　尾脫→15/36A19。
5　與《大正藏》比較，該本不分品。
6.1　首→BD01518號。
6.2　尾→BD01503號。
8　8~9世紀。吐蕃統治時期寫本。
9.1　楷書。
11　圖版：《敦煌寶藏》，58/595B~597B。

1.1　BD01662號
1.3　妙法蓮華經卷三
1.4　暑062
1.5　105:5132
2.1　(3.2+492.1)×26.2厘米；13紙；318行，行17~19字。
2.2　01：3.2+35.3，25；　02：38.3，24；　03：37.7，24；

04：37.4，25；　05：38.3，25；　06：37.5，25；
07：38.4，25；　08：38.3，25；　09：38.2，25；
10：38.2，25；　11：38.2，25；　12：38.2，25；
13：38.1，20。

2.3　卷軸裝。首殘尾全。卷面有殘裂、缺損及殘洞。有燕尾。有烏絲欄。

3.1　首2行下殘→大正262，9/22A29～B2。

3.2　尾全→9/27B9。

4.2　妙法蓮華經卷第三（尾）。

8　7～8世紀。唐寫本。

9.1　楷書。

9.2　有倒乙。

11　圖版：《敦煌寶藏》，89/120A～126B。

1.1　BD01663號

1.3　大般若波羅蜜多經卷四九九

1.4　暑063

1.5　084:3249

2.1　(23.2+73)×25.5厘米；2紙；56行，行17字。

2.2　01：23.2+25.6，28；　02：47.4，28。

2.3　卷軸裝。首殘尾脫。首紙上邊破裂，下邊殘損；尾紙下邊有橫裂。有烏絲欄。

3.1　首13行下殘→大正220，7/537C18～538A1。

3.2　尾殘→7/538B15。

7.1　首紙背面有勘記“四百九十九”。

8　8～9世紀。吐蕃統治時期寫本。

9.1　楷書。

9.2　有刮改。

11　圖版：《敦煌寶藏》，77/43A～44A。

1.1　BD01664號

1.3　大般若波羅蜜多經卷五〇一

1.4　暑064

1.5　084:3251

2.1　47.4×25.6厘米；1紙；26行，行17字。

2.3　卷軸裝。首全尾脫。卷首殘破嚴重，中部殘碎。有烏絲欄。

3.1　首全→大正220，7/549A2。

3.2　尾殘→7/549A29。

4.1　大般若波羅蜜多經卷第五百一，三藏法師玄奘奉詔譯/第三分現窣堵波品第五之二/（首）。

8　8～9世紀。吐蕃統治時期寫本。

9.1　楷書。

11　圖版：《敦煌寶藏》，77/45A。

1.1　BD01665號

1.3　大般若波羅蜜多經卷四七八

1.4　暑065

1.5　084:3190

2.1　(6.5+811.6)×25.9厘米；19紙；517行，行17字。

2.2　01：6.5+31.6，24；　02：44.3，28；　03：44.4，28；
04：44.2，28；　05：44.3，28；　06：44.4，28；
07：44.3，28；　08：44.3，28；　09：44.3，28；
10：44.3，28；　11：44.3，28；　12：44.2，28；
13：44.2，28；　14：44.2，28；　15：44.1，28；
16：44.1，28；　17：44.2，28；　18：43.9，28；
19：28.0，17。

2.3　卷軸裝。首殘尾全。首紙有破裂。背有古代裱補。有烏絲欄。

3.1　首4行下殘→大正220，7/420A21～24。

3.2　尾全→7/426A15。

4.2　大般若波羅蜜多經卷第四百七十八（尾）。

8　8～9世紀。吐蕃統治時期寫本。

9.1　楷書。

9.2　有行間校加字。有刮改。

11　圖版：《敦煌寶藏》，76/578B～589A。

1.1　BD01666號

1.3　大般若波羅蜜多經卷二六三

1.4　暑066

1.5　084:2705

2.1　(3+789.8)×28.1厘米；17紙；439行，行17字。

2.2　01：3+21，護首；　02：47.8，28；　03：48.3，28；
04：48.0，28；　05：48.0，28；　06：48.0，28；
07：48.1，28；　08：48.0，28；　09：48.2，28；
10：48.1，28；　11：48.2，28；　12：48.1，28；
13：48.1，28；　14：48.1，28；　15：48.0，28；
16：48.1，28；　17：47.7，19。

2.3　卷軸裝。首殘尾全。有護首，護首係後補，上下殘缺，脫落2塊殘片，可綴接。第2紙上下邊殘缺，接縫處有開裂。有烏絲欄。

3.1　首殘→大正220，6/330A11。

3.2　尾全→6/335A16。

4.2　大般若波羅蜜多經卷第二百六十三（尾）。

7.1　卷尾背有勘記“二百六十三，廿七袟”，後者為本文獻所屬袟次。

8　9～10世紀。歸義軍時期寫本。

9.1　楷書。

11　圖版：《敦煌寶藏》，74/454A～464A。護首殘片《敦煌寶藏》未攝入。

1.1　BD01667號

1.3　妙法蓮華經卷一

1.4　暑067

1.5　105:4566

2.1 229.2×24.5 厘米；5 紙；140 行，行 17 字。
2.2 01：46.3，28； 02：45.8，28； 03：45.9，28；
04：45.7，28； 05：45.5，28。
2.3 卷軸裝。首殘尾脫。經黃紙。卷面下邊殘缺，尾紙有裂損。有烏絲欄。
3.1 首殘→大正 262，9/3C15。
3.2 尾殘→9/6A17。
8 7～8 世紀。唐寫本。
9.1 楷書。
11 圖版：《敦煌寶藏》，84/505A～509A。

1.1 BD01668 號
1.3 金剛般若波羅蜜經
1.4 暑 068
1.5 094∶4100
2.1 （66.8＋1.5）×26.5 厘米；2 紙；39 行，行 17 字。
2.2 01：47.7，27； 02：19.1＋1.5，12。
2.3 卷軸裝。首尾均殘。卷下邊有水漬。有烏絲欄。
3.1 首殘→大正 235，8/750B21。
3.2 尾行上殘→8/751A1～2。
8 8～9 世紀。吐蕃統治時期寫本。
9.1 楷書。
11 圖版：《敦煌寶藏》，82/121A～B。

1.1 BD01669 號
1.3 金光明最勝王經卷二
1.4 暑 069
1.5 083∶1513
2.1 （6.5＋616.5）×26 厘米；14 紙；368 行，行 17 字。
2.2 01：6.5＋15，13； 02：46.3，28； 03：46.5，28；
04：46.5，28； 05：46.5，28； 06：46.5，28；
07：46.5，28； 08：46.5，28； 09：46.5，28；
10：46.5，28； 11：46.4，28； 12：46.3，28；
13：46.0，28； 14：44.5，19。
2.3 卷軸裝。首殘尾全，尾有原軸，硃漆軸頭。有烏絲欄。已修整。
3.1 首 4 行下殘→大正 665，16/408C19～23。
3.2 尾全→16/413C6。
4.2 金光明最勝王經卷第二（尾）。
5 尾有音義。
8 9～10 世紀。歸義軍時期寫本。
9.1 楷書。
11 圖版：《敦煌寶藏》，68/230A～237B。

1.1 BD01670 號
1.3 妙法蓮華經疏（擬）
1.4 暑 070
1.5 108∶6196
2.1 （1.7＋145.6）×26.7 厘米；4 紙；98 行，行 20 餘字。
2.2 01：1.7＋35.5，24； 02：36.8，25； 03：36.8，25；
04：36.5，24。
2.3 卷軸裝。首殘尾脫。卷上邊有水漬，紙張變色，卷上部有殘損。有烏絲欄。
3.4 說明：
本文獻首 1 行中殘，尾殘。所疏為《法華經》之“法師功德品第十九”（首殘）至“如來神力品第二十一”（尾殘）。釋文較精。未為歷代大藏經所收。與 BD04226 號原為同一文獻。
7.1 第 1 紙背有勘記“妙法蓮華經”。
7.3 卷背有雜寫“大衆中”。
8 5 世紀。南北朝寫本。
9.1 隸書。
11 圖版：《敦煌寶藏》，97/242B～244A。

1.1 BD01671 號
1.3 維摩詰所說經卷下
1.4 暑 071
1.5 401∶8536
2.1 （8＋40＋6）×26 厘米；2 紙；30 行，行 17 字。
2.2 01：08.0，05； 02：40＋6，25。
2.3 卷軸裝。首尾均殘。卷面污穢殘破嚴重，脫落 1 塊殘片，可綴接。有上下烏絲邊欄。
3.1 首 5 行上殘→大正 475，14/557A8～12。
3.2 尾 2 行上下殘→14/557B9。
8 9～10 世紀。歸義軍時期寫本。
9.1 楷書。
9.2 有倒乙。
11 圖版：《敦煌寶藏》，110/543B～544A。

1.1 BD01672 號
1.3 佛名經（二十卷本）卷三
1.4 暑 072
1.5 062∶0567
2.1 （76.5＋1.5）×28 厘米；2 紙；40 行，行 17 字。
2.2 01：31.0，16； 02：45.5＋1.5，24。
2.3 卷軸裝。首尾均殘。有烏絲欄。
3.4 說明：
本文獻首殘，尾 1 行中下殘。未為歷代大藏經所收。可參見 BD00172 號。
8 9～10 世紀。歸義軍時期寫本。
9.1 隸楷。
11 圖版：《敦煌寶藏》，60/80A～81A。

1.1 BD01673 號
1.3 大般涅槃經（北本）卷二四

1.4　暑073
1.5　115:6430
2.1　75.5×27.1厘米；2紙；36行，行17字。
2.2　01：32.0，15；　02：43.5，21。
2.3　卷軸裝。首尾均殘。有烏絲欄。
3.1　首殘→大正374，12/504B26。
3.2　尾殘→12/505A6。
6.1　首→BD01487號。
6.2　尾→BD01802號。
8　5～6世紀。南北朝寫本。
9.1　楷書。
9.2　有行間校加字。
11　圖版：《敦煌寶藏》，99/184B～185A。

1.1　BD01674號
1.3　維摩詰所說經卷上
1.4　暑074
1.5　070:0980
2.1　（2.5+43+3）×25.5厘米；2紙；29行，行17字。
2.2　01：2.5+2，02；　02：41+3，27。
2.3　卷軸裝。首尾均殘。尾紙上邊有殘裂。背有古代裱補。有烏絲欄。
3.1　首行上殘→大正475，14/542A12。
3.2　尾2行下殘→14/542B13～14。
6.1　首→BD01740號。
7.3　第2紙背古代裱補紙上有藏文雜寫："byi－lnganglovi－dpy-id"（鼠年之春）。
8　8～9世紀。吐蕃統治時期寫本。
9.1　楷書。
9.2　有行間校加字。有刮改。
11　圖版：《敦煌寶藏》，64/244。

1.1　BD01675號1
1.3　阿彌陀經
1.4　暑075
1.5　014:0115
2.1　（5+218.6+7.5）×25.5厘米；5紙；125行，行17字。
2.2　01：5+44.8，26；　02：50.8，28；　03：50.7，28；　04：50.8，28；　05：21.5+7.5，15。
2.3　卷軸裝。首尾均殘。經黃紙。卷首有殘損。有烏絲欄。已修整。
2.4　本遺書包括2個文獻：（一）《阿彌陀經》，115行，今編為BD01675號1。（二）《阿彌陀佛說咒》，10行，今編為BD01675號2。
3.1　首1行上殘→大正366，12/346B28。
3.2　尾全→12/348A28。
8　7～8世紀。唐寫本。
9.1　楷書。
11　從該號上揭下古代裱補紙6塊，今編爲BD15998號（1塊）、BD15999號（1塊）、BD16000號（3塊）、BD16001號（1塊）。
　圖版：《敦煌寶藏》，56/556B～560B。

1.1　BD01675號2
1.3　阿彌陀佛說咒
1.4　暑075
1.5　014:0115
2.4　本遺書由2個文獻組成，本號為第2個，10行。餘參見BD01675號1之第2項、第11項。
3.1　首全→大正369，12/352A23。
3.2　尾全→12/352B3。
4.1　阿彌陀佛說咒曰（首）。
5　與《大正藏》本對照，末多說明2行："咒中諸口傍字，皆依□□轉舌言之。無口者，/依字讀。/"
8　7～8世紀。唐寫本。
9.1　楷書。

1.1　BD01676號
1.3　金有陀羅尼經
1.4　暑076
1.5　254:7604
2.1　（1.1+84.7）×26.3厘米；2紙；47行，行17～18字。
2.2　01：1.1+40，26；　02：44.7，21。
2.3　卷軸裝。首殘尾全。卷尾有藏文。有烏絲欄。
3.1　首殘→大正2910，85/1456A19。
3.2　尾全→85/1456C10。
4.2　金有陀羅尼經（尾）。
7.1　卷尾有藏文題記：yeng－tig－tshe－bris（楊德才寫）。
8　8～9世紀。吐蕃統治時期寫本。
9.1　楷書。
9.2　有校改。
11　圖版：《敦煌寶藏》，107/80B～81B。

1.1　BD01677號
1.3　大般若波羅蜜多經（兌廢稿）卷五八
1.4　暑077
1.5　084:2162
2.1　48.5×29.4厘米；1紙；25行，行17字。
2.3　卷軸裝。首尾均脫。有烏絲欄。末4行未抄。
3.1　首殘→大正220，5/329C22。
3.2　尾缺→5/330A19。
5　與《大正藏》本對照，本件第8行第9字之後經文有漏抄，缺文參見大正220，5/329C28～330A3。
7.1　首紙背端有硃筆勘記"雜經"。卷尾上端有標註"折"。

8　8～9 世紀。吐蕃統治時期寫本。
9.1　楷書。
9.2　卷端上方有 1 "兑" 字。卷尾有 "兑下判記" 4 字。
11　圖版：《敦煌寶藏》，72/145。

1.1　BD01678 號
1.3　金剛般若波羅蜜經
1.4　暑 078
1.5　094:3816
2.1　343.2×26 厘米；8 紙；185 行，行 17 字。
2.2　01：52.0，28；　02：51.7，28；　03：51.8，28；
04：51.8，28；　05：52.0，28；　06：51.8，28；
07：17.6，10；　08：14.5，07。
2.3　卷軸裝。首脱尾全。經黄紙。首紙有竪裂。有燕尾。有烏絲欄。
3.1　首殘→大正 235，8/749B19。
3.2　尾全→8/752C3。
4.2　金剛般若波羅蜜經（尾）。
5　與《大正藏》對照，本號有缺漏，參見大正 235，8/751B19～C29、8/752A11～B26。
8　7～8 世紀。唐寫本。
9.1　楷書。
11　圖版：《敦煌寶藏》，80/440B～445A。

1.1　BD01679 號
1.3　大般涅槃經（南本　兑廢稿）卷一四
1.4　暑 079
1.5　116:6556
2.1　47×27 厘米；1 紙；24 行，行 17 字。
2.3　卷軸裝。首尾均脱。尾有餘空。有烏絲欄。
3.1　首殘→大正 375，12/698C28。
3.2　尾殘→12/699A26。
7.1　紙上方有勘記 "重" 字。
7.3　行間有雜寫。
8　8～9 世紀。吐蕃統治時期寫本。
9.1　楷書。
11　圖版：《敦煌寶藏》，100/309A～B。

1.1　BD01680 號
1.3　妙法蓮華經卷二
1.4　暑 080
1.5　105:4742
2.1　（11.7＋967.4）×25.9 厘米；20 紙；528 行，行 17～18 字。
2.2　01：11.7＋11.1，12；　02：51.3，28；　03：51.3，28；
04：51.4，28；　05：51.3，28；　06：51.4，28；
07：51.4，28；　08：51.3，28；　09：51.3，28；
10：51.4，28；　11：51.5，28；　12：51.4，28；
13：51.3，28；　14：51.4，28；　15：51.4，28；
16：51.3，28；　17：51.2，28；　18：51.4，28；
19：51.3，28；　20：32.0，12。
2.3　卷軸裝。首殘尾全。經黄紙。第 2 紙上邊有殘損，卷面有等距污斑，尾有蟲繭。背有古代裱補。有烏絲欄。
3.1　首 6 行下殘→大正 262，9/11C6～12。
3.2　尾全→9/19A12。
4.2　妙法蓮華經卷第二（尾）。
8　7～8 世紀。唐寫本。
9.1　楷書。
9.2　有刮改。
11　圖版：《敦煌寶藏》，86/165B～178B。

1.1　BD01681 號
1.3　妙法蓮華經卷七
1.4　暑 081
1.5　105:5946
2.1　520×25 厘米；11 紙；308 行，行 17 字。
2.2　01：47.2，28；　02：47.2，28；　03：47.2，28；
04：47.4，28；　05：47.3，28；　06：47.3，28；
07：47.3，28；　08：47.5，28；　09：47.3，28；
10：47.3，28；　11：47.0，28。
2.3　卷軸裝。首尾脱。經黄紙。接縫處有開裂。有烏絲欄。
3.1　首殘→大正 262，9/57B21。
3.2　尾全→9/62A29。
5　第 1 紙第 15 行第 7 字 "界" 以下缺一段經文，參見大正 262，9/57C7～9/58B2。
8　7～8 世紀。唐寫本。
9.1　楷書。
9.2　第 1 紙第 15 行第 7 字 "界" 上有間隔號，應為提示缺文。
11　圖版：《敦煌寶藏》，96/130B～137B。

1.1　BD01682 號
1.3　妙法蓮華經卷六
1.4　暑 082
1.5　105:5665
2.1　（5.5＋1027.6）×26.5 厘米；22 紙；580 行，行 17 字。
2.2　01：5.5＋10.5，9；　02：58.5，28；　03：49.0，28；
04：49.0，28；　05：49.0，28；　06：49.0，28；
07：49.0，28；　08：49.4，28；　09：49.5，28；
10：49.5，28；　11：49.3，28；　12：49.4，28；
13：49.3，28；　14：49.5，28；　15：42.3，24；
16：49.3，28；　17：49.3，28；　18：49.3，28；
19：49.3，28；　20：49.2，28；　21：49.2，28；
22：29.8，15。
2.3　卷軸裝。首殘尾全。接縫處有開裂。有烏絲欄。

3.1　首3行中下殘→大正262，9/46C11~13。
3.2　尾全→9/55A9。
4.2　妙法蓮華經卷第六（尾）。
8　8世紀。唐寫本。
9.1　楷書。
9.2　有刮改。
11　圖版：《敦煌寶藏》，94/1A~15A。

1.1　BD01683號
1.3　大般若波羅蜜多經卷四五
1.4　暑083
1.5　084:2122
2.1　78.3×26.3厘米；3紙；39行，行17字。
2.2　01：21.0，12；　02：46.0，27；　03：11.3，拖尾。
2.3　卷軸裝。首斷尾全。通卷油污，紙張脆硬，第3紙有殘洞。有燕尾。有烏絲欄。
3.1　首殘→大正220，5/256B25。
3.2　尾全→5/257A7。
4.2　大般若波羅蜜多經卷第卌五（尾）。
6.1　首→BD01658號。
8　8~9世紀。吐蕃統治時期寫本。
9.1　楷書。
11　圖版：《敦煌寶藏》，72/34B~35A。

1.1　BD01684號
1.3　維摩詰所說經卷下
1.4　暑084
1.5　070:1291
2.1　（2+73+2）×26厘米；3紙；43行，行17字。
2.2　01：2+14.5，09；　02：49.5，28；　03：9+2，06。
2.3　卷軸裝。首尾均殘。卷面有水漬，紙張變色。有烏絲欄。
3.1　首行中殘→大正475，14/555B1~2。
3.2　尾行中下殘→14/555C16。
6.1　首→BD01739號。
8　8~9世紀。吐蕃統治時期寫本。
9.1　楷書。
11　圖版：《敦煌寶藏》，66/432A~433A。

1.1　BD01685號
1.3　妙法蓮華經卷六
1.4　暑085
1.5　105:5711
2.1　（20+79.7）×26厘米；3紙；45行，行17字。
2.2　01：20.0，護首；　02：49.0，27；　03：30.7，18。
2.3　卷軸裝。首全尾殘。經黄紙。有護首，有芨芨草天竿，有繫縹帶孔，護首有經名。首紙上邊殘損。有烏絲欄。
3.1　首全→大正262，9/46B17。
3.2　尾行殘→9/47A10。
4.1　妙法蓮華經隨喜功德品第十八，六（首）。
7.4　護首背有經名："妙法蓮華經卷第六"。
8　7~8世紀。唐寫本。
9.1　楷書。
11　圖版：《敦煌寶藏》，94/371A~372A。

1.1　BD01686號
1.3　妙法蓮華經卷六
1.4　暑086
1.5　105:5756
2.1　48×25.5厘米；1紙；23行，行17字。
2.3　卷軸裝。首尾均脱。尾有餘空。有烏絲欄。
3.1　首殘→大正262，9/47C9。
3.2　尾殘→9/48A8。
8　9~10世紀。歸義軍時期寫本。
9.1　楷書。
11　圖版：《敦煌寶藏》，94/627A~B。

1.1　BD01687號
1.3　佛名經（十二卷本）卷二
1.4　暑087
1.5　062:0559
2.1　（1.5+74+1.5）×27厘米；2紙；39行，行15字。
2.2　01：1.5+34，18；　02：40+1.5，21。
2.3　卷軸裝。首尾均殘。卷面有等距離黴斑。有烏絲欄。
3.1　首1行下殘→大正440，14/121B11~13。
3.2　尾1行上中殘→14/121C26。
6.1　首→BD01576號。
8　9~10世紀。歸義軍時期寫本。
9.1　楷書。
11　圖版：《敦煌寶藏》，60/68B~69B。

1.1　BD01688號
1.3　大般若波羅蜜多經卷二五八
1.4　暑088
1.5　084:2679
2.1　（2.1+44.9）×25.7厘米；1紙；28行，行17字。
2.3　卷軸裝。首尾均脱。卷面有殘洞。有烏絲欄。
3.1　首行下殘→大正220，6/307A11。
3.2　尾殘→6/307B9。
8　8~9世紀。吐蕃統治時期寫本。
9.1　楷書。
11　圖版：《敦煌寶藏》，74/413B~414A。

1.1　BD01689號
1.3　金剛般若波羅蜜經

1.4　暑 089
1.5　094:4041
2.1　364.6×25.5 厘米；8 紙；203 行，行 17 字。
2.2　01：49.0，28；　02：48.8，28；　03：48.8，28；
04：48.5，28；　05：48.5，28；　06：48.5，28；
07：48.5，28；　08：24.0，07。
2.3　卷軸裝。首脱尾全。首紙蟲蛀嚴重，第 3 紙有殘洞，下部有殘損。有烏絲欄。
3.1　首 2 行中殘→大正 235，8/750A18～20。
3.2　尾全→8/752C3。
4.2　金剛般若波羅蜜經（尾）。
7.3　尾題下有“佛說金”三字。尾題前後有墨筆亂畫。
8　9～10 世紀。歸義軍時期寫本。
9.1　楷書。
11　圖版：《敦煌寶藏》，81/590A～594B。

1.1　BD01690 號
1.3　金剛般若波羅蜜經
1.4　暑 090
1.5　094:3572
2.1　（20+546.4）×25.5 厘米；12 紙；309 行，行 17 字。
2.2　01：20+30.5，26；　02：50.2，28；　03：50.5，28；
04：50.3，28；　05：50.4，28；　06：48.3，27；
07：50.5，28；　08：50.4，28；　09：50.6，28；
10：50.4，28；　11：50.0，28；　12：14.3，04。
2.3　卷軸裝。首殘尾全。經黄紙。首紙有殘裂，卷中下邊有殘損，第 11、12 紙接縫處斷爲兩截，卷尾多黴斑，有蟲繭。有烏絲欄。
3.1　首 9 行上、中殘→大正 235，8/748C20～28。
3.2　尾全→8/752C3。
4.2　金剛般若波羅蜜經（尾）。
8　7～8 世紀。唐寫本。
9.1　楷書。
11　圖版：《敦煌寶藏》，78/597B～604B。

1.1　BD01691 號
1.3　妙法蓮華經卷五
1.4　暑 091
1.5　105:5440
2.1　1093.5×26.9 厘米；23 紙；623 行，行 17 字。
2.2　01：49.0，26；　02：48.7，27；　03：48.6，29；
04：48.6，26；　05：48.7，27；　06：48.0，26；
07：48.7，27；　08：48.8，28；　09：48.5，26；
10：48.4，27；　11：48.5，27；　12：48.6，27；
13：48.5，27；　14：48.5，27；　15：43.5，26；
16：50.2，30；　17：50.0，30；　18：50.0，30；
19：50.2，30；　20：50.2，30；　21：49.8，30；
22：50.0，30；　23：19.5，10。
2.3　卷軸裝。首尾均全。首紙下邊殘缺撕裂，卷面有殘洞、多水漬，接縫處有開裂。有烏絲欄。
3.1　首全→大正 262，9/37A5。
3.2　尾全→9/46B14。
4.1　妙法蓮華經安樂行品第十四，五（首）。
4.2　妙法蓮華經卷第五（尾）。
7.1　首紙背端有勘記：“法華經第五。”
8　9～10 世紀。歸義軍時期寫本。
9.1　楷書。
11　圖版：《敦煌寶藏》，91/495B～511A。

1.1　BD01692 號
1.3　金剛般若波羅蜜經
1.4　暑 092
1.5　094:4170
2.1　56×26.5 厘米；1 紙；33 行，行 17 字。
2.3　卷軸裝。首尾均殘。下方破裂碎損，有殘片脱落，已綴接。背有古代裱補。有烏絲欄。已修整。
3.1　首殘→大正 235，8/750C18。
3.2　尾殘→8/751A23。
8　8 世紀。唐寫本。
9.1　楷書。
11　圖版：《敦煌寶藏》，82/302A～B。

1.1　BD01693 號
1.3　金剛般若波羅蜜經（真諦本）
1.4　暑 093
1.5　096:4435
2.1　285×25.5 厘米；6 紙；160 行，行 17 字。
2.2　01：35.0，20；　02：50.0，28；　03：50.0，28；
04：50.0，28；　05：50.0，28；　06：50.0，28。
2.3　卷軸裝。首殘尾脱。經黄打紙。卷面下方有殘裂。有烏絲欄。
3.1　首殘→大正 237，8/763B13。
3.2　尾殘→8/765B6。
7.3　第 1 紙背有雜寫“臬”字。
8　7 世紀。唐寫本。
9.1　楷書。有武周新字“人”、“日”、“天”、“正”，使用周遍。
11　圖版：《敦煌寶藏》，83/222B～226A。

1.1　BD01694 號
1.3　金剛般若波羅蜜經
1.4　暑 094
1.5　094:4113
2.1　（1+153.5+1.5）×26.5 厘米；5 紙；86 行，行 17 字。
2.2　01：1+3.5，03；　02：44.0，24；　03：43.9，24；

04：43.9，24；　　05：18.2+1.5，11。
2.3　卷軸裝。首尾均殘。紙張變色。有烏絲欄。
3.1　首1行下殘→大正235，8/750B22~23。
3.2　尾1行上殘→8/751B25。
8　8~9世紀。吐蕃統治時期寫本。
9.1　楷書。
11　圖版：《敦煌寶藏》，82/155A~157A。

1.1　BD01695號
1.3　金剛般若波羅蜜經
1.4　暑095
1.5　094:4332
2.1　(2.6+130.1)×26厘米；4紙；正面77行，行16~18字。背面10行，行字不等。
2.2　01：2.6+22.1，15；　02：48.0，28；　03：47.5，28；
04：12.5，06。
2.3　卷軸裝。首殘尾全。通卷碎裂，第2紙較嚴重，卷尾上邊有蟲繭。背有多處古代裱補，其中4處裱補紙上有字，為同一文獻，其中3處揭下另編。有烏絲欄。
2.4　本遺書包括2個文獻：(一)《金剛般若波羅蜜經》，77行，抄寫在正面，今編為BD01695號。(二)《楊文盛佃种契》(擬)，10行，抄寫在背面裱補紙上。今編為BD01695號背。
3.1　首行下殘→大正235，8/751C4。
3.2　尾全→8/752C3。
4.2　金剛般若波羅蜜經(尾)。
5　與《大正藏》本對照，本卷經文無冥司偈，參見大正235，8/751C16~19。
8　9~10世紀。歸義軍時期寫本。
9.1　楷書。
11　圖版：《敦煌寶藏》，83/2B~4A。

1.1　BD01695號背
1.3　楊文盛佃種契(擬)
1.4　暑095
1.5　094:4332
2.4　本遺書由2個文獻組成，本號為第2個，10行，抄寫在背面古代裱補紙上。餘參見BD01695號之第2項、第11項。
3.4　説明：
本文獻被剪成四塊，其中兩塊可以綴接，“｜｜”為綴接處。錄文如下：
一、□…□執役先元未/
□…□霓囑造作/
□…□今有北門/
□…□城壁有/
二、□…□鄉百姓楊文盛將/
□…□佃种，遂將與赤心/
□…□乏(?)其地中間不/
三+四、許別人懺護｜｜懺護者一伶楊/
文盛知當其他｜｜申至巳年，佃种/
□…□更不□｜｜悔者□
(錄文完)
8　9~10世紀。歸義軍時期寫本。
9.1　楷書。

1.1　BD01696號
1.3　佛頂尊勝陀羅尼經(佛陀波利本)
1.4　暑096
1.5　229:7349
2.1　225.1×25.5厘米；5紙；140行，行17字。
2.2　01：45.2，28；　02：45.0，28；　03：44.8，28；
04：45.1，28；　05：45.0，28。
2.3　卷軸裝。首尾均脱。經黄紙。首紙上邊下邊殘破。背有古代裱補。有烏絲欄。
3.1　首殘→大正967，19/350B5。
3.2　尾殘→19/352A17。
5　咒語與《大正藏》本不同，略相當於所附的宋本，參見19/352A28~B23。
8　7~8世紀。唐寫本。
9.1　楷書。
11　圖版：《敦煌寶藏》，105/566A~569A。

1.1　BD01697號
1.3　金剛般若波羅蜜經
1.4　暑097
1.5　094:4287
2.1　(2.3+116.3+1.7)×24.5厘米；3紙；63行，行17字。
2.2　01：2.3+37.5，21；　02：39.3，21；
03：39.5+1.7，21。
2.3　卷軸裝。首尾均殘。卷面多水漬。有烏絲欄。
3.1　首行殘→大正235，8/751B11。
3.2　尾行殘→8/752A27。
8　7~8世紀。唐寫本。
9.1　楷書。
11　圖版：《敦煌寶藏》，82/587A~588B。

1.1　BD01698號
1.3　妙法蓮華經卷三
1.4　暑098
1.5　105:5151
2.1　76.3×25.8厘米；2紙；44行，行17字。
2.2　01：28.2，16；　02：48.1，28。
2.3　卷軸裝。首殘尾脱。經黄紙。首紙前方上有殘裂。有烏絲欄。
3.1　首殘→大正262，9/23B18。

3.2　尾殘→9/24A17。
6.1　首→BD01502 號。
8　7～8 世紀。唐寫本。
9.1　楷書。
11　圖版：《敦煌寶藏》，89/228A～229A。

新舊編號對照表

一、千字文號與北敦號、縮微膠卷號對照表

千字文號	北敦號	縮微膠卷號
暑 001	BD01601 號	105: 4617
暑 002	BD01602 號	063: 0652
暑 002	BD01602 號背	063: 0652
暑 003	BD01603 號	084: 2567
暑 004	BD01604 號	070: 1138
暑 005	BD01605 號	155: 6798
暑 006	BD01606 號	105: 5265
暑 007	BD01607 號	083: 1979
暑 008	BD01608 號	105: 4565
暑 009	BD01609 號	094: 3668
暑 010	BD01610 號	052: 0445
暑 011	BD01611 號	094: 3517
暑 012	BD01612 號	012: 0112
暑 013	BD01613 號	022: 0232
暑 014	BD01614 號	061: 0538
暑 015	BD01615 號	094: 4209
暑 016	BD01616 號	105: 5433
暑 017	BD01617 號	084: 2308
暑 018	BD01618 號	083: 1950
暑 019	BD01619 號	105: 5142
暑 020	BD01620 號	094: 4050
暑 021	BD01621 號	084: 2598
暑 022	BD01622 號	094: 4221
暑 023	BD01623 號	094: 4351
暑 024	BD01624 號	094: 4399
暑 025	BD01625 號	105: 5191
暑 026	BD01626 號	105: 5084
暑 027	BD01627 號	275: 7981
暑 028	BD01628 號	083: 1917
暑 029	BD01629 號	084: 2784
暑 030	BD01630 號	383: 8508
暑 031	BD01631 號	094: 3518
暑 032	BD01632 號	105: 3157
暑 033	BD01633 號	275: 7727
暑 034	BD01634 號	094: 4208
暑 035	BD01635 號	070: 0926
暑 036	BD01636 號	094: 4213
暑 037	BD01637 號	070: 1298
暑 038	BD01638 號	070: 1011
暑 039	BD01639 號	070: 1255
暑 040	BD01640 號	070: 1012
暑 041	BD01641 號	063: 0642
暑 042	BD01642 號	105: 4879
暑 043	BD01643 號	105: 6140
暑 044	BD01644 號	084: 2347
暑 045	BD01645 號	115: 6435
暑 046	BD01646 號	105: 4687
暑 047	BD01647 號	084: 2119
暑 048	BD01648 號	115: 6486
暑 049	BD01649 號	105: 5325
暑 050	BD01650 號	105: 6028
暑 051	BD01651 號	030: 0296
暑 052	BD01652 號	094: 3847
暑 053	BD01653 號	083: 1608
暑 054	BD01654 號	105: 5056
暑 055	BD01655 號	070: 1248
暑 056	BD01656 號	084: 2304
暑 057	BD01657 號	015: 0196
暑 058	BD01658 號	084: 2121
暑 059	BD01659 號	014: 0189
暑 060	BD01660 號	257: 7663
暑 061	BD01661 號	043: 0404
暑 062	BD01662 號	105: 5132
暑 063	BD01663 號	084: 3249
暑 064	BD01664 號	084: 3251
暑 065	BD01665 號	084: 3190
暑 066	BD01666 號	084: 2705
暑 067	BD01667 號	105: 4566

暑068	BD01668號	094：4100	暑084	BD01684號	070：1291
暑069	BD01669號	083：1513	暑085	BD01685號	105：5711
暑070	BD01670號	108：6196	暑086	BD01686號	105：5756
暑071	BD01671號	401：8536	暑087	BD01687號	062：0559
暑072	BD01672號	062：0567	暑088	BD01688號	084：2679
暑073	BD01673號	115：6430	暑089	BD01689號	094：4041
暑074	BD01674號	070：0980	暑090	BD01690號	094：3572
暑075	BD01675號1	014：0115	暑091	BD01691號	105：5440
暑075	BD01675號2	014：0115	暑092	BD01692號	094：4170
暑076	BD01676號	254：7604	暑093	BD01693號	096：4435
暑077	BD01677號	084：2162	暑094	BD01694號	094：4113
暑078	BD01678號	094：3816	暑095	BD01695號	094：4332
暑079	BD01679號	116：6556	暑095	BD01695號背	094：4332
暑080	BD01680號	105：4742	暑096	BD01696號	229：7349
暑081	BD01681號	105：5946	暑097	BD01697號	094：4287
暑082	BD01682號	105：5665	暑098	BD01698號	105：5151
暑083	BD01683號	084：2122			

二、縮微膠卷號與北敦號、千字文號對照表

縮微膠卷號	北敦號	千字文號	縮微膠卷號	北敦號	千字文號
012：0112	BD01612號	暑012	083：1513	BD01669號	暑069
014：0115	BD01675號1	暑075	083：1608	BD01653號	暑053
014：0115	BD01675號2	暑075	083：1917	BD01628號	暑028
014：0189	BD01659號	暑059	083：1950	BD01618號	暑018
015：0196	BD01657號	暑057	083：1979	BD01607號	暑007
022：0232	BD01613號	暑013	084：2119	BD01647號	暑047
030：0296	BD01651號	暑051	084：2121	BD01658號	暑058
043：0404	BD01661號	暑061	084：2122	BD01683號	暑083
052：0445	BD01610號	暑010	084：2162	BD01677號	暑077
061：0538	BD01614號	暑014	084：2304	BD01656號	暑056
062：0559	BD01687號	暑087	084：2308	BD01617號	暑017
062：0567	BD01672號	暑072	084：2347	BD01644號	暑044
063：0642	BD01641號	暑041	084：2567	BD01603號	暑003
063：0652	BD01602號	暑002	084：2598	BD01621號	暑021
063：0652	BD01602號背	暑002	084：2679	BD01688號	暑088
070：0926	BD01635號	暑035	084：2705	BD01666號	暑066
070：0980	BD01674號	暑074	084：2784	BD01629號	暑029
070：1011	BD01638號	暑038	084：3190	BD01665號	暑065
070：1012	BD01640號	暑040	084：3249	BD01663號	暑063
070：1138	BD01604號	暑004	084：3251	BD01664號	暑064
070：1248	BD01655號	暑055	094：3517	BD01611號	暑011
070：1255	BD01639號	暑039	094：3518	BD01631號	暑031
070：1291	BD01684號	暑084	094：3572	BD01690號	暑090
070：1298	BD01637號	暑037	094：3668	BD01609號	暑009

094：3816	BD01678 號	暑 078
094：3847	BD01652 號	暑 052
094：4041	BD01689 號	暑 089
094：4050	BD01620 號	暑 020
094：4100	BD01668 號	暑 068
094：4113	BD01694 號	暑 094
094：4170	BD01692 號	暑 092
094：4208	BD01634 號	暑 034
094：4209	BD01615 號	暑 015
094：4213	BD01636 號	暑 036
094：4221	BD01622 號	暑 022
094：4287	BD01697 號	暑 097
094：4332	BD01695 號	暑 095
094：4332	BD01695 號背	暑 095
094：4351	BD01623 號	暑 023
094：4399	BD01624 號	暑 024
096：4435	BD01693 號	暑 093
105：3157	BD01632 號	暑 032
105：4565	BD01608 號	暑 008
105：4566	BD01667 號	暑 067
105：4617	BD01601 號	暑 001
105：4687	BD01646 號	暑 046
105：4742	BD01680 號	暑 080
105：4879	BD01642 號	暑 042
105：5056	BD01654 號	暑 054
105：5084	BD01626 號	暑 026
105：5132	BD01662 號	暑 062
105：5142	BD01619 號	暑 019
105：5151	BD01698 號	暑 098
105：5191	BD01625 號	暑 025
105：5265	BD01606 號	暑 006
105：5325	BD01649 號	暑 049
105：5433	BD01616 號	暑 016
105：5440	BD01691 號	暑 091
105：5665	BD01682 號	暑 082
105：5711	BD01685 號	暑 085
105：5756	BD01686 號	暑 086
105：5946	BD01681 號	暑 081
105：6028	BD01650 號	暑 050
105：6140	BD01643 號	暑 043
108：6196	BD01670 號	暑 070
115：6430	BD01673 號	暑 073
115：6435	BD01645 號	暑 045
115：6486	BD01648 號	暑 048
116：6556	BD01679 號	暑 079
155：6798	BD01605 號	暑 005
229：7349	BD01696 號	暑 096
254：7604	BD01676 號	暑 076
257：7663	BD01660 號	暑 060
275：7727	BD01633 號	暑 033
275：7981	BD01627 號	暑 027
383：8508	BD01630 號	暑 030
401：8536	BD01671 號	暑 071